◆ 2012年度国家社会科学基金军事学项目（项目编号：12GJ003-007）

◆ 中国地缘与能源战略研究会专著

美军能源战略研究

U.S. MILITARY ENERGY STRATEGY

冯建中 等 · 著

时事出版社
北京

图书在版编目（CIP）数据

美军能源战略研究/冯建中等著．—北京：时事出版社，2018.1
ISBN 978-7-5195-0142-6

Ⅰ.①美…　Ⅱ.①冯…　Ⅲ.①军事战略—能源战略—研究—美国
Ⅳ.①E712

中国版本图书馆 CIP 数据核字（2017）第 280528 号

出版发行：时事出版社
地　　址：北京市海淀区万寿寺甲 2 号
邮　　编：100081
发行热线：（010）88547590　88547591
读者服务部：（010）88547595
传　　真：（010）88547592
电子邮箱：shishichubanshe@sina.com
网　　址：www.shishishe.com
印　　刷：北京朝阳印刷厂有限责任公司

开本：787×1092　1/16　印张：40　字数：650 千字
2018 年 1 月第 1 版　2018 年 1 月第 1 次印刷
定价：198.00 元
（如有印装质量问题，请与本社发行部联系调换）

中国地缘与能源战略研究会专著

项目（课题）完成单位：解放军国防科技大学国际关系学院
项目（课题）负责人：冯建中
项目（课题）组成员：殷东豪　孙英特　范烛溪　高　涛
胡寅珂　肖　杰　王军舰

目 录

缩略语和术语英汉对照表

缩略语	英文全称	中文译名
AEESS	Advanced Energy Efficient Shelter Systems	先进能效帐篷系统
AEMR	Annual Energy Management Report	美国国防部能源管理年度报告
AESIS	Army Energy Security Implementation Strategy	《美国陆军能源安全实施战略》
AFVs	alternative fueled vehicles	替代燃料车
Air ENCON	Aviation Energy Conservation Program	航空节能项目
AMI	Advanced Metering Infrastructure	先进计量基础设施
AMMPS	Advanced Medium Mobile Power Systems	先进中型机动发电系统
AMRS	advanced meter reading systems	先进计量仪读数系统
AMS	Advanced Metering System	先进计量系统
ARRA	American Recovery and Reinvestment Act	《美国复苏与再投资法案》
ASD (HD&ASA)	Assistant Secretary of Defense for Homeland Defense and Americas Security Affairs	助理国防部长（国土防御与美洲安全事务）
ASD（EI&E）	Assistant Secretary of Defense for Energy, Installations, and Environment	助理国防部长（能源、设施与环境）
ASD（OEPP）	Assistant Secretary of Defense for Operational Energy Plans and Programs	助理国防部长（作战能源规划与项目）
ASHRAE	American Society of Heating, Refrigerating and Air-Conditioning Engineers	美国采暖、制冷与空调工程师协会
ATJ	Alcohol-to-Jet	醇基航空燃料
AVPTA	Advanced Vehicle Power Technology Alliance	先进车辆电源技术联盟
BBtu	Billion British thermal units	十亿英热单位
BTU	British Thermal Unit	英热单位

续表

缩略语	英文全称	中文译名
C^4ISR	Command, Control, Communications, Computers, Intelligence, Surveillance and Reconnaissance	指挥、控制、通信、计算机、情报、监视和侦察（C^4ISR 系统）
CAPE	Cost Assessment and Program Evaluation	国防部成本估算与项目评估办公室
CAWG	Certification Advisory Working Group	认证咨询工作组
CB-DDC	Contingency Base Demand Data Collection	应急作战基地需求数据采集
CJCS	Chairman of the Joint Chiefs of Staff	美国参谋长联席会议主席
CNA	Center for Naval Analyses	海军分析中心
CWB	Conformal Wearable Battery	共形穿戴式电池
DARPA	Defense Advanced Research Projects Agency	国防高级研究计划局
DASD（IE）	DeputyAssistant Secretary of Defense for Installation Energy	国防部主管设施能源的助理部长帮办
DASD（OE）	DeputyAssistant Secretary of Defense for Operational Energy	国防部主管作战能源的助理部长帮办
DAWG	Deputy's Advisory Working Group	国防部常务副部长顾问工作组
DC I&L	Deputy Commandant for Installations and Logistics	海军军事设施与后勤保障副司令
DCIP	Defense Critical Infrastructure Program	国防关键性基础设施项目
DDR&E	Director of Defense Research and Engineering	国防部研究与工程主任
DESC	Defense Energy Support Center	国防能源保障中心
DLA-E	Defense Logistics Agency - Energy	国防后勤局能源处
DoD	Department of Defense	美国国防部
DoDI	Department of Defense Instruction	国防部指令
DOE	Department of Energy	美国能源部
DOEB	Defense Operational Energy Board	国防作战能源委员会
DOEPP	Director of Operational Energy Plans and Programs	作战能源规划与项目主任
DOTMLPF	Doctrine, Organization, Training, Materiel, Leadership and Education, Personnel and Facilities	条令、组织、训练、装备、领导与教育、人员、设施

续表

缩略语	英文全称	中文译名
DOTMLPF-P	Doctrine, Organization, Training, Materiel, Leadership and Education, Personnel, Facilities and Policy	条令、组织、训练、装备、领导与教育、人员、设施和政策
DPA	Defense Production Act	《国防生产法》
DSB	Defense Science Board	国防科学委员会
DUERS	Defense Utility Energy Reporting System	国防公用能源报告系统
DUSD (I&E)	Deputy Under Secretary of Defense for Installations and Environment	国防部主管设施与环境的副部长帮办
DUSD (L&MR)	Deputy Under Secretary of Defense for Logistics and Material Readiness	国防部主管后勤与物资战备的副部长帮办
DWCF	Defense Working Capital Fund	国防工作基建资金
E2O	Expeditionary Energy Office	（美国海军陆战队）远征能源办公室
E2W2	Expeditionary Energy, Water and Waste	远征能源、水和垃圾
E2W2 ICD	Expeditionary Energy, Water and Waste Initial Capabilities Document	远征能源、水、垃圾初始能力文件
ECIP	Energy Conservation Investment Program	能源节约投资计划
ECU	Environment Control Unit	环境控制单元
EISA 2007	Energy Independence and Security Act of 2007	《2007 年能源独立与安全法》
EEIM	Enterprise Energy Information Management	企业能源信息管理系统
EMESB	Expandable Modular Energy Storage Battery	可扩展式模块化储能电池
EO	Executive Order	总统行政令
EPAct 1992	The Energy Policy Act of 1992	《1992 年能源政策法》
EPAct 2005	The Energy Policy Act of 2005	《2005 年能源政策法》
EPCA 1975	Energy Policy and Conservation Act of 1975	《1975 年能源政策与节约法》
ESPCs	Energy Savings Performance Contracts	节能绩效合同
ESTF	Energy Security Task Force	（美国国防部）能源安全特别工作组
EUL	Enhanced Use Lease	增强型土地使用租约
FARPs	Forward Arming and Refueling Points	前进装备与燃料补给点
FBCF	Fully Burdened Cost of Fuel	燃料全负担成本
FEMP	Federal Energy Management Program	（能源部）联邦能源管理计划

续表

缩略语	英文全称	中文译名
FOBs	Forward Operating Bases	前进作战基地
FY	Fiscal Year	财年
FYDP	Future Years Defense Program	未来多年度国防计划
GAO	Government Accountability Office	（美国国会）政府问责办公室
GME	Garrison Mobile Equipment	卫戍机动装备
GPMD	Gallons Per Marine Per Day	陆战队每名士兵日消耗加仑总数
GREENS	Ground Renewable Expeditionary Energy Systems	地面可再生远征能源系统
GSA	General Services Administration	［美］总务管理局
GW	gigawatt	吉瓦
HESM	Hybrid Energy Storage Module	混合储能模块
HRJ	Hydro-treated Renewable Jet	加氢处理可再生航空燃料
HVAC	Heating, Ventilation and Air Conditioning	供暖、通风与空气调节系统
ICC	（DoD）Installations Capabilities Council	（国防部）军事设施能力委员会
ICD	Initial Capabilities Document	初始能力文件
i-ENCON	Incentivized Energy Conservation Program	有奖节能计划
ISPDS	Integrated Soldier Power/Data System	单兵电源/数据集成系统
iSTAR	Installation Statistics, Analytics and Reporting	设施数据统计、分析方法和报告程序
JCIDS	Joint Capabilities Integration and Development System	联合能力集成与开发系统
JROC	Joint Requirements Oversight Council	联合需求监督员委员会
KPP	Key Performance Parameter	关键效能参数
LEED	Leadership in Energy and Environmental Design	能源与环境设计先锋
LOGCAP	Logistics Civilian Augmentation Program	后勤民事增补计划
MAGTF	Marine Air-Ground Task Force	海军陆战队空地特遣队
M-ATV	Mines Resistant All-Terrain Vehicle	防雷全地形车
MCICOM	Marine Corps Installations Command	海军陆战队军事设施司令部
MEB	Marines Expeditionary Brigade	海军陆战队远征旅
MEF	Marines Expeditionary Force	海军陆战队远征军

续表

缩略语	英文全称	中文译名
MPG	Miles Per Gallon	每加仑英里数
MRAP	Mines Resistant Ambush Protected	防雷反伏击
MROC	Marine Requirements Oversight Council	陆战队需求监督委员会
MUBC	Modular Universal Battery Charger	模块化通用充电器
MW	megawatt	兆瓦
NECPA 1978	National Energy Conservation Policy Act of 1978	《1978 年国家节能政策法案》
OASD (OEPP)	Office of Assistant Secretary of Defense for Operational Energy Plans and Programs	作战能源规划与项目助理国防部长办公室
ODUSD (I&E)	Office of the Deputy Under Secretary of Defense (Installations & Environment)	国防部副部长（设施与环境）帮办办公室
OECIF	Operational Energy Capability Improvement Fund	作战能源能力改进基金
OEPP	Operational Energy Plans and Programs	作战能源规划与项目
OES	Operational Energy Strategy	（国防部）《作战能源战略》
OUSD (AT&L)	Office of the Under Secretary of Defense for Acquisition, Technology and Logistics	国防部副部长（采办、技术与后勤）办公室
PM-E2S2	Project Manager for Expeditionary Energy and Sustainment Systems	远征能源与持续保障系统项目经理
PM-MEP	Project Manager Mobile Electric Power	移动电源项目经理
POM	Program Objective Memorandum	《项目目标备忘录》
PPA	Power Purchase Agreement	购电协议
PPBES	Planning, Programming, Budgeting, and Execution System	规划、计划、预算和执行系统
RDT&E	Research, Development, Test & Evaluation	研究、开发、测试和评估
RECs	Renewable Energy Credits	可再生能源信用额度
RECs	Renewable Energy Certificates	可再生能源证书
REF	Rapid Equipping Force	快速装备部队
REPPS	Rucksack Enhanced Portable Power System	背包式增强型便携电源系统
SEC	Senior Energy Council	（美国陆军）高级能源理事会
SEP	Soldier Enhancement Program	士兵增强项目

续表

缩略语	英文全称	中文译名
SFG	Senior Focus Group	（美国空军）能源高级焦点小组
SPACES	Solar Portable Alternative Communications Energy System	太阳能便携式替代通信能源系统
SPIDERS	Smart Power Infrastructure Demonstration for Energy Reliability and Security	能源可靠性和安全性智能电力设施示范工程
SPM	Squad Power Manager	班用电源管理师
SSPP	Strategic Sustainability Performance Plan	《战略可持续性绩效计划》
STORM	Synthetic Theater Operations Research Model	合成战区作战研究模型
SuperCLU	Super Containerized Living Units	超级集装箱化居住单元
SWIPES	Soldier Worn Integrated Power Equipment System	单兵穿戴式集成电源装备系统
TARDEC	Army Tank Automotive Research Development and Engineering Center	陆军坦克车辆研发和工程中心
TPEC	Tactical Power and Environmental Control	战术电源和环境控制系统
UESCs	Utilities Energy Service Contracts	公用能源服务合同
USA	United States Army	美国陆军
USAF	United States Air Force	美国空军
USC	United States Code	《美国法典》
USD（AT&L）	Under Secretary of Defense for Acquisition，Technology，and Logistics	国防部副部长（采办、技术与后勤）
USD（C））／CFO	Under Secretary of Defense（Comptroller）／（Chief Financial Officer）	国防部副部长（审计长）／（首席财务官）
USGBC	U. S. Green Building Council	美国绿色建筑委员会
USMC	United States Marine Corps	美国海军陆战队
USN	United States Navy	美国海军
V2G	Vehicle-to-Grid	汽车到电网
VCJCS	Vice Chairman of the Joint Chiefs of Staff	美国参谋长联席会议副主席
VTP	Vehicle Technologies Program	车辆技术研发项目

绪 论

第一节 美军能源战略的基本概念

本课题的研究对象是美军能源战略。在开篇之际，我们首先要对本课题涉及的一些重要概念进行清晰的界定，以避免不必要的混淆。

一、“美军”的概念

“美军”是美国武装力量的统称，由美国陆军、空军、海军、海军陆战队和海岸警卫队组成。本课题涉及的所谓“美军”，主要指美国国防部及其所属的美国陆军、美国海军、美国空军和美国海军陆战队。根据美国法律，海岸警卫队虽属美国武装力量的一部分，但平时隶属于国土安全部，战时才改隶国防部。因此，本课题将其排除在外。在讨论特定军兵种（如美国陆军）的能源战略时，“美军”一词也特指该军兵种。此外，本课题中还将经常使用与此相关的两个术语：一是“国防部各组成部门”（DoD Components）。该术语是美军常用的一个统称，一般指国防部长办公室（OSD）、各军种部、参联会主席办公室和联合参谋部、各作战司令部、国防部总监察长办公室、国防部直属局和专业机构以及国防部所有其他组织实体。[①] 二是“各军兵种”（Military Services）。这也是美军常用的一个统称，特指美国陆军、美国空军、美国海军和美国海军陆战队。由于本书

① USD（AT&L），*Department of Defense Directive DoDD* 4180.01，April 16，2014 p. 1.

将涉及美国太平洋司令部的能源战略与变革行动，因此，“美军”的概念也涵盖联合作战司令部。

二、“军事能源”的概念

“军事能源”，也可称“军用能源”，顾名思义，就是指用于军事目的的能源。[①] 美国空军给“能源”一词所下的定义是：“任何可利用的动力，包括但不限于利用煤炭、石油产品、蒸汽、天然气、丙烷、军事作战燃料与推进剂、替代燃料以及太阳能、风能、地热能、核能等替代和可再生能源品种生产的电力和动力。”[②] 这一定义不仅包含传统化石能源（如石油、天然气、煤炭），也包括替代能源和可再生能源。美国陆军认为，“能源”是“一种物理系统作工的能量。能源有几种存在形式，如热能、动能、机械能或电能。在军事领域，重要的能源品种包括石油、煤炭、可再生能源和核能”。[③] 美国国防部将“能源”界定为各种燃料和可再生能源。燃料是指石油、天然气、煤和焦碳中的任何一种。其中“石油”一词涵盖天然或人工合成石油、天然或人工合成石油的混合物以及从上述两类石油中提炼或衍生出来的产品。现代燃料还包括其他能源形式，如核燃料。可再生能源系指从下述可再生来源生产的能源：（1）太阳能（包括电力）；（2）风能；（3）生物质能；（4）垃圾填埋气；（5）海洋能（包括潮汐能、波浪能、洋流能和热能）；（6）地热能（包括发电和热泵）；（7）城市固体垃圾；（8）通过提高现有水电项目的发电效率或增加发电装机容量实现的新增水力发电能力（特指 1999 年 1 月 1 日以后新增的水电产能）；（9）由上述任何一种品种生产的热能。[④] 不论是何种能源品种，美军使用的最基本、最广泛的两种能源形式还是石油燃料和电力。

迄今为止，无论是机械化装备所需的动能还是信息化武器系统所需的电能，主要还是由传统的化石燃料直接或间接转化而成。然而，随着常规

---

① 陈心中、徐润君：《军事能源的发展与学科构建》，《后勤学术》1998 年第 6 期（总第 227 期）。

② U. S. Air Force, *U. S. Air Force Energy Strategic Plan*, March 2013, p. 21.

③ U. S Army, *Power and Energy Strategy Whiter Paper*, April 1, 2010, p. 4.

④ National Defense Authorization Act for FY 2012, PUBLIC LAW 112 - 81, DEC. 31, 2011, 125 STAT. 1690 - 1691.

化石能源的日益减少、新能源技术的发展以及世界军事能源战略转型的不断推进，替代/可再生能源在军事能源中的比重正在快速上升，地位日益重要。新一轮军事能源变革和战略转型在很大程度上就是从传统化石能源，特别是石油，转向更加清洁（绿色、环保、节能、低碳）、可持续的替代/可再生能源的过程。

历史上，美国国防部把所用能源大致分为三类：设施能源（Facility Energy）、机动能源（Mobility Energy）和加工能源（Process Energy）。“设施能源”指国防部军事设施用能，包括建筑和设施用能。“机动能源”也称“车辆和设备能源”，主要指用于交通运输和武器系统的能源。“加工能源”是指国防部拥有和/或经营的工业设施用能。①

为了更有针对性地加强能源管理，近年来，美国国防部把所用能源划分为“设施能源”（Installation/Facility Energy）和“作战能源”（Operational Energy）两大类别。“设施能源”系指各种固定军事设施（Fixed Installations）和持久性据点（Enduring Locations）所使用的能源（主要是电），包括非战术车辆（美国本土基地的各种保障车辆和卡车）所使用的能源（主要是燃料）。此类能源不计入作战能源的统计范围。② 美国国防部2014年发布的《国防部能源政策》给“设施能源（Facility Energy）”所下的定义是：“为固定设施（Fixed Installation）和非战术车辆提供动力所需要的能源。此种能源包括来自电网和设施现地生产的能源品种。”③ 设施能源主要包括用于供暖、制冷以及向大楼供电的传统能源品种。需要指出的是，美国国防部把固定设施内用于训练军事人员的能源也视为作战能源。

“作战能源”是美国《2009财年国防授权法》首次正式使用的一个军事术语。该法案将“作战能源”界定为“训练、运输和持续保障部队以及军事行动中使用的武器平台所需能源。该术语包括战术供电系统、发电机以及武器平台所使用的能源”。④ 通俗地讲，作战能源就是部队在训练期间

---

① Jeffrey A. Drezner and Melissa Bradley, *A Survey of DoD Facility Energy Management Capabilities*, Prepared for the Office of the Secretary of Defense by RAND's National Defense Research Institute, 1998, p. 1.

② Congressional Research Service, *Department of Defense Energy Initiatives: Background and Issues for Congress*, CRS Report for Congress, Dec. 10, 2012, p. 4.

③ USD (AT&L), *Department of Defense Directive DoDD* 4180. 01, April 16, 2014, p. 11.

④ National Defense Authorization Act for Fiscal Year 2009, PL 110 - 417, OCT. 14, 2008, 122 Stat. 4420.

和野战条件下执行日常使命任务所使用的能源，主要包括军用飞机、军舰、坦克、卡车等武器装备以及前进作战基地发电机发电所消耗的燃料。在实践中，凡是为完成各项军事任务所实施的军事部署、对军事部署的直接支持以及为支持军事部署而开展的部队战备训练的用能，均被美国国防部视为作战能源。[①] 用于直接支持当前美军海外远征性军事行动的能源，包括整个供应链的后勤保障和战区内能源消耗，都可视为作战能源的下属类别。[②] 作战能源不包括美军基地内各类小型设施所消耗的能源，除非是用于直接保障军事行动的设施和任务。非战术车辆所消耗的燃料也不包括在作战能源的统计范围之内。2010 年《四年防务评估报告》和《2012 财年国防授权法》[③] 均沿用了这一定义。目前，“作战能源”的定义已经被写入《美国法典》第 10 编第 2924（5）节。[④]

应该指出，美国国防部对作战能源和设施能源的区分并不总是非常清楚的。例如，美国本土某个军事基地作为海外无人机作战的基站，基地内无人机操作行动所用能源即可视为作战能源。目前，美国国防部正在制定相关规定，按照作战能源和设施能源对各种活动进行明确分类。

值得一提的是，美国国防部在 2014 年发布的《国防部能源政策》中还使用了“国防能源”（Defense Energy）一词，并将其定义为“作战能源、设施能源以及在任务保障中与能源相关的各种要素”。[⑤] 显然，“国防能源”的概念比“军事能源”更加宽泛。本课题将“军事能源”界定为一切用于军事目的的能源，主要包括“作战能源”和“设施能源”两大类别。

三、“战略”的概念

美军对于“战略”的概念有统一的界定。美国海军陆战队在其条令

---

① U. S. Department of Defense, *Energy for the Warfighter: Operational Energy Strategy*, May 2011, p. 3.

② National Defense Authorization Act for Fiscal Year 2009, p. 122.

③ National Defense Authorization Act for Fiscal Year 2012, PL 112 - 81, DEC. 31, 2011, 125 STAT. 1690.

④ 10 U. S. Code § 2924 - Definition.

⑤ Department of Defense Directive, *DoDD* 4180. 01—*DoD Energy Policy*, April 16, 2014.

《战略》中指出："战略，从宽泛意义上定义，就是将目的与手段相关联的过程。这个过程应用于特殊的目的和手段，就产生了战略，即运用特定的手段实现特定目的的一个具体途径。因此，战略既是一个过程，也是一种产物。"① 2002年版《美国国防部军语术语与相关术语词典》（以下简称《美国国防部军语词典》）给"战略"一词所下的定义是："协同发展和运用各种国家力量手段，达到战区、国家和/或多国目标的艺术和科学。"②该定义将"战略"认定为一种讲究谋略的艺术，同时又是一门有规律可循的科学。2010年版《美国国防部军语词典》（更新至2015年）对"战略"一词的概念进行了重新表述，即"协同运用各种国家力量手段，以达成战区、国家和（或）多国目标的一种或一整套审慎的思想"。③ 该定义将"战略"视为"一种或一整套审慎的思想"，也就是谋略或构想。

基于美军能源战略的理论和实践，本课题将"战略"界定为："协同运用各种国家力量手段，以达成国家、军兵种、战区目标的谋略或构想。"这种谋略或构想既是一种艺术，也是一门科学。战略具有全局性、对抗性、谋略性、相对稳定性等特点。

四、"美军能源战略"的概念

美国拥有一个完整的战略体系。这一体系大致由四个层次构成：第一层次是国家安全战略；第二层次是国防战略；第三层次是国家军事战略；第四层次是军种战略和战区战略。"美军能源战略"是本课题自创的一个概念。《美国国防部军语词典》中并无这一专门术语。美国传统的国家战略体系也未纳入这一战略。美军能源战略属于一种特殊领域的战略，它从能源领域对美国国家安全战略、国防战略、国家军事战略、战区/军种战略起支撑作用。本课题将其界定为："美军为落实美国国会能源立法、总统行政令及相关法律法规，支持美国国家安全战略、国防战略和国家军事

---

① U. S. Marine Corps. *Strategy*. Marine Corps Doctrinal Publication (MCDP) 1-1, 12 November 1997, p. 37.

② U. S. *Department of Defense Dictionary of Military and Associated Terms*, 12 April 2001 (As Amended Through 23 January 2002), p. 417.

③ U. S. *Department of Defense Dictionary of Military and Associated Terms*, 8 November 2010, p. 229.

战略目标，确保其当前和未来军事活动和行动能源安全而制订的总体构想。”

美军能源战略是一个体系，包含美国国防部、各军兵种、各战区等各个层面、各个部门制订的能源战略。本课题主要关注前两个层面，即国防部层次和军（兵）种层面，同时以美国太平洋司令部为例兼顾战区层面。国防部层面的能源战略位居国家军事战略之后、军种战略和战区战略之前，相当于美国战略体系的第四层次。该层面的能源战略可界定为：“由美国国防部常务副部长批准，为落实美国国会的能源立法、总统行政令及相关法律法规，支持国家安全战略、国防战略和国家军事战略目标，确保国防部当前和未来军事活动和行动的能源安全而制订的总体构想。”国防部能源战略由主管设施能源和主管作战能源规划与项目的助理国防部长分别拟订（2015 年 1 月两个机构合并后由主管设施能源的助理国防部长帮办和主管作战能源的助理国防部长帮办分别拟定，再由主管能源、设施和环境的助理国防部长审定），经主管采办、技术与后勤的国防部副部长审定，最终由国防部常务副部长批准。国防部能源战略的目的是为国防部各组成部门（包括各军兵种）确定一个共同努力方向，提供宏观的指导意见和相应的资金支持，并加以监督、评估和协调。在战略实施过程中，美国国防部采取非集中式的管理办法，即允许各军兵种根据不同的角色和使命任务灵活地制订本军种的能源战略、实施计划和政策措施，实现联邦政府和国防部确定的能源政策目标。由于美国各军兵种在美国国防部 2010 年和 2011 年先后公布设施能源战略和《作战能源战略》之前已经制订和实施了各自的能源战略和计划，因此，美国国防部能源战略更多的是发挥指导和协调作用，以避免各军种盲目竞争、重复建设和资源浪费。

军（兵）种层面的能源战略属于特殊领域的军种战略，处于美国战略体系的第五层次。本课题将军种能源战略界定为：“由军种部长和军种参谋长（海军为作战部长，海军陆战队为司令）或者相关主管批准，为落实联邦政府和国防部能源战略目标和政策指令，支持国家安全战略、国防战略、国家军事战略和军种战略目标，确保本军种当前和未来军事活动和行动能源安全而制订的总体构想。”

战区层面的能源战略与军种能源战略相类似，属于特殊领域的战区战略，处于美国战略体系的第五层次。本课题将战区能源战略界定为：“由联合作战司令部相关主管（如美国太平洋司令部为参谋长）批准，为落实联邦政府和驻区所在地政府能源法令以及国防部能源战略目标和政策指令，支持国家安全战略、国防战略、国家军事战略和战区战略目标，确保本战区当前和未来军事活动和行动能源安全而制订的总体构想。”

需要指出的是，美国各军兵种未必使用“战略”（strategy）一词来指称其能源战略。美国国防部以及美国陆军、美国空军和美国海军陆战队以及美国太平洋司令部直接使用“战略”一词来表达各自的能源战略，并制订了相应的“计划”（plan/program）来落实其能源战略目标。美国海军部和美国海军分别使用“战略路径”（strategic approach）和“构想”（vision）来指称各自的能源战略，并在此基础上制订能源计划（program）。不论是“strategy”，还是“vision”，抑或是“strategic approach”，这些纲领性文件实质上代表了各军种的能源战略。

第二节　本课题的研究对象和研究内容

开展美军能源战略研究，必先明确研究的对象和内容，这是开展深入研究的前提和基础。目前，国内有关美军能源战略的理论性研究不多，可供参考和借鉴的成果较少，对这些基础性问题缺乏足够的认知。因此，本节着重探讨这两个基本问题。

一、研究对象

军事能源战略研究通常以一国军队实现和维护其军事能源安全和发展状态为研究对象。这里涉及两个核心问题：一是能源安全状态，即什么样的能源状态是安全的；二是能源发展状态，即军事能源应朝哪个方向发展，如何发展，发展到何种程度。① 既然是研究美军能源战略，那么，我们首先必须了解美军的能源安全状态。具体地说，就是美军能源使用现状如何？面临哪些重大的安全风险和挑战？美国国防部如何认定其能源安全状态？这是分析和判断美军为什么要制订能源战略、推动能源变革和战略

① 胡智刚：《军事能源战略研究的基础》，《后勤学术》2009 年第 7 期。

转型的基本依据。其次是了解美军能源发展状态，即美军如何应对其能源安全面临的风险和挑战？制订了什么样的能源战略？提出了什么样的指导思想、能源愿景和战略目标？通过何种途径和手段来实现这些目标？

本课题以新世纪以来美国国防部、各军兵种和美国太平洋司令部出台的能源战略为研究对象，旨在全面审视美军能源消费现状，深刻揭示其能源安全面临的风险和挑战，追溯美军新一轮能源变革和战略转型的演变历程和发展动力，重点解析美军能源战略的基本内容和主要变革行动，分析美军能源战略的成效、不足和影响，总结归纳其特点，展望其调整趋势和发展前景，在此基础上提出其对我军的启示和借鉴意义。

二、研究内容

关于“战略”的内容或构成要素，各种著述观点不尽相同。曾任肯尼迪政府参联会主席的马克斯威尔·泰勒（Maxwell D. Taylor）认为，战略总是由目标、途径和手段构成。用公式表示就是：战略 = 目的（Objectives）+途径（Ways）+手段（Means）。[①]“战略”就是目标、途径和手段的综合体。战略目标是为国家政策服务的；战略手段是达成目标可资利用的各种力量；战略途径是对战略手段的具体运用。[②] 我国学者认为，就战略的本质特性和社会功能而言，战略的基本要素通常包括战略目的、战略任务、战略方针和战略手段。战略目的是国家为了实现总的政治目标而对军事斗争提出的基本要求，是一定时期内军事斗争的基本指向和在全局上所要达到的最终结果，主要解决“为什么”的问题。它既是制订战略的出发点，也是战略实施的归宿点。它决定着军事力量运用和建设的方向与目标。战略任务是对战略目的的具体化，是达成战略目的所需解决的重大问题，主要解决“做什么”的问题。战略目的和战略任务相互关联、相辅相成。战略方针是指导军事斗争和军事力量建设全局的总纲领和总原则。它规定完成战略任务、实现战略目的的基本途径，明确军事斗争和军事力量建设的重点、主要战略方向和相应的战略部署等，主要解决“怎么做”的问题。战略手段是达成战略目的、运用军事力量的方式和方法。它主要

---

① 转引自蔡华堂：《美国国家安全战略析论》，北京：海潮出版社，2014 年版，第 6 页。

② 同上书，第 9 页。

解决“用什么做”即进行军事斗争和如何进行军事斗争的问题，是战略指导者根据既定的战略目的、战略任务和战略方针的要求，使用军事力量，开展军事斗争的具体行动。战略目的、战略任务和战略方针是战略行动的方向、目标、纲领和准则，但还不是行动本身，只有通过战略手段，才能将其付诸实施，使其得以贯彻落实。[①] 这四个要素作为一个有机的整体，共同构成一个完整的战略框架。它们相辅相成、不可或缺，只有通过相互之间的最佳组合，才能实现最佳效果。战略的运行是一个由“战略判断—战略决策—战略规划—战略实施—战略评估”五个基本环节构成的一个循环过程。五个环节紧密联系、互相制约、不可分割。[②]

研究美军能源战略，就是要运用上述战略思维，对美军能源战略涉及的相关问题进行全面考察和系统研究，把美军实现和维护其军事能源安全和能源发展的一系列活动作为研究内容。具体地说，本课题主要探讨三个方面的问题：

一是“是什么”的问题，即什么是美军能源战略？包括哪些构成要素和影响因素？如上所述，美军能源战略是美国国防部、各军兵种和美国太平洋司令部为落实美国联邦政府（和驻区地方政府）与能源相关的法律法规，支持国家安全战略、国防战略、国家军事战略、军种战略或战区战略目标，确保美军当前和未来军事活动和行动的能源安全而制订的总体构想。美军能源战略是一个体系，包括国防部、军（兵）种、各战区等多个层面。本课题重点审视前两个层面，即国防部和军（兵）种能源战略，同时以美国太平洋司令部为例，兼顾战区能源战略。美军能源管理包括作战能源和设施能源两大类。因此，不论是国防部能源战略，还是军种性能源战略，抑或是战区性能源战略，实际上都包含作战能源和设施能源两部分内容，只是表现形式和程度不同而已。

目前，在美国国防部能源消耗总量中，作战能源约占 75%，设施能源约占 25%。[③] 长期以来，美国各军兵种（除海军陆战队外）都把能源管理的重点置于设施能源而非作战能源之上。其原因是，美国政府对联邦机构

---

① 李建永主编：《军事战略》，军事交通学院，2003 年版，第 15—30 页。

② 同上书，第 2 页。

③ U. S. Department of Defense, *Energy for the Warfighter: Operational Energy Strategy*, May 2011, p. 3.

的设施能源管理有一系列法律法规，美国国防部作为联邦机构之一必须落实联邦能源和环境法令，对设施能源进行严格的管理。因此，美军设施能源管理历史悠久，成效卓著。但是，占美军能源消耗总量四分之三的作战能源，出于确保战斗力的考虑，历来被免于执行美国联邦政府的能源和环境法令，因而没有纳入美国国防部能源管理范围，能源浪费比较严重。新世纪以来，美军作战能源面临种种风险和挑战，迫切需要推动能源变革和战略转型。因此，美国国防部把能源变革的重点置于作战能源之上。从某种意义上讲，美军能源战略的实质是推进作战能源的变革和战略转型，尤其是摆脱对以石油为核心的化石燃料的过度依赖。因此，本课题将重点关注美军作战能源战略及其变革行动，同时兼顾设施能源战略及其变革行动。

基于美军能源战略的实践，本课题认为，美国国防部和各军兵种能源战略的构成要素一般包括战略愿景、战略目标、战略任务、战略途径和战略手段。战略愿景和战略目标是美军能源战略所要达到的最终结果或状态。战略任务是美军为达成其能源战略愿景和总目标所要解决的重大问题。战略途径是美军实现其能源战略目标所采取的方式方法。战略手段是美军达成战略目标所运用的各种力量和工具。这些构成要素将是本课题的考察重点。需要指出的是，军事能源战略毕竟是新生事物，美军也处于摸索之中。因此，美国国防部和各军兵种制订的能源战略未必包含上述全部要素。本课题将依据美国国防部、各军兵种和美国太平洋司令部所公布的能源战略和实施计划，对其能源战略的基本内容进行全面的、实事求是的考察和解析。

二是“为什么”的问题，即美军为什么要制订能源战略？受到哪些内外因素的驱动？换言之，美国国防部、各军兵种和美国太平洋司令部能源消费到底处于何种现状？面临哪些能源安全风险和挑战？制订能源战略的动力何在？希望解决什么问题？达到什么目的？本课题将通过分析美国国防部、各军兵种和美国太平洋司令部能源使用现状、审视其能源安全面临的种种挑战、追溯美军能源变革的演进历程来深刻揭示美军能源战略的动力及其所要解决的问题。

三是“怎么做”的问题，即美军制订了什么样的能源战略？确定了哪些目标？采取了哪些变革行动？通过什么途径、方法和手段？取得了哪些成效？存在哪些不足？产生了哪些影响？有什么特点和规律？未来发展趋势如何？这是研究美军能源战略的重点。本课题将通过研读美国国防部、各军兵种和美国太平洋司令部公布的能源战略和实施计划、国防部历年《能源管理年度报告》和《作战能源年度报告》、国防部和各军兵种以及美国太平洋司令部的能源政策、国会政府问责办公室评估报告、国会相关研究报告、国防部提交国会的证词、著名学术机构公布的研究报告等大量一手资料，全面、客观、系统、深入地解析美国国防部和各军兵种以及美国太平洋司令部能源战略的基本内容和变革行动，评估美军能源战略的成效、不足和影响，总结归纳美军能源战略的基本特点，展望美军能源战略的发展前景。

在对上述三个问题进行系统研究的基础上，本课题将结合我国所面临的军事能源安全挑战和国家相关政策目标，提出美军能源战略对我国的启示和借鉴意义。

第三节 本课题的研究目的和意义

一、研究目的

（一）揭示世界新一轮军事能源变革的潮流和趋势

军事能源变革是20世纪以来世界各军事大国高度关注和精心谋划的战略性问题。能源，特别是石油和电力，是现代战争的“血液”，也是未来战争的“锁链”。能源供应一旦中断，无论是被敌方切断还是因发生天灾人祸而中断，军事行动就无法实施或继续，先进的武器装备就会变成一堆废铜烂铁，战争胜败不言而喻。在20世纪人类战争史上，因能源供应中断而战败的案例不胜枚举，教训十分惨痛。更为重要的是，以石油为主体的传统能源具有不可再生性，人类迟早要告别化石燃料。因此，寻找军事能源的新出路就成为军事大国尤其是霸权国家追求的战略重点。可以说，谁先找到未来战争的主导能源，谁就能首先摆脱石油这条“锁链”的束缚，谁就能赢得未来战争的主导权。

传统能源的不可再生性、国际油价大幅飙升、军费开支持续增加、战场燃料补给线频频遭袭、能源使用带来的环境污染和气候变化、商业电网事故导致的供电中断等问题，给传统的军事能源消费和保障方式提出了一系列严峻的挑战。为此，世界各国正在积极寻求军事能源变革。美军率先启动了新一轮能源变革，以抢占世界军事能源战略转型的制高点，谋取相对于其当前和潜在对手的技术优势。作为一个崛起中的大国，我国面临同样严峻而复杂的军事能源安全挑战，迫切需要研究和掌握先进军事大国的能源变革动向，把握世界军事能源战略转型的潮流和趋势，不失时机地迎头赶上甚至实现弯道超车。如果我们不对军事强国的能源变革进行全面、系统、深入的研究，就难以认清世界军事能源变革的潮流和趋势，也就难以把握世界军事能源变革所隐含的机遇，更难以在未来战争中赢得战略和战术主动权。

（二）全面解析美军能源战略体系和变革行动

美国是世界上第一大军事强国。为了维持其全球霸主地位，美国始终不渝地追求军事变革，以谋求超越其对手的绝对优势，实现其独霸全球的战略目的。作为一支全球部署、全球作战的庞大的现代化军队，美军武器装备先进，能源消耗量巨大，对石油和电力依赖尤其严重。过度依赖能源给美军带来了一系列战术性、财政性、战略性、环境性和商业电网性风险与挑战。进入新世纪以来，特别是伊拉克战争和阿富汗战争以来，美军石油消耗大幅增加，燃料开支持续上升，战场燃料运输伤亡惨重，能源成为美军的致命“软肋”。与此同时，国际油价持续飙升，导致美军能源开支成倍增长，严重冲击美国国防部的财政预算，危及美国的国家安全、能源安全和经济安全。此外，作为美国联邦政府中能源消耗量最大的机构，美军过度使用能源产生了大量温室气体，对环境安全和生态安全带来了严重影响。当前，美国国防部正在努力建设一支机动性更强、杀伤力更大、敏捷性更高的21世纪军队。如何实现其军事变革的战略目标与巨大的能源需求之间的平衡，在减少能源消耗特别是对石油依赖的同时提升美军整体作战能力，是摆在美国国防部面前的一个战略性问题。能源既是美军战斗力的关键性赋能要素和力量倍增器，也是美军战斗力的一种制约因素。美军领导人认为，不重视创新的国家必然丧失经济优势，不重视创新的军队则必然丧失战略优势。[①] 要实现其国家安全战略、国防战略和国家军事战略

① Joshua Reichert, et al, *From Barracks to the Battlefield—Clean Energy Innovation and America's Armed Forces*, The Pew Project on National Security, Energy and Climate, 2011, p. 12.

目标，就必须全面推进能源变革，改变其能源价值观和能源使用方式。

为了应对种种挑战、落实美国政府出台的与能源和环境相关的法令，美军从1999年起启动了新一轮能源变革和战略转型，并于2010年和2011年正式将设施能源和作战能源提升到战略的高度来加以谋划，力图通过节能减排、提高能效、发展替代/可再生能源、研发先进能源技术、打造能源文化等变革行动，减少对石油等化石燃料的依赖，平衡其能源消费结构，降低能源开支，提升能源恢复能力，可持续地保障其当前和未来的军事能源安全。经过十几年的不懈努力，美军已经建立了一个完整的能源战略体系，形成了一整套行之有效的政策和制度，开展了形形色色的能源变革和创新活动，有效地提升了其能源保障能力和战斗效能。在美国全面推进“亚太再平衡”战略的大背景之下，美军能源战略的成功实施对我军形成了巨大的战略战术优势，直接威胁我国家安全、军事安全和能源安全。虽然2017年1月特朗普入主白宫以后基本抛弃了“亚太再平衡”战略，但是，作为霸权主义国家，美国遏制中国的决心不会从根本上改变。知彼知己，百战不殆。为打赢未来可能发生的冲突和战争，我军必须全面掌握美军能源变革和战略转型的动态。目前，国内对美军新一轮能源变革和战略转型还没有给予足够的重视，现有研究也不够全面、系统、深入。因此，我们有必要加强对美军能源战略的系统性研究，全面掌握美军能源变革的背景动因、战略目标、战略任务、战略途径、战略手段、成效影响、发展前景等基本情况，总结归纳美军能源战略转型的特点和规律，有针对性地制定必要的反制措施。

（三）为我军制订能源战略、推进能源变革提供有益借鉴

当前，我军正处于深化国防和军队改革的伟大进程之中，正在为实现中华民族的“强国梦”“强军梦”而努力奋斗。我军迫切需要借鉴军事大国特别是美军的变革经验，加紧探索符合我军特点的新军事革命——包括军事能源变革——道路，提升我军“能打仗、打胜仗”所需要的核心军事能力，包括能源保障能力。目前，我军正处于机械化和信息化同步发展的时期。随着大批先进武器装备的研发和部署，我军能源需求大幅增加。未来，随着我国海外利益的不断拓展和海外保障基地的增多，我军将在很大程度上面临与美军相似的一系列与能源相关的风险和挑战。要有效应对这些风险和挑战，我军必须以强者为师，学习和借鉴美军能源变革和战略转

型的经验教训，尽快制订军事能源战略和实施计划，加速推进符合我军特点的能源变革和战略转型，将能源考量尽快纳入国防建设和军队发展的各个环节（包括武器装备研发和采办），在提升我军核心军事能力的同时，确保可持续能源安全，把习主席提出的强军目标落到实处。因此，全面、系统、深入地研究美军能源战略不仅非常必要，而且极其紧迫。

二、研究意义

美军能源战略是一个前沿性研究课题，着眼于跟踪和揭示世界军事能源变革的最新趋势和潮流，全面解析美军能源战略和变革行动，为我军能源变革提供有益的启示和借鉴。因此，本课题无论在理论层面上，还是在实践层面上，均具有重要的研究意义和参考价值。

（一）理论意义

军事能源战略是一个新兴的跨学科研究领域。它以一国军队实现和维护其军事能源安全和发展状态为研究对象，以实现和维护其军事能源安全和能源发展的一系列活动为研究内容。① 研究方法涉及军事战略学、军事装备学、国际关系学、能源经济学、生态政治学、决策学、管理学、历史学等多种学科的理论。目前，有关军事能源战略的研究刚刚起步，存在诸多不足，例如专业研究人才匮乏、研究内容和研究方法单一、研究成果不够丰富、理论体系亟待完善等。美军能源战略开启了世界军事能源战略的成功实践，为军事能源战略理论研究提供了极佳的案例和丰富的素材。研究美军能源战略，有利于我们明确军事能源战略研究的概念、性质、目的和任务，厘清军事能源战略研究的对象、内容和方法，总结归纳军事能源战略的实践经验，概括军事能源战略的基本理论，掌握军事能源战略研究的基本特点和规律，促进军事能源战略理论和学科体系的深入发展，为我军统帅机关和相关部门制订能源战略、推进能源变革和战略转型提供必要的理论支撑和方法指导。

① 胡智刚：《军事能源战略研究的基础》，《后勤学术》2009 年第 7 期。

（二）实践意义

研究美军能源战略不仅具有重要的理论价值，而且有着重大的现实意义和应用价值，主要体现在以下四个方面：

一是有助于我们全面掌握美军能源战略体系和能源变革动态，有效应对美军能源保障能力和战斗力提升对我军构成的战略战术挑战。如上所述，新世纪以来，受美军内部和外部、国内和国外各种因素的驱动，美军启动了新一轮军事能源变革，建立了完整的能源战略体系。这一体系既包括美国国防部层面的能源战略，也包括军兵种和战区层面的能源战略；既包括设施能源战略，也包括作战能源战略。在各级各部门能源战略的引领之下，美军上下正在轰轰烈烈地开展各种形式的能源变革和创新活动，积极谋求减少对石油和商业电网的过度依赖，实现可持续军事能源安全。经过十几年的不懈努力，美军能源变革已经取得显著的成效，有效地提升了其能源保障能力和战斗效能。落后就要挨打，这是一条颠扑不破的真理。美军是世界第一强手，也可能是我军的潜在对手。研究美军的能源战略，有助于我们全面了解美军能源消费现状及其面临的能源安全风险和挑战，正确理解美军新一轮能源变革的背景动因和发展历程；全面掌握美军能源战略体系，包括其战略目标、战略任务、战略途径、战略手段等基本要素以及美军能源决策体系、治理结构、政策举措、创新行动等；客观评判美军能源战略转型的成效、不足和影响，总结其特点和规律，预测其发展前景。只有对美军能源战略体系进行全面、系统、客观、深入的研究，我们才能准确研判美军能源保障能力和实际战斗力，在此基础上制定相应的措施，有效应对未来可能发生的军事冲突乃至战争。

二是有助于我军制订多重目标互动的综合性可持续能源战略，应对 21 世纪的多重挑战。与美军一样，我军严重依赖石油等传统化石能源。随着大批先进武器装备的研发与部署，我军能源需求特别是对石油和电力的依赖程度正在迅速上升。这意味着我军能源安全同样面临着巨大的风险和挑战，能源开支也将大幅增加。此外，军事活动的增加在消耗更多能源的同时还将排放更多的温室气体，给生态环境和气候变化带来更大的压力。为有效应对 21 世纪的种种挑战、全面履行新时代我军的历史使命和强军目标、落实我国能源战略和环境政策目标，我们必须研究和借鉴军事大国能源战略的先进理念，真正把能源作为一种战略资源、一种制约因素、一种核心赋能要素和力量倍增器来看待，将能源安全提升到战略高度来加以考量和规划，制订多重目标互动的可持续能源战略，努力摆脱对石油等化石能源的过度依赖。美军能源战略基于实战经验教训，兼顾能源安全、国家安全、经济安全、环境安全等多重目标，对我军各层级和各军兵种制订综合性可持续能源战略、加快中国特色军事能源变革步伐、提升我军能源保障能力和部队战斗力，均具有重要的启示和参考价值。

三是有助于我军创新能源决策和管理机制，制定行之有效的政策措施，推动能源变革的顺利进行。受管理观念、管理体制、能源结构、筹措方式等一系列体制性和结构性因素的制约，目前我军能源管理体制存在诸多问题①，与实现“能打仗、打胜仗”的强军目标有着不小的差距，亟待改革创新。但是，改革创新不能心血来潮、草率行事，必须在全面了解自身差距和不足的前提下，以开阔的视野和开放的胸襟积极地、有选择性地借鉴和吸收外军能源变革的先进经验和做法。美军能源变革注重制度创新、支持实战、打造未来部队、营造节能文化。经过多年的努力，美军从国防部到各军兵种到各战区再到各基地，已经形成了一个较为完善的能源决策和治理体系，拥有了较为成熟的能源战略和实施计划，制定了一整套行之有效的政策和激励机制，有效地促进了能源技术和管理创新，提升了能源保障能力和部队战斗力，节能文化已经蔚然成风。美军能源变革的成功经验，为我军的能源变革和战略转型提供了丰富的启示和借鉴。具体地说，开展美军能源战略研究有助于我军创新能源决策和管理体制，构建科学合理的能源治理网络，推动能源变革和战略转型的顺利进行；有助于我军制定行之有效的能源变革配套政策和措施，促进能源技术创新和投资，把节能增效、可再生/清洁/替代能源等低碳能源技术广泛应用到军力发展之中，在提高部队战斗力的同时，逐渐减少对石油等化石燃料的依赖；有助于我军加强能源文化建设，将能源考量融入战略决策、军事理论、部队编成、教育训练、武器研发、后勤保障、设施建设等军队建设的各个领域、各个环节、各项工作之中，强化全军官兵和文职人员的能源意识。

四是有助于我军深入研究如何提升野战部队的能源保障能力，如何加强关键性能源设施的保护和军事设施的能源恢复能力，同时学会寻找和攻

---

① 杨三成、刘邱丽、党连学：《军事能源战略转型研究》，《后勤学术》2013 年第 4 期；王福贵、张金岩：《军事能源一体化综合管理改革设想》，《后勤学术》2012 年第 7 期。

击作战对手的能源“软肋”。美军之所以推动能源变革和战略转型，一个很重要的原因就是在阿富汗和伊拉克战争中，美军燃料运输车队频频遭袭，人员和物资损失惨重，不仅严重影响部队的燃料补给和作战行动，而且还因需要增派部队护卫运输车队而削弱了作战力量。沉痛的教训让美军领导人深刻认识到能源变革的极端重要性。此外，美军基地越来越多地承担关键性作战任务，包括情报、监视、侦察甚至无人机作战行动。然而，商业电网的脆弱性时刻威胁着美军关键性使命任务的安全。为此，美军既把能源视为一种核心赋能要素、一种力量倍增器，也把它视为一种战斗力制约因素。美军能源战略的核心就是要减少对石油燃料和商业电网的过度依赖，确保当前和未来军事行动的能源安全。毫无疑问，在未来战争中，美军必然会将对手的关键性能源设施和燃料运输（补给）线作为战略性和战术性重点攻击目标加以打击破坏，以切断对手的能源供应，达到削弱对手作战能力甚至不战而屈人之兵的目的。因此，研究美军能源战略，有助于我军广泛汲取美军的经验教训，从攻防两方面研究对策，一方面注意加强我国关键性能源设施和燃料运输（补给）线的保护能力，制定必要的应急预案，发展能源恢复能力和野战发电能力，防范对手战时攻击我能源设施和燃料运输线，切断我能源供应，造成我国经济社会生活瘫痪、作战部队陷于被动挨打的局面；另一方面，深刻理解能源作为现代化、信息化军队的制约作用，加强研究如何寻找和攻击对手的能源“软肋”，以不对称的手段达到克敌制胜的目的。

第四节 本课题的国内外研究现状

一、国外研究现状

国外对美军能源变革的研究起步比较早，研究成果较为丰富，主要集中在美国。20 世纪末、21 世纪初以来，美国军内外发表了大量研究报告和各类论著，从部队转型、能源安全、国家安全、经济安全、环境安全等视角，分析美军依赖石油所带来的种种问题，探讨减少燃料消耗、节省能源开支、提升部队战斗力、增强能源安全的途径和方法。这些著述大致可分以下三类：

第一类是美国国防部和各军兵种完成的或相关智库受国防部委托完成的能源问题专题调研报告，旨在为美军能源变革和战略转型出谋划策。最具代表性的莫过于美国国防科学委员会（DSB）先后于2001年和2008年公布的两份研究报告。2001年报告题为《减轻燃料负担，提高作战能力》①，旨在研究美国国防部如何提高各类武器系统的能源效率，找出阻碍国防部认识和提高武器系统能效的制度性障碍。该报告详细地分析了战场燃料的真实成本，提出了一系列重大发现和国防部所应采取的行动。该报告是有关美军武器系统能源使用情况的第一份综合性研究报告，为美国国防部全面认识美军燃料使用效率问题、推动能源变革奠定了基础。第二份研究报告公布于2008年2月，题为《国防科学委员会国防部能源战略课题组研究报告："作战增加，燃料减少"》。② 该报告认为，美国国防部面临的能源挑战主要表现在两个方面：一是战场燃料需求量过高、增长过快，从而带来一系列问题；二是军事设施几乎完全依赖脆弱的商业电网及国家其他基础设施，使美军关键性使命和国土防御任务面临长时间电力供应中断的风险。报告提出了六大发现和五大建议，包括国防部所需采取的大量变革举措。这份报告对美国国防部制订首部《作战能源战略》产生了重大的影响。

2006年9月，美国独立科学咨询机构JASON公布了一份研究报告，题为《减少国防部对化石燃料的依赖》。③ 该报告旨在评估美国国防部利用先进技术减少化石燃料需求的途径。报告认为，未来25年内预计世界化石燃料产量不太可能出现长时间的短缺；美国国防部燃料开支尽管很高，但仅占国防总预算的2.5%～3%，因此不应成为一个主要的决策驱动因素；虽然武器系统设计的革命性备选方案已经处于早期阶段，但目前燃料节省效果最好的技术是实现柴油发电机的轻型化和现代化；国防部石油用量在美国石油消耗总量中不到2%，不足以驱动常规燃料或替代燃料市场。在此

---

① Office of the Under Secretary of Defense For Acquisition, Technology, and Logistics, *Report of the Defense Science Board on More Capable Warfighting through Reduced Burden*, 2001.

② Office of the Under Secretary of Defense For Acquisition, Technology, and Logistics, *Report of the Defense Science Board Task Force on DoD Energy Strategy: More Fight, Less Fuel*, Feb. 2008.

③ Paul Dimotakis et al., *Reducing DOD Fossil-Fuel Dependence*, JASON JSR - 06 - 135, Sep. 12, 2006.

基础上，报告提出了一系列降低燃料消耗的建议。

2007 年 4 月，美国著名政府咨询公司 LMI 完成了一份研究报告，题为《改变国防部的能源观——制订能源战略的路径》。[①] 该报告旨在为美国国防部制订能源战略找到一条路径。该报告发现了美军当前的能源消费做法与其战略目标的能力要求之间存在的差距，建议美国国防部直接采取三项行动。报告认为，美国国防部的能源转型必须从近期开始，改变当前的做法和解决传统武器装备问题，同时投资长期变革措施，实质性地改变未来的能源消费模式。LMI 建议采取分阶段的方法来减少对化石燃料和碳基燃料的依赖，并列出了一系列可供应用的能源技术。

此类研究还包括美国陆军工程兵 2005 年公布的研究报告——《能源趋势及其对美国陆军设施的影响》[②]、美国陆军协会地面战争研究所 2011 年公布的研究报告——《美国陆军能源安全与可持续性对国防的重要性》[③] 等。

第二类是军内外研究人员和能源问题专家发表的论著。例如，2007 年 8 月，美国空军伦耶尔（Gregory J. Lengyel）上校发表了一篇论文，题为《国防部能源战略：让老机构接受新事物》。[④] 该论文从美国国防部的角度分析了能源安全对国家安全的重要作用。论文指出，巨大的能源消耗、对有限能源资源日趋激烈的竞争、能源价格的不断上涨以及国防部缺乏一部综合性的能源战略，给美国国防部带来了种种隐患，包括燃料和电力供应中断以及外交政策和经济的脆弱性。因此，伦耶尔呼吁，美国国防部应制订一项综合性能源战略并建立一个组织结构来改善国家安全。这项战略包括领导作用和文化变革、促进创新和决策效率、减少需求、增加能源品种等。该论文是第一篇直接以美国国防部能源战略为研究对象的论文，所提建议受到了美国国防部的重视。

2009 年 3 月，美国海军陆战队法雷尔（Michael Farrell）中校发表的硕

---

① LMI, *Transforming the Way DOD Looks at Energy—An Approach to Establishing an Energy Strategy*, 2007.

② Army Corps of Engineers, *Energy Trends and Their Implications for US Army Installations*, 2005.

③ AUSA, *U. S. Army Energy Security and Sustainability: Vital to National Defense*. Torchbearer National Security Report by Institute of Land Warfare, Association of the United States Army, April 2011.

④ Gregory J. Lengyel, *Department of Defense Energy Strategy—Teaching an Old Dog New Tricks*. The Brookings Institution, August 2007.

士论文——《走向绿色：扩大国防部在能源安全中的作用》①，从国家安全的角度出发，探讨了美国国防部在实现美国能源安全中的作用。论文认为，美国对化石燃料的依赖是一个极其严重的国家安全问题。美军能源消耗巨大，因而应在替代燃料和新能源研发和应用中走在最前列。目前，美国的能源安全政策目标没有明确体现在《国家安全战略》《国防战略》和《国家军事战略》等纲领性文件之中。论文提出，美国应把开发替代燃料和能源品种写入《国家安全战略》《国防战略》和《国家军事战略》之中。法雷尔建议，美国国防部应制订一个统一的国防部能源战略以减少对外国石油的依赖，并提出了一些具体的建议。

2010 年 3 月，美国空军后备役中校扎布洛基（Curtis Zablocki）发表了一篇硕士论文，题为《制订国防部能源战略》。② 该论文重点探讨了美国国防部制订能源战略的必要性以及所应确定的关键目标和途径。论文详细地分析了美国国防部巨大的能源消耗及其对美国当前和未来国家安全所产生的巨大影响，认为美国国防部应制订一项全面的能源战略。鉴于国防部能源政策存在互动不够、相互重叠的现象，论文提出，制订能源战略应注意协调性、全面性、一致性和综合性。

2006 年 2 月，美国空军中校霍尼切克（Michael J. Hornitschek）发表了一部专著，题为《没有石油的战争：推动真正的转型》。③ 该专著旨在探讨美国国防部在其承担的国家安全使命和小布什总统 2006 年提出的“先进能源倡议”框架内可以发挥一种什么样的战略性能源领导作用。作者首先讨论了当前和预测的全球能源/安全环境、美国联邦政府部门的能源角色以及国防部作为美国最大的单一能源用户和国家安全工具所应承担的独特责任。在此基础上，作者着重探讨如何让美国国防部发挥领导作用，立即制订一项切实可行的长期战略，逐渐实现取代石油作为主要能源品种的愿景，同时保持一切必要的战略和作战能力，以确保美国 2050 年后的安全。作者认为，通过展望和积极创建一支后石油时代的军队，美国国防部

① Michael Farrell, *Tough Guys Go Green: Expanding DoD's Role in Energy Security*. U. S. Army War College, 17 March 2009.

② Curtis Zablocki, *Crafting the Department of Defense Energy Strategy*. U. S. Army War College, 30 March 2010.

③ Michael J. Hornitschek, Lt Col, USA, *War Without Oil: A Catalyst For True Transformation*, Occasional Paper No. 56, Center for Strategy and Technology, Air University, 17 February 2006.

不仅可以在一个能源日益不安全和复杂的安全环境中确保美国式的战争方式和国家安全，而且还可以促使国防部作为变革的杠杆发挥作用，推动政府、工业界和私营经济部门成为一支积极的力量，创造一个更加安全的世界。

2007 年 12 月，美国海军研究院的哈尔克鲁（Stephanie D. Halcrow）发表了一份报告，题为《用于战场的绿色能源》。① 文章指出，为了减少能源消耗和对外国进口石油的依赖、降低温室气体排放，美军已经采用了许多可再生能源和替代能源品种，但主要集中在国内。可再生能源带来的好处同样可以运用到战场：提高能源效率、节省能源开支、减少对环境的影响。该论文探讨了战场上可以找到的绿色能源品种及其潜在的利用方法。此外，论文还提出了一系列促进战场绿色能源使用、实现效益最大化的办法。

此外，还有许多专家学者发表相关文章，讨论美军如何摆脱对石油的依赖。如美国著名能源专家洛文斯（Amory B. Lovins）2010 年发表的《把国防部的能源挑战当作战略机遇》一文，讨论了作战能源成本的衡量办法；② 亚当斯等作者同年发表的论文——“战场可再生能源：可供联合部队利用的一种关键性赋能要素”提出发展战场能源新技术；③ 波奇曼（A. Bochman）在《计量、管理、打赢：论作战能源的计量办法》一文中探讨了作战能源使用的计量办法；④ 罗奇（P. E. Roege）在 2011 年发表的《创建可升级能源网络，促进能源安全》一文中提出，有必要创建一个涵盖一切能源品种的单一后勤网络，以更好地满足未来不同地形条件下的能源需求；⑤ 基弗（T. A. Kiefer）在 2013 年发表的《能源不安全：液体生物燃料的虚假前景》一文中认为，把液体生物燃料用于军用运输是一个“虚假的

① Halcrow, Stephanie D., *Green Energy for the Battlefield*, MBA Professional Report, Naval Postgraduate School, Monterey, CA, December 2007.

② Amory B. Lovins, *DOD's Energy Challenge as Strategic Opportunity*. Joint Force Quarterly 57, 2nd Quarter, 33 - 42, 2010.

③ Adams, R., Lindsey, M., Marro, A., *Battlefield renewable energy: a key joint force enabler*. Joint Forces Quarterly 57, 2nd Quarter, 43 - 49, 2010.

④ Bochman, A., *Measure, Manage, Win: The Case for Operational Energy Metrics*. Joint Forces Quarterly 55, 4th Quarter, 113 - 119, 2009.

⑤ Roege, P. E., *Scalable energy networks to promote energy security*. Joint Forces Quarterly 62, 125 - 130, 2011.

前景”，理由是生物燃料供应不充足和生产过程能源使用强度过大；[①] 克劳森（Stacy Closson）2013 年发表的论文——《军队与能源：推动美国超越石油》[②] 指出，国防部拥有世界上最庞大的车队，取代石油需要几十年的时间，需要国防部高层官员的持续领导。

第三类是著名智库和学术机构发表的研究报告。例如，2009 年 5 月，美国著名智库海军分析中心军事咨询委员会发表了一份题为《为美国国防提供动力：能源与国家安全风险》的研究报告。[③] 该报告认为，美国当前的能源政策和消费模式存在一系列风险，从而在军事、外交和经济上对美国的国家安全构成严重威胁。该报告就美国能源依赖对国家安全构成的挑战进行了深入研究，发现了五大问题。在此基础上，该报告提出了一个能源安全路线图，包括六个优先目标。

2010 年 2 月，“绿十字国际”（GCI）美国分支“全球绿色美国”（Global Green USA）研究员纳尔（Schuyler Null）发表了一份研究报告，题目是《国防可持续性：能源效率与战场》。[④] 该报告从应对气候变化和能源安全挑战的角度，对美国国防部的能源消耗和变革情况进行了系统研究。报告指出，美国国防部能源消耗巨大，燃料开支不断上升。虽然美国国防部和各军兵种已经成立了若干个能源特别工作组，探索如何减少能源消耗，但是，迄今为止变革成效有限，没有对美军战术能源消费习惯产生实质性影响。报告认为，美国国防部应把可持续发展视为一种机遇，采取自上而下、协调一致的方式，大规模地采用创新性、环境友好型能源解决方案，在削减长期性能源开支、提升军事能力的同时，促进美国可持续能源工业的发展。报告最后提出了五点建议。

此类研究成果还有很多，包括 2007 年布莱克威尔（Kristine E. Blackwell）给美国国会提交的报告——《国防部减少对化石基航空燃料的依赖：

---

① Kiefer, T. A., *Energy insecurity: the false promise of liquid biofuels.* Strategic Studies Quarterly, Spring, 114 - 151, 2013.

② Stacy Closson, *The military and energy: Moving the United States beyond oil.* Energy Policy, Volume 61, October 2013.

③ CNA, *Powering America's Defense—Energy and Risks to National Security*, May 2009.

④ Schuyler Null, *Defense Sustainability: Energy Efficiency and the Battlefield*, Global Green USA report, February 2010.

国会所需了解的若干问题》①，2009 年国会政府问责办公室（GAO）公布的评估报告——《国防管理：国防部需要更多地关注前进作战据点的燃料需求管理》②、美国学术研究机构 Deloitte 公布的研究报告——《能源安全：美国的最佳防御》③，2010 年美国进步政策研究所（PPI）莫林（James Morin）发表的《割掉后勤锁链——提升美军能源效能》④，2011 年美国信息技术与创新基金会（ITIF）的胡里汉（Matt Hourihan）和斯特普（Matt Stepp）发表的《精干、节俭、清洁：能源创新与国防部》⑤、2010 年皮尤研究所公布的《美国国防能源转型——武装部队应对气候变化、改善美国能源态势的办法》⑥ 和 2011 年皮尤研究所公布的《从营房到战场——清洁能源创新与美国武装力量》⑦、兰德公司巴蒂斯（James T. Bartis）和比勃（Lawrence Van Bibber）完成的专著《军用替代燃料》⑧，2012 年美国国会研究服务处（CRS）施瓦茨（Moshe Schwartz）等提交的研究报告——《国防部能源行动计划：背景与国会所需掌握的问题》⑨、后勤管理研究所（LMI）研究员凯恩斯（Michael E. Canes）发表的论文——“管理军事能源，提高成本效益”⑩ 等等。

---

① Kristine E. Blackwell, *The Department of Defense: Reducing Its Reliance on Fossil-Based Aviation Fuel - Issues for Congress*, June 15, 2007.

② U. S. Government Accountability Office (GAO), *Defense Management. DoD Needs to Increase Attention on Fuel Demand Management at Forward-Deployed Locations*, February 2009, www. gao. gov/new. items/d09300. pdf.

③ Charles F. Wald & Tom Captain, *Energy Security: America's Best Defense*, Deloitte study, 2009.

④ James Morin, *Cutting the Tether—Enhancing the U. S. Military's Energy Performance*, The Progressive Policy Institute (PPI), 2010.

⑤ Matt Hourihan & Matt Stepp, *Lean, Mean and Clean: Energy Innovation and the Department of Defense*, The Information Technology and Innovation Foundation (ITIF), March 2011.

⑥ The Pew Charitable Trusts, *Reenergizing America's Defense—How the Armed Forces Are Stepping Forward to Combat Climate Change and Improve the U. S. Energy Posture*, The Pew Project on National Security, Energy and Climate, 2010.

⑦ The Pew Charitable Trusts, *From Barracks to the Battlefield—Clean Energy Innovation and America's Armed Forces*, The Pew Project on National Security, Energy and Climate, 2011.

⑧ James T. Bartis & Lawrence Van Bibber, *Alternative Fuels for Military Applications*, prepared for the Office of the Secretary of Defense (OSD), The RAND Corporation, 2011.

⑨ Moshe Schwartz et al. , *Department of Defense Energy Initiatives—Background and Issues for Congress*, December 10, 2012.

⑩ Michael E. Canes, *Managing Military Energy for Greater Cost Effectiveness*, Oct. 11, 2012.

二、国内研究现状

国内学者对美军能源战略的研究起步较晚。近年来，随着美军能源变革和战略转型不断推进，尤其是美国推行“亚太再平衡”战略以来，军内外学术界对美军能源变革的关注度日益提高，有关美军能源转型的学术研究日益增多。目前，国内研究大致可分以下两类：

第一类是关于美军能源变革和战略转型的译介性、动态性、评述性文章。这类文章在国内相关研究中占多数。例如，薛艳等四名作者2006年发表的《美军未来联合作战用燃料计划》[①] 较早地关注了美军为确保国家能源安全、满足环保要求而实施的清洁燃料计划。文章分析了美国国防部制订未来联合作战用燃料计划的原因，论述了未来联合作战用燃料计划的三阶段实施方案。2008年，薛艳等四名作者再次发文，题目是《美空军积极推进替代能源计划》。[②] 该文章简要分析了美国空军推出替代能源计划的原因，介绍了美国空军推进替代能源计划所采取的具体措施。

2009年，刘艳丽发表了《美军近年来的能源战略解析》[③] 一文。该文章分析了美军能源战略的背景，简要地介绍了美国空军、美国海军和美国陆军为减少对进口石油的依赖、增强能源安全而发展替代能源的重要举措。这篇文章虽然冠名为能源战略，但实际上只是简单地介绍了美军三个军种发展替代能源的一些重点项目而已，没有涉及美军能源战略的基本内容。该作者2012年发表的《美军可再生能源战略又起争议——兰德公司最近一份研究报告表明可再生能源无法使美军摆脱燃料困境》[④] 和2013年发表的《美军近期作战能源战略》[⑤] 同属译介性和动态性文章。

苗强和黄本泉2010年发表的《美军能源安全与军队后勤建设现状及启示》[⑥] 一文，分析了美国能源安全与军队后勤建设方面的特点和经验，

---

① 薛艳等：《美军未来联合作战用燃料计划》，《军用航油》2006年第6期。

② 薛艳等：《美空军积极推进替代能源计划》，《军用航油》2008年第5期。

③ 刘艳丽：《美军近年来的能源战略解析》，《油料科技情报》2009年第6期。

④ 刘艳丽：《美军可再生能源战略又起争议——兰德公司最近一份研究报告表明可再生能源无法使美军摆脱燃料困境》，《油料科技情报》2012年第6期。

⑤ 刘艳丽：《美军近期作战能源战略》，《油料科技情报》2013年第1期。

⑥ 苗强、黄本泉：《美军能源安全与军队后勤建设现状及启示》，《训练与科技》2010年第3期。

探讨了其对提高我军能源保障水平的一系列启示。

黄宗爱2010年发表的《美军被迫‘节能减排’》[①]一文，以美军在阿富汗战场燃料补给线频频遭袭为背景，分析了美军提出减少燃料消耗、推广可再生能源的原因。该文章对美军能源变革的背景和发展可再生能源的一些举措进行了探讨。

陈传明2011年发表的《美国海军要革石油的命》[②]一文，较为详细地介绍了美国海军能源变革的一些具体举措，并提到了美国海军部长所提出的能源目标，但没有详细讨论美国海军的能源战略。

2011年，王振星发表了《美军发布全新作战能源战略》[③]一文，对美国国防部2011年5月公布的《作战能源战略》的出台背景和具体内容进行了解析。2012年，王振星和郑大壮继续就这一话题发文，题目是《缓解美军能源之困——简析美国防部全新〈作战能源战略〉》。[④]这篇文章较为详细地解析了美国国防部《作战能源战略》的基本内容。两篇文章在国内首先介绍了《作战能源战略》，但它们在很大程度上均属于译介性文章，基本没有加以评论，也未提出任何启示。

2012年商世民和解跃华发表了《让军事能源保障步入新变革时代——让战争不再受制于“油”》[⑤]一文。这篇报道性文章引起了人们对美军能源变革的广泛关注。文章认为，美国正在进行之中的军事能源保障新变革将极大地改变未来战争的形态，理应引起中国政府的充分重视。作者最后提出了利用科技推动中国军队能源保障变革的多项举措。

类似的文章还有陈航辉和李雄杰2010年发表的《美军瞄上混合电力驱动》[⑥]、赵凯和付征南发表的《透视美军的“新能源”计划》[⑦]、司古2011年发表的《美军战机的绿色征程：摆脱石油依赖症》[⑧]、周璞芬2012

---

① 黄宗爱：《美军被迫“节能减排”》，《环球军事》2010年第12期。

② 陈传明：《美国海军要革石油的命》，《世界军事》2011年第6期。

③ 王振星：《美军发布全新作战能源战略》，《环球军事》2011年第9期。

④ 王振星、郑大壮：《缓解美军能源之困——简析美国防部全新〈作战能源战略〉》，《现代军事》2012年第2期。

⑤ 商世民、解跃华：《军事能源保障步入新变革时代——让战争不再受制于‘油’》，《解放军报》2013年1月31日第12版。

⑥ 陈航辉、李雄杰：《美军瞄上混合电力驱动》，《环球军事》2010年第5期。

⑦ 赵凯、付征南：《透视美军的“新能源”计划》，《国际问题调研》2010年第05期。

⑧ 司古：《美军战机的绿色征程：摆脱石油依赖症》，网易军事，http://war.news.163.com/11/0618/17/76RL6UEN00014J0G.html.

年发表的《美军制定作战能源新战略及实施计划》[①]、王如剑2013年发表的《美空军发布〈2013年空军能源战略规划〉》[②]。

第二类是对美军各军种能源变革开展的较为深入的学术性研究。例如，2008年李超民在《美国研究》上发表的《美国空军的替代能源政策》[③]分析了美国空军使用替代能源的动因与现状，讨论了美国国内关于空军使用替代能源的种种争议，解析了美国空军使用替代能源的政策含义，对我国相关部门和研究人员正确认识美国空军能源替代的政策和规划具有一定的帮助。

2008年冯琳发表的《美国空军21世纪能源战略及其启示》[④]一文以2007年美国空军提交给美国参议院财政委员会的汇报——《21世纪的空军能源》为依据，分析了美国空军提出该能源战略的背景，详细解析了这一战略的基本内容，在此基础上提出了美国空军能源战略对我国空军能源建设的三点启示。

王树礼等2010年发表的《装备能源供应形势与战略研究》[⑤]一文分析了传统化石能源供应面临的形势，梳理了装备能源安全中存在的突出问题，研究了美军在保证装备能源供应方面的战略举措，最后借鉴美军经验提出了我军制订装备能源供应战略的四点建议。尽管该论文关注的重点是装备能源供应安全，涉及面比较狭窄，但不失为一篇较有学术性的论文。

李超民2011年发表的《美国海军转型：能源经济战略变化及影响》[⑥]一文探讨了新世纪美国海军在战略转型过程中海军武器平台能源经济战略的变化及其影响。文章指出，美国海军在转型过程中，海军武器平台使用的能源种类将向替代能源和核能方向发展；而由于近期生物能源开发和使用的瓶颈制约，核能成为美国海军水面作战舰只可能普遍采用的主要能源，而不局限于航母和潜艇。文章认为，美国海军能源战略转型将对美国国防部战略、美军转型、美国国防造船工业和世界其他海洋大国的海军转

---

① 周璞芬：《美军制定作战能源新战略及实施计划》，《后勤学术》2012年第9期。

② 王如剑：《美空军发布〈2013年空军能源战略计划〉》，《航油信息》2013年第2期。

③ 李超民：《美国空军的替代能源政策》，《美国研究》2008年第2期。

④ 冯琳：《美国空军21世纪能源战略及其启示》，《空军工程大学学报（军事科学版）》2008年第2期。

⑤ 王树礼等：《装备能源供应形势与战略研究》，《资源科学》2010年第12期。

⑥ 李超民：《美国海军转型：能源经济战略变化及影响》，豆丁网2010年11月26日。http：//www.docin.com/p-100884017.html

型产生深刻影响。

曹嘉涵 2013 年发表的《打造绿色军队：美国军事能源战略调整评析》[1] 一文，较为系统地论述了美军能源战略转型的背景、基本内容与目标以及实施前景，从中长期和短期两个层面对美军能源战略转型的成效和影响进行了评估，并提出了美军能源战略转型对中国的一系列启示。这是一篇对美军能源战略研究较为全面、较有深度的学术论文。

2013 年，谢磊和张景冬在《空军军事学术》上发表的《美国空军能源转型的举措及对我启示》[2] 一文，分析了美国空军能源转型的现实背景，介绍了美国空军能源变革的主要举措，探讨了美国空军能源转型对中国的启示及措施。同年，两位作者又在《军事学术研究》上发表了《美军能源转型对我的启示》[3] 一文，对美军能源转型的现实背景进行了分析，介绍了美军能源转型的主要举措，在此基础上探讨了美军能源转型对中国的启示和应对措施。

2013 年，刘涛发表了《美国海军能源转型建设综述》[4] 一文，分析了美国海军能源消费的特点，讨论了美国海军能源转型建设的动因、目标和任务，较为系统地介绍了美国海军能源转型技术创新和装备应用情况。该文对于了解美国海军能源转型战略，掌握其体制和技术发展动向具有一定的参考价值。

从以上的文献回顾可以看出，有关新世纪以来美军能源变革和战略转型的研究主要集中在国外，国内类似研究总体处于起步阶段。国外研究有以下几个突出特点：一是研究者人数众多，阵容强大，既有权威智库的专家团队，也有美军退役将军和现役军官，还有著名能源专家和学者；二是研究视角比较宽广，方法较为多样；三是研究成果比较丰富，且比较具体、深入，大多围绕着美国国防部制订能源战略的必要性、推动能源战略转型、减少石油消耗、提高能源效率、发展清洁能源的方法路径展开研究。国内相关研究则有以下几个明显特点：一是研究者队伍偏小，以军内

① 曹嘉涵：《打造绿色军队：美国军事能源战略调整评析》，《中国石油大学学报（社会科学版）》2013 年 8 月第 4 期。

② 谢磊、张景冬：《美国空军能源转型的举措及对我启示》，《空军军事学术》2013 年第 6 期。

③ 谢磊、张景冬：《美军能源转型对我的启示》，《军事问题研究》2013 年第 12 期。

④ 刘涛：《美国海军能源转型建设综述》，《海军后勤科技》2013 年第 3 期。

学者为主，地方专家学者较少；二是研究成果总量偏小，其中译介性、动向性、评述性文章居多，深度学术研究成果偏少；三是介绍军种性能源转型措施居多，综合性、系统性研究偏少；四是研究方法比较单一，一手资料有限，大多基于美军出台的某一政策文件进行解读和发挥。迄今为止，尚未发现一部对美国国防部和各军兵种能源战略及其转型行动进行全面、系统、深入研究的综合性专著。

第五节　本课题的研究方法

任何学术研究都离不开正确的方法作指导。方法不同，结果就不同。正确的方法是确保研究的科学性、客观性、系统性和创新性的前提条件。研究美军能源战略也不例外。只有运用正确的方法，才能从纷繁复杂的现象中透视和把握美军能源战略的本质特点和发展规律。为此，本课题将采用以下社会科学的研究方法：

一是马克思主义哲学。马克思主义的世界观和方法论是我们认识世界和改造世界的根本方法。马克思主义揭示了事物的本质、内在联系和发展规律，是伟大的认识工具，是我们观察世界、分析问题的有力思想武器。马克思辩证唯物主义和历史唯物主义一般原理为本课题客观认识和分析美军能源战略的各种现象、揭示其本质特点和发展规律提供了科学的世界观和方法论。坚持以马克思主义为指导，首先解决为谁服务的问题，这是社会科学研究的一个根本性和原则性问题。习近平总书记指出："研究者生活在现实社会中，研究什么，主张什么，都会打下社会烙印。"[①] 本课题以马克思主义基本原理和贯穿其中的立场、观点、方法为指导，以实现中华民族伟大复兴的强国梦、强军梦为宗旨，通过客观、深入、系统地研究美军能源战略，全面揭示美军新一轮能源变革和战略转型的背景动因、演变历程、基本内容、创新行动、成效影响和发展规律，总结其先进的理念、经验和做法，为我军能源变革和战略转型提供有益的启示和参考，努力确保我军能源安全的"长治久安"。辩证唯物主义的一条重要原则，就是按

① 习近平：《为建设世界科技强国而奋斗——在全国科技创新大会、两院院士大会、中国科协第九次全国代表大会上的讲话》，新华网，2016 年 5 月 30 日。

照客观事物的本来面目解释世界。本课题将以这一原则为准绳，实事求是、不带任何主观偏见地解析美军能源变革和战略转型行动，为我军相关部门提供客观而准确的研究成果。

二是多学科综合分析法。美军能源战略内容丰富，涉及能源安全、国家安全、经济安全和环境安全（参见图0—1），需要运用军事战略学、军事装备学、国际关系学、能源经济学、生态政治学、决策学、管理学、历史学等多学科的理论和方法进行多角度、多层次的分析研究。本课题将坚持理论联系实际，历史考察与现实考察相结合，运用系统分析法多维度地解析美军能源战略的背景动因、历史演变、基本内容、变革行动、成效影响、特点规律和发展前景，确保研究的科学性、客观性、系统性和创新性。

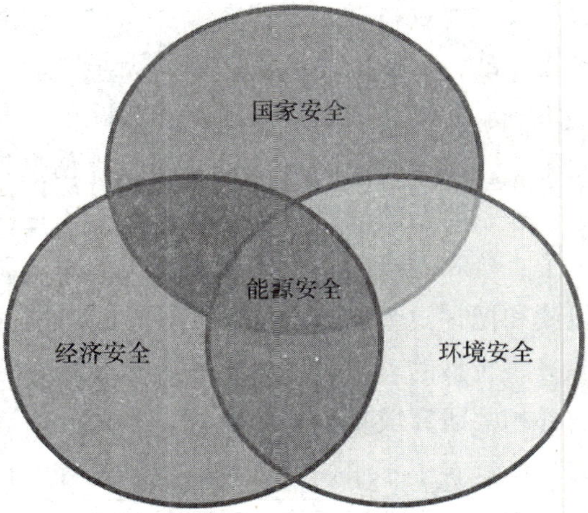

图0—1　美军能源安全与国家安全、经济安全和环境安全的互动关系示意图

资料来源：Schuyler Null, *Defense Sustainability—Energy Efficiency and the Battlefield*, 2010, p. 4.

三是文献阅读和分析法。本课题通过网络搜集了大量有关美军能源战略的一手外文资料，其中包括美国国防部、各军兵种和美国太平洋司令部的能源战略、实施计划、政策指令，美国国防部向国会提交的能源管理年度报告、作战能源年度报告、国会证词和专题报告，国防科学委员会和各类学术机构公布的研究报告，军事院校研究生发表的论文，国会政府问责办公室公布的评估报告，等等。这些资料从不同的角度，在不同的层面、不同程度上呈现了美军能源战略的相关背景和具体内容。阅读和分析这些文献资料是捋清美军能源战略的来龙去脉、解析美军能源战略的基本内容、审视美军能源战略转型行动、评估美军能源战略的成效和影响、总结美军能源战略的基本特点、预测美军能源战略发展趋势的最基本的研究方法。

四是法律法规和政策分析法。美国国防部作为联邦政府的一部分，其行动必然受制于美国国会立法和总统行政令，能源变革也不例外。自20世纪末、21世纪初以来，美国政府先后出台了一系列能源和环境法律法规，包括第13123号行政令、《2005年能源政策法》、13423号行政令、《2007年能源独立与安全法》、13514号行政令以及历年《国防授权法》，提出了一系列严格的能源和环境政策目标，以应对能源安全、国家安全、气候变化、财政危机等多重挑战。这些法律法规对推动美军能源变革和战略转型无疑产生了重大的影响。此外，美国政府和国防部近年来发布的《国家安全战略》《国防战略》《国家军事战略》《四年防务评估报告》等国防建设纲领性文件，提出了一系列新的战略目标和优先任务。这些目标和任务对美军能源变革提出了直接和间接的要求，从而成为美军能源战略转型的重要动力。因此，研读和把握这些法律法规和纲领性文件，是全面、系统、准确解读美军能源战略转型的动力、目标和举措的重要途径。

五是参阅国内外相关研究成果。如上所述，国内外对新世纪以来美军能源变革和战略转型已经有了不少研究成果。特别是在美国，相关研究起步较早，成果较为丰富，为本课题提供了重要的参考资料。国内相关研究虽然起步较晚、层次偏低，但研究成果正在日益增多。此外，军内专家学者就军事能源学和军事能源战略开展的一些基础性研究，如陈心中等发表的《军事能源的发展与学科构建》①、林晓发表的《军事能源转型战略思考》②、王福贵等发表的《军事能源学学科建设思考》③、胡智刚发表的

① 陈心中、徐润君：《军事能源的发展与学科构建》，《后勤学术》1998年第6期。
② 林 晓：《军事能源转型战略思考》，《后勤学术》2008年第9期。
③ 王福贵、胡智刚：《军事能源学学科建设思考》，《后勤学术》2008年第11期。

《军事能源战略研究的基础》[1]、杨三成等发表的《军事能源战略转型研究》[2] 等文章，为本研究提供了有益的参考。本课题将广泛参考国内外专家学者的研究成果和学术观点，力求兼收并蓄，对美军能源战略作出全面、深入、系统的研究，在此基础上提出对我军的启示和借鉴意义。

此外，本课题还将运用实证分析法和案例分析法，通过引用统计数据、图表和典型案例来分析论证相关问题，以增强研究成果的科学性、客观性和严谨性。

第六节 本课题的基本观点和创新之处

一、基本观点

本课题以新世纪以来美国国防部、各军兵种和太平洋司令部出台的能源战略为研究对象，旨在通过运用大量一手资料和多学科的研究方法，全面审视美军能源使用现状及其面临的能源安全挑战，追溯美军新一轮能源变革的演进历程，深刻揭示美军能源变革的发展动力，重点解析美军能源战略的基本内容和主要变革行动，评判其成效、不足和影响，总结归纳美军能源战略的基本特点，展望其调整趋势和发展前景，在此基础上提出美军能源战略对我军的启示。

基于对美军能源战略的全面考察和系统研究，本课题提出四个基本观点：

第一，美军能源战略是美军为落实美国国会的能源立法、总统行政令及相关法律法规，支持国家安全战略、国防战略、国家军事战略目标，确保其当前和未来军事活动和行动能源安全而制定的总体构想。美军能源战略是一个体系，包括国防部、军兵种、战区等各个层面制定的能源战略。不论是国防部还是各军兵种抑或是战区，其能源战略实质上均包括设施能源和作战能源两方面内容。设施能源是指为固定设施和非战术车辆提供动力所需要的能源。作战能源是指训练、运输和持续保障部队以及军事行动

① 胡智刚：《军事能源战略研究的基础》，《后勤学术》2009 年第 7 期。

② 杨三成、刘邱丽、党连学：《军事能源战略转型研究》，《后勤学术》2013 年第 4 期。

中使用的武器平台所需要的能源。

第二，美军制订和实施能源战略是一系列内外因素共同推动的结果。美军能源消耗量巨大，对石油和电力依赖尤为严重。新世纪以来，随着美国反恐战争的开始、国际油价的持续上涨和气候变化压力的不断增大，美军过度依赖能源所带来的一系列隐患日益凸显。特别是在2008年国际油价飙升至147美元/桶和金融危机爆发的大背景之下，美军能源开支的大幅增长成为美军领导人挥之不去的梦魇，驱使美军走能源变革之路。美军能源变革由两条主线构成：一是设施能源变革；二是作战能源变革。设施能源变革起步较早，其动力主要来自于美国政府1999年以来出台的一系列能源与环境法律和总统行政令，依次包括第13123号行政令、《2005年能源政策法》、第13423号行政令、《2007年能源独立与安全法》、第13514号行政令等。这些法律法规对美国联邦机构（包括美国国防部）设施提出了一系列严格的节能减排要求。作战能源变革起因于新世纪以来燃料价格不断飙升、战场燃料运输频频遭袭、商业电网面临大面积断电等挑战。其主要动力来自于国会历年国防授权法案、军事变革和国防战略纲领性文件，特别是2009年第13514号行政令和2010年《四年防务评估报告》。这两份文件将能源安全与气候变化直接挂钩，要求通过减少石油等化石能源消耗、提高能源使用效率、扩大清洁能源使用来应对能源安全和气候变化的双重挑战，走可持续发展之路。正是在这种背景下，美军全面启动了能源变革和战略转型。

第三，为应对种种挑战，落实与能源和环境相关的国会立法、总统行政令和国防部战略指南，美军开始制定能源战略，并逐渐形成了一个从各军兵种（和战区）到国防部，涵盖设施能源和作战能源，包括实施计划和政策制度在内的庞大的能源战略体系。在这过程中，美军能源变革从一种单纯为落实联邦政府能源与环境管理目标、应对短期性油价上涨而采取的被动行为，逐渐演变为一种积极进取、主动作为，追求能源安全、国家安全、经济安全、环境安全等多重目标互动的可持续能源战略行动，其终极目标是摆脱对石油等化石能源的依赖，增强能源选择的灵活性，实现能源等重要资源的可持续发展，确保美军21世纪军事能源供应的“长治久安”。多年来，美国国防部、各军兵种和太平洋司令部均采取了大量能源变革行动，积极落实其能源战略目标，取得了显著的成效。本研究总结了美军能源战略的六大成就、五大不足、四大影响、十大特点。2016年美国国防部公布了旨在支撑“亚太再平衡”战略的新版《作战能源战略》。该战略有助于我们对美军能源战略的调整趋势和发展前景进行展望和预测。然而，2017 年 1 月特朗普入主白宫以来，美国能源政策发生了重大变化，给美军能源变革的发展前景带来了一定程度的不确定性，具体走向有待进一步观察。

第四，美军能源战略的成功既为我们提供了丰富的启示，同时也对我军形成了巨大的战略战术优势，严重威胁我国家安全、军事安全和能源安全，迫切要求我们认真应对。具体来说，我们应从借鉴和应对两个角度，根据我国面临的能源安全形势以及国家能源政策、气候变化政策和国家军事战略的目标和要求，制订综合性军事能源战略，加速推进能源变革和战略转型，以应对能源安全、国家安全、经济安全、环境安全等领域的多重挑战，确保我军当前和未来遂行多样化军事行动所需要的可持续能源安全，为实现习主席提出的强军目标和“能打胜仗”的要求提供强有力的能源支撑。

二、创新之处

本研究的创新之处主要表现在以下几个方面：

一是选题创新。美军能源战略研究是代表世界新一轮军事能源变革趋势和潮流的一个前沿性课题，也是军事能源战略理论研究的一个全新领域，更是我军制订能源战略、推进能源变革和战略转型需要重点借鉴的对象。因此，本研究不仅具有重要的理论意义和学术价值，而且有着重大的现实意义和应用价值。从文献回顾可以看出，目前有关美军能源战略的研究主要集中在国外，国内还处于起步阶段，相关研究大多以美国国防部或某一军种出台的单一能源战略或政策文件为研究对象，视域比较狭窄，无论在规模上还是在深度和广度上均存在着明显的局限性。本课题首次对美国国防部、各军兵种和太平洋司令部自新世纪以来出台的能源战略及其所采取的能源变革行动进行综合性、全景式的研究，因而当属首创之作。

二是方法多样。美军能源战略研究是一个跨学科、交叉性很强的课题，涉及能源安全、国家安全、经济安全、环境/生态安全等众多领域，需要借鉴多学科的理论和方法加以考察。国外相关研究方法较为多样，但以运用单一研究方法居多，综合运用多学科研究方法的成果较少。国内现有研究起步较晚，方法比较单一，研究层次总体不高。本研究将综合运用军事战略学、国际关系学、能源经济学、生态政治学、历史学等多学科的理论和方法对美军能源战略进行多角度、多层次、多方面的考察，以全面、系统、客观、深入地解析美国国防部、各军兵种和太平洋司令部能源战略的出台背景、发展动力、演进历程、基本内容和变革行动，评析其成效、不足和影响，总结其特点和规律，展望其发展前景，由此确保研究成果的科学性、客观性、系统性和创新性。

三是资料创新。国内现有相关研究之所以比较落后，主要因为它们大多依据美军公布的一个或少量能源政策性文件进行解读和发挥，参考资料极为有限。本课题建立在拥有大量一手外文资料的基础之上。这些资料主要包括美国国防部、各军兵种和太平洋司令部出台的能源战略和实施计划、国防部公布的历年《能源管理年度报告》和《作战能源年度报告》、国防部和各军兵种及太平洋司令部出台的各种能源政策文件、美国各层级战略文件、权威智库公布的研究报告、国防部向国会提交的证词和报告、国会政府问责办公室评估报告、国会相关研究报告、众多能源专家学者的论著等等。课题组耗费了大量的时间和精力搜集第一手资料，努力穷尽相关文件和研究成果。此类资料基本来自美国国防部、各军兵种、太平洋司令部、美国政府相关部门、美国权威智库、美国著名媒体等相关机构的网页，从而确保了研究资料的新颖性、权威性和完整性。

四是观点创新。本课题的研究对象是美军能源战略，着重探讨三个核心问题：一是何谓美军能源战略？二是美军为什么要制订能源战略？三是美军制订了什么样的能源战略？如何实施？成效如何？产生什么影响？有什么特点？前景如何？在此基础上探讨美军能源战略的启示和借鉴意义。关于第一个问题，本课题基于战略学的基本概念、美国战略体系的构成以及美军能源变革的实践，自创了“美军能源战略”这一术语，并对其相关要素进行了界定，同时指出美军能源战略是一个体系，包含美国国防部、军兵种、战区等各个层面。各层面的能源战略均包含设施能源和作战能源两部分内容。这是本课题相对于国内同类研究的第一大观点创新之处。第二个问题涉及美军能源战略的动力。本课题从美国国防部、各军兵种和太平洋司令部能源使用现状出发，引用了大量数据和图表资料论证了美军严重依赖能源，特别是石油和电力，继而通过丰富的案例和数据分析了美军严重依赖能源所带来的一系列风险和挑战，并从设施能源和作战能源两条主线追溯了美军能源战略的演进历史，全面、深刻地揭示了美军能源战略的发展动力。这是本课题的第二大观点创新之处。第三个问题是本课题的研究重点。本成果详细地解析了美国国防部、各军兵种和太平洋司令部能源战略的基本内容及其所采取的主要变革行动，并从六个方面论述了美军能源战略所取得巨大的成就，指出了其五个方面的不足和问题，分析了美军能源战略所产生的四个方面影响，总结归纳了美军能源战略的十大特点，最后通过解析美国国防部 2016 年版《作战能源战略》展望了美军能源战略的调整趋势和发展前景，预测了特朗普能源政策之下美军能源变革可能出现的变化。这是本课题的第三大观点创新之处。在上述研究的基础上，本成果探讨了美军能源战略对我军的启示和借鉴意义。课题组认为，美军能源战略的成功既给我军带来了丰富的启示，也对我国家安全、军事安全和能源安全构成了严峻的挑战。据此，本成果从借鉴和应对两个角度提出了制订军事能源战略、推进能源变革和战略转型的一系列意见和建议。

第七节 本课题研究的结构安排

本课题研究主要由绪论和正文两个部分组成。绪论部分介绍和论述本课题的基本概念、研究对象、研究内容、研究目的、研究意义、国内外研究现状、课题研究方法、基本观点和创新之处以及本研究的结构安排。正文部分由八章组成：

第一章为美国国防部能源战略与变革行动。本章首先审视美国国防部能源消费现状，分析美军严重依赖能源所带来的各种风险和挑战，追溯美国国防部设施能源变革和作战能源变革的演进历程，揭示美军能源变革的发展动力，重点解析美国国防部设施能源战略和作战能源战略的基本内容，并分两条主线探讨其所采取的主要变革和创新行动。

第二章为美国陆军能源战略与变革行动。本章首先审视美国陆军能源消费现状及其所面临的挑战，回顾其能源变革的历程，重点解析其能源战略的基本内容及其所采取的主要变革行动，最后分析其能源战略的成效与特点。

第三章为美国空军能源战略与变革行动。本章首先审视美国空军能源消费现状及其所面临的挑战，追溯其能源变革的历史演进，着重探讨其能源战略的基本内容及其所采取的主要变革行动，最后分析其能源战略的成效与特点。

第四章为美国海军能源战略与变革行动。本章首先审视美国海军的能源消费现状及其所面临的挑战，回顾其能源变革的历程，重点解读其能源战略的基本内容及其所采取的主要变革行动，最后分析其能源战略的成效与特点。

第五章为美国海军陆战队能源战略与变革行动。本章首先审视美国海军陆战队能源消费现状及其所面临的风险和挑战，回顾其能源变革的历程，重点解析其《海军陆战队远征能源战略》的基本内容及其所采取的主要变革行动，最后分析其能源战略的成效与特点。

第六章为战区能源战略与变革行动：以美国太平洋司令部为例。本章首先审视美国太平洋司令部能源使用现状及其所面临的能源安全风险与挑战，回顾其能源变革的历程，重点解析太平洋司令部能源战略的基本内容及其主要变革行动，最后简要分析其能源战略的成效与特点。

第七章为美军能源战略评析与前景展望。本章首先分析美军能源战略的成效、不足和影响，随后总结归纳美军能源战略的基本特点，最后展望美军能源战略的调整趋势和发展前景。

第八章为美军能源战略的启示。本章从借鉴和应对美军能源战略的两个角度，结合我国面临的能源安全挑战以及国家能源政策、气候变化政策和军事战略的目标和要求，提出制定军事能源战略的基本构想和推进能源变革的一系列意见和建议。

第一章／美国国防部能源战略与变革行动

美国是世界上第一大军事强国。作为霸权国家的战争机器，美国国防部能源消耗惊人，对石油和电力依赖尤为严重，由此带来了一系列风险和挑战。长期以来，由于国际油价低廉和美国的霸权地位，美军领导人很少关心能源安全问题。然而，进入21世纪以来，随着国际油价的持续飙升，特别是全球反恐战争开始后，美军过度依赖能源所隐含的风险和挑战暴露无遗。在一系列内外因素的共同作用之下，美国国防部走上了能源变革和战略转型之路。

本章旨在审视美国国防部能源消费现状，分析美军严重依赖能源所带来的风险和挑战，追溯美国国防部设施能源和作战能源变革所走过的历程，重点解析美国国防部设施能源战略和作战能源战略的基本内容及其所采取的主要变革行动。

第一节　美国国防部能源使用现状

一、美国国防部能源使用概况

美国是世界上头号经济大国和军事强国。其人口仅占世界总人口的5%，但其能源消费量却占世界能源消费总量的25%；美国的已知石油储量仅占世界的3%，但其石油消费量却占世界消费总量的1/4。几十年来，美国对进口石油的依赖越来越严重。2007年，美国石油对外依存度高达58%。据美国能源信息署预测，到2025年，美国约68%的石油不得不依靠从外国进口。①

作为霸权国家的战争机器，美国国防部能源消耗量巨大，是美国联邦政府能源使用量最大的单一机构，也是全球石油消耗量最大的单一机构。美国国防部拥有庞大的军事人员和资产：130 万现役军人、74.2 万文职人员以及 82.6 万国民警卫队和后备役人员；在全世界拥有 507 个固定军事设施、30 多万座大楼和 20 多万个其他结构，占地总面积约 2800 万英亩，建筑总面积约 22 亿平方英尺（约 7 亿平方米）；② 超过 16 万辆地面车辆、2 万多架飞机和数百艘远洋舰艇。为此，美国国防部每年的能源消耗量高达 1000 多万亿英热单位（BTU）（参见表 1—1）。这是一个惊人的数字。假如与国家相比，那么，美国国防部足足超过葡萄牙、新西兰和以色列三个发达国家的能源消费总和。③ 美军能源消费量在世界能源消费大国中排名在前 60 位，在温室气体排放大国中排名在前 50 位。其能源消费量和二氧化碳排放量相当于拥有 1.6 亿人口的尼日利亚。④

表 1—1　美国国防部历年能源消费一览表（单位：万亿 BTU）

财年	设施能源消费总量	战术能源消费总量	国防部能源消费总量	全国能源消费总量	国防部在全国总量中的占比
2001	461.5	525.0	986.5	96326	1.02%
2002	458.0	581.7	1039.7	97858	1.06%
2003	452.5	649.2	1101.7	98209	1.12%
2004	454.0	710.6	1164.7	100351	1.16%
2005	488.2	684.7	1172.9	100485	1.17%
2006	478.1	609.1	1087.2	99875	1.09%
2007	471.2	633.8	1105.0	101554	1.09%
2008	467.1	659.3	1126.5	99304	1.13%

资料来源：Schuyler Null, *Defense Sustainability: Energy Efficiency and the Battlefield*, 2010, p. 6.

① Thomas D. Crowley, et al, *DOD Transforming the Way DOD Looks at Energy—An Approach to Establishing an Energy Strategy*, LMI Report, April 2007, p. 1.

② *Department of Defense Annual Energy Management Report for FY*2010, June 2011, p. 9.

③ Schuyler Null, *Defense Sustainability: Energy Efficiency and the Battlefield*, report by Global Green USA, 2010, p. 7.

④ Sohbet Karbuz, *How Much Energy Does the U. S. Military Consume? - An Update*, August 5th, 2013. http://www.dailyenergyreport.com/how-much-energy-does-the-u-s-military-consume-an-update/.

图1—1显示的是2008财年美国、联邦政府和美国国防部石油消费占比。从图中可以看出，美国联邦政府在美国石油消费总量中占2%，而美国国防部占联邦政府石油消费总量的93%，其他联邦机构仅占7%。

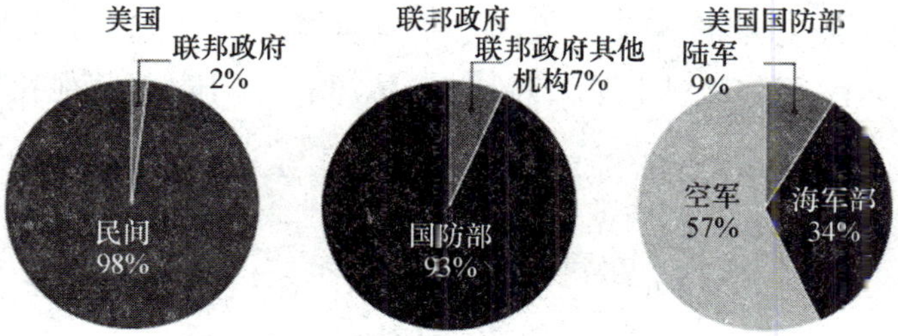

图1—1 美国、联邦政府和美国国防部石油消费占比示意图（2008财年）

资料来源：*Department of the Navy Energy Program for Security and Independence*, 2010, p. 5.

列举一些具体的数字可以更加直观地了解美国国防部的能源消耗状况。2011财年，美国国防部石油消耗量达1.17亿桶，用于采购石油燃料的开支高达173亿美元，约占五角大楼总开支的2.5%和整个作战与维修经费支出的6%。在2005年至2011年的7年中，尽管美国国防部石油消耗量下降了4%，但是，同期石油开支却从45亿美元飙升至173亿美元，扣除通货膨胀因素，实际增长381%。石油燃料是美国国防部使用最多的能源品种。2010财年，石油消耗量占美国国防部能源消费总量的71%，电力占11%，天然气占8%，核能占7%，煤炭占2%，其他能源品种占1%。按武器平台类型划分，飞机消耗石油最多，占美国国防部石油消耗总量的73%，地面车辆占15%，军舰占8%，军事设施占4%。①

美国国防部在国内外还拥有大量的大楼和建筑结构以及大批非战术车辆。这些资产都需要消耗大量能源，从而增加美国国防部的能源开支和碳排放量。此外，美国国防部还依赖数以千计的承包商来支持国内外的军事行动。这些承包商也要消耗大量能源来开展自己的许多活动。承包商所用能源的成本并不包含在美国国防部的能源消耗统计数据之中。因此，美国

① Moshe Schwartz, et al, *Department of Defense Energy Initiatives—Background and Issues for Congress*, Report R42558, December 2012, pp 1 - 2.

国防部的实际能源总开支要高于其统计数据所反映出来的情况。

二、美国各军兵种能源使用情况

如果按军种划分，那么，美国陆军设施能源消耗量最大，占美国国防部设施能源消费总量的36%；美国空军位居第二，占30%；美国海军部（包括海军和海军陆战队）占27%，位居第三；国防部其他机构占6%（参见图1—2）。

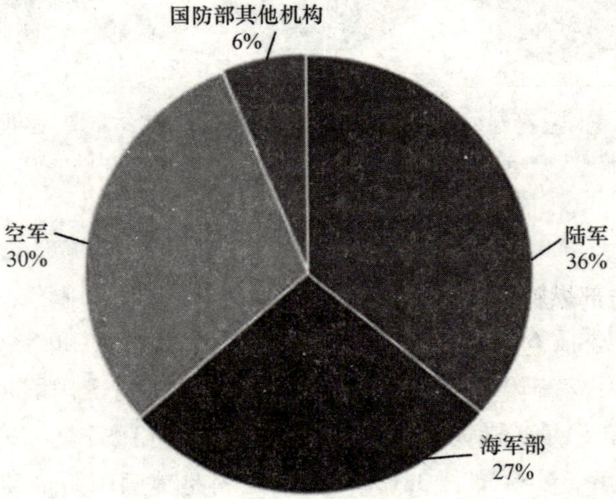

图1—2 美国各军兵种设施能源消费量示意图（2010财年）

资料来源：*Department of Defense Annual Energy Management Report for FY2010*，June 2011，p. 9.

从石油消费情况看，美国空军消耗量最大，占美国国防部石油消费总量的53%；美国海军部占28%；美国陆军占18%；国防部其他机构占1%（参见图1—3）。

美国空军使用的燃料85% ~95%为航空燃料。2011财年，美国空军消耗的石油燃料将近6200万桶，其中包括5800万桶航空燃料。同年，美国空军航空燃料64%用于机动和空中后勤行动，31%用于空中作战行动，3%用于训练活动。负责为联合部队提供空运和加油服务的美国空军空中机动司令部（Air Mobility Command），消耗了美国空军一半以上的燃料用

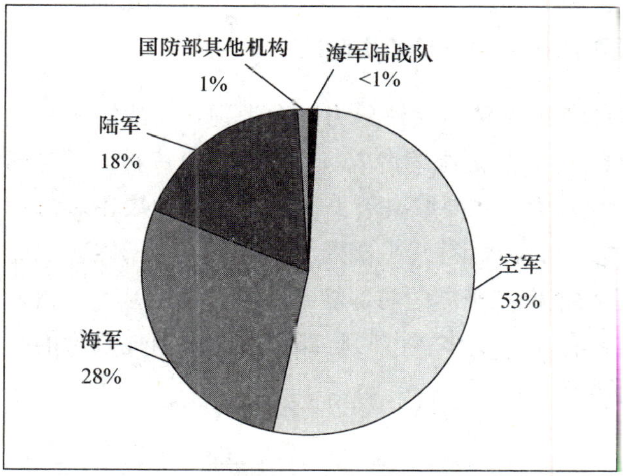

图 1—3　美国各军兵种石油消费量示意图（2011 财年）

资料来源：*Department of Defense Energy Initiatives*：*Background and Issues for Congress*，December 2012，p. 3.

量和美国国防部燃料消耗总量的四分之一。①

美国海军部（包括海军和海军陆战队）的能源需求对石油的依赖低于美国空军，部分原因是美国海军的所有航空母舰和潜艇都已经核动力化。2010 财年，美国海军部能源总需求 59% 依靠石油来满足，22% 依靠核动力，19% 依靠电力。飞机飞行活动占美国海军石油燃料用量的 54%，军舰占 43%，非战术用途占 3%。在美国海军部 2010 财年消耗的 3000 万桶石油中，海军陆战队占 470 万桶。海军陆战队的燃料消耗约 90% 是作战燃料，其中飞机约占 85%，地面部队约占 15%。②

美国陆军虽然人员最多，但是，燃料消耗却远低于美国空军和美国海军。2011 财年，美国陆军消耗的石油燃料为 2100 万桶。美国陆军没有太多的飞机，主要依靠空军和军事海运司令部提供部队运输和后勤保障任务。

---

① Oliver Fritz，*Operational Energy Considerations*，Directorate of Strategic Planning，Headquarters U. S. Air Force，June 14，2010，p. 15. http：//e2s2. ndia. org/pastmeetings/2010/tracks/Documents/OperationalEnergySession/.

② Moshe Schwartz，et al，*Department of Defense Energy Initiatives—Background and Issues for Congress*，December 2012，p. 4.

三、美国国防部能源分类使用情况

美国国防部把能源使用大致分为两大类别：作战能源和设施能源。作战能源约占74%，设施能源约占26%（参见图1—4）。美国国防部的作战能源消耗量变化较大，主要取决于美军在全世界开展军事行动的人数、地点、规模和频度。石油燃料几乎垄断了美国国防部消耗的全部作战能源。20年多来，作战能源在美国国防部能源使用总量中基本上占四分之三。美国空军消耗的作战能源最多，占国防部作战能源消耗总量的一半以上，其次是美国海军和美国陆军。

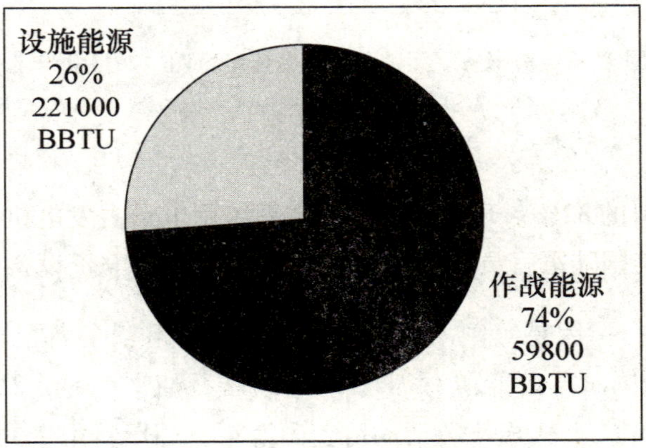

图1—4　美国国防部作战能源和设施能源消耗占比示意图（2010年）

资料来源：*Department of Defense Annual Energy Management Report for FY*2010，June 2011，p. 9.

设施能源是指各种固定军事设施和持久性前哨基地以及各种非战术车辆（NTV）所使用的能源。[①] 美国国防部在全世界拥有500多个军事基地、30多万栋大楼。2011财年，美国国防部设施能源开支41亿美元，其中39亿美元用于大楼的供电、供暖和制冷，2亿美元用于非战术车辆的燃料供应。[②] 设施能源包括电力、天然气、燃油、煤炭和其他形式的能源（如蒸

---

① *Department of Defense Energy Initiatives*：*Background and Issues for Congress*，December 2012，p. 4.

② Office of the Deputy Under Secretary of Defense（Installations and Environment），*Department of Defense Annual Energy Management Report Fiscal Year* 2011，2012，p. 14.

汽)。2011财年，美国国防部设施能源消耗总量为223.8万亿英热单位，占美国国防能源消耗总量的26%。在美国国防部设施能源消耗总量中，电力占48%，天然气占32%，燃油占9%，煤炭占7%，液化气占2%，其他占1%。美国陆军是设施能源消耗大户，占36%；其次是美国空军(30%）和美国海军部（28%)。①

近年来，美国国防部能源需求和能源开支大幅增长（参见表1—2)，原因是全球反恐战争导致作战频率增高和各种类型能源成本上升。在阿富汗，美国国防部采购的燃料从2003财年的4800万加仑上升到2011财年的4.89亿加仑，增长了920%。这一阶段驻阿美军燃料采购总量超过15亿加仑（超过56亿美元)。② 燃料用量的上升反映了驻阿美军人员的增加：2003财年至2011财年，驻阿美军人数从1.04万增加到9.7万，增长了将近830%。这些数字还不包括从阿富汗以外采购的支持“持久自由行动”的燃料。飞机消耗的燃料占驻阿美军行动所用燃料的大头，而且许多飞机还是在阿富汗境外加油。发电机是地面部队消耗能源最多的装备。2009年8月，美国海军陆战队能源评估小组发现，发电机占驻阿美国海军陆战队远征旅所用燃料的32%。环境控制和空调系统用电量占发电机供电总量的57%~70%。美国陆军官员指出，驻阿美军基地个人电子设备不断增加也是导致电力需求上升的原因。在运往阿富汗的补给物资中，燃料和水约占运输总量的70%。根据美国国防部后勤局能源处（DLA-E）和美国中央司令部的统计，每天向驻阿美军运输补给物资的卡车约有5396辆，这还不包括北约和DLA-E的1306辆燃料运输车。DLA-E每天向驻阿美军交付的JP-8航空汽油约100万加仑、柴油7000加仑、车用汽油9000加仑。③

表1—2　美国国防部设施能源开支和作战与维修预算（单位：百万美元）

	FY1999	FY2000	FY2001	FY2002	FY2003	FY2004	FY2005	FY2006	FY2007
设施能源	2253.9	2403.6	2792.2	2614.1	2564.9	2812.2	2971.4	3496.9	3436.7

① Office of the Deputy Under Secretary of Defense (Installations and Environment), *Department of Defense Annual Energy Management Report Fiscal Year 2011*, 2012, pp. 14-15.

② Moshe Schwartz et al., *Department of Defense Energy Initiatives—Background and Issues for Congress*, 2012, p. 52.

③ Ibid, p. 52.

续表

	FY1999	FY2000	FY2001	FY2002	FY2003	FY2004	FY2005	FY2006	FY2007
作战与维修经费	11380. 2	11661. 4	12202. 3	13540. 1	14816. 7	16570. 8	21219. 6	21025. 1	26000. 6

资源来源：Anthony Andrews，*Department of Defense Facilities Energy Conservation Policy and Spending*，CRS Report for Congress，Feb. 19，2009，p. 8.

四、美国国防部燃料采购方式

美军能源的采购、储存、分配和出售由美国国防部后勤局能源处（DLA-E）统一负责。DLA-E 从世界各地的供应商那里采购石油，然后转售给美国国防部内部的用户，其角色相当于一个交易所，负责满足美国国防部的石油需求。DLA-E 在全世界 600 多个燃料仓库储存和出售燃料，也向外国政府和其他联邦机构出售燃料。为了减少燃料运输成本，DLA-E 通常从燃料使用地附近的供应渠道购买燃料。例如，用于保障美军在阿富汗开展军事行动的燃料通常从美国中央司令部辖区内的供应渠道购买，而用于保障美军在太平洋的军事行动的燃料一般从太平洋司令部辖区内的供应途径购买。[①] DLA-E 为从全世界不同地方购买的燃料支付不同的成本，其高低取决于地区燃料价格和后勤成本。尽管成本不同，DLA-E 为每一类燃料确定了一个全球平均水平的固定价——同类燃料统一价格，不论在何地购买。例如，对从阿富汗北部、日本或美国佐治亚州福特堡采购的一加仑 JP-8（军用航空燃料），DLA-E 给美国国防部的各个用户开出同一个价格。为计算全球平均水平的固定价，DLA-E 对在世界范围采购的燃料成本加以平均，然后增加一个操作手续费，以补偿其在世界范围的运作费用（如燃料储存和分配费用）。

五、“全负担成本”核算下的美军燃料开支

美军作战训练所依靠的能源经济不同于民用经济，其中一个主要的区

---

① Schwartz，Morshe et al.，*Department of Defense Energy Initiatives：Background and Issues for Congress*，CRS Report for Congress，Dec. 10，2012，p. 5.

别是燃料消费的地点。美军一旦受命采取行动，其燃料消费发生在战区内的冲突点。在这种情况下，燃料供应可能受敌方的威胁，供应成本就会相应增加。这样一种成本比民用经济所消耗的能源成本要高出许多倍。美军在冲突点所消耗的电力，通常通过便携式发电机供应。因此，战区的电力成本也要比民用经济高出许多倍。美军深刻认识到，野战部队需要持续不断的燃料供应，因而必须维持一个完整的后勤基础设施，包括运输车辆、储存设施、油泵、阀门和其他设备以及专业人员。美军即使没有积极地投入海外行动，同样也需要维持这样一个广泛的基础设施，包括对人员的培训。这样一个基础设施的成本也是远远超出燃料采购价的。因此，即使在和平时期，美军的燃料供应成本也高出民用经济的燃料供应成本。

长期以来，美军一直低估燃料的真实成本。近年来，美国国防部开始关注"燃料全负担成本"（Fully Burdened Cost of Fuel）。美国国会通过的《2009 财年国防授权法》把"燃料全负担成本"界定为"燃料的商品价格，加上运输并在需要时保护燃料从供应商发货点到使用点所需要的一切人员和资产的总成本"。[①] DLA-E 对国防部用户收取的燃料价格低于燃料全负担成本。它只涵盖了燃料的商品价和 DLA-E 的燃料操作和间接成本，却不包括与超出其交货点的燃料运输、储存或保护相关的成本。计算燃料全负担成本则要求将这些额外成本加入 DLA-E 的固定燃料价。

燃料全负担成本相差巨大，取决于燃料使用的地点和情形。在美国一个 DLA-E 交货点附近使用的燃料全负担成本通常接近 DLA-E 固定价。相反，在一些少有的情形下，由直升机交付到一个偏远地点的燃料全负担成本就可能高达每加仑数百美元。在海外应急行动期间供应的燃料成本，特别是后勤和武装保护的成本，无疑会增加燃料全负担成本。美国国防科学委员会在 2008 年公布的一份研究报告中指出，与燃料全负担成本相关的"隐性成本"导致美国国防部"系统地低估向战区部队供应燃料的真实成本"。[②]

美军一些研究报告试图计算在伊拉克和阿富汗的燃料全负担成本。根据 2010 年美国海军陆战队对在阿富汗的燃料全负担成本估算，陆地运输在

---

① *Duncan Huner National Defense Authorization Act for Fiscial Year* 2009, Oct. 14, 2008, p. 4421.

② Office of the Under Secretary of Defense for Acquisition, Technology, and Logistics, *Report of the Defense Science Board Task Force on DoD Energy Strategy: More Fight, Less Fuel*, February 2008, p. 16.

每加仑 9 ~ 16 美元之间，空中运输在每加仑 29 ~ 31 美元之间。美国陆军一份研究报告估算，在伊拉克的燃料全负担成本在每加仑 9 ~ 45 美元之间，其多少取决于所用武力保护的类型和运输距离。美国空军的一份研究报告估计，陆上运输的燃料全负担成本在每加仑 3 ~ 5 美元之间，而空中加油每加仑在 35 ~ 40 美元之间。[①] 美国陆军环境政策研究所 2008 年的一份报告估计，在伊拉克的一个美军“斯特赖克”旅的燃料全负担成本在每加仑 14.13 ~ 17.44 美元之间。[②] 尽管燃料全负担成本说明了向野战部队供应燃料的“隐性成本”，但它不是实际成本的记录，并不用于预算制作的目的，而是用于装备采办过程，作为选择新装备时的一个考虑因素，说明潜在武器系统的后勤能源消耗量。由此可见，假如按照全负担成本计算美军燃料消耗的话，那么，美国国防部的能源开支还要远远高于其公布的数字。

第二节　美国国防部能源安全面临的挑战

从美国国防部能源消费现状可以看出，美军过度依赖能源，特别是石油燃料和电力。这种依赖的代价是巨大的，给美军能源安全带来了一系列风险和挑战，主要表现在以下几个方面。

一、战术性挑战

（一）燃料补给线频频遭袭

美军在阿富汗战争和伊拉克战争中对燃料的日常需求大大超过了美国历史上任何一场战争。在伊拉克，美军部署了约 15 万地面部队和大量坦克、战车。此外，飞机、直升机、发电机、电脑、GPS 等武器装备都需要大量的石油、电力和电池。美军每天消耗燃料 170 万桶。这些燃料都要从科威特、土耳其和约旦运送到伊拉克境内的各个美军据点。2006 财年，向

---

① Schwartz, Morshe, et al., *Department of Defense Energy Initiatives: Background and Issues for Congress*, CRS Report for Congress, Dec. 10, 2012, p. 7.

② Army Environmental Policy Institute, *Sustain the Mission Project: Energy and Water Costing Methodology and Decision Support Tool*, Final Technical Report, July 2008.

驻伊拉克西部美军和联合部队交付的燃料超过1.56亿加仑。通过土耳其运输的燃料超过1.03亿加仑。[①] 美军15万地面部队人均日消耗燃料约9加仑。而二战期间，巴顿（George Patton）将军的第三集团军约40万兵力，汽油日消耗总量不过40万加仑。[②] 在伊拉克战场，美军地面部队兵力只有巴顿第三集团军的三分之一，但燃料消耗却是其4倍多。

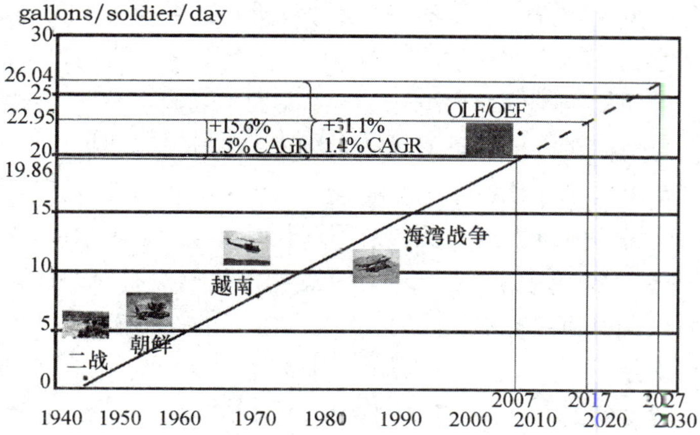

图1—5　美国国防部战时燃料消耗历史示意图

资料来源：Deloitte, *Energy Security: America's Best Defense*, 2009, p. 3.

美国著名智库Deloitte对二战以来美军战时能源消耗开展的研究表明，每名美军士兵每天消耗的燃料量已经从二战和朝鲜战争期间不到5加仑上升到当前阿富汗战争和伊拉克战争的22加仑[③]，越战以来已经增长了175%，过去40年里每年增长2.6%（参见图1—5）。前进作战基地每天需要数百加仑燃料，作战旅的燃料日消耗量可能高达几十万加仑，战区内每年燃料补给高达数亿加仑。向战场运输如此巨量的燃料需要巨大的后勤运输能力和复杂的供应链。

反恐战争对燃料的巨大需求，使美军不得不把近80%的地面运力用于

---

① Gregory J. Lengyel, *Department of Defense Energy Strategy—Teaching an Old Dog New Tricks*, August 2007, p. 22.

② Robert Bryce, "Gas Pains," The Atlantic Online, May 2005, http://www.theatlantic.com/doc/200505/bryce.（accessed March 11, 2016）

③ Deloitte, *Energy Security: America's Best Defense*, 2009, p. 3.

燃料运输①，由此形成了漫长的后勤补给线。燃料补给线越长，遭受攻击的可能性就越大。对燃料的过度依赖使美军及其补给线暴露在敌方的攻击之下。当地武装分子正是利用这一致命弱点，频频袭击美军燃料运输车队，造成重大的人员伤亡和物资损失。据美国运输司令部透露，仅 2010 年，美军在阿富汗的地面车队就遭到了 1100 次袭击，包括简易爆炸装置袭击。② 美国陆军 2009 年公布的一份研究报告对 2003 ~2007 年期间包括陆军士兵和承包商在内的伤亡人数进行了统计分析，结果表明，在阿富汗，每 24 个车队就会有一名士兵伤亡。③ 在此期间，美军在伊拉克和阿富汗车队遭袭事件中的伤亡高达 3000 多人，伤亡人员主要是美军士兵和承包商。18% 的伤亡与地面再补给行动有关。④ 为此，美国国防部指出："在阿富汗、伊拉克及周边国家对燃料车队和固定能源补给品的袭击已经说明了我们当前补给网络的脆弱性。"⑤ 美国海军部长马布斯（Ray Mabus）在 2011 年国会听证会上警告说："未来的对手可能以我们对石油的依赖为目标，这一点我们已经从阿富汗燃料车队一次次遭袭事件中看到。"⑥ 2011 年，美国国防部常务副部长林恩（William Lynn）指出："我们持续开展军事行动的能力日益受到威胁。我们的对手正在更多地运用非对称战术，而能源可能成为一个软目标。"⑦ 由此可见，燃料运输线频频遭袭成为美军作战行动面临的一大挑战。

（二）作战资源被迫分流

在海外遂行军事行动需要维持相应的后勤运输能力，这就需要投入相

---

① David Petraeus, *Supporting the Mission with Operational Energy*, Memorandum, 7 June 2011.

② Remarks by General Duncan McNabb, Commander, U. S. Transportation Command, CSIS, February 7, 2011. http://csis. org/event/military-strategy-forum-general-duncan-mcnabb-commander-us-transportation-command.

③ Mike Boyd, *USMC Operational Energy Efforts and Challenges*, p. 16.

④ Army Environmental Policy Institute, *Sustain the Mission Project: Casualty Factors for Fuel and Water Re-supply*, Final Technical Report, September 2009, pp. 2 –6.

⑤ Department of Defense, *Strategic Sustainability Performance Plan*, FY2011, July 12, 2011, pp. 1 –2.

⑥ U. S. Congress, Senate Committee on Appropriations, Subcommittee on Department of Defense, *Hearing on FY* 2012 *Budget for the Department of the Navy*, 112th Congress, 1st session, March 16, 2011.

⑦ Steve Hargreaves, *Ambushes prompt military to cut energy use*, June 14, 2011, http://money. cnn. com/2011/06/14/news/economy/military_ energy_ strategy/index. htm.

应规模的人员和物资。美军每执行一项海外军事行动，就需要建立一个后勤运输网。给战场上的作战部队运输每一加仑油料，消耗的油料可能高达1.4加仑。[①] 在伊拉克和阿富汗，美军的反游击作战和非对称作战以及能源需求的上升拉长了后勤运输线，使战区燃料运输和护卫成为美军的软肋。反美武装采取的游击战术使美军不得不保护每一条管道、每一个炼油厂、每一辆油罐车、每一个燃料仓库。这一点别说是在战时，就是在和平时期也不是一件轻松的事情。美国环球安全网主任约翰·派克（John Pike）指出，"这是一场车队伏击和汽车炸弹的战争，没有前线的概念"。[②] 成本低廉、操作简便、效果极佳的简易爆炸装置迫使驻伊美军给悍马越野战车加固装甲。一辆完全加固的"悍马"重达5吨之多，必须有一个比普通悍马动力更大的发动机和更重的悬挂。美军还不得不给卡车也花巨资加装装甲。装甲的确有助于保护美军士兵免遭简易爆炸装置和狙击手的袭击，但是，车辆的燃料消耗也增加了。这就意味着要有更多的油罐车驶入伊拉克，因此又给伊拉克反美武装提供了更多的袭击目标。美军不得不派遣更多的兵力去保护运输车队。当反美武装发现一个地区的美军巡逻部队增加时，他们就迅速地把袭击目标轻而易举地转到另一地区的加油站、管道、油罐车队、炼油厂，使美军防不胜防。如此就形成了恶性循环：反美武装对车队的袭击要求加固装甲，加固装甲反过来又增加燃料需求，燃料需求增加又导致车队规模扩大，反过来又给反美武装增加了袭击目标。为此，美军不得不抽调更多的作战部队加以专门的训练，以执行车队护卫任务。美军指挥官甚至在辖区内沿公路每隔一英里就安排一个哨位。由此可见，保护燃料补给线防范敌方袭击，需要分派作战部队和其他资源去执行战场燃料护送任务，从而增加资源的分流，影响其他军事需求所应得到的资源。美国国防部2008年公布的一份报告指出，运输和保护燃料增加了持续保障作战部队的成本，造成战区作战部队的分流，降低部队的战斗力。[③]

---

① Amory B. Lovins, "DOD's Energy Challenge as Strategic Opportunity," *Joint Forces Quarterly*, Issue 57, 2nd Quarter 2010, p. 37.

② Cited from Robert Bryce, *Gas Pains*, The Atlantic Online, May 2005, http://www.theatlantic.com/doc/200505/bryce. (accessed March 11, 2016)

③ Office of the Under Secretary of Defense for Acquisition, Technology, and Logistics, *Report of the Defense Science Board Task Force on DoD Energy Strategy: More Fight, Less Fuel*, February 2008, p. 17.

（三）燃料需求制约美军机动性和装备效能

美军是一支在全球部署的部队。不论在前线还是在后方，不论执行何种使命，都需要大量的燃料和电池作保障。美国国防部助理国防部长莎伦·伯克指出："拿破仑说过，军队吃饱了才能进军。我们的军队有了电池和燃料才能进军。"① 燃料需求降低了美军在海外战区部署和集结的速度，制约美军作战部队的前进速度和战场机动能力，给美军武器系统在重量、速度、射程和杀伤力等方面带来不利的影响。美国国防部2001年公布的一份调查报告估计，假如美国陆军和海军陆战队使用的"艾伯拉姆斯"坦克能效提高一半，那么，1990～1991年"沙漠盾牌"行动和"沙漠风暴"行动的集结就可以在5个月而不是6个月内完成，速度提高约15%。② 美国海军陆战队司令阿莫斯（James Amos）上将在2011年曾一针见血地指出，依赖燃料"限制了我们在复杂的战场环境、远距离、针对各种混合威胁执行任务的战术选择"。③ 2003年3月美军挺进巴格达期间，时任美国海军陆战队第1师师长詹姆斯·马蒂斯（James T. Mattis）少将指出，美军的行动速度超过了后勤保障能力。他向美国国防部大声疾呼："把我们从燃料的束缚中解脱出来吧！"④ 美国陆军能力集成中心主任迈克尔·维恩（Michael Vane）中将在论述陆军战术领域提高能效的必要性时指出，在阿富汗，由于燃料无法从商业市场随时得到供应，美国陆军不得不每天动用60～70辆油罐车为任务区运输燃料。在阿富汗，冬季再补给从供应源运到终端用户所需时间长达45天，而且燃料和水占地面再补给量的70%～80%。燃料消耗量约有50%是前进作战基地发电，发电效率不到40%，基地军营电力系统整体效率不到10%。如果执行燃料运输非战斗性任务的士

---

① DOD News Briefing with Deputy Secretary of Defense William Lynn and Assistant Secretary of Defense for Operational Energy Plans and Programs Sharon Burke from the Pentagon on the DOD Operational Energy Strategy, June 14, 2011. http://www.defense.gov/utility/printitem.aspx? print = http://www.defense.gov/transcripts/transcript.aspx? transcriptid = 4840. (accessed on September 5, 2011)

② Office of the Under Secretary of Defense For Acquisition, Technology, and Logistics, *Report of the Defense Science Board on More Capable Warfighting through Reduced Burden*, 2001, p. 13.

③ USMC, United States Marine Corps Expeditionary Energy Strategy and Implementation Strategy: Bases to Battlefield, "Commandant's Message", April 4, 2011, p. 3.

④ Quoted in Gregory J. Lengyel, *Department of Defense Energy Strategy: Teaching an Old Dog New Tricks*, Brookings Institution, August 2007.

兵减少 10%，每天就可为其他使命任务增加 1500 名以上的士兵，减少 234 辆车，或者每年减少 8.5 万英里的运输里程。①

二、财政性挑战

（一）燃料成本呈长期上升趋势

新世纪以来，由于国际石油供应趋紧、需求增长强劲，国际油价持续上涨。阿富汗和伊拉克两场反恐战争又导致美军能源消耗大幅增加，五角大楼的能源开支随之大幅上升，从 2000 财年的 51 亿美元飙升至 2008 财年的 193.1 亿美元（见图 1—6）。

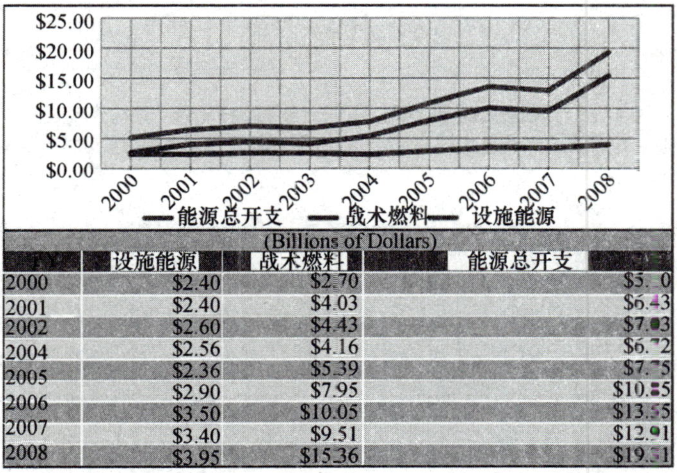

(Billions of Dollars)			
FY	设施能源	战术燃料	能源总开支
2000	$2.40	$2.70	$5.[illegible]0
2001	$2.40	$4.03	$6.43
2002	$2.60	$4.43	$7.03
2004	$2.56	$4.16	$6.72
2005	$2.36	$5.39	$7.75
2006	$2.90	$7.95	$10.85
2007	$3.50	$10.05	$13.55
2008	$3.40	$9.51	$12.91
	$3.95	$15.36	$19.31

图 1—6　美国国防部 2000～2008 年能源开支示意图

资料来源：Schuyler Null, *Defense Sustainability: Energy Efficiency and the Battlefield*, 2010, p. 9.

在战后的阿富汗和伊拉克，由于燃料运输车队频频遭受反美武装和简易爆炸装置的袭击，美国国防部甚至被迫动用运输机向驻扎在阿富汗偏远地区的作战基地空投燃料，导致燃料成本大幅增加。研究表明，从 2005 财年到 2011 财年，尽管美国国防部石油消耗量从 1.22 亿桶下降到 1.17 亿

① Todd Lopez, *Army striving for 'net-zero' energy use, developing strategies*, ARNEWS, November 18, 2010. http://www.forthoodsentinel.com/story.php?id=5300.［2015—08—15］

桶，减少了4%，但是，美国国防部同期石油开支却增长了381%（去除通货膨胀因素），从45亿美元（2011财年美元价）增加到173亿美元（参见图1—7）。①

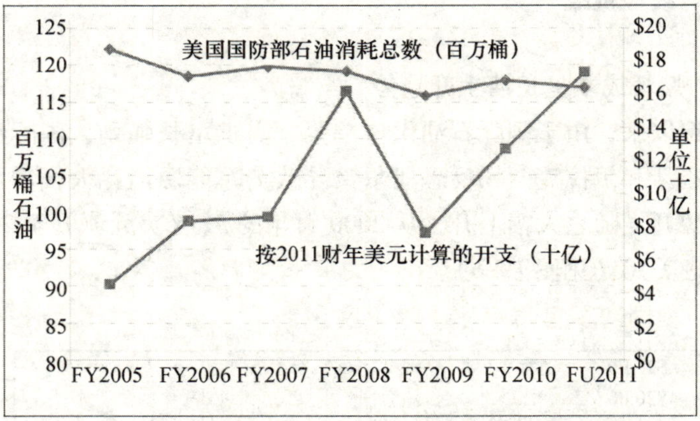

图1—7 美国国防部2005~2011年石油开支和消耗走势图

资料来源：*Department of Defense Energy Initiatives—Background and Issues for Congress*, Dec. 2012, p. 8.

燃料价格长期走高，必然要求美国国防部提高预算中燃料开支的比例，这样又挤占了美国国防部本已紧张的预算资金，使其更加难以为其他优先任务提供资金。20世纪90年代以来，燃料采购开支比美国国防部其他任何大类预算的增长速度都要快。2005年以来美国国防部燃料支出在总开支中的比例从1.6%上升到2.5%。虽然美国国防部每年预算高达7000亿美元上下，这一变化显得微不足道，但是，0.9%的增长率就相当于每年增加60亿美元。美国国防部后勤局能源处官员及其他分析家们预计，随着发展中国家石油需求的增加，油价还将继续攀升。

（二）短期内燃料价格大幅波动

短期内燃料价格的波动给美国国防部编制预算带来了很大的麻烦，并可能导致当年预算出现缺口，因此，美军领导人对此深恶痛绝。例如，美

① Congressional Research Service, *Department of Defense Energy Initiatives: Background and Issues for Congress*, CRS Report for Congress, Dec. 10, 2012, p. 8.

国国防部 2004 财年至 2005 财年的石油开支增加了将近 90%。然而，2008～2009 财年美军的石油开支又下降了约 50%。油价震荡迫使国防部后勤局能源处从 2005 财年开始，将燃料价格由原来一年定一次，改为某一财年内根据需要随时调整。许多专家预言未来几年油价将继续动荡不定。

燃料价格即使是微小的意外增加，都可能对美国国防部当年预算产生很大的影响。据估计，油价每桶上涨 10 美元，美国国防部能源开支就要增加 130 亿美元。[①] 由此可见，2008 年国际油价飙升至 147 美元 1 桶时，五角大楼的财政状况有何等紧张。2011 财年，美军消耗石油约 1.17 亿桶，油价每增加 1 美元，美国国防部就得多花 1.17 亿美元。2011 财年燃料价格增加 10%，美国国防部就得多花 17 亿美元，相当于 14 架 F-35s 战斗机的价格。[②] 美国海军官员表示，油价每增加 1 美元，美国海军每年就要增加 3000 万美元。

美国国防部的运转是建立在一个六年期"未来多年度国防计划"（FYDP）安排之上的。开支大幅增加意味着大笔经费必须重新编制，以解决燃料开支问题，这样就会严重影响那些被迫减少资金的项目。由于美国国防部的燃料开支主要通过作战与维修（O&M）预算提供资金，燃料价格意外上升可能导致作战与维修资金出现缺口。例如，2012 年 4 月，美国海军部长马布斯表示，美国海军面临近 10 亿美元的燃料资金缺口。美国太平洋司令部也声称，由于燃料价格高于预期，2012 财年作战与维修资金面临 2 亿美元的缺口。[③]

应对由燃料价格意外增加所造成的作战与维修资金短缺无非两种办法：一是提交申请追加资金（如 2008 年为弥补燃料价格飙升而提出的 50 亿美元追加资金申请）；二是减少作战与维修资金所支持的其他活动的资金。2011 年，时任美国国防部长盖茨（Robert Gates）在国会作证时表示，预算外燃料成本的增加会迫使空军减少飞行小时、海军减少出航天数、驻

① CNA, *Powering America's Defense: Energy and the Risks to National Security*, May 2009, p. 11, www.cna.org/nationalsecurity/energy.

② CNA, *Powering America's Defense: Energy and the Risks to National Security*, May 2009, p. 11.

③ Congressional Research Service, *Department of Defense Energy Initiatives: Background and Issues for Congress*, Dec. 10, 2012, p. 9.

扎在国内的陆军部队减少训练。①

由于金融危机和财政危机的严重冲击，奥巴马政府被迫缩减政府开支，为此公布了《2011 预算控制法》，承诺在未来 10 年内减少超过 4500 亿美元的防务开支。在防务预算大幅缩减的情况下，如何确保美军当前和未来的能源供应安全，是美国国防部面临的一个严峻的挑战。

三、战略性挑战

（一）向战区跨国运送燃料的风险和挑战

美国支持海外军事行动的补给线常常需要跨越国际边界，这就给其他国家提供了中断或者以其他方式影响美军补给品运输的能力。美军在阿富汗的军事行动凸显了经营一个需要经过他国同意的后勤运输网络所面临的挑战。由于阿富汗是一个内陆国家，因此，美军燃料和补给品运输必须经过一个或多个邻国的领土或领空。美国运输司令部副司令哈尼契克（Mark Harnitchek）海军中将把美军在阿富汗的军事行动称为“当代后勤运输的最大挑战”。②

2011 年 11 月前，经巴基斯坦的补给线是美军向阿富汗运输燃料的主要路线，约占驻阿美军燃料运输的 70%。③ 美军沿巴基斯坦境内路线运输的补给品经常遭到劫持和偷盗。2011 年 11 月 26 日，北约军机对巴基斯坦西北部两座检查站发动空袭，造成包括两名官员在内的 24 名巴安全部队人员死亡，另有约 13 人受伤。事件发生后，巴基斯坦关闭了通往阿富汗的补给线。这一行动迫使美军转向使用“北方分配网络”——一条距离更长、成本更高、情况更复杂的后勤运输线，从拉脱维亚或阿塞拜疆穿过俄罗斯、哈萨克斯坦、吉尔吉斯斯坦、塔吉克斯坦和乌兹别克斯坦。美国国防部后勤局不得不通过这些补给线运输所有的燃料。

使用北方运输线增加了美国国防部向阿富汗运输燃料和补给物资的开

---

① Congressional Research Service, *Department of Defense Energy Initiatives: Background and Issues for Congress*, Dec. 10, 2012, p. 10.

② Tom Gjelten, “U. S. Now Relies On Alternate Afghan Supply Routes,” *NPR*, September 26, 2011.

③ U. S. Congress, Senate Committee on Foreign Relations, *Central Asia and the Transition in Afghanistan*, A Majority Staff Report, 112th Cong., 1st sess., December 19, 2011, pp. 5 – 6.

支。据报道，每月费用多达 1.04 亿美元，比使用巴基斯坦补给线高出 8700 万美元。[①] 美军运输司令部指出，向阿富汗运输一个 20 英尺的货物集装箱，如果通过北方路线运输，要多出 1 万美元。除成本更加高昂外，北方路线还无法运输武器装备等杀伤性货物，只允许单程，而且 2012 年 3 月已经处于满负荷运转状态。[②]

（二）保护石油在全球自由流通的挑战

石油对美国经济至关重要。石油在全球自由流通的任何中断都可能导致油价上涨，给美国和世界各经济体构成严重威胁。美国国防部官员表示，保护海上运输线和石油的自由流通是美国海军的一项基本任务，对美国国家利益和经济利益至关重要。[③] 全球石油运输要经过几个交通“咽喉”，极易中断，特别是波斯湾的进出口——霍尔莫兹海峡。确保波斯湾航道的安全，是美国海军第五舰队的主要任务之一。美国国防部每年花费数十亿甚至数百亿美元保护全球石油过境通道和交通咽喉。据兰德公司估算，美国国防部每年用于保护波斯湾石油供应和过境运输的开支大约在 860 亿～1040 亿美元之间。[④] 美国国防部在保护石油的全球自由流通中所担任的角色甚至可能导致美军采取作战行动。例如，两伊战争期间，美军在 1987～1988 年实施了“挚诚意志行动”（Operation Earnest Will），以保护在波斯湾航行的油轮和其他商船免遭伊朗军队在两伊战争海战阶段“油轮战”期间的攻击。2011 年 12 月，在回应伊朗关闭霍尔莫兹海峡的威胁时，美国国防部长帕内塔曾警告说，关闭霍尔莫兹海峡将被美国视为一条“红线”。美国第五舰队女发言人也在声明中强硬表态：“任何中断都不会被容忍。”[⑤]

---

① Lolita C. Baldor & Robert Burns, “Costs Soar for New War Supply Routes,” *Associated Press*, January 19, 2012.

② Tom Gjelten, “U. S. Now Relies On Alternate Afghan Supply Routes,” *NPR*, September 26, 2011; Discussion with DLA-E officials, March 1, 2012. According to information provided by DLA-E officials in May 2012, capacity along the northern network is increasing.

③ Meeting with Navy officials, March 6, 2012. The Navy mission statement includes “maintaining freedom of the seas.” http://www.navy.mil/navydata/organization/org-top.asp.

④ Keith Crane, Andreas Goldthau, and Michael Toman, et al., *Imported Oil and U. S. National Security*, RAND, 2009.

⑤ *Department of Defense Energy Initiatives: Background and Issues for Congress*, Dec. 10, 2012, p. 14.

（三）地缘政治和国家安全的挑战

美国认为，石油依赖是关乎美国国家安全的一个核心问题。全球每日石油需求总量约 8600 万桶，其中，美国的消耗量约为 2100 万桶，约占 24%。[①] 2007 年，美国消耗了 75 亿桶石油，石油开支高达 5500 亿美元。其中 60% 的石油依靠进口，石油支出将近 3000 亿美元，约占美国贸易赤字总数的 40%。

美国对少数石油出口国的依赖，迫使自己依赖潜在的对手来维持经济增长和国家安全。新世纪以来全球能源市场发生的变化，对美国霸权构成了二战结束以来最严峻的挑战。从地缘政治的视角看，美国认为，大多数石油输出国都不是自由、民主国家（如沙特阿拉伯和伊朗），它们（如伊朗和委内瑞拉）敌视美国，或者属于腐败、脆弱的国家（如尼日利亚）。表 1—3 是美国进口石油的前 15 大来源国。其中，敌视美国或潜在敌视美国的国家占相当大的比例。

对石油的依赖和争夺限制了美国的战略灵活性，增强了外国对手的实力，恶化了对资源的地缘政治竞争，因而危害美国国家安全和外交政策。尽管从中东进口的石油仅占其石油进口总量的 17%，但美国长期以来高度关注中东的安全，其原因就在于能源。俄罗斯、伊朗、苏丹、中亚国家、委内瑞拉、沙特阿拉伯等世界主要能源生产国利用能源出口赚取的巨额收入实现政治目的，挑战美国利益，恐吓美国盟友，资助恐怖组织和美军的作战对手。

表 1—3　美国石油进口前 15 国（2007 年）

国家	占比
加拿大	21.5%
墨西哥	13.6%
沙特阿拉伯	12.8%
委内瑞拉	11.9%
尼日利亚	9.8%

---

① Office of the Under Secretary of Defense for Acquisition, Technology, and Logistics, *Report of the Defense Science Board Task Force on DoD Energy Strategy: More Fight, Less Fuel*, February 2008, p. 12.

续表

国家	占比
阿尔及利亚	5.9%
安哥拉	4.5%
伊拉克	4.3%
俄罗斯	3.7%
维尔京群岛	3.0%
英国	2.5%
巴西	1.8%
厄瓜多尔	1.8%
科威特	1.6%
哥伦比亚	1.4%

资源来源：Michael Farrell，*Tough Guys Go Green—Expanding DoD's Role in Energy Security*，2009，p. 9.

2006年1月，美国总统小布什在国情咨文中警告说，美国已经“患上了石油瘾”，而这些石油常常是从世界上不稳定地区进口的。同年8月30日，小布什在接受美国全国广播公司访谈时强调指出，“能源问题不只是一个经济安全的问题，它是一个国家安全问题。”① 2007年1月30日，小布什在国情咨文中再次发出警告：“多少年来，我们国家一直依赖外国石油。这种依赖使我们在敌对国家政府和恐怖主义分子面前显得更加脆弱，他们可以大规模地中断石油运输，提高石油价格，给我们经济造成巨大伤害。”② 2008年3月5日，小布什在华盛顿国际可再生能源大会上的发言中又一次提出警告：“对石油的依赖还让我们受恐怖分子的摆布。如果出现供需紧张，恐怖分子只需中断一处石油供应，油价就会飙升。终结我们国家对石油的依赖符合我们的利益，因为依赖石油对我们的国家安全构成了挑战。”③

美国国防部同样认为，能源安全与国家安全密切相关，能源安全威胁

① Cited from Al Shaffer，*DoD Energy Security Task Force*，22 May 2007.

② George W. Bush，*State of the Union Address*，January 30，2007.

③ Chris DiPetto，*Department of Defense Energy Security Task Force Update*（PPT），September 18，2008，p. 2.

完全可能转化为国家安全威胁。《联合作战环境2010》指出："欧佩克巨额收入的一部分完全有可能进入恐怖主义分子的金库，或者落入那些以反现代、反西方为目标的活动分子的手中，这些运动吸引着越来越多的失业的年轻人，他们迫切希望攻击自己心目中的敌人。"①

（四）"石油峰值论"

"石油峰值论"源于1949年美国著名石油地质学家哈伯特（Marion K. Hubbert）发现的矿物资源"钟形曲线"规律。哈伯特认为，石油作为一种不可再生的资源，任何地区的石油产量都会达到最高点；达到峰值后，该地区的石油产量将不可避免地开始下降。根据这一理论，他成功地预测了美国本土48州的石油产量在1970年前后达到峰值。此后，爱尔兰地质学家坎贝尔（Campbell）继承了哈伯特的理论，并成立了石油峰值研究会（ASPO）。1998年，他发表了《廉价石油时代的终结》，在油价每桶只有10美元上下的时候预测廉价石油时代必将终结。后来的油价上涨似乎再次印证了他的结论和"石油峰值论"的观点。

一直以来，有关"石油峰值论"的争论就没有平息过。不同机构和学者对石油峰值何时到来说法不一（参见表1—4）。以坎贝尔为代表的"悲观派"认为，石油峰值已经到来或者即将到来。以剑桥能源研究会（CERA）为代表的"乐观派"认为，科技进步会显著增加石油产量，将使石油峰值的到来时间推迟到2030年以后。"中间派"认为世界石油峰值将于2020年左右出现。2000年，美国政府声称，地球的绝对峰值将在2037年左右到达。同年3月，国际能源署（IEA）预言，世界石油生产有可能在2020年以后达到峰值。

表1—4　对世界石油产量达峰时间的36种预测

公布年份	公布机构	峰值年份/浮动范围	公布年份	公布机构	峰值年份/浮动范围
1972	ESSO	2000年前后	1999	Parker	2040
1972	UN	2000年之前	2000	Bartlett	2004或2019

① U.S. Joint Forces Command, *Joint Operating Environment* 2010 (Suffolk, VA, February 2010), p.27, http://www.jfcom.mil/newslink/storyarchive/2010/JOE_ 2010_ o.pdf.

续表

公布年份	公布机构	峰值年份/浮动范围	公布年份	公布机构	峰值年份/浮动范围
1974	Hubbert	1991—2000	2000	Duncan	2006
1976	UKDOE	2000 年左右	2000	EIA	2021—2167；最有可能 2037 年
1977	Hubbert	1996	2000	IEA（WEO）	2020 年后
1977	Ehrlich, et al.	2000	2001	Deffeyes	2003—2008
1979	Shell	2004 年前达平稳期	2001	Goodstein	2007
1981	World Bank	2000 年前后达平稳期	2002	Smith	2010—2016
1985	Bookout	2020	2002	Campbell	2010
1989	Campbell	1989	2002	Cavallo	2025—2028
1994	Ivanhoe	2000—2050 年欧佩克达平稳期	2003	Greene, et al.	2020—2050
1995	Petroconsultants	2005	2003	Laherrere	2010—2020
1997	Ivanhoe	2010	2003	Lynch	无可见峰值
1997	Edwards	2020	2003	Shell	2025 年后
1998	IEA（WEO）	2014	2003	Simmons	2007—2009
1998	Campbell/Laherrere	2004	2004	Bakhitari	2006—2007
1999	Campbell	2010	2004	CERA	2020 年后
1999	Odell	2060	2004	PFC Energy	2015—2020

资源来源：Michael J. Hornitschek, *War Without Oil-A Catalyst For True Transformation*, 2006, p. 7.

针对石油峰值的不同意见，美国能源部委托相关机构进行了研究，以此作为制定能源政策的基础。2005 年 2 月，美国著名能源专家罗伯特·希尔施（Robert Hirsch）给大西洋理事会（Atlantic Council）提交了一份研究报告，题为《世界石油产量的峰值：影响、减缓措施与风险管理》。他得出的结论是，世界石油产量达到峰值将给美国和世界带来前所未有的风险管理问题；如果不采取及时的缓解措施，那么，峰值带来的经济、社会和政治代价将是空前的。缓解行动要产生实质性的影响，就必须在峰值到来之前十年以前开始。①

① Hirsch, Robert et al., *Peaking of World Oil Production: Impacts, Mitigation and Risk Management*, Feb. 2005, p. 4.

2007年7月，美国全国石油委员会为美国能源部完成了一份研究报告，题为《面对能源的严酷事实：全面展望2030年全球石油和天然气》。[①] 该报告的结论是，尽管世界能源资源并非即将耗竭，但要满足预测的能源需求总量还是存在巨大挑战。报告认为，美国必须采取有力措施，降低日益增长的能源需求。

2007年2月，美国国会政府问责办公室（GAO）公布了一份研究报告，题目是《未来石油供应的不确定性迫切要求制订一项应对石油峰值和产量下降的战略》。[②] 该报告指出，大多数研究预测石油峰值会在2040年之前到来，而联邦政府还没有制订一项协调一致的战略来减少石油峰值到来时间的不确定性或者降低其可能带来的后果。

国际能源机构（IEA）在2008年11月公布的《世界能源展望》中指出，中东以外的大部分国家已经或者很快就要达到石油生产峰值。油田下降速度比一年前预测的要严重得多。[③] 报告警告说，到2015年可能出现石油供应短缺，除非出现一个投资热潮。“大多数非欧佩克国家石油产量已经达到高峰，其他大多数国家将在2030年前达到峰值。”[④] 报告进一步警告：“世界能源系统将发生变革，但未必是我们希望看到的那样。时间正在飞快流逝，现在是采取行动的时刻!”[⑤]

由于美国国防部是世界上最大的单一石油用户，未来石油供应对其至关重要。因此，美国国防部高度关注“石油峰值论”。2008年3月13日，美国国会议员巴特莱特（Roscoe G. Bartlett）在就国防部能源态势听证时指出：“我相信，能源是21世纪世界和美国面临的最重要的挑战。具体地说，我对即将到来的全球石油峰值的前景深感忧虑。全球石油峰值不可避免，因为每一口油井在储量开采一半以后就会达到峰值，然后产量开始下降。同样道理，相关地区和国家也会达到峰值。美国石油产量在1970年达

---

① National Petroleum Council, *Draft Report: Facing Hard Truths about Energy*, July 2007, http://downloads.connectlive.com/events/npc071807/pdf-downloads/Facing_ Hard_ Truths-Report.pdf.

② U.S. Government Accountability Office (GAO), *Uncertainty about Future Oil Supply Makes It Important to Develop a Strategy for Addressing a Peak and Decline in Oil Production*, February 2007.

③ International Energy Agency, *World Energy Outlook* (Executive Summary), Nov. 2008, p.43.

④ Ibid, p.41.

⑤ Ibid, p.49.

到了峰值。”①

美国联合部队司令部发布的《联合作战环境 2010》中有一节专门论述“石油峰值论”。该报告指出：“到 2030 年，世界石油日需求量将达到 1.18 亿桶。然而，能源生产商的日产量可能只有 1 亿桶，除非当前的投资和钻探能力出现实质性的提高。到 2012 年，石油剩余产能可能完全消失，最早到 2015 年石油日产量就可能出现 1000 万桶的缺口。”② 报告所透露出来的信息是：2012 年可能不是世界末日，但或将成为“石油末日”的开始。这表明，在美军看来，石油问题已经从遥远的威胁变成了迫在眉睫的危机。该报告的出台标志着“石油峰值论”由单纯的能源领域扩展到军事等领域。该报告认为，石油峰值将给世界经济、政治、军事带来巨大影响。在军事层面上，各国能源之争可能升级，未来冲突的后果将十分可怕。如果能源供给不能满足需求，各国将有必要对能源开采设施进行军事保护。③

石油峰值的到来意味着石油供应中断在未来几十年中极有可能发生，高油价时代即将来临。不论是石油供应中断还是油价暴涨，都会严重影响美军的能源开支和预算，严重威胁美军的作战能源安全，削弱美军的全球部署和作战能力。更为严重的是，现有武器系统以及正在开发的武器系统大都以石油为动力，而这些武器系统是美国军事力量的基础。美国国防部获取其所需要的石油并不存在任何问题。但是，全球供应和消费格局的趋势会使美军在世界各地开展行动时难以确保燃料供应安全，也会影响其购买燃料的价格。

石油峰值的到来还将进一步加剧全球能源资源竞争。随着容易开采的石油快速减少，美国与其他石油进口国的竞争愈演愈烈。地缘政治矛盾进一步激化，能源生产国政局动荡，资源民族主义泛滥，各种不稳定因素对能源生产、能源基础设施和能源供应链构成了严重威胁。地缘政治不稳定，不仅威胁美国石油进口和美军燃料供应，也将迫使美国国防部在相关地区增加军事力量，从而加大美国维持其世界霸权的成本。因此，虽然“石油峰值论”目前仍然是未经完全验证的假说，但是，美国国防部从能

---

① U. S. Government Printing Office, *Department of Defense Energy Posture—Hearing before the Readiness Subcommittee of the Committee on Armed Services*, *House of Representatives*, March 13, 2008, p. 4.

② U. S. Joint Forces Command, *Joint Operating Environment* 2010, Feb. 18, 2010, p. 29.

③ 陈晓晨：《美军提“石油峰值”传递何信息?》，《第一财经日报》2010 年 04 月 26 日，http://business.sohu.com/20100426/n271746906.shtml.

源安全和战略高度出发，仍然高度重视“石油峰值论”，成为推动其能源变革和战略转型的又一个强大动力。

四、环境性挑战

能源消耗也应该从生态政治学的角度来加以审视。环境保护和应对气候变化虽然不能算是美国国防部的核心考虑因素，但也是美军大量消耗化石燃料所面临的一大挑战。使用化石燃料导致温室气体排放、环境污染、水污染和环境破坏。核能的使用产生有害废弃物、潜在事故等。战争所造成的环境影响日益受到公众的审视。科索沃战争结束后，一些组织就美军空中轰炸所产生的环境破坏开展了官方的和非官方的调查。这表明，军事行动的环境影响开始受到关注。

对美军影响更大、更具挑战性的一个全球性环境问题是全球气候变化。能源消耗是导致全球气温变暖的主要因素。化石燃料产生的二氧化碳占温室气体排放总量的80%以上，是导致气候变化的一个最主要原因。在美国，石油、煤炭和天然气约占能源消费总量的85%，是温室气体的主要排放源。鉴于美国在全世界年排放总量中占比超过20%，全球气温变暖已经成为一个重大的地缘政治问题。国际社会纷纷要求美国在应对气候变化的行动中发挥更加积极的领导作用。美国许多最亲密的盟友都把全球变暖视为最重要的问题之一。二氧化碳占美国国防部温室气体排放总量的94%。[①] 这一点对美国国防部来说非同寻常，因为根据《联合国气候变化框架公约》所制定的任何减排方案都会使相关措施产生法律效应，并出台相应的奖惩措施。1997 年 12 月，美国签署了《京都议定书》。在这种情况下，美国国防部作为联邦机构的一部分，自然要关注节能减排的问题。

2002 年 2 月 14 日，美国总统小布什宣布了美国政府的《全球气候行动计划》，提出的一个关键目标就是 2002—2012 年将美国温室气体强度降低 18%。2007 年 1 月 23 日，小布什在国情咨文中强烈呼吁，减少对外国进口石油的依赖，发展清洁能源技术，“更好地承担起环境保护领导者的

---

① Office of the Under Secretary of Defense For Acquisition, Technology, and Logistics, *Report of the Defense Science Board on More Capable Warfighting through Reduced Burden*, 2001, p. 21.

角色，应对全球气候变化带来的严峻挑战”。[①] 美国国会也提出一系列立法提案来限制温室气体排放。《2007 年能源独立与安全法》明确规定，联邦政府所有建筑到 2015 年要在 2005 年的水平上减少能源消耗总量 30%。[②] 小布什总统签署的第 13423 号行政令也提出了联邦机构减少能源强度和温室气体减排的目标。2007 年 4 月，美国最高法院裁定，美国环境保护署（EPA）拥有法律权利将碳排放作为一种污染物加以监管。美国有些地区已经实施了碳排放总量控制和交易制度。

奥巴马入主白宫后采取了一系列战略性举措，积极推动清洁能源发展，以帮助美国摆脱对外国进口石油的过度依赖，促进美国能源独立与安全。2009 年 10 月 5 日，奥巴马签署了第 13514 号行政令——《联邦政府在环境、能源和经济绩效中的领导作用》[③]，要求每个联邦机构提交一份以 2008 年为基线的 2020 年温室气体减排目标。2010 年 1 月 29 日，奥巴马宣布了联邦政府到 2020 年温室气体减排 28% 的目标，目的是确保联邦政府机构率先垂范，建设低碳能源经济。

五角大楼是美国政府中能源消耗量和温室气体排放量最大的机构。联邦政府 35 万座大楼的能耗仅占美国政府能源消耗总量的 20%，而美国国防部却占了其中的 80%。可见，五角大楼在美国政府节能减排的努力中作用极为重要，节能减排面临严峻挑战。假如美国军方对气候变化持漠视态度，其国内外的形象和声誉必然受损。同时，美国国防部也认识到气候变化关乎其使命任务。未来几十年，气候变化的潜在影响包括获取淡水的途径减少、粮食生产受损、极端天气、土地流失、干旱、洪灾、海平面升高、冰川消融以及致命疾病的加速蔓延。这些问题不仅会破坏人类的生活方式，而且还可能带来新的安全威胁，导致更多的失败国家、自然和人道主义灾难、大规模的人口迁移等等。美军可能被迫更加频繁地单独或者与盟国一起开展维稳、重建等行动。此外，风暴活动的增多也可能威胁诸如炼油厂和电网部件的能源基础设施以及沿海军事基地。随着海洋温度升高和极地冰雪继续消融，海平面的升高不仅会摧毁马尔代夫居民的家园，也

① George Bush, *President Bush Delivers State of the Union Address*, Jan. 23, 2007. http://georgewbush-whitehouse.archives.gov/news/releases/2007/01/20070123-2.html. [2014—07—18]

② *The 2007 Energy Independence and Security Act*, December 19, 2007.

③ Executive Order 13514—*Federal Leadership in Environmental, Energy, and Economic Performance*, October 5, 2009.

会影响到许多美军基地。例如，印度洋上作为美军和英军后勤和战略枢纽的迪戈加西亚岛。

2007 年 4 月，美国著名智库海军分析中心公布了一份由 11 名各军种退役上将共同完成的研究报告，题为《国家安全与气候变化威胁》。报告指出，气候变化对美国的国家安全构成严重威胁；气候变化将成为世界上一些局势最为动荡的地区不稳定的威胁倍增器；气候变化也将加剧世界稳定地区的紧张局势；气候变化、国家安全和能源依赖是相互关联的全球挑战。[①] 这些退役将军一致认为，必须立即采取行动应对气候变化。这些结论在美国国会和五角大楼产生了广泛的影响。《2008 财年国防授权法》明确提出，美国下一份《国家安全战略》《国防战略》和《四年防务评估报告》必须就预期的气候变化对国防部当前和未来使命所产生的影响提出指导性意见。[②]

2010 年，美国国防部在《四年防务评估报告》正式提出把制订一项能源和气候变化战略作为国防部的重点工作之一。这表明美军高层高度重视应对能源和气候变化问题。因此，如何大幅度节能降耗、完成减排目标，成为五角大楼必须认真应对的一大挑战。

五、商业电网性挑战

虽然美军能源安全的关注焦点是液体燃料，但是，美国国防部军事设施电力需求巨大，因而近年来也引起美军领导人的高度关注。2008 年 2 月，美国国防科学委员会研究报告得出的一个结论是："关键性国家安全和国土防御任务面临因电网故障造成的长时间断电而带来的风险，风险之高令人无法接受。"[③] 2009 年 5 月，海军分析中心研究报告指出："网络黑客高手完全可能从初始攻击点摧毁下游机械装置，从而严重破坏电网。"[④]

---

① Gordan R. Sullivan et al., *National Security and the Threat of Climate Change*, CNA Military Advisory Board report, April 2007, pp. 44 – 45.

② Congress, *National Defense Authorization Act for Fiscal Year* 2008, P. L. 110 - 181, January 28, 2008, Sec. 951.

③ Office of the Under Secretary of Defense for Acquisition, Technology, and Logistics, *More Fight-Less Fuel*. Report of the Defense Science Board Task Force on DoD Energy Strategy. February 2008, p. 54.

④ CNA, *Powering America's Defense*: *Energy and Risks to National Security*. May 2009, p. 13.

美军认为电网安全是能源安全的核心，而能源安全又是国家安全的核心。电网安全的核心是确保电网的可靠性、高效性、安全性和可恢复性。①

美国国防部电力供应安全的关键问题是一些关乎国家安全的使命任务几乎完全依赖国家电网。美国国防部所依靠的能源基础设施约有 85% 为商业公司拥有，国防部军事设施所消耗的电能 99% 来自营区以外。② 商业电网脆弱，容易受基础设施老化、天气原因和直接攻击而发生供应中断，产能也临近极限，且不受美国国防部的控制。在多数情况下，不论是商业电网还是基地备用电源，在发生长时间（几个月）断电事故时都无法提供可靠的电力供应来确保国家关键性功能和战略监控任务的连续性。

美军本土军事基地主要依靠美国—加拿大电网供电。该电网的设计重输电效率、轻恢复能力，因而容易受到自然灾害或蓄意攻击的影响。因自然灾害而使整个美军基地断电的案例比比皆是。例如，2001 年 5 月，亚利桑那州华楚卡堡（Fort Huachuca）的一场大火烧毁了主干和辅助输电线，使该军事基地关闭了整整 5 天时间，直到供电全面恢复。

另一个案例对军事设施的影响更加严重。2003 年 8 月 14 日下午 4 点 15 分左右，美国东北部 8 个州和加拿大部分地区发生大面积停电事故，美国和加拿大的 5000 万人口顿时陷入一片黑暗。停电期间，265 个发电厂 500 多个发电机组停止发电，其中包括 22 个核电厂。③ 造成此次事故的直接原因是一条超高压输电线路突然发生故障，导致输电系统出现连锁反应。这些发电厂经过约两周的修理才完全恢复发电能力，两周内平均丧失一半以上的发电能力。事故调查组发现，这起事故的起因是一条高压输电线在用电需求高峰时与生长过高的树木发生接触，引发了一连串故障。这起事故使多个美军基地也失去了电力供应。④

断电的风险不只存在于美国，其他国家也存在同样的风险。例如，2003 年 9 月 28 日，意大利发生了年内一系列停电事故中最大的一次停电

---

① Society of American Military Engineers, *Smart Power Infrastructure Demonstration for Energy Reliability and Security* (*SPIDERS*). Jan. 10, 2012, p. 5.

② Society of American Military Engineers, *Smart Power Infrastructure Demonstration for Energy Reliability and Security* (*SPIDERS*). Jan. 10, 2012, p. 18.

③ *Report of the Defense Science Board Task Force on DoD Energy Strategy*: *More Fight*, *Less Fuel*, 2008, p. 19.

④ Hugh Jones, David Anker, Kumud Mathur, *Strategic Energy Resource Investment Optimization for the US Army*, Center for Army Analysis, August 2004, p. 3.

事件，使5600万人口受到影响，并且还波及到瑞士。这也是意大利20年来发生的最严重的一次停电事故。[①] 位于美国本土以外的美军设施依赖当地的商业电网供电，其电力供应安全和使命任务的连续性与美国本土的军事设施一样重要。

商业电网的脆弱性使美国国防部对其军事设施所面临的电力供应安全感到忧心忡忡。当前，美国商业电网不仅存在大量单点故障和难以修复的问题，而且还容易遭受简单的攻击。除了实际攻击电网以外，网络攻击可能使电网部分片区发生长时间的瘫痪。美国已经发现大量网络攻击企图，只是至今尚未导致严重的问题。不过，大面积停电的可能性是存在的。

长时间的大规模停电对美国和美国国防部都会产生严重的后果。首先，停电威胁美国国防部极其重要的使命任务。美国海内外的一些军事设施执行着一些战略上和战术上均极为重要的使命任务，必须全天候、不间断地保持运转。其次，停电威胁美军设施。过去，每个军事设施的使命是训练部队并在接到命令以后部署作战部队。对美国本土遭受恐怖主义袭击的担忧、国土安全部的成立以及国防部新增的国土防御任务，为军事设施增加了新的作用。现在，军事设施不仅必须持续不间断地保持运转，而且所需电力还大大超过支持具体关键性使命任务所需的用电量。最后，断电对全国社会经济生活产生严重影响。2003年8月的断电事故导致关键性基础设施像多米诺骨牌一样瘫痪。

断电事故充分说明了商业电网的脆弱性，暴露了美国经济和国家安全中存在的薄弱环节。美国国防部担心，假如恐怖分子对电网、煤炭运输铁路线或天然气管道发动一连串袭击，后果将不堪设想。同时，美国国防部还深刻认识到当前全球网络攻击能力的发展可能对美军在军事设施和战场上的军事行动产生巨大影响。这些忧虑，再加上对未来能源价格不断上涨的期待，促使五角大楼开始认真审视其军事设施供电的替代能源，不仅包括本土的军事基地，也涉及其海外军事基地，因为那里的电价可能太高。例如，美军在印度洋迪戈加西亚岛上的军事基地，其发电成本就高达60美

---

① Noe van Hulst, *Lessons Learned from the Power Outage in North America and Europe*, 15 December 2004.

分/千瓦小时，比美国本土基地的电费高出数倍。①

当前，美国及全球的能源基础设施和分配渠道没有得到充分的保护，也没有实现能源基础设施的现代化，极易遭到破坏。仅是在美国，这种基础设施就包括超过 16 万英里的原油管道、400 个近海平台、1.04 万个发电厂和 16 万英里的输电线路。为这么大规模的基础设施提供安全保护是一个严峻的挑战。假如不对基础设施的恢复能力和备用能力进行投资，那就可能有巨大的风险。为此，美国国防部迫切需要想办法对这些风险加以管控。

第三节 美国国防部能源变革的历史演进

回顾美国国防部能源变革的历程，是厘清美军能源战略的发展脉络、深入研究美军能源变革的必要前提。如上所述，美军严重依赖石油和电力，由此带来了一系列风险和挑战，客观上要求美国国防部改变其看待能源的态度和能源使用方式。多年来，美国国防部一直在积极推进能源变革和战略转型，以应对当前和未来的能源安全挑战。由于美军把能源管理划分为设施能源和作战能源两个部分，因此，其能源变革基本按照设施能源和作战能源两条主线分别推进。设施能源历来受美国联邦政府法律法规的驱动，因而变革起步比较早，各项制度和举措比较成熟。作战能源长期以来受联邦政府法律的豁免，因而变革起步比较晚，创新程度大。本节将根据这两条主线分别追溯美军能源变革的演变历程。

一、设施能源变革的历史演进

（一）奠基期（1973～1998）

美国国防部设施能源变革可以追溯到 20 世纪 70 年代初。历史上，美国曾经是石油净出口国，原油产量居世界首位。20 世纪 50～70 年代，国

---

① James Morin, *Cutting the Tether—Enhancing the U. S. Military's Energy Performance*, May 2010, p. 8.

际石油供应充足，油价长期低廉。尽管美国石油消费量和进口不断增长，但是，美国并不存在能源安全问题。1973 年 10 月第四次中东战争爆发后，阿拉伯石油输出国宣布对支持以色列的美国等西方国家实现石油禁运，国际油价急剧上涨，美国经历了第一次能源危机。能源安全随即成为美国国家安全的核心问题。1973 年 11 月，尼克松总统在致美国人民的讲话中提出了他的国家能源政策，即石油独立战略。① 他向美国民众承诺，到 1980 年美国就不再依赖进口石油。

1974 年 5 月，美国联邦能源管理局（FEA）成立，负责指导和开展与各种形式能源生产、节能、使用、控制、输送、配额管理和分配相关的项目。同年 10 月，美国政府设立了能源研究与开发署（ERDA），负责联邦能源研究与开发的主要领导工作。ERDA 的宗旨包括：扩大国内对经济上可开采的产能原材料的供给；增加使用国内不易耗竭的能源资源；将燃料资源高效地转化为更可取的形式；提高节能和能源运输系统所用工艺的效率和可靠性；变革消费模式，改善能源使用水平；提高终端使用的效率；保护和增进大众健康、安全、福利和环境，免受能源使用影响；开展能源相关的基础性、支持性研究和技术服务。这些目标为所有联邦机构的能源研发活动确立了重点，也为美国国防部的能源行动提供了指南。

然而，美国并没有采取真正有意义的措施来预防石油供应再次中断。危机过后，美国对进口石油的依赖继续上升。由于美国本土石油产量不断下降，美国对外能源依存度超过任何一个历史时期。1976 年上半年，美国石油进口首次超过本国产量，接近 60%，其中 84% 来自欧佩克，比 1973 年 10 月石油危机前高出 12%。② 美国政府认识到，一旦欧佩克再次采取行动中断石油供应，美国经济和国家安全必将受到严重威胁。石油峰值理论的盛行进一步加剧了美国对未来能源安全的危机感。当时有人预测，世界原油产量峰值将于 1990 年到来。因此，美国必须制订能源战略，减少对外能源依赖，开发本土能源和替代能源，实现能源独立。

1975 年，美国总统尼克松在国情咨文中明确提出了国家能源战略目标："到 1985 年，终结美国受制于外国中断能源供应行动的脆弱地位；开

---

① Richard Nixon, *Address to the Nation about National Energy Policy*, November 25, 1973, http://www.presidency.uscb.edu/ws/print.php? pid = 4051.

② U.S. Navy Energy Office, *U.S. Navy Energy Plan*, January 1977, pp. 1 – 20.

发本土能源技术和资源，到本世纪末使美国可以向自由世界提供一大部分能源需求。”① 为实现这两个目标，美国政府提出了一系列战略举措，包括：减少对外国能源的依赖；开展替代能源品种，包括合成化石燃料、核能、太阳能、地热能和风能；提高本国天然气、石油和煤炭产量；在公共和私营部门进一步强调节能。

1975 年 12 月 22 日生效的《能源政策与节约法》（EPCA）② 确立了国家油价和分配控制政策、节能措施、供应行动计划、紧急事态管理权（如防范再次发生禁运的应急计划）。作为国家能源政策，这部能源法包含了一系列指令和法规，核心内容包括：授权总统在未来能源供应中断期间实施限额分配和强制性节能计划；建立战略石油储备，抵消供应中断的影响；通过自愿性和强制性项目实施节能措施等。对美国国防部具有特殊意义的是战略石油储备的建立。创建这一储备意味着一旦发生全国性紧急情况，美国国防部将拥有额外的石油来源。当时，美国国防部只有有限的操作储备和预置的战争储备，仅供发生战争时使用。

美国国防部是美国联邦政府中最大的能源消费机构。不论是国家能源目标的实现，还是美军遂行军事使命任务所需要的燃料及其他能源品种的保障，都需要美国国防部全面参与国家能源计划。为此，美国国防部提出了与国家能源战略相一致的能源战略目标：一是在满足战备需要的同时保持节能的势头；二是谋求保留石油的指令性分配，启动石油转煤炭的工作；三是维持预置战争储备需求水平，建立一个五年燃料储存改进计划并提供必要资金；四是支持“海军部石油储备”的勘探与开发；五是建立一个五年设施节能项目并提供资金；六是使旨在研发能源的项目聚焦国防部使命任务，参与能源“独立计划”；七是在武器系统开发中考虑能源效能；八是在国防部和各军兵种中维持能源管理机构。③

1973 年 9 月，根据国防部常务副部长的指示，主管设施与后勤的助理国防部长（ASD（I&L））成立了国防能源特别工作组（DETG），负责对国防部内部的能源形势开展深度研究，提出改进国防能源资源管理的意见和建议。同年 11 月 15 日，特别工作组公布了第一阶段分析报告——《国防

---

① U. S. Navy Energy Office, *U. S. Navy Energy Plan*, January 1977, pp. 2 – 3.

② *Energy Policy and Conservation Act*, Dec. 22 1975.

③ US Navy Energy Office, *U. S. Navy Energy Plan*, January 1977, pp. 2 – 5.

能源资源的管理》。[1] 该报告指出，国防部内部与能源相关的职责分散，管理混乱。报告列出了许多关键性能源问题，并提出了一系列政策指导意见。

随后，美国国防部内部实施了一系列组织措施。第一项措施是在国防部长办公室设立了一个国防能源政策委员会（DEPC），其职能是制定宏观的能源政策纲要。主席由 ASD（I&L）担任，成员由来自国防部各主管部门、参联会办公室、国防供应局、陆军、海军、空军和国防燃料供应中心（DFSC）等部门的代表组成。

第二项措施是成立能源局，由一个能源行动小组提供支持，以协调国防部应对能源供应危机的行动，与联邦能源管理计划开展合作。能源局成立于 1974 年 1 月 2 日，是国防部能源事务的主要职能部门。能源局局长向 ASD（I&L）报告工作，担任能源项目总监。其职责包括：制定石油后勤政策；代表国防部在国会听证会和机构间论坛上就能源事务表达立场；协助制定国防部能源预算；担任国防部在一切能源事务和能源政策实施上的主要联络点；管理国防部节能项目；监督国防能源特别工作组报告所提建议的落实；监督国防部能源和与能源相关的研发工作，并推荐优先发展目标；为国防部拟制备用分配计划；监管当前的能源采购和供给问题；评审国防部对重点燃料补给分配的请求；担当 DEPC 和国防能源行动小组的秘书处；开发国防能源信息系统（DEIS）。[2] 国防部与其他联邦机构在能源事务上的所有联络均由能源局出面协调，以确保国防部政策和立场的一致。

第三项措施是设立国防能源行动小组（DEAG），以帮助国防能源政策委员会有效开展协调工作，并为信息交换提供一个论坛。成员为来自国防部办公室、各军兵种、国防供应局和参联会办公室的代表。能源局局长担任组长。DEAG 的作用是为能源局局长提供咨询意见。

美国国防部设立的能源管理机构还有国防能源研发协调委员会、国防合成燃料指导小组（Defense Synthetic Fuels Steering Group）和国防供应局。

美国国防部设施能源管理的一项重要工作是节能增效，主要是落实美国国会出台的一系列能源节约立法。这些法律要求联邦机构降低能源消

---

① "*Report of the Defense Energy Task Group*", 15 November 1973, pp. 1 – 8. Cited from U. S. Navy Energy Office, *U. S. Navy Energy Plan*, January 1977, pp. 3 – 36.

② U. S. Navy Energy Office, *U. S. Navy Energy Plan*, January 1977, pp. D 4 – 7.

耗，提高办公大楼和设施的能源效率，减少化石燃料使用。《1978 年国家节能政策法》（NECPA）取代了《1975 年能源政策与节约法》中规定的最低能源效能标准（MEPS），将能源标准由自愿改为强制，要求联邦机构进行能源审计，重新装修办公大楼，以提高能源效率。① 《1985 年减少赤字法》对《1978 年国家节能政策法》进行了修正，允许联邦机构签订 25 年的节能合同。《1988 年联邦能源管理改进法》修正了《1978 年国家节能政策法》，要求各联邦机构以 1985 财年为基准线，到 1995 财年实现节能 10% 的目标。②

1990 年的海湾危机和 1991 年初的海湾战争导致国际油价出现短期的涨落。为了应对能源安全挑战，美国政府通过了《1992 年能源政策法》，对《1978 年国家节能政策法》作了进一步修正，确立了一系列能源管理新目标，规定到 2000 年联邦政府建筑能源消耗量至少减少 20%。③ 这部法律是一项综合性联邦政府能源政策，旨在提升全美清洁能源的利用和总体能源效率，减少对进口能源的依赖，促进能源节约。此项法案积极推进终端用户能效计划，内容涉及能源活动的许多方面，包括建筑、公共服务设施和电器的能源效率；替代燃料；电力；核能；可再生能源；煤炭；石油；环境能源问题。新法允许联邦机构出于节能的目的签订不超过 25 年的"节能绩效合同"，从而给联邦机构提供了一种提高老旧建筑和设施能效的新手段。老布什说，这部法律将使"美国走上一条清洁发展的道路，引导美国走向更加繁荣、能效更高、更加环保、经济更加安全的未来"。④

为了落实联邦政府提出的一系列能源管理目标，美国国防部先后发布了一系列指令和备忘录，指导各军兵种开展能源管理和创新活动，主要包括：1973 年国防部长备忘录——《国防能源资源管理》⑤、1974 年国防部长备忘录——《国防能源资源管理第二阶段》⑥、1979 年国防部第 4170. 10

① The 1978 National Energy Conservation Policy Act, Public Law (P. L.) 95 -619.

② The Federal Energy Management Improvement Act of 1988, P. L. 100 -615.

③ The Energy Policy Act of 1992.

④ Donald F. Santa Jr. and Patricia J. Beneke, "*Federal Natural Gas Policy and the Energy Policy Act of* 1992", Energy Law Journal, 1993 (13).

⑤ Secretary of Defense Memorandum, *Management of Defense Energy Resources*, November 17, 1973.

⑥ Secretary of Defense Memorandum, *Management of Defense Energy Resources-Phase II*, August 26, 1974.

号指令——《能源节约》①、1991 年国防部第 4170.10 号指示——《能源管理政策》② 等。

这一阶段，美国国防部能源安全面临的主要挑战是两次世界石油危机和 1990 年海湾危机/战争导致的油价短期涨落，因此，落实国家能源政策、减少对进口石油的依赖、应对石油危机成为美国国防部加强能源管理的主要动力。其设施能源管理的重点是贯彻落实《1978 年国家节能政策法》和《1992 年能源政策法》提出的节能目标。期间，美国国防部开展了一系列制度建设和能源创新活动，建立了能源管理体系，出台了一批政策指令，取得了不小的成就。由于这一阶段美军设施能源管理的主要目的是减少石油消耗、确保能源安全，而且从 1986 年到 1997 年，国际油价长期处于低水平（除 1990 年海湾战争时油价出现短期涨落外），美国国防部并未把能源安全问题提升到可持续发展的战略高度来加以认识和谋划，因此，本研究将这一阶段定位为美军能源变革的奠基期。

（二）启动期（1999～2004）

从严格意义上讲，美国国防部新一轮能源变革始于克林顿总统签署的第 13123 号行政令。③ 能源变革的核心，不仅要解决传统的能源安全和国家安全问题，还要兼顾环境安全和经济安全，实现可持续发展。第 13123 号行政令是美国开始追求能源安全、环境安全和经济安全的第一个联邦政府法规。驱动第 13123 号行政令出台有一系列内外因素，其中最主要的有两个：一是 20 世纪 90 年代末的油价大幅上涨；二是 1997 年通过的《京都议定书》。

从 1986 年油价暴跌到 1997 年，国际石油供应充足，油价基本稳定在 14～20 美元/桶的水平上，美国石油净进口量持续增长，对进口能源的依赖日益严重。90 年代后期，国际油价开始出现大幅振荡。原油价格先由 1997 年 1 月的 24.53 美元/桶下降到 1998 年 12 月的 9.25 美元/桶的最低价，随后从 1999 年 3 月开始反弹，并一路飙升到 2000 年 9 月的 37.81 美

① DoD Directive 4170.10, *Energy Conservation*, March 29, 1979.

② DoD Instruction 4170.10, *Energy Management Policy*, August 8, 1991.

③ The White House, Executive Order (EO) 13123—*Greening the Government through Efficient Energy Management*, June 8, 1999.

元/桶。在这种情形之下，美国政府亟需采取行动，应对油价暴涨的问题。

另一个重要事件是1997年12月《联合国气候变化框架公约》第三次缔约方大会通过的《京都议定书》。议定书规定，工业化国家要集体减少温室气体排放，在2008—2012年的第一承诺期内，发达国家的温室气体排放量要在1990年的基础上平均减少5.2%。其中，美国承诺削减7%。美国时任总统克林顿支持环境保护，1998年3月签署了《京都议定书》。

油价飙升和国际减排义务迫切要求美国政府出台新的能源政策，走绿色发展之路。1999年6月3日，克林顿总统签署了第13123号行政令——《通过能效管理绿化政府》，旨在推动联邦政府在能源和水资源管理中发挥领导作用，实质性地改善能源管理，节省开支，减少温室气体排放，应对空气污染和气候变化。第13123号行政令为各联邦机构（包括国防部）规定了一系列新的设施能源管理目标：一是减排温室气体：要求以1990年为基准年减少设施能源使用产生的温室气体排放量，2010年达到30%。二是提高能源效率：要求以1985年为基准年降低设施能源消耗，2005年达到30%，2010年达到35%。三是降低工业和实验室设施能耗：以1990年为基准年，2005年达到20%，2010年达到25%。四是增加可再生能源使用：各联邦机构设施和活动应通过实施可再生能源工程和购买可再生能源电力扩大可再生能源使用，到2000年底联邦设施安装2000套太阳能系统，2010年达到2万套，以支持“百万太阳能屋顶倡议”（Million Solar Roofs initiative）。五是减少石油消耗：通过采取全寿期符合成本效益的措施，减少设施内石油用量，措施包括改用天然气或可再生能源等温室气体排放量较少的非石油能源品种、消除不必要的燃料使用等（参见表1—5）。第13123号行政令还要求各联邦机构每年对10%的设施进行能源和水资源消耗审计。

第13123号行政令是美国国防部设施能源管理史的一个重要里程碑。该行政令是引入“绿色化”概念作为能源效率的内容而不仅仅是关注环境的第一个联邦政府法规。虽然美军在很大程度上可以免于执行该行政令所提出的要求（因战术车辆无需执行），但是，美国国防部必须每年向能源部的联邦能源管理计划（FEMP）提交一份《国防部能源管理年度报告》，详细汇报特定年度落实第13123号行政令规定的设施能源管理目标的情况。

表 1—5　第 13123 号行政令联邦机构设施能源管理目标

类别	目标	备注
温室气体减排	到 2010 年减排 30%	基准年 1990
能源效率	到 2005 年提高 30% 到 2010 年提高 35%	基准年 1985
工业和实验室设施	到 2005 年降低能耗 20% 到 2010 年降低能耗 25%	基准年 1990
可再生能源	实施可再生能源项目； 购买绿电； 到 2000 年，在联邦政府设施上安装 2000 个太阳能系统； 到 2010 年，在联邦政府设施上安装 2 万个太阳能系统	安装太阳能系统有助于支持“百万太阳能屋顶倡议”
石油	减少石油使用	改换替代能源品种应保证全寿期符合成本效益
排放源能源	减少排放源能源消耗	通过实施全寿期符合成本效益的项目来完成
水资源节约	减少水资源消耗	通过采取全寿期符合成本效益的措施、节能绩效合同或其他融资机制完成

《1978 年国家节能政策法》/《1992 年能源政策法》设施能源管理目标

能源效率	到 2000 年提高 20%	基准年为 1985 年
融资	实施到 2005 年在 10 年之内能够产生回报的一切能效提升项目	第 13123 号行政令扩大了这一目标，规定任何符合成本效益的能效项目均可实施
审计	每年对 10% 的设施进行能效审计	第 13123 号行政令纳入了支持这一目标的语言

资料来源：*DoD FY2003 Annual Energy Management Report*, p. 32.

第 13123 号行政令颁布后，美国国防部出台了一个综合性能源管理计划——《第 13123 号行政令实施计划》，旨在优化其公用水电气系统的管理，在注重提高能效、减低开支的同时提升其可靠性和安全性。该计划包含三部分内容：一是降低能源和水资源消耗；二是充分利用解除管制的能源商品市场；三是推进公用服务基础设施的私有化。[①]

2001 年 12 月，美国国会通过了《2002 财年国防授权法》，要求国防部实施一个能源效率计划，到 2010 年实质性地提高国防部设施的能源效率，并要求国防部长指定一名国防部高级官员负责管理这一计划，各军种指定一名高级官员负责管理军种能源计划。该法案还把第 13123 号行政令提出的设施能源管理目标变成了法规。美国国防部随即指定了主管采办、技术与后勤的副部长首席帮办（PDUSD（AT&L））担任国防部高级机构官（Senior Agency Official），负责落实第 13123 号行政令和《2002 财年国防授权法》所提出的目标和要求。由主管设施与环境的国防部副部长帮办（DUSD（I&E））担任主席的国防部军事设施能力委员会（ICC）负责处理与军事设施相关的一系列问题，包括能源管理问题，找出落实该行政令所存在的障碍并通过修改政策和指南消除这些障碍。委员会成员包括与实施能源计划决策相关的国防部各部门高层领导。国防部长办公室能源管理师每周召开两次能源会议，下发相关信息，促进国防部各部门之间的沟通。原先的“国防部设施政策委员会”改名为“国防部机构能源小组”，专门负责处理落实第 13123 号总统行政令过程中出现的各种矛盾。此外，美国国防部还定期参加一些跨机构工作组——包括跨机构能源管理特别工作组（IEMTF）、联邦“节能绩效合同”指导小组、能效产品工作组、可再生能源工作组和跨机构可持续设计工作组——会议，在联邦政府层面上协调能源问题。

美国国防部设施能源管理的政策目标是：确保国防部水电气基础设施的安全、可靠、高效运转；水电气商品采购效能好、效率高；国防部各部门最大程度地节能节水。此外，美国国防部还要求采取更有效的措施提升能源效率、减少能源消耗，以实现向作战部队提供可靠、符合成本效益的水电气服务的目标；投资符合成本效益的可再生能源和能效建筑设计，增强地区和军兵种之间的集体还价能力以争取更好的能源交易。

根据第 13123 号行政令，美国国防部对其节能降耗目标作出了规定：

---

① US Department of Defense, *FY 1999 Energy Resources Management Progress Report*, January 2000, p. 2.

一是节能节水：以 1985 年为基准线，标准建筑到 2005 年降低能耗 30%，到 2010 年降低 35%；以 1990 年为基准，工业和实验室设施到 2005 年降低能耗 20%，到 2010 年降低能耗 25%；将水资源管理计划纳入最佳管理实践，到 2006 年，完成这一目标的设施达到 30%，2008 年 50%，2010 年 80%。二是减少温室气体排放：以 1990 年排放水平为基准，到 2010 年减少设施能源使用产生的温室气体 30%。三是开展设施审计：每年对 10% 的设施进行能源效率审计。四是减少石油使用：通过采取全寿期符合成本效益的措施，减少设施内石油使用。五是减少排放源能源：减少排放源的能源使用总量。六是扩大可再生能源使用：在所有基地和设施扩大可再生能源使用。七是公用能源服务系统私有化：根据 2002 年 9 月 9 日签发的国防部常务副部长备忘录提出的要求进行私有化。八是维护公用能源服务基础设施：到 2010 年将公用能源服务基础设施保持在 C2 等级的水平。[①]

随后，美国国防部实施了一系列能源项目和创新行动，主要包括：设施设备改装；能源宣传活动；培训能源管理师；能源审计项目；采购能效产品；对新建项目进行可持续设计。其他措施包括能源计划一体化、排放源能源考虑、充分利用电力市场改革、促进可再生能源使用、示范创新性技术等。美国国防部能源项目资金来自国会拨款和其他融资渠道，包括作战与维修（O&M）资金、国防工作基建资金（DWCF）、能源节约投资计划（ECIP）、联邦能源管理计划、节能绩效合同（ESPC）以及公用能源服务合同（UESC）。此外，美国国防部还通过 UESC 和 ESPC 与私营部门建立伙伴关系，作为提升能源效率措施筹措资金的一个重要工具，使各军事基地可以找到其他融资渠道提升其基础设施。

美国国防部在设施能源管理方面采取的办法是非集中式管理，即让美国国防部各组成部门（包括各军兵种）灵活管理各自的能源计划，落实总统行政令所提出的节能目标。国防部各组成部门总部提供指南和资金，各军事设施管理具体的节能节水计划，负责强化官兵能源意识、开发和实施能源工程项目、确保新修建筑满足可持续设计各项标准。设施能源的主要目标是提高能源效率，消除浪费，同时维持可靠的公共能源服务。

这一阶段美国国防部设施能源变革的突出特点是以落实第 13123 号行

① Intuitive Research & Technology Corporation, *Department of Defense Energy Manager's Handbook*, Aug. 25, 2005, p. 11.

政令、《2002 财年国防授权法》等相关法律为目的，能源管理政策和措施开始走向绿色化、体系化、规范化。一项重要举措是，美国国防部从 1999 年开始公布《国防部能源管理年度报告》，详细报告国防部及各组成部门在落实第 13123 号行政令和相关法律、开展设施能源管理过程中所取得的进展，指出其在实现能源管理目标、改善国防能源安全中所面临的挑战。经过不懈努力，美国国防部设施能源管理取得了显著的成绩。

（三）发展期（2005 ~ 2008）

进入新世纪以后，国际能源形势更加动荡。2000 ~ 2001 年，美国发生了 20 世纪 70 年代石油禁运以来最为严重的能源短缺。能源价格暴涨，加利福尼亚州遭遇了前所未有的供电危机。2001 年，美国原油进口超过其全部消费的 50%，对外国进口石油的依赖达到前所未有的程度。并且，美国的能源需求还在快速增长。据预测，未来 20 年，美国石油消费量将增长 33%，天然气消费量增长将超过 50%，电力需求量将增长 45%。假如现行能源政策不变，那么，到 2020 年，美国对进口石油的依存度将上升到 64%。[①]

2001 年 1 月，小布什入主白宫后立即宣布，解决国家“能源危机”将是他担任总统期间的首要任务。同年 3 月 14 日，他明确表示：“美国发生了能源危机。”[②] 为了应对能源危机，小布什专门成立了国家能源政策制定小组（NEPDG），负责制定一项长远的综合性国家能源政策。该小组成员全部由政府高官担任，切尼（Dick Cheney）副总统担任组长。

2001 年 5 月，该小组向小布什提交了一份《国家能源政策》报告。报告提出了美国国家能源政策的三条基本原则：第一，建立一项长期的综合性战略；第二，发展环境友好型新技术，以增加能源供应，鼓励更清洁、更高效地使用能源；第三，推动能源、环境和经济政策的全面融合。报告提出了五个国家能源目标：实现节能增效的现代化；实现能源基础设施的现代化；增加能源供应品种；加快环境的保护和改善；增强国家能源安

---

① Dick Cheney, et al, *National Energy Policy*, Report of the National Energy Policy Development Group, May 2001, pp. 1 - 13.

② George W. Bush, *Remarks While Touring Youth Entertainment Academy*, Mar. 14, 2001, available at http://www.whitehouse.gov/news/releases/2001/03/print/20010314-2.html.

全。5 月 16 日，小布什总统公布了这份报告。他在发布会上表示，国家能源政策将减少石油需求，鼓励创新，采用新技术。

《国家能源政策》报告所提出的一系列建议被写进了《能源部战略规划》，许多建议成为法律。小布什总统 2001 年签发了一份备忘录——《联邦设施的节能增效》，要求美国政府各行政部门和机构在各自管辖的设施内加强节能增效工作，找到减少能源使用的办法并加以实施。① 然而，一项真正意义上的美国国家能源政策迟迟未见出台。

2003 年开始，由于亚洲石油需求的快速增长、伊拉克战争的爆发、美元走弱等多种因素的共同作用，国际油价开始一路攀升，2004 年达到了 40 美元/桶的创纪录水平。美国经历了自 1973 年和 1979 年两次石油危机以来最严重的能源危机。这一年，美国石油进口高达 65%。2005 年 8 月和 9 月 “卡特里娜”（Katrina）和“丽塔”（Rita）两次飓风的袭击，又使美国丧失了 27% 的炼油能力，日产量减少 40 万桶。国际油价首次突破 70 美元/桶。

为了应对能源危机和气候变化，2005 年 8 月，美国国会通过了《2005 年能源政策法》。② 这是一部综合型能源法，它提出了一整套新的能源管理目标和研发计划，内容涵盖能源效率、可再生能源、油气、煤炭、核能、汽车燃料、氢能、能源税激励机制、电力和地热能、气候变化技术等众多领域。在设施能源效率方面，该法案对《1978 年国家节能政策法》和《1992 年能源政策法》进行了修改，将 2003 财年确定为新的基准年，提出了一系列新的联邦建筑节能目标和效能要求：一是从 2006 ~ 2015 财年，每年降低联邦建筑能源消耗 2%，2015 财年达到 20%；二是分阶段提高可再生能源电力使用（2007 ~ 2009 财年为 3%，2010 ~ 2012 财年为 5%，2013 财年为 7.5%）；三是将所有新修建筑的能源效率提高到 30%，优于美国采暖、制冷与空调工程师协会（ASHRAE）90.1 - 2004 标准；四是到 2012 年 10 月 1 日为所有合适的联邦建筑和设施安装先进电表，对建筑耗电量进行计量和审计。小布什当月即在该法案上签字。

2005 年 11 月 18 日，为落实《2005 年能源政策法》，美国国防部主管

---

① Presidential Memorandum, *Energy Conservation at Federal Facilities*, 2001.

② *The Energy Policy Act of* 2005 (EPACT), P. L. 109 - 58, 08/08/2005.

采办、技术与后勤的副部长发布了一份备忘录，题为《设施能源政策目标》[1]，规定了与相关能源法和总统行政令（包括第13123号行政令）相一致的设施能源管理目标。备忘录强调，美国国防部将努力推进基础设施现代化、加强公用水电气服务和能源节约，减少需求，改善能源选择的灵活性，从而实现节省开支、降低排放、应对空气污染和气候变化等目标。备忘录明确规定了国防部所需落实的设施能源管理目标，主要包括以下几点：一是温室气体减排：以1990年排放水平为基准，通过采取全寿期符合成本效益的措施，到2010年减少设施能源温室气体排放30%。二是减少能源和水资源消耗：通过采取全寿期符合成本效益的措施，减少单位面积设施能源消耗，并以最佳管理实践实施水资源管理计划。所有设施以2003年为基准线，减少消耗2%；每年对10%的设施进行能源和水资源审计。三是采购可再生能源：通过实施可再生能源项目和采购可再生能源电力，在设施内和各项活动中扩大可再生能源使用，2007～2009财年达到3%，2010～2012财年达到5%，2013财年达到7.5%；争取到2025财年实现25%的长远目标，以减少国防部对化石燃料的依赖。四是减少石油使用：通过采取全寿期措施，减少设施内的石油使用量。

2005年11月22日，美国国防部发布了第4170.11号指令——“设施能源管理”[2]，以落实《2005年能源政策法》和第13123号行政令。该指令对国防部设施能源管理的政策、职责和程序作出了详细的规定，内容覆盖与设施能源供应、可靠性和消费相关的行政管理、规划、计划、预算、作战、维修、训练和装备采办等各项活动。根据这项指令，美国国防部设施能源政策包括四点：一是确保国防部水电气基础设施的安全、可靠、高效；二是水电气商品采购效能好、效率高；三是国防部各部门最大程度地节能节水；四是国防部投资符合成本效益的可再生能源、能效设施设计，并从地区层面整合国防需求，增强集体讨价还价能力，以争取更好的能源交易。国防部设施能源管理的关注重点是提高能源效率，消除浪费，提升生活质量，同时满足使命任务需求。文件详细地规定了国防部设施能源管理的各种程序，包括报告机制、实施策略、总体指南、项目目标等。

---

① U. S. Department of Defense, *Installation Energy Policy Goals*, Nov. 18, 2005

② U. S. Department of Defense, *Installation Energy Management*, DOD Instruction 4170.11, Nov. 22, 2005.

2005年7月8日，美国陆军率先公布《陆军设施能源战略》，成为美军新一轮能源变革史上具有标志性意义的一个行动。该战略提出了美国陆军2030年能源愿景：为美国陆军基地所有人员提供安全、可靠、环保、经济的能源和饮用水供应。① 为实现这一愿景，美国陆军确定了五项战略规划。随后，美国陆军公布了《陆军设施节能节水行动计划》②，作为落实其战略的路线图。

《2005年能源政策法》实施后，美国石油进口形势不仅没有逆转，反而每况愈下。美国对外国石油的依赖还是继续上升。美国石油消费由2004年的每天2070万桶增加到2006年的2110万桶。③ 小布什在2006年国情咨文中宣称，美国患上了“石油瘾”。2006年，油价开始飙升，达到了空前的水平。为了进一步应对能源危机和气候变化，2007年1月26日，小布什签署了第13423号总统行政令——《加强联邦环境、能源和交通运输管理》④，要求联邦政府各部门减少车辆石油消耗、增加可再生/替代能源使用、提高建筑能源效率、购买环保产品。该行政令在很大程度上重申了《1992年能源政策法》和《2005年能源政策法》提出的许多目标，但也增加了一些重要的要求，包括：以2003财年为基准线，从2008财年开始每年降低能源强度3%，到2015财年底降低30%，以提高能源效率、减少温室气体排放；各联邦机构每年按法律规定所消耗的可再生能源至少有一半须来自新的（指1999年1月1日以后投入生产）可再生能源品种，各机构应尽可能在自己拥有的产业上生产可再生能源供自用；各联邦机构应以2005财年为基准线，到2015财年底，确保全部车辆的石油消耗总量每年减少2%，每年增加非石油燃料消费10%，在符合成本效益的情况下使用“插电式”混合动力汽车。

第13423号行政令颁布后，美国国防部立即向各军兵种发布了一份备忘录——《加强美国安全、改善环境》⑤，要求各军兵种与美国国防部相关

---

① Department of the Army, *Army Energy Strategy for Installation*, July 8, 2005. p. 2.

② Department of the Army, *The U. S. Army Energy and Water Campaign Plan for Installations: FY2008 – 2013*, 1 August 2006.

③ Don Juhasz, *ARMY Energy Security Considerations*, 26 April 2007.

④ Executive Order 13423—*Strengthening Federal Environmental, Energy and Transportation Management*, January 2007.

⑤ Memorandum from Deputy Secretary of Defense to Secretaries of the Military Departments on Strengthening America's Security and Improving the Environment, Feb. 16, 2007.

机构加强协作，制定三种符合成本效益的方案，以减少能源消耗或增加使用替代燃料。美国国防部明确表示，在可能的情况下，考虑在武器平台和战术车辆中提高能源效率和使用替代燃料的问题。美国国防部主管设施与环境的副部长帮办（DUSD（I&E））成立了落实第13423号行政令工作组，负责对实施工作相关各方进行横向和纵向的整合。各军兵种和国防部直属机构也都指定了能源主管。

2007年，国际原油价格继续加速上扬，并在年底直逼100美元/桶。同年12月18日，美国国会通过了《2007年能源独立与安全法》。[①] 12月19日，小布什总统签字生效，以回应他所提出的以2005年为基准到2015年10年内减少石油消耗20%的目标。该法案主要目标包括：促进美国能源独立与安全水平的提高；增加清洁、可再生燃料生产；保护消费者；提高产品、建筑和车辆的能效；促进对温室气体捕获与储存技术的研究和应用；改善联邦政府的能源效能等。与《2005年能源政策法》相比，新法案更注重对能源消费领域进行规范和约束，旨在提高能源效率、增加可再生能源供应。

新法案将第13423号行政令中所提出的年度节能目标变成了法规，并对联邦机构能源管理提出了一系列新的要求，主要包括：一是联邦机构车辆以2005财年为基准线，到2015年，每年石油消耗量降低至少20%，替代燃料消费量增加10%；二是到2010年，各机构须在每一个联邦车辆加油站至少安装一个可再生燃料油泵；三是联邦机构建筑节能目标由每年2%提高到3%，即从2006年的2%到2015年的30%；四是某些新修和主体翻修的联邦建筑须以2003年为基准，逐渐减少化石燃料用量，2010年达55%，2015年65%，2020年80%，2025年90%，2030年100%；五是新修或主体翻修的联邦建筑至少30%的热水需求须通过安装和使用太阳能热水器加以满足，前提是全寿期符合成本效益；六是除非用于研究或测试，否则禁止联邦机构签订合同购买替代燃料或合成燃料，包括非常规石油燃料，供机动车辆使用；七是允许联邦机构结合使用政府拨款资金和私人融资，提高“节能绩效合同”筹资的灵活性；八是永久性地允许“节能绩效合同”，取消最长25年的限制；九是每年对25%的设施、每四年对所有合适的设施进行能源和水资源审计；十是不迟于2015年10月1日，各

---

① *The Energy Independence and Security Act (EISA) of* 2007, P.L. 110-140, Dec. 18, 2007.

机构对天然气和蒸汽进行计量。①

该法案指出，加速开发和使用可再生能源技术可给美国带来无数好处，包括提升国家安全、改善收支平衡、促进农村经济健康发展、提高环境质量并给美国人民提供丰富、可靠和经济的能源。对美国国防部来说，能源转型带来的最大好处是独立于国家电网，改善国家安全。《2007 财年国防授权法》更是明确要求美国国防部达到《2005 年能源政策法》中提出的到 2025 年设施电力消费 25% 须来自可再生能源的目标。

《2005 年能源政策法》、第 13423 号行政令和《2007 年能源独立与安全法》颁布后，美国国防部指定主管设施与环境的副部长帮办（DUSD（I&E））为国防部高级机构官，负责落实上述三项法律法规所提出的能源管理目标。美军陆海空三个军种部和国防部 10 个直属机构也根据要求任命了相应的设施能源最高负责人，建立健全了各自的设施能源领导小组，明确了职责和任务。② 2007 年 9 月 18 日，美国空军部长签发了一份旨在落实第 13423 号行政令的备忘录，描绘了空军的能源战略。③

美国国防部和各军兵种在健全管理机构、颁布政策指令的同时，还开展了一系列能源行动。例如，2007 年 10 月 23 日，美国国防部副部长在能源宣传活动备忘录中，特别强调了第 13423 号行政令所提出的节能增效目标，并将每年 10 月定为“能源意识月”。一项更具实质性意义的举措是 2008 年美国国防部与能源部签署共同建立的“净零能源设施”联合行动计划，以应对军事能源使用问题。

这一阶段是美军设施能源变革的重要发展期。美国政府接连颁布了《2005 年能源政策法》《2007 年能源独立与安全法》和第 13423 行政令三项重要的法律法规，极大地推动了美军设施能源变革的进程。美国国防部出台了一系列制度性和政策性措施，全面落实联邦政府提出的能源管理目标，并开展了一系列设施能源创新行动。值得一提的是，美国陆军和美国空军先后公布了各自的设施能源战略和实施计划，成为美军能源战略转型进程中的重要里程碑。

---

① FEMP, *The Energy Independence and Security Act (EISA) of* 2007—*New and Enhanced FEMP Responsibilities*, March 2008.

② US Department of Defense, *Annual Energy Management Report for Fiscal Year* 2008, January 2009, pp. 2 – 9.

③ Ibid, p. 4.

（四）成熟期（2009 年至今）

2009 年之前，美军能源变革主要受美国联邦政府相关法律法规的驱动，从总体上讲是一种为遵守国家能源和环境目标而采取的被动行为。从 2009 年开始，美军的能源变革行动更多地呈现积极进取、主动作为的特点。促使美军态度发生根本性转变的因素与近年来美国面临的国内外形势、奥巴马政府出台的新政策和国防部战略指南密不可分。

2008 年 7 月 14 日，纽约商品交易所原油期货价格创下了 147.27 美元 1 桶的历史高点。国际油价的飙升进一步加剧了美国的能源危机感。同年，美国爆发了金融危机，陷入了自 1929 年以来最严重的经济危机。2009 年 1 月 20 日，奥巴马入主白宫。他把美国对石油的依赖视为国家面临的最严重的威胁，将减少对外国石油的依赖、实现能源独立的目标与减少温室气体排放、促进清洁能源开发相结合，使能源政策和气候变化政策更加紧密地结合在一起。

出于对经济复苏、能源安全、国家安全等诸多因素的考虑，奥巴马总统把能源与创造"绿色工作机会"放在其议事日程的首位，与美国国会一起积极推动气候变化和能源安全立法，大力发展新能源和清洁能源，促进美国经济转型。2009 年 2 月 17 日，奥巴马总统签署了《美国复苏与再投资法》（ARRA）。这是美国历史上规模最大的经济刺激计划，计划在 2009 ~2019 年投入 7872 亿美元，其中 2009 年投入 1849 亿美元。该法案把发展清洁、高效的能源作为新的经济增长点，专门为能源效率和可再生能源增设 185 亿美元，用于能源效率和可再生能源研究、开发、示范和部署，升级电力系统，研发碳捕获与封存技术等创新活动。

2009 年 10 月 5 日，奥巴马总统签发了第 13514 号行政令——《联邦政府在环境、能源和经济绩效中的领导作用》。[①] 该行政令扩大了第 13423 号行政令对联邦机构提出的节能和环保要求，目的是在联邦政府中确立一项追求可持续发展的一体化战略，把减排温室气体作为联邦政府的一个优先目标。为实现这一宗旨，第 13514 号行政令首先为联邦机构确定了一系列对实现温室气体减排目标至关重要的时间节点，包括：2009 年 11 月 5

① Executive Order 13514—*Federal Leadership in Environmental, Energy, and Economic Performance*, October 5, 2009.

日前，各联邦机构负责人须任命一位高级可持续官（Senior Sustainability Officer）；2010 年 1 月 4 日，各机构上报到 2020 年（相对于 2008 财年）第一、二类温室气体减排目标；[①] 2010 年 6 月 2 日，上报第三类温室气体减排目标和《可持续发展绩效战略规划》；2011 年 1 月 31 日，上报全面的温室气体统计清单。

第 13514 号行政令还为所有联邦机构（包括美国国防部）规定了一系列量化和非量化目标。量化目标主要包括：以 2005 财年为基准年，每年减少石油消耗 2%，2020 财年达到 30%；确保 95% 的新签合同必须是节能、节水、基于生物燃料、环保、不损耗臭氧、含循环性物质、无毒或毒性较小的替代燃料。非量化目标主要包括：在机构拥有的建筑和地产上增加可再生能源使用和可再生能源发电项目；寻求与销售商和合同商合作，减少温室气体排放；确保所有 2020 年后纳入规划的联邦新修建筑在设计时以 2030 年实现净零能源为标准；到 2015 财年，各机构至少 15% 的现有建筑和出租大楼（5000 平方英尺以上）须满足《高效能、可持续建筑纲要》的要求，并且每年都朝着百分之百落实要求迈进；继续以符合成本效益的方式降低大楼能源强度；使用温室气体排放量较低的车辆（包括替代燃料车），优化各机构车队的车辆。此外，第 13514 号行政令还要求各联邦机构制订和实施创新性的节能、节水、节材战略，以改善可持续性。

2010 年 1 月 29 日，奥巴马总统宣布了联邦政府到 2020 年减排温室气体 28% 的目标，目的是确保联邦机构率先垂范，发展低碳能源经济。作为美国经济中最大的能源消耗者，美国联邦政府 2008 年电力和燃料开支超过 245 亿美元。实现联邦政府 2020 年减排目标就可以减少联邦政府能源消耗 646 万亿 BTU，相当于 2.05 亿桶石油，一年可减少 1700 万辆小汽车的燃料消耗。这也相当于到 2020 年节省能源总开支 80 亿 ~110 亿美元。奥巴马明确指出："我们的目标是要降低开支，减少污染，将联邦政府能源开

---

① 美国国防部把温室气体排放源分为三类：第一类指国防部拥有或控制的排放源的直接排放，包括静止的和活动排放源的化石燃料燃烧、排放温室气体的生产环节和外泄排放；第二类源自国防部购买的电力、热气或蒸汽所产生的排放；第三类指源自国防部的行动但非为国防部拥有或直接控制的排放。（*Department of Defense Strategic Sustainability Performance Plan*, June 2, 2010, p. I-12.）

支从石油转向本地的清洁能源。”①

为全面落实《2005 年能源政策法》《2007 年能源独立与安全法》、第 13423 号行政令、第 13514 号行政令、国防部相关指令等法律法规，2009 年 12 月 11 日，时任美国国防部主管采办、技术与后勤的副部长卡特（Ashton B. Carter）对 2005 年版国防部第 4170. 11 号指令——《设施能源管理》进行了更新。② 新版指令明确了新形势下美国国防部设施能源管理政策，新增内容主要包括：一是国防部各组成部门（包括各军兵种）负责人须指定具有资质的人员担任相关设施的能源管理师，负责落实各项法律法规、总统行政令和国防部文件的要求；二是建立能源计划管理结构，以提供足以实现节能节水目标的项目和预算资金，落实国防部建立的衡量节能节水目标进展的政策和程序，报告能源和饮用水使用情况以及实现节能节水目标的进度、项目成本和“能源节约投资计划”（ECIP）执行情况，开展项目根据可持续设计原则设计、建设、运作、维护和翻修设施，以实现最佳绩效、使能效最大化；三是制订内部能源宣传计划，宣传节能目标、能源工作信息和节能技巧，在各级指挥层次强调节能并把节能同作战准备相挂钩，推广能效奖励和表彰工作，在工作场所继续提高能源意识，鼓励指挥机构或军事设施把每年 10 月定为“能源意识月”开展纪念活动。虽然此项指令主要关注设施层面——通过基础设施（大楼、公用设施、电器）升级和加强用户管理来实现能源节约，但是，指令中有一小部分内容涉及能源安全和可再生能源技术。这是美国国防部能源思想即将出现明显转变的一个前奏。

2009 年和 2010 年是美国国防部能源变革史上发生范式转变的关键时期。2010 年 2 月，美国国防部公布了《四年防务评估报告》。该报告是美国国防部全面应对气候变化和能源问题的第一个高层次战略文件。报告要求未来一切战略规划文件都要纳入能源和气候变化考虑，从而为美国国防部遵守环境法、加强能源管理和使用可再生能源提供了更充分的理由。报告的出台为美军能源变革和战略转型、真正走可持续发展之路提供了关键性的动力。

---

① The White House Office of the Press Secretary, *President Obama Sets Greenhouse Gas Emissions Reduction Target for Federal Operations*, Jan. 29, 2010.

② Department of Defense, *DoDI* 4170. 11—*Installation Energy Management*, December 11, 2009.

作为对第13514号行政令和2010年版《四年防务评估报告》的直接回应，美国国防部出台了一系列重大举措。第一个具有里程碑意义的步骤是2010年6月2日公布的第一份《国防部战略可持续性绩效计划》(SSPP)。[①] 该计划明确了2010年和2011年美国国防部的优先目标和主要行动：一是投资固定设施，采取战略手段减少能源需求、增加可再生能源供应；二是加强治理结构建设，确保高层领导的坚定支持和责任担当；三是确保国防部各组成部门将可持续性相关概念纳入各自的条令、政策和指南文件之中。美国国防部实现可持续发展目标的主要途径是通过能源效率和可再生能源减少对化石燃料的依赖。绩效计划的出台标志着美国国防部能源安全思想和观念发生了根本性的转变，表明美国国防部应对气候变化和能源安全挑战、追求可持续发展的态度是严肃认真的。

2010年，美国国防部一改传统的设施能源管理办法，从主要强调遵守相关法律法规的要求向突出长期性减少开支、确保使命安全的方向转变。为了应对上述挑战，美国国防部开始把设施能源管理确定为一项高等级的优先目标，以战略的形式来加以谋划，作为落实《国防部战略可持续性绩效计划》的一项重大举措。《2010财年能源管理年度报告》对国防部设施能源战略进行了清晰的描述。[②] 报告指出，减少设施能源需求、增强能源安全、促进能源研发、增加可再生能源使用是美国国防部设施能源战略追求的目标。从此，美国国防部设施能源战略正式确立。

在美国国防部大力推进设施能源变革的同时，各军兵种和战区也积极行动起来，迅速提升能源安全的优先等级，并纷纷更新或出台能源战略和实施计划。值得注意的是，各军兵种和战区没有像美国国防部那样将设施能源战略和作战能源战略截然分开，大多将两者纳入同一份能源战略文件内加以阐述。

不难发现，这一阶段是美军能源战略经历了大发展并最终走向成熟的关键时期。在第13514号行政令等法律法规（参见附录一）和2010年《四年防务评估报告》等国防战略纲领性文件的共同驱动之下，美军设施能源管理出现了范式性转变，由被动遵守联邦政府法律法规提出的目标和

---

① Department of Defense, *Department of Defense Strategic Sustainability Performance Plan*, 2 June 2010.

② Department of Defense, *Annual Energy Management Report for FY2010*, July 2011, p. 3.

要求转向主动寻求减少长期性能源开支、确保使命安全、追求可持续能源安全。美国国防部出台了《国防部战略可持续性绩效计划》和设施能源战略。各军兵种和战区也纷纷更新或出台了能源战略和实施计划，全面推进能源战略转型。这标志着美军设施能源战略已经形成了一个完整的体系，并正朝着可持续发展这一更高层次的目标迈进。

二、作战能源变革的演进历程

美军对作战能源变革的认识相对滞后，变革起步较晚。长期以来，美国国防部把能源——不论是石油燃料还是电力——都视为一种廉价的商品，由高度专业的后勤部门通过空中加油机、油罐车、海军油料补给舰和基地工程师提供可靠的补给。[①] 在20世纪90年代的大部分时间里，国际石油供应充裕，价格低廉。因此，美军上下盛行的一种观念是燃料廉价、唾手可得、随时供应。[②] 尽管燃料消耗量巨大，但是，相对于美国或全球消费总量而言，美军能源消费量微不足道。正是因为这一点，再加上军事行动的优先权，美国国防部在可预见的将来不存在任何燃料供应中断或短缺问题。此外，美国能源法和环境法长期以来对美军战术能源的豁免也是阻碍美国国防部推行作战能源变革的一个重要因素。然而，20世纪90年代末和新世纪初出现的油价上涨，凸显了石油供应链各个环节所存在的风险。燃料价格不断飙升、战场运输线频频遭袭、商业电网极易中断等一系列挑战，使美国国防部逐渐认识到作战能源问题的严重性。为此，美国国防部在推动设施能源变革的同时，开始酝酿和谋划作战能源变革和战略转型的问题。

（一）美国国防部对作战能源的研究

世纪之交，随着燃料及其他能源成本的不断上升，美国国防部认识到必须认真调查造成美军燃料及其他能源需求巨大的主要因素，以便寻找降

① Chris Dipetto, *Testimony before the United States House Committee on Armed Forces Readiness Subcommittee*, March 13, 2008, p. 3.

② Mike Mullen, *Speech at the Energy Security Forum*, Oct. 13, 2010, http://www.jcs.mil/speech.aspx?id=1472.

低能源使用的办法。为此，美国国防部首先开展或资助了一系列研究，调查美军燃料使用情况及其存在的问题，并积极谋求转变思维，找到一条既能减少燃料消耗和全面使用可再生替代燃料，又能保持美军战备水平、敏捷性和全球作战能力的变革之路，寻求制订一部作战能源战略及相应的政策措施。对美国国防部作战能源变革产生重要影响的研究报告主要包括以下几项。

1. 2001 年国防科学委员会研究报告

对美国国防部燃料使用问题开展得最早、最全面的研究是国防科学委员会 2001 年公布的研究报告。美军飞机、军舰、地面车辆和各类设施的军事燃料消耗，使美国国防部成为美国乃至整个世界石油消耗第一大户。考虑到燃料消耗量如此巨大、成本如此高昂，美国国防部本能地希望提高各种武器平台和部队的燃料使用效率，同时改进武器平台的性能、减少燃料后勤人员、降低燃料高消耗对部队行动敏捷性所带来的负担、减少操作成本、减轻油价震荡对预算的影响。

1999 年 6 月 18 日，美国国防部主管采办、技术与后勤的副部长指示国防科学委员会成立一个改进武器系统燃料效率特别课题组（Task Force），帮助国防部找到改进各种陆海空武器平台燃料效率的技术，评估这些技术对一系列解决方案所带来的作战、后勤、成本和环境影响。课题组先后评估了约 100 个当前和未来的技术解决方案，调查了国防部的燃料需求及其燃料交付过程。随后，课题组把注意力转向国防部能源效率政策以及高能效平台和系统的需求制定和采办过程。课题组还调查了化石燃料使用所产生的环境影响，包括全球气候变化。

经过大量认真细致的调查研究，课题组于 2001 年 5 月公布了一份研究报告——《减轻燃料负担，提高作战能力》。① 报告指出，向战区美军部队补给燃料的成本超过燃料采购成本的好几倍。在某些极端情况之下，燃料补给成本甚至可能高达每加仑 400 美元。然而，美国国防部一直没有将燃料的真实成本纳入武器系统相关分析之中，因而一直低估了此类系统中能源效率的价值。为此，该研究的一个关注焦点是燃料全负担成本。课题组发现了五大问题：

第一，尽管提升武器系统燃料效率能够给作战、燃料运输和开支方面

① DSB Report—*More Capable Warfighting Through Reduced Fuel Burden*, May 2001.

带来巨大的好处，但是，这些好处没有在国防部需求制定和武器采办过程中得到重视或加以强调。美国国防部在购买新武器时把性能放在第一位，忽视燃料效率有助于提高武器性能这一事实。此外，在开发新的武器系统时，美国国防部似乎并不考虑特定系统燃料使用可能会对整个部队产生深远影响的问题。

第二，美国国防部对燃料的定价是基于炼油厂的批发价，没有包括向客户交付燃料的成本。这就使国防部在决策过程中无法全面看待燃料使用的问题，无法反映国防部的真实燃料成本，掩盖了能源效率的好处，影响了武器平台设计的选择。忽视燃料的真实成本也会掩盖燃料效率的真实好处。结果，在武器系统的采办过程中或者作出其他后勤相关决定时燃料效率未被当作一个相关因素加以考虑。

第三，在美国国防部资源分配和审计过程中，国防部审计长既不对燃料效率给予奖励，也不对效率低下给予处罚。美国国防部对燃料效率的兴趣主要局限于完成美国国会立法或总统行政令所规定的目标。鉴于这些目标主要适用于军事设施，包括军事设施内的非战术车辆，部队没有改进武器系统燃料效率的积极性。此外，美国国防部也没有办法量化节省燃料带来的好处，因而不会重视这些好处。

第四，涉及燃料需求的作战和后勤兵棋推演与军种制定需求或者确定采办项目的过程并不存在交叉关系。在美国国防部作战模拟演习中，每个军种都强调遂行任务，而把充足的燃料补给当作一个常量。这种做法使美国国防部无法了解燃料效率对作战行动的潜在影响，也无法知道燃料供应链可能遭到袭击的风险。此外，没有燃料使用高效或者低效的模式可供参考，国防部无法把燃料相关的后勤需求作为采办过程的一部分加以分析。

第五，现在已经拥有高回报、高能效的技术，可通过改装提高当前武器系统的作战效能，或在新系统采办过程中改进作战效能。现有技术可以用来提高武器系统的燃料效率。然而，在缺乏工具来分析燃料效率对作战能力的整体好处的情况下，提高燃料效率的价值就可能被误判，无法得到全面的认识。

据此，研究报告建议美国国防部采取以下五项行动，通过减少燃料负担来提高军事能力：一是把投资决定建立在“燃料全负担成本”之上，建立在能给作战和环境带来的益处之上；二是通过兵棋推演和采用新的分析工具，加强作战能力与燃料后勤需求之间的联系；三是在整个国防部范围内加以正确引导，对燃料效率的提升给予奖励；四是通过投资科技和系统设计，有针对性地提高燃料效率；五是把燃料效率纳入需求制定和装备采办过程之中。

该报告认为，通过实施上述建议，美军作战能力可望大幅提高，因为这样可以节省更多的资源用于作战（即增加牙齿），减少后勤保障所需要的资源（即减少尾巴）。此外，通过减少作战和保障的开支，减少能源价格波动的影响，美国国防部面临的预算挑战也将得到缓解。

课题组最后指出，美国国防部巨大的燃料消耗表明，为了实现《联合构想2010》和《联合构想2020》提出的各项目标，美国国防部必须对未来武器系统的性能作出必要的修改。最高领导层首先必须认识到有必要提高燃料使用效率并出台强有力的、明确无误的政策。实施上述建议有助于国防部将需求确定过程、装备采办、兵棋推演和后勤运输更加紧密地结合起来。为部队决策提供一种更加严谨的分析方法，可以使国防部引领新一轮军事变革。

这份报告是有关美军武器系统能源使用情况的第一份综合性研究报告，为美国国防部全面认识美军燃料使用效率问题、推动能源变革奠定了重要的基础。

2. JASON 研究报告

JASON 隶属于 MITRE 公司，是一个专门为美国国防部提供咨询的独立科学咨询机构。2006 年美国国防部研究与工程主任（DDR&E）委托 JASON 帮助国防部评估利用先进技术（包括替代能源）减少化石燃料需求的途径。JASON 研究专注于科技方面而非政策观点，并立足于 2006 年美国国内和全球的能源形势。

2006 年 9 月，JASON 公布了研究报告，题为《减少国防部化石燃料依赖》。[①] 该报告的主要发现包括：第一，基于探明储量、资源估算和新资源的发现速度，未来 25 年内，预计世界化石燃料产量不太可能出现长时间的短缺，除非全世界、产油国/区和石油运输通道发生无法预料的动荡；第二，2006 年美国国防部化石燃料开支尽管很高，但仅占国防预算的 2.5% ~3%，因此，燃料开支不应该是一个主要的决策驱动因素；第三，

① Paul Dimotakis et al. , *Reducing DOD Fossil-Fuel Dependence*, JASON JSR – 06 – 135, Sep. 12, 2006.

虽然武器系统设计的革命性选择方案已经处于早期阶段，但是，目前燃料节省效果最大的技术是实现柴油发电机的轻型化和现代化；第四，国防部石油用量在全美石油消费总量中不到2%，不足于驱动常规燃料或替代燃料市场；第五，目前生物燃料在经济性方面无法与石油燃料相竞争。

JASON 报告也强调提升燃料效率的必要性，但语气没有国防科学委员会研究报告那么强烈。该报告认为，减少燃料使用总体上非常有必要，其原因有以下几点：一是降低后勤需求，提升军事能力；二是减少燃料开支；三是作为一种对冲举措，可以应对未来石油供应的不确定性，特别是中东和南美地区局势动荡。

为此，报告提出了一系列减少燃料消耗的具体建议：一是考虑建立缓冲措施，应对未来原油和燃料价格上涨，例如选择季节性采购时机，投资长期合同，促进能源品种和供应来源多元化。二是制订未来燃料品种、生产和使用的长期规划，在这过程中要注意体现现行的和预期将出台的环境法规。三是优化商用航空燃料的使用，考虑以分散的方式和在美国海外领土上利用当地商用航空燃料生产军用燃料。四是评估并尽量减少美国大陆燃料使用（国防部大部分燃料消耗发生在美国大陆），例如更多地依靠模拟器训练项目；为兵棋推演、制订作战计划和野战环境下使用燃料设计出优化燃料使用的工具，聚焦燃料消耗和后勤需求；根据国防部燃料使用模式对车辆进行优化。五是跟踪、监测车辆的燃料的使用模式。六是开发必要的审计和监测工具，以确定燃料运输和后勤负担的情况。七是判定燃料交付/使用的后勤负担和倍增因素，如每交付一加仑燃料所需的燃料加仑数；在地面、空中、海上交付一加仑燃料所需的成本。八是更换 M1 坦克和 B－52 轰炸机的发动机，以充分利用现代发动机技术。九是减轻装甲车辆和战术车辆的重量，充分利用现代设计、结构和材料技术的最新发展成果。十是重新审视和扩大无人机和机器人地面车辆的用途。

3. LMI 研究报告

在传统能源价格和供应前景存在不确定性的大环境下，美国国防部要实现其更广泛的战略目标，特别是建立一支机动性更强、行动更加敏捷的军队，就必须满足其日益增长的能源需求和保障要求。而最近出现的节能和替代能源技术为美国国防部通过减少燃料消耗特别是外国燃料的消耗、调和其战略目标与其能源需求之间的矛盾提供了一个独特的机会。为了充分利用这一机会，美国国防部需要制订一项能源战略，在开发有助于降低能源需求的新概念和新能力的同时，保持或增强美军的总体作战效能。为此，美国国防部军队转型与资源办公室与美国著名政府咨询公司后勤管理研究所（LMI）签订合同，委托 LMI 为国防部制订能源战略提供一条可行的路径。

2007 年 4 月，LMI 公布了其研究报告，题为《改变国防部的能源观——建立一项能源战略的路径》。① 该报告警告说，油价的不断上涨和石油供应的不断减少将使美军对全世界热点地区的反应能力“从长远来看不可持续”，因为石油是战斗机、军舰和坦克的生命线。报告指出，美国国防部当前能源消费的做法与其战略目标的能力需求之间存在四个方面的不一致：一是战略方面，美国国防部谋求塑造有利于美国未来的安全环境，但是，美国对外国燃料供应的依赖限制了其与生产国打交道的灵活性，因为这些生产国反对或阻碍美国追求的扩大繁荣和自由的目标；二是作战方面，美国国防部的作战概念谋求增强美军的机动性、持久力和敏捷性，但是，美军部队的能源需求制约了国防部实现这些概念的能力；三是财政方面，美国国防部谋求减少当前部队的作训成本以便未来能够采购新的武器装备，但是，能源消费的增加和能源价格的上涨正在导致与能源相关的作训开支不断增加；四是环境方面，伴随着全球能源需求的增长，人们对全球气候变化及其他环境考虑的担忧与日俱增，因此，美国国防部在寻求应对能源挑战的技术解决方案时应该考虑环境因素。

该报告的结论是，美国国防部有机会解决上述四个方面的问题，办法是改变其看待能源的传统观点，重视能源的价值，改革能源使用方式。实施这一变革需要采取许多行动。报告建议美国国防部直接采取以下三项行动：一是将能源考虑（能源使用和能源后勤保障需求）纳入国防部各个关键流程；二是建立一个具有政策和资源监督权的企业治理结构，统一国防部的各项能源行动；三是对国防部能源挑战最大——消耗燃料最多（航空部队）、后勤保障需求最多（前线地面部队和机动发电）或者对作战部队带来负面影响最多（单兵负担）——的领域，采用一种新的结构性框架来解决能源效率问题，包括替代能源品种的问题。

该报告还提出了可供美国国防部考虑的四个备选方案：一是将能源考

① LMI，*Transforming the Way DOD Looks at Energy—An Approach to Establishing an Energy Strategy*，2007.

虑纳入所有未来概念开发、能力发展和采办行动之中；二是把能源作为一个研究和开发重点；三是加强全球努力，通过军队之间和国家之间合作加强石油基础设施、过境通道和市场的稳定与安全；四是把减少能源软肋作为下一轮战略规划和《四年防务评估报告》的一个关注领域。报告详细考察了有望替代石油的一些燃料，包括合成燃料、生物燃料、乙醇、生物柴油、太阳能、风能等等。

报告强调指出，美国国防部的能源变革必须从近期开始，解决当前做法和现有武器装备的问题，同时投资有望大幅度改变能源消耗模式的长期性变革措施。报告建议采取分阶段的办法来减少美军对化石燃料和碳基燃料的依赖。这种方法包括几个要点：一是可以立即实施的组织性和流程性变革；二是精心制定技术解决方案，改进当前部队和即将采办的武器装备的能效；三是发明新的能力，应用于新的作战概念，服务于尚待发展的未来部队。

LMI 报告是对美军能源管理、能源政策和能源技术的有益评估，为美国国防部制订能源战略提供了一个潜在的蓝本。

4. 国会研究服务处研究报告

2007 年 6 月，国会研究服务处（CRS）向美国国会提交了一份研究报告，题为《国防部减少对化石基航空燃料的依赖：国会所需掌握的若干问题》。① 报告回顾了此前所做的相关研究，重点关注与喷气式飞机能效相关的问题。该报告中的表 1 包含了美国空军提供的代表性飞机燃料消耗的数据。报告强调了这样一个事实，即减少航空燃料应该成为减少化石燃料依赖的主要目标，理由是航空燃料使用量在国防部燃料消耗总量中占比最大。减少燃料使用量有多种方法，但是大致归为两类：一是增加替代燃料的使用和供应；二是降低燃料总体需求。第一类的备选方案包括利用煤炭或天然气生产的合成燃料、生物燃料和燃料电池。第二类包括逐步提高飞机能效的各种选择方案。该报告是在采用替代燃料品种和方法来提高能效方面，针对各种相关技术和问题开展的一次卓有成效的调查。

该报告得出的结论是：可供选择的方案有限，并且不太可能在近期产生重大影响。报告讨论了国防部内部有助于管理其节能努力的组织和政策

① Kristine Blackwell, *The Department of Defense: Reducing Its Reliance on Fossil-Based Aviation Fuel*—Issues for Congress, June 2007.

变化，向国会提出了六个选择方案：一是成立一个国防部能源安全办公室，负责为国防部各种与能源相关的计划建立清晰的权限；二是规定飞机燃料效率，这方面的先例是《2005 年能源政策法》中对建筑和设施规定的节能要求；三是将燃料效率作为一个强制性考虑因素纳入国防部新的采办项目之中，使国防部所有新的采办项目把能源效率规定为一个关键效能参数；四是修改《美国法典》第 10 编的内容，允许国防部签订超过 5 年的合成燃料合同；五是要求国防部为长期性航空替代燃料品种的研发投入更多的资金；六是用法律规定替代燃料使用。①

5. 2008 年国防科学委员会研究报告

2006 年 5 月 2 日，面对种种挑战和变革的呼声，美国国防部主管采办、技术与后勤的副部长指示国防科学委员会成立一个能源战略课题组，在 2001 年研究报告的基础上，对国防部能源战略问题进行后续研究。课题组由国防部高级文职人员和国防部以外的代表组成。鉴于整个美国和美军能源安全所面临的巨大风险，课题组受命重点研究四个方面的问题：一是找出可以减少美军燃料需求的机会，评估其对成本、作战和兵力结构所产生的影响；二是找出可以为军事设施和野战部队部署可再生能源和替代能源的机会；三是找出实施这些机会所存在的体制性障碍；四是评估国防部部署新能源技术对美国所能带来的潜在好处。

为了研究这些问题，课题组的 77 名成员和政府顾问分成四个专家小组，审视政策问题、作战平台、各类军事设施和基础设施以及研究和技术问题。从 2006 年 5 月至 2007 年 3 月，课题组一共召开了 37 次会议，听取了 143 次情况汇报，审读了无数份研究报告，举行了多次讨论会，最后提出了研究结果和建议。2008 年 2 月，课题组公布了一份研究报告，题为《战斗增加，燃料减少》。② 报告认为，美国国防部面临的能源挑战主要表现在两个方面：第一，战场燃料需求量过高、增长过快，从而带来了一系列问题，包括：降低作战能力，影响任务成功；要求保障部队人数过多，分散了实际作战部队的力量；过度增加了持续作战行动的风险；增加作战

---

① Douglas Meade and Soyong Chong, *Energy Security for Defense*, Presented at the Western Economic Association International 83rd Annual Conference, Honolulu, HI, July 2008, pp. 7 – 8.

② Office of the Under Secretary of Defense For Acquisition, Technology, and Logistics, *Report of the Defense Science Board Task Force on DoD Energy Strategy: More Fight, Less Fuel*, February 2008.

行动和后勤保障的全周期成本。第二，军事设施几乎完全依赖脆弱的商业电网及其他关键性国家基础设施，使关键性军事使命和国土防御任务面临长时间断电的风险。

该报告提出了六大发现：一是2001年国防科学委员会报告所提建议没有得到实施。二是关键性军事使命和国土防御任务面临电网故障引起的长时间断电的风险，风险之高令人无法接受。三是美国国防部缺乏妥善管理其能源风险所需要的战略、政策、衡量手段、信息和治理结构。四是现在已经拥有必要的技术，可用来提高国防部武器系统的能源效率，但这些技术的价值被低估，减缓了技术应用的速度，导致未来科技投资不足。五是通过改变浪费性操作方法和程序减少能源需求存在许多机会。操作方法和程序影响飞机、地面车辆、军舰、设施、前进作战基地和单兵电池供电装备的能源消耗量。没有任何高层领导认真、持续地关注能源浪费现象，没有人想着去改变现行能源文化，或者创造一种本能地认识到能源效率与作战效能存在明显关联的文化。这是改变浪费性做法的最大障碍之一。六是燃料中断所隐含的作战风险要求从需求方作出补救措施，军事设施电力中断给执行军事任务带来的风险要求从需求方和供应方同时采取补救措施。

为了解决上述问题，该报告提出了五点建议：一是加速实施“能源效率关键效能参数”，采用“燃料全负担成本”为所有采办交易和分析提供有关能源后果的信息；二是降低固定设施执行关键性使命任务所面临的来自于商业电网断电和其他关键性国家基础设施中断的风险；三是建立一项国防部战略，确定可衡量的目标，落实2001年国防科学委员会建议的企业流程变革，建立明确的职责划分和责任追究制度；四是投资能效和替代能源技术，投资水平应与这些技术所具有的作战和财政价值相称；五是发现并利用近期机会，通过政策和激励措施变革作战程序，从而减少能源使用量。

国防科学委员会认为，现在有许多非常有发展前景的技术可以用来改进能源效率。它敦促美国国防部大胆采用这些技术，加强战场能源管理，充分考虑燃料管理的重要作用，不仅在成本方面，还可创造机会减少后勤运输“尾巴”，增强作战部队的力量。此外，该报告还呼吁美国国防部关注固定设施过度依赖商业电网所带来的风险，敦促美国国防部增加科技投入，加速开发新的节能技术。

该报告强调指出，各军种在修改各自的能源战略和实施计划时，应该把《1992 年能源政策法》《2005 年能源政策法》和第 13423 号总统行政令作为底线而非最高标准。课题组建议美国国防部立即完善并实施一项国防部能源政策，采用一种关键效能参数、评估衡量方法、信息分享机制和管理结构的运行模式。该报告最后还附录了一份降低商业电网断电风险重点设施清单。① 这份报告对美国国防部制订作战能源战略产生了巨大的影响，直接推动了美国国防部的作战能源变革和战略转型。

6. 海军分析中心研究报告

2009 年 5 月，美国著名智库海军分析中心军事咨询委员会发表了一份研究报告，题为《为美国防御提供动力：能源与国家安全风险》。② 这份报告由十多位美军退役上将共同完成，因而受到了美国国防部的高度重视。报告指出，美国当前的能源政策和消费模式存在一系列风险，从而在军事、外交和经济上对美国的国家安全构成严重威胁。报告呼吁，作为美国最大的单一用能机构，美国国防部应发挥领导作用，率先改革其能源政策和能源消费模式，把能源安全和气候变化纳入国家安全和军事谋划过程中，大力促进节能减排、可再生能源使用和能源技术创新。

该报告就美国能源依赖对国家安全的挑战进行了深入研究，提出了五点发现：第一，美国当前的能源态势对国家安全构成严重的、紧迫的威胁。表现在两个方面：一是对石油的严重依赖在多方面损害美国的国家安全；二是美国老旧、脆弱和超负荷运转的国家电网是国家安全基础设施中极其危险的薄弱环节。第二，用一切照常的方式来对待能源安全问题会使一系列风险组合在一起，带来难以接受的高水平威胁。第三，在一个受碳排放困扰的世界里实现能源安全是可能的，但需要领导层的齐心协力和持续关注。第四，国家安全规划过程没有充分地回应美国当前能源态势所产生的安全影响。第五，在应对其最严重的能源挑战过程中，美国国防部可以作为技术创新者、早期应用者和试验田为国家解决方案作出贡献。

在此基础上，该报告提出了一份能源安全路线图，包括六个优先目标：第一，能源安全和气候变化目标应明确纳入国家安全和军事规划流程之中；第二，美国国防部应设计和部署能效较高的系统，以减少能源使用

---

① Office of the Under Secretary of Defense For Acquisition, Technology, and Logistics, *Report of the Defense Science Board Task Force on DoD Energy Strategy*: *More Fight*, *Less Fuel*, February 2008, pp. 63 – 71.

② CNA, *Powering America's Defense—Energy and Risks to National Security*, May 2009.

效率低下给执行海外行动的部队带来的负担；第三，美国国防部应了解各作战层面上的能源使用情况，掌握自身的碳排放量；第四，美国国防部应积极追求能源效率、智能电网技术和车辆电动化，改革能源使用方式；第五，美国国防部应在军事设施广泛采用分布式发电和可再生能源发电；第六，美国国防部应投资达到军事绩效要求的低碳液体燃料，以改变其长远的作战能源安全态势。

（二）国家战略和军事变革的驱动

在美军作战能源变革进程中，美国政府和军方出台的国家战略报告和军事变革指南发挥了不可小觑的推动作用。这些纲领性文件在不同层面上、从不同角度关注了能源问题，成为推动美军能源变革和战略转型的政策动力。

1. 军事变革纲领性文件的推动

从 20 世纪 90 年代起，美军启动了新一轮军事变革和部队转型。指导美军 21 世纪联合作战转型的《联合构想 2010》《联合构想 2020》和《美国陆军转型》等军事变革纲领性文件详细地阐述了美军未来威胁的性质及应对这些威胁所需具备的核心能力。美军领导人认为，冷战后美国面临的威胁具有多样性和不对称性的特点。为了应对这些威胁，美军必须提高敏捷性和自给自足性。效率，即以最小规模的后勤运输实现最大规模的杀伤力，就是衡量敏捷性的一项重要指标。提高燃料效率有助于提升作战能力、缩短部署时间、增强持续保障能力。

美国国防科学委员会在 2001 年研究报告中指出，提高能源效率能更好地体现战争指导原则：一是突然性，燃料效率可以降低武器平台的热成像、废气和航迹（wakes），从而提高平台的隐身性；可以缩短后勤尾巴和补给线，从而降低遭袭概率；二是快速集结（mass），燃料效率可减少部队集结所需要的时间；三是效率性，燃料效率增加指挥官在集结一支优势部队时的灵活性；四是机动性，武器平台重量减轻，后勤“尾巴”缩短，可以改善平台的敏捷性、滞留能力（loiter）和灵活性，从而开得更快、更远；五是安全性，燃料效率可以降低武器平台在补给线上遭受攻击的可能性，减少战略储备的需求；六是简便性，燃料效率可以减少加油行动和后勤运输计划的复杂性和频率，减少遭受“战争迷雾”（*Fog of War*）的可能性。[①]

国防科学委员会认为，武器平台和系统燃料效率的大幅提升是实现《联合构想2010》和《联合构想2020》目标的关键赋能要素。《联合构想2010》在论述军力结构平衡时提出：“在我们的军力结构中，我们必须在装备部队与保障部队之间、在牙齿和尾巴之间谨慎地保持平衡……我们需要从每一个源泉挖掘哪怕点滴能力……我们不应指望回到冷战时期那种大规模地运用现役部队。”[②]《联合构想2020》在阐述减少后勤运输的必要性时指出：“……减少部队持续保障的需求和后勤运输线遭受攻击的脆弱性，同时合理确定后勤运输足迹的规模，逐渐减少后勤运输足迹。”[③] 这两份文件在描述美军未来军事能力愿景时要求武器平台部署速度更快、自给能力更强。鉴于未来部队必然拥有大量传统武器系统，国防科学委员会认为，基于经济学和能力考虑的武器系统改装规则必须加以改变，以应用能效提升所带来的全部益处，包括因武器平台和系统能效提升所带来的军力结构变化。

《美国陆军转型》提出的变革目标是：反应能力、可部署能力、敏捷性、多能性、杀伤力、可生存性和可持续性。美国陆军转型谋求大幅提高部队行动的敏捷性，其军力建设目标是：96小时内能在世界任何地点部署一个作战旅；120小时内部署一个作战师；30天内在战区部署5个作战师。[④] 这些目标凸显了改进武器平台和系统能效的重要性，以应对美国国家安全所面临的多种新威胁。燃料效率既是一个制约因素，又是一个变革的赋能要素。为此，美国陆军科技人员积极开展攻关，力求在提升杀伤力的同时减少作战车辆的重量（一个部署问题），在不牺牲可生存能力的前提下提升可部署能力（一个重量问题），减少战区内后勤运输量（一个燃料问题）。燃料需求不加限制必然增加作战部队的负担，降低军事能力。

由此可见，提高武器平台和系统的燃料效率是实现《联合构想2010》《联合构想2020》和《美国陆军转型》所提出的目标的重要前提。三份军

---

① Office of the Under Secretary of Defense For Acquisition, Technology, and Logistics, *Report of the Defense Science Board on More Capable Warfighting through Reduced Burden*, 2001, p. 10.

② Ibid, p. 12.

③ Ibid.

④ Ibid.

事变革纲领性文件从减轻部队后勤负担、提高部队战斗力的角度强调了节能增效的必要性，为美军作战能源变革奠定了认识基础。

2. 美国国家战略的推动

美军作战能源变革与《国家安全战略》《国防战略》《四年防务评估报告》《国家军事战略》等国家战略的推动密不可分。

新世纪之初，国际油价不断上涨，严重威胁美国的国家安全和经济安全。为此，小布什总统把加强能源安全作为一个重要目标纳入了2002年《国家安全战略》。该报告强调，美国将与盟友、贸易伙伴和能源生产国一起，努力扩大全球能源供应来源和品种，特别是在西半球、非洲、中亚和里海地区，以促进美国的能源安全和全球经济的繁荣。促进能源供应来源的多元化，以降低美国对少数能源出口国的依赖。① 该报告同时指出，美国将继续与伙伴国一起开发更为清洁、效率更高的能源技术，以稳定温室气体浓度，防止人类对全球气候的干扰超过危险水平。小布什提出的目标是，在未来10年内，到2012年将单位经济活动温室气体排放量减少18%。措施包括促进可再生能源生产、发展清洁煤技术和核能，同时提高美国小汽车和卡车的燃料效率；增加研究和节能新技术研发的经费。美国国防部随后将这些目标和措施纳入了其能源管理之中。

小布什2006年公布的《国家安全战略》把减少对外国进口石油的依赖作为一项优先目标，并把能源独立作为一项基本任务。该报告指出，实现能源安全的关键是加速能源品种和地区来源的多元化。该报告表示，要通过与其他国家和地区组织构建伙伴关系，加速清洁能源技术的开发。为落实《国家安全战略》提出的战略目标，美国国防部于2008年6月公布了新版《国防战略》，提出了五个基本目标和五个实施途径。在第四个途径的框架下，该报告表示，美国国防部正在认真审视其能源需求并且正在采取行动，在不影响作战能力的前提下减少燃料需求。这将有助于降低国防部燃料开支，有助于美国政府实现能源安全和环境保护目标。② 这说明，在《国家安全战略》的驱动之下，美国国防部已经开始思考如何推进作战能源变革的问题。

---

① George W. Bush, *National Security Strategy of the United States of America*, September 2002, pp. 19 – 20.

② Department of Defense, *National Defense Strategy*, June 2008, p. 16.

2010年5月27日，奥巴马总统公布了入主白宫以后的首份《国家安全战略》。该报告全面阐述了美国的安全环境、战略目标、战略任务和战略举措。报告把应对气候变化与能源安全相结合，强调应对气候变化需要创新。奥巴马提出要变革美国的能源使用方式，“促进能源供应多样化，投资创新，推广清洁能源技术。这样，我们就可以增强能源安全、创造新的就业机会、应对气候变化”。[①] 奥巴马认为，发展清洁能源，不仅可为美国新兴工业提供动力，也可以摆脱对外国石油的依赖，还可达到保护地球的目的。这份报告是驱动美国国防部作战能源变革的最重要的文件。

实际上，美国国防部2010年2月公布的《四年防务评估报告》已经全面体现了2010年《国家安全战略》的精神。该报告把应对气候变化和能源问题确定为美国国防部的优先目标。报告指出，美军对化石燃料的严重依赖不仅在战术层面，而且在战略层面都带来了巨大的风险和代价。把作战部队从燃料的束缚下解脱出来，可以极大地提升美军任务效能。同理，降低军事设施对昂贵的化石燃料和脆弱的商业电网的依赖，也将实质性地改善美军执行使命任务的效能。报告认为，气候变化和能源安全在未来安全环境中将发挥重要作用，因此，制订一项应对气候变化和能源安全的战略非常有必要。评估报告指出，对美国国防部而言，“能源安全系指拥有确定无疑的、可靠的能源供应途径并有能力保护并交付充足的能源以满足作战之需”。[②] 能源效率可以发挥“力量倍增器”的作用，可以提升野战部队的行动范围和持久力，减少分流去保护能源补给线的作战部队人数。美国国防部提出必须把地缘战略因素和作战能源考虑纳入部队规划、需求发展和装备采办过程之中，全面落实《2009财年国防授权法》确定的“关键效能参数”和“燃料全负担成本”的法规性能效要求。同时，美国国防部将认真研究改进作战能源使用问题，积极增加可再生能源的使用、减少能源需求，以提高作战效能、减少温室气体排放，支持美国应对气候变化的行动计划，使国防部免受能源价格波动的影响。

自1973年石油禁运以来，《四年防务评估报告》首次承认能源对美军使命任务的中心地位，将能源安全作为一项重要战略目标，并建议美国国防部把巨大的能源风险转化为创新优势。这表明，美国国防部充分认识到

---

① The White House, *National Security Strategy*, May 2010, p. 10.

② Department of Defense, *Quadrennial Defense Review Report*, February 2010, p. 87.

能源对遂行其使命任务的核心作用，也显示了美国国防部推动作战能源变革的坚定决心。

2011 年 2 月 8 日，美国参谋长联席会议主席马伦海军上将公布了 2011 版《国家军事战略》，旨在从军事能力和手段上支撑 2010 年《国家安全战略》和 2010 年《四年防务评估报告》提出的目标。新的军事战略提出将美军打造成一支面向未来的联合部队，以重新定义美国的军事领导地位，应对新时代的挑战。[①] 该报告提出了四个战略目标：对付暴力极端主义；慑止和打败侵略；加强国际与地区安全；塑造未来部队。为实现其愿景和目标，美国参联会提出要建设模块化、应变性、通用型部队，可运用于各种军事行动。联合部队一旦接到命令即可像潮水一般汹涌而出，配备有灵活的指挥控制系统，拥有与美国政府其他机构日益增强的互操作能力。联合部队必须更具远征性，减小所需后勤足迹，大幅降低燃料和能源需求。此外，联合部队必须确保有能力进入全球各个作战域并享有机动自由。[②] 这样一支联合部队必然要求相应的作战能源保障能力。显然，推进作战能源变革也是美国《国家军事战略》的内在要求。

（三）国会立法对美军作战能源变革的推动

美国政府的能源法和环境法虽然适用于美国国防部（主要是设施能源管理），但对战术车辆的能源使用（即作战能源）基本都给予了豁免，其目的是防止政治因素干扰作战部队的行动。作战部队的安全和使命任务的成功高于任何其他目标。但是，这种豁免意味着大多数旨在应对军事能源安全问题的联邦立法受到了内在的制约。同时，这一豁免也无视一个事实，即走绿色发展道路、减少燃料消耗实际上可以直接增强作战部队的人员安全和机动能力。

近年来，有关作战能源问题的辩论逐渐引起美国国会的关注。军界领导人、国会议员、专家学者和学术机构纷纷指出美军燃料消耗问题的严重性，敦促美国国防部实施变革。由于国会最终必须投票为美军的燃料需求提供资金，因此，美国国会对美军作战能源变革有着直接的兴趣。为了应

---

① Chairman of the Joint Chiefs of Staff, *The National Military Strategy of the United States of America*, Feb. 8, 2011, p. 18.

② Ibid.

对美军作战能源所面临的挑战、促进美军使用绿色燃料和可再生能源，美国国会出台了一系列立法措施，积极推动美国国防部作战能源变革和战略转型。

美国国会主要利用一年一度的《国防授权法》来促进美国国防部的作战能源变革。早在国防科学委员会2001年研究报告公布后，美国国会就在《2002财年国防授权法》中表达了其态度："国会感到，国防部应开展燃料效率改革，使投资决定建立在交付燃料的真实成本之上，加强作战能力与燃料后勤需求的联系，高层领导应积极鼓励提升能效，通过科技投资提升燃料效率，并把燃料效率纳入需求和采办流程之中。"① 但是，"国会感到"这样的模糊语言对美国国防部没有约束力。截至2006年8月，美国国防部没有采取多少实际行动来改变其对燃料成本的传统思维。

2006年，随着国际油价的持续上涨，美国国会再次把美军的燃料效率问题摆上了议事日程。同年10月17日通过的《2007财年国防授权法》明确规定，美国国防部须根据使命要求提高武器平台的燃料效率，目的有五个：一是提升武器平台的效能；二是减小燃料后勤系统的规模；三是减轻因燃料消耗过高对部队敏捷性带来的负担；四是减少运作成本；五是减轻油价波动造成的财政影响。② 这一次，美国国会使用了具有法律约束力的语言。

《2009财年国防授权法》对美军作战能源变革更具实质性意义。该法案要求美国国防部设立"作战能源规划与项目主任"（OEPP）一职，负责制订一项作战能源战略。这是美国国防部能源变革进程中一个重要的里程碑，它标志着美军作战能源变革开始启动。该法案还作出了一系列规定：要求国防部就作战能源管理和国防部作战能源战略实施情况提交一份年度报告，内容应包括能源需求和消耗的统计信息；要求各类分析和军力计划过程须考虑燃料运输的需求和脆弱性；将燃料效率关键效能参数（KPP）纳入部队需求制定流程，以修改现行的或发展新的燃料消耗系统；在替代燃料分析（AOA）和评估替代燃料及采办程序设计交易的过程中，新系统

① *National Defense Authorization Act for Fiscal Year* 2002, P. L. 107 – 107, December 28, 2001, p. 1054.

② *John Warner National Defense Authorization Act for Fiscal Year* 2007, P. L. 109 – 364, Oct. 17, 2006, p. 2164.

的全寿期成本分析须包括燃料全负担成本核算；要求国防部开展一项研究，分析使用太阳能和风能为远征部队提供电力的可行性。①

《2010 财年国防授权法》规定，从 2025 财年起，美国国防部生产或购买的可再生能源须占设施能源需求总量的 25%。在作战能源方面，该法案指示美国国防部长在飞机、军舰和地面运输车辆中考虑使用可再生燃料。

《2011 财年国防授权法》将 OEPP 更名为主管作战能源规划与项目的助理国防部长（ASD（OEPP）），作为美国国防部长、常务副部长和主管武器采办、技术与后勤的副部长在作战能源安全方面的首席顾问，也是国防部高级管理层的主要政策官员。这一系列立法举措为美国国防部启动作战能源变革扫除了法律和制度上的障碍，明确了作战能源变革的方向和要求。

（四）美国国防部作战能源变革的正式启动

美国国防部燃料使用效率低下，使其从购买到使用整个过程运输量巨大，付出了鲜血、金钱和作战效能的高昂代价。2006 年 7 月，驻伊拉克多国部队西部战区指挥官、美国海军陆战队齐尔默（Richard C. Zilmer）少将提出一种新办法来解决燃料运输车队频频遭袭的问题。他向国防部提交了一份紧急申请，要求在整个多国部队西部战区部署可再生能源和自给自足的能源解决方案来支持前进作战基地、作战据点和观察哨所。他请求五角大楼给驻伊美军配发更多的可再生能源系统，以便充分利用当地的阳光和风力资源为军事基地和前进哨所发电。“通过减少前进基地对石油燃料的需求，我们可以降低运输线上后勤车队的频率，从而降低我们海军陆战队、陆军、海军和空军士兵所面临的危险。”② 值得注意的是，他不是要求五角大楼增加车辆的重量来帮助美军士兵应对敌方对运输车队的袭击，而是要求提升能力以减少所需运输车队的次数。他认为，要解决燃料消耗带来的高昂生命代价，最有效的办法首先是减少燃料车队的需求。

随着战区燃料消耗巨大所带来的严重后果日益明显，并且开始出现在兵棋推演之中，美国国防部逐渐认识到问题的严重性和改革的迫切性。在

① *Duncan Hunter National Defense Authorization Act for Fiscal Year* 2009, P. L. 110 - 417, Oct. 14, 2008, pp. 4419 - 4423.

② Schuyler Null, *Defense Sustainability: Energy Efficiency and the Battlefield*, 2010, p. 12.

上述一系列因素的共同驱动之下，美国国防部加快了作战能源变革的步伐。2006 年 3 月开始，美国国防部主管采办、技术与后勤的副部长联合相关部门举办了一系列节能讲座活动，目的是让政府机构和相关部门的领导人把能源作为国家安全问题开展对话。美国国防部每月邀请一位发言人围绕一个能源相关话题进行对话。

美国国防部长拉姆斯菲尔德高度重视能源对国防部的重要性。他把各种能源创新计划确定为美国国防部 25 项转型优先目标之一。① 2006 年 5 月，拉姆斯菲尔德专门成立了国防部能源安全特别工作组（ESTF），为国防部减少化石燃料需求、发展替代燃料制订一份可行的投资路线图。该工作组是一个跨职能机构，由国防部主管采办、技术与后勤的副部长担任组长，成员来自整个国防部与能源相关的各部门的高层领导。国防研究与工程主任（DDR&E）办公室负责该工作组的日常管理工作。特别工作组负责整个国防部范围的能源使用问题，其任务包括四个方面：一是审视能源安全问题；二是制订一个降低国防部化石燃料需求的计划；三是找出可以替代石油的能源品种；四是审视过去和目前正在开展的研究，帮助确定国防部的政策选择方案。美国国防部采取一种系统工程学的办法，让不同职能领域相互交叉融合，以更好地认识各种行动方案带来的间接的甚至可能是负面的意外后果，从而改进国防部决策。

2006 年 9 月，特别工作组以幻灯片的形式展示了研究成果，内容为三项建议：一是提高武器平台的燃料效率。办法包括：将能源效率纳入采办决策之中；开发能效更高的推进系统、发电机和机械；开发更多的轻型车辆；努力提高作战能效，增加使用模拟器（主要涉及航空部门）。二是加速推进军事设施能效计划。办法包括：实现或加速实现现行的军事设施能效目标；改进军事设施内非战术车辆的能效；扩大“能源节约投资计划”和“节能绩效合同”。三是建立一个替代燃料研发计划。目标是：进一步开发和试验可供军事武器系统使用的合成燃料和替代燃料；衡量和评估国防部在替代燃料使用方面的进展；为替代燃料工业提供奖励项目。②

① 转引自 DoD Energy Security Task Force OUSD（AT&L），*Department of Defense Report to Congress on Energy Security Initiatives*，October 2008，p. 2.

② Kristine E. Blackwell，*The Department of Defense：DOD Reducing Its Reliance on Fossil-Based Aviation Fuel - Issues for Congress*，June 15，2007，CRS-8.

2007 年 1 月 29 日，小布什总统签署第 13423 号总统行政令后，美国国防部开始将作战能源变革正式提上议事日程。2 月 16 日，国防部常务副部长发布了一份题为《加强美国安全、改善环境》的备忘录。[①] 备忘录提出，美国国防部应根据能源安全特别工作组所提建议，在可能的情况下，考虑在武器平台和战术车辆中提高能源效率、使用替代燃料的问题。该备忘录要求各军种部长提出三种符合成本效益的解决方案，减少能源消耗或增加使用替代燃料。

2006 年 8 月，美国参联会副主席签署了一份备忘录——《关键效能参数研究报告建议及实施》，宣布联合需求监督委员会（JROC）作出的一项决定，同意在合适的情况下有选择性地运用能源效率关键效能参数（JROC 161—06）。2007 年 4 月 10 日，主管采办、技术与后勤的副部长肯尼思·克里格（Kenneth Krieg）签署了一份备忘录——《燃料全负担成本试点项目》。备忘录指出："能源已经成为 21 世纪战场空间的一个主导因素。能效低下是一种巨大的负资产，是对作战行动的一种束缚，也是对部队保护构成的一种巨大挑战。"[②] 因此，美国国防部规定，所有战术系统，只要有产生能源需求的终端项目，都必须进行利弊分析，使用"燃料全负担成本"，将交付到战区终端用户的部队保护费用也纳入燃料成本核算之中，并根据使命要求和成本效益原则提高此类系统的能源效率。

2008 年 10 月，美国国防部能源安全特别工作组向美国国会提交了一份报告，详细介绍了国防部近年来为应对能源安全挑战所开展的能源创新计划及其所取得的成就，重点报告了一个正处于最后发展阶段的《国防部能源安全战略规划》。这项战略包括四个基本目标：一是减少需求，即通过减少部队能源需求总量，维持或提升作战效能；二是确保供应，即通过增强战略灵活性，提升能源安全水平；三是改进流程，把能源解决办法作为制度纳入国防部计划和办事（business）流程，提升作战和办事效能；四是建立和监控国防部范围的衡量手段。[③] 该报告附录一还包含一份具体

① Deputy Secretary of Defense, *Strengthening America's Security and Improving the Environment*, Memorandum, Feb. 16, 2007.

② Under Secretary of Defense Kenneth Krieg, Official Memo, "*Fully Burdened Cost of Fuel Pilot Program.*" April 10, 2007.

③ DoD Energy Security Task Force, OUSD (AT&L), *DOD Report to Congress on Energy Security Initiatives*, October 2008.

的能源目标清单和相关法律来源。该规划的意图有三点：一是帮助高层领导更加深刻地认识作战燃料需求所隐含的广泛而复杂的影响，进而达成一个共同愿景；二是提供各种行动方案的建议，降低国防部的能源风险；三是在跨机构合作方面发挥领导作用，提出问题供相关各方讨论。

国防科学委员会在2008年报告中指出，美国国防部面临的能源挑战虽然极其严峻，但并非不可解决。导致美国国防部能源问题的一个根本原因是缺乏统一领导。2008年10月14日，作为对国防科学委员会及其他机构所提建议的回应，美国国会通过了《2009财年国防授权法》，要求美国国防部增设作战能源规划与项目主任（DOEPP）一职，负责制订国防部范围的作战能源战略，并对国防部各部门的作战能源规划与项目加以领导、促进交流、监督管理、承担责任。设立新的领导岗位是一个重要的里程碑，标志着美国国防部作战能源变革的正式启动。该法案将国防科学委员会2008年报告中提出的一系列建议，包括"燃料全负担成本"和能效"关键效能参数"变成了法律。从此，这些参数在美国国防部表达其所追求的能力时获得了与杀伤力、防护能力和可靠性等传统关键效能参数相似的权重。

作战能源规划与项目主任这个关键性职位设立以后长时间没有被任命。第13514号行政令和2010年《四年防务评估报告》发布后，在《2009财年国防授权法》的直接驱动下，美军各军种部率先行动起来，确定了能源主管，建立了能源领导机构，统一领导各项能源创新工作，更新或出台能源战略和实施计划。《2011财年国防授权法》将作战能源规划与项目主任一职改为主管作战能源规划与项目的助理国防部长（ASD（OEPP））。2010年6月，奥巴马总统批准设立这一职位，以示对加强美国军事能源安全的坚定决心。同年10月10日，莎伦·伯克（Sharon E. Burke）被正式任命为首任作战能源规划与项目助理国防部长。随后，作战能源规划与项目助理国防部长办公室（OASD（OEPP））成立并开始运转。

2011年5月，美国国防部专门发布了第5134.15号指令，详细规定了ASD（OEPP）的职责，主要包括：一是就美国国防部内部（包括陆军、海军、空军和陆战队）的作战能源规划和项目事务提供领导，促进交流，实施监督，负责审核；二是建立并维持作战能源战略，准备作战能源年度报告；三是协调和监督国防部（包括陆军、海军、空军和陆战队）在作战能源规划、战略实施、需求审议、技术研发等领域的规划和项目投资活动；四是监管和评估国防部所有作战能源行动计划；等等。① 该指令还明确了ASD（OEPP）的各种领导和协作关系及其权限。助理国防部长办公室配备若干名专职军事和文职人员，由六名核心成员组成（参见图1—8）。除了助理国防部长外，还有一名助理国防部长首席帮办和四名助理。

作战能源规划与项目助理国防部长办公室成立后，美国国防部作战能源变革全面启动。在《2007财年国防授权法》《2009财年国防授权法》、2010年《四年防务评估报告》等法律法规以及国防部有关纲领性文件（参见附录二）的有力推动下，美国国防部陆续出台了《作战能源战略》以及各种政策和举措。可以说，ASD（OEPP）的任命和OASD（OEPP）的成立，是美国国防部在能源变革道路上迈出的关键性一步。它为全面推进美军作战能源变革和战略转型提供了强有力的领导核心和推动力量。

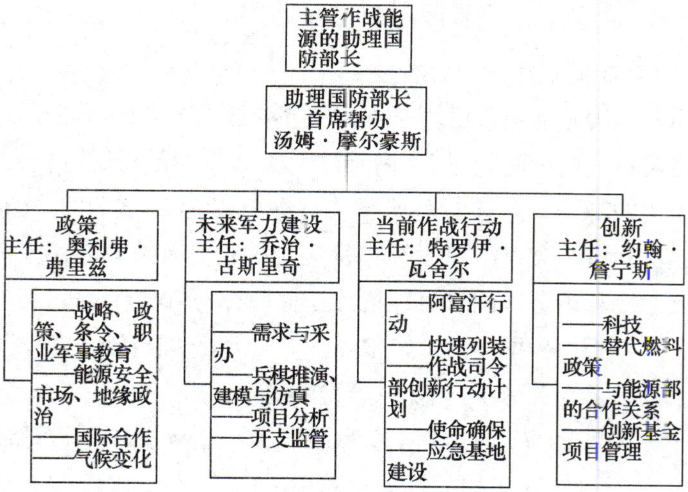

图1—8 作战能源规划与项目助理国防部长办公室组织结构图

资料来源：http：//energy. defense. gov/About/OrgChart. aspx［2011—05—17］

---

① Department of Defense Directive No. 5134. 15, *Assistant Secretary of Defense for Operational Energy Plans and Programs*（ASD（OEPP））, May 17, 2011.

第四节 美国国防部能源战略的基本内容

2010年和2011年，美国国防部先后公布了设施能源战略和作战能源战略。两类战略旨在应对不同的挑战，因而提出了不同的愿景和目标，包含不同的内容。本节将对两类战略的基本内容分别加以解析和考察。

一、设施能源战略的基本内容

美国国防部在国内外拥有大量固定军事设施和非战术车辆，能源消耗巨大，面临多种风险和挑战。2010年，美国国防部出台了设施能源战略，系统地表达了设施能源变革的宗旨和目标。以下将对设施能源战略的出台背景和基本内容进行解析。

（一）设施能源战略的出台背景

美国国防部设施能源主要用于保障美军在国内外500多个固定军事设施的用能需要，这些设施上有30多万栋大楼和20万个其他结构，建筑面积约有沃尔玛的四倍，且建筑种类繁多，包括营房、小卖部、数据中心、办公大楼、实验室和飞机维修库等。设施能源主要是传统能源品种，用于大楼供暖、制冷和供电，同时也包括设施上拥有的16万辆非战术车辆所使用的燃料。多年来，美国国防部采取了大量能源管理行动，以落实国会能源与环境立法以及相关总统行政令。

美国国防部2010年《四年防务评估报告》明确要求采取战略的方法来应对能源安全和气候变化问题。这种变化首先出于遂行使命任务的考虑。美军对化石燃料的依赖带来了巨大的战略战术风险，代价高昂。这种代价既体现于财政损失，也体现于任务效能降低，更体现于失去的美军士兵生命。让作战部队摆脱燃料的束缚、减少军事设施对费用昂贵且极为脆弱的商业电网的依赖，不仅有助于增强能源安全、应对气候变化和保护环境，还能实质性地提升美军执行任务的效能。

2010年6月2日，美国国防部公布了第一份《国防部战略可持续性绩效计划》，作为对第13514号行政令和2010年《四年防务评估报告》的直接回应。美国国防部追求的可持续性愿景是保持未来的行动能力——不论是执行使命任务的能力还是支持自然和人文系统的能力。美国国防部致力于追求可持续能力，并将其视为提升完成使命任务的一种手段。可持续能力不是单一部门的项目，而是一种组织范式，适用于国防部的所有使命任务和项目领域。可持续性绩效计划确立了美国国防部到2020年可持续发展的基本目标和可持续性绩效指标，建立了国防部可持续发展路线图，使其在提升履行使命能力、降低全寿期开支的同时，积极推进可持续发展的技术和做法，成为全美国可持续发展的典范。美国国防部不仅决心遵守环境与能源法律法规和总统行政令，而且准备超越遵守法律的层面，服务于更高层次的国家安全需要。

为此，美国国防部决定将设施能源管理提升到战略层面，作为落实《国防部战略可持续性绩效计划》的一项重大举措。美国国防部提出，设施能源管理必须从传统的主要基于落实法律法规的方法向基于长期节省开支、确保使命安全的方法转变。① 美国国防部之所以如此重视设施能源问题，主要出于以下几个原因：

第一，设施能源开支巨大。2010财年，美国国防部设施能源总支出约40亿美元，其中，永久性设施能源开支约37.6亿美元，非战术车辆购买燃料花费2.5亿美元。② 这是一笔不小的开支，节省下来可用于国防部发展其他优先事项。此外，未来几年，固定设施能源需求可能出现相当幅度的增长，原因是美国国防部要发展陆军和海军陆战队、减少美军在伊拉克和阿富汗的驻军人数（返回本土基地安置）、继续提高军人及其家属的生活水平。

第二，确保使命安全。美军大多数设施缺乏管理电力供需的能力，因而极易受到由自然灾害、网络攻击和电网超载引起的商业电网间歇性和持久性中断的影响。军事设施功能的变化也增加了美军的忧虑。过去，固定军事设施主要用来训练和部署作战部队，现在则越来越多地直接参与作战行动，为前方作战部队提供后方支持。例如，美军在位于内华达州的一个

① Dorothy Robyn, *Statement of Deputy Under Secretary of Defense for Installations and Environment before the House Armed Services Committee Subcommittee on Readiness*, Feb. 14, 2010, p. 1.

② Department of Defense, *Annual Energy Management Report for FY2010*, July 2011, p. 9.

军事设施内操控阿富汗境内的“捕食者”无人机，或者在美国的数据中心分析战场情报。美军设施还越来越多地成为执行国土防御任务的重要平台。这意味着美国本土某个军事基地一旦发生断电事故就可能威胁美军在海外的军事行动或者损害美国的国土防御能力。

第三，环境影响。设施能源在美国国防部能源使用总量中占26%，可是，其温室气体排放量却占40%，占比太高，不成比例。因此，减少设施能源使用也可以在减排过程中产生不成比例的积极效果。

此外，国防预算削减也是一个重要原因。2011 年 8 月 2 日，美国国会参众两院通过了《2011 年预算控制法》，就美国债务上限和制定长期减赤计划达成协议，要求联邦政府到2021 年底削减 1. 2 万亿美元，美国国防部要在10 年内削减约 4870 亿美元的国防预算。这是美国国防部推动设施能源变革的一大因素。

（二）设施能源战略的宗旨和目标

为了应对上述种种挑战，美国国防部于 2010 年公布了设施能源战略。美国国防部没有为设施能源战略专门出台一个文件，而是将其纳入《2010 财年能源管理年度报告》进行简要的描述。① 该报告指出，设施能源战略旨在减少设施能源需求、加强能源安全、促进能源技术研发、增加可再生能源使用。

设施能源战略谋求达到四个目标：一是通过节能增效，重点是通过现有建筑重新装修和新建筑改进措施，减少能源需求；二是通过发展可再生能源和替代能源（如太阳能、风能和地热能），增加能源供应；三是支持能源技术创新，发展能源管理系统和清洁能源技术；四是通过集中式和分散式发电，改善能源安全，降低电网中断所构成的风险（参见图 1—9）。②

2012 年，美国国防部对整个国防部范围的各种能源行动计划进行了一次全面的评估。结果表明，美国国防部必须构建一项统一的能源政策，把国防部各组成部门纳入其中，以指导整个国防部开展一切能源活动，包括作战能源、设施能源和确保使命安全中与能源相关的特殊使命单位（因为

---

① Department of Defense, *Annual Energy Management Report for FY2010*, July 2011, p. 3 & p. 10.

② Ibid, p. 3.

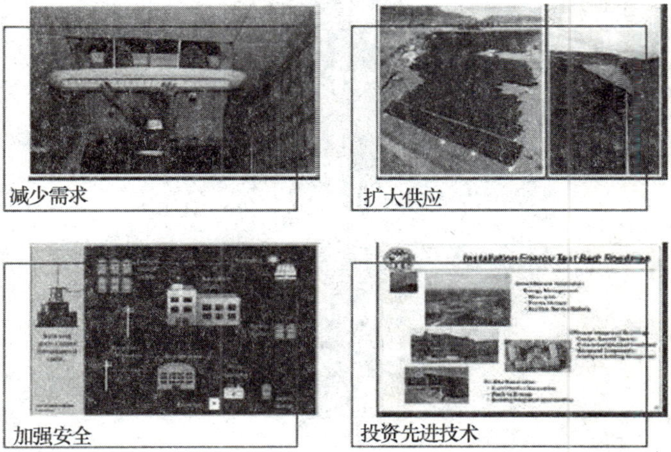

图 1—9　美国国防部设施能源战略的四个支柱

资料来源：*Department of Defense Annual Energy Management Report for FY*2011，June 2012，p. 4.

这些单位严重依赖能源安全）。基于这种考虑，美国国防部在《2012 财年能源管理年度报告》中进一步阐述了其设施能源战略的四个目标：一是提高设施能源效率，开展基于行为的节能行动，减少能源需求；二是扩大可再生能源供应；三是增强国防部军事设施的能源安全；四是增加投资，开发先进的能源技术。①

从 2014 财年开始，美国国防部将设施能源战略的基本目标最终锁定为三根支柱：扩大供应、减少需求、打造未来部队和先进技术。目的是增强能力、减少开支、降低风险（参见图 1—10）。

美国国防部计划采取以下手段来落实其设施能源战略：通过减少对传统能源的需求、促进能源供应的多样化，降低能源供应中断带来的影响，增强恢复供应和灵活应变能力；通过投资拥有太阳能、风能、地热能等可再生能源发展潜力的军事基地，降低其对化石燃料的依赖，改善能源安全；通过与学术界和私营部门一起开展新技术创新，在先进技术投入商业运营之前对技术的有效性、成本和影响进行评估，并利用直接节省的开支促进技术进步；通过改善能源安全、最大程度地减少商业电网发生潜在供

① Department of Defense，*Annual Energy Management Report for FY*2012，June 2013，p. 6.

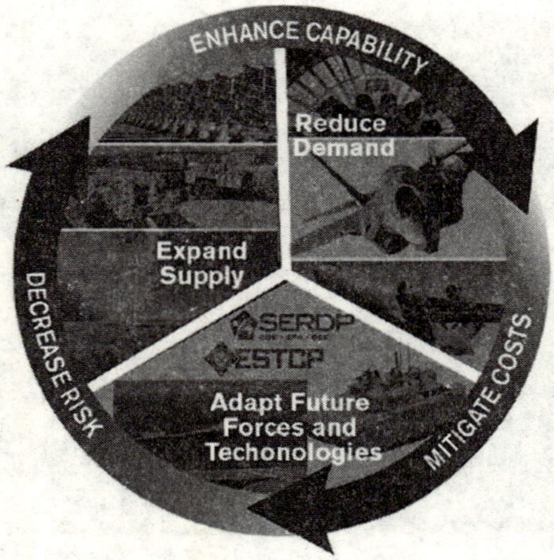

图 1—10　美国国防部设施能源战略三大目标示意图

资料来源：Department of Defense, *Annual Energy Management Report for FY*2014, May 2014, p. 7.

应中断的风险，确保美军随时随地得到能源供应。

二、作战能源战略的基本内容

与设施能源战略不同，美国国防部于 2011 年专门并且高调地公布了《作战能源战略》。这是美国国防部有史以来出台的第一部作战能源战略。作为美军的纲领性文件，该报告勾勒了美国国防部全面改革美军战场燃料使用方式的战略构想，成为美军作战能源变革和战略转型的蓝图。

（一）《作战能源战略》的出台背景

如上所述，阿富汗战争和伊拉克战争以来，美军遇到了一系列与能源相关的挑战。不断增长的作战能源需求对军事效能产生了巨大影响，增加了美军的风险和代价。在战场上，广阔而漫长的燃料补给线频频遭袭，消耗了大量作战和财政资源。在美国国内，军事设施严重依赖商业电网供电，极易出现电力供应中断。从更长远的目光来看，全球石油需求的持续增长和石油供应的日益集中意味着油价将继续动荡，发生供应中断的可能性始终存在，地缘政治后果不难想象。

2010 年，美国国防部能源开支高达 150 亿美元，军事行动消耗燃料近 50 亿加仑，开支高达 132 亿美元。通过空中向阿富汗运输燃料的费用是地面运输成本的 10 倍。到 2010 年底，每月向阿富汗交付的燃料高达 400 万加仑。[①] 美国国防部面临的挑战是既要应对因能源价格居高不下和动荡不定而造成的财政和预算形势日益恶化问题，又要确保军事效能。因此，多年来美国国防部一直在酝酿对美军战场燃料使用方式进行全面改革，以增强其军事行动的能源安全，提升全球作战效能，打败当前和潜在对手。美国国防部在 2010 年《四年防务评估报告》中提出，要把美军能源使用方式上升到战略的高度来加以考虑。美国国防部长盖茨和美国总统奥巴马对此非常支持。作战能源问题作为《2009 财年国防授权法》的一部分由美国国会通过并由奥巴马总统签字生效。2010 年，美国国防部依据国会立法授权专门设立了主管作战能源规划与项目的助理国防部长办公室。

在美国国防部设立作战能源助理国防部长办公室之前，美军各军兵种已先后出台了各自的能源变革方案，提出了各自的能源战略愿景。这些战略规划存在各自为政、缺乏协调的问题，需要加以趋同、统一和协调，以最大限度地减少重复、促进新技术的推广、将各军兵种的成功经验加以制度化。2011 年 6 月 14 日，美国国防部正式公布了《作战能源战略》。美国国防部常务副部长林恩（William J. Lynn III）与主管作战能源规划与项目的助理国防部长莎伦·伯克共同出席了新闻发布会，并发表了讲话。

《作战能源战略》建立在美军各军兵种现有能源战略之上，为国防部长办公室、参谋长联席会议主席办公室和联合参谋部、各作战司令部、各军种部和国防部各直属机构（简称“国防部各组成部门”）提供一个统一的国防部战略指导和加强作战能源安全的总方向，以协调各军兵种之间的能源政策和行动。

（二）美国国防部的作战能源安全观

美军作战能源战略服务于美国国防部的使命任务。当前，五角大楼的头等大事是打赢反恐战争，同时为未来美国可能面临的威胁作好应对准

① Sohbet karbuz, *A Look at the DOD's Operation Energy Strategy*, August 10th, 2011. http://karbuz.blogspot.com/

备。在全球化加速发展、新兴大国快速崛起、地区冲突不断增多的形势下，美国深感国际战略格局日益复杂，其变化方式难以全面预测。作为霸权国家，美国不得不准备应对更多的安全挑战，大到使用尖端新技术阻止美军介入其所谓的全球公共海域、空域、天域和网络空间，小到非国家行为体发展更难对付、更具破坏性的攻击和恐怖手段所构成的威胁。美军必须执行广泛的军事行动，因而需要具备广泛的军事能力，包括数量充足、供应稳定、品种多样的能源补给。能源安全直接关系到军事行动的胜败。美国国防部常务副部长林恩在《作战能源战略》前言中指出："打造并支撑这支21世纪的军队，特别是在财政艰难的情况下，国防部必须明智地使用资源，包括能源资源。几乎每一种军事能力都需要某种能源，因此，国防部作为一个机构，是世界上最大的单一燃料消费者。然而，国防部习惯于把能源当作一个随时随地都能得到供应的商品，而不去考虑其战略、战役和战术成本。今天，这些成本常常可以用保护燃料运输车队穿越战场时牺牲的士兵人数来加以衡量。未来，我们的对手，包括拥有精确制导武器的对手，更有能力瞄准我们的军事补给物资。"①

美国国防部认为，能源安全对国家安全至关重要。2010年《四年防务评估报告》指出，能源安全对美国国防部而言意味着"拥有获取可靠的能源供应的途径并有能力保护和交付足够的能源以满足作战之需"。② 美国国防部消耗的能源包括美国本土和海外军事设施所使用的能源以及美军在执行日常任务时所消耗的能源。《作战能源战略》主要针对后者，即美军在执行日常任务时所使用的能源。所谓作战能源，系指"训练、运输和保障部队、武器和装备遂行军事行动所需要的能源"，包括战术发电系统、发电机和武器平台所使用的能源。在实践中，美国国防部对作战能源使用的认定包括三个领域：一是遂行各项使命任务的军事部署；二是对军事部署的直接支持；三是为支持军事部署的部队备战而开展的训练。基于这一定义，美国国防部2009年消耗的能源约有75%可认定为作战能源，固定设施能源仅占25%。

军事部署通常依靠石油燃料，因为装备、远征基地、战术车辆、飞

---

① US Department of Defense. *Energy for the Warfighter: Operational Energy Strategy*. Preface, June 14, 2011.

② Ibid, p. 3.

机、某些舰艇及其他作战平台需要依靠燃料才能驱动。在阿富汗和伊拉克的军事行动中，航空燃油（JP—8 或 JP—5）是美军使用最广泛的战场燃料。在固定军事设施，为军事行动提供直接支持的特殊使命单位（如情报、监视、侦察等）依靠商业电网供电。其他一些依靠石油燃料的任务类型，如执行机动任务的飞机，也可能设在固定军事设施内。训练需要依靠石油燃料和依靠不同能源品种生产的电力，包括核能。训练既可在美国本土的军事设施开展，也可在世界各地的军事基地内进行，涉及到陆海空天网五个领域，有时还会涉及其他国家。事实上，美军参加的训练十分广泛，很难说哪些应视为《作战能源战略》所指的作战范畴。提升作战能源安全还可能意味着新的装备、新的条令、新的作战概念或者军事行动的其他变化，而这些变化必须融入到训练之中，以确保美军部队训练的有效性和安全性。美国国防部将《作战能源战略》适用于美军部队所需要的任何训练，目的是把能源安全纳入作战行动。

（三）《作战能源战略》的目标、途径与手段

《作战能源战略》提出的总目标是确保美军拥有遂行 21 世纪各种军事使命任务所需要的能源。为了实现这一目标、打造一支更加强大的军队，美国国防部需要进行一系列投资，对支持当前作战行动的近期优先任务与未来的长远能源解决方案进行统筹。为此，《作战能源战略》提出把投资重点集中在需求、供应和未来军力规划三个领域。

1. 作战频次增加，燃料消耗减少：降低军事行动中的燃料用量

《作战能源战略》指出，美军能源需求不断增加，对美国国防部的核心国家安全使命构成了挑战。为此，美国国防部必须减少作战能源总需求、改善军事能源使用效率，以提升作战效能，降低执行军事任务的风险和开支。

当前，美军的使命任务多种多样，包括在阿富汗和伊拉克的作战行动、人道主义救援行动、训练演习以及支持各种军事联盟和伙伴关系的常规部署。这些使命任务往往具有远程投送、快速部署、长期驻扎的特点，燃料需求巨大。在阿富汗开展的军事行动中，飞机、地面车辆和远征基地是燃料消耗大户。飞机和舰艇占美国国防部作战能源消耗总量的大部分。军事行动需要运输大量燃料，由此带来了诸多后勤和战术风险，并且费用高昂。

能源对军事能力至关重要，从单兵到建制部队，其表现形式往往与能耗关系不大。例如，与飞机或地面车辆相比，在阿富汗执行三天徒步巡逻任务的士兵能源需求较少，但是，这一需求一直在增长。现在，单兵需要携带的电池可能超过 33 块，重约 10 磅，以确保关键性装备的用电需要。美国国防部预计，到 2012 年，完成同样任务需要的电池将增加到人均 50 多块，重量增至 18 磅。过去 10 年间，营一级作战单位的耗能装备也大幅增加，以海军陆战队为例，其无线电设备增加了 250%，计算机增加了 300%。给这些战术最后一英里的前线部队装备补给能源非常危险。依赖常规能源再补给会给一线作战部队带来不利的影响。提高能效就可以减轻后勤负担，提高部队的整体作战能力。

美国国防部认为，当前，减轻后勤部队的运输压力具有特别重要的意义。由于能源需求的不断增长正在加大后勤部队的运输压力，因此，美军的反叛乱行动和非对称冲突已经增加了后勤部队的危险。从 2003 ~ 2007 财年，在伊拉克和阿富汗，执行油料和供水运输任务的美国陆军人员及承包商在车队遭袭事件中伤亡 3000 多人。据美军运输司令部统计，在 2010 年，地面运输车队遭受攻击 1100 次，这还不包括从前进作战基地到巡逻基地之间的战术燃料运输伤亡。此外，地形、天气和政治因素同样会对补给线构成挑战。为应对这些挑战，部分能源运输补给被迫改道或采取空运的方式交付，在确保能源供应的同时尽可能减少运输车队的风险。美军运输司令部指出，空运成本是地面运输的 10 倍。这类替代运输方式除了成本和战略挑战以外，美国未来面临的对手可能拥有精确武器，比当前的敌人更有能力瞄准陆海空天及网络交通线。

战略目标：美国国防部把减少能源需求列为作战能源战略追求的最优先目标。就效果、部队防护和成本而言，减少战场能源需求从战术到战略层面都有好处。《作战能源战略》提出的具体目标包括：减少作战能源的总需求；提高军事能源使用效率，以提升战斗力；减少执行军事任务的风险和成本。减少能源需求可以扩大美军部署的范围，增强部队的持续作战能力。

当前，美国国防部缺少作战能源使用的充足数据和相关分析，难以对能源消耗进行有效的管理。因此，美国国防部提出，各军种应更详细地统计能源消耗的数量、地点和目的，以增强作战能源安全。为了改善美国国防部对作战能源使用及其影响的了解，目前有一些项目已经在进行之中。

美国海军正在投资研制“舰用能源仪表盘”等监测系统，此类系统将有助于改善海军作战能源消耗的数据监测工作。在阿富汗战场，发电机消耗了大量燃料，一些为美军提供服务的私人承包商在发电机上安装了数据采集器，统计能耗和发电量。美国陆军则计划在阿富汗配发“战场燃料管理系统”，以更好地管理陆军油料的配送。该系统也能采集燃料消耗数据。要改进作战能源安全，对日常能耗管理采取此类标准化作业是必不可少的第一步。美国国防部认为，这些努力显然不够，需要进一步加强。

《作战能源战略》后续出台的实施计划将为各军种改进作战能源数据采集确定具体的目标和时间节点。数据将上报主管作战能源规划与项目的助理国防部长办公室和各军种进行分析。随着对作战能源使用情况的了解加深，美国国防部将作出更具针对性的投资，以改进能效（即单位能源投入实现更多的军事能力）。能效提高反过来又可以改善部队的作战距离、持久力和作战能力，减少运作和机会成本。此外，对于在作战能源需求领域取得的改进成果，美国国防部计划将其纳入应急作战基地的规划和管理之中。

减少能源需求、提高能效的手段有装备性和非装备性两类。美国国防部相关部门计划投资新技术和新装备，同时也要推广新的做法和行为。例如，在技术层面，美国国防部正考虑采用无人机运输物资。负责空运和空中加油的空军机动司令部也在考虑进行相应的政策变革，可望达到类似的目的。这些变革包括精简飞机设备、与伙伴国家协商选择最佳飞行线路等，未来 5 年预计可节省开支 4 亿美元。这些经验可与伙伴国的经验相互借鉴。

政策措施：美国国防部要求各组成部门从以下两个方面采取措施，减少作战能源需求。

第一，详细记录当前和计划实施的军事作战行动的实际能耗和预估能耗。具体措施包括：一是指定各军种和各作战司令部作战能源责任人，协调能耗数据采集工作；二是在负责作战能源规划与项目的助理国防部长的协调下，与其他部门合作，使用统一的报告方法，确保数据的可比性。

第二，加快来自各军事领域（条令、组织、训练、装备、领导与教育、人事和设施）节能增效技术和管理经验的创新应用，减少需求、提高能效。具体措施包括：一是优先扶持可望给当前军事行动带来好处的创新；二是对装备、后勤运输办法、武器平台和能源转换等方面的能效改进措施的研究、开发、测试、评估和实战应用进行投资；三是对武器平台、系统、装备的快速实战应用、中期升级和新能力的长期开发进行投资；四是将提高能效和能源管理手段融入应急行动基地的规划和管理工作之中。

2. 能源选择增加，供应风险减少：扩大能源供应品种，确保军事行动能源安全

美军大部分军事行动依赖石油一种燃料。这种依赖不仅带来经济、战略和环境后果，同时也隐含着能源供应安全问题。此外，美军还要直接支持美国本土和海外固定设施任务区开展的军事行动。这方面的用能主要依靠民用基础设施供给，特别是电网。能源基础设施易受天灾人祸的影响而发生供应中断。因此，美国国防部计划大力促进能源品种的多样化，保护获取能源资源的途径，以确保军事行动拥有更可靠、更确定的能源供应。

作战能源需求在不断增长，可是，全球能源供应的可靠性却是风险重重。美国国防部的军事行动主要依靠石油燃料，而油价波动却将继续构成挑战。当前，美国及美军的能源供应，尤其是石油供应模式，存在一系列战略性后果。这些后果包括采购、运输大量燃料穿过战区的地区性影响，全球石油需求的不断增长导致的地缘政治影响，石油生产日益集中在少数国家以及环境破坏的问题。这些变化因素可赋予过境国和产油国，包括敌视美国及其盟友利益的国家以权力，导致市场波动和政治动荡。从长期来看，对能源资源的竞争加剧会对国际社会的稳定构成威胁。为此，美国国防部当前的能源使用模式显然与美国和国防部本身的战略目标存在矛盾。

此外，美国国防部通过其本土和海外固定军事设施内的特殊使命单位直接支持其军事行动。这些特殊使命单位主要依赖民用基础设施提供能源，尤其是电网。这些能源基础设施极易受天气、自然灾害、人为操作失误、维护不足、设备故障和基础设施遭袭（包括网络攻击）等危害而发生中断。

战略目标：不论是为了近期的战术好处还是为了确保长远的作战能源安全，美国国防部认为都有必要采取措施，扩大能源供应的选择。促进军事能源供应多样化、确保能源供应安全可以提高美军获取所需能源的能力，顺利完成各项军事任务。鉴于美军巨大的燃料消耗，不论何种燃料品种，都已成为美军的战术、战役和战略弱点，《作战能源战略》把扩大能源供应品种列为国防部作战能源追求的第二大优先目标。这一目标实际上就是要推动能源品种的多样化，摆脱对石油的依赖，确保军事行动能源供

应更加可靠、更加安全。

《作战能源战略》指出，从国防后勤局能源处、后勤保障部队到私营承包商，美国国防部运用了一切力量来确保美军当前军事行动拥有稳定的燃料供应。到2010年底，仅国防后勤局能源处每月运往阿富汗的燃料就高达4000万加仑。这项工作还将继续下去。同时，国防部还将开发和部署替代能源，以减轻补给线上的运输压力，投资重点是美军驻地或周边地区可以生产或采购的能源。《作战能源战略》强调，从更广泛的角度讲，美国国防部必须把作战能源供应所取得的成果纳入应急作战基地的规划和管理之中。美军前进基地和据点即便自产能源很少，也有助于减轻最危险、成本最高的燃料补给线上的运输压力。此外，美军强调"练为战"，所以在作战训练中必须纳入此类替代石油的能源，这也会间接地减少军事石油使用。

《作战能源战略》指出，替代能源供应还有望提升伙伴国的能力，包括民用领域。实际上，对海外驻军最具应用前景的技术往往也适用于缺乏能源基础设施的伙伴国家。例如，驻阿美军为阿富汗国民军修建的哨所利用太阳能供电。美国南方司令部正在与萨尔瓦多军方合作，安装一个91千瓦的太阳能发电系统，可望为萨尔瓦多冈帕拉市（Compala）的联合安全检查站提供20%的能源需求。

美国国防部正在采取措施，促进长期能源供应安全。油价波动将继续给国防部带来预算困难，而全球石油市场的现状表明，未来几十年石油供应出现中断的可能性很大。美军各军种已经采取措施，对飞机、军舰、战术车辆和保障装备使用替代燃料进行认证。这对于应对未来石油供应中断和高油价不失为一种谨慎的保险。

《作战能源战略》强调，从长期来看，替代燃料有望成为美国能源结构的重要组成部分，因此，美国国防部应继续加大对替代燃料研发、测试和评估的投入，充分作好技术应用的准备。这些投入应当有经济和技术可行性分析的支撑，并满足以下条件：一是此类燃料必须是"滴入式"的，即与现有装备、平台和基础设施相兼容；二是此类燃料必须能支持远征性、便于部署的部队；三是必须考虑潜在的上下游连锁影响，如粮食价格上涨；四是全寿期的温室气体排放量必须低于或等于传统燃料的排放量。

目前，美国国防部采购的替代能源价格比较高，主要用于试验。未来，五角大楼将在替代能源价格与传统能源相比具有竞争力的情况下采购此类燃料用于军事行动。美国国防部还可能出于任务需要采购替代燃料。例如，驻阿美军把促进当地经济发展作为战区战略的一部分，探索性地使用了当地农作物生产的油料。

最后，美国国防部还需采取措施，加强固定军事设施内执行作战任务的单位的能源供应安全，尤其是电力供应。有些设施电力供应一旦出现长时间中断，就可能对军事行动产生影响。长时间断电可损害国防部履行国家安全核心使命的能力，包括在紧急情况下对地方政府的支援。

政策措施：为改善作战能源供应安全，《作战能源战略》要求美国国防部各组成部门采取以下行动：

第一，积极促进能源品种多样化，开发适合远征条件下使用的新能源品种，包括帮助伙伴国发展相关能力以支持美国战略目标。具体措施包括：一是促进可在任务区所在地或周边地区发电的替代能源品种的研发、测试、评估和战场配置；二是将已经改进且安全可靠的能源供应融入应急作战基地的规划和管理之中；三是建立一项联合的一体化替代燃料研发、测试与评估政策和投资策略，由主管作战能源规划与项目的助理国防部长负责指导和监管。

第二，确保固定军事设施中关键性军事作战行动能源供应的可靠性。具体措施包括：一是评估能源供应，特别是商业电网电力供应短期和长期中断的风险；二是制订计划，明确角色、责任、资源需求、时间节点等，确保能源供应的可靠性，手段包括能源基础设施的安保和维护、提高供应中断时的恢复能力、制订关键作战使命任务的备用供电方案。

3. 作战能力增强，能源成本降低：把能源安全纳入未来军力建设

美军的结构、态势、装备和部署方式都内在地、越来越多地依赖大量能源，特别是石油。当前的作战方式过多地消耗燃料，增加了风险和成本，从而带来了许多战术性、战役性和战略性后果。然而，美国国防部建设未来部队和军事使命的制度和流程都没有系统地考虑到此类风险和成本。有些武器平台和装备，特别是舰机，有很长的寿期。改装可以改进但无法从根本上改变原系统的能源效能。美国军方正在建造新的车辆、军舰、飞机、武器和装备，通常都会增加作战能源的需要。未来，有关美军的结构、态势和战略所作出的决策，对能源需求、确保在敌我争夺环境下作战的部队得到能源供应的能力以及作战成本，都将产生重大而深刻的影响。因此，美国国防部计划将作战能源因素融入整个计划和军力部署活动

之中。能源本身将成为美军落实《四年防务评估报告》和《国家军事战略》所提出的使命的一项重要部分。

战略目标：有关战略规划、结构安排、武器装备和部队态势的一切决定，都要考虑能源消耗及相应成本和后勤运输挑战。《作战能源战略》指出，所有军事能力需要消耗能源，因此，任何一个作战方案都要考虑到向作战部队供应燃料的困难。可是，目前美军通常都未加以考虑。能源保障能力会影响美国追求的目标是否能实现，如促进地区稳定、伙伴国和盟国的安全与繁荣。可是，能源通常没有纳入战略规划之中。这并不是说燃料需求比杀伤力、生存能力或国防部选择部队装备时考虑的其他任何因素更重要。美国国防部在作出动用部队的决策时，能源资源不应比其他任何一种战略因素更重要。但是，美国国防部必须把能源纳入考虑范围，以便在列装和调动部队时能更好地权衡利弊，作出知情选择。把能源因素纳入战略规划过程可以帮助部队提高持续作战能力，有效应对全球性挑战并实现战略目标。

政策措施：为了把作战能源使用的经济成本和安全影响纳入美军的结构、装备和部队态势以及军事行动的规划之中，美国国防部相关部门将采取以下措施：

第一，总结当前军事行动中的主要经验教训，以便为未来制订作战方案时提供信息。内容包含下述情况的战术性、战役性和战略性影响：一是各战区的燃料运输量，特别是保障伊拉克和阿富汗作战行动的燃料运输量；二是持续保障军事部署可能产生的脆弱性和成本；三是伙伴国可供美军使用和支持稳定行动的能源供应能力；四是便于战场应用的新兴技术和各军事领域（条令、组织、训练、装备、领导与教育、人事和设施）的解决办法，以减少能源使用、提高效能。

第二，把这些教训应用于未来部队建设，包括战略规划、部队计划、需求开发、武器装备采办和预算制作。

第三，展示美国国防部文官和军职领导层的坚定支持，将能源分析和规划纳入条令、作战概念、作战计划、安全合作计划、训练、教育等领域。

（四）《作战能源战略》的作用与意义

1.《作战能源战略》的作用

美国国防部积极谋求在不断变化的安全环境中确保美国的国家安全。

为履行这一使命、应对美国安全与繁荣所面临的种种挑战，拥有充足、可靠的能源供应对保证美军快速部署和持久作战的能力具有极端重要性。《作战能源战略》为美军加强能源安全指明了方向，对当前的作战行动和美军未来发展均具有重要的指导意义。美国国防部深知，解决军事行动面临的各种能源问题难以一蹴而就，减少能源需求、提高能效、扩大能源供应选择、确保能源供应安全、将能源安全纳入军队发展规划，这些均有助于美军解决其所面临的问题。

《作战能源战略》是美国国防部颁发的第一部作战能源战略，旨在为美军各军兵种和国防部直属局确定一个共同的努力方向，并提供宏观的指导意见。在战略实施过程中，美国国防部一方面积极寻求共同的目标、项目和政策，同时鼓励各军兵种根据不同的角色和任务拥有必要的灵活性和差异性。美国国防部表示，随着对当前和未来作战能源消耗问题理解的不断加深，作战能源战略和实施计划的后续修正将纳入具体的效能衡量标准。

《作战能源战略》在附录中概要介绍了各军兵种能源战略的愿景和目标：

美国陆军："构建一种有效、创新的陆军能源态势，通过领导、伙伴关系和自主来促进和确保能源变革使命成功，保障军人、文职雇员及其家人的生活质量，并成为全国的典范。"陆军的能源战略目标是：减少能源消耗；提高武器平台和设施的能效；扩大使用可再生/替代能源；确保充足的能源供应；减少对环境的不利影响。

美国海军："海军的能源愿景是把能源视为一种战略资源；充分理解能源安全对于遂行海上和岸基任务的极端重要性；有能力适应未来任何一种潜在的能源发展前景。"海军的能源战略目标是：确保机动能力，保护关键性基础设施；减轻后勤负担，扩大战术作战范围；绿化足迹（即减少温室气体排放）。

美国空军："一切行动都要考虑能源因素。实现空军能源愿景要求空军全体人员清醒地认识到能源对空军关键能力——全球警戒、全球抵达、全球作战——的影响。必须把能源视为空军遂行各项任务和行动的基础要素。各项任务、各级组织都要考虑能源因素，这样空军才能充分发挥能源作为一种战斗赋能要素的作用，增强空军的能源安全态势。"空军的能源战略目标是：减少需求；增加供应；文化变革。

美国海军陆战队："成为第一支自给自足的远征军，在海军陆战队官兵中灌输一种勇士思想，即对重要资源的高效利用等同于战斗效能的提升。"海军陆战队的能源战略目标是：灌输一种理念；提高海军陆战队装备和设施的能效；增加可再生和替代能源的使用。

2.《作战能源战略》的意义

《作战能源战略》的出台无疑是美军能源变革的一个重要里程碑，是美军在能源变革进程中迈出的实质性一步，意义非同寻常。美国国防部认为，随着能源需求减少、能源效率提高、能源品种增多、能源因素融入军事谋划全过程，美军将成为一支更加精干、能源意识更强、能源选择更加灵活的21世纪作战力量。石油将不再是美国军事预算和战略选择的巨大负担，能源开支和运输伤亡将大幅减少。美军领导人将可针对某项任务选择最合适的能源品种。美军将更有能力应对世界上任何地点出现的任何挑战和任何威胁，而且反应时间缩短，作战效能提高。固定军事设施将有能力灵活应对断电事故，不论断电原因和持续时间长短。在改善军事能源安全的同时，五角大楼还可为美国总体能源安全作出重要贡献。

《作战能源战略》的发布，标志着美军已经将作战能源问题提高到战略的高度。美国国防部认为，此战略一旦成功实施，将给美军带来以下积极的成效：一是减少战场燃料运输和护卫中的伤亡人数；二是改进美国陆、海、空军及信息资产的部署范围、持久性和可靠性；三是减轻美军后勤供应的负担，减少燃料补给线遭受攻击的可能；四是把一些作战部队从补给线和燃料运输中解脱出来，转去执行作战任务；五是增强美国国防部应对能源价格上涨、供给不稳甚至中断的灵活性；六是通过将改善能源资源与战术性、战役性和战略性目标相结合，为未来美军成功应对21世纪的种种挑战作好准备；七是通过改善和共享作战能源生产能力，包括在民用能源技术应用领域，在伙伴国中建设能源供应能力、促进稳定，巩固与伙伴国的良好关系；八是为实现美国国家目标，如减少对化石燃料的依赖、减少温室气体排放、促进民用领域的创新作出贡献。①

《作战能源战略》不仅提高了美军高层对作战能源的关注度，还有助于国防部协调各军兵种之间的能源变革行动。多年来，各军兵

① US Department of Defense, *Energy for the Warfighter: Operational Energy Strategy*, 2011, p. 2.

种重复建设问题严重，真正有发展前景的新技术未能得到部署，原因常常在于军种之间以及本土机构与作战部队之间缺乏协调。《作战能源战略》有助于优化各军兵种的能源行动计划，降低重复建设的可能性，发现和填补能源项目之间的空白。新设立的 OEPP 办公室成为一种协调力量，在协调自身与各军兵种的关系的同时，可在各军兵种之间积极发挥协调作用，从而最大程度地减少重复建设问题，促进新技术和新技巧向联合作战部队的推广，使各军兵种取得的成功经验制度化。

虽然有人批评《作战能源战略》过于笼统，缺乏具体的目标和衡量效能的措施，[①] 但是，必须承认，《作战能源战略》是美国国防部在改进和统一其能源政策的进程中所迈出的重要的第一步。美国国防部把它视为整个能源战略规划的第一份文件。作为首份能源战略纲领性文件，它为美国国防部能源规划与项目的未来发展打下了必要的基础。

《作战能源战略》比预期公布时间晚了几个月，但是，其最终公布时机也许是恰到好处。新任国防部长帕内塔面临的紧迫问题之一就是如何减少预算开支而不降低美军的能力和作战效能。美国国会和奥巴马总统都要求美国国防部既要立即减少开支，同时又要从长远角度削减开支。这让帕内塔备感棘手。找到更有效率的长远的能源解决办法可以成为平衡预算的一个重大因素。帕内塔能源意识本来就很强，在这种形势下，他自然愿意把节能作为一项重点行动。

第五节　美国国防部能源变革的主要行动

为了落实其设施能源战略和作战能源战略，多年来，美国国防部采取了大量创新行动，积极推进两个领域的能源变革和战略转型。本节将对美国国防部为落实其两类战略所采取的主要变革和转型行动分别进行考察和研究。

---

① Laura Vilhauer, *Event Summary: Operational Energy Strategy*, CSIS, July 15, 2011.

一、设施能源变革的主要行动

（一）完善设施能源管理和政策体系

1. 进一步完善设施能源管理体系

为了有效实施设施能源战略、推动设施能源变革，美国国防部高度重视完善其设施能源管理体系。其实，美国国防部设施能源领导机构早在设施能源战略出台之前就已经确立。2009 年 12 月 11 日，为了落实《2005 年能源政策法》《2007 年能源独立与安全法》、第 13423 号总统行政令等法律法规，美国国防部更新了第 4170. 11 号指令，对国防部设施能源管理的职责、程序和情况报告作出了明确的规定，并要求国防部各组成部门指定责任人，负责落实各项法律法规、总统行政令和国防部文件的要求。根据第 4170. 11 号指令，美国国防部主管设施与环境的副部长帮办（DUSD（I&E））担任国防部高级能源官，负责落实国会立法和总统行政令确定的设施能源管理目标。DUSD（I&E）向主管采办、技术与后勤的副部长（USD（AT&L））报告工作，在跨机构能源政策委员会和加强联邦环境、能源和交通运输指导委员会中代表国防部，并负责向国防部各组成部门下发设施能源政策和指南，协调国防部设施能源战略和相关计划，联系各军兵种、国防部直属机构及其他相关各方。设施能源与私有化局（2011 年前为“设施能源局”）局长向 DUSD（I&E）汇报工作，具体负责管理国防部设施能源战略和相关行动计划，同时协调向其他联邦机构和美国国会提交的所有设施能源报告。图 1—11 是 2015 年前美国国防部长办公室设施能源管理组织结构图。

《2015 财年国防授权法》要求美国国防部合并作战能源和设施能源两套管理机构，由一个负责能源、设施与环境的助理国防部长统一管理。2014 年 4 月，美国国防部在国防部长办公室机构变革的报告中讨论通过了这一机构变革问题。2015 年 1 月 28 日，美国国防部正式设立了能源、设施与环境的助理国防部长〔ASD（EI&E）〕，作为国防部长和主管采办、技术与后勤的副部长在能源、设施和环境事务方面的主要顾问，并担任国防部长和常务副部长在作战能源规划与项目方面的主要顾问。从此，主管设施与环境的副部长帮办和主管作战能源规划与项目的助理国防部长两个职

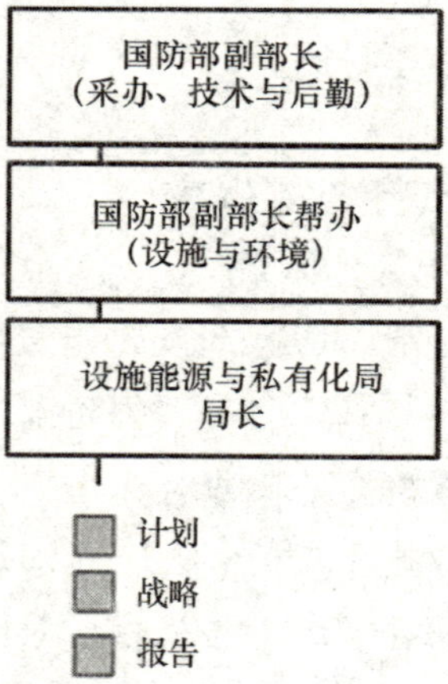

图 1—11　美国国防部长办公室设施能源管理组织架构图（2015 年前）

资料来源：Department of Defense, *Annual Energy Management Report FY*2011, May 2012, p. 8.

务合二为一，由 ASD（EI&E）办公室统一管理。原来的设施能源和作战能源管理职能分别由主管设施能源的助理国防部长帮办〔DASD（IE）〕和主管作战能源的助理国防部长帮办〔DASD（OE）〕接管（参见图 1—12）。

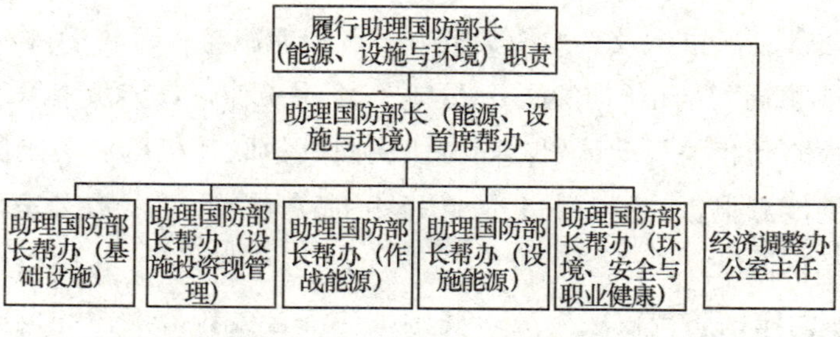

图 1—12　美国助理国防部长（能源、设施与环境）办公室机构示意图

资料来源：Office of the Assistant Secretary of Defense for Energy, Installations, and Environment（OASD（EI&E）），http：//www. acq. osd. mil/eie/OrgChart. html.［August 2016］

其中，DASD（IE）办公室具体负责国防部设施能源管理，监管设施能源目标的落实，并以符合成本效益的方式实现确保任务安全。具体职责包括：向国防部各组成部门下发设施能源政策与指南；协调国防部设施能源战略；监督各项能源管理计划的执行情况（如能源效率，分布式和可再生能源，能源恢复能力等）；与各军种部、国防部直属机构及其他相关各方密切协作。该办公室还负责协调有关设施能源的所有国会报告。图 1—13 显示了 2015 年以来美国国防部设施能源管理结构图。

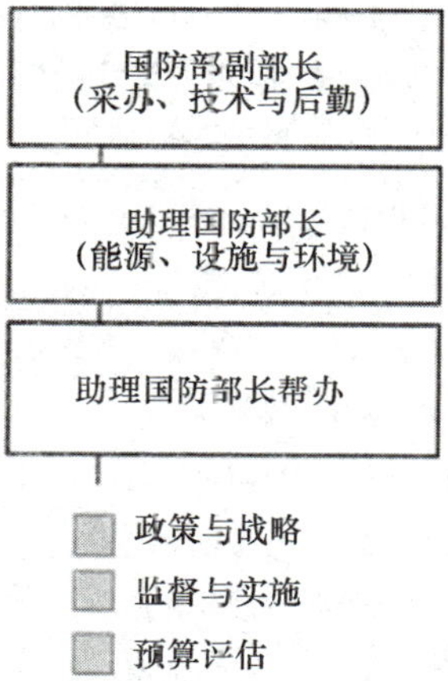

图 1—13 美国国防部设施能源管理组织结构图（2015 年后）

资料来源：Department of Defense, *Annual Energy Management Report FY*2015, June 2016, p. 11.

美国国防部设施能源管理体系还包括三个军种部和 10 个国防部直属机构。2009 年，这 13 个组成部门均根据要求正式指定了各自的机构能源主管，建立健全了能源管理体系，负责管理本部门的能源计划（参见表 1—6）。经过多年的演进，美国国防部各组成部门的能源主管现已基本固定（参见表 1—7）。

表 1—6 美国国防部各组成部门能源管理团队结构

机构名称	能源管理团队
美国陆军部（DoA）	高级能源理事会（SEC）；助理部长帮办（能源与伙伴关系）；助理参谋长（设施管理）；助理部长（采办、后勤与技术）
美国空军部（DoAF）	能源高级焦点小组（SFG）；能源 SFG 各工作组；能源 SFG 各管理指导小组

续表

机构名称	能源管理团队
美国海军部（DoN）	海军部能源办公室（NEO）；岸基能源政策委员会；NEO 可再生能源局副局长；陆战队设施能源/水管理局局长；陆战队设施能源管理师；海军基地司令和岸基战备处处长；海军设施司令部司令；海军能源协调办公室主任；海军部设施工程司令能源开发局局长
国防合约管理局（DCMA）	DCMA 总部能源管理计划处处长；DCMA 下属 3 个设施的能源管理师
国防物资局（DeCA）	局长兼首席执行官；副局长；参谋长；主任（绩效与政策）；能源与环境经理
国防财务与会计服务局（DFAS）	DFAS 设施项目经理；DFAS 设施专家
国防情报局（DIA）	副局长（任务服务）；工程与后勤处处长；设施工程处处长
国防后勤局（DLA）	能源资源管理处处长
导弹防御局（MDA）	可持续性工作组能源小组；作战与设施管理主管
国家地理空间情报局（NGA）	NGA 能源项目经理；4 个下属站点管理员与行动官
国家安全局（NSA）	NSA 能源计划主管；NSA 各项目经理；NSA 能源管理师；NSA 工程项目经理；设施工程处处长；基础设施维修处处长；作战、维修与公用能源服务处处长
医疗服务处（TMA）	HFSC 能源分委员会；海军医疗局；陆军医疗司令部；空军医疗保障局；陆军工程兵；海军部设施司令部
华盛顿总部服务处（WHS）	五角大楼可持续性项目经理

资料来源：Department of Defense, *Annual Energy Management Report FY2009*, June 2010, pp. 10 – 11.

表 1—7　美国国防部各组成部门高级能源主管一览表

国防部组成部门	机构能源主管
美国陆军部（DoA）	助理陆军部长帮办（能源与可持续性）（DSAS（E&S））
美国空军部（DoAF）	空军副部长（SAF/US）
美国海军部（DoN）	助理海军部长（能源、设施与环境）（ASN（EI&E））
国防合约管理局（DCMA）	能源项目经理
国防物资局（DeCA）	能源管理师
国防财务与会计服务局（DFAS）	保障服务处处长

续表

国防部组成部门	机构能源主管
国防情报局（DIA）	工程与后勤处处长
国防后勤局（DLA）	设施保障处处长
导弹防御局（MDA）	环境执行官
国家侦察办公室（NRO）	管理服务与行动处处长
国家地理空间情报局（NGA）	设施运行办公室主任
国家安全局（NSA）	设备与基础设施服务处处长
华盛顿总部服务处（WHS）	五角大楼可持续性项目经理

资料来源：Department of Defense, *Annual Energy Management Report FY*2015, June 2016, pp. 11 - 15.

2. 制订《能源绩效总体规划》

《能源绩效总体规划》旨在落实美国国防部设施能源战略，将投资与能源目标相匹配，确保整个国防部范围决策一致，并建立相应的衡量标准来评价国防部在落实能源绩效目标方面所取得的进展。为确保设施能源战略目标的落实，美国国防部在《2011 财年能源管理年度报告》中公布了国防部能源绩效目标（参见表 1—8）和第一份《能源绩效总体规划》。① 能源绩效目标由 DUSD（I&E）与各军种部和国防部各直属机构协作制定，内容始终不变。表 1—9 概括了国防部设施能源绩效三个目标及相关措施、衡量办法和衡量标准。能源绩效目标每年进行评估和报告，总体规划在《能源管理年度报告》中定期加以更新。

表 1—8　美国国防部能源绩效目标

目标	措施描述	衡量标准	衡量办法	计量单位
提高能源效率	降低设施能源消耗，改善能源强度	每平方英尺能源消耗量（能源强度）	能源强度降低	每千平方英尺英热单位（Btu/Thousand GSF）

① Office of the Deputy Under Secretary of Defense (Installations and Environment), *Energy Performance Master Plan*, Appendix C, DoD Annual Energy Management Report for FY 2011, September 2012, pp. C1 - C60.

续表

目标	措施描述	衡量标准	衡量办法	计量单位
增加可再生能源	增加基地可再生能源生产和采购	电力和非电力可再生能源产量和采购量	与电力消耗量相比，电力和非电力可再生能源产量和采购量	10亿英热单位（BBtu）
减少石油消耗	降低非战术车辆石油消耗	非战术车辆石油消耗量[2]	非战术车辆石油消耗减少量	汽油当量加仑数（GGE）
[1]能源消耗包括电力、天然气、燃油、丙烷、采购的蒸汽和煤。				
[2]石油包括汽油、柴油和生物柴油中的柴油成份（B20）				

资料来源：Department of Defense, *Annual Energy Management Report for FY*2011, September 2012, p. C－4.

表1—9　美国国防部能源绩效目标年度指标

指标	2011财年	2012财年	2013财年	2014财年	2015财年	2016财年	2017财年	2018财年	2019财年	2020财年	2025财年
能源效率	－18%	－21%	－24%	－27%	－30%	－31.5%	－33%	－34.5%	－36%	－37.5%	—
可再生能源	—	—	—	—	—	—	—	＋15%	—	—	＋25%
石油消耗	－12%	－14%	－16%	－18%	－20%	－22%	－24%	－26%	－28%	－30%	—

资料来源：*Energy Performance Master Plan*, Appendix C, DoD *Annual Energy Management Report for FY* 2011, September 2012, p. C－4.

《能源绩效总体规划》的主要内容包括：各军种部和国防部机构为实现能源绩效目标分别制定的总体规划；使用一个基准线标准来衡量交通系统、保障系统、公用服务系统、各类设施和基础设施的能源消耗情况，各军种标准统一；一种衡量能源降耗或者能源节约的方法；对实现能源绩效目标的年度进度进行计量的办法；总统各财年预算中与实现能源绩效目标相关的具体要求和所拟投资的描述；一份最新的能效产品清单。美国国防部定期更新这一总体规划，以反映信息和能源绩效目标的新变化，明确实现目标所需的投资，确保联邦能源法律法规和总统行政令的落实。国防部各组成部门必须提交多年度防务计划的能源投资预测，作为总体规划报告的一部分。各组成部门向总统预算提交的报告、投资情况报告、能源优点分析报告成为美国国防部《能源管理年度报告》定期更新的基础。

《能源绩效总体规划》出台后，美国国防部开始优化传统筹资渠道，支持上述能源绩效改进，把节能额外所得用于新建筑的设计和现有建筑的改进。此外，美国国防部还积极利用节能绩效合同和公用能源服务合同第三方融资机制改进能源管理，帮助美国国防部实现绩效目标。2012 年 8 月 2 日，美国国防部与环境保护署（EPA）签署《谅解备忘录》，正式建立了两个机构间的协作关系，以帮助美国国防部在本土和海外打造可持续、恢复能力强的军事基地。①

（二）加强设施能源管理，减少设施能源需求

美国国防部设施能源战略的第一大目标是减少能源需求。为了落实这一目标，美国国防部从多方面采取行动，努力提升设施能源效率、降低设施能源消耗。

1. 重新装修老旧建筑，着力提升能源效率

现有建筑往往时间久远，缺少能源管理系统，对传统能源依赖严重，能源消耗量较大。因此，美国国防部高度重视老旧建筑的翻修，多年来开展了大批能源行动计划，提升其能源使用效率。为了进一步降低设施能源消耗，美国国防部利用国会拨款和第三方融资工具，大力开展老旧建筑的内部装修，应用先进的节能技术。例如，2015 财年，美国国会拨款约 5.55 亿美元，资助 815 个能源项目，其中超过 80% 为节能项目。② 美国国防部各组成部门积极采用能效系统重新装修老旧建筑，具体措施包括：改进照明；安装高能效供热通风与空气调节系统（HVAC）、双层玻璃窗户和新型节能屋顶；采用能源控制系统来改善所在地能源负荷的管理；发展微电网、替代燃料和储能系统及其他系统，以提高能源效率。这一系列举措产生了显著的节能效果。

2. 强化绿色建筑设计，落实联邦能效标准

除了对现有建筑进行重新装修外，美国国防部还积极利用新造建筑的机会，将能效更高的设计、材料和设备用于新建筑之中，以大幅降低新建

---

① Dorothy Robyn, *Less is More*: *DoD's Strategy for Facility Energy Security and Environmental Sustainability*, May 22, 2012, p. 51.

② Department of Defense, *Annual Energy Management Report FY2015*, June 2016, p. 65.

筑的拥有和运营成本，提升雇员的工作效率，减少环境足迹。美国国防部要求所有新建筑都必须符合“能源与环境设计先锋”（LEED）绿色建筑银级（或者相当于银级）认证，以落实第“13514 号行政令”，贯彻高效能可再生建筑五项指导方针。新建筑还必须高于美国采暖、制冷与空调工程师学会（ASHRAE）制定的能效标准至少 30%。

在各军种部的积极协助下，美国国防部主管设施与环境的副部长帮办（DUSD（I&E））公布了一个新的《设施统一标准》（Unified Facilities Criteria）。该文件为美国国防部所有新修建筑和主体翻修建筑制定了标准，以确保美军统一修建高效能、可持续建筑。其目标是通过规定现行商业规范的优选特色并要求建筑设计时减少拥有总成本，以符合成本效益比的方式全面提升建筑效能，包括用水、用能和室内环境。为制定这一规范，DUSD（I&E）专门聘请美国国家研究理事会（NRC）对重要的第三方“绿色建筑”评级制度和标准进行评估。

2013 财年，美国国防部公布了第 UFC 1－200－02 号规范——《高效能可持续建筑要求》，为高效能可持续设施的规划、设计、建设、翻修和维护提供了最低标准和协调指南，目的是减少拥有总成本，提升国防部完成使命任务的能力。这一规范与美国国防部 2013 年 11 月发布的可持续建筑政策一起，全面指导国防部工程建设、确保其建筑做法符合联邦政府能源和环境法律法规，包括《联邦高效能、可持续建筑先锋指导方针》（HPSB）。HPSB 指南提出的五项指导方针旨在帮助联邦机构和组织实现以下目的：减少设施的拥有总成本；改善能源效率和水资源保护；提供安全、健康和高效的建筑环境；促进可持续环境管理。美国国防部要求积极贯彻这五项方针，使用一体化设计原则，优化能源效能，保护和节约水资源，提升室内环境质量，减少所用材料的环境影响。

3. 降低非战术车辆石油消耗量

非战术车辆燃料消耗占美国国防部设施能源消耗总量的 5%，其中汽油占 70%，柴油燃料占 24%，替代燃料占其余的份额。美军海陆空三个军种部占美国国防部石油消耗总量的 90% 以上（参见图 1—14）。《2007 年能源独立与安全法》要求联邦机构以 2005 财年为基准线，到 2015 财年将非战术车辆石油消耗量降低 20%。第 13514 号行政令延长并提高了降耗目标，要求到 2020 财年达到 30%。

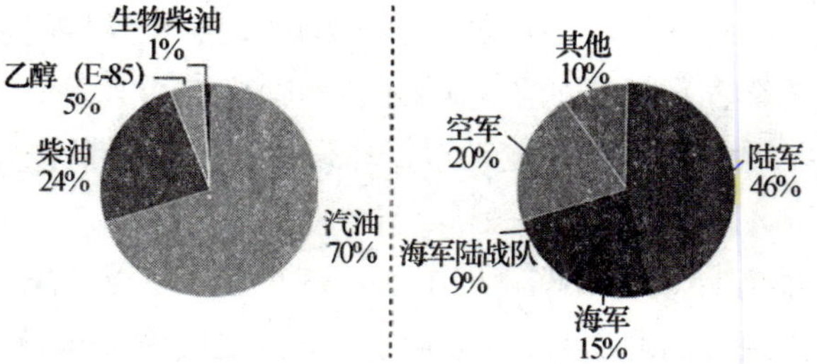

图 1—14　2012 财年美国国防部非战术车辆石油消耗情况示意图

资料来源：Department of Defense, *Annual Energy Management Report for FY2012*, p. 28.

美国国防部明确要求各组成部门贯彻落实联邦政府的法令，采用燃料效率更高的车型、替代燃料车（AFVs）和混合电动汽车取代现有车辆。自 2006 年以来，美国国防部石油燃料种类结构基本稳定，但替代燃料车稳步增长。2012 财年，美国国防部非战术车辆石油消耗是 6830 万桶汽油当量（GGE），包括汽油、柴油和生物柴油混合燃料中的柴油部分。非战术车辆石油消耗总量中 6.1% 来自替代燃料，包括生物柴油、压缩天然气（CNG）、乙醇（E85）和氢气。石油消耗量低于基准线 19.5%，完全达到了非战术车辆的降耗目标（参见图 1—15）。

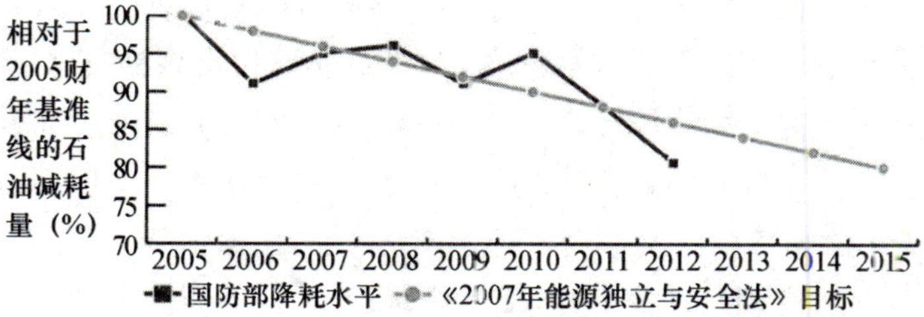

图 1—15　美国国防部非战术车辆石油降耗目标完成情况

资料来源：Department of Defense, *Annual Energy Management Report for FY2012*, p. 29.

美国国防部各组成部门积极采取行动，降低非战术车辆石油消耗。例如，美国陆军部长发起了一个倡议，用低速电动车取代常规动力汽车。2012 财年，美国陆军拥有非战术车辆 7.2 万辆，石油消耗量高于 2005 财年基准线 28.5%。为此，美国陆军加大了管理力度，压缩非战术车队规模，主要是淘汰大型车辆、缩减 SUV 数量。美国国防部各直属机构也积极采取行动，减少非战术车辆的石油消耗。例如，美国国防情报局减少了永久配发给个人的车辆数，增加了电话会议和视频会议，并请求主管部门配发替代燃料车、混合动力车和电动车，增设班车来往于情报局总部设施。[①]

4. 改善能源管理和数据监测

（1）加强能源计量和数据管理

降低能源需求，首先必须获得准确、实时的设施能源使用数据，为美国国防部全体系和各军事设施开展有效的能源管理提供依据。然而，美国国防部相当一部分建筑还没有安装计量仪，因而缺乏必要的标准化程序和集成系统对设施能源和水资源使用情况以及相关成本进行系统的跟踪、分析和确定基准线。缺乏使用和成本数据降低了现有设施的运行效率，限制了美国国防部对提升能效的新技术和新工具进行正确投资的能力。

从 2010 财年开始，美国国防部要求对各军事设施的能源消耗情况进行监测和报告，以全面监控各组成部门和各军事设施的能源使用强度。作为《美国复苏与再投资法》的一部分，美国国防部在 2009 财年和 2010 财年对能效和节能进行了大规模投资，成为提升其 2011 财年和 2012 财年能源效能的重要动力。

2013 财年，美国国防部主管设施与环境的副部长帮办（DUSD（I&E））签发了一项政策更新版，就国防部设施安装计量表加强监测的问题提出了一系列新的要求。除了增加建筑层面计量表必须捕获的能源信息以外，该项政策还要求安装的计量表必须能自动地、安全地将数据传输到野战部队和国防部各级能源管理人员手中。此外，符合这项政策要求的计量表还需具有美国国防部企业能源信息管理（EEIM）能力。

《2005 年能源政策法》和《2007 年能源独立与安全法》规定，到 2012 财年，所有联邦建筑必须安装电表，到 2016 财年全部安装燃气表和蒸汽表，并且必须最大程度地安装先进计量表。美国国防部第 4170.11 号指令进一步要求，到 2012 财年，所有合适的设施都必须安装电表、燃气表和水表。该指令还要求结合所有军事建设（MILCON）项目、建筑主体翻新项目和节能绩效合同（ESPC）项目安装计量表。2012 财年，美国国防部各组成部门确定的合适建筑中电表安装率为 83%，未能达到 100% 的目标；

---

① Department of Defense, *Annual Energy Management Report for FY2012*, July 2013, p. 30.

燃气表安装率为69%；水表和蒸汽表安装率为56%。这些数字都是基于各军兵种对计量表安装的效益分析之上。表1—10显示了到2015财年美国国防部合适建筑安装计量表的进度。

表1—10　2015财年美国国防部合适建筑安装计量表进度一览表

公用服务类型	安装标准计量仪的建筑累计数	安装先进计量仪的建筑累计数	安装计量仪的合适建筑比例
电力	16976	39525	100%
天然气	7249	11013	78%
水	2409	4398	40%
蒸汽	1092	649	100%

资料来源：Department of Defense，*Annual Energy Management Report FY*2015，June 2016，p. 57.

美国国防部公用服务计量政策还规定，在国防部拥有的各设施上安装先进的计量仪，数量应足以准确地捕获至少60%的用电量和用气量，目标是到2020财年底采集国防部组成部门层面用电用气量的85%。2015财年，美国国防部通过先进计量系统（AMS）捕获了23%的电力消耗量、10%的天然气消耗量，比2014财年分别提高了4%和3%。据美国国防部报告，195个军事设施（占总数的23%）安装了设施级先进电表，104个军事设施（占总数的10%）安装了设施级先进天然气计量表（参见表1—11）。

表1—11　2015财年美国国防部电力和天然气先进计量系统安装进度表

商品	消耗总量（BBTU）	AMS监测的能源消耗量	AMS监测的能源百分比	安装设施级先进计量仪的基地数量	安装设施级先进计量仪的基地百分比
电力	100203	22655	23%	195	28%
天然气	65197	6364	10%	104	15%

资料来源：Department of Defense，*Annual Energy Management Report FY*2015，June 2016，p. 58.

美国国防部计量政策还要求各组成部门在所有用水强度较大的设施安装先进计量表，以监测饮用水和非饮用水使用情况；在与地区蒸汽系统相连的设施上安装蒸汽表，以查明蒸汽使用情况和系统损耗情况。表1—12显示，2015财年，在美国国防部范围内，20%用水强度较大的设施和4%

与地区蒸汽系统相连的设施已经实现了计量表与一个先进计量系统（AMS）相连接。

表 1—12　2015 财年美国国防部水和蒸汽先进计量系统安装进度表

商品	消耗总量（BBTU）	AMS 监测的水消耗量	AMS 监测的水消耗百分比	用水强度大的设施或与区域蒸汽系统相接的设施数	安装计量仪的用水强度大的设施或与区域蒸汽系统相接的设施百分比
水	70719001	4543596	6%	137	20%
蒸汽				26	4%

资料来源：Department of Defense，*Annual Energy Management Report FY*2015，June 2016，p. 58.

图 1—16 显示了美国国防部 2015 财年按公用服务类型划分将计量仪与先进计量系统相连接的建筑百分比：用电量捕获率 66%，用水量捕获率 18%，天然气用量捕获率 15%，蒸汽使用量捕获率 1%。在与先进计量系统相连接的计量仪总数中，84% 为先进计量仪，13% 为脉冲计数器，其余 3% 为虚拟计量仪。

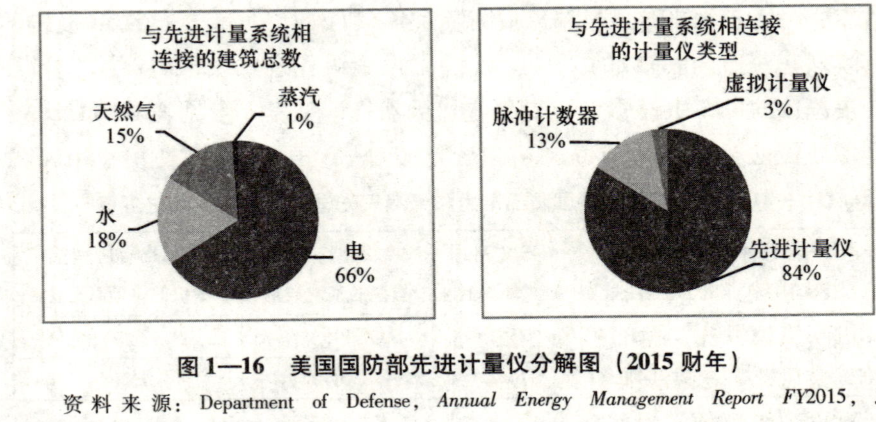

图 1—16　美国国防部先进计量仪分解图（2015 财年）

资料来源：Department of Defense，*Annual Energy Management Report FY*2015，June 2016，p. 58.

（2）改进设施能源监测工作

多年来，美国国防部主管设施与环境的副部长帮办（DUSD（I&E））一直在领导"企业能源信息管理（EEIM）"能力的开发工作，目的是便利标准化设施能源数据的自动采集和分析。自动化可以减少能源管理师人工输入和分析数据所需要的时间，标准化可以把数据在一个军兵种范围内和国防部范围内集中起来加以分析。EEIM 将美国国防部各组成部门的能力加以整合，以便给国防部企业各层级的能源管理师提供正确的数据、仪表盘和先进的分析工具，让他们可以作出知情、明智的投资决定。EEIM 实施以后，可利用一个广泛的数据来源网，包括先进的公用水电气计量表，便利标准化能源、成本和项目数据通信的自动化采集和整合，消除人工和双重数据输入。美国国防部各组成部门积极制订实施计划，把 EEIM 业务规则和通用数据语言纳入其能源和项目记录系统（SORs），使记录系统与中央托管数据仓库之间的通信实现自动化。EEIM 还可提供先进的分析工具，使国防部各层级的能源专业人士能够改进现行的操作行动，找出成本效益好的投资。国防部各组成部门将继续使用各自的能源信息管理系统，同时加以改进，以纳入 EEIM 数据成分和数据标准，使 EEIM 中心能够将具体组成部门的信息整合进入一个国防部范围的企业系统。

（三）增加可再生能源供应，提升基地能源自给能力

1. 投资建设可再生能源项目

美国国防部高度重视投资符合成本效益的可再生能源和分布式能源解决方案，一方面提升基地设施能源供应的灵活性和恢复能力，另一方面贯彻落实联邦政府的法律要求。

美国国防部军事设施发展可再生能源有三套法定目标：首先，《2005 年能源政策法》要求所有联邦机构分阶段增加可再生能源使用，2010 ~ 2012 财年，可再生能源发电量在设施用电总量中的占比为 5%。其次，第 13423 号行政令规定，各联邦机构消费的可再生能源须有一半来自新的可再生能源品种。各机构应尽可能在机构产业上实施新的可再生能源发电工程，供本机构自用。新的可再生能源是指 1999 年 1 月 1 日以后投入使用的品种。最后，《美国法典》第 10 编规定，到 2025 财年，国防部生产或采购的可再生能源须占设施能源消费总量不低于 25%。2010 财年的目标是 10%，2018 财年为 15%。《美国法典》允许美国国防部把全部可再生能源产量和采购量计算在内，而《2005 年能源政策法》只计算可再生能源采购量和现场发电项目的直接消费量以及不入市交易的可再生能源信用额（Renewable Energy Credits，RECs）。

为了落实联邦法律规定的可再生能源发展目标、提升能源安全水平，

美国国防部积极运用联邦政府赋予的各种权力，在军事设施上增加可再生及其他分布式能源供应。发展可再生能源技术需要大笔资金。除了依靠国会拨款资金以外，美国国防部还积极利用非政府的第三方融资渠道筹措资金，与私营实体建立伙伴关系，确保大型可再生能源工程项目的开发，而符合成本效益的小型分布式发电项目则依靠国会拨款。涉及可再生能源项目第三方融资的授权主要包括“能源生产设施协议”（EPFAs）“电力采购协议”（PPAs）和“增强型土地使用租约”（EULs）。

2012 财年，美国国防部拥有近 700 个可再生能源项目，年发电量约 7500 BBtu，占可再生能源生产或采购总量的 75%。与可再生能源采购量（15%）和可再生能源信用（RECs）（10%）加在一起，美国国防部 2012 财年可再生能源产量和采购量超过 1 万 BBtu。在美国国防部可再生能源目标完成量中，地热发电占将近一半，城市固体垃圾发电和生产蒸汽占 16%，热泵占 9%，生物质能和沼气占 8%，光伏占 8%。[①]

美国国防部最大的可再生能源项目是位于加利福尼亚州的中国湖海军地热发电厂，其可再生能源产量约占美国国防部可再生能源产量的一半。第二大可再生能源项目是位于弗吉尼亚州诺福克海军造船厂的垃圾发电项目，它既发电又生产蒸汽。美国国防部不断实施大批小型分布式发电项目，2012 财年有 454 个可再生能源项目，发电量将近 100 BBtu。

2. 调查基地可再生能源发展潜力

美国国防部设施地理位置优越，有利于发展太阳能、风能、地热能及其他形式的分布式能源。然而，军事设施部署可再生能源也面临诸多挑战，包括项目经济学因素、先导时间长、土地开发权、技术效率与设备退化、传输接入限制等问题。为了应对与可再生能源项目融资相关的挑战，美国国防部于 2012 年 11 月专门出台了一项《可再生能源项目融资政策》，为可再生能源项目融资扫除了障碍。

尽管与可再生能源部署相关的挑战将长期存在，但是，美国国防部对军事设施发展可再生能源的潜力继续开展评估。评估不仅考虑基地可再生能源的资源情况，还考虑确保项目效益所需要的市场环境、融资环境和监管环境等更加重要的因素，例如当地能源需求、当地/地区能源价格、优惠政策、地理位置、融资渠道和土地可开发性等。

---

① Department of Defense, *Annual Energy Management Report for FY2012*, July 2013, p. 34.

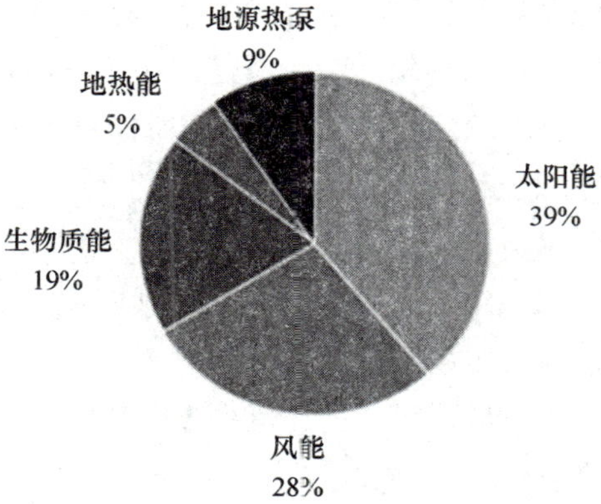

图 1—17　美国国防部可再生能源发展潜力图

资料来源：Department of Defense, *Annual Energy Management Report for FY*2012, July 2013, p. 43.

基于经济、技术和监管特性，2012 财年，美国国防部对其组成部门的每一个军事设施发展可再生能源的潜力进行了摸底调查，发现在全美有超过 1.7 万 BBtu 的可再生能源发电潜力。图 1—17 展示了按类型划分的可再生能源潜力分布图。

3. 积极促进“净零能源设施”建设

2005 年以来颁布的与能源相关的行政令和国会立法要求联邦机构改革能源及其他资源的管理方法。《四年防务评估报告》强调了在应对气候变化的背景下有效管理水资源、能源和垃圾的军事意义。能源与饮用水补给能力直接影响军事行动。对美国国防部来说，最具破坏性的影响莫过于美军保护燃料和饮用水运输车队支持战区任务时所遭受的伤亡。显然，通过改进技术和行动模式能够减少能源需求，大幅降低这种风险。实现这一目标需要改革文化，并辅以作战筹划、采购、训练及其他方面的创新。

正是在这些因素的共同驱动之下，同时也是为了节省开支、整合相关努力，美国国防部积极实施旨在加强军事设施可持续能源、垃圾和水资源管理的“净零”战略，通过增加基地现场能源生产，弥补基地能源消耗，提升基地能源独立性。2008 年，美国国防部与能源部联邦能源管理计划（FEMP）和国家可再生能源实验室（NREL）合作，建立了一个联合行动计划——“净零能源设施”（NZEI），旨在应对军事能源使用问题。

“净零能源设施”是指“一个军事基地在基地内或基地附近生产的能源等于其大楼和设施消耗的能源”。① 从原则上讲，净零设施应该通过提高能效和节约能源来减少用电负荷，然后通过现场生产的可再生能源满足其余的负荷。从军事设施的角度讲，其目标是加强设施支撑作战任务的能力，同时应对财政、社会和经济效益三重底线。成熟的“净零”战略必须在设计中降低能源和水资源消耗、减少垃圾生产，增加可再生和替代能源供应，提供高效的污水、雨水和固体废弃物处理能力。这些做法有助于美国国防部实现各项法令规定的可持续性目标，对实现能源战略转型、促进美军 500 多个基地减少能源消耗、增加可再生能源使用具有特殊的意义。

NZEI 各方代表创建了一个特别工作组，研究“净零”能源设施的潜力。工作组的目标是为各军兵种规划和发展“净零”能源设施创建一个可重复的模板，促进野战部队大幅提升能源效率、增加可再生能源供应。评估模板为各军兵种提供了一个系统的分析框架，一方面对基地能源建设项目进行分析评估，另一方面统筹诸如使命任务、成本、安全等其他优先考虑。各军兵种可采用这个评估模板，通过专项计划在军事设施上大力开展“净零”基地建设。

（四）增强恢复供电能力，提升能源安全水平

为了应对商业电网断电事故，美国国防部采取了一系列行动，积极打造设施恢复供电能力，提升能源安全水平。

1. 实行断供事故报告制

《美国法典》第 10 编第 2925 节要求美国国防部就各军事设施发生的水电气断供事件提交详细报告。为此，从 2013 财年开始，美国国防部在《能源管理年度报告》中就各军事设施发生的断供事故发表报告。例如，2013 财年，美国国防部对因外部商业水电气供应中断引起的军事设施断供事件进行了普查。根据国防部各组成部门的报告，持续 8 小时以上的断供事件一共发生了大约 180 起。大部分断供事故为美国国内外军事设施发生的断电事故，每天造成的经济损失约 22 万美元。发生断供事故的原因是自然灾害、设备故障和计划维修。其中，自然灾害（如天气、风暴）占 50%，设备故障和计划维修占另外一半。2012 ~ 2013 财年没有出现由恶意

① Department of Defense, *Annual Energy Management Report for FY2013*, June 2014, p. 41.

破坏造成的断电事故。① 这一分析结果为美国国防部应对与自然灾害、设备故障和计划维修相关的近期性能源安全问题、增强电力恢复能力的行动提供了支撑。

2. 应对近期性能源安全问题

（1）实施能源恢复能力行动计划

为了确保其军事设施有能力为安全的断电事故作好准备并迅速恢复供应，多年来，美国国防部领导和开展了一系列旨在增强其设施能源恢复能力的行动计划，应对诸如“桑迪”飓风和2012年6月美国东部发生的典型风暴等极端天气事件。提升能源恢复力要求美国国防部进行必要的规划和能力建设，以确保可靠的、高质量的电力供应，满足国防部持续执行使命任务的需要。

作为行动计划的第一步，美国国防部首先对其军事设施的关键性电力需求进行了评估。结果表明，有关电力恢复能力建设的关键性政策已经存在，为国防部各组成部门和各设施司令确保设施能源恢复能力提供了必要的指南。美国国防部重点检查了各军事设施贯彻落实现行政策的情况，查找当前政策中存在的缺陷，并与各组成部门进行交流，明确未来电力恢复能力建设的要求。

此外，美国国防部还积极更新设施能源政策，帮助提高官兵的危机意识，明确能源恢复能力建设的优先任务。这一政策更新有助于国防部各组成部门将能源需求与国防部关键性使命任务进行更好的匹配，在一般的备用发电机以外鼓励各种能源解决方案的集成化和整体化，支持继续发挥现行规定的作用，包括发电系统规模合理化以及发电系统的维护、燃料加注和测试等。

（2）积极发展战略伙伴关系

美国国防部清醒地认识到，单靠自身力量无法应对商业电网长时间断电风险，因而高度重视与其他联邦部门、机构和私营部门发展能源安全伙伴关系。伙伴关系的核心是创建一种共同的价值取向，支持投资和创新，防范各种脆弱性和威胁，包括针对军事基地、设施和活动电力供应发动的协调一致的恶意破坏行动。

为了更好地认识电网威胁的严重性以及如何最有效地降低威胁，美国

① Department of Defense, *Annual Energy Management Report for FY2012*, July 2013, p. 29.

国防部积极参与跨机构研讨，并对电网中断时确保电力持续供应的各种手段开展研究，以持续保障军事设施内的重要行动。美国国防部主管国土防御与美州安全事务的助理部长和主管设施与环境的副部长帮办共同主持国防部电网安全执行理事会（EGSEC）的工作。EGSEC 是一个高级别行政会议，旨在制定相应的解决方案，缓解或补救国防部使命任务所面临的断电风险。其任务是查找存在问题的领域，提出改善电力供应安全性、充足性和可靠性的办法，确保美国本土军事设施和国防工业基地（DIB）设施执行关键性使命任务的连续性。

该理事会通过与其他联邦政府部门、机构和私营部门合作，监督制定和协调相关政策、战略、计划和行动。EGSEC 在国防部既定程序内运作，尽可能利用法律规定的现有能源行动计划。根据《2009 财年国防授权法》第 335 节的要求，同时也是作为 EGSEC 工作成果，美国国防部向美国国会提交了一份独立的报告，其中包含一份计划，描述了容易发生电力供应中断从而影响美国国防部设施执行关键性使命任务的一些领域。

除了在整个国防部开展工作以外，EGSEC 还与美国能源部和国土安全部进行密切协作。三个机构创建了一个能源确定性公私伙伴关系（ES3P），旨在促进与私营实体的合作。2011 财年，作为一个初始焦点，ES3P 与美国首都地区的实体合作，改善关键性设施的能源安全。

美国国防部还通过一个国防部信息风险管理技术工作组，应对网络对能源系统安全的威胁。该工作组开发了一项控制系统网络安全叠加（overlay）技术，详细提出了补充国家安全系统委员会（CNSS）第 1253 号指令所提基准线的安全控制和辅助指南。

根据确保使命的要求，美国国防部在关键性、脆弱性、危险性和危害性评估的基础上，积极制订和实施国防部关键性基础设施重点风险减缓和补救计划，并继续发展公私伙伴关系，实施相关计划和行动，提升国防部能源恢复能力以及在发生商业电网供应中断或出现供应紧张时继续执行关键性使命任务的能力。

3. 应对长期性电力供应安全问题

（1）启动“设施能源试验平台”

“环境安全技术认证计划”（ESTCP）框架下的“设施能源试验平台”（Installation Energy Test Bed）是美国国防部在现实世界集成建筑环境中示范和验证新兴能源技术的一种符合成本效益的办法，旨在减少风险、克服部署障碍、便利商业化推广。相关项目包括对新技术的全寿期成本进行严格的运行测试和评估，同时应对美国国防部特有的问题，为其减少设施能源需求、发展分布式产能和储能能力、改善能源安全提供一条途径。技术示范成功后，美国国防部可以首先使用先进的颠覆性能源技术。

"设施能源试验平台"对微电网和先进的设施能源管理技术示范项目提供资金支持，对建筑系统和分布式发电的不同方法和不同配置的优点和风险进行评估。它通过一个竞争性筛选过程，与多个技术销售商和机构开展项目合作，以确保美国国防部能够获得各种不同的创新性方法所带来的好处。技术销售商和机构包括多国公司、小型工程公司、创业公司、大学和政府实验室。由多种销售商和机构组成的协作团队常常参与 ESTCP 能源与水试验平台的技术示范。

示范项目涉及三个领域：一是建筑技术；二是分布式发电；三是微电网。建筑技术项目应对建筑外墙、照明、供暖通风空调系统以及诸如数据中心等特例。分布式发电项目主要涉及太阳能发电，采取的是运用创新性生产工艺生产的电池板集中太阳能发电制热，以及其他诸如固体废弃物气化或生物质能发电等分布式发电方法。微电网项目涉及控制问题，以集成能效建筑、分布式发电、储能、插电式电动汽车（PEVs）以及参与能源市场提供辅助服务。许多项目应对网络安全问题，作为支持技术示范的一项重要内容。参加首批示范项目的军事设施包括：位于得克萨斯州的布里斯堡（Fort Bliss），位于加利福尼亚州的二十九棕榈镇，洛杉矶空军基地，其他几个军事设施。经过多年的努力，示范项目均取得了成功，目前各军兵种正在加速推广。

（2）开展微电网研究与分析

美国国防部能源安全建设的一大重点是应用先进的智能微电网技术。相对于绑定在单一关键性负荷和现场燃料补给有限的传统备用发电机，智能微电网和储能技术在确保军事设施能源安全方面更加牢靠，更符合成本效益原则。尽管微电网系统已经投入应用，但目前技术还比较落后，集成可再生和其他分布式发电的能力有限，没有或者几乎没有能源储存能力，负荷需求无法控制，"非智能"（dumb）分布没有得到优化。先进的微电网对美国国防部军事设施来说是"三网合一"（triple play）。此类系统可以平衡负荷，响应用电需求，同时为国防部提供一条参与附助服务市场的途径，从而减少军事设施日常能源开支，使整体化能源管理更加符合成本效益的原则。智能微电网还可以便利可再生能源和其他现场发电入网。更重要的是，它们可以提供能源安全：现场能源和储电能力的结合，再加上微电网管理本地能源供需的能力，使军事设施可以“孤岛”模式运行，一旦电网中断，即可摆脱非必需的负荷，维持关键性任务的负荷。因此，美国国防部积极投资下一代智能微电网技术的研发与应用。

为了解决国防部设施的微电网建设问题，2011 财年，美国国防部主管设施与环境的副部长帮办委托外部专家开展了两项研究：

第一项是请麻省理工学院林肯实验室（MIT-LL）对国防部微电网工作开展全面的技术评估。此项研究对不同的微电网结构和特点进行分类，对相对成本效益进行比较。研究回应了美国参议院武装力量委员会第 112—78 号报告的第一个要求，全面评估国防部微电网和智能电网活动的投资。该研究提出将可再生能源资源并入微电网，利用市场响应和辅助服务给国防部带来的市场新机遇，提升能源安全，减少能源开支。研究指出，有 44 个军事设施已经拥有微电网，或者计划安装微电网，或者对微电网开展过研究，或在其设施进行过示范。研究报告根据其规模、成熟度、可再生资源的纳入情况以及并网运行能力等关键特性对现行微电网建设进行了分类。报告证实了微电网对美国国防部的重要价值，说明了采用更加智能的下一代微电网潜力巨大，这种潜力在很大程度上尚未得到开发。下一代微电网可更大程度地纳入可再生能源品种，并与电网实现更加紧密的融合。假如国防部设施上的太阳能资源在微电网进入孤岛运行模式期间能够得到有效的利用，那就可以大幅延长“孤岛化”运行时间。此外，微电网若能与电网实现并网运行，那就可以给美国国防部提供新的机会，通过日常运行过程中利用备用发电资产，达到节约成本的目的，还可利用先进的辅助服务增加财政收入。报告的一个重要发现是：不会有万能的解决方案。一个军事设施的地理位置决定能源发电品种的选择，决定与当地公用电力公司互动的选择，决定当地电力市场的特点，决定监管环境。最有效的微电网是考虑当地商业电网需求并作出相应的配置，从而在帮助满足那些需求的过程中获得价值。

第二项是对军事设施利用需求响应的机会进行分析研究。需求响应是根据电网运营商的请求削减负荷或增加现场发电并获得收入作为补偿的能力。这种收入可通过在电网需求高峰期改变一个设施由电网供应的电力消费量而产生。虽然有些设施现有的能源系统已经参与了需求响应（通常情况是，某个基地同意在用电高峰几天内使用备用发电机，当地电力公司支付一笔补偿款），但是，先进的微电网系统可以为与地区电力市场进行更加高级的互动创造机会。

（3）开展“联合能力技术示范”

美国国防部与能源部和国土安全部合作开展了“联合能力技术示范”（JCTD），作为“能源可靠性与安全性智能电力设施示范工程”（SPIDERS）的一部分。该项目从 2011 年开始实施，总计投入约 3350 万美元，由美国太平洋司令部和美国北方司令部共同主持，目的是就网络安全智能微电网的保护问题收集运行数据，保护措施包括加强需求方管理，集成军事设施的可再生能源发电和储电能力以增强商业供电出现长时间中断时确保任务安全的能力。

JCTD 分三个阶段进行，系统复杂程度依次递增，最终建成国防部第一个基地级微电网系统，集成智能电网技术，具备分布式和可再生发电能力、能源储存能力和网络防御能力，并能长时间以“孤岛”模式自主运行（参见图 1—18）。美军设施部署这种网络安全的智能微电网并非为了取代商业电网作为电力供应主渠道的地位，而是为了确保关键性使命任务所需备用电源的安全性和可持续性，提升设施规模的电力供应可靠性和持久性。示范工程的重点：一是网络安全工业控制系统的集成；二是智能电网技术的应用；三是分布式和可变式可再生能源发电和储电；四是冗余、分布式传统备用发电技术。示范结果将为基础设施投资决策提供信息，以降低军事设施遭遇长时间断电对执行使命任务所构成的风险、增强国防部相关单位确保任务安全的能力、协助当地居民社区开展灾后重建工作。

JCTD 第一阶段在夏威夷州珍珠港—希卡姆（Hickam）联合基地展开，2013 年 1 月完成了操作演示；第二阶段在科罗拉多州美国陆军卡森堡（Fort Carson）举行，2013 年 10 月进行了操作演示；第三阶段在夏威夷州斯密斯军营（Camp Smith）进行，2016 年 1 月完成了操作演示。SPIDERS 的成功极大地增强了美军基地的使命保障能力、能源可靠性和可恢复能力，验证了与当地公用能源服务公司平行供电的能力，并且还可带来未来的经济优势。①

① Department of Defense, *Annual Energy Management Report FY* 2015, June 2016, pp. 52 – 53.

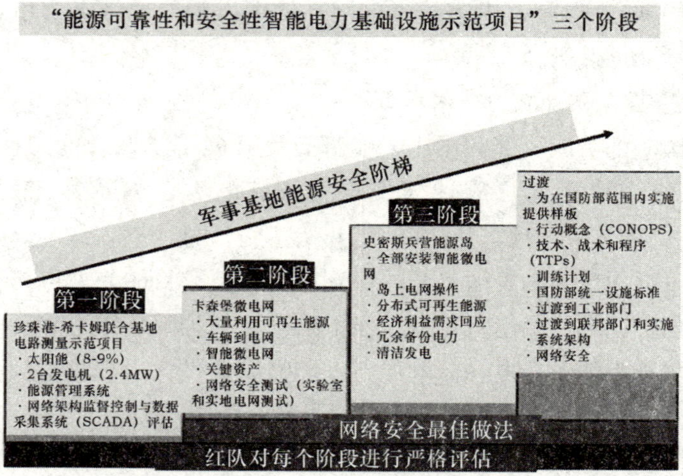

图 1—18　"能源可靠性和安全性智能电力基础设施示范项目"阶段图

资料来源：U. S. Army Corps of Engineers, *JCTD SPIDERS Technical Overview Phases* 1 - 3, Nov. 4, 2015, p. 3.

（4）开发网络安全的工业控制系统

商业电力供应商依靠工业控制系统（ICS）对电网加以控制和运营。工业控制系统也分布在商业和政府大楼之中，如空调、水电气计量表以及带有内嵌式计算设备的可程序化控制器。商业实体和美国国防部使用的这些控制系统日益网络化、互联化和相互依赖化，因此存在网络入侵或袭击的风险。历史上，控制网络从物理上与外部网络加以隔绝，基于专用硬件、软件和通信协议，缺乏当今互联系统所需要的安全通信能力。

为了防范与网络威胁相伴的风险，美国国防部积极研究制定相关安全细则，与国土安全部、能源部和国家标准与技术研究院（NIST）开展合作，制定《工业控制系统安全指南》（NIST SP 800 - 82），包括一个适用于各类控制系统的专业化"ICS 安全叠加系统（overlay）"。同时，美国国防部正在试用《NIST 风险管理框架》。该框架对 IT 系统和 ICS 提出同等水平的保护和持续监控安全要求。美国国防部还在与工业控制系统相关部门大力合作，开发新的采购语言、机件、现有设备补丁和信息技术安全措施升级等。在内部，美国国防部与美国网络司令部和军兵种网络司令部等相关实体开展协作，积极推进安全的 ICS 解决方案在国防部设施上得到部署，并与物流、安全、医疗、交通运输和国防工业基地等 ICS 相关各方分享这些解决方案。

（五）多渠道筹措项目资金

能源项目投资大，需要有充足的资金作支撑，单纯依靠国会拨款难以实施，因此，多渠道筹措资金、增加能源项目投资是美国国防部实施设施能源战略的一项重要举措。

1. 通过国会拨款提供基本建设资金

国会拨款是美国国防部设施能源建设项目投资的基本来源。为设施能源建设项目提供资金支持的国会拨款主要有四种：一是军事建设基金，包括能源节约投资计划资金；二是维持、恢复与现代化基金；三是作战与维修基金；四是国防工作基建基金。这些机制都可以通过账户直接拨付资金。

2010 财年，美国国防部通过国会拨款资助的能源项目达到 752 个，资金总额达 5.75 亿美元，用于资助能源效率、可再生能源和水资源保护建设项目（参见表 1—13）。这些项目大部分旨在对现有设施的能源系统进行维修或升级，以提升其能效、优化能源消费、接入部分可再生能源。这些项目包括替换照明灯、安装管理与控制系统、修理配水系统、安装太阳能热水或光伏系统等。

表 1—13　2010 财年美国国会拨款资助的国防部能源建设项目一览表

资助机制	项目总开支（美元）	项目数
军事建设（MILCON Const）	12462000	4
可再生能源	6212000	2
水资源保护	3000000	1
能源节约	3250000	1
军事建设（MILCON ECIP）	163709000	78
可再生能源	74231000	32
水资源保护	10541000	6
能源节约	48937000	39
环境安全技术认证计划（ESTCP）	30000000	1

续表

资助机制	项目总开支（美元）	项目数
作战与维修（O&M）/维持、恢复与现代化（SRM）	359805000	631
可再生能源	16959000	64
水资源保护	9144000	15
能源节约	333702000	552
其他	24345000	25
可再生能源	2655000	1
能源节约	21689000	24
研发测试与评估（RDT&E）	10356000	3
能源节约	10356000	3
工作基建资金（Working Capital Fund）	4394000	11
能源节约	4394000	11
总数	575，072，000	752

资料来源：Department of Defense，*Annual Energy Management Report FY*2010，July 2011，p. 44.

近年来，美国国会拨款资助的能源项目持续增加，重点是节能项目。2015 财年，国会拨款约 5.55 亿美元，资助项目增加到 815 个，其中超过 80% 为节能项目，其余为可再生能源和节水项目（参见图 1—19）。表 1—14 概要地介绍了 2015 财年美国国会按类别拨款资助的项目，包括项目总开支数和项目资助总数。

表 1—14　2015 财年美国国会按类别拨款资助的美国国防部项目

项目类型	财政投入资金（美元）	项目数
能源节约	445726000	737
可再生能源	65142000	35
水资源保护	44099000	43
总计	554967000	815

资料来源：Department of Defense，*Annual Energy Management Report FY*2015，June 2016，p. 65.

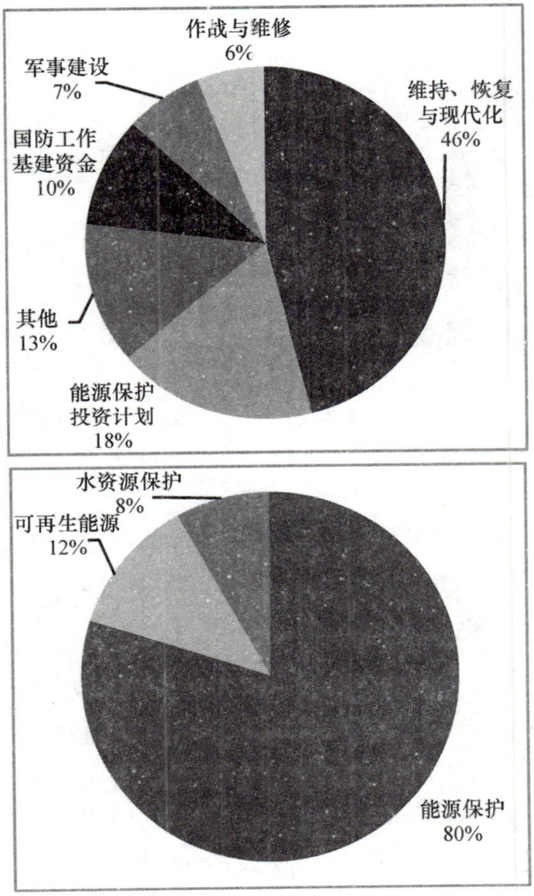

图1—19　2015财年由美国国会拨款资助的国防部能源建设项目投资情况示意图

资料来源：Department of Defense，*Annual Energy Management Report FY*2015，June 2016，p. 65.

2. 利用第三方机制进行融资

国会拨款毕竟是有限的，特别是在国防预算不断压缩的情况之下。建设大规模能源项目必须利用其他融资机制。为了弥补国会拨款不足的问题，美国国防部历来重视利用第三方融资机制来发展能源项目，如公用能源服务合同（UESC）和节能效能合同（ESPC）。这些融资机制使美国国防部得以在无需投入先期拨款资金的情况下实施能源效率、可再生能源、分布式能源项目以及能源恢复力建设项目。美国国防部使用由能源项目所产生的成本节支逐渐偿还私人资本。

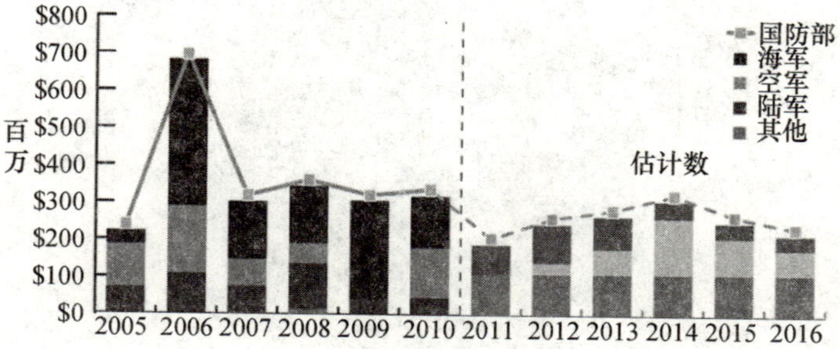

图 1—20　2005—2016 财年美国国防部使用第三方融资总额示意图

资料来源：Department of Defense，*Annual Energy Management Report FY*2010，July 2011，p. 45.

根据图 1—20 所示，2010 财年，美国国防部对第三方融资机制的利用高于 2005 财年，尽管这期间有些年份第三方融资水平高于 2010 财年。2010 财年，美国国防部通过 ESPC 和 UESC 第三方融资机制融资的能源项目总数为 36 个，其中 22 个通过 ESPC 融资，14 个利用 UESC 融资。美国海军部项目最多，达到 18 个；其次是美国陆军，有 11 个；医疗服务处有 4 个；美国空军有 2 个；国防情报局有 1 个。美国国防部项目融资总额约为 3.23 亿美元，其中 ESPC 融资 2.77 亿美元，UESC 融资 4600 万美元。美国国防部希望每年从这些项目中实现节能 1532 BBTU，其中 ESPC 为 1180 BBTU，UESC 为 352 BBTU。①

2011 年 12 月，奥巴马总统向联邦政府发出《总统绩效合约挑战书》（PPCC），计划在未来两年时间内安排 20 亿美元，用于支持第三方融资的能源效率建设项目。美国国防部在第一阶段目标中的份额是 12 亿美元。尽管美国国防部在 2013 年 12 月 31 日最后期限之前未能完全落实目标资金量，但是，在预算大幅削减限制了能源效率项目所能获取的资金的情况下，该挑战书促使美国国防部增加利用第三方融资。2013 年 12 月，在 PPCC 第一阶段的基础上，奥巴马总统将 PPCC 延长至 2016 财年。截至 2015 财年，美国国防部对第一阶段和第二阶段目标累计指标略低于 22 亿

① Department of Defense，*Annual Energy Management Report FY*2010，July 2011，p. 45.

美元（21.83 亿美元）。图 1—21 显示了美国国防部从 2011 财年 PPCC 开始到 2015 财年所使用的第三方融资分解情况。

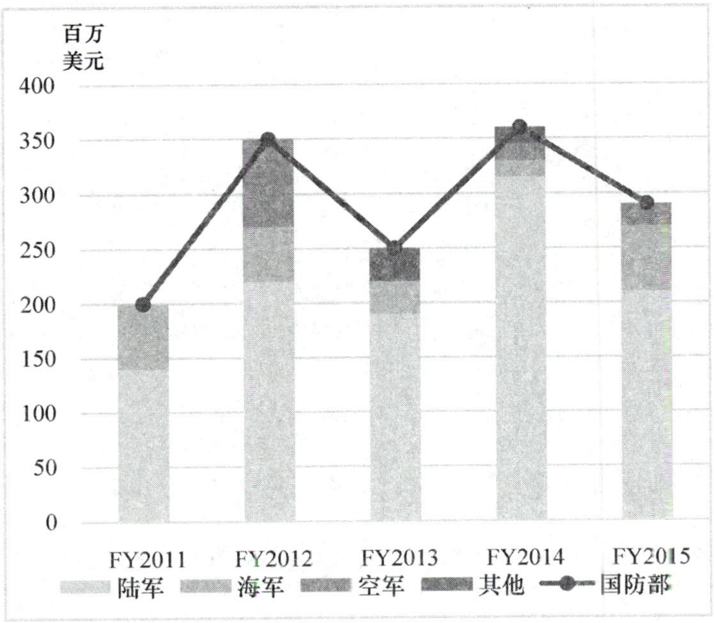

图 1—21 2011—2015 财年美国国防部第三方融资示意图

资料来源：Department of Defense, *Annual Energy Management Report FY2015*, June 2016, p. 70.

除了美国国防部的努力以外，美军各军种部也积极采取行动，大力加强设施能源供需管理，落实设施能源战略目标，提升遂行使命任务的能力和战备水平，同时帮助应对美国更广泛的能源挑战。各军种与美国国防部以及地方、地区、州和联邦伙伴积极协作，积极提升其军事设施的能源恢复能力。各军兵种设施能源行动的情况将在随后各章中加以详细考察和讨论。

二、作战能源变革的主要行动

为了落实《作战能源战略》，美国国防部主要从以下三个方面采取了大量创新行动：一是推动制度变革；二是支持当前的作战行动；三是打造未来部队。

（一）推动制度变革

美国国防部高度重视能源变革的制度建设。《作战能源战略》公布后，美国国防部积极采取行动，建立相关制度，把作战能源融入现行政策、计划、项目、决策等各个流程之中。

1. 出台《作战能源战略实施计划》

2012 年 3 月 9 日，美国国防部长帕内塔签发了《作战能源战略实施计划》①（以下简称《实施计划》），作为实现作战部队能源安全总目标的转型路线图。针对《作战能源战略》提出的三条途径，《实施计划》提出了七项具体的目标措施，并为实现每项结果确定了具体的时间表。每一项目标措施都必须在未来 12 个月内开始实施，并在近期（2012～2013 财年）、中期（2014～2018 财年）或远期（2019 财年以后）产生相应的成效（参见表 1—15）。

表 1—15 《作战能源战略实施计划》目标措施和时间节点一览表

目标措施	任务	近期 2012～2013 财年	中期 2014～2018 财年	长期 2019 财年 +
衡量作战能源消耗量	建立作战能源消耗量基准	√		
	改善和更新作战能源基准		√	√
提高作战行动和训练的能源使用效能	以能源效能提升保障当前作战行动	√	√	√
	提高各军种的作战能源效率	√	√	√
	建立国防部门作战能源效能计量指标	√	√	√

① Department of Defense, *Operational Energy Strategy: Implementation Plan*, March 2012.

续表

目标措施	任务	近期 2012～2013 财年	中期 2014～2018 财年	长期 2019 财年 +
促进作战能源创新	评估国防部门能源科技的不足并提出建议		√	√
改善固定设施的作战能源安全	找出固定设施的作战能源安全风险	√	√	√
促进替代燃料的开发	制定国防部替代燃料政策		√	√
	制定国防部替代燃料投资一揽子计划		√	√
将能源考量因素纳入需求和采办环节	将作战能源因素纳入建模和仿真工具	√	√	√
	在需求环节纳入作战能源因素		√	√
	将作战能源分析方法应用于国防采办环节		√	√
修改政策、条令、职业军事教育和各作战司令部活动	修改并采纳作战能源的政策、条令和职业军事教育		√	√
	将作战能源考量纳入各作战司令部活动之中		√	√

资料来源：US Department of Defense, *Operational Energy Strategy: Implementation Plan*, 2012, p. 8.

（1）减少军事行动能源消耗的措施

减少作战能源消耗是《作战能源战略》提出的第一个能源变革途径，

其战略目标是：通过降低作战能源总需求和提高能源使用效率，提升作战效能、减少执行军事任务的风险和成本。为实现这一目标，美国国防部提出采取以下三项措施。

第一，衡量作战能源消耗量。美国国防部计划采取两项行动：一是建立作战能源消耗基准线。要求各军种部和国防部各直属机构在 2012 财年第二季度向国防作战能源委员会提交一份作战能源基准报告，内容包括 2011 财年保障军事行动的实际能源消耗量和 2012～2017 财年预估能源用量。二是改进和更新作战能源基准线。要求各军种部和国防部各直属机构在 2012 财年第三季度向国防作战能源委员会提交一份报告，说明改进能源基准线已经采取的措施或者所需采取的措施。

第二，提升作战行动和训练的能源使用效能。《实施计划》提出了三项具体任务：一是以提升能源效能支持当前的作战行动。要求各作战司令部自 2012 财年第三季度起向国防作战能源委员会提交报告，说明其如何指导部队提高作战中的能源使用效能以及这种指导的有效性。报告要对各军种部在阿富汗和其他地区快速部署燃料需求管理改进技术（包括能源效率和替代能源发电技术）以支持应急作战的有效性进行评估。此项任务旨在改进能力与战区需求之间的匹配，并在美国国防部范围内找出相应办法来弥补发现的不足。二是提高各军种部的作战能源效率。要求各军种部在 2012 财年第三季度向国防作战能源委员会汇报落实各自现行的或更新的能效目标和衡量指标的进展情况，并且说明这种进展在支持《作战能源战略》关于减少燃料需求、增强军事行动能力的优先目标方面的情况。三是建立美国国防部作战能源效能衡量指标。2012 财年年底前，国防作战能源委员会将制定国防部作战能源效能衡量指标，以提高军事行动的能源效能。国防作战能源委员会可建立一个工作组，通过与国防部各部门协商，并在各军种部和国防部各直属机构提供的能源消耗基准线的基础上，制定此类衡量指标。

第三，促进作战能源创新。这方面的行动是评估美国国防部能源科技工作中存在的不足并提出建议。《实施计划》要求美国国防部主管研究与工程的副部长在 2012 财年第四季度向国防作战能源委员会提交最终报告，明确提出国防部科技投资一揽子计划中存在的不足，并就如何弥补不足提出可行的建议。美国国防部认为，科技投资一揽子计划对于落实《作战能源战略》中提出的减少需求、提高系统效率、扩大替代能源供应等目标，都是十分必要的。

（2）扩大能源供应品种、确保能源供应安全的措施

为确保当前和未来美军行动的能源安全、改善美军获得完成任务所需能源的能力，美国国防部提出要逐步扩大军事能源供应品种，促进能源多样化和供应安全。为实现这一战略目标，美国国防部将查找和补救关键资产所存在的与能源相关的风险，并制定一项国防部替代燃料政策。

第一，改善固定设施的作战能源安全。固定设施对军事行动起着直接的保障和支持作用。《实施计划》要求各军种部和其他拥有设施的机构从2012财年第三季度起向国防作战能源委员会提交固定设施能源风险报告，说明固定设施所存在的作战能源安全风险。具体哪些固定设施由国防部主管国土防御与美洲安全事务的副部长在《国防关键性基础设施项目》中详细说明。

第二，促进替代燃料开发。美国国防部在这方面计划采取两项行动：一是制定国防部替代燃料政策。《实施计划》要求主管作战能源规划与项目的助理国防部长（ASD（OEPP））于2012财年第二季度向国防作战能源委员会提交一份国防部替代燃料政策草案。委员会可对该草案进行必要的修正和更新，而后向ASD（OEPP）提交国防部替代燃料政策的最终版本。二是制订国防部替代燃料投资一揽子计划。美国国防部主管制造与工业基地政策的副部长帮办在2012财年第四季度向国防作战能源委员会提交一份简报，就如何运用《国防生产法》提供的权限开展替代燃料联合投资作出说明。

（3）将能源安全纳入未来军力发展的措施

为确保美军未来能源安全、增强其作战能力，美国国防部将把能源安全因素纳入未来的战略规划和军力发展之中。为实现这一战略目标，美国国防部将在需求和采办环节纳入能源安全考虑，并相应地修改政策、条令、职业军事教育和各作战司令部的活动。

第一，在需求和采办环节纳入能源安全因素考量。一是将作战能源因素纳入建模和仿真环节。《实施计划》要求各军种部从2012财年第三季度起向国防作战能源委员会提交报告，说明本部门如何在部队规划、能力差距分析以及需求开发和采办项目相关分析中，使用或调整分析技术及建模与仿真工具，体现对作战能源因素的考量。二是在需求环节纳入作战能源因素考量。为与即将出台的联合参谋部政策保持一致，联合参谋部、特种

作战司令部以及各军种部将在需求开发环节落实美国国会对能效提出的相关要求。参谋长联席会议副主席将通过联合需求监督委员会，对作战能源考量在各项目上的具体实施情况进行监督。联合参谋部、特种作战司令部及各军种部须在2012财年第三季度向国防作战能源委员会报告上述工作的总体实施进度。三是将作战能源分析结果应用于国防采办环节。为与美国国防部主管采办、技术与后勤的副部长即将出台的政策保持一致，《实施计划》要求各军种部在整个采办环节开展“能源全负担成本”分析并对分析结果加以应用。各军种部须在2012财年第三季度向国防作战能源委员会报告“能源全负担成本”的总体实施进度。

第二，修改政策、条令、职业军事教育和各作战司令部活动。美国国防部在这方面提出的具体行动包括两项：一是修改并采纳作战能源政策、条令和职业军事教育。美军联合参谋部和各军种部将在2012财年第四季度向国防作战能源委员会提交报告，阐述政策、条令和职业军事教育如何支持能源需求减少、能源供给扩大和未来部队建设。二是将作战能源考量纳入各作战司令部活动。美军联合参谋部和各作战司令部将依据各作战司令部年度分类任务指南，在2012财年第四季度向国防作战能源委员会提交报告，阐述为把《作战能源战略》目标纳入战区作战计划、安全合作项目、联合演习和合成演习及其他为实现战区和国家目标而进行的活动之中所需采取的军令措施。

《作战能源战略》和《实施计划》一并构成了美国国防部全面推行能源战略转型的完整路线图。《实施计划》的出台，标志着美国国防部实现军事行动能源使用方式转型的目标更加细化，实现战略目标的步骤更加清晰，推进能源战略转型的步伐更加坚定，为美军应对当前和未来作战能源安全挑战奠定了坚实的基础。在《实施计划》发布仪式上，美国国防部长帕内塔发出了能源变革动员令：“明智地使用能源可以成为美军相对于对手的一个战略优势。在我们继续投资打造最出色的军队、保卫今天和未来美国的过程中，我要求国防部各个层面，从普通战士到最大的基地，都要掌握最佳的能源创新技术，以提升我们的作战效能。”① 助理国防部长莎伦·伯克指出：“把能源考虑纳入国防部各个环节，包括在装备采购和动

---

① OEPP Staff, *Operational Energy Strategy*: *Implementation Plan*, March 6, 2012. http://energy.defense.gov/Reports/tabid/3018/Article/3505/operational-energy-strategy-implementation-plan.aspx.

用部队时重视能源因素，我们就可以提升作战能力，降低军事行动的风险和代价。”①

2. 成立国防作战能源委员会

为了建立一个对各种作战能源创新计划进行评估、协调和支持的机制，依据《作战能源战略实施计划》的规定，2012 年 3 月 22 日，美国国防部正式成立了国防作战能源委员会（DOEB），由主管作战能源规划与项目的助理国防部长莎伦·伯克和联合参谋部后勤部长布鲁克斯·巴什（Brooks L. Bash）中将共同担任主席。委员会由固定成员和相关成员组成。固定成员包括陆军部长、海军部长、空军部长、陆军参谋长、海军作战部长、空军参谋长、海军陆战队司令、主管后勤与物资准备的助理国防部长和国防部总顾问（法律顾问）。相关成员的邀请由两位主席决定，负责就具体问题提供咨询。相关成员包括下列职级领导指定的高级代表：主管人事与战备的国防部副部长；各作战司令部司令；主管国土防御与美洲安全事务的助理国防部长；主管研究与工程的助理国防部长；主管装备采办的助理国防部长；主管战略、计划和部队的国防部副部长帮办；主管军事设施与环境的国防部副部长帮办；国防后勤局局长；联合参谋部部队结构、资源与评估局局长；联合参谋部战略规划与政策局局长；各军种高级采办官；两位主席指定的其他人员。

委员会的主要任务是向两位主席提供咨询。ASD（OEPP）负责监督实施《作战能源战略》所需要的政策、计划和项目。联合参谋部负责联合计划、作战理论、部队需求以及对作战司令部的活动进行监督。委员会的职能包括：一是就作战能源规划和项目相关的事务向两位主席提供咨询；二是作为一个论坛来交流国防部作战能源方面的经验教训，包括最佳做法和发现的差距；三是改进和促进与实施国防部《作战能源战略》相关的政策、计划和项目的协调；四是监督实施《作战能源战略》所需的国防部政策、计划和项目并且在必要时建议作出修改；五是推动国防部各部将作战能源考虑因素融入其各项工作流程之中，包括政策与理论，作战需求，装备采办，规划、计划、预算与执行（PPBE），以及对当前行动的支持；六是支持实现与作战能源相关的国防部能效目标的衡量、监测和方法；七是

---

① OEPP Staff, *Operational Energy Strategy: Implementation Plan*, March 6, 2012. http://energy.defense.gov/Reports/tabid/3018/Article/3505/operational-energy-strategy-implementation-plan.aspx.

对章程进行评估，并在需要时提出更新意见。①

委员会下设专门工作组。两位主席将根据需要建立常设和/或特设专门工作组来制定建议，将作战能源考虑因素融入政策、理论、需求、采办、PPBE、对当前行动的支持以及国防部各部门其他流程之中。

美国国防部强调，作为能源领导机构，国防作战能源委员会必须改变传统的能源理念，将其提升到作战能源高度来加以认识，树立能源的高效使用即等同于战斗力提升的指导思想，把作战能源安全问题作为优先目标纳入美军战略规划、法规政策、作战与保障方案。

国防作战能源委员会每年举行两次会议。自成立以来，委员会积极落实《作战能源战略》和《实施计划》，在推进美军能源变革中发挥了核心领导作用。

3. 发布《国防部作战平台替代燃料政策》

依据《作战能源战略实施计划》的要求，2012 年 7 月 5 日，主管作战能源规划与项目的助理国防部长莎伦·伯克发布了《国防部作战平台替代燃料政策》。② 这是美国国防部出台的第一个综合性替代燃料政策，是作战能源变革和战略转型的又一项重要举措。该政策是美国国防部会同各军兵种和国防部相关机构共同制定的，其目标是通过促进部队使用多样化的可靠的燃料品种，确保作战准备、改善战场效能、提高军事行动的灵活性。

根据这项政策，美国国防部将把替代燃料投资集中于可以改善美军总体燃料供应可靠性的替代燃料品种，以确保部队能够使用此类替代燃料遂行作战行动。具体考虑因素包括四点：一是提高战略性能源供应中断情况下的恢复供应能力；二是抵消石油价格波动的影响；三是增加作战指挥官的燃料选择；四是最终提高美军联合部队的远征作战效能。美国国防部特别强调，此项政策追求的终极状态不仅仅是使用替代燃料，而且要提高作战部队的整体战备水平和战场效能。替代燃料作为一种手段，用来确保战斗效能和后勤灵活性，缓解反介入/区域拒止（A2AD）带来的影响。

美国国防部将对这一领域的所有投资进行一次严格的、基于绩效的评估。此后，主管作战能源规划与项目的助理国防部长办公室将对此类投资每年进行评估，作为其年度预算认证过程的一部分。

---

① Sharon E. Burke, *Charter of Defense Operational Energy Board*, March 22, 2012.

② Sharon E. Burke, *DoD Alternative Fuels Policy for Operational Platforms*, July 5, 2012.

根据这项政策，美国国防部开发替代燃料需经过以下三个阶段：

第一阶段是认证/资质确认。“三军石油、油料和润滑油（POL）用户联合小组”负责每年提供一份统一的认证/资质确认计划，通过跨军兵种的技术评估、协调和协作减少开支。该计划须包含有美国国防部是否应该针对某一替代燃料品种/生产途径启动新的认证/资质确认活动的建议。联合小组要审阅能源部最近发布的报告，以确定除了已经或正在为所有作战平台进行认证的生产途径以外，是否还有在未来十年内有望具有商业竞争力的新的生产途径。

认证/资质确认计划需考虑的因素包括：一是与各军兵种现有装备和基础设施（如 JP－5、JP－8、F－76 等）实现“滴入式”兼容性和互操作性的潜力；二是以具有竞争力的价格提供大量燃料支持一支远征性、全球部署部队的潜在能力，或者在一个作战据点进行燃料生产的潜力；三是贯彻落实《2007 年能源独立与安全法》第 526 节（禁止联邦机构签订合同购买温室气体排放量等于或高于常规燃料的替代燃料和合成燃料）的潜力；四是利用负责替代燃料认证和审批的工业组织计划开展或已经完成的认证和审批工作的潜力。

在每年项目预算审议之前，联合小组把计划提交给国防作战能源委员会，由委员会提出建议后提交给主管作战能源规划与项目的助理国防部长和联合参谋部后勤局局长。

此项政策对有助于增强军事能力（如导弹推进系统、无人机）的特色燃料的研发、测试和评估（RDT&E）不设限制，也不限制旨在发现供认证/资质确认和野战示范的候选燃料（或燃料添加剂）。此类活动可以包括但不限于涉及燃料致湿（fuel-wetted）部件的物理与化学属性、材料兼容性和性能的市场调查、成本效益分析和实验室测试。

第二阶段是野战示范。为满足一种重要的技术或作战需要，美国国防部允许各军种部可对已通过认证/资质确认的新燃料进行野战示范。野战示范要检验一种新燃料在作战环境下作为诸系统之一的组成部分（而不是在单一的具体平台之中）的使用情况。检验标准是：此类示范必须有限定的时间期限，其预期好处必须能得到清晰的证明；如果不进行这样的示范所隐含的作战风险也须描述清楚。

野战示范可以从实施示范的军种部或多个军种部的下拨资金中直接得到资金支持，或者通过国防工作基建资金（DWCF）得到支持。DWCF 只能用于采购燃料进行野战示范。其他非燃料开支（如采集和分析数据的资源、人力等）由相关军兵种负责解决。假如某个军种希望完全使用自己下拨的资金开展野战示范，而不影响其他军种预算，这种情况将在 OEPP 年度预算认证过程中加以审议。上述标准即为评审依据。如果一个军种部提出利用 DWCF 资金开展野战示范，那就要与国防后勤局能源处合作，拿出详细的方案。然后，该军种和国防后勤局能源处一起将方案提交给国防部长办公室和 OEPP 进行联合审议。

第三阶段是采购。经过第一阶段和第二阶段（如有必要）之后，美国国防部就可以采购“滴入式”替代燃料，供应整个国防部使用，并在第三级（批量）供应链内进行分配，这样就可同后勤局供应的相关石油产品进行竞争。合同的颁发将基于对美国政府以最佳的价值满足需求的能力，包括成本。

《国防部作战平台替代燃料政策》为美国国防部投资替代燃料提供了清晰的指南，简化了替代燃料开发和使用的投资，使美国国防部得以对替代燃料进行有效的投资。此项政策确立了美国国防部采购替代燃料用于作战的五个条件：一是“滴入式”，即无需对现有发动机作改进；二是与常规石油燃料相比具有成本竞争力；三是可大量供应；四是从非粮食作物原料中提炼；五是全寿期温室气体排放量小于或等于常规石油燃料。该政策的出台为美军投资替代燃料提供了明确的法律依据，成为美军作战能源变革和战略转型的又一个里程碑。

4. 扩大“能源关键效能参数”和“燃料全负担成本”的适用范围

（1）改进能源关键效能参数

《2009 财年国防授权法》正式引入了能源关键效能参数的概念，要求国防部发展新的能源分析工具（主要是指能源效率关键效能参数和能源全负担成本），用于指导决策过程。该法案明确规定，国防部应在规划、需求开发和采办过程中考虑燃料后勤保障需求。具体地说，在相关分析和部队规划过程中，应考虑燃料后勤的需求及其脆弱性；在能力需求开发过程中，应实施一个燃料效率关键效能参数，以改进现有的或开发新的燃料消耗系统；在采办过程中，应要求新系统全寿期成本分析在替代燃料分析和评估期间纳入燃料全负担成本。

2009 年以来，美国国防部扩大了这一概念，从单纯燃料效率延伸到整体看待能源，目的是更好地覆盖新武器系统（如军舰、飞机和作战车辆等）不断增强的能力。单纯使用“燃料效率”的方法，难以比较基于20世纪80年代需求与技术建造的平台和基于当今需求与技术建造的平台。威胁发生了变化，技术发生了变化，美军驾驭技术的能力也发生了变化。

2010年《四年防务评估报告》明确表示，美国国防部将实施《2009财年国防授权法》所要求的能源效率关键效能参数和燃料全负担成本的计算办法。2011财年，OEPP积极协助美军联合参谋部起草《联合能力集成与开发系统手册》，纳入了一个基于想定的分析方法，用于发展和应用关键效能参数。2012年1月，美军参联会主席正式将能源关键效能参数（eKPP）确立为美军需求开发和采办的一个强制性关键效能参数。联合参谋部在《联合能力集成与开发系统手册》（JCIDS Manual）中写道：“能源关键效能参数旨在优化各种能力解决方案中的燃料和电力需求，因为它直接影响部队提供和保护关键性能源供应的负担。”① “能源关键效能参数的目的，是应对作战期间向系统（部队）补给能源时所面临的日益增多的威胁，同时持续保障作战指挥官所需要的武器装备能力。”② 2012年前，根据法律规定，美军可以有选择性地应用能源关键效能参数。现在，各军兵种领导人必须在所有能源项目中强制性地实施能源关键效能参数。2013年11月，美国国防部第5000.02号暂行指示——“国防采办系统的运作”要求替代能源分析（AoAs）必须评估提升能源效率的替代途径。③

美军领导人认为，能源关键效能参数是把能源纳入未来军力发展一个真正重要的工具。eKPP的核心是把能源作为一项军事需求纳入军力发展过程的早期阶段。这一阶段极为重要，因为阶段越靠后，纳入能源需求的选择余地就越有限。如果不在早期考量一个平台或系统的能源需求会如何影响执行任务的能力，一旦建好再考虑就迟了。到时，只能作些细小的改进，要想作出实质性的改进就必须在早期进行。eKPP的目的是提供能源效能参数和门槛，驱动后面各阶段的能源改进工作。其任务是确定能源需求对正在开发的系统所产生的作战影响。这不单纯是一个作战和维修的问题，它还涉及到该装备何时用于某一任务想定，因为该装备对部队的能源

① JCIDS Manual 2012, p. B－A－3.

② Ibid, p. B－H－2.

③ Interim DoD Instruction 5000.02 － Operation of the Defense Acquisition System, November 2013.

需求是清楚的。说到底，能源关键效能参数就是让部队了解并有能力预测能源负担，而不让它成为一个制约作战的因素。美军十几年反恐战争的经验教训表明，能源始终是战争中的一个攻击目标。

2015 年，美国国防部进一步改进了能源关键效能参数，并将其应用于能力开发之中；将作战能源考虑纳入了《联合能力集成与开发系统手册》《联合后勤概念》和替代能源政策之中；对与作战能源相关的政策和培训实施了一系列具有军兵种特点的变革。

美国国防部在采购过程中也积极考虑作战能源的问题，特别注意计划与概念开发，以塑造先期的武器系统设计。2015 财年，美国国防部在更新《联合能力集成与开发系统手册》时增加了关于能源可保障能力分析（ESA）的信息，这种分析用于发展针对所有新系统的能源关键效能参数。伴随着联合部队燃料和电力需求的不断增长，对手能力的提高意味着能源后勤的制约因素必须纳入行动中需要能源的任何新系统的分析之中。ESA 为处于开发过程和生产前的系统提供系统属性信息。对于接近投入生产或者已经生产出来的系统，ESA 确保后勤风险已经向各军兵种提供了解释，并且在必要时指出缓解策略（如改变作战概念；战术、技巧和程序；一个单位的部队结构/组成；甚至修改平台）。美国国防部就是通过这样的分析，制定出一个可衡量、可测试的能源关键效能参数，确保系统预测的能源需求得以实现。①

（2）更新燃料全负担成本指南

长期以来，美国国防部后勤局能源处（DLA-E）对国防部用户收取的燃料价格低于燃料全负担成本。美国国防科学委员会在 2008 年的研究报告中指出，与燃料全负担成本相关的“隐形成本”，导致美国国防部“系统地低估向战区部队供应燃料的真实成本”。② 为此，《美国法典》第 10 编第 2911 节规定，在分析替代燃料和评估替代燃料及采办项目设计贸易期间，新采购能力的全寿期成本必须包括燃料全负担成本。通过把交付能源所产生的一切（包括直接和间接）成本纳入统计范围，美国国防部就可以更加

---

① Office of the Under Secretary of Defense for Acquisition, Technology, and Logistics, *FY15 Operational Energy Annual Report*, Aug. 15, 2016, p. 4.

② Office of the Under Secretary of Defense for Acquisition, Technology, and Logistics, *Report of the Defense Science Board Task Force on DoD Energy Strategy: More Fight, Less Fuel*, February 2008, p. 16.

准确地确定投资减少能源需求的技术和效能特性到底值多少钱。由于能源需求减少，燃料后勤的足迹也相应减少。不过，如果后勤车队要在敌我竞争地带行进的话，那么节能就比节省开支更加重要，因为这还关系到士兵的生命和成功遂行军事任务的能力。《2009 财年国防授权法》要求美国国防部在三年（到 2011 年 10 月）之内落实燃料全负担成本。

2011 年《作战能源战略》提出，美国国防部将建立相关程序、框架、分析工具和报告要求，以更好地理解和管理这种能源需求如何影响部队能力、脆弱性和企业成本。2012 年 8 月，OEPP 发布了一份备忘录，题为《关于替代燃料和采办项目中计算能源全负担成本的指南更新通知》。[①] 该备忘录是 OEPP 会同国防部成本估算和项目评估办公室（CAPE）签发给军兵种采办经理人的。它更新了能源全负担成本的计算方法，以便在替代燃料分析（AoAs）和采办项目中提供成本、时间表和效能交易决策信息。美国国防部期望把这种新方法应用到未来采办项目之中。能源全负担成本旨在估算为保障具体装备与能源相关的成本，包括能源采购、能源交付所需的后勤、相关基础设施以及能源运输过程中涉及的后勤部队护卫等。

备忘录提出，国防部所有包含在战场上会产生能源需求的终端项目的系统在进行利弊分析时均须计算能源全负担成本。能源全负担成本并不是为了找出节能潜力以便开展节能项目，而是企业案例分析的一种分析输入，旨在发现各种竞争性方案中与能源相关的总成本方面存在的差别。根据《美国法典》第 10 编第 138c 节和国防部第 DoDI 5000. 02 指示，所有在作战中需要燃料或电力的一类和二类采办的系统，都须进行能源全负担成本估算并提交报告，并且将应用于采办的各个阶段，从准备“替代燃料分析”开始。能源全负担成本也需要作为“拥有总成本”的一部分加以考量。能源全负担成本并不加入“拥有总成本”，但要列在边上一并上报。“拥有总成本”估算基于某个系统的整个寿期，而能源全负担成本估算基于短期作战想定。这两类估算提供的结果不同，但可以互补。

2012 年，美国国防部在《国防采办指南》中公布了燃料全负担成本的计算方法。这样就可以为权衡利弊提供一个基础。这种分析目前正作为一个因素在几个大系统项目上开展。2013 年 5 月底、6 月初，美国海军陆战

---

① OEPP, *Notification of Updated Guidance for the Calculation of Fully Burdened Cost of Energy (FBCE) in Analysis of Alternatives (AoAs) and Acquisition Programs*, Aug. 10, 2012.

队司令就陆战队所有新确定的采办项目如何实施能源分析专门公布了新的指南。这表明，各军兵种正在认真落实燃料全负担成本的相关要求。

5. 作战能源进入条令、政策和指南

为了落实《作战能源战略》及其《实施计划》，美国国防部不断把作战能源融入其各项政策、指令和指南之中。2013 年 10 月 16 日，联合参谋部主任签署了联合出版社物 4.0——《联合后勤》修订版。这份纲领性文件为美军开展联合作战行动制定了联合条令，为实施联合后勤提供了条令基础。修订版包含了一些值得注意的变化，如在国防部联合条令中首次纳入了“作战能源”这一术语。从此，“作战能源”的正式定义收录在美国国防部联合出版物 1—02——《国防部军事术语词典》。2015 财年，美军参联会主席更新了《联合后勤概念》。除了将“全球后勤一体化”作为支持《联合部队 2020》、应对后勤挑战的一种途径外，《联合后勤概念》承认由作战能源需求不断增长所构成的作战挑战，支持在作战计划和军力建设中进行变革，以缓解此类风险。2015 年 6 月，美国国防部发布了国防部第 414025 号指示——《国防部能源商品及相关服务管理政策》，正式确定了国防部关于采购、测试和评价“滴入式”替代燃料用于作战目的的政策重点。[1] 美国国防部还在《国防部全球防御态势指南》草案中纳入了作战能源语言，确保《战区态势计划》考虑到作战能源，并将最佳实践写入了《参联会主席训练指南》。

6. 编制《作战能源预算认证报告》

《作战能源预算认证报告》是美国国防部为推动军事能源变革、提升军事能源安全而依法建立的一项重要制度。这项工作由 OEPP 具体负责，主要是审议国防部各部门的年度预算草案，就特定财年的作战能源预算是否足以实现《作战能源战略》的目标向国防部长提交报告。

2011 年 1 月，OEPP 发布了第一份认证报告——《2012 财年作战能源预算认证报告》。这份报告是在美国国防部《作战能源战略》还未出台的情况下作出的。也就是说，美国国防部各组成部门在制订《2012 财年作战能源预算》草案时并未受到《作战能源战略》的影响。尽管如此，预算认证过程还是为深入了解美国国防部各组成部门 2012 财年开展的作战能源规

① DoD Instruction 4140. 25, “*DoD Management Policy for Energy Commodities and Related Services*”, http: //www. dtic. mil/whs/directives/corres/pdf/4140. 25p. pdf.

划与项目活动提供了重要的信息来源。OEPP 对该财年的评估工作是根据美国国防部各部门的能源战略和目标进行的。经过认真细致的审议，该报告给出的认证结论是，各部门所提出的预算足于落实其能源战略的作战能源部分。该报告同时指出一系列问题：一是整个国防部对能源使用点的消耗情况缺乏清晰的了解，因此无法作出知情资源配置决策；二是各军兵种对传统地面车辆和空军飞机的能效升级没有明确或者给予充足的资金支持，但是，通过此类升级打造一支能效更高的军队，这样的重大机遇是存在的；三是国防部用于科技研发的资金约占作战能源总投入的 58%，未来多年度国防计划（FYDP）预算应增加资金，用于对即将成熟的作战能源技术和系统计划内的部署；四是整个国防部用于为投资决策提供信息的分析低估了能源成本，主要表现在用于运输和交付燃料的资产和基础设施没有包括在内；五是作战能源问题没有在部队发展建模和仿真方面得到足够的重视，导致相关建议和利弊分析不够理想、信息不够充分。该报告最后指出，今后的预算认证将把《作战能源战略》作为一个基线。①

2012 年 6 月，美国国防部公布了《2013 财年作战能源预算认证报告》。报告指出，2011 年 12 月 11 日，驻阿美军司令、海军陆战队上将约翰·艾伦（John Allen）指示驻阿美军采取有力措施，改善战区能源安全。他在备忘录中写道："作战能源说到底就是提升作战效能，提高美军的持续作战能力，增强杀伤力，减少燃料运输人员的生命危险。"② 艾伦将军的备忘录和《作战能源战略》发出的信息是一致的：军事能源安全的改善为美国国防部提供了一个独特的机遇——提高能源效率，同时提高作战效能。该报告指出，2012 财年，美国国防部消耗燃料 1.168 亿桶，费用为 172 亿美元。2013 财年美国国防部作战能源计划的预算约为 153 亿美元，燃料消耗 1.04 亿桶。OEPP 的评估结果是，国防部预算足以支持《作战能源战略》及其实施计划。

2013 财年报告的认证过程与第一份报告大为不同。美国国防部《作战能源战略》是 2011 年 5 月公布的，未能影响到各部门制订 2013 财年预算草案。尽管如此，OEPP 还是以《作战能源战略》提出的三个目标和《作

---

① OEPP, *FY 2011 Operational Energy Annual Report*, March 11, 2013, p. 31.

② John R. Allen, General, USMC Commander in Afganistan, Memorandum—*Supporting The Mission with Operational Energy*, Dec. 11, 2011.

战能源战略实施计划》提出的七项措施来评价各军兵种所提出的预算。OEPP受到了国防部成本估算和项目评价办公室（CAPE）开发的相关技术支持，使其得以及时收集详细的项目和资金数据。此外，OEPP成立了一个“认证咨询工作组”（CAWG），对各部门的预算草案的充足程度进行评估，并提供认证建议。这一认证模式为今后的预算认证报告定下了基调。值得注意的是，从2013财年开始，美国国防部不再单独公布《作战能源预算认证报告》，而是把它纳入了《作战能源年度报告》之中。

7. 发布《作战能源年度报告》

美国国防部从2013年开始，每年向美国国会提交一份《作战能源年度报告》，汇报国防部在特定财年内作战能源活动，内容包括作战能源需求信息、落实《作战能源战略》的进展、对替代能源的投资情况、支持当前作战行动等。

2013年3月11日，主管作战能源规划与项目的助理国防部长办公室公布了《2011财年作战能源年度报告》。[①] 该报告概要介绍了2011财年开展的主要活动：一是出台国防部首部《作战能源战略》，提出了战略总目标和实现目标的三种途径。二是国防部通过各种能源创新计划提升作战能力，包括：减轻单兵所需携带的电池重量、提高应急作战基地的发电效率、奖励应急维持行动合同中提高能效的措施。这些创新成果提高了作战部队的持续性、作战范围和灵活性。

《2012财年作战能源年度报告》公布于2013年10月18日。该报告的关键内容包括：（1）2012财年作战能源开支为164亿美元，用于购买1.04亿桶液体燃料，为基础训练、军兵种训练、基地训练、演习和各种军事行动提供能源；（2）2012年3月发布《作战能源战略实施计划》，成立了国防作战能源委员会；（3）节能型野营帐篷试验成功并得到部署，发电能力得到提升，在基地军营进行了试验，微电网部署到驻阿富汗美军；（4）在美国国防部的需求制定和采办过程中，能源关键效能参数和能源全负担成本的作用扩大；（5）2012年1月宣布通过“作战能源能力改进基金”为减少各应急作战基地营区能源需求项目提供1800万美元的资金；（6）2012年8月发布《2013财年预算认证报告》，概要地介绍了16亿美

① OEPP，*FY* 2011 *Operational Energy Annual Report*，March 11，2013.

元的投资，用于改进作战能源使用。[1]

此后，美国国防部每年均公布《作战能源年度报告》。年度报告忠实地记录了美国国防部自 2010 年 6 月设立 ASD（OEPP）、特别是 2011 年公布《作战能源战略》以来所走过的历程，宣传了美国国防部在落实《作战能源战略》，特别是促进制度变革、支持当前行动和将能源考虑因素纳入未来军力建设中所取得的进步和成就，对争取美国国会和美军上下正确认识美国国防部作战能源变革、积极支持美军能源战略转型具有重要的作用和意义。

8. 出台综合性国防能源政策

（1）发布《综合性国防能源政策的指导意见》

随着美军能源变革的深入发展，美军领导人对军事能源安全的复杂性和综合性有了进一步的认识，美国国防部日益重视综合性国防能源安全问题。为了全面确保国防能源安全，美军决定在现行的《作战能源战略》《军事设施能源战略》和《确保使命安全战略》基础上，制定一项综合性的国防能源政策，以统筹国防部能源活动，确保国防能源安全。

2012 年 10 月，美国国防部常务副部长管理行动小组（DMAG）召开能源效率和作战能源的会议，审议由国防部长办公室、各军种以及国防部各直属机构提出的能源创新计划。审议结果表明，有必要制定一项统一的国防部能源政策。会上时任美国国防部常务副部长阿什顿・卡特（Ashton Carter）指示国防部相关官员制定一个统一的能源政策框架，以全面指导国防能源活动，包括作战能源和设施能源以及与确保任务安全相关的能源要素。

2013 年 6 月 20 日，卡特副部长签发了题为《常务副部长管理行动小组关于制定一项综合性国防能源政策的指导意见》的备忘录。[2] 备忘录指出，未来一年中，主管采办、技术与后勤的国防部副部长将会同主管政策的国防部副部长，制定一项综合性国防部能源政策。这项政策应与国家层面的能源政策相一致，并适时征询能源部的意见。

之所以要制定这样一项政策，原因有三点：一是能源影响使命任务。

---

① OEPP, *FY 2012 Operational Energy Annual Report*, October 18, 2013.

② Ashton Carter, *Deputy Secretary of Defense Carter's Guidance for a Comprehensive Defense Energy Policy*, June 20, 2013.

能源的供应和使用影响或者塑造美军国内外作战环境，从而对国防部任务的目的产生影响。无论是在固定的军事设施，还是在飞机、军舰、作战车辆上，或是在应急作战基地的军营里，能源都是一种不可或缺的能力和资源，也是各种军事行动的薄弱环节。二是能源影响能力。能源支撑着作为军事能力基础的各种特性。能源是保证各种武器平台、设施和装备运作的一种基本资源。采取国防部管理能源使用的方式可以降低或者扩大这些必要的能力。三是能源影响开支。能源对美国国防部来说是一笔变幻莫测的巨额开支，它与人力和装备等其他投资形成竞争。

根据该备忘录，国防部各组成部门应采取下列行动来确保国防部能源安全：

一是确保国防能源安全。确保直接支持或支撑国防部使命或资产的能力、装备和基础设施的能源安全。具体行动包括：（1）提高军事效能，减少成本，发展能效更高的武器系统、平台、装备和可使用多种能源的设施；投资成本效益较高的能源品种（包括替代能源）；促进非装备型和基于人类行为的解决方案。（2）将能源知情分析引入国防部决策和企业运作流程之中，包括军事演习、作训要求、采购、规划、设施设计以及国内外的军事工程建设。（3）在作战计划过程中将能源作为一种基本能力加以考量，以塑造安全合作、训练和军事行动的方方面面。（4）评估国防任务中与能源相关的基础设施和资产存在的风险，并采取措施加以改善。时刻准备为地方政府提供与能源相关的防务支持。

二是确保间接性和保障性能源安全。促进间接支持或有助于保障国防使命和资产的非国防部能力、设备和基础设施的能源安全。具体行动包括：（1）与非国防部实体开展协作，监视与能源相关的各种依赖情况，尽力消除可能影响国防任务或资产的能源安全挑战。（2）与联邦政府其他部门和机构、州政府、地方政府以及私营部门合作，促进支持或有助于保障国防部使命或资产的非国防部能源基础设施的修复能力和灾后恢复能力。

三是保障未来能源安全。通过创新，促进未来国防力量和使命的能源安全。具体行动包括：（1）确保国防部科技、工程和环境支持活动有效查明和开发有助于支持国防能力、资产或使命的具有发展前景的能源技术。这方面可包括先导期较长的需求和能源创新。（2）向联邦政府其他部门和机构以及民用经济部门投入合适的资源和专业知识，以满足国防部的能源需求。这方面可包括使用国防部的资源来促进由联邦政府其他部门和机构牵头的与国防部相关的能源创新。(3) 在合适的情况下，向联邦政府其他部门和机构以及民用经济转让国防部能源创新成果。

卡特副部长强调了国防部能源使用方式的变革对增强军事能力、改善能源安全、减少开支的重要意义。该备忘录的发布标志着美国国防部正式启动了把这些目标作为制度全面融入国防部能源活动的进程。在《国防能源政策》正式出台之前，该备忘录为美国国防部改进能源使用和管理提供了指南，包括改进能源效率、投资替代/可再生能源、促进非装备性和基于行为的解决方案、应对与能源相关的基础设施所面临的任务风险，以及与其他联邦政府部门合作研发有助于满足国防部能源需求的创新技术。

(2) 颁布《国防部能源政策》

2014 年 4 月 16 日，美国国防部代理常务副部长克里斯蒂·福克斯(Christine H. Fox) 正式签发了美国国防部第 4180.01 号指令——《国防部能源政策》。这是美国国防部 20 多年来首次颁布的综合性国防能源政策。它为美军能源活动提供了一个共同的框架，用于指导一切国防能源活动，涵盖作战能源、设施能源以及使命保障中与能源相关的要素。该指令特别强调："国防部的政策是加强军事能力、改善能源安全、降低能源使用和管理的成本。"①

《国防部能源政策》提出了三个目的：一是为美国国防部的能源规划、使用和管理确立政策和指导，分配职责；二是为成立国防部各种能源委员会和理事会作出规定；三是在合适的情况下纳入并取消国防部第 4170.10 号指示。

为实现其能源政策目标，美国国防部计划在以下六个领域采取行动：一是改进武器系统、作战平台、设备和产品、上述各类改进型号、军事设施（包括持久性和非持久性驻地）以及作战部队的能源效能；二是促进能源供应和品种的多样化，扩大能源供应，纳入可再生能源和替代燃料；三是确保能源分析纳入国防部需求开发、装备采办、规划、计划、预算与执行等各个流程；四是评估和管理能源对作战、训练和试验构成的相关风险，包括相关资产、辅助基础设施、设备、补给品、作战平台和人员；五是开发和采办能够满足国防部能源需求和管理风险的相关技术，充分利用其他政府机构和私营部门中合适的资源和能源专业知识；六是教育和训练

① Department of Defense, DoD D 4180.01 "DoD Energy Policy." April 16, 2014.

人员珍惜能源，把它视为完成任务所必需的资源。

《国防部能源政策》还明确了国防部长办公室、联合参谋部、各作战司令部、各军兵种以及国防部各机构在实施国防能源政策中的具体职责，主要包括：

主管采办、技术与后勤的国防部副部长（USD（AT&L））：一是建立国防部能源政策；二是根据需要成立国防部各类能源委员会和理事会，以支持国防部能源政策、计划和项目；三是监管国防部能源规划、使用和管理，以及本指令的实施。

主管作战能源规划与项目的助理国防部长（ASD（OEPP））：受 USD（AT&L）的领导，可依据《美国法典》的规定直接向国防部长或副部长汇报有关作战能源规划与项目以及作战能源战略的意见：一是担任国防部长作战能源政策的主要顾问；二是依据相关指令，就作战能源战略、目标、行动倡议和预算事务开展监督和实施指导；三是依据相关指令，制定作战能源相关的应急基地政策，促进应急站点的能源改进工作；四是依据相关指令，为用于作战平台的替代燃料的开发、认证、资质评定、野战示范和持续采购制定政策和指导方针，并且进行监管；五是监督作战能源研究、开发、试验和评估项目，与国防部各部门、私营部门和其他政府机构开展协作，对作战能源技术进行鉴别和示范；六是根据《联合能力集成与开发系统操作手册》，在有关作战能源的要求制定过程中向参联会主席提供支持；七是作为顾问向国防采购委员会及其他关键性采购部门推介作战能源相关问题、项目和审计；八是在国防部计划过程中就能源在各种军事行动中的作用向参联会主席和主管政策的国防部副部长提供咨询和建议；九是与国防部其他风险管理和战备项目一起，对识别和减小与作战能源相关的风险进行监管。

主管后勤与物资战备的助理国防部长（ASD（L&MR））：受 USD（AT&L）的领导，负责：一是为能源商品和相关服务的管理提供指导；二是为获取有助于改善能源效能和任务有效性、符合成本效益，并且在合适的情况下能够使用多种能源品种的装备、型号改进和产品提供指导；三是促进将能源考虑因素和能效优惠纳入合同和作战合同支援；四是为后期基础设施和资产存在的与能源相关的风险进行评估和管理提供指导；五是确保后勤部门参与替代燃料的资质评定、认证和野战示范活动。

主管采办的助理国防部长（ASD（A））：受 USD（AT&L）的领导，

负责：一是监管有助于改善能源效能和任务有效性、符合成本效益并且在合适的情况下能够使用多种能源品种的武器系统、平台、装备、型号改进和产品的采购进行监督；二是监督国防采购人员的培训和教育中与能源相关的政策和做法。

主管研究与工程的助理国防部长（ASD（R&E））：受 USD（AT&L）的领导，负责：一是与 ASD（OEPP）和主管设施与环境的国防部副部长帮办（DUSD（I&E））相协作，监督有助于改善能效、促进国防部能源供应多样化的技术开发；二是监督国防部与能源相关的装备与技术的标准化。

主管设施与环境的国防部副部长帮办（DUSD（I&E））：受 USD（AT&L）的领导，负责：一是对国防部各部局就管理设施能源资源和投资落实政策并提供指导，担任设施能源事务的主要顾问；二是确保对军事基地基础设施进行符合成本效益的投资，以减少能源需求，增加现地电力配送能力（包括可再生能源），加强军事基地的电力应变能力；三是与主管国土防御与美洲安全事务的助理国防部长相协调，管理与能源相关的风险，以支持减少商业电网对国防部基础设施和任务构成的挑战；四是监督设施能源技术项目，发现相关能源技术，支持能源技术的示范，以满足军事设施的能源需要；五是与其他政府机构和私营部门就设施能源事务开展协作。

国防后勤局局长：通过 ASD（L&MR）接受 USD（AT&L）的领导，负责：一是依据相关规定，管理能源商品及相关服务；二是采购支持任务需要的、有助于改善能源效能的、符合成本效益的并且在合适的情况下可以使用多种能源品种的装备和产品；三是对 DLA 基础设施和资产所面临的与能源相关的风险进行评估并加以管理；四是提供能源专业知识，支持替代燃料的资质评估和认证以及野战示范活动。

主管政策的国防部副部长（USD（P））：一是为实施该指令提供所需要的区域性和功能性政策指导和监督；二是与 USD（AT&L）和成本估算与项目评价办公室主任相协调，促进能源分析的发展并将分析意见融入国防规划和项目设计考虑之中；三是确保对国土防御和对地方当局的防务支持活动所面临的与能源相关的任务风险进行评估和管理。

主管国土防御与美洲安全事务的助理国防部长（ASD（HD&ASA））：受 USD（P）的领导，负责：一是对评估和实施国防关键性基础设施项目

(DCIP)、国防持续性项目、任务确保和其他本职任务领域与能源相关的风险管理进行监督；二是与 DUSD（I&E）相协调，促进国防部各部门与非国防部政府机构和私营部门之间就国防部所依赖的商业能源基础设施的恢复能力和应变性进行协作，以减少任务风险；三是与 DUSD（I&E）和 ASD（OEPP）通过 DCIP 就识别与能源相关的关键性任务依赖性和能力进行协调；四是就地方当局提出的与能源相关的支援请求进行协调。

主管人事与战备的国防部副部长：一是监督能源相关的战备情况报告；二是确保国防部人员接受必要的教育和培训，把能源珍视为对完成任务至关重要的一种资源。

成本评估与项目评价局：一是为本指令的实施提供项目设计指导；二是支持在国防部的要求、采办和规划、计划、预算与执行流程中使用能源分析；三是在为处于开发阶段且最终产品将在战场空间产生能源需求的所有国防部系统进行的替代燃料分析中，依据国防部第 DoDI 5000. 02 号指令和《国防采办指南》，指导和评估能源的全负担成本。

各军种部部长：一是制定和实施与该指令及其实施指令相一致的作战思想、指导意见和战略策略；二是开发、采办和部署有利于改进能源效能和作战效能、符合成果效益并且在合适的情况下可使用多种能源品种的武器系统、平台、装备、改进型号和产品以及军事设施（包括持久性和非持久性站点）和作战单位；三是将能源考虑因素和效能奖励纳入合约和作战合约支持；四是使用国防部规定的一揽子标准活动发电品种；五是衡量能源消耗量，对能源相关项目进行核算，并根据 USD（AT&L）的指示，依照国防部 DoD 8910. 1 - M 规定的程序，将信息提供给国防部长办公室；六是将能源分析情况融入本部门的需求、采办和规划、计划、预算与执行流程；七是在装备需求、采办和军力规划过程中，只要合适就纳入建模和仿真工具，分析系统能源需求和后勤可保障性；八是在各类军事行动中，从接触和安全合作到重大行动和战役，支持包含能源考虑因素和能源可保障性分析的联合计划；九是对基础设施和资产存在与能源相关的风险实施评估和管理，以改善任务确定性和能源安全，就任务基本要求对能源中断的脆弱性进行定期评价；十是开发和采办可满足国防部能源需求、管理风险的各种技术，充分利用其他政府机构和私营部门的相应资源和能源专业知识；十一是教育和培训所属人员珍惜能源，把它视为完成任务所需的一种基本资源；培养一支拥有管理能源和减少风险所需技能的人员队伍；促进非物资性和基于行为的解决办法。

参谋长联席会议主席：一是发展与本指令及其实施指示相一致的作战理论，实施与其相一致的指导；二是在装备需求制定过程中，监督和开展能源分析，确保在合适的情况下纳入建模和仿真工具分析系统能源需求和后勤可保障性；三是确保在联合作战计划中将能源考虑因素和能源可保障性分析纳入各类军事行动中，从接触和安全合作到重大行动和战役；四是为计划、战备和风险评估的目的，监督与能源相关的任务评估和信息；五是确保联合演习和兵棋推演纳入和评估联合部门的能源需求和后勤可保障性；六是确保教育与训练纳入从军事行动和演习中所获得的与能源相关的教训。

各作战司令部司令：一是在作战司令部计划中纳入指导意见和情况分析以应对各类军事行动——从接触与安全合作到重大行动与战役——中的能源风险，利用各种机会；二是评估与能源相关的作战风险，找出相关的能力差距；三是确保联合训练和演习改善联合作战部队输送和使用能源的战术、技术和程序。

《国防部能源政策》是美国国防部作战能源变革的一项重大举措。它把美国国防部各类能源活动纳入了一个统一的制度框架，明确了国防部能源政策的目的、行动领域和各相关部门的具体职责，对于全面、有效地推进美军能源变革和战略转型，增强美军能源安全、减少能源使用和管理开支、提升军事能力发挥了重要的规范和促进作用。

9. 积极开展宣传教育，培养作战能源意识

为了支持具体的监管和政策机制，美国国防部还加大了宣传教育的力度，广泛宣传作战能源的目的、意图以及该领域所取得的进步。2013 财年，OEPP 公布了一个带有社交媒体和微博输入的网站，并不断加以更新。OEPP 创立了一份每月简讯，报道作战能源变革的最近动态和成就。

OEPP 还通过发布系列信息图片的形式，宣传作战能源在战争中的作用以及美军在改进作战能源使用方面所取得的成就。2014 年 5 月 9 日，美国国防部发布了一张信息图片——“历史上的作战能源”，宣传了能源在历史上的军事行动中所发挥的作用，以图片的形式生动地记录了从拿破仑到第二次世界大战作战能源所导致的军事行动失败或者成功。2014 年 12 月 4 日，OEPP 发布了一张题为“战术前沿的作战能源创新技术”的信息图片，展示了美国国防部为应对燃料运输中伴随的风险而开展的一系列能

源创新计划，以提升美军在全球战术前沿的作战能力。

美国国防部 OEPP 网址还定期发布博客文章，话题包括每月作战能源工作亮点、“能源关键效能参数”和“能源全负担成本”等。2014 年 2 月，OEPP 在网站上刊登了天然气作为军用车辆的一种燃料所具有的利弊。

此外，美军每个军兵种和国防大学都建立了相应的教育培训计划，将作战能源考虑融入职业军事教育之中。例如，“海军部长行政人员能源系列活动”的参加人员均为美国海军最有影响力的高层领导人，就提升能力、减少与能源需求和消耗相关的脆弱性进行了卓有成效的讨论。

10. 其他政策和制度变革

除了上述制度建设以外，美国国防部还出台了一系列支持作战能源变革的其他政策。例如，2013 年 1 月，国防部主管采办、技术与后勤的副部长发布了国防部第 3000. 10 指令——《美国境外应急作战基地建设》。[①] 除了提出互操作能力、建筑标准和其他领域的国防部政策之外，该指令还明确了作战能源的作用并把减少后勤足迹确定为应急作战基地更具效能和能力的标准。

（二）支持当前作战行动

《作战能源战略》强调指出：“美国国防部目前的头等大事是支持当前的作战行动，国防部各部门应有针对性地聚焦作战能源投资。”这就是说，美国国防部要继续支持正在全世界执行作战行动的美军。为了落实《作战能源战略》提出的要求，同时支撑 2012 年《国防战略指南》和“亚太再平衡”战略，OEPP 与国防部各组成部门积极协作，在战术前沿实施了大批快速部署的装备性和非装备性创新计划，同时继续应对不断出现的作战能源需求和燃料效率需要，以提升美军的作战能力、减轻作战部队的燃料持续保障负担。

1. 装备性改进措施

2011 财年，美国国防部为阿富汗应急作战行动启动了发电、配电、储电和耗能等方面的一系列装备性改进措施。其中一项重大措施投入资金 1. 08 亿美元，安装集中式发电站和分配电网，取代大约 545 台能效低下的

① Department of Defense Directive 3000. 10，“Contingency Basing Outside the United States”，January 2013.

战术发电机，预计每年可节省燃料40万桶。美国陆军加速采购新开发的“先进中型机动发电系统”（AMMPS），其燃料效率比先前美军配发的战术发电机平均高出21%。美国陆军还在贝格兰机场（Bagram Airfield）示范了一个易于部署的1兆瓦微电网系统，与现有战术发电机相比，其燃料消耗量降低17%，持续部署成本降低60%。

同年，美国陆军和美国海军陆战队广泛协作，开发、试验和评估有助于前进作战基地提高燃料效率、减少燃料需求的技术和系统。两个军兵种都为在阿富汗前线作战的部队配发了远征型帐篷系统。海军陆战队把几个能源系统纳入了2011财年“（国防部）备案项目”（Programs of Record）之中（首期投资约2500万美元，资金逐年追加），并在阿富汗西南部署了可保障约10个营兵力的能源系统。这些系统包括隔热帐篷内衬和LED帐篷照明设备、太阳能便携式替代通信能源系统（SPACES）以及地面可再生远征能源网络（GREENS）战术太阳能电源系统。这些升级型系统为作战部队提供了可靠的电力，使一些环境恶劣的偏远小哨所可以完全依靠可再生能源运行，减少燃料需求。

2014财年，在美国中央司令部辖区内，美国国防部开展的创新活动包括：一是向伊拉克美军提供“兵力提供者”系统：美国陆军“远征能源与持续保障系统项目经理”（PM-E2S2）为美军在伊拉克的作战行动提供了全面的支持。PM-E2S2交付了能效更高的“兵力提供者”系统，在来自“陆军预置库存”的三个不同地点为150名官兵提供支持。二是PM-E2S2在阿富汗开展的支援任务：2013年9月，美国国防部完成了旨在给驻扎在阿富汗的前进据点提供能源和基地建设解决方案的“发电机行动”（Operation Dynamo）任务。2012年7月至2014年9月之间，“发电机行动”各分队为67个偏远据点提供了改进型高能效电源和帐篷解决方案，从而极大地改善了任务效能，并对这些据点的持续保障、培训和撤除继续提供支持。三是美国陆军中央司令部驻阿联酋的红腿兵营：给现驻阿联酋红腿兵营装备了可支持600名士兵的扩展型“兵力提供者”系统，包括微电网和高能效发电机，改善了兵营士兵的生活，减少了兵营持续保障的需求。四是美国中央司令部驻约旦前进基地：PM-E2S2为三个不同的地点进行了电力和基础设施评估，交付并安装了新型能效设备，减少了持续保障的负担，增强了供电可靠性。美国国防部还对美国陆军空间与导弹防御司令部（SMDC）驻卡塔尔的设施提供了支持。具体地说，美国国防部在SMDC从导弹防御局接收设施作战控制权之前对基地供电系统进行了评估，解决了供电可靠性的问题。

美国国防部的装备性创新行动名目繁多，遍布各个战区，取得了显著的节能效果，提升了作战部队的燃料效率和能源保障能力，减轻了燃料持续保障的负担，有效地支持了美军当前的军事行动。

2. 非装备性变革措施

在大力开展装备性创新的同时，美国国防部还积极采取非装备性变革措施，与各作战司令部一起，把作战能源考虑纳入作战计划和组织之中。2012 年 3 月，美国太平洋司令部举行了一次作战能源高峰会议。会上，太平洋司令部的高层领导明确承诺要在辖区内落实《作战能源战略》。太平洋司令部已经建立了一个能源管理结构，任命了一名作战能源顾问，并且在一些演习中纳入了作战能源考虑。此外，其他作战司令部也成立了作战能源管理体系，制定了章程，将作战能源考虑融入了战区战役计划和演习，并且在各自辖区内资助了一系列研究，以改进官兵对作战能源挑战和机遇的认识。①

美国国防部采取的创新行动和制度变革表明，美军致力于改善作战能源安全，加强当前作战行动。驻阿美军司令艾伦（John R. Allen）上将在 2011 年 12 月发布的作战能源政策备忘录中强调指出，作战能源完全等同于战斗力。他指示部队通过改进各种作战流程、装备和个人选择，提升能源使用效率。驻阿美军作战能源处直接通过指令性政策、合同签发和装备升级计划，减少美军在阿富汗的燃料消耗。

（三）塑造未来部队

除了促进制度变革和支持当前作战行动以外，美国国防部还采取多种措施，把作战能源融入美军未来发展之中，以落实《作战能源战略》的目标。美国国防部通过设立“作战能源能力改进基金”、实施替代燃料研发计划、开展跨机构伙伴协作、改进武器采办和需求开发等手段，着力打造一支能源供应更加安全的未来部队。

1. 设立“作战能源能力改进基金”

为了减少未来远征部队前进应急作战基地的能源需求，2011 年，美国

---

① DoD, *Fiscal Year* 2012 *Operational Energy Annual Report*, September 2013, p. 6.

国防部专门设立了一个“作战能源能力改进基金”（OECIF）。美国国会在《综合拨款法》（Omnibus Appropriation Act）的框架内为这一基金提供拨款。资金的管理由主管作战能源规划与项目的助理国防部长负责。基金的基本任务是资助创新，通过科技投资提升国防部的作战效能，改进美军关键要素的能源效率，促进国防部科技创新的长期性变革，使之与《作战能源战略》相匹配。这一使命包含两项关键目标：一是技术目标，就是开发或示范并快速部署有助于提升军事能力、减少开支的作战能源技术或做法；二是制度目标，就是在各军兵种建立一种有利于继续开展此类创新的可持续制度能力。OECIF 资金的功能是作为“种子资金”，启动或巩固有发展前景的作战能源项目或研发方向，由各军兵种负责推进。OECIF 通常支持或建立长期性研发计划，而非一次性项目。该基金对作战能源规划与项目办公室的监管提供补充。

2011 年 6 月，美国国防部进行了项目招标。经过筛选，2012 年 1 月 31 日，美国国防部公布了获得该基金资助的 6 个作战能源项目，发放了 1800 万美元资金，用于支持研发和迅速转换供作战部队使用的能源技术，提升美军的军事能力，减少与能源相关的伤亡，降低成本。[①] 获得资助的是由美国国防部牵头、代表各军种和能源部的研发团队。这 6 个项目具体情况如下：一是创新型冷却设备（ICE）开发/示范项目：2012 财年 250 万美元。该项目寻求应用先进技术，减少供暖和冷却系统 10% 至 30% 的燃料消耗，从而减少战场燃料运输车队，增强美军人员的安全。二是海军远征技术推广项目：2012 财年为 319 万美元。该项目组寻求通过应用热能空调等先进技术，改进远征环境的恶劣条件，从而减少供暖制冷燃料消耗 20% ~50%，以减少战场燃料运输车队，增强美军人员的安全。三是用于应急作战基地及其他目的的先进、高能效帐篷系统：2012 财年 599.7 万美元。该项目寻求改变现有的耗电量大、密封性差、空调效果不佳的战场帐篷系统，示范和推广高能效帐篷系统，减少 50% 的耗电量，同时改进作战能力和居住质量。四是超级集装箱化居住单元（SuperCLU）设计与开发：2012 财年为 100 万美元。目前，在全球美军远征基地，许多官兵居住的集装箱居住单元（CLU）没有高能效空气调节系统、高性能保温隔热、反射式隔

① DoD, *Operational Energy Capability Improvement Fund Program Highlights*, http://energy.defense.gov/Portals/25/Documents/Blog/20120131_OECIF_Highlights.pdf.［2014—07—27］

热外墙涂料或者平衡良好的室内空气分配系统。该项目寻求在对现有的CLU重新设计时融入这些特性，同时采用轻型建筑材料，提供更好的活动性，并使室内空间最大化。项目组首先将把精力集中在吉布提的美军基地，目标是使经过改造的CLU减少耗能54%和82%，从而降低该基地的燃料需求及相关成本，为其他远征基地提供宝贵经验。五是以革命性的方式降低作战能源消耗：2012财年385万美元。该项目旨在发现和评估可以减少热带环境中远征前哨基地能源需求的现有技术和新技术，寻求展示这些技术，使2016年热带环境中前进作战基地能源使用总量降低50%。六是"持久自由行动"能源行动试验场：2012财年142.5万美元。该项目旨在为阿富汗远征行动中能源和燃料使用建立一条基准线，并系统地评估各种能源技术（如改进型空调、隔热帐篷内衬、帐篷遮阳板、太阳能混合发电技术）所带来的量化作战好处。该项目寻求快速分析上述技术对减少燃料消耗所产生的效果，并确定哪一种技术产生的作战影响最大，为"持久自由行动"的部署带来最佳的投资效益。①

时任美国国防部长帕内塔表示："我们必须继续开发创新性的能源解决方案以促进我们的军事使命，明智地使用我们的宝贵资源。目前，国防部在这方面一马当先，因为在战场上节约能源意味着拯救生命、节约开支。"② 主管作战能源规划与项目的助理国防部长莎伦·伯克深刻指出："一支懂得更具战略性地使用能源的军队，不论是今天还是未来，都是一支更加强大的军队。国防部正在重新打造美军，使它变得更加敏捷、灵活，能够应对各种未来挑战。本次受到资助的6个团队的研发工作将为我们的部队提供更好的战场能源选择。"③

从2012～2015财年，OECIF提供资金支持的创新项目越来越多（参见表1—16），并取得了重大进展。例如，美国陆军和空军联合开发的先进帐篷系统技术可以减少帐篷系统电力消耗超过50%。一个旨在提升热带地区应急作战基地技术能效的项目把经过改进的帐篷、环境控制单元和照明与先进的温控技术相结合，实现79%的节能效果。由美国陆军和海军牵头、

---

① DoD, *Operational Energy Capabilities Improvement Fund Program Highlights*, Jan. 31, 2012.

② *Department of Defense Announces Winners of $18.0 Million Fund to Improve Battlefield Energy Security*, January 31, 2012, http://www.defense.gov/releases/release.aspx? releaseid = 15035. [2014—07—27]

③ Ibid.

与国防高级研究计划局能源处合作开发的多个项目改善了环境控制单元的能源效率，提升幅度高达56%，并且通过改进导管还可提高12%的能效。①

表1—16　作战能源能力改进基金（OECIF）资助项目

起始年份	重点
2012财年	减少远征部队前沿基地的能源负荷，重点突出高能效帐篷和制冷
2013财年	与各类机构展开广泛合作，持续重点解决作战能源问题
2014财年	运用数据分析方法和工具，将作战能源因素纳入国防部计划和决策流程
2015财年	通过研发自动化/智能巡航控制、辅助电气化、热效气缸以及轻量化建模与仿真技术，改进当前地面战术车辆的燃料经济性

资料来源：OEPP，*FY2015 Operational Energy Annual Report*，Aug. 15，2015，p. 6.

2. 投资替代燃料研发计划

指导美国国防部替代燃料研发活动的政策文件有两个：一是《国防部能源政策》，要求促进能源供应和品种多元化，扩大能源供应，包括可再生能源和替代燃料；二是美国国防部2012年发布的《作战平台替代燃料政策》。根据这项政策，美国国防部对一系列与测试和评价、大批量采购和支持燃料生产相关的替代燃料创新活动提供了资助。

2013财年，美国国防部对替代燃料测试和认证活动进行了投资，以支持《作战能源战略》中提出的扩大作战能源供应来源、确保能源供应安全的目标。美国陆军成功地通过了采用费—托（F-T）工艺合成炼油和加氢处理可再生航空油（HRJ）两种工艺生产的替代燃料新品种的认证。美国海军更新了JP5的技术规格，纳入了50%以上的加氢处理油酯和脂肪酸，并继续开展其他途径的认证。国防后勤局也开展了测试和认证工作，以支持将合成燃料和替代燃料加入机动燃料规格。

① OEPP，*FY2015 Operational Energy Annual Report*，Aug. 15，2015，p. 6.

表 1—17　美国国防部生物质原料和生物燃料生产能力开发计划

军兵种	项目名称	计划名称	描述	财政部代号	预算活动	预算项目	子项目编号	2013 财年拨款（美元）
海军	燃料科技	能源效率和替代能源技术—生物燃料	确定从生物质和废弃物中提取的替代能源用于海军舰船燃气涡轮发动机和柴油发动机工作的可行性	2040	03	441	0603005A	2000000
《国防生产法》第三款	《国防生产法》采购	先进“滴入式”生物燃料生产计划	该计划的目标是形成一个或多个一体化生物燃料生产企业，由相关合作方参与，建立一个完整的“滴入式”替代生物燃料价值链	0360D	01	1	0902199D8Z	60000000
							总计	62000000

资料来源：OEPP，*FY* 2013 *Operational Energy Annual Report*，Dec. 4，2014，p. 14.

美国国防部还利用《国防生产法》提供的资金，对先进“滴入式”生物燃料生产计划下开展的替代燃料研发活动提供了支持。这一计划的合作伙伴来自私营部门、能源部和农业部，旨在提升美国本土以商业规模生产具有成本竞争力的先进“滴入式”可再生燃料的能力。该计划需要通过严格的评估程序，并寻求私营部门相应的甚至更大的投资。2013 财年，美国国防部代表 3 个政府机构在这方面走出了第一步，通过竞争选择了 4 家公司，实施先进生物燃料生产项目的第一阶段。表 1—17 和表 1—18 是 2013 年美国国防部替代燃料创新计划及资金安排。

表 1—18　美国国防部测试和评价军用替代燃料/非石油燃料计划

军种	项目名称	行动名称	描述	财政部代号	预算活动	预算项目	子项目编号	2013 财年拨款（美元）
陆军	航空技术	燃料资质与认证工作	评估在航空平台中使用新兴替代燃料所带来的影响，查明在燃料规格中的变化，将替代燃料融入陆航平台系统之中	2040	02	EM8	0602211A	959000
陆军	作战车辆和汽车先进技术	燃料资质与认证工作	评估在战术作战车辆及其他可部署资产中使用新兴替代燃料所带来的影响，查明燃料规格所需要作出的变化，将替代燃料融入陆军装备系统之中	2040	02	H77	0602601A	2165000
海军	替代燃料项目	替代燃料项目	通过实验室、零部件、引擎、燃油系统和武器系统的测试，开发技术数据，以此评估燃料化学和特性的变化对海军舰船、飞机和燃料系统工作性能和稳定性的影响	1319	04	0838	0603724N	9897000
国防后勤局能源处	质量/技术支持办公室	能源战备项目	该计划的目标是管理旨在改善 3B 级军用燃料供应体系的项目。当前的重点是在美国本土协助转用商用 A 型喷气式飞机燃料，并将替代燃料纳入到军事采办计划之中	0400	03	24	0603712S	1300000

续表

军种	项目名称	行动名称	描述	财政部代号	预算活动	预算项目	子项目编号	2013 财年拨款（美元）
							总计	23421000
				2013 财年总计预算			85421000	

资料来源：OEPP，*FY* 2013 *Operational Energy Annual Report*，Dec. 4，2014，p. 15.

测试和评价：2014 财年，各军兵种将替代燃料活动重点集中在测试和评价飞机、舰船、战术车辆和保障装备使用“滴入式”替代燃料的问题。这些努力使各军兵种可以利用来自广泛的非石油原料生产的一系列燃料，期待这些燃料实现商业化供应，与常规燃料一样具有成本竞争优势。随着具有商业竞争力的替代燃料最终进入美国国防部的能源供应链，测试和评价可以确保美国国防部能使用这些商业替代燃料而不会对使命任务产生影响。

大宗采购：国防后勤局能源处的大宗采购招标体现了替代燃料认证的进展，现在已经接受含有“滴入式”替代燃料的混合燃料。2013 年 12 月，美国海军与农业部宣布一项“农场到舰队”的伙伴计划，以促进本土生产的生物燃料直供海军。根据这项计划，美国农业部在 2014 年 5 月内陆/东部/墨西哥湾招标中为符合资质的非混合生物燃料提供每加仑 0. 72 美元的奖励。具体地说，国防后勤局能源处要求在 1. 38 亿加仑和 2. 55 亿加仑的燃料供应总量中，包含 10% ~50% 符合资质的“滴入式”替代燃料的 F—76 和 JP—5 混合燃料，2015 年 4 月开始交付。

生产支持：美国国防部还参与了一个跨机构计划，支持开发成本效益好的先进“滴入式”替代燃料，既可军用又可商用。“先进‘滴入式’生物燃料生产项目”受《国防生产法》的支持，是美国国防部与私营部门和能源部、农业部建立的一种伙伴关系。2014 年 8 月，3 家公司在《国防生产法案》第二阶段分别获得 7000 万美元的合同（总计 2. 1 亿美元），建设商业规模的燃料生产设施。这笔资金将匹配约 7 亿美元的私营部门投资。在最终确定场地许可证和融资合同后，项目预计于 2015 年破土动工。

同时，美国空军出资 2000 万美元研究生产具有成本竞争优势并且温室气体排放量低于石油基航空燃料的"滴入式"煤基航空燃料。2013 年 8 月，美国空军与能源部化石能源办公室联合发出了一份招标通知，并于 2014 财年完成了各种概念材料和详细申请书的评审工作。

3. 加强与能源部的跨机构合作

在给前线作战部队运输燃料补给的过程中，美国国防部付出了沉重的代价。为此，美军领导人迫切希望通过提高能效、利用可再生能源发电取代化石燃料等办法来减少其脆弱性。2010 年 7 月 22 日，美国国防部与能源部签署《谅解备忘录》①，建立了一个执行委员会，联合实施与能源相关的项目，由此为双方搭建了一个合作框架。备忘录旨在增强国家能源安全，展示联邦政府在促进美国向低碳经济过渡的进程中发挥领导作用。双方合作领域包括能源效率、可再生能源、水资源利用效率、化石燃料、替代燃料、交通节能和燃料加注基础设施、电网安全、智能电网、储存、垃圾变能源、基础科学研究、机动/可部署电源、小型模块化核反应堆等。

美国国防部在 2010 年《四年防务评估报告》中表达了与其他政府机构合作研发、测试和评估新的可持续能源技术的意愿，以加速创新性能源和节能技术从实验到军事终端用户的应用进程。五角大楼希望把军事基地作为试验田，为能效和可再生能源创新性技术走出能源部实验室提供一个展示平台，创造一个市场。美国国防部需要投资许多与能源部相同的能源技术及其他符合其作战需要的能源技术。能源效率可以发挥力量倍增器的作用，扩大野战部队的行动范围和持久力，同时减少分流去保护能源补给线的作战部队数量，并降低长期的能源成本。

美国能源部是主管先进能源技术开发和应用的联邦机构。当前，能源部也在努力增加可再生能源的使用，降低能源需求，以改善能源安全和作战效能，减少温室气体排放，支持美国气候变化计划，保护国防部免受能源价格波动的影响。与国防部合作可以给能源部提供机会加速其技术和专业知识的推广与应用，以帮助解决美国重大的经济和能源安全问题，促进科技创新。通过技术创新应对军事挑战有望产生衍生技术，最终惠及民用部门。

2010 年 7 月 27 日，由美国国防部和各军兵种文武高官、能源部政策

---

① *Memorandum of Understanding Between the U. S Department of Energy and the U. S Department of Defense Concerning Cooperation in a Strategic Partnership to Enhance Energy Security*, July 22, 2010.

制定者、智库和企业家组成的130多位利益相关者在白宫举行研讨会，讨论清洁能源对国家安全的重要性。美国海军部长马布斯发表主旨演讲。他重点介绍了美国海军部在打造绿色舰队、为飞机提供生物燃料、测试新的能效和替代能源技术方面所取得的巨大进步。会上，美国能源部副部长宣布了国防部和能源部签署的备忘录，表明双方将共同努力，推动在政府内外建立各种伙伴关系，发展清洁能源经济，以创造就业机会、降低美国对石油的依赖，同时确保国家安全和军队完成使命任务。美国总统奥巴马积极支持美军、各政府部门和私营企业界开展合作，共创清洁能源未来。

《谅解备忘录》带来了丰硕的合作成果。美国国防部根据备忘录启动的能源技术研发项目主要包括：一是“混合储能模块”（HESM）：这是国防高级研究计划局能源处（DARPA-E）与美国国防部之间开展的一个联合研发项目，旨在开发模块化混合储能技术，解决美军前进作战基地、飞机能源管理和未来舰载武器系统的长时间供电和快速充/放电需要。二是“先进车辆电源技术联盟”（AVPTA）：这是能源部车辆技术研发计划与美国陆军联合开展的车辆研发工作，内容涉及电池存储、轻型材料技术等领域。2013年9月，能源部给AVPTA注资4500万美元，陆军出资300万美元，共同支持38个先进车辆项目的研究，包括先进电池、电源电子和优质润滑油。三是美国陆军“基地营区一体化实验室”（BCIL）储能示范：这是能源部供电与能源可靠性办公室和桑地亚国家实验室与美国陆军开展的合作项目，旨在示范储能系统，降低发电机燃料消耗。四是能源部向各作战司令部派驻顾问：能源部向5个地理作战司令部派出了能源顾问，帮助它们将能源考虑融入计划、演习、项目和安全合作之中。[①] 2013年12月，美国国防部与能源部联合举办了一个研讨会，关注重点是电池、可穿戴式太阳能、燃料电池和微电网方面的合作潜力。多年来，根据《谅解备忘录》建立的大批联合创新计划取得了重大进展。

4. 促进作战能源融入未来军力建设

美国国防部深刻认识到，虽然美军可以在作战行动中改变近期的能源使用方式、投资一些重点能源技术，但是，改变未来部队更为长远的能源需求则必须采取一种更加综合性的解决办法。为此，美国国防部大力提高作战能源的地位和作用，积极促进作战能源考虑融入未来部队的需求开发

---

① DoD, *FY 2012 Operational Energy Annual Report*, September 2013, pp. 6 –7.

和采办决策流程。

OEPP 特别重视与联合参谋部后勤办公室开展协作，在《联合能力集成与开发系统》（JCIDS）之下监督能源关键效能参数的实施。2012 年 1 月，通过更新 JCIDS 指南，关键效能参数已经成为指令性要求。随着美国国防部对反介入/区域拒止对后勤和基础设施威胁的认识加深，未来，关键效能参数的重要性进将一步提升。

2012 年 8 月，OEPP 发布了一份备忘录，题为《在替代燃料分析和采办项目中计算能源全负担成本的指南更新通知》。[①] 该备忘录更新了能源全负担成本估算方法，以便为替代燃料分析和采办项目中作出有关成本、时间表和效能交易的决策时提供信息。同年，美国国防部在替代燃料上投资 4640 万美元，测试和认证可供各军兵种飞机、舰船和车辆使用的混合替代燃料。国防后勤局投资 360 万美元，用于支持把合成燃料和替代燃料加入机动燃料规格的测试和认证活动。[②]

OEPP 还参与了军种兵棋推演，帮助把作战能源问题纳入部队计划、需求开发和采办之中。这些努力包括各种部队结构和系统所产生的能源需求以及与能源相关的后勤所面临的种种威胁。通过这些努力，各军兵种可以测试各种系统和作战概念的军事效能，看看这些系统和作战概念能否以更少的燃料需求和相关后勤提供更大的战斗效能。

不难看出，在应对由能源带来的威胁和地缘政治因素的过程中，美国国防部已经逐渐把长远的创新和能源技术改进措施融入其核心的运作流程、军队结构和军力规划之中，以确保其拥有打赢未来战争所需要的军队。

5. 实施国防部层面作战能源创新计划

为了减少燃料需求、改变其燃料结构，美国国防部积极开展能源创新行动。2013 财年，美国国防部为各项作战能源创新计划申请了 14 亿美元的预算。大部分计划旨在减少美军作战能源需求量。美国国防部“未来多年度国防计划”（2013 ~2017 财年）包含约 86 亿的总预算，用于支持作战能源发展计划。[③]

---

① OEPP，*Notification of Updated Guidance for the Calculation of Fully Burdened Cost of Energy (FBCE) in Analysis of Alternatives (AoAs) and Acquisition Programs*，memorandum，August 2012.

② DoD，*FY 2012 Operational Energy Annual Report*，September 2013，p. 12.

③ Sharon Burke，*What is the Price of Energy Security: from Battlefields to Bases*，112th Cong.，2nd sess.，March 29，2012.

作为一个整体，美国国防部在降低燃料依赖的过程中面临两个较为突出的问题：一是装备服役寿命问题。占美国国防部燃料用量一半以上的飞机和军舰服役时间很长，因此，飞机和军舰的构成变化和更新速度比较缓慢。二是如何收集可靠的能源使用数据，以制定清晰无误的衡量标准来评价能源创新计划的效果并作出知情决策。表 1—19 显示了 OEPP 和各军兵种 2012 年实施的作战能源创新计划。

表 1—19　美国国防部作战能源规划与项目办公室主要作战能源创新计划

创新计划	情况简介
建立国防部作战能源消耗基准线	在国防部范围内收集可靠的作战能源消耗数据，作为分析国防部作战能源使用和发展作战能源衡量标准的基础。
国防作战能源委员会	该委员会负责监督《作战能源实施计划》的落实，包括制定作战能源衡量标准。
作战能源预算认证	评估国防部作战能源预算拨款，以确保《作战能源战略》有充足的资金支持
与美国中央司令部（CENTCOM）和驻阿富汗美军（USFOR-A）建立作战能源伙伴关系	CENTCOM 和 USFOR-A 均已设立了作战能源管理小组。USFOR-A 还下发了作战能源政策指南。
在战区迅速部署装备	简化装备（如能效更高的发电机）部署环节，减少战区燃料消耗
作战能源能力改进基金	提供 1950 万美元促进技术创新，减少应急作战基地的能源负荷，衡量前进基地的能源消耗，实现垃圾变能源。
能源关键效能参数	建立一套衡量能源关键效能参数的办法，用于分析需求差距、需求发展和采办项目。
燃料全负担成本	就燃料全负担成本的评估方法和应用向各军兵种提供非约束性指南，作为武器装备采办过程中分析新能力全周期成本的一部分
采购合同中的能源	与国防部采购和采办政策办公室协作，发展国防部能源效能的模板语言

资料来源：*Department of Defense Energy Initiatives—Background and Issues for Congress.* 2012，pp. 15 - 16.

多年来，美国国防部积极采取各种装备性和非装备性措施，大力推进国防能源变革和创新，全面落实《作战能源战略》提出的目标，取得了显著的成效（参见表1—20）。美国国防部所开展的能源变革和战略转型充分体现了其创新思维。如今，美军后勤人员、计划人员和操作人员已经开始把能源当作一种受到制约、极其脆弱、在作战环境下并不能总是得到供应的商品。由于能源继续影响美军的作战行动、计划和装备开发计划，因此，美国国防部强调必须把能源永远当作其决策的一个重要组成部分。

表1—20　2012财年美国国防部《作战能源战略实施计划》目标完成情况

目标	任务	完成情况	预计完成时间
1. 衡量作战能源消耗量	建立作战能源消耗量基线	2012年6月完成	已完成
	改进和更新作战能源基线	2012年9月完成——国防作战能源委员会批准2013财年第二季度实施这些改进措施	已完成
2. 改善作战和训练中的能源效能和效率	以能源效能提升保障当前作战行动	进行之中——支持驻阿美军、快速装备部队远征能源（REF E2E）、海军陆战队实验性前进作战基地（Ex-FOB）、后勤民事增补计划（LOGCAP ESI）	通过总结作战能源最佳实践、创新、标准并加以制度化，ASD（OEPP）继续同其他部门合作，保障在阿富汗的行动
	提高各军种的作战能源效率	进行之中——陆军和海军陆战队正采取多种措施，通过提高效率减少能源需求，尤其是小型应急作战基地和单兵能源，各军种2012财年报告了目标	预计2013年12月完成
	建立国防部门作战能源效能计量办法	进行之中——作战能源规划与项目助理国防部长办公室确定了计量办法	预计2013年12月完成
3. 促进作战能源创新	评估国防部门能源科技的不足和对策	2012年9月完成——国防作战能源委员会通过了关于新兴重点调查的结果	已完成

续表

目标	任务	完成情况	预计完成时间
4. 改善应急计划中的作战能源安全	确定与作战和应急计划相关的作战能源安全风险	进行之中——发现各军种固定设施的供电在保障关键行动时的脆弱性。需要作进一步的分析和后续工作	预计2013年12月完成
5. 促进替代燃料的开发	制定国防部替代燃料政策	2012年7月完成——ASD（OEPP）签发了替代能源政策备忘录	已完成
	建立国防部替代燃料投资一揽子方案	2012年9月完成——将《国防生产法》投资战略提交给国防作战能源委员会	已完成
6. 将能源安全因素纳入需求和采办环节	将作战能源因素纳入建模与仿真工具	进行之中——跟踪陆军在地面作战车辆的分析中使用的两个非集成建模与仿真工具	预计2013年12月完成；ASD（OEPP）正与各军种合作确定建模与仿真工具
	在需求环节纳入作战能源因素	2012年12月完成——ASD（0EPP）与联合参谋部后勤处（J－4）制定了在配备人员时回顾能力文件的流程。能源关键效能参数问题现已经交回各军种考虑。2012年8月发布了"燃料全负担成本"（FCBE）指南	已完成
	将作战能源分析方法应用于国防采办环节	2012年1月完成——《联合能力集成与开发系统手册》出版，内容包含作战能源考量和建立能源关键效能参数的指南	已完成

续表

目标	任务	完成情况	预计完成时间
7. 修改政策、条令、职业军事教育和各作战司令部活动	修改和通过作战能源的政策、条令和职业军事教育	2012 年 9 月完成——将职业军事教育行动计划和 2013 财年政策计划呈报国防作战能源委员会	已完成
	将作战能源考量纳入各作战司令部活动	2012 年 9 月完成——将各战区司令部的活动概要呈报国防作战能源委员会	已完成

资料来源：DoD，*FY* 2012 *Operational Energy Annual Report*，September 2013，p. 17.

第二章 / 美国陆军能源战略与变革行动

美国陆军是一支高度现代化、信息化和机械化的军事力量，其使命任务是打赢美国的一切战争，在各种军事行动和冲突中提供立即的、持续的地面优势，以支持各作战司令部所开展的军事行动。这就意味着美国陆军必须随时准备在全球各地遂行军事行动，同时也意味着美国陆军需要有大量的设施能源和作战能源作保障。新世纪以来，国际石油价格的暴涨、两场反恐战争的持续、商业电网的脆弱性等问题暴露了美国陆军在能源上的致命弱点。在一系列内外因素的共同驱动之下，美国陆军走上了能源变革和战略转型之路。

本章旨在分析美国陆军能源使用现状和面临的挑战，追溯美国陆军能源变革的演变历程，重点解析美国陆军能源战略的基本内容，考察美国陆军为落实其能源战略所采取的主要变革行动，总结美国陆军能源战略的成效和特点。

第一节　美国陆军能源消费现状与挑战

美国陆军推行能源变革，既是为了落实美国国会通过的能源立法、美国总统签发的相关行政令以及美国国防部颁布的能源战略和相关指令，也是为了应对自身所面临的能源安全挑战，提升本军种的核心军事能力。要理解美国陆军为什么要制订能源战略、走上能源变革之路，我们必先了解美国陆军的能源消耗现状及其面临的能源安全挑战。

一、美国陆军能源消费现状

美国陆军拥有现役部队近55万、后备役20多万、国民警卫队近36万、文职雇员约25万；固定翼飞机145架、直升机738架；在海内外拥有军事基地和设施163个，建筑总面积近3.4亿平方米。[①] 规模如此庞大的一支陆军，维持其正常运转，必然消耗大量的能源。以2010财年为例，美国能源消费总量为98079万亿英热单位（BTU）。其中，美国陆军189万亿英热单位，占美国国防部能源消费总量的23%。其中，作战能源占58%，开支25亿美元；设施能源占42%，开支12亿美元（参见图2—1）。[②] 美国陆军的能源消费结构包括石油、天然气、煤炭、电力、蒸汽等，其中，石油、天然气和煤炭占其设施能源消耗总量的59%，电力占33%，蒸汽占7%，可再生能源仅为1%。[③]

美国陆军除了在全世界拥有大量军事基地以外，还有庞大的能源基础设施——近7万英里的水电气网络和污水处理系统，其中输电线路1.32万英里，天然气管线超过1800英里，饮用水和废水回收系统超过1.265万英里。[④] 这些军事基地和基础设施消耗了大量的能源，特别是电力。因此，美国陆军设施能源在国防部设施能源消费总量中占比最高。2006年，美国国防部设施能源消费量占联邦政府设施能源消费总量的62%。其中，美国陆军占36%，位居各军种之首[⑤]。到2010年，美国陆军设施能源消耗依然领先于其他军种（参见图2—2）。

反恐战争使美国陆军作战能源消耗大幅增加。以2004年驻伊拉克美军能源消耗为例，美军日均能源消耗量超过了400万加仑，其中大部分为美国陆军所消耗（见表2—1）。为满足如此庞大的能源需求，美国国防部动

---

① Alan King, *Army Energy & Sustainability Program Overview*, Feb. 3, 2011, p. 7.

② Assistant Secretary of the Army (Installations, Energy & Environment), *Army Energy Program Overview*, 21 January 2012, p. 3.

③ Department of the Army, *The U. S. Army Energy and Water Campaign Plan for Installations*. Dec. 1, 2007, p. v.

④ Isabella Clapp, *US Army Facility Energy Demand and the Impact on National Security*, 2007, p. 2.

⑤ Ibid.

用了 5500 辆卡车从科威特、土耳其和约旦运送能源至伊拉克。[①] 在作战环境中，特别是在执行海内外军事行动过程中，美国陆军的能源消耗在国防部能源消耗总量中占比很大。

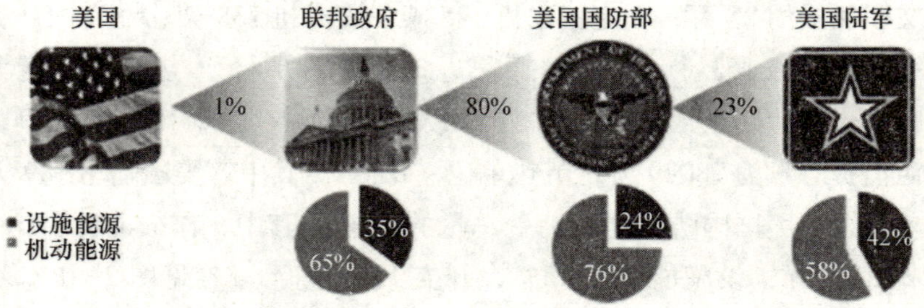

图 2—1　美国陆军在全美、联邦政府和国防部能源消耗总量中的占比示意图

资料来源：Assistant Secretary of the Army, *Army Energy Program Overview*, 2012, p. 3.

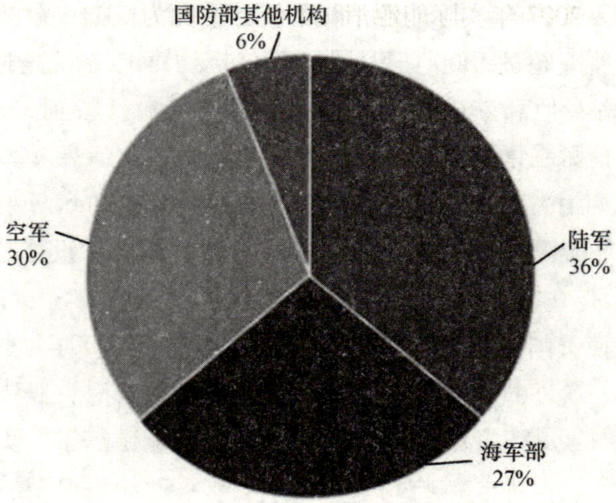

图 2—2　美国陆军在国防部设施能源消费总量中的占比示意图（2010 财年）

资料来源：*Department of Defense Annual Energy Management Report for FY*2010, June 2011, p. 9.

① Kip P. Nygren et al. *Army Energy Strategy for the End of Cheap Oil*, 2006, p. 4.

表 2—1 2004 年美驻伊陆军日均能源消耗一览表

燃料类型	用量
煤油（喷气式飞机使用）	160 万加仑/天
汽油	160 万加仑/天
液化石油气	2600 公吨/天
柴油	100 万加仑/天

资料来源：Kip P. Nygren et al.，*Army Energy Strategy for the End of Cheap Oil*，2006，p. 4.

美国陆军每年的能源消耗并非一成不变，而是随着军事设施和军事活动的增多而逐渐增长的。2007 年，美国陆军在伊拉克的人均能源日消耗量为 15～20 加仑左右，比二战时期美国陆军人均 1 加仑的日消耗量提高了近 20 倍。其中一半以上的能源都是用于发电，以维持军事设施的正常运转。①

由于任务的变化，美国陆军的能源消耗总量和结构也在发生变化。美国陆军以 2006～2007 年实际能源消耗的统计情况为依据，对和平时期和应急作战时期两种情形下的能源消耗进行了分析估算。结果显示，两种情形能源消耗模式差异巨大。在和平时期，美国陆军的能源消耗估计在 1120 亿英热单位左右，而应急作战时期则增加到大约 2080 亿英热单位。在两种情形中，美国陆军能源消耗量最大的都是设施。但是，在战时，军事设施和非战术车辆在能源消耗总量中的占比随着其他部分的上升而大幅下降。如图 2—3 所示，尽管两个不同时期的能源消耗总量和结构大相径庭，但消耗最多的都是设施能源，也就是电力。

综上所述，美国陆军能源消耗主要包含两个方面：作战能源和设施能源。当前，作战能源主要是各种不可再生的化石燃料，而设施能源主要以电力为主。其中，设施能源无论是平时还是战时，都在美国陆军能源消耗中占主导。由此可见，设施能源在美国陆军作战保障体系中起着至关重要的作用。

① Michael A. Vane & Paul E. Roege，*The Army's Operational Energy Challenge*，May 2011，p. 2.

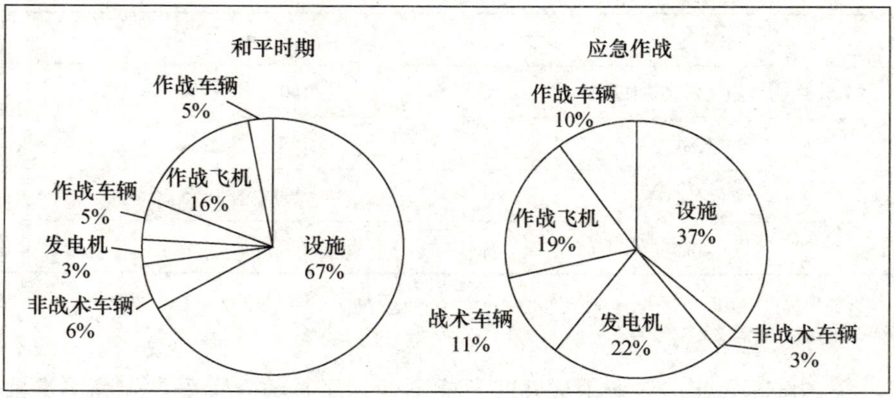

图 2—3　平战两种情形下美国陆军的能源消耗①

资料来源：U. S Army，*Army Energy Security Implementation Strategy*，2009，p. 14.

二、美国陆军面临的能源风险与挑战

作为美国国防部能源消耗大户，美国陆军能源消耗正呈逐年增长态势。在当前美国整体国防预算吃紧的大背景下，美国陆军面临能源预算紧张这一难题。可以说，日益增长的能源需求与不断收紧的能源预算之间的矛盾是美国陆军所面临的最具根本性的风险和挑战。同时，美国陆军也面临着其他种种能源风险与挑战。

一是过度依赖进口化石燃料。当前，美国陆军的能源消费结构以石油、天然气和煤炭为主，而且海外依赖十分严重。世界化石能源供应波动、价格上涨，都会导致美国陆军能源支出攀升、能源消费吃紧等情况。鉴于世界石油需求只会越来越大，在不久的将来很有可能会面临全球性的石油供应危机。到那时，严重依赖海外化石能源的美国陆军作战系统将受到沉重打击，甚至可能面临瘫痪。不仅如此，美国陆军作战能源主要来自中东、北非等不稳定或潜在的不稳定地区。这些地区常年战乱，民族、宗教矛盾频发，很难保证美国陆军能源的稳定采购。

① 应急作战时期能源分布图中各项能源占比百分数总合为 102，此系原图错误，笔者未做改动。

二是普遍缺乏节能意识。美国陆军历来缺乏节能意识。在他们看来，保障部队的能源供给是无条件的。因此，美国陆军历来重视能源的开源，而非节流。这种节约意识的缺失，直接导致其在战略规划层面上没有对能源使用引起必要的重视和整体性把握，在组织层面上缺乏针对能源使用效率进行监控的专门机构，在武器装备采购层面上将节能性能排序靠后，在个人层面上则普遍形成了对节约能源的忽视与浪费性的能源使用习惯，因此从根本上造成了战后美国陆军能源需求过度增长的现状。随着能源消费形势的日趋紧张，部队能源需求与供给能力和国防预算之间的矛盾越发突出。同时，过多的能源消耗和负重增加了陆军作战能力的脆弱性和不稳定性。

三是日益增长的能源需求威胁基地和作战行动安全。美国陆军基地设施众多，作战环境复杂，反恐战争以来，其能源需求不断增长，基地安全和作战行动因此而面临种种威胁。就设施能源而言，能源需求的增长意味着基地规模的扩大，这使基地目标变大，更容易受到袭击，同时也增加了保护基地安全的成本。就作战能源而言，更多的能源消耗意味着能源运输频率加大，运输线遭受袭击的危险增大。一旦能源补给线被切断，美国陆军作战系统就会受到沉重打击，甚至造成整个行动的失败。美国陆军诸兵种合成保障司令部（CASCOM）司令詹姆斯·霍奇（James L. Hodge）少将指出："我们依赖能源才能取胜，这一点给我们造成了软肋，而我们的敌人知道这一点。"①

四是能源供应中断恢复能力不足。当前，美国陆军设施几乎完全依赖脆弱的、易受攻击的商业电网供电，因而面临能源供应中断的现实风险。而一旦失去稳定的电力供应，军事设施就无法正常运转，周围军民的正常生活就会受到严重影响。此外，美国陆军还面临着如何加强部队作战能力的适应性与灵活性，以实现在能源中断的情况下也能够持续行动，这包括在一定地域范围内能源供应中断可能带来的影响以及因敌人破坏、不利气象条件、行动临时变化、能源无法获取等因素出现能源中断所造成的影响。

---

① *The United States Army*：*CASCOM Energizes Army's Focus on Operational Energy*. FORT LEE, Va.， 06/25/2012， http：//www.4-traders.com/news/The-United-States-Army--CASCOM-energizes-Armys-focus-on-Operational-Energy-14385663/.［2014—11—20］

第二节　美国陆军能源变革的历史演进

在联邦政府能源法律法规和国防部能源政策指令的推动下，同时为应对上述种种能源安全风险与挑战，美国陆军逐渐走上了能源变革和战略转型之路。美国陆军的能源变革由来已久，其演进历程大致可分为以下三个阶段。

一、奠基阶段（1973～1998）

美国陆军对能源问题的关注最早始于20世纪70年代初第一次世界石油危机。石油危机不仅对美国社会，也对美国陆军造成了严重的影响。高度机械化且严重依赖海外石油供应的美国陆军，在全球石油市场动荡、石油价格暴涨、石油遭受禁运的背景下面临军费开支负担加重甚至无油可用的地步。

为落实联邦政府的能源管理目标和要求，美国陆军开展了一系列能源变革行动。其能源管理工作可以从不断更新的美国陆军第11—27号条例——《陆军能源计划》（Army Energy Program）中领略全貌。该条例旨在落实美国总统签发的能源管理方面的各项行政令和美国国防部相关指令，建立陆军能源管理计划的政策、程序和职责。根据这份文件，美国陆军能源计划确定了四个目标：一是根据陆军的使命任务、战备需要和“生活质量”优先目标，确保陆军的能源可获得能力和实际供应；二是在不降低战备、环境或生活质量水平的前提下，参与全国性节能节水行动；三是达到节能节水既定目标；四是参与新的能源技术和改进性能源技术的研发工作，为国防和能源节约作出贡献。①

第11—27号条例对美国陆军能源行动的方方面面作出了详细而明确的规定。首先，条例明确了各级领导的职责和分工。主管后勤的陆军副参谋长（DCSLOG）负责管理陆军能源办公室。办公室的职责包括：行使陆军

① Department of the Army, *Army Energy Program.* Army Regulation 11—27, 3 February 1997, p. 1.

参谋部计划、指导和协调《陆军能源计划》的总体责任；维持和更新《陆军能源资源管理计划》，提出具体目标；持续评估陆军部的法定权限和监管机构、政策、流程和计划，避免低效现象；制定美国陆军内部能源分配、供应、节约和管理政策；确保美国陆军节能行动计划与环境保护行动计划相兼容；与其他军种、国防部长办公室、国防能源局、联邦政府机构、学术界、工业界等开展协调和合作，确保信息和想法的持续交流；召开陆军能源意识研讨会，对基层部队节能工作开展调查等。主管作战和计划的陆军副参谋长（DCSOPS）负责为燃料和能源品种的分配和使用确定总体作战优先等级；确保该条例的相关规定纳入国家战略中涉及陆军的部分、陆军部队需求制定、陆军的角色和任务；制定政策指南，确保各主要司令部司令将能源问题纳入部队教育、训练和演习之中，让每一名士兵都掌握节能技巧等。主管人事的陆军副参谋长（DCSPER）负责支持节能奖励项目，将节能考虑和目标纳入与人事相关的行动之中。主管设施管理的参谋长助理（ACSIM）负责制定和管理陆军能源计划中与设施相关的部分，包含设施能源项目的预算，为可用资金确定优先等级；对能源研发计划进行指导和监管；为"能源节约投资计划"和"联邦能源管理计划"进行项目安排和管理；确保能效研发资金得到优先安排等。陆军总工程师（COE）负责实施"能源节约投资计划"；制定和更新建设标准，实现能效最终既定标准；制定和实施具体的能源技术研发项目，等等。[①]

其次，条例还明确了美国陆军的能源组织，包括：一是陆军能源顾问组（AAGE），作为陆军一个高级别顾问组，负责对《陆军能源计划》政策指南进行评估、评价和介绍；二是美国陆军工程兵全国能源工作队（CENET），任务是对各个实验部队能源和水的研发工作进行评估、优先等级排序和技术转让；三是陆军能源指导委员会，任务是为陆军能源计划的管理提供技术支持；四是能源工程分析项目指导委员会，任务是对能源工程分析项目进行评估和优先等级排序。[②]

此外，该条例还就美国陆军的能源采购与供应、能源与水资源管理、能源管理的报告、能源规划与报告要求、能源公共宣传项目、节能节水项

---

① Department of the Army, *Army Energy Program*. Army Regulation 11—27, 3 February 1997, pp. 1 – 2.

② Ibid, p. 9.

目与奖励等各方面问题作出了详细的说明和规范。

这一时期，为了应对两次世界石油危机，美国联邦政府和国防部制定了一系列重要的能源法律法规，提出了明确的能源管理目标和要求。为落实这些目标和要求，美国陆军出台了第11—27号条例，建立了能源管理架构，明确了陆军能源管理的职责、政策、程序等相关问题，开展了卓有成效的能源管理工作，为未来的能源变革奠定了基础。

二、启动阶段（1999~2008）

与美国国防部和其他军种一样，美国陆军新一轮能源变革是从20世纪末开始启动的。1999年，美国总统克林顿签署了第13123号行政令，要求联邦政府各机构通过提高能源效率、增加可再生能源使用、加强能源节约和研发、确保能源供应安全和多样化，促进联邦政府在能源和水资源管理中发挥领导作用。2001年12月，美国国会通过了《2002财年国防授权法》，要求国防部实施能效计划，大幅提升能源效率。2005年，美国国会颁布了《2005年能源政策法》，将可再生能源开发视为联邦政府能源管理的重点目标之一，并规定了具体的可再生能源目标（参见附录一）。为落实上述法律，美国国防部于2004年和2005年更新了第4170.11号指令——“设施能源管理”，对国防部设施能源管理的政策、职责和程序作出了详细的规定。

2004年10月1日，美国陆军公布了《陆军环境战略：支撑使命任务，确保未来安全》，该文件的出台成为美国陆军能源变革史上的一个重要转折点。这项新的可持续战略是美国陆军自1992年以来发布的第一部环境战略。美国陆军由此经历了一个范式性转变，由原来基于遵守环境法的方法转向基于使命任务的方法，这种新方法以可持续原则为基础。① 新战略把美国陆军定义为一支能同时满足当前和未来在全球执行任务的需要、保护人员健康、提高生活质量并能提升自然环境质量的可持续部队。② 随着一系列目标的确立，美国陆军开始制定规划目标、行动计划以及监测和评估工具，积极推进部队转型。正是在这份纲领性文件的引领之下，美国陆军

① Jeremy S. Scholtes, *On Point for the Nation: Army and Renewable Energy*. 2013, p. 61.

② Ibid, p. 62.

走上了能源变革和战略转型之路。

为贯彻联邦政府法律、国防部指令以及陆军可持续战略，应对能源需求增长、国际油价上涨、能源开支不断增加和环境污染等挑战，2005 年 7 月 8 日，美国陆军在各军种中率先公布了其能源战略——《美国陆军设施能源战略》。该战略展望 2030 年，提出的愿景是：为美国陆军基地所有人员提供安全、可靠、环保、经济的能源和饮用水供应，将能源与环境可持续相融合。为实现这一愿景，美国陆军提出了未来 25 年的五大战略目标：一是消除现有设施的能源浪费；二是提高新建和翻修建筑的能效；三是减少对化石燃料的依赖；四是节约水资源；五是加强能源安全。①

2005 年 8 月，美国陆军又出台了战略实施路线图——《陆军设施节能节水行动计划》。② 该计划明确了落实每一个战略目标所需采取的具体行动以及近期（2 年）、中期（2 ~ 5 年）和长期（5 年以上）落实行动的方法、工具、技术和项目，以确保陆军成功达成其长远的能源和水资源目标，实现更加安全的能源未来，提升公用水电气资源的使用效率。美国陆军先后于 2006 年 8 月 1 日和 2007 年 12 月 1 日对该实施计划进行了更新，提出了 2008 ~ 2013 年③和 2010 ~ 2015 年④的行动计划。

2005 年 8 月 25 日，美国国防部发布了一部《国防部能源管理师手册》，对国防部能源管理目的、能源政策与计划、能源管理方式方法、各军种能源行动计划等内容进行了概要性的介绍。⑤ 根据该手册，美国陆军能源计划由主管设施管理的助理参谋长（ACSIM）具体负责，其职责为：对《陆军能源和水资源管理计划》进行规划、指导和预算安排；制订陆军能源战略；持续出台《美国陆军能源节约行动计划》；为能源研发项目提供指南和监管；协调陆军内部关于能源资源分配、供应、节约和管理的政策。美国陆军建立的能源管理机构包括：陆军能源指导委员会；陆军能源工作组；设施管理局；各驻区司令；设施能源协调员；技术标准小组。美

① Department of the Army, *The U. S. Army Energy Strategy for Installation*. July 8, 2005, p. 2.

② Department of the Army, *The U. S. Army Energy and Water Campaign Plan for Installations*. December 2005.

③ Department of the Army, *Army Energy and Water Campaign Plan for Installations. Fiscal Year 2008 to Fiscal Year* 2013. Aug. 1, 2006.

④ Department of the Army, *Army Energy and Water Campaign Plan for Installations. Fiscal Year 2010 to Fiscal Year* 2015. Dec. 1, 2007.

⑤ Ibid, pp. 189 – 190.

国陆军采取的行动主要包括：加强官兵能源管理技能培训；举办“陆军能源论坛”和“世界能源工程师大会”；创建陆军能源计划网站供官兵浏览学习；将每年十月定为“能源意识月”等。①

2007 年 1 月，美国总统小布什签署了 13423 号总统行政令，要求联邦机构提高能源效率、减少温室气体排放，每年将温室气体排放减少 3 个百分点，到 2015 年减少 30%。② 同年 2 月，美国国防部颁布了一份备忘录，要求各军种在作战行动中降低能源消耗，提高替代燃料使用率。③ 2007 年 12 月，美国政府颁布《2007 年能源独立与安全法》，永久性地允许联邦机构采用“节能绩效合同”，取消了最长 25 年的原有限制。《2007 财年国防授权法》进一步要求各军种到 2025 年实现可再生能源达到占比 25% 的目标。这一系列法律法规消除了美国陆军推动可再生能源发展的法律障碍。

为全面贯彻上述联邦政府法律法规和国防部指令提出的能源目标与要求，美国陆军于 2007 年 12 月更新了《陆军设施节能节水行动计划》。该计划包含五个方案，其中三个是关于提高能效、促进能源节约的方案，另外二个是关于推动可再生能源使用的方案。

这一时期，在联邦政府能源法律法规、国防部政策指令、陆军可持续战略等一系列内外因素的驱动之下，美国陆军从 2005 年开始启动设施能源变革的进程，建立健全了能源领导和管理架构，率先公布了《陆军设施能源战略》和《陆军设施节能节水行动计划》，确立美国陆军到 2030 年的五大设施能源战略目标，开展了一系列能源创新行动，成为美军能源变革的先锋。

三、发展成熟阶段（2009 年至今）

进入新世纪以来，由于国际油价的不断飙升和反恐战争的持续进行，

---

① U. S. Department of Defense, *DOD Annual Energy Management Report FY2006*. January 2007, pp. 12 – 13.

② Executive Order 13423—*Strengthening Federal Environmental, Energy and Transportation Management*. January 2007.

③ *Memorandum from Deputy Sec' y of Def. to Sec' ys of the Military Dep' ts on Strengthening America's Security and Improving the Environment*. Feb. 16, 2007, see from Jeremy S. Scholtes, *On Point For The Nation: Army and Renewable Energy*. 2013, p. 62.

美国陆军作战能源消耗迅速上升。巨大的燃料消耗使美国陆军战场机动能力和战斗力大大降低。在阿富汗和伊拉克，美国陆军漫长的补给线不仅消耗了大量宝贵的人力、物力和财力去维持，而且，燃料运输车队频频遭袭，伤亡惨重。因此，提高能效不仅是节省燃料的迫切要求，更是拯救士兵生命的现实需要。

美国陆军逐渐将能源变革的目光从设施能源管理转向了作战能源效能的提升。2008 年，美国国防科学委员会公布了一份研究报告，建议美国国防部立即采用能源效能参数，对能源消耗进行精确计量。为落实课题组的建议、促进能源变革的深入发展，美国陆军于 2008 年 4 月建立了能源政策管理机构——陆军能源安全特别工作组。该工作组出台了多份重要文件，将美国陆军对设施可再生能源的关注扩展到作战能源和战时能源。其中两份文件尤为重要：第一份是 2008 年 10 月 20 日下发的陆军第 2008—04 号指令——“陆军能源事业”。[①] 该指令成立了陆军高级能源理事会（Senior Energy Council，SEC），负责评估、修订、批准陆军能源战略、政策、项目实施，评估进展情况。第二份是 2009 年 1 月 13 日公布的《陆军能源安全实施战略》。该文件由高级能源理事会制定、由陆军部长批准。该战略提出了五个能源安全战略目标：一是减少能源消耗；二是提高各种平台和设施的能源效率；三是增加可再生/替代能源使用；四是确保获得充足的能源供应；五是减少对环境的不利影响。[②] 这五个目标指导美国陆军在设施管理、武器系统和作战行动方面的能源使用以及可再生能源开发，并将增加可再生/替代能源使用作为重点努力方向。

2009 年 2 月 17 日，奥巴马总统签署了旨在促进清洁能源发展的《美国复苏与再投资法》。该法案使美国陆军有机会得到联邦能源管理计划（FEMP）的资助，开展先进能源技术的研发和应用。同年 10 月，奥巴马总统又签署了第 13514 号行政令，提出了一系列节能减排和可持续发展的目标和要求。美国国防部于同年 12 月 11 日对 2005 年版第 4170.11 号指令——“设施能源管理”进行了更新。[③] 美国国防部 2010 年公布的《四年

---

① U. S. Army, *Army Directive (AD) 2008—04—Army Energy Enterprise*. Oct. 20, 2008.

② U. S. Army, *Army Energy Security Implementation Strategy*. Jan. 13, 2009, p. 5

③ USD (AT&L), *DOD INSTRUCTION* 4170. 11—*Installation Energy Management*. Dec. 11, 2009.

防务评估报告》把应对能源安全与气候变化相结合，标志着美军能源变革的范式转变。从此，美国陆军开始将能源政策和治理架构与可持续发展相整合，推进可持续能源变革。根据联邦法律法规、国防部第 4170.11 号指令以及陆军相关能源条例和政策，美国陆军对自身的能源管理提出了一系列新的目标和要求：减少能源消耗；降低对石油燃料的依赖；增加可再生能源品种的使用；向"净零"态势迈进。①

与此同时，美国陆军在能源管理架构和人事设置上也推行了一系列的变革。2009 年 12 月 4 日，美国陆军部长任命陆军副部长约瑟夫·韦斯特法尔（Joseph W. Westphal）为陆军高级可持续官，负责陆军可持续发展的协调工作。这项任命是美国陆军真正致力于走可持续能源变革之路的开端。接着，几位助理部长和总务官员被任命担任可持续发展的关键职务，并且成立了一系列工作组、课题组和委员会。2010 年 1 月 28 日，美国总统奥巴马任命凯瑟琳·哈马克（Katherine Hammack）为陆军助理部长，负责设施、能源与环境问题。理查德·基德四世（Richard G. Kidd, IV）担任主管能源与伙伴关系的助理部长帮办。所有这些努力表明，美国陆军正在建立健全能源可持续管理体系，努力从组织上保障能源变革和战略转型的顺利推进。

不难看出，这一阶段是美国陆军加大能源变革力度并最终走向成熟的关键时期。2009 年出台的《陆军能源安全实施战略》是这一阶段陆军能源变革的主要里程碑。此后，在第 13514 号行政令、2010 年《四年防务评估报告》以及陆军可持续发展战略的强力驱动之下，美国陆军能源战略思想发生了根本性的变化，从单纯将能源视为制约因素向将能源、水和土地资源视为任务赋能要素的方向转变，形成了可持续能源安全思想。美国陆军积极构建可持续能源管理体系，任命了陆军高级可持续官、主管能源的助理部长等关键性职位，成立了高级能源和可持续理事会等一系列管理机构，为陆军能源变革提供了强有力的组织和制度保障。从此，美国陆军能源变革和战略转型全面推开。

---

① U. S. Army, *Power and Energy Strategy White Paper*. Apr. 1, 2010, p. 6.

第三节　美国陆军能源战略的基本内容

美国陆军能源战略的基本内容集中体现在2009年出台的《陆军能源安全实施战略》之中。本节将基于这一纲领性文件对美国陆军能源战略的基本内容进行全面的梳理和解析。

一、指导思想、能源愿景与使命任务

美国陆军认为，确定性、可生存性、供应能力、充足性和可持续性是其履行一切使命任务所必需的能源安全核心特点。对美国陆军而言，能源安全就是要预防失去电力和燃料的获取途径（确定性），确保其能源系统的恢复能力（可生存性），评估其基地和设施可资利用的替代/可再生能源品种（供应能力），为其关键性使命提供足够的电力（充足性），促进对陆军使命、驻地和环境的支持（可持续性）。能源，作为一种关键性资源，必须随时随地得到供应，以支持美军执行各种使命任务，为战术性和非战术性车辆和装备提供动力，为士兵携带的装备提供电源，为陆军固定设施和前进作战基地提供电力及其他公用能源服务。能源安全对美国陆军作战使命的核心作用在2006年驻伊拉克西部多国部队指挥官提交的紧急请求函中得到充分凸显。齐默尔将军在信中强烈请求部署更多的可再生能源发电设备，以减少燃料运输车队的数量。除了野战部队的请求外，美国国防部资助的一些研究报告同样指出了美军存在的能源安全问题，提出加强能源安全态势的必要性。

为了寻求适用于整个陆军范围的能源安全解决方案，2008年4月，美国陆军部长专门成立了陆军能源安全行动小组（AESTF）。该小组评估了美国陆军的能源态势，提出了一系列建议，旨在减少陆军能源消耗，提升各类平台和设施能效，促进替代能源新品种使用，建立陆军减少能源消耗的衡量标准，为整个陆军打造能源文化提供指导意见。2009年出台的《陆军能源安全实施战略》（AESIS）将这些意见形成了纲领性文件。该文件表达了美国陆军的能源安全愿景、使命和目标，描述了陆军高级能源理事会

应对能源安全的整体框架。

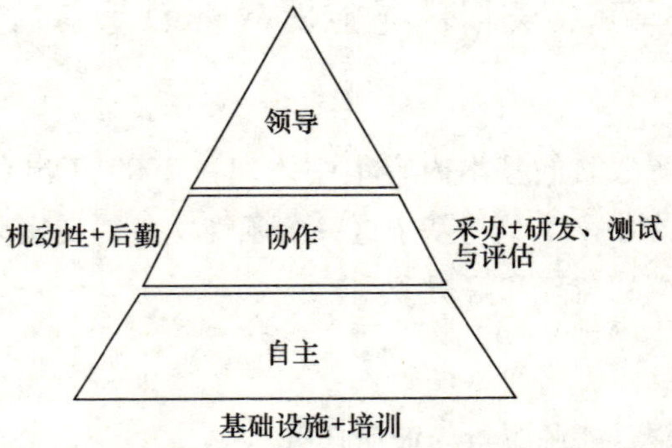

图 2—4 美国陆军能源安全愿景示意图

资料来源：U. S. Army, *Army Energy Security Implementation Strategy*, Jan. 13, 2009, p. 2.

美国陆军在《陆军能源安全实施战略》中提出的能源安全愿景是："通过领导（Leadership）、协作（Partnership）和自主（Ownership）三个层面的努力，塑造一种有效的、富有创新性的能源态势，以增强和确保使命任务的成功，提高美国陆军官兵、文职雇员及其家人的生活质量，同时成为美国国家能源变革的榜样。"[①] 图 2—4 展示了这一愿景的三个核心概念：领导、协作和自主。作为美国陆军能源安全愿景的主要组成部分，这三大要素支持远征部队机动性所需要的后勤保障；支持对替代能源品种和技术的研究、开发、测试和采办；支持对士兵和文职雇员的训练；支持军事基地和基础设施的改善，以塑造一个能源安全的未来。

关于第一个核心要素——领导，美国陆军认为，能源变革要想取得成功，领导最为重要，领导既包括集中式的，也包括分散式的，配以相应的权限和支持，以领导整个陆军的能源计划。改变美国陆军当前文化、突出能源利用效率，需要领导层把当前的能源计划和努力与改善能源安全的新方案加以整合。而要想实现这一点，就必须让陆军各司令部、各职能办公室和相关人员对各自开展的能源计划负责，同时为能源创新解决方案提供激励机制。

协作是美国陆军实现其能源安全愿景的第二个核心要素。AESIS 指出，

① U. S. Army, *Army Energy Security Implementation Strategy*, 2009, p. 2.

美国陆军能源行动计划是整个陆军体系范围内合作关系的框架，需要陆军各内部机构、其他军兵种、国防部、联邦机构和私营经济部门通力合作来实现陆军的能源战略使命。与私营经济部门开展合作在增进美国陆军能源安全、为其创造净收入方面有着巨大的潜力，可以通过协调一致的方式，充分发挥其他类型的融资机制的作用。与工业界合作可以帮助陆军基地提升能源效率，并在建设替代/可再生能源设施方面取得巨大进展。美国陆军将充分利用这些机会，构建各类伙伴关系。

自主被视为美国陆军能源愿景的基石。美国陆军领导人认为，发扬主人翁精神可以为陆军人员带来问责精神和文化变革。自主来源于知识、培训，并从作战角度认识能源对陆军使命任务各方面所具有的重要性。主人翁精神和能源文化意识要从新兵入伍教育和文职人员受雇第一天就开始培养。美国陆军能源安全需要能否得到成功解决，在很大程度上取决于陆军的自主文化。

美国陆军提出这一愿景正值2008年国际油价飙升至147美元一桶的历史高价。这使其领导人前所未有地为能源安全感到忧虑。因此，这一愿景以“领导、协作和自主”三个层面的变革为核心，以实现能源安全与能源独立为根本宗旨。

为实现其能源安全愿景，美国陆军提出的使命任务是“让能源成为陆军一切活动的考虑因素，以减少能源需求、提升能源效率、寻求替代能源品种、创造一种能源问责的文化，同时保持或增强行动能力”。[①]《陆军能源安全实施战略》明确指出，美国陆军的一项基本责任是为陆军士兵生活、工作和战斗提供优越的能力、武器和设施。美国陆军士兵的每一个系统、每一个单元行动都要依靠动力和能源，从运输工具和武器系统到监视与通信，还有简单的供暖制冷。因此，能源与陆军能源安全使命的成功和陆军人员及其家庭的生活质量密切相关。美国陆军提出这一使命任务表明，实现陆军能源安全愿景对美国陆军具有重大影响，同时也说明美国陆军肩负重大责任。

鉴于美国陆军的行动覆盖各种不同的任务和作战环境，从能源供应几乎不受威胁的持久性活动和基础设施，到需要应对环境变化的远征行动和

① U. S. Army, *Army Energy Security Implementation Strategy*, 2009, p. 2.

持续性战斗，美国陆军必须把动力和能源作为首要考量因素。① 因此，美国陆军强调要采取系统工程学的办法，在未来20年，按照近期、中期和长期三个阶段，对陆军固定设施、远征营地、地面车辆、飞机和单兵等领域的动力与能源作战需求和发展重点进行投资，打造相关能力和程序，对能源利用问题加以全面管理。

二、战略目标

为实现上述能源安全愿景和使命任务，美国陆军在《陆军能源安全实施战略》中提出了五大战略目标：

第一，减少能源消耗。即减少陆军在国内、在战区的电力和燃料消耗。该目标将通过改善燃料消耗统计管理、将设施能源消耗集中在关键功能之上，最大限度地减少作战部队的后勤燃料尾巴。美国陆军提出的主要举措是优化能源使用以减少需求，提高能效，使能源需求和能源消费增长最小化，使设施能源和作战能源的能效最大化，同时扩大可再生能源和替代能源的使用，减少环境污染。

第二，提高所有平台和设施的能源效率。提高陆军发电、配电、储电和电力终端使用以及各种系统平台、设施、分队、士兵和文职雇员燃料消耗的能效。该目标还涉及一个以能源需求为基础的武器系统的工作效率问题，并支持武器系统在开发、制造和部署时做出知情取舍的能力。美国陆军还要求拥有快速恢复能力，即为保证陆军战斗力，要求提高系统、设施、人员及作战单位对无法预见的能源短缺情况做出快速应对并继续执行关键性任务的能力。

第三，增加可再生/替代能源的使用。提高可再生/替代能源资源用于电力和燃料的比例。该目标有助于降低对传统燃料品种的依赖，同时也支撑国家可再生/替代能源的发展目标。美国陆军表示将进一步把此目标具体化，推动能源创新，发展新能源技术，以最大程度地提高能源效率。除进一步发展电力外，美国陆军还将开发太阳能、风能、地热能等清洁能源。

第四，确保充足的能源供应渠道。改善并保持陆军电力和燃料供应渠道，其能随时随地获得充足的能源补给。电力和燃料容易发生外部供应中

---

① U. S Army, *Power and Energy Strategy Whiter Paper*, April 1, 2010, p. 1.

断，这是美国陆军的薄弱环节，必须尽可能减少。美国陆军将考虑通过工业合作加强能源安全、创造净收益的潜力。在此基础上，美国陆军提出在保证能源持续供应能力的同时实现能源供应渠道的多元化，以确保作战能力不受影响。

第五，减少对环境的不利影响。减少能源和燃料使用过程中产生的有害物排泄和有害气体排放。依据美国陆军环境保护和可持续发展政策开展能源安全活动。

美国陆军深知，这五大战略目标的实现不可能一蹴而就，而是要经过长期的努力，采取合适的衡量手段，对每年所取得的进展进行评估和监测。一旦取得成功，就意味着陆军能源安全体系的重大改善，美国陆军的基地设施、武器装备和各种能力就将处于有利地位，有效执行未来各种需要能源支撑的军事行动。这些基本目标的设立体现了美国陆军的一个基本原则，即能效的提升不应降低陆军的作战能力或者履行其主要使命任务的能力。因此，实现这些基本目标，将有效地保持和增强作战能力，并实现长期节约能源成本的效果。

2009 年之后，美国陆军的能源变革方案基本上以上述五大战略目标为行动纲领。值得注意的是，随着美国陆军能源变革和战略转型的不断深入，2015 年 5 月，美国陆军在《能源安全与可持续性战略》中又赋予这些目标以新的内涵，使其更加全面、更加丰满，并提出了提高能源可恢复性、敏捷性和灵活性的战略目标，让美国陆军更加机动，作战能力更强，作战环境更加“扁平”化。[①] 由此可见，美国陆军能源变革目标的确定是其针对不同时期联邦政府能源目标和本军种面临的能源安全挑战所作出的适时调整，顺应了时代发展，并与美国防部能源战略高度吻合，同时在执行层面上，让目标更加明确、具体，重点更加突出，对全面推进美国陆军能源变革和战略转型有着很强的指导性。

三、战略实施

（一）战略实施框架

《陆军能源安全实施战略》的一个关注焦点是实施——具体行动的确

① U. S. Army, *Energy Security and Sustainability (ES2) Strategy*, May 1, 2015, p. 3.

认、整合和执行，以实现能源安全各项具体目标（ESOs）。美国陆军在AESIS中详细地解释了战略实施框架的组成要素，并对绩效衡量手段的使用、财政管理和节能奖励措施提出了指导意见。图2—5显示了美国陆军为实现其能源安全基本目标（ESGs）所确定的战略途径。ESGs代表美国陆军未来能源安全理想态势。在示意图左侧，这一战略途径建立在一系列赋能因素（Enabling Factors）之上，这些因素支撑各项实施活动，促进其在不断演变的陆军体系内取得成功。实施活动由美国陆军的各首要责任办公室（OPRs）执行，作为完成各自使命任务的一部分。首要责任办公室包括陆军部总部（HQDA）、陆军各下属司令部（ACOMs）、陆军军种组成司令部（ASCCs）、各直属单位（DRUs）和野战管理局（FOAs）。实施活动的执行对生产、传输、储存或使用各种形式和数量的能源的各种系统和部件产生影响。为了引导实施活动的发展和执行，美国陆军高级能源理事会各工作组将制定能源安全具体目标（ESOs），以支撑能源安全基本目标（ESGs）。

图2—5　美国陆军能源安全战略实施示意图

资料来源：U. S. Army, *Army Energy Security Implementation Strategy*, Jan. 13, 2009, p. 8.

（二）战略实施手段

《陆军能源安全实施战略》提出的所谓赋能因素是指对成功提升能源安全水平至关重要的一套"杠杆"。美国陆军深知，单纯依靠实施活动本身未必总能确保完全落实，除非是在一个合适的制度环境下，而合适的环境只有在认识到AESIS中支持因素的重要作用时才会形成。利用这些手段可以激发陆军官兵能源意识，倡导创新性工作实践，建立绩效问责机制，同时让官兵认识到新技术、资产改良（Capital Improvements）和系统采办/采购过程是改善陆军能源系统的基本要素。

AESIS指出，关键性赋能因素包括：机构领导；制度文化；表彰与奖励；衡量与追责；采办与购买；研究、开发、测试与评估；最佳实践的创新与公布；技术升级的集成/实施；工程建设与资产改良；知识管理；金融伙伴关系。美国陆军高级能源理事会工作组表示，在确定能源安全基本目标和衡量办法时将充分考虑这些因素。各首要责任办公室在设计、投资、执行这些实施计划时也将纳入这些因素。

（三）能源安全的具体目标

为了实现其能源安全基本目标（ESGs），美国陆军高级能源理事会确定了一系列以行动为导向的能源安全具体目标（ESOs），以引导陆军发展和协调各种实施活动、项目和投资。这些具体目标由高级能源理事会工作组制定，为陆军落实关键性能源法令（相关法律、法规、指令和政策）、实现能源安全基本目标提供必要的战略聚焦。为了更清晰地说明所需制定的能源安全具体目标的类型，AESIS列举了两个例子：一是战术机动性。其能源安全具体目标（ESO）是提升战术燃料库存管理。这包括发展运用自动化的相关技术、政策和程序，对整个陆军体系层面的燃料资产提供可见性。可确定的绩效指标是到2020年将不可容忍的战术燃料账户减少90%。其所针对的能源安全基本目标是目标一（减少能源消耗）和目标四（确保充足的能源供应渠道）。二是军事基地和设施。其能源安全具体目标（ESO）是改善现有基础设施的能源效能，包括陆军基地内的设施、设备和能源使用做法。可确定的绩效指标是到2012年完成用电计量项目。可采取的绩效计量办法是用电计量项目完成的百分比。其所针对的能源安全基本目标是目标一（减少能源消耗）和目标二（提高所有平台和设施的能源效率）。

（四）战略实施活动

实施活动指美国陆军各首要责任办公室为达到能源安全基本目标而采取的行动。美国陆军把这些活动作为实施计划的一部分，以支持业已确定的能源安全具体目标，并纳入已经规定的能源项目和工作，以及在某些情况下已经由陆军各首要责任办公室开展的项目。备选的实施活动包括基础设施行动计划（如建筑用能计量）、武器系统改进（如研发战术车辆混合动力发动机）或者单兵电源技术（如高性能便携式电源）。AESIS并不规定具体的实施活动，而是为陆军如何实现能源安全基本目标和衡量办法提出总体指南和预期结果。一旦各首要责任办公室制订的实施计划与能源安全基本目标相吻合，并且高级能源理事会确认这些计划足以达成基本目标，高级能源理事会工作组就会依据绩效计量办法一年两次对实施进度进行衡量和监测。评估结果汇报给顾问组和高级能源理事会，听取反馈意见。

（五）战略实施活动的重点

一般说来，能源安全的提升主要通过改变三个因素来完成：一是制度性行动；二是个人行为；三是资产存量（升级装备、组件设施和技术）。对美国陆军来说，制度性行动由与能源相关的联邦法律、总统行政令、国防部和陆军政策所代表。个人行为包含陆军士兵、其家人、文职雇员、承包商和供应商以及人工系统集成的努力。资产存量包括基础设施、武器系统和机动工具以及单兵动力技术。其中，基础设施指永久性军事基地和设施（美国本土及本土以外地区）及其运行的能源设备，包括非战术车辆。影响基地和设施建设的一个主要资金渠道是“军事建设”（MILCON）拨款。武器系统与机动工具包括陆军所有战术性和战斗性载人和无人地面与空中平台、武器/后勤/ C^4ISR 系统、前进作战基地和应急作战基地及其他消耗电力和燃料的部件和设备。单兵动力包括操作武器、通信设备和生命支持系统等个人装备所需要的电力或其他动力源，以及单兵使用能源的技术与承诺。

（六）绩效目标和计量指标的确定

美国陆军将监测其为实现能源安全基本目标而开展的能源安全实施活动所产生的影响。进度的测量和跟踪将在所有重大能源活动中系统地进行，以确保能源安全基本目标得到实现，并遵守联邦政府的各项能源法令（如国会法律、总统行政令以及国防部和陆军政策）。美国陆军将用定性和定量指标来衡量完成法规性目标和能源安全基本目标的进度，以保证数据的定期收集、分析和报告，建立一个绩效历史档案。具体的计量指标将从当前法律法规确定的目标中推演出来，并用于衡量由高级能源理事会工作组内部协调产生的能源安全基本目标。这种分析将考虑一个“能源安全溢价”，即在一种商品消费成本之上增加一个额外成本，用于确保关键性活动和功能持续开展行动所需要的能源供应。《2005 年能源政策法》《2007 年能源独立与安全法》《2010 财年国防授权法》等重要法律法规对美国陆军能源变革规定了一系列具体的目标和要求（参见附录一）。

（七）财政资源的管理

美国陆军主要依靠现行的规划、计划、预算与执行系统（PPBES）来应对其能源安全要求。美国陆军要求作为能源首要责任办公室的各级指挥官和项目与资源管理人员切实发挥作用，将能源安全基本目标作为一项优先目标纳入《项目目标备忘录（POM）》和需求建设流程之中。美国陆军明确提出，各种能源创新计划在征求意见时应完成一次商业案例分析。分析应包括以下要素：预期经济利益；基准成本及战略实施后成本估测，包括陆军增加或减少固定成本或可变成本的长期承诺；合适的绩效计量办法，以量化实际成本及节能成效，并向上级汇报；能抵消或覆盖当前和未来几年预期开支的现有资金流。

除了利用预算流程为能源安全和节能活动提供资金外，拨款以外的潜在融资途径也可用于基地和指挥层面的能源活动。美国陆军主管财政管理的助理部长兼审计长发布的文件——《可供陆军使用的资金源》对其他形式的融资渠道进行了说明。该文件包括一系列与《陆军能源安全实施战略》基本目标直接相关的项目，如：风险资本投资公司；能源节约投资计划；节能绩效合同及公用服务节能节水项目伙伴关系；节能节水财政奖励；能效设施行动计划；增强型土地使用租约等。

第四节　美国陆军能源变革的主要行动

2009 年《陆军能源安全实施战略》的出台为美国陆军能源变革和战略转型确定了努力的方向。该文件公布后，美国陆军采取了一系列能源变革行动，以落实五个基本目标。这些行动主要从以下几个方面展开。

一、完善能源管理和政策体系

（一）建立健全能源管理架构

《陆军能源安全实施战略》强调了领导在陆军能源变革中的重要作用。

改变陆军风气、建设重视能源效率的部队文化，需要领导层整合现有努力、创新能源安全解决办法。因此，美国陆军高层十分重视领导机构的完善。

为实现陆军能源变革目标、推动陆军能源变革的可持续转向，2009年，美国陆军成立了高级能源理事会（SEC）。这是美国陆军部能源领导架构的核心。SEC是美国陆军内部的一个部级委员会，其职能是制订一个陆军体系范围内的能源战略规划，覆盖陆军能源生产、运输、储存和终端使用的各个方面。这一集中式能源领导架构对美国陆军当前的指挥控制结构和指挥链起到了补充作用。图2—6显示了SEC的组织结构。该理事会由高级能源执行官（SEE）、顾问委员会（Advisory Board）和工作组（SEC WGs）三个层次构成。

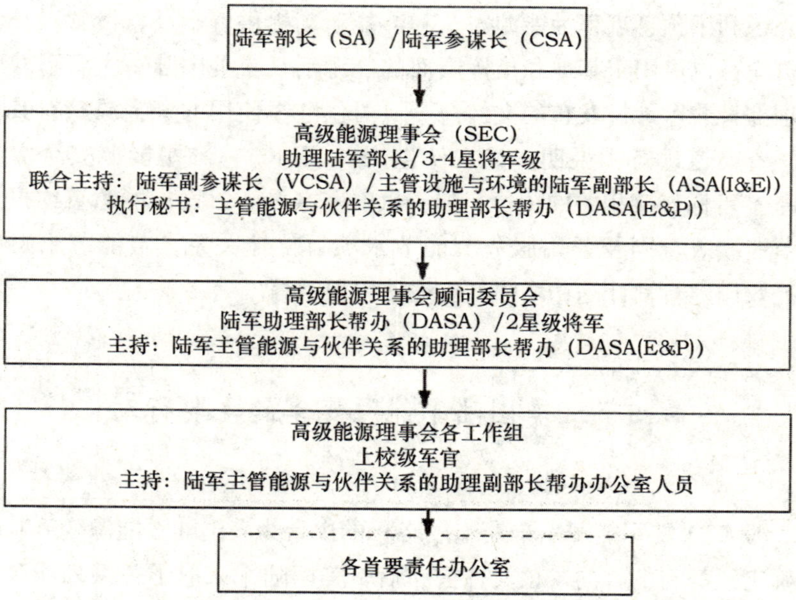

图2—6　美国陆军高级能源理事会结构示意图

资料来源：Department of Army, *Army Energy Security Implementation Strategy*, Jan 13, 2009, p. 5.

高级能源理事会通过制订和修订《陆军能源安全实施战略》确定美国陆军总体能源安全战略和基本目标。实际上，制订和执行实施计划是各首要责任办公室（OPRs）的职能。OPRs 包括陆军部总部（HQDA）、陆军各下属司令部（ACOMs）、陆军军种组成司令部（ASCCs）、各直属单位（DRUs）和野战管理局（FOAs）。SEC 各工作组与首要责任办公室配合，在《陆军能源安全实施战略》的指导下将实施计划与陆军体系目标相匹配，并向 SEC 顾问委员会汇报对实施进程的评估意见。顾问委员会对这些评估意见进行高层审定和验证，并找出需要 SEC 解决的问题。

高级能源理事会工作组是理事会的基础。这些工作组由 SEC 和顾问委员会成员机构指定的上校军官代表组成。这种代表制度确保了工作组活动和 SEC 主要领导人及其所属组织之间的直接联系。其他参与者可根据需要增加，以形成跨职能管理人员和专家团队。工作组由来自陆军主管能源与伙伴关系的助理部长帮办办公室（ODASA（E&P））的代表担任领导，根据需要召开会议。

高级能源理事会顾问委员会由美国陆军主管能源与伙伴关系的助理部长帮办（DASA（E&P））和 SEC 成员机构的二星将军代表组成。顾问委员会由助理部长帮办（DASA（E&P））担任主任，每年在 SEC 会议前至少召开两次会议。其他经选择的二星将军代表，如设施管理司令部（IMCOM）副司令，主管环境、安全与职业健康的副部长帮办，主管战略性基础设施的副部长帮办，主管军用设施与住房的副部长帮办以及陆军部长行政助理帮办，也可参加顾问委员会。顾问委员会的主要作用是审议各首要责任办公室实施计划的评估意见，并在向 SEC 提交总体进度报告之前对《陆军能源安全实施战略》确定的基本目标的完成情况提供反馈意见。顾问委员会努力解决影响到多个陆军机构（乃至整个陆军体系）的能源相关问题，还会对《陆军能源安全实施战略》每年至少进行一次评估，并向理事会提出修改建议。

高级能源理事会的作用是审议、调整和确认陆军能源安全态势。理事会向美国陆军部长和陆军参谋长报告工作。主管设施与环境的助理陆军部长（ASA（I&E））和美国陆军副参谋长（VCSA）共同担任理事会主席。理事会每年至少召开两次会议。理事会可以为陆军体系层面的能源行动计划提出建议，或查找相关问题，交由陆军体系内的其他机构或高层领导解决。

根据理事会章程，美国陆军主管能源与伙伴关系的助理部长帮办（DASA（E&P））被任命为高级能源执行官（SEE），作为理事会的执行秘书，主持顾问委员会的工作，组织理事会的会议。在这一角色下，DASA（E&P）负责监督陆军达成《陆军能源安全实施战略》所提目标的进展情况，并向理事会汇报工作。此外，SEE 还作为主要联络人向国防部长办公室汇报陆军能源事务。

随着美国国防部和陆军能源变革的深入推进，美国陆军根据能源管理工作出现的新变化、新要求对其能源领导机构适时调整改革，不断完善其能源治理体系。2011 年，美国陆军将高级能源理事会和陆军可持续理事会进行合并，建立了高级能源与可持续理事会，以更好地促进能源和可持续发展努力相整合，为能源与水资源可持续发展行动全面融入陆军各项计划和政策提供战略指导。陆军部副部长韦斯特法尔（Joseph Westphal）和新上任的陆军副参谋长奥斯汀（Lloyd Austin）上将共同主持理事会的工作。

2012 年 9 月 26 日，继美国国防部《作战能源战略》和《作战能源战略实施计划》出台后，美国陆军任命主管后勤的副参谋长担任陆军参谋部负责作战能源的主官和国防作战能源委员会的陆军代表。2013 年 4 月，美国陆军部颁布《陆军作战能源政策》，进一步明确了各级相关领导和人员在作战能源管理中的职责。

目前，美国陆军最高能源官是主管能源与可持续发展的助理陆军部长帮办（DASA（E&S）），其职责是执行、协调并整合陆军设施能源和作战能源的一切工作，同时对主管设施、能源和环境的陆军助理部长（ASA（IE&E））负责。美国陆军能源管理团队由主管设施、能源与环境的助理部长办公室、主管军事设施管理的助理参谋长办公室、军事设施管理司令部、陆军国民警卫队、美国陆军后备役和陆军装备司令部构成。陆军作战能源由主管后勤的副参谋长负责。设施能源管理由主管设施、能源与环境的首席助理部长负责。图 2—7 为美国陆军能源管理架构。

（二）进一步完善能源战略体系

在落实其能源战略的过程中，美国陆军高度重视根据形势变化和理念提升不断调整和完善其能源战略。作为对《陆军能源安全实施战略》的支撑，2010 年 4 月，美国陆军发布了《动力与能源战略白皮书》①，旨在建立一个基于作战需求的动力和能源战略框架，以指导陆军技术研发工作，

① U. S. Army, *Power and Energy Strategy White Paper*, April 1, 2010.

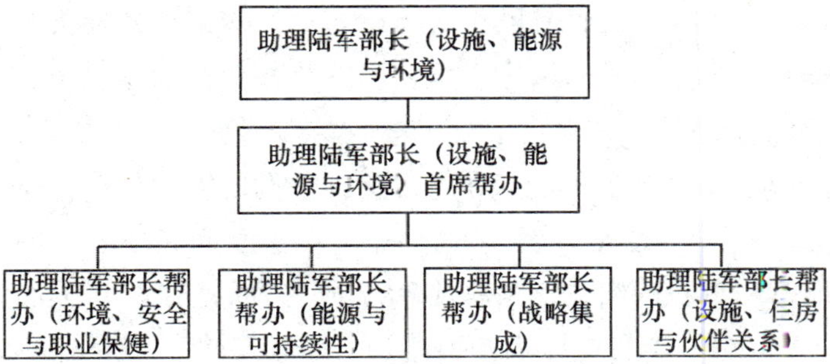

图 2—7 美国陆军能源管理结构

资料来源：Department of Defense, *Annual Energy Management Report FY* 2015, June 2016, p. 11.

应对其面临的战场能源挑战。美国陆军认为，动力和能源是跨越一切军事任务和各种作战环境的关键性赋能要素。白皮书预测了美国陆军的作战需求，明确了重要的效能特性，评估了相应的技术机会，提出了未来投资的优先目标，描述了将现行各种行动计划与未来创新道路相衔接的实施办法。该战略以 2030 年为规划视野，目的是超越现行项目和组织结构的制约，全面吸收重大的科技创新成果。白皮书以持久性和远征性作战环境下美国陆军动力与能源需求为关注点，围绕基础设施（基地营区和战术据点）、平台（地面和空中）和单兵（车载和步行）三种能源使用类别，按照近期、中期和长期三个阶段，阐述了美国陆军未来 20 年在永久性基础设施、远征性军营、地面车辆、飞行器和单兵领域的动力与能源作战需求以及发展重点。

为了落实第 13514 号行政令和国防部指令，2010 年 5 月 12 日，美国陆军发布了《陆军可持续性行动计划》，旨在协调整个陆军范围不同使命和职能机构所作的努力，并在《陆军环境战略》《陆军设施能源与水资源行动计划》《陆军设施能源战略》《陆军绿色采购指南》《陆军能源安全实施战略》等一系列可持续发展指南的基础上进一步完善陆军可持续发展框架。美国陆军把该计划作为其追求可持续发展的路线图和组织原则，跨越四个行动领域（装备物资、战备、人力资源以及服务与基础设施），力求实现以下目标：一是将可持续性作为制度融入陆军条令、政策、训练、装备、作战和采办；二是采取体系范围的办法，充分利用集体的力量，实现效率最大化，使陆军集中资源和努力；三是加强跨职能意识、合作和对可持续做法的支持；四是确保有助于降低总体操作成本的先期投资；五是从士兵和文职雇员到陆军最高领导层培育可持续性精神理念和个人承诺。美国陆军所要实现的愿景是“可持续、安全的未来”。①

2015 年 5 月，美国陆军公布了一份更加全面的能源战略——《能源安全与可持续战略》。② 这是 2009 年《陆军能源安全实施战略》的扩充版和替代版。新战略旨在落实奥巴马总统 2013 年签发的第 13653 号行政令——《让美国作好应对气候变化影响的准备》③ 和 2015 年签发的第 13693 号行政令——《为联邦政府未来十年的可持续发展作规划》④ 的目标和要求，突出部队的适应能力和恢复能力建设。新战略建立在美国陆军设施、能源与环境助理部长办公室出台的《2025 年战略》之上，是美国陆军能源安全和可持续发展战略路线图。它代表着美国陆军的一个重大转折点——从把资源视为作战效能的制约因素的传统思维转向将能源、水和土地资源视为任务赋能要素的新视角。新战略的指导思想是引导美国陆军通过减少未来资源风险、提升确保任务成功的能力，维持其全球优势。该战略对美国陆军未来可持续发展道路进行了综合性的规划，提出了陆军新的能源愿景：打造一支准备充分、灵活应变、训练有素、恢复能力强的陆军部队，掌握获取能源、水和土地资源的安全途径，在一个快速变化的世界里保持未来的选择。⑤ 这一愿景的核心内容包括三个方面：一是打造一支时刻准备应对战争的军队，即一支装备精良、训练有素、士气高涨，有能力迅速部署到作战区域的军队；二是能保障军事行动所需资源，打造一支资源利用多样化、能源利用高效的军队；三是拥有快速恢复能力，即在能源短缺时能因地制宜快速恢复作战，以适应复杂多变的作战环境。基于美国陆军能源可持续发展的基本路线，新战略文件还对 2009 年五个目标进行了再定义，对原有的能源目标进行了增加和补充，包括：为决策提供信息；优化资源使用；确保资源获取；打造恢复能力；驱动创新。该文件是继《陆军能源

---

① U. S. Army, *Army Sustainability Campaign Plan—Sustainalbe Operations for a Secure Future*, May 2010.

② U. S. Army, *Energy Security and Sustainability* (*ES2*) *Strategy*, May 1, 2015, ppl -4.

③ EO 13653, *Preparing the United States for the Impacts of Climate Change*, November 1, 2013.

④ EO 13693, *Planning for Federal Sustainability in the Next Decade*, March 25, 2015.

⑤ U. S. Army, *Energy Security and Sustainability* (*ES2*) *Strategy*, May 1, 2015, p. 3.

安全实施战略》之后美国陆军落实联邦政策法律法规、全面推进可持续发展的主要行动纲领。

（三）出台《陆军作战能源政策》

2013 年 4 月 30 日，时任美国陆军部长约翰·麦克休（John M. Mchugh）签发了一份备忘录——《陆军作战能源政策》[①]，以贯彻落实《陆军可持续行动计划》（2010 年 5 月）、《国防部作战能源战略》（2011 年 5 月）和《国防部作战能源战略实施计划》（2012 年 3 月）。备忘录首先援引《美国法典》第 10 编条文对“作战能源”进行了定义：“作战能源，即训练、运输、持续保障军队和武器平台开展军事行动所需要的能源，包括战术电力系统、发电机和武器系统所使用的能源。”备忘录指出，对美国陆军而言，作战能源的概念更广，除了上面提到的内容外，它还包括训练、运输和持续保障部队和系统开展军事行动所需的与能源相关的系统、信息和流程等所使用的能源。该备忘录为美国陆军确立了作战能源政策，明确了相关部门职责，把作战能源作为重要内容切实融入陆军各项相关政策、战略和条例之中，确保作战能源使用能够在陆军能源消耗总量中得到体现。

美国陆军充分认识到，对于提升不论是单兵还是战略层级的军事作战能力而言，陆军作战能源都是一个关键赋能因素。为此，该备忘录明确了以下 9 项作战能源政策：一是在步行、机动、航空、基地等各类行动模式中，通过高效利用能源提升战术和战役行动的有效性；二是通过把能源因素纳入作战计划活动中，确保作战行动中时刻掌握能源使用状况；三是根据《联合能力集成与开发系统指南》把能源确立为一项关键效能参数，将作战能源融入陆军能力开发流程之中；四是在产品的定期升级、工程变更、翻修和重建期间，逐步提升现有平台、系统、子系统和设备的能源效能和效率；五是降低能源消耗，以减少能源再补给行动的次数和脆弱性；六是加大可再生能源使用，开发作战上可行的替代能源品种，扩大系统使用能源的灵活性，整合能源网络互联能力；七是增强能源系统的功能性和可靠性，在所有平台和设施内提高能源利用效率；八是通过开展各种教育、培训和能源宣传活动，让所有人员珍惜能源，将其视为一种有助于提

---

① Secretary of the Army, *Army Operational Energy Policy*, April 30, 2013.

升作战能力（敏捷性、持久性、灵活性和可恢复性）、降低作战风险的资源，从而建立一种能源知情文化；九是把可持续性观念融入陆军作战文化之中，重视减少对环境的负面影响。

备忘录强调指出，美国陆军将强化作战能源管理，使其产生最大的作战效能，并确保陆军获得充足的能源供应。美国陆军部长要求各级领导和个人必须充分认识到能源对各自作战角色的辅助作用，把能源纳入计划决策和日常行为之中。备忘录指示陆军部长办公室和各级参谋长办公室对各自的职能政策、指南、陆军条例及《陆军战役计划》中相关任务进行审查，并在180天内对审查过程中发现的问题采取措施加以纠正。

作战能源政策的监督由美国陆军主管设施、能源与环境的助理部长具体负责，陆军副参谋长提供支持并对整个陆军的活动进行统一协调。主管设施、能源与环境的助理陆军部长哈马克（Katherine Hammack）表示，美国陆军正通过能源知情文化建设提升任务效能。她指出："这是为了确保所有的陆军士兵在需要的时间和地点拥有完成任务所需要的能源，同时减少风险和脆弱性。陆军在全球完成使命任务的能力依赖安全的、不间断的动力和能源供应。"①

美国陆军能源新政策把燃料不单纯看作是一个供应链的问题，而是把21世纪的能源技术与能源文化意识相结合，与作战效率紧密结合。《陆军作战能源政策》的颁布发出了一个明确而强烈的信号：美国陆军正在加速向一个更具灵活性、效率更高、更加可持续的能源未来迈进。该文件的出台对促进美国陆军的作战能源变革和战略转型具有重大的意义。

二、以"能源知情"为核心，大力打造能源文化

美国陆军把能源文化建设放在突出的位置。美国陆军能源愿景三大核心要素中的"自主"就是要培育能源文化，把能源融入陆军官兵的思维，进入血液。美国陆军提出的能源变革使命是要"让能源成为陆军一切活动的考虑因素，以减少能源需求、提升能源效率、寻求替代能源品种、创造

---

① Dennis K. Bohannon, ASA (IE&E), *Army establishes policy for Operational Energy*, May 16, 2013, http: //www. army. mil/article/103464/Army_ establishes_ policy_ for_ Operational_ Energy/. [2015—12—11]

一种能源问责的文化，同时维持或增强行动能力”。[①] 美国陆军能源文化建设行动主要表现在以下几个方面：

（一）打造“能源知情文化”

要全面推进其能源变革和战略转型，除了需要有科学的领导和先进的技术作支撑以外，美国陆军还需要拥有落实能源变革的意识和能力。这种意识和能力主要体现在具体实施能源变革的陆军官兵身上。如果没有敏锐的能源意识，没有熟练完成节能任务的能力，能源变革就如同纸上谈兵。

为了营造能源文化氛围、强化全体官兵的能源意识，2013 年 2 月，美国陆军副参谋长（G—4）签署了一份文件（ALARACT 042/2013），提出在整个陆军打造“能源知情文化”（Energy Informed Culture），要求将构建能源文化作为提升陆军作战能力、战备水平和可持续发展的一个关键性组成部分。美国陆军随后发起了一场统一行动，内容包括一系列提升作战能力和效能的行动计划、企业模式变革和信息宣传活动，其目标是到 2020 年在整个陆军范围内形成一种持久的“能源知情文化”，从而为陆军提供一种持久的能力，最大程度地利用能源、确保陆军成为一支可持续发展的军队。该文件指出，为了满足日益增长的、多样化的作战需求，应对资源制约问题，美国陆军必须认识和统筹诸如效率、可靠性、灵活性、紧凑性、质量等能源特性，兼顾相关的资源需求，实现净利益的最大化。[②]

2013 年 3 月 27 日，美国西点军校主办了“陆军能源知情文化峰会”，包括主管设施、能源与环境的陆军助理部长哈马克在内的陆军部多名高官参加了峰会，580 多名学员聆听了这些要员的主旨演讲。美国陆军主管后勤的副参谋长雷蒙德·梅森（Raymond V. Mason）中将在演讲中强调指出，美国陆军发展能效技术、培养士兵节能意识的宗旨是保护作战人员。他说：“陆军关注作战能源并不一定是为了节省燃料，而是为了让美国陆

---

① U. S. Army, *Army Energy Security Implementation Strategy*, Jan. 13, 2009, p. 2.

② Dennis K. Bohannon, *Army establishes policy for Operational Energy*, May 16, 2013. http://www.army.mil/article/103464/Army_establishes_policy_for_Operational_Energy/. [2016—01—10]

军士兵具有更高的战斗效能，减少他们在战场上面临的危险。”[①] 根据美国陆军作战能源办公室的统计，陆军发电机每消耗一加仑燃料和水，就需要运输7加仑。在作战中，保障一名士兵每天需要超过20加仑的燃料。一支能做出能源知情决策的陆军仅仅通过减少向前线据点和前进作战基地运输燃料和饮用水的车队数量就可拯救士兵生命。他指出：“20个车队可以给坏人提供20次潜入前进作战基地的机会。如果我们通过创新把运输车队减少到5辆卡车，那就可以减少20%的风险”[②]；“过去20多年来，美国陆军的作战行动都是建立在燃料和能源随时得到补给的基础上的，未来我们的敌人肯定会想办法阻断这种补给能力。”[③] 美国陆军一个步兵班每名士兵执行72小时的任务需要携带23块电池。为了减轻野战士兵的负重、提高效能，美国陆军正在给部队装备各种新技术，包括“单兵穿戴式集成电源装备系统”（SWIPES），让步兵班实现能源自主，确保行动期间能源的持续补给。

美国陆军助理部长哈马克在会上就打造能源知情文化、提升任务效能这一主题发表了讲话。她强调指出：“开展能源文化建设是为了确保陆军士兵在正确的时间、正确的地点拥有所需要的能源，同时减少相关风险和脆弱性。因为陆军在全球完成使命任务的能力取决于安全、不间断地获取动力和能源的能力。”[④] 她认为，部队应该关注使命任务而不是能源再补给，而应对这一挑战的办法就是开发能源技术、打造能源文化，使能源成为机会而不是软肋。

2011年，哈马克选择西点军校作为“陆军净零能源项目”试点单位之一。2012年，她专程到西点军校视察，了解学员如何通过基于研究的探索应对这一挑战。在2013年能源知情文化峰会期间，她再次会见相关学员，听取他们有关能源安全与定价策略的研究项目介绍。听完汇报后，她指出：“你们都是陆军未来的领导人，你们的工作就是要搞清我们在未来如

① Mike Strasser, U. S. Military Academy Public Affairs, *Army energy summit at West Point focuses on operational energy and power*, March 31, 2013, http://www.army.mil/article/99814. [2015—12—11]

② Ibid.

③ Ibid.

④ Ibid.

何开展作战行动，你们有机会运用能源知情文化改善作战行动。”①

（二）能源文化融入院校课程

美国陆军认为，军校学员是军队的未来，能源文化进入军校有利于培养未来官兵的能源意识，营造良好的能源节约氛围。美国陆军的能源意识培养和能力培训课程，都以实战为导向——从美国陆军训练与作战司令部的校舍，到机构业务流程，再到真实的战场。能源课程设置也被纳入了军事职业专长和领导艺术培训，不仅出现在各大训练基地，同时也进入了各个军事院校的课堂。②

为了培育能源意识强烈的未来陆军指挥官、帮助学员认识能源的重要意义，美国西点军校的“跨学科核心课程团队”建立了一个制度性项目，把一系列与能源相关的话题融入16门核心课程的教案设计之中，横跨几个学科。一年级学员在化学、数学、信息技术等课程中初步接触能源安全专题。二年级学员在继续接触能源安全专题的同时，还要在数学、物理、环境工程、经济学、政治学等课程中加以应用。

在2013年“陆军能源知情文化峰会”期间，美国陆军部后勤部、陆军训练与条令司令部（TRADOC）、陆军诸兵种合成保障司令部（CAS-COM）以及西点军校的高层领导会晤了“跨学科核心课程团队”的教职人员，听取了他们的汇报。该团队介绍说，2016届是在化学、数学、信息技术、心理学和英语课程中接受能源相关话题教育的第一批学员。化学顶层课程还包括一个为期两天、应用SWIPES装备、以解决问题为目标的跨学科演练。能源话题并不是新生一年级之后就结束了，它贯穿学员在西点军校的整整47个月，融入各种项目、独立学习和演练之中。西点军校普通化学项目主任谢农（Joseph Shannon）上校指出：“这一届学员毕业离校时，对环境以及作战能源如何影响环境的意识将远远超过以前任何一级学员。”③ 这种集成性而非增加性的概念，使各系在不增加课程或成本的情况

① Mike Strasser, U. S. Military Academy Public Affairs, *Army energy summit at West Point focuses on operational energy and power*, March 31, 2013.

② U. S. Army, *Energy Informed Culture*, Apr. 17, 2013. https://www.army.mil/standto/archive_2013—04—17/. [2016—01—10]

③ Mike Strasser, U. S. Military Academy Public Affairs, *Army energy summit at West Point focuses on operational energy and power*, March 31, 2013.

下实现了课程质量的提升。

除了西点军校以外，其他军事院校也都开设了能源相关课程，以实现“能源知情文化”建设目标。例如，美国陆军战争学院将“能源与国家安全”列为主要战略问题；美国陆军指挥与参谋学院将作战能源问题编入课程之中；陆军后勤大学的战场后勤课程中，学生必须以作战能源为主题撰写论文；针对连级主官和军士长的课程包含关于战术级电力能源计划和部署的讲义；军械院校均恢复或开设对战术级发电机、配电设备以及发电机维修设备的部署、评估和监管的课程。①

（三）加强能源文化宣传

潜移默化的宣传，培养全体官兵的能源意识，将能源视为提高陆军战斗力的重要资源，可以进一步提升美国陆军的预警能力、持久作战能力、灵活机动能力和能源恢复能力。美国陆军助理部长哈马克在制定美国陆军的能源指导政策时曾明确指出能源文化的重要性，“只有显著增强能源文化才能提升美国陆军执行任务的效能。只有当每一名战士都清楚地知道能源的重要意义，美国陆军的能源使用效能才能得到显著提升，节能文化才能真正产生实效”。②

为加强能源文化宣传、实现能源战略目标，美国陆军在互联网上发布各类能源宣传材料供陆军官兵阅览，同时对能源变革时期的官兵加以引导。这类材料包括《创建一个能源意识宣传项目》《促进基于行为方式的军人住房能效提升》《能源管理师手册》等。③ 同时，美国陆军还制作能源文化宣传海报，培养官兵的节能和能效意识。此外，2012 年，美国陆军部长、陆军参谋长和陆军总军士长共同签发了题为《电力（权利）就在你手中》（The Power Is in Your Hands）的文件。该文件旨在营造陆军能源知情

---

① U. S. Army, *Operational Energy Education Efforts*, Oct. 23, 2013. https: //www. army. mil/standto/archive_ 2013—10—28. [2016—01—10]

② Dennis K. Bohannon, *Army establishes policy for Operational Energy*, May 16, 2013. http: //www. army. mil/article/103464/Army_ establishes_ policy_ for_ Operational_ Energy/. [2016—01—10]

③ Samuel Booth, John Barnett, Kari Burman, Josh Hambrick & Robert Westby, *Net Zero Energy Military Installation: A Guide to Assessment and Planning*. August 2010, p. 20.

文化、增强整个陆军的能源意识和节能氛围。① 2013 年 10 月，为提高官兵能源意识，美国陆军将该月定为“能源意识行动月”②，期间组织陆军官兵学习能源知识，提高能源意识。

三、区分不同类别基地用能，全面推进设施能源变革

美国陆军在海内外拥有大量军事设施，其设施能源消耗巨大，且严重依赖商业电网供电，面临长时间断电的风险。为实现《陆军能源安全实施战略》中提出的目标，美国陆军以电力为重点，全面推进陆军基地的能源变革。

（一）明确两类基地能源变革目标

美国陆军设施主要包括两类：永久性基地和远征性基地。永久性基地用于支撑部队的组建和投送，如今越来越多地提供即时的作战支援。与远征性基地相比，永久性基地通常比较稳定、安全。设施规模可以小到只有一个或几个人的偏远办公室，大到可以保障数万士兵作战训练及其家人居住的大型基地。基地与能源相关的主要功能是为建筑物及其他基础设施提供电力，分配交通燃料和室内供暖。因此，成本和遵守环保目标是衡量绩效的常用办法。

远征性基地大小和形状不一。在伊拉克，有些前进作战基地保障的人员多达 2 万人，而一些小型前哨性作战据点则在连级以下。战区基础设施和持续性行动需要大量物资和人员。大部分补给物资通过海上和陆路运输，因此需要建立港口和其他多模式中转站。交通线必须加以保护，因为补给物资转运需要几天或者几个星期。在战区，基地的营区为维护保养、再补给、住宿和生命支持功能提供场所和安全，这一切都需要大量能源作支撑。

为落实“提高所有设施平台能效”的目标，美国陆军在 2010 年出

---

① U. S. Army, *Operational Energy Education Efforts*. Oct. 23, 2013. https: //www. army. mil/standto/archive_ 2013—10—28. [2016—01—10]

② U. S. Army, *Army Energy Awareness = Action Month-Enhancing Mission Effectiveness*. October 2013. https: //www. army. mil/e2/c/downloads/316580. pdf. [2016—01—10]

台的《动力与能源战略白皮书》中为永久性基地和远征性基地确定了不同的能源变革任务（参见表2—2）。永久性基地主要是落实《2005年能源政策法》《2007年能源独立与安全法》、第13423号行政令和第13514号行政令以及陆军相关条例和政策，具体能源变革目标包括：一是减少能源消耗；二是降低对石油燃料的依赖；三是增加可再生能源的使用；四是逐步走向“净零”态势——到2014年建成五个能源自给自足的陆军设施，2024年建成15个，到2030年所有设施实现净零。[①] 美国陆军还提出永久性基地应发展的两项能力：一是在发生外部能源供应中断时，可继续维持使命任务基本功能；二是在发生场外长时间供应中断时，以可用的形式和充足的数量供应能源，以支持关键性军事使命任务和基本的场外功能。[②]

远征性基地能源变革目标则包括：一是通过引进发电机或购买当地电力，建立支持基地正常运转的电力供应能力，营区电网必须是模块化、简易化、保障有力，普通士兵能够安装和维修；二是基地必须利用“智能电网”控制技术，使指挥官/人员能有效管理发电、配电和用电，电网须方便储电，并对负荷进行优先等级排序；三是向驻地民用电网系统购买或输出电力。[③] 美国陆军训练与条令司令部还提出远征营地所需具备的几个以技术为导向的终极结果：一是到2015年将战区营地发电机燃料消耗和运输或分配量减少30%；二是建立电源管理流程和工具，以确定、监测和调整负荷与需求；三是审视有助于最大限度地减少或替代当前碳氢化合物能源系统的创新性替代能源品种，到2030年淘汰发电机；四是审视重量轻、体积小、可靠性高的高密度电力品种；五是建立远征性电网，供便携式/移动电池/燃料电池充电；六是建立自动化燃料统计系统，验证基准燃料消耗，提供企业层面的燃料资产可见度。[④]

---

① U. S. Army, *Power and Energy Strategy White Paper*, Apr. 1, 2010, p. 6.

② Ibid.

③ Ibid, p. 9.

④ Ibid, pp. 9 – 10.

表 2—2 美国陆军永久性基地和远征营地能源变革计划

年份 项目	2014	2024	2030 +
基础设施	·远程能源管理 ·微电网（从当地社区输入/输出——演示和实况） ·废料变能源 ·生物燃料工厂（示范） ·小规模储能液流电池组 ·先进隔热材料 ·根据《2005 年能源政策法》，通过第三方融资达到可再生能源发电占比 >7.5%	·生物燃料（替代 5% 石油燃料） ·先进储能装置 ·大规模储能液流电池组 ·垂直轴风力涡轮机 ·按 LEED 绿色建筑认证标准重新设计/装修绿色屋顶建筑 ·《2007 年能源独立与安全法》要求——《计划目标备忘录》中可再生能源发电投资占比 >25%	·第四代核能发电示范（2027—2030） ·天基太阳能发电厂（示范） ·生物燃料（替代 20% 石油燃料）
远征营地 注：小规模远征电力和能源需求在单兵解决方案中讨论。	·远程能源管理 ·微电网（对所在国输入/输出——示范和实际运行） ·废料变能源 ·节能模块化架构 ·建模/模拟城市（SimCity）规划工具 ·小规模储能液流电池组 ·先进的设施材料	·分布式可再生能源发电（占 10%） ·仿生帐篷和建筑材料 ·纳米—光伏涂层 ·直流电供电营地（占 100%）	·分布式可再生能源发电（占 20%） ·可持续式战区营地行动——找到当地能源来源

资料来源：U. S. Army, *Power and Energy Strategy White Paper*, 2010, p. 12.

（二）打造“净零”能源永久性基地

“净零”能源基地是由美国陆军主管设施、能源与环境的助理部长哈马克提出来的。2010 年 10 月，哈马克在国防部博客圆桌会议上提出创建一项“净零”行动计划。“净零”是基于陆军长期可持续能源管理实践的一个全方位战略，结合最新最佳实践对陆军基地的能源、水资源和废弃物进行一体化管理。美国陆军把“净零”视为一种军力倍增器。它可以妥善地保护现有资源、管理成本并为美国陆军士兵、家人和文职雇员提供一个可持续未来。“净零”战略旨在提升陆军执行使命任务的效能、增强陆军设施的能源供应恢复能力。

“净零”战略重点聚焦“净零”。所谓“净零”不单纯指净零能源，而且包括净零废弃物和净零水资源消耗。图2—8反映了美国陆军“净零”概念的等级。从该图可以看出，美国陆军的“净零”战略包含五个相互关联的步骤：减少消耗、改变用途、回收与堆肥化（composting）、能源提取和垃圾处理。每一步都是实现“净零”的一个重要环节。“减少消耗”指最大程度地提高现有基地的能源效率、采取节能节水做法、消除不必要垃圾。“改变用途”指将能源、水或垃圾分流用于一个次要的目的。“回收与堆肥化”指对不断产生的固体垃圾加以管理，开发封闭式循环系统对水加以再利用，或者一个品种实现两种能源（热电）形式的联产。“能源提取”是把无法利用的垃圾转化为能源、可再生能源或地热水源。“垃圾处理”是终极步骤，指在最后一滴水、最后一点热能和所有其他垃圾缓解策略全面实施以后的最终办法。

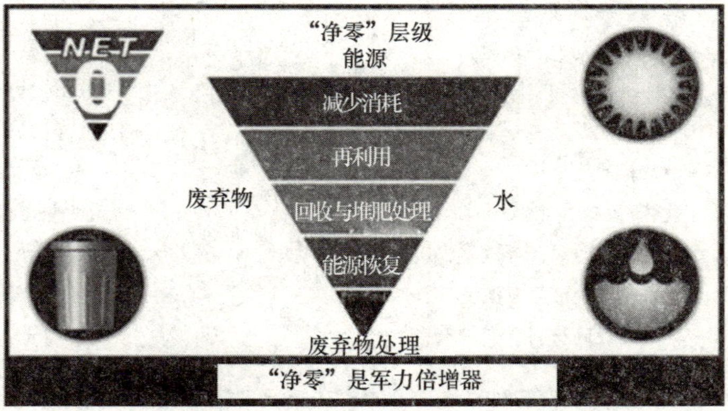

图2—8 美国陆军“净零”等级示意图

资料来源：Assistant Secretary of the Army（Installations，Energy & Environment），*Army Energy Program Overview*，Jan. 21，2012，p. 10.

美国陆军的“净零”战略包含四个方面，即“净零”能源基地、“净零”水消耗基地、“净零”废弃物基地和综合性“净零”基地。“净零”能源基地是指一个军事设施在特定年份期间现地生产的能源等于其所使用的能源。“净零”水消耗基地指对淡水消耗进行限制，将多余之水返还原有水系，以免损耗该地区地下水和地表水资源的数量或质量。“净零”废弃物基地指减少、重新使用和恢复利用不断产生的废弃物，将其转化为有价值的资源，使需要送入填埋场的固体废弃物为零。综合性‘净零”基地指对能源、水资源和废弃物进行综合管理，对资源价值进行充分发掘和商业化利用，提高土地、水和空气的生态生产率。①

在上述四类净零基地中，“净零”能源基地建设是美国陆军能源变革的关键。“净零”能源是基于能源需求最小化和当地可再生能源利用实现自给自足。“净零”能源基地的概念则是通过提高能源储备和能源使用效率来降低能源负荷，并通过就地取材获取可再生能源来降低其能源使用负荷。美国国防部和能源部联合工作组对“净零”能源基地所下的定义是：一个基地如果能自己生产或就近生产供建筑物和设施消耗的能源，即可称为“净零”能源基地。哈马克认为，“净零”能源基地的意思是：减少能源使用总量；最大程度地提高能源使用效率、能源提取能力和热电联产能力；通过可再生能源生产弥补其余的能源需求。“净零”能源基地的目标是在一年期间基地现地生产的可再生能源等于其使用量。②

图 2—9 展示的是“净零”能源概念图，由左至右是“净零”能源的发展“两步走”。该战略实施之前，化石燃料占设施能源消耗总量的大部分，“净零”战略由此迈出第一步，即在原有能源消耗的基础上通过行为变化和能效投资，降低能源消耗，也就是“减少能源使用”；第二步也是最关键一步，即实现能源转变，从原来的单一使用化石能源转变为多种可再生能源选择，真正做到高效、环保。

美国陆军为“净零”能源基地建设确定的基本目标是：服务于《陆军行动计划》（Army Campaign Plan）中针对陆军能源安全的目标；首先应对能源效率和节能问题；基地用电优先使用可再生能源，在电网供电负荷下降时确保军事行动；必须解决冗余能源供应来源，使基地在出现电网、天然气管道、燃油交付等长时间供应中断的情况下仍能正常运转；适用于电力和热能；人类行为变化是改变文化的必要条件；必须在财政上负责。③

---

① Assistant Secretary of the Army (Installations, Energy & Environment), *Army Energy Program Overview*, Jan. 21, 2012, p. 10.

② U. S. Army, *Army Net Zero: Energy Roadmap and Program Summary*, 2013, p. 3.

③ Ibid, p. 11.

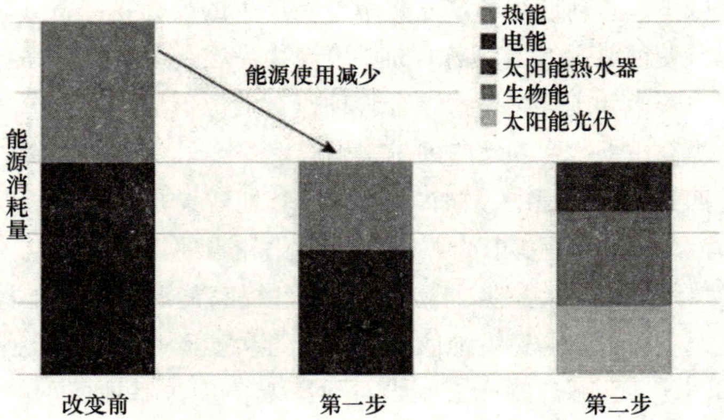

图 2—9 美国陆军“净零”能源概念①

资料来源：U. S. Army, *Army Net Zero: Energy Roadmap and Program Summary*, 2013, p. 4.

“净零”能源基地建设的重点是对现有的军事设施进行改造，实现在能源消耗方面的节俭，同时开发新型能源、可再生能源，并结合基地驻地做到能源自给自足（图 2—10）。2011 年 4 月 19 日，哈马克宣布启动陆军净零基地战略，她选择了 18 个试点基地，要求到 2020 年成为“净零”基地，其中包括：六个“净零”能源基地；六个“净零”废弃物基地；6 个“净零”水消耗基地。另有两个成为综合性“净零”（能源、水和废弃物）基地。这些基地和设施将成为卓越的环境保护中心，展示最佳实践，示范有效的资源管理。美国陆军的最终目标是到 2030 年拥有 25 个综合性“净零”基地。② 到 2058 年，美国陆军所有基地和设施成为综合性“净零”基地。③

---

① 可再生能源的选择除上述类型外还包括风能和地热能。

② U. S. Army, *US Army ERDC Energy Program Overview*, Engineer Research and Development Center, 16 August 2012, p. 7.

③ Michael Callahan, Kate Anderson, Sam Booth, Jessica Katz, and Tim Tetreault, *Lessons Learned from Net Zero Energy Assessments and Renewable Energy Projects at Military Installations*, Technical Report, NREL/TP-7A40-51598, Revised September 2011, p. 11.

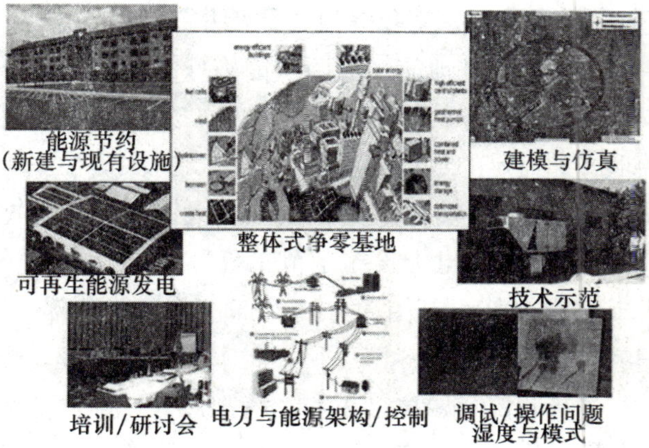

图 2—10 美国陆军“净零”能源基地重点关注领域

资料来源：Franklin H. Holcomb, *US Army ERDC Energy Program Overview*, Engineer Research and Development Center, 16 August 2012, p. 9.

“净零”能源战略出台后，美国陆军采取了一系列重大举措。2011 年 9 月 15 日，美国陆军部长成立了能源创新计划特别工作组（EITF）。该机构作为中央管理办公室，负责运用私营部门的融资手段，在陆军基地和设施上实施符合成本效益的大规模的可再生能源工程项目。美国陆军采取的融资机制主要有四种：一是“节能绩效合同”；二是“公用能源服务合同”；三是“增强型土地使用租约”；四是“购电协议”。

为了实施“净零”能源基地建设，美国陆军与国家可再生能源实验室（NREL）和美国陆军工程兵（USACE）建立了合作关系，评估试点基地改善能效、优化可再生能源战略以提升能源安全的潜力。经过努力，“净零”能源基地已经展示和验证了能源效率和可再生能源技术，其经验在美国国防部和其他联邦机构得到复制，为净零能源的市场推广铺平了道路。哈马克对“净零”基地建设取得的成绩大为赞赏，“陆军基地在减少能源和水资源消耗以及废弃物产生中所取得的进步让我感到惊奇”。①

① U. S. Army, *Army Net Zero: Energy Roadmap and Program Summary*, 2013, p. 3.

（三）发展先进微电网，实现基地“孤岛化”

美国陆军提出永久性基地应发展两项能力：一是在发生外部能源供应中断时可继续维持使命任务的基本功能；二是在发生场外长时间供应中断时，以可用的形式和充足的数量供应能源，以支持关键性军事使命任务和基本的场外功能。① 为此，美国陆军积极参与大型联合智能电网项目——“能源可靠性和安全性智能电力设施示范工程”（SPIDERS）。此项目参与方包括美国太平洋司令部、美国北方司令部、美国能源部、国土安全部、能源部五个国家实验室、美军各军兵种、海军部设施工程司令部、地方公用服务公司、夏威夷州、科罗拉多州和私营部门等。开展这一重大项目的主要动因是，美国陆军认为，当前的商业电网非常脆弱、日渐老化、依赖化石燃料，严重影响其指挥、控制、部署和持续保障部队的能力，从而对美国国家安全构成了重大的威胁（参见图 2—11）。

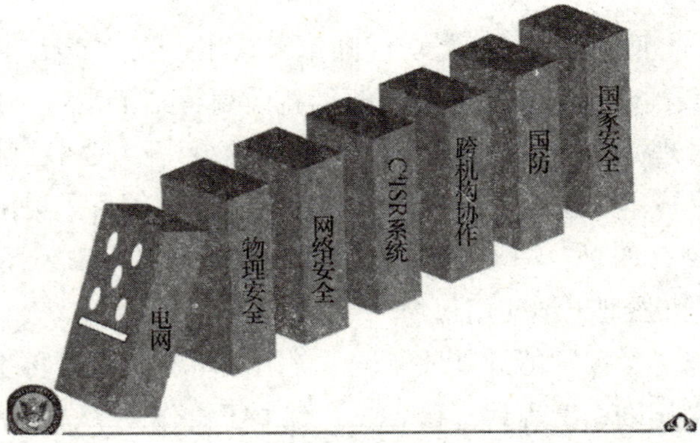

图 2—11　依赖脆弱的商业电网对国家安全的多米诺骨牌效应

资料来源：*Smart Power Infrastructure Demonstration for Energy Reliability and Security*（*SPIDERS*）. 2012，p. 6.

现代化的军队需要有相应的电力设施作支撑。新的威胁需要有新的防御手段。SPIDERS 重点应对四种关键性需求：一是保护执行特别任务的关键性资产（系统）不受网络攻击引起的电力供应中断的影响；二是集成可

---

① U. S. Army，*Army Net Zero*：*Energy Roadmap and Program Summary*，2013，p. 3.

再生能源和其他分布式发电，在紧急情况下为执行特殊任务的关键性资产供电；三是在发生长时间断电期间持续保障关键性行动；四是高效地管理军事设施电力和消耗，以减少石油需求、碳排放和开支。该项目旨在通过发展先进的微电网能力，实现军事设施的“孤岛化”，同时保持其运行确定性和安全性，从而降低因电网长时间断电所带来的不可接受的高风险。

SPIDER 所要示范的技术包括：一是电网的网络安全，通过将虚拟安全飞地（virtual secure enclave）战略应用于智能电网控制，示范针对网络攻击的防御纵深；二是智能电网技术与应用，把技术融入安全的微电网，实现负荷自动平衡、双向交流、智能计量和系统自动重新配置；三是‘孤岛化微电网”，将一个军事设施整体转换为微电网，实现发电平衡，并有意识地创造孤岛化环境，以检验军事行动持续时间超长情况下的供电能力；四是集成分布式和间歇性可再生能源发电能力，通过优化可再生能源的使用、能源储存、长时间孤岛化行动以及降低石油消耗和二氧化碳排放量，确保微电网稳定；五是需求方管理，通过优化能源效率减少负荷量、提供动态卸负和管理“事件结束后”负荷，维持关键性资产的供电；六是冗余的备用电力系统，确保行动的连续性，为间歇性可再生能源提供能量存储缓冲，使公用电网向有意识制造的孤岛联接时实现无缝切换。项目最终是上述所有步骤的一体化示范，并在整个国防部范围内形成一种确保军事设施能源安全的统一模板。

位于科罗拉多州的美国陆军卡森堡（Fort Carson）基地参与了 SPIDERS 的第二阶段演示。该微电网于 2013 年 8 月竣工。设计方案包括多个电路、可再生能源发电高比例接入、电动汽车到电网（V2G）双向能源管理、网络安全控制可使多个任务负荷能够延长持久性和可靠性，这与卡森堡指挥重点相一致。同年 10 月，该微电网进行了操作示范。期间模拟了一次电网断电事故，微电网运行成功，集成了三台柴油发电机、一个太阳能阵列和 V2G。V2G 带有电网联接功能，配有微电网控制系统，可以维持微电网电力的稳定输出。

此外，位于得克萨斯州的布里斯堡（Fort Bliss）参与了美国国防部的能源安全示范项目。布里斯堡项目旨在示范美国陆军战斗队一个综合体中与现有能源资产并网的智能微电网。该项目的一项重要内容是同时示范微电网的并网（grid-tied）和离网（grid-independent）运行能力，即在能源需求高峰时提供额外电力供应，而在失去一个主要电力来源时维持关键性行动的供电。该项目还测试了微电网提供高峰供电、减少温室气体排放和能源消耗总量的技术。

卡森堡和布里斯堡微电网示范项目为同类技术在美国国防部各类设施的全面推广铺平了道路。

（三）创新远征性基地能源保障方式

1. 成立电力保障特别工作组

前进作战基地面临与永久性基地完全不同的挑战：必须找到独立的发电资源，降低能源需求，在不牺牲作战能力的情况下，降低脆弱的前线补给线所承受的后勤运输压力。为了查明前线地区替代能源品种，将发电系统的燃料运输量降低40%，美国陆军专门成立了一个电力保障特别工作组（PSTF）。该工作组实施的创新项目有明确的目标：相关技术须在18个月内部署。目前，这些项目已经在阿富汗、伊拉克、吉布提、科威特和美国本土得到部署。例如，在伊拉克，该计划旨在建设能效更高的临时性结构，如帐篷和生活单元。该工作组还与美国陆军快速装备部队一起演示了一项新技术——对诸如帐篷和集装箱式生活单元等临时性结构进行隔热处理。所应用的创新性喷涂泡沫将这些隔热结构的能效提高了40%～75%。此项技术效果显著，因而获得了驻伊拉克多国部队价值9500万美元的合同，将面积达900万平方英尺的临时性结构进行隔热处理，每天节省燃料7.7万加仑，相当于13辆大卡车燃料的费用。这样，每天可节省23万美元（按每加仑汽油3美元计算），约14个月后即可收回投资成本。[①] 此项泡沫技术正在运用于各个临时性军营和永久性军事基地。

2. 加速部署微电网

为提高能源恢复能力、增强电力供应的可靠性和持续性，美国陆军将目光投向了微电网。微电网是一种先进的电网系统，可提升设备用电效率、减少电力传输过程中的损耗、断电时可快速恢复供应。因此，微电网技术在美国陆军作战能源和设施能源中使用日益广泛，并且取得了良好的效果。微电网可分为三类：战术级、战役级和基地级。其中，战术级微电网多以单个状态出现，具有良好的机动性；战役级微电网作为前方的电力

---

① Matt Hourrihan et al.，*Lean*，*Mean and Clean*：*Energy Innovation and the Department of Defense*. 2011，p. 17.

基地，具有良好的电力共享功能；基地级微电网则以网络状态使用，在电力分配方面具有灵活性（见图 2—12）。

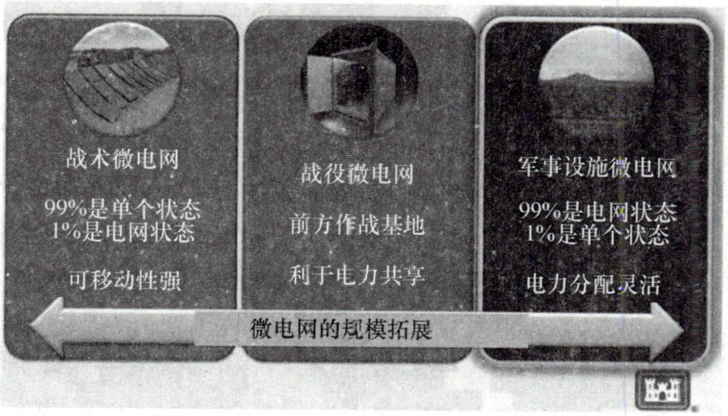

图 2—12　微电网规模示意图

资料来源：Melanie Johnson, *Military Microgrids and SPIDERS Implementation*. Mar. 21, 2013, p. 7.

美国陆军工程兵在阿富汗积极开展微电网安装工程，把单点性发电机整合为数量少、规模大、更高效的发电单元。这项提升能效的工程可望每年节省 5000 万加仑的燃料，相当于 2 万辆大卡车燃料。① 2011 财年，美国陆军对在阿富汗的战术能源生产、分配、储存和消费进行了大范围的装备提升。其中重要的升级项目是花费 1.08 亿美元建造集中式发电站和配电网，可以减少 545 个低效战术发电机，相当于每年节省 40 万桶燃料。不到一年，驻阿美军就完成 22 个微电网的建设工作，包括主发电机和配电机。这 22 个微电网每年节约燃料 13%，相当于 330 万加仑的燃料。此外，美国陆军在 2011 年还新建了 6 个微电网，每年可节约燃料 170 万加仑。② 美国陆军还在巴格拉姆机场进行了百万瓦特的微电网示范。该微电网可以节

---

① Katherine Hammack, *The Value of Energy Security from Battlefield to the Base*. Statement before the House Armed Services Committee Subcommittee on Readiness, U. S. Congress. March 29, 2012, p. 7.

② U. S Army, *Power and Energy: Enhancing Mission Effectiveness while Preserving Future Choices*, 2011, p. 6.

省 17% 的能源消耗，同时也比传统发电机节省 60% 的维护成本。①

3. 研发和部署战术能源技术

为了改善战场能源保障能力，美国陆军实施了一系列战术性能源技术创新计划，加速先进能源装备的研发和部署。美国陆军的“发电机行动”（Operation Dynamo I/II）第一、二期旨在为阿富汗前进作战据点的作战部队提供发电、配电和环境控制能力。2012 财年，该计划的“项目经理移动电源”（PM-MEP）为 57 个据点提供了安全、高效、可靠的电源设备，配发了标准的、不同类型的陆军发电机、环境控制单元和配电系统。这些系统极大地提升了电力和环境控制系统效率，提高了可靠性和安全性，减少了偏远前进据点的后勤运输需求。从 2013 财年开始，美国陆军实施“发电机行动”第三期，旨在为轮换部队提供技术和维修支持及培训，以确保美军继续将其所获得的经验教训应用于实战，在美军逐步撤离阿富汗的过程中以负责的态度监督装备的后撤。

此外，美国国防部在驻阿美军中还开展了“后勤民事增补计划”（LOGCAP）。该计划旨在节约能源、提升能效。截至 2011 年，该项目完成了 47 项节能创新计划中的 24 项，而每完成 18 项就意味着减少 152 辆燃料运输车。这对驻阿美军具有重要意义。②

除阿富汗战场外，美国陆军派驻中亚、中东和非洲等地区的部队也部署了先进的能源技术和创新成果。2013 年，美国陆军快速装备部队对跨撒哈拉联合特种作战特遣队（JSOTF-TS）进行了能源评估，并帮助该特遣队对重要的电力、水和燃料供应进行了限制。为整合东道国的电力和燃料生产资源，美国陆军对可从事可再生能源生产和能源储存工作的电工进行了认证注册，也可降低燃料消耗以及对东道国的依赖。③ 2014 年，美国陆军在阿联酋赤腿营（Camp Red Leg）装备了“兵力提供者”（Force Provider）系统，如微电网设备和高效发电机，以保障 600 名士兵执行任务。这些装备的部署提升了士兵生活质量，减少了军营能源消耗总量。④

---

① Department of Defense, *FY2011 Operational Energy Annual Report*. Mar. 11, 2013, p. 12.

② U. S. Army, *Power and Energy: Enhancing Mission Effectiveness while Preserving Future Choices*, Oct. 11, 2011, p. 8.

③ U. S. Department of Defense, *FY 2013 Operational Energy Annual Report*, Oct. 15, 2014, pp. 4 – 5.

④ U. S. Department of Defense, *FY2014 Operational Energy Annual Report*, June 2015, p. 6.

（四）加大节能项目投资力度

《陆军能源安全实施战略》中提出的目标一和目标二均要求陆军努力减少能源消耗、提高能源效率。为此，美国陆军加大了节能增效项目的投资力度，每年投入资金都大大超过其他类型的能源项目。例如，2012财年，美国陆军拨款1.13亿美元，为329个节能和可再生能源项目提供资金，其中节能项目321个，投入资金1.11796亿美元；可再生能源项目仅8个，投入资金153.1万美元。节能项目主要是更换大楼照明设备和供暖通风与空调系统等。① 再以2015财年为例，美国陆军拨款2.21亿美元，用于429个节能节水和可再生能源项目建设，其中节能项目385个，投入资金1.55083亿美元，占总投资的70%；可再生能源项目26个，资金投入5629.1万美元；节水项目18个，投入资金948.3万美元。② 节能项目在陆军能源项目中占主导，这是多年来的常态，由此可见美国陆军对节能项目投入力度之大、重视程度之高。

美国陆军采用了联邦政府最高建筑标准——ASHRAE 189.1高效能绿色建筑设计标准。此项标准可望将新修建筑和重新装修建筑的能源和水资源消耗平均每年降低40%。对于大部分建筑和大多数气候带来说，美国陆军只需通过更加科学、更加一体化的设计即可实现这种节能效果，而在有些地区，有些设施类型在建设时则需增加5%的开支，但是，这笔开支在建筑全寿期内可以获得数倍的回报。

2015财年，美国陆军设施能源强度相比2003财年下降了18%，相比2014财年下降2.8%。虽然没有达到下降30%的目标，但是，2015财年，各个军事设施在能源消耗方面都取得良好进展。其中，在美国陆军发布的《陆军能源管理报告》中就有30.1%的军事设施能源强度相比2003财年下降超过30%。例如，纽约州杜尔姆堡基地，其能源100%来自发电量60兆瓦的秸秆电厂，成功减少了日常卫戍的能源需求。又如，位于伊利诺伊州的洛克岛兵工厂，其能源消耗减少是由于能源的合理优化，降低25%的工厂用电，提高38%的水利发电，同时加热系统能源消耗减少12%；此外，

---

① U. S. Department of Defense, *FY2012 Annual Energy Mamegement Report*, June 2013, p. 72.

② U. S. Department of Defense, *FY2015 Annual Energy Management Report*, June 2015, p. 66.

通过节能绩效合同，该设施也开始提高照明用电能效。①

（五）大力发展可再生能源

可再生能源发电是美国陆军增加设施能源供应、降低化石能源消耗、提升能源恢复能力所采取的重点行动领域之一。《陆军能源安全实施战略》提出的目标一、三、四、五都内在地要求发展可再生能源。为此，美国陆军大力加强投资，发展不同类型的可再生能源。2009 年，美国陆军与清洁能源公司安讯能太阳能电力公司（Acciona Solar Power）建立伙伴关系，在欧文堡国家训练中心建设 5 个太阳能发电设施。这些太阳能发电设施竣工后发电量可达 500 兆瓦，远远超过欧文堡电力消费高峰时所需要的 28 兆瓦电量。剩下的 470 兆瓦电量将卖给当地民用电网。这一交易的独特之处在于美国国防部没有为该项目投入任何资金，只是把土地租赁给安讯能和开发商克拉克能源集团（Clark Energy Group），两家公司为该项目投入 15 亿美元。预计到 2014 年，该项目的发电量能提供欧文堡所需的全部电力。整个项目预计到 2022 年竣工。②

截至 2014 财年，美国陆军在建的可再生能源发电项目超过 350 个，并且正在继续开展大型和小型项目建设。小型项目主要是在屋顶或停车场安装太阳能发电系统，大型项目则是利用“军事建设”资金开展公用能源服务系统项目建设。2015 财年，利用私人融资渠道建设的可再生能源项目达到 37.6 兆瓦。此外，美国陆军还通过军事建设基金的“能源节约投资计划”签订了 2.8 兆瓦的可再生能源发电合同。到 2016 财年，美国陆军所有投资将产生一大批大型可再生能源项目，完全有可能实现到 2025 年底可再生能源占比达到 1 吉瓦的目标（2015 年《能源安全与可持续性战略》提出的目标）。这些项目有一个共同的特点，那就是在设计时都带有基地发电能力，以强化设施能源安全和可恢复能力。一个很好的例子是德拉姆堡（Fort Drum）。目前，该基地 90% 的能源需求由现地第三方安装和运营的 60 兆瓦生物质能发电厂满足。③ 华楚卡堡（Fort Huachuca）通过实施小型

① U. S. Department of Defense, *FY2015 Annual Energy Management Report*, June 2016, pp. 23–24.

② Matt Hourrihan et al., *Lean, Mean and Clean: Energy Innovation and the Department of Defense*. March 2011, p. 18.

③ DOD, *Annual Energy Management Report FY 2015*. June 2016, p. 40.

和大型太阳能光伏项目发展可再生能源发电。2015 年，德特里克堡（Fort Detrick）、班宁堡（Fort Benning）、戈登堡（Fort Gordon）、斯特尔特堡（Fort Stewart）和红石兵工厂（Redstone Arsenal）的可再生能源项目也已动工。[1] 美国陆军发展的可再生能源和分布式能源项目，一方面增加了可再生能源产量或购买量，另一方面提升了能源效率和能源恢复能力。

2014 年，美国陆军专门成立了能源创新计划办公室（OEI），继续负责原能源创新计划特别工作组的工作，加快落实 1 吉瓦可再生能源建设目标，并将“净零”倡议向所有永久性基地推广。

（六）改进能源监测和计量工作

提高能源使用效率的重要前提是精准掌握部队能源消耗的实际情况。长期以来，由于计量困难，美国陆军对其作战能源消耗情况知之甚少。为了改进作战能源计量工作，美国陆军加大了对该领域的投资。2013 年，美国陆军投入了 410 万美元的年度预算资金和 177 万美元的未来多年度国防计划（FYDP）资金，为燃料系统供应点（FSSP）先期开发计划和战术燃料管理师防御（TFMD）系统的持续研发提供资金。[2] 其中，美国陆军为 FSSP 安排的年度预算拨款是 270 万美元、FYDP 资金 1490 万美元。FSSP 旨在开发和测试自动化油箱监测解决方案及相应的数据传输与储存装置，更好地跟踪燃料消耗情况，为战争从战术到战略层面的管理决策提供信息。2013 财年和 2014 财年，美国陆军为 TFMD 安排的年度预算资金都是 140 万美元。TFMD 是一种自动化能源消耗跟踪系统，可以让整个军队体系掌握前进作战基地的石油消耗、库存情况，发现潜在的非法活动，还可直接跟踪发电机和汽车油耗。截至 2012 年 6 月，美国陆军已经在阿富汗境内 36 个据点部署了 TFMD 系统。TFMD 系统提供的油耗数据为美国国防部作战能源规划与项目办公室了解燃料分配和消耗情况发挥了重要的作用。TFMD 在阿富汗的使用结果将影响美国陆军就未来采购和项目编制的石油自动化监测和管理问题所作出的决策。

美国陆军对设施能源的计量工作起步较早。为了落实《2005 年能源政

---

① DOD, *Annual Energy Management Report FY 2014*. May 2015, p. 47.

② U. S. Department of Defense, *FY13 Budget Certification Report—Energy for Military Operations*. January 2012, p. 14.

策法》和《2007 年能源独立与安全法》以及美国国防部颁布的计量政策，美国陆军制订了《陆军计量实施计划》，并确定了一条基准线，要求给所有每年电费超过 3.5 万美元（一般为面积超过 2.9 万平方英尺）的设施或者偿还式承租设施安装先进的计量仪。美国陆军正在将这些计量仪与整个企业层面的“计量仪数据管理系统”进行连接，使各级指挥官可以跟踪能源消耗情况，并把这种信息融入指挥决策之中，以改进能源效能。2013 财年，美国陆军设施安装先进计量仪的预算是 4380 万美元。① 到 2013 年，美国陆军运用先进的电、水、天然气和蒸汽计量仪对陆军设施能源消耗总量的 65% 进行了直接计量，通过“陆军中央计量项目”在各相关建筑中安装了 9987 个电力计量仪、222 个天然气计量仪和 60 个用水计量仪。② 到 2014 年，美国陆军在超过 1.65 万幢建筑中安装了电力计量仪。美国陆军还安装了 2700 多个天然气计量仪、91 个蒸汽计量仪和 2200 个用水计量仪。③ 这些数字还在逐年增加。

表 2—3　2014 财年美国陆军能源计量情况一览表（AMS）

商品	消耗总量（BBTU）	AMS 捕获的能源消耗量	AMS 捕获的能源百分比	安装设施级先进计量仪的基地数量	安装设施级先进计量仪的基地百分比
电能	29499	4554	15%	111	78%
天然气	19427	2889	15%	80	56%
商品	消耗总量（BBTU）	AMS 捕获的水消耗量	AMS 捕获的水消耗百分比	用水强度大的设施或设施与区域蒸汽系统相接的设施数	安装计量仪的用水强度大的设施或与区域蒸汽系统相接的设施百分比
水能	23829800	368700	2%	75	52%
蒸汽				7	5%

资料来源：Department of Defense, *Annual Energy Management Report FY*2015, June, 2016, p. 59.

① Katherine Hammack, *The Value of Energy Security from Battlefield to the Base*, Mar. 29, 2012, p. 12.

② U. S. Department of Defense, *Annual Energy Management Report FY*2013. 2014, p. 55.

③ U. S. Department of Defense, *Annual Energy Management Report FY*2014. 2015, p. 56.

表 2—3 显示了 2014 财年美国陆军已经安装先进计量仪的军事设施占比和根据国防部计量政策的要求由“先进计量系统”（AMS）所捕获的能源消耗占比。美国陆军计量项目的实施有助于设施信息的分享和相关培训的开展，促进计量手段在军事设施中的全面推广。表 2—4 显示的是美国陆军在 2014 财年采用 AMS 计量的建筑总数和未采用 AMS 计量的建筑总数，反映了美国陆军在能源计量方面所取得的进步。

表 2—4　2015 财年美国陆军与先进计量系统连接进展情况

商品	采用 AMS 计量的建筑总数		未采用 AMS 计量的建筑总数
	先进计量	其他	
电力	9，840	878	6，226
天然气	2，390	956	1，728
水	1，523	238	1，179
蒸汽	89	3	34

资料来源：Department of Defense，*Annual Energy Management Report FY*2015. June 2016，p. 59.

在 2014 财年，美国陆军还开发了一种在线网络研讨会（Webinar），为陆军计量数据管理系统（MDMS）的用户提供了一个了解陆军计量项目的目标、状态、信息系统论证进程及其用户管理能力的途径。

四、以“减负提效”为目的，积极研发和部署单兵能源装备

随着战争模式的变化，单兵作战的形态发生了翻天覆地的变化。二战时期，单兵作战主要依靠单兵素质，如今高科技战场上，单兵装备为士兵战斗力的提升提供了保障。但是，美国陆军意识到，携带过多的装备也意味着单兵消耗的能源更多，从而降低单兵作战能力。在阿富汗战场，美国陆军士兵的装备以电子设备为主，这些设备消耗大量电能，目前单兵装备的用电量还在继续上升，所以想要提高单兵作战的机动性和持久性，改进装备和电源供应设备势在必行。①

① *Department of Defense Initiatives*：*Background and Issues for Congress*. 2012，p. 52.

（一）制订单兵能源技术研发计划

单兵是美军作战力量的主体，也是后勤保障的最大挑战。单兵在城市和山区步行巡逻、搜查建筑物、接触当地民众、建造桥梁和基地军营、操作载人和无人飞行器及武器系统、驻守补给点等。在远征环境中，单兵能源面临的最大挑战是在持久性任务期间为步兵装备提供电源。美军装备世界一流，单兵提供防护、杀伤力、遥感探测、态势感知、导航、通信、供热和制冷等多种保障，而这些装备的操作都需要电源。今天的美军士兵执行一次任务需要携带大量电池为单兵装备提供电源，而且电池类型、大小和形状日益多样化。这不单纯是一个后勤保障问题，电池重量和体积的增加还降低单兵的战斗力。因此，单兵电源问题非常突出，引起了美国陆军领导人的高度关注。陆军助理部长哈马克曾表示，降低单兵能源消耗就是拯救士兵的生命。为此，美国陆军将单兵能源确定为一大挑战，并且开展了一系列技术竞赛活动来鼓励和评价创新性解决方案。

2010 年，美国陆军在《动力与能源战略白皮书》中为单兵电源技术研发提出了以下具体要求：一是为单兵携带的储能装置增加专用供电和能源（目标是重量减半、电能翻倍）；二是通过提高终端装备的能效、引入供电管理系统，使能耗降低 50%；三是减少单兵所携电池的数量和种类（目前为 7 ~ 8 种）；四是查明当地可以找到的能源品种和单兵电源技术；五是在单兵系统与基础设施和车载能源系统之间提供互操作接口。①

为落实单兵作战所需能源的具体要求，减轻作战负担，提高战斗力，美国陆军专门针对单兵携带能源制订了详细的单兵能源研发规划（见表 2—5），在未来几年甚至几十年的时间内完成陆军单兵能源变革，提升陆军单兵作战能力。该规划以 2014 年、2024 年和 2030 年为时间节点，每个时间节点都有明确的任务和所要研发的能源产品，最终在 2030 年以后美国陆军将实现单兵能源轻量化的目标，利用“小型或微型电池组”为单兵提供能源，这将大大提高作战能力和效率，减轻单兵作战负荷，提高机动性、灵活性和快速恢复能力，延长单兵作战时间。

---

① U. S. Army, *Power and Energy Strategy White Paper*. 2010, p. 20.

表 2—5 美国陆军单兵能源装备未来发展规划

项目＼年份	2014	2024	2030 +
能量储存（一次性）	·用锂/二氧化锰（1.5X）电池取代锂/二氧化硫（1X）电池 ·采用锂/氟化碳电池 ·充电指示器——每块电池上有燃料计量表	·用锂/CFx（2X）电池替代锂/二氧化锰（1.5X）电池 ·采用锂/空气电池 ·改进电池化学成分：如锂/氟化碳、锂/二氧化锰、锌/空气、锂/二硫化亚铁以及锂/空气 ·集成混合电池/超级电容器	·用高性能的锂/碳氟化合物电池替代锂/氟化碳电池 ·用锂/空气电池替代锌/空气电池 ·生物材料 ·碳纳米管 ·小型或微型电池组
能量储存（可充电式）	·纳米锂离子电池 ·锂聚合物电池 ·车载大型充电站 ·智能电池组 ·电池健康状态与能源管理显示器 ·共形电池组（140Wh/kg）	·纳米技术改进（如纳米锂离子和锂钛酸盐） ·高压正极材料 ·宽窗电解质 ·电池/超电容器集成 ·无线充电 ·锂金属电池	·“真正”的锂聚合物电池（柔韧、共体固态） ·生物灵感材料 ·高温电极 ·集成到人体防护服 ·熔融盐电解液
能量获取	·薄膜光电（背负、可折叠、后部/侧部） ·运动获取，如手摇曲柄、护膝、背包、微型逆变器	·光电织物 ·运动和振动装置 ·身体热量产生热电 ·感应充电	·热电、组合加热与冷却 ·背负式发电机
使用燃料的系统	·燃料电池（士兵帆布背包中携带 25—75 瓦，随身携带 150—300 瓦，重量为 11.34—15.88 kg；包装燃料（每千克 1300 瓦时） ·发动机（便携式、多燃料斯特林发动机 20.41kg） ·小型柴油发动机（15.88kg）	·燃料电池（士兵穿戴 25 瓦，随身携带 500 瓦，重量为 9.07kg）；脱硫 JP-8 ·热电/热光伏（50—150W，11.35kg，15% 转换效率，<70dba）	·燃料电池（标准 JP-8） ·碳纳米管 ·热电和余热利用 ·热光伏 ·多燃料、便宜、可靠·发动机

续表

项目＼年份	2014	2024	2030 +
核		·β 衰变用于低功率用途	·同核异能素 ·氚照明

资料来源：U. S. Army, *Power and Energy Strategy White Paper*. 2010, p. 23.

美国陆军从储能、能量采集、燃料电池、混合动力以及电源集成方面提出解决陆军单兵能源消耗问题。在储能方面，采用充电电池可降低后勤保障负担，同时解决目前补给链中电池尺寸不一、质量体积过大的问题。能量采集方面，光伏技术（太阳能）、热电技术（体热或其他温差）、压电或感应技术（运动和振动）等能量采集技术，可以提供能量并减少供电后勤保障。此外，燃料电池的使用也可大大降低单兵携带的电池负荷。不仅如此，储能电源（电池）和采集电源（太阳能）组合运用，也可大大降低单兵负重，提高能源使用效率。电源集成就是将单兵装备集成到一个大型电源系统，以避免电源负荷随着新装备的增加而加大。总体上讲，美国陆军单兵能源发展趋势就是在提高能源效率的同时，降低单兵能源负重，增强战斗机动性和敏捷性。

（二）加速单兵能源装备研发与部署

为落实单兵能源技术研发计划，美国陆军实施了一系列创新行动和配套投资，并加速将创新成果应用于实战。2012 财年，美国陆军投资 2000 万美元的年度预算资金和 1.13 亿美元的未来多年度国防计划（FYDP）资金，用于调查和开发可供未来部队单兵使用的先进电源、电源部件和电力转换技术，通过使用更轻、更高效的混合电能和更先进的能源管理技术提高单兵作战的可持续性和机动性。① 2012 财年，美国陆军为研发通信—电子电池（Communication-Electronics batteries）投入 6000 万美元，其中 56% 的资金用于研发充电电池，而 2005 财年仅为 26%。② 2013 财年，美国陆

---

① U. S. Department of Defense, *Fiscal Year* 2012 *Operational Energy Budget Certification Report*. 2011, p. 12.

② Katherine Hammack, *The Value of Energy Security from Battlefield to the Base*, March 29, 2012, p. 5.

军投入2550万美元的年度预算资金和3.694亿美元的FYDP资金，用于研发"地面单兵系统"（Ground Soldier Systems），以改进电池输出、减轻重量、利用替代能源充电。① 同时，为改进作战装备，美国陆军投入了3530万美元的年度预算资金和1.719亿美元的FYDP资金用于"战士技术和电子设备"（Warfighter Technologies and Electronic Devices）的升级，内容包括步兵电源、移动电源、紧凑型便携式高效率电源、微系统电源组件等。②

从2011年开始，美国陆军对各个海外战场进行能源技术升级，向海外执行任务的部队配发先进的能源装备。2011年，被派到阿富汗战场执行任务的陆军第1—16步兵营装备了先进的单兵能源装备。这些装备可减轻士兵携带的能源重量，提升战斗力。2012年，美国陆军又给即将部署到阿富汗的两个空降旅战斗分队装备了成套新技术。这些技术基于第1—16步兵营配发的装备。第1—82和173战斗分队装备的技术包括能源管理装置、燃料电池、高能效发电机和替代能源。③

美国陆军的"项目经理单兵勇士"计划开发、采办和部署一套远征电源装备，旨在减轻陆军士兵负荷，提高步行行动时的机动性和持久性。2013财年，美国陆军给5个旅配发了此套装备；2014财年，6个旅配发了该装备升级版并接受了相关培训。这套装备包括"班用电源管理器"（SPM）、单兵电源/数据集成系统（ISPDS）、共形穿戴式电池（CWB）和模块化通用充电器（MUBC）。目前，运用到战场上的单兵能源装备包括："便携式单兵电源管理系统"（SPM）、"加强型便携式背包电源系统"（REPPS）。此外，驻阿美军还配发了300瓦特的背包式丙烷燃料电池和2个227克重、可持续使用4小时的燃料罐。④

为加强单兵能源创新，美国陆军还注意扩大与其他军兵种的合作。例如，2015年，美国陆军与海军陆战队建立了一个为期两年的计划——"联合步兵连原型"（JIC-P）项目，旨在将动能采集技术开发与连一级作战测试相结合，以降低士兵携带的电池重量，扩大作战范围，延长作战时间。

---

① U. S. Department of Defense, *Energy Investment for Military Operations: for Fiscal Year 2013*. June 2012, p. 16.

② Ibid, p. 18.

③ Katherine Hammack, *The Value of Energy Security from Battlefield to the Base*, March 29, 2012, p. 6.

④ Association of Defense Communities, *Army Energy Overview*, July 18, 2011, p. 13.

2015财年，该项目接收了能源采集装备，并进行了首次效能和安全测试。[①]

五、以“清洁高效”为重点，加强机动能源研发与创新

陆军机动能源是作战能源的重要组成部分，它关系到步兵的作战距离与作战持久力。美军海外战场众多，战线漫长，需要可靠的机动能源保障步兵在广袤的战场上进行战术机动和战略转移。对于机动能源，美国陆军需要解决的问题包括：如何减少能源消耗；如何用更少的能源覆盖更大的作战范围；如何更多地使用清洁能源，减少对环境的危害。就此，美国陆军在机动能源方面制订了详细的研发计划，同时投入了大量资金支撑创新计划。

（一）制订机动能源研发计划

美国陆军各类车辆占作战能源消耗和能源开支的一大部分。车辆在美国陆军战术体系里起着至关重要的作用。部队和物资的运输、战斗人员的保护、基地设施行动的保障都离不开车辆。地面车辆还为越来越多的作战系统，如传感器、通信系统、计算机、武器和环境控制系统提供机动能力和电源。目前，地面车辆发挥这些功能受到一系列因素的制约，包括：推进系统空间有限、使用单一战场燃料以及必须在极端条件（从低温到沙漠化作战条件）下开展行动。许多车辆正被用于多种用途，这就要求未来设计方案更具灵活性。

美国陆军在2010年《动力与能源战略白皮书》中明确提出了陆军车辆未来发展的要求：一是在行驶和停止时能为相关系统提供足够的电力和冷却力，包括战斗车辆在驻车状态下拥有3个多小时的“静止”动力和可输出的电源，以减少基地营区中单独部署发电机的必要性；二是提供各种水平的脉冲电力，支持新系统（如定向能、电磁装甲及其他脉冲系统）的动力要求；三是限制车辆总重和车载系统的电力需求，以减少燃料消耗。为满足上述需求，美国陆军把车辆能源的发展重点确定为替代动力、替代推进系统、电网一体化、替代燃料和废气能量回收（表2—6）。

---

① Association of Defense Communities, *Army Energy Overview*, July 18, 2011, p. 10.

表 2—6 美国陆军地面车辆能源未来发展重点

项目＼年份	2014	2024	2030 +
替代电力	·使用替代燃料（即非 JP-8）电池供给低电量需求	·拓展燃料电池应用范围，用于保障较高电量需求	·考虑将燃料电池作为主要供电手段
替代燃料	·两个重点方向：（1）逐步减少燃料性质相关配方；（2）增加使用替代燃料的发动机数量	·继续自主研究燃料	·向燃料和发动机折中方案聚焦
废料能源回收	·集成到固定基础设施（如发电机）	·集成到地面车辆（与目前商业系统同步使用）	·提高效率并拓展应用范围
替代推进系统	·车载可输出式车辆动力系统 ·对二进制逻辑传输开展研究	·混沌战术和专业车辆 ·集成至二进制逻辑传输	·混合动力作战车辆
电网集成	·将相关技术集成至车辆，与某些小型电网交换能量 ·电网控制系统的创建与开发 ·常规有线传输	·电网控制系统在更大范围集成 ·常规有线传输	·针对选定用途开发并集成无线传输技术

资料来源：U. S. Army，*Army Power and Energy Strategy White Paper*，Apr. 1，2010，p. 16.

除地面车辆外，美国陆军还拥有大量的飞行器。陆军航空兵，不论是载人机还是无人机，都是未来模块化部队不可分割的组成部分，参与执行全谱作战行动。阿富汗战争和伊拉克战争的教训进一步增强了人们的预测——未来作战行动将是分散作战，飞机和空中行动将更加普遍，对态势感知、持续保障和武器发射更加重要。美国陆军飞行器在未来战争中需要具备远程空运能力并为地面部队提供火力支援，因此，飞行器能源也面临巨大的挑战。

美国陆军对飞行器能源变革的要求是：一是可运输单位车辆和装备的

远程垂直起降能力，在未经平整的地方起降；二是关键性再补给空中运输系统；三是无需前进加油的高速/长时间滞空火力支援能力；四是基于先进材料、一流设计和制造工艺的动力更大、重量更轻的飞机，在不影响性能的前提下节省燃料消耗。[①] 美国陆军飞行器能源未来发展的重点是混合推进系统、电驱发动机、替代燃料、替代发动机循环/配置等（参见表2—7）。

2013 财年，美国陆军在战术车辆改进方面投入 1.924 亿美元年度拨款资金和 15 亿美元 FYDP 资金，主要用于提升“艾布拉姆斯”坦克和“布雷德利”战车的燃料效率。同时，美国陆军对“涡轮引擎改进项目”（ITEP）投入了 840 万的年度拨款资金和 5.186 亿美元 FYDP 资金，改进“阿帕奇”和“黑鹰”直升机的发动机。此外，美国陆军在飞行模拟器研发方面投入了 1.054 亿美元的年度拨款资金和 3.694 亿美元 FYDP 资金，用于改进“阿帕奇”“黑鹰”和“支奴干”直升机模拟器的训练现实性，同时减少训练开支和燃料消耗。[②]

2015 年，美国陆军坦克车辆研发和工程中心扩大了与能源部车辆技术办公室就 AVPTA 开展的合作。该项目的研发重点在四个方面：一是自动化/智能巡航控制；二是辅助电气化；三是高效热能汽缸；四是减低车辆重量建模与仿真。四个方面齐头并进，有望提高当前能效 30% ~50%。[③]

表 2—7　美国陆军飞行器能源发展重点

年份 / 项目	2014	2024	2030 +
混合动力推进系统			·涡轮发动机与先进储能装置（如先进电池系统或燃料电池）实现集成

① U. S. Army, *Army Power and Energy Strategy White Paper*. Apr. 1, 2010, p. 17.

② US Department of Defense, *Energy Investments for Military Operations: for Fiscal Year* 2013. June 2012, pp. 15 – 16.

③ DOD, *FY2015 Operational Energy Annual Report*. Aug. 15, 2016, p. 10.

续表

项目 \ 年份	2014	2024	2030 +
更加依靠电驱的发动机	·1个或2个电动配件	·少量电动配件 ·特定功能/部件成为“分配式”（电压>270V）	·多数或全部配件采用电驱 ·大多数部件成为分配式。完全集成的电力启动装置发电机 ·尾气发电（热离子管） ·固体氧化物燃料电池与燃气轮机联合运行（电压>600V）
先进涡轮机	·使用小型重油发动机（SHFE）示范技术成熟度为6级（TRL6）的技术，该技术将应用于陆军小型有人驾驶飞机和大型无人旋翼飞机 ·紧凑、高效燃烧	·先进经济性涡轮发动机（AATE）和未来经济性涡轮发动机项目（FATE）示范技术成熟度为6级（TRL6）的技术，应用于陆军中型/大型有人驾驶旋翼飞机 ·材料（更多陶瓷基复合材料）；制造；集成；冷却；注水 ·两级保养 ·系统级集成 ·在设计中解决氮氧化物/二氧化碳排放问题	·材料；制造；集成；小型机翼冷却；注水；新型密封装置；新型轴承 ·基于状态的诊断/预测
替代燃料		·使用50%的混合燃料（合成燃料和石油基燃料）	·能使用100%合成燃料或100%石油基燃料

续表

年份 / 项目	2014	2024	2030 +
替代循环/替代配置（>500hp）	·针对先进透平循环/配置（如换热器；脉冲爆震发动机；复合循环内燃机；涡轮级间燃烧室等）开展政府资助的概念设计研究（6.1）	·适时启动应用研究（6.2）和先期技术开发（6.3）	·适时继续应用研究（6.2）和先期技术开发（6.3）
替代循环/替代配置（<500hp）	·拓展新型循环方式/配置（如章动发动机、各种旋翼柴油机概念设计、邦纳发动机、陆军超小型重油发动机）的演示及应用范围	·拓展新型循环方式/配置（如移动燃烧室发动机）的演示及应用范围	·技术/无人机系统成熟时，制订示范/实施计划

资料来源：U. S. Army，*Army Power and Energy Strategy White Paper*. Apr. 1，2010，pp. 19 – 20.

第五节　美国陆军能源战略的成效与特点

美国陆军能源变革和战略转型已经实施了十多年。我们应该如何评价美国陆军能源战略所取得的成效？美国陆军能源变革和战略转型有哪些突出的特点？本节旨在对这两个问题进行初浅的探讨。

一、成效评估

2009 年《陆军能源安全实施战略》的公布，标志着美国陆军能源变革和战略转型的全面启动。为了支持该文件提出的五大战略目标，2010 年，美国陆军出台了《动力与能源战略白皮书》，提出其能源转型的三个主攻方向：设施能源技术；单兵能源技术；机动能源技术。围绕五个目标和三个方向，美国陆军开展了一系列能源变革行动，取得了明显的成效。

（一）设施能源消耗大幅下降

美国陆军是美国国防部设施能源消耗量最大的机构。随着能源变革和战略转型的全面推进，美国陆军能源消耗逐年下降。从图2—13 可以看出，美国陆军能源消耗呈持续下降的趋势。从各军种设施能源消耗下降趋势也可看出，陆军设施能源消耗下降趋势最为明显。由此可见，美国陆军设施能源变革成效显著。

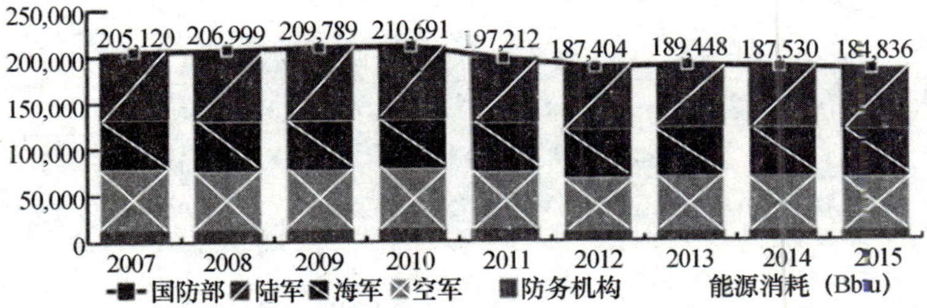

图 2—13　2015 财年美国国防部及各军种设施能源消耗量

资料来源：Department of Defense, *FY2015 DOD Annual Energy Management Report*. June 2016, p. 19.

对美国陆军设施能源变革评估具体可以从设施能源强度、可再生能源在电能消耗中的占比、利用可再生能源的发电量或绿电购买量以及非战术车辆的石油消耗四个方面进行。从表2—8 可以看出，美国陆军在这四个方面都取得了一定的成绩，基本呈逐年改进的趋势。在能源强度方面，2015 财年，美国陆军相对于2003 财年基准线下降了18%，比2014 财年降低了2. 8%。在减少3450 万平方英尺建筑面积的情况下，美国陆军仍然连续两年保持了设施能源强度的下降趋势。

图2—14 直观地显示了美国陆军2003 ~ 2011 财年能源强度的下降趋势。2015 财年，美国陆军能源消耗下降总量有史以来最高。① 当然，这一成绩与联邦政府规定的30%的年度目标还相距甚远。在非战术车辆石油消耗方面，由于美国陆军主要从事地面行动，因而仍然位居各军种车辆石油消耗之首。不过，2015 财年，美国陆军车辆能源的可持续性和安全性继续

① Department of Defense, *FY2015 DOD Annual Energy Management Report*. June 2016, pp. 23 - 24.

提升。陆军车辆石油消耗下降了41.1%，远远超过了20%的目标，甚至超过了2020财年降低30%的目标。[1] 可见，美国陆军在车辆能源变革方面成效显著。

表2—8 美国陆军2012～2015财年设施能源变革目标进展情况

目标	度量标准	时间	当年成效	当年目标
相对于2003财年基准线减少设施能源强度	每个设施的总面积/平方英尺所消耗的能源/英热单位	2012	-15.7%	-21%
		2013	-14.2%	-24%
		2014	-15.2%	-27%
		2015	-18.0%	-30.0%
在电能消耗中利用更多可再生能源（基于《2005年能源政策法案》）	可再生电力消耗在设施电力消费总量中的占比	2012	0.5%	5.0%
		2013	1.1%	7.5%
		2014	2.0%	7.5%
		2015	1.8%	7.5%
从可再生能源中生产或购买更多绿电	从可再生能源生产或购买的绿电在设施能源消费总量中的占比	2012	11.3%	25%（至2025年）
		2013	7.1%	
		2014	11.3%	
		2015	12.0%	
相对于2005财年基准线减少非战术车辆的石油消耗	当量为石油燃料的汽油消耗/加仑	2012	-39.4%	-18%
		2013	-32.9%	-16%
		2014	-38.4%	-18%
		2015	-41.1%	-20%

资料来源：DOD Annual Energy Management Report FY2012－2014，June 2013；June 2014；May 2015；June 2016.

美国陆军在落实国防部能源计量政策方面也取得了长足的进展。到2015年，美国陆军已经在1.6944万栋大楼中安装了电表，其中3800个与陆军计量数据管理系统（MDMS）连接。美国陆军还安装了5074个燃气表、126个蒸汽表和2940多个水表。[2] 表2—9显示了美国陆军根据美国国防部计量政策要求安装先进计量仪的设施百分比以及先进计量系统

① Department of Defense，*FY2015 DOD Annual Energy Management Report*. June 2016，p. 32.
② Ibid，p. 59.

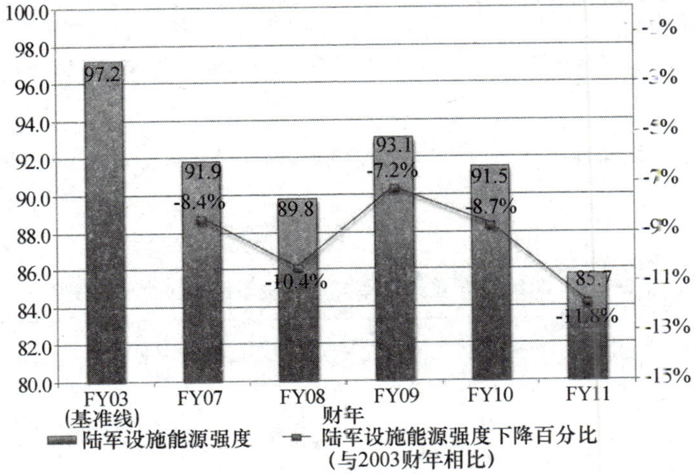

图 2—14　美国陆军能源强度下降百分比（以 2003 年作为基准线）

资料来源：U. S. Army，*Army Sustainability Report*，Sep. 7，2012，p. 51.

（AMS）监测的能源百分比。表 2—10 则显示已安装计量仪的建筑总数，这些计量仪既包括与先进计量系统（AMS）相连接的计量仪，也包括目前尚未连接的计量仪。

表 2—9　2015 财年美国陆军能源计量情况一览表

商品	消耗总量（BBTU）	AMS 监测的能源消耗量	AMS 监测的能源百分比	安装设施级先进计量仪的基地数量	安装设施级先进计量仪的基地百分比
电能	29499	4554	15%	111	78%
天然气	19427	2889	15%	80	56%
商品	消耗总量（BBTU）	AMS 监测的水消耗量	AMS 监测的水消耗百分比	用水强度大的设施或设施与区域蒸汽系统相接的设施数	安装计量仪的用水强度大的设施或与区域蒸汽系统相接的设施百分比
水能	23829800	368700	2%	75	52%

续表

商品	消耗总量（BBTU）	AMS 监测的能源消耗量	AMS 监测的能源百分比	安装设施级先进计量仪的基地数量	安装设施级先进计量仪的基地百分比
蒸汽				7	5%

资料来源：Department of Defense，*FY2015 DOD Annual Energy Management Report*，June，2016，p. 59.

表 2—10　2015 财年美国陆军先进计量系统连接进展情况

商品	采用 AMS 计量的建筑总数		未采用 AMS 计量的建筑总数
	先进计量	其他	
电力	9840	878	6226
天然气	2390	956	1728
水	1523	238	1179
蒸汽	89	3	34

资料来源：Department of Defense，*FY2015 DOD Annual Energy Management Report*. June 2016，p. 59.

虽然美国陆军在减少设施能源消耗方面取得了显著的成效，但也存在着一些不足之处。从表 2—8 可以看出，美国陆军在落实联邦政府和国防部能源政策国标上存在巨大差距。除了非战术车辆石油降耗超额完成目标以外，其他各方面均未达标。例如，2015 年，其设施能源强度下降了 18%，离了 30% 的目标相差 12%。在可再生能源使用方面，美国陆军没有完成既定目标。2015 财年，美国陆军未能达到《2005 年能源政策法》规定的可再生能源发展目标，可再生能源消费量从 2014 财年的 2% 下降到 1. 8%。陆军消耗的可再生能源仅占其电能消费总量的 12. 0%，比 2014 财年的 11. 3% 仅增长了 0. 7%。① 其原因是陆军正在从购买绿电统一转向在陆军地产上部署可再生能源发电设备。此外，发电总量达 20 兆瓦的 12 个可再生能源项目在 2015 财年处于离线状态，另有一些发电站产量出现下滑。由此可见，美国陆军在实现到 2025 年可再生能源占比达到 25% 的目标方面仍然面临巨大的挑战。

---

① Department of Defense，*FY2015 DOD Annual Energy Management Report*，June 2016，p. 40.

当然，美国陆军也认识到这些问题。《2015 财年国防部能源管理年度报告》指出，未来降低设施能源消耗将面临不少挑战，其中包括：一是预算减赤机制和拨款不能及时到位导致能效和节能工程项目数量减少；二是一些不可控因素（如天气和气温）导致设施能源用量增加；三是当前美国陆军日益依靠固定设施和持久性据点执行任务（如培训、无人机、情报、监视和侦察任务），从而增加了设施能源的消耗量。①

（二）单兵能源减负效果明显

为了减少陆军士兵的能源负重、提高战斗力，美国陆军高度重视单兵能源技术的研发和创新，取得了显著的成效。大量先进的单兵能源装备已经投入实战。例如，"便携式加强型背包电源系统"作为"净勇士套装"（Net Warrior Emsemble）初始系列的一部分已经配发给驻阿富汗美军。该系统具有充电功能，并可作为持续的电力供应源。②美国陆军的"项目经理单兵勇士"（Project Manager Soldier Warrior）远征能源装备旨在发展和部署远征性电源解决方案，以减轻士兵负重、提高单兵执行徒步任务的机动性和持久性。该装备于 2013 财年配发给美国陆军 5 个旅，2014 年在 6 个旅接收了这套装备升级版。③ 该装备包括"班用电源管理师"（SPM）、"集成单兵电源/数据系统"（ISPDS）、"共形穿戴式电池"（CWB）和"模块化万用电池充电器"（MUBC）。目前，美国陆军"单兵穿戴式集成电源装备系统"已经将三天巡逻任务的电池重量减少了 30%，从 6.4 公斤降到 4.5 公斤④，有效地降低单兵携带的电池重量，扩大战术范围，延长作战时间，提升了作战灵活性和战斗效能。

（三）机动能源节能增效成果显著

机动能源是美国陆军作战能源的一个重要组成部分，包括地面作战车辆能源和飞行器能源两个方面。自 2009 年以来，美国陆军对机动能源研发进行了大量的投资，取得了令人瞩目的成就。在作战车辆方面，美国陆军

---

① Department of Defense, *DOD Annual Energy Management Report FY2015*, June 2016, p. 19.

② Michael A. Vane & Paul E. Roege, *The Army's Operational Energy Challenge*, May 2011, p. 43.

③ Department of Defense, *FY2013 Operational Energy Annual Energy Report*, June 2014, p. 4.

④ U. S. Army, *The Power Is in Your Hands*, 2013, p. 4.

创新性地将新型电池安装在“布雷德利”M2A3 型战车上，在减轻车辆载重、降低噪音的同时还节省了 86% 的能源消耗。[①] 在非战术车辆方面，到 2012 年，美国陆军拥有 80670 辆非战术车辆，其中 40% 是替燃料车或混合电力车，972 辆低速电动车。[②] 2014 财年，美国陆军非战术车辆石油消耗量与 2005 年基准线相比下降了 38.4%。从 2011 财年开始，美国陆军非战术车辆减少了 1.5 万辆，到 2014 年，美国陆军非战术车辆中有 3.05 万辆替代燃料车或高能效车。[③] 飞行器的研发也取得巨大的进展。比如，涡轮发动机改进计划（ITEP）更新了“黑鹰”直升机和“阿帕奇”直升机的发动机。更新后可减少 35% 的维护成本，提升 65% 的马力，延长发动机寿命 20%，提升 25% 的能效。[④]

二、特点分析

美国陆军能源变革和战略转型已经持续了十多年。在这过程中，美国陆军不断创新，积极作为，呈现出一些突出的特点。

（一）注重战略规划和政策支撑

推进能源变革必须有科学的战略规划和配套的政策作支撑。美国陆军历来重视制订能源战略，出台相应的实施计划和配套政策。

1. 战略规划目标明确

为了应对能源需求增加、国际油价上涨、能源开支上升、环境污染等种种挑战，美国陆军从新世纪开始酝酿新一轮能源变革。从 1999 年克林顿总统签署第 13123 号行政令开始，美国陆军先后出台了一系列战略文件，提出了明确的目标和要求，以指导部队能源变革和战略转型。美国陆军能源战略的一个突出特点是将能源变革与环境战略紧密结合，作为其追求可持续发展的一部分。2004 年公布的《陆军环境战略：支撑使命任务，确保未来安全》是美国陆军能源变革史上的一个重要转折点。美国陆军由原来

---

① 贾喜花、仲崇慧、王桂芝：《国外地面机动平台动力技术发展研究》，《铁道机车车辆》2011 年第 10 期。

② 同上。

③ U.S. Department of Defense, 2014 *DOD Annual Energy Management Report*, June 2015, p. 32.

④ U.S. Army, *Power Is in Your Hand*, 2013, p. 4.

基于遵守环境法的方法转向基于使命任务的方法，这种新方法以可持续原则为基础。2005 年，美国陆军率先公布了《陆军设施能源战略》，提出了五大战略目标。同年，美国陆军专门出台了《美国陆军节能节水行动计划》，明确了落实每一个战略目标所需采取的具体行动以及短期、中期和长期方法、工具、技术和项目。2009 年，为落实联邦政府的一系列能源法律法规，应对油价飙升、气候变化、财政危机等挑战，美国陆军公布了《陆军能源安全实施战略》，提出了五大能源安全战略目标。作为对《陆军能源安全实施战略》的支撑，美国陆军于 2010 年发布了《动力与能源战略白皮书》，围绕基础设施、机动平台（地面和空中）和单兵（车载和步行）三种能源使用类别，详细地提出了美国陆军未来 20 年的动力与能源作战需求和研发重点。2015 年，为落实第 13653 号行政令和第 13693 号行政令的目标和要求，美国陆军公布了《能源安全与可持续战略》，提出了五个新的目标。新战略成为美国陆军追求能源安全和可持续发展的战略路线图。它代表着美国陆军的又一重大转折——从把资源视为作战效能的制约因素的传统思维转向将能源、水和土地资源视为任务赋能要素的新视角。从美国陆军能源战略的演变中可以看出，目标明确的战略规划是美国陆军能源变革的一个突出特点，也是其能源转型取得成功的关键。

2. 政策指导全面细致

为了确保能源战略目标得以落实，美国陆军积极制定各项配套政策，指导和规范本军种创新能源技术，推进能源变革和战略转型。美国陆军通过制定军种范围的能源条令和作战原则应对其能源安全问题。技术投资、作战训练、教育和设施管理都是美国陆军培养官兵节能增效和可持续发展思维的关键性领域。例如，为了营造能源文化氛围、强化全体官兵的能源意识，2013 年 2 月，美国陆军专门出台文件，提出在整个陆军范围打造“能源知情文化”，将构建能源文化作为提升陆军作战能力、战备水平和可持续发展的一个关键性组成部分。其目标是到 2020 年形成一种持久的“能源知情文化”，为陆军提供一种持久的能力，最大程度地利用能源、确保陆军成为一支可持续发展的军队。同年 4 月，美国陆军发布了《陆军作战能源政策》，提出了 9 项政策，以贯彻落实《陆军可持续行动计划》、国防部《作战能源战略》及其《作战能源战略实施计划》。该政策明确了相关部门的职责，要求把作战能源作为重要内容切实融入陆军各项相关政策、战略和条例之中，确保作战能源消耗在陆军能源消耗总量中得到体现。正是因为美国陆军注重从战略到政策层面提供全面细致的指导，其能源变革和战略转型才得以顺利推进并取得了令人瞩目的成就。

（二）注重分类推进能源变革

美国陆军善于根据其用能特点以及当前反恐战争和未来陆军发展的需求，从设施能源、单兵能源和机动能源三个方面有针对性地推进能源变革和战略转型。

1. 设施能源强调开源节流

美国陆军在海内外拥有大量军事基地和设施，因此，设施能源消耗巨大，位居各军种之首。对美国陆军来说，确保其设施能源安全是维持其海内外军事基地正常运转、确保其战斗力的重要前提。因此，开源节流成为美国陆军能源战略的基本目标和手段。2005 年《陆军设施能源战略》提出了五个基本目标，其中有两个目标（提高新建设施和改建设施的能效；减少对化石燃料的依赖）突出节流。《陆军设施节能节水行动计划》除强调节能增效以外，还提出最大限度地使用可再生能源来替代化石能源，也就是重视开源。2009 年《陆军能源安全实施战略》提出的变革使命是“让能源成为陆军一切活动的考虑因素，以减少能源需求、提升能源效率、寻求替代能源品种、创造一种能源问责的文化，同时保持或增强行动能力”。① 这一使命将开源节流作为实现陆军能源安全的重要手段。为实现这一使命，美国陆军提出了五大战略目标，其中前四个目标（减少能源消耗；提高所有平台和设施的能源效率；增加可再生/替代能源的使用；确保充足的能源供应渠道）体现了开源节流的基本精神。2010 年《动力与能源战略白皮书》就基地设施节能增效和可再生能源技术研发提出了详细的规划。美国陆军在这方面采取的主要举措包括：大力打造“净零”基地，提高能源效率；积极发展微电网，提高基地设施的恢复能力；投资可再生能源发电，增加设施能源供应，降低能源消耗；改进能源监测和计量工作，精确掌握部队能源消耗的实际情况。不难看出，美国陆军设施能源变革的实质就是开源节流，实现可持续能源安全。

2. 单兵能源突出“减负”

单兵能源的携带和使用决定其战斗力和作战效果。随着战争形态的变

---

① U. S. Army, *Army Energy Security Implementation Strategy*, Jan. 13, 2009, p. 2.

化和武器装备的快速发展，美国陆军士兵的能源负重也越来越大。一个士兵执行 72 小时的任务需要携带 70 块电池，分为 7 个种类，重量超过 7 公斤；一个步兵排要携带的电池超过 180 公斤。[1] 减轻单兵能源负重，就是提高士兵的灵活性和应变性，起到拯救士兵生命的作用。因此，美国陆军高度重视单兵能源技术创新，进行了大量的投资，努力减轻士兵能源负重，增强其敏捷性和自给自足的能力。其中一项技术是先进的充电电池。2012 财年，美国陆军花费大约 6000 万美元研发各类“通信—电子设备”专用电池，其中 56% 是充电电池，而 2005 财年仅为 26%。此类电池与便携式太阳能毯式充电系统合用，可实现大幅减轻重量，并在无需再补给的情况下延长在外巡逻时间。目前，大批先进的便携式电源系统、轻型电池、通用型充电装置和净水器已经配发部队，大大减轻了单兵电池负荷，有效地提升了作战灵活性和战斗效能。

3. 机动能源突出集成性、敏捷性和混合动力性

机动能源关系到陆军部队的作战距离和耐久力的问题。美国陆军海外战场众多，战线漫长，需要可靠的机动能源保障步兵进行战术机动和战略转移。机动能源包括地面车辆能源和空中飞行器能源。地面车辆是美国陆军部队和物资运输、战斗人员保护、基地设施行动保障所严重依赖的交通工具，并且还为日益增多的作战系统提供机动能力和电源。现有车辆存在推进系统空间有限、使用单一燃料以及在极端条件下行动不便的问题。因此，美国陆军对车辆能源提出的变革目标：一是在行驶和停止时能为相关系统提供足够的电力和冷却力，以减少基地营区内单独部署发电机的必要性；二是提供各种水平的脉冲电力，支持新系统的动力要求；三是限制车辆总重和车载系统的电力需求，以减少燃料消耗。车辆能源的研发重点是替代动力、替代推进系统、电网一体化、替代燃料和废气能量回收技术。例如“汽车到电网”（V2G）电动汽车。

飞行器是未来模块化部队不可分割的重要组成部分，参与执行全谱作战行动。未来的飞行器必须具备远程空运能力并为地面部队提供火力支援。这对飞行器能源提出了巨大的需求。因此，美国陆军对飞行器能源提出的研发目标：一是可在野战环境下运输车辆和装备的远程垂直起降能力；二是关键性再补给空中运输系统；三是无需前进加油的高速/长时间滞空火力支援能

[1] Department of Army, *Army Operational Energy Overview*, 2011, p. 12.

力；四是动力更大、重量更轻、燃效更高、性能更好的飞机。飞行器能源的研发重点是混合推进系统、电驱发动机、替代燃料、替代发动机循环/配置等。表2—6和表2—7分别介绍了美国陆军车辆能源和飞行器能源的研发计划。从两张表格所列项目和上述研发目标与重点可以看出，到2030年，美国陆军对机动能源的要求突出集成性、敏捷性和混合动力性。

（三）注重合理的投资规划

2009年《陆军能源安全实施战略》和2010年《动力与能源战略白皮书》，为美国陆军的能源变革和战略转型指明了方向。为了确保能源变革的顺利推进，美国陆军把能源战略与投资策略相统一，利用国会拨款和私人投资加快部署业已验证的、切实可行的能源技术。2012财年，美国陆军投入2.12亿美元年度预算资金和将近11亿美元的FYDP资金，其中81%的资金用于作战能源技术研发。① 2013财年，美国陆军投入5.624亿美元的年度拨款和42亿美元的FYDP资金，用于2013~2017年陆军作战能源创新项目。其中，55%的资金用于研究、开发、测试与评估工作，而用于采购以及作战与维修的资金则占45%。② 美国陆军还充分利用“购电协议”、“增强型土地使用租约”和“节能绩效合同”来吸引外部投资，加强长期性设施能源资源管理，为军地双方都带来收益。

美国陆军对作战能源的投资分为三大类，以对应国防部《作战能源战略》提出的三个目标。其中，在减少需求方面，美国陆军投入4.64亿美元的年度拨款和37亿美元的FYDP资金；在扩大供应方面，美国陆军投入9850万美元的年度拨款和4.69亿美元的FYDP资金；剩余资金则用于战略能源使用计划方面的投资。③

美国陆军作战能源投资计划具有以下几个特点：一是针对性强，根据能源战略目标、当前现状和未来发展需求制订详细的投资计划；二是投入资金多，这些资金除了陆军的年度预算拨款外，还有FYDP资金和能源部等合作伙伴提供的资金；三是有效评估，美国陆军每年对投资情况进行及

① U. S. Department of Defense, *Fiscal Year 2012 Operational Energy Budget Certification Report*, 2011, p. 9.

② U. S. Department of Defense, *Energy Investments for Military Operations: for Fiscal Year 2013*, June 2012, p. 13.

③ Ibid, p. 13.

时评估，以全面掌握投资情况，发现投资不足的领域，如表2—11所示为陆军对2012财年投资计划进行的评估；四是面向未来，美国陆军善于根据当前和未来陆军面临的能源挑战进行超前规划投资，以完成近期、中期和长期的能源变革目标，这一点从表2—12和2010年《动力与能源战略白皮书》可以得到充分的证明。

表2—11 美国陆军2012财年能源安全投资目标评估①

作战能源安全目标	评估
降低能源消耗	黄色
—当前/近期努力	黄色
—针对战场的工作	黄色
提高平台和设施的能源效率	黄色
—监测和计量工作	红色
—科学与技术（S&T）工作	绿色
—现有平台改造工作	红色
增加可再生能源使用和替代能源供应	绿色

资料来源：U. S. Department of Defense, *Fiscal Year* 2012 *Operational Energy Budget Certification Report*, January 2011, p. 13.

表2—12 美国陆军主要作战能源创新计划

创新计划	情况简介	基本目标	资金预算（美元）		
			2012	2013	2013—2017
“布雷德利”装甲车升级	改进传输和动力管理	降低燃料消耗	1220万	8170万	9.55亿
先进中型移动电源	下一代战场发电机	降低21%的燃料消耗；减少维护需求	3580万	5070万	7.21亿
“艾布拉姆斯”坦克升级	提供改进型辅助动力单元	产生更高水平的电力，以支持更多的能力	960万	1.107亿	5.43亿

① 评估等级分为“红色”“黄色”“绿色”三级。“红色”代表投入资金不充足；“黄色”代表少量资金投入；“绿色”表示投入充足资金。

续表

创新计划	情况简介	基本目标	资金预算（美元）		
			2012	2013	2013—2017
改进型涡轮发动机项目（ITEP）	提升发动机效率，扩大作战能力	能效提高25%；将作战参数从4000英尺/95℉扩大到6000英尺/95℉	0	840万	5.18亿
飞行模拟器	运用飞行模拟器减少直升机的飞行时间	减少燃料和维护成本	1.16亿	1.054亿	3.69亿
第四期后勤民事增补计划（LOGCAP）IV	要求合约方确认当前行动的节能方案	提升驻阿富汗应急基地能效，每年节约超过100万加仑燃料	0	0	0

资料来源：Moshe Schwartz et al.，*Department of Defense Energy Initiatives：Background and Issues for Congress*. Dec. 10，2012，p. 22.

（四）注重科学合理的实施方法

要成功推进能源变革，就必须采取科学合理的实施方法。美国陆军在能源变革中，根据相关战略规划和军兵种自身特点制定了一套科学的实施方法。

1. 以人为本创建能源文化

能源虽是战争不可或缺的一环，但战争终究是人的战争，唯有人的素质提高才能提升战斗力。为此，美国陆军积极创建能源文化，培养官兵强烈的能源意识。《陆军能源安全实施战略》中提出的能源愿景包含三大核心，其中“自主”就是指培育能源文化。美国陆军提出要“让能源成为陆军一切活动的考虑因素，以减少能源需求、提升能源效率、寻求替代能源品种、创造能源问责文化，同时维持或增强行动能力”。为了实现这一变革使命，美国陆军大力打造“能源知情文化”，努力让每一名官兵都成为能源管理师。美国陆军采取的措施主要包括：创建陆军能源项目网站、举办陆军能源论坛和世界能源工程师会议、将能源文化融入院校课程、把每年十月定为“能源意识月”、设立能源奖项等。

2. 实施科学的计量方法

为更好地掌握能源消耗情况，美国陆军根据国防部计量政策，发布了本军种的计量实施计划，积极推进其基地和设施安装先进计量仪，对基地设施电、水、天然气和蒸汽消耗情况进行全面跟踪和精确计量。截至2015年，美国陆军计量工作已经取得了巨大的进步，安装计量仪的建筑有1.6944万栋，其中3800个与陆军计量数据管理系统连接。美国陆军还安装了5074个燃气表、126个蒸汽表和超过2940个水表。安装设施级先进电表的基地已达78%，安装设施级先进燃气表的基地已达56%。这个数字还在逐年增加。

3. 扩大军内外技术和投资合作

美国陆军认识到外部合作的重要作用，因而积极与包括国防部长办公室、其他军兵种、能源部、环境保护署、工业界等公共部门和私营企业开展密切合作，共同研发能源技术，努力实现其能源安全需求。在资金来源方面，美国陆军也注意开拓渠道。除了有限的政府拨款外，美国陆军积极运用第三方机制筹措资金，充分利用军外资金和技术来支持和发展自身能源创新项目。不论资金来自何处，美国陆军都会对一切能源投资机会开展评估，以判定其对陆军的长期收益，项目审查主要依据其全寿期的投资回报率及其在示范中表现的节支情况。美国陆军与军外开展合作的牵头机构是陆军能源创新计划特别工作组（EITF）。在该机构的推动之下，美国陆军利用第三方机制扩大了与私人企业的合作，通过利用企业的资金和技术开展大规模的能源项目建设。从2011财年开始，美国陆军的第三方能源投资始终居各军兵种之首，资金利用总额每年都超过1.5亿美元。① 2014财年，仅仅通过“节能绩效合同”和“公用能源服务合同”所获得的资金就超过3.25亿美元。② 由此可见，第三方机制在美国陆军能源变革中发挥了重要作用。

（五）注重整体战略的不断更新

美国陆军能源变革以联邦政府能源法律为依据，以现实需求为基础，

---

① U.S. Department of Defense, *Annual Energy Management Report FY*2013, June 2014, p. 66.

② U.S. Department of Defense, *Annual Energy Management Report FY*2014, May 2015, p. 68.

以未来趋势为导向，不局限于短期效果，而是将眼光投向10年甚至几十年之后的未来战场，追求可持续能源安全。从1999年开始，美国联邦政府先后出台了一系列总统行政令和能源法律，对美国国防部在内的联邦政府机构提出了一系列能源目标和要求。为了落实这些目标和要求以及美国国防部发布的能源政策和指令，美国陆军在2005年率先公布了其能源战略——《陆军设施能源战略》，提出了未来25年的陆军设施能源变革蓝图。此后，美国陆军根据联邦政府法令和国际能源形势的变化不断调整、更新其能源战略，先后出台了2009年《陆军能源安全实施战略》、2010年《动力与能源战略白皮书》、2015年《能源安全与可持续战略》等战略文件。由此可见，美国陆军能源战略是一个不断演变、不断更新、不断完善的过程。在这过程中，其能源战略理念不断升华，战略目标也不断扩大、深化，从最初单纯追求节能增效、降低石油消耗，逐步上升为追求多重目标互动、综合应对能源安全、气候变化、财政危机等多重挑战的可持续能源安全战略。

第三章╱美国空军能源战略与变革行动

作为当今世界上实力最强、技术最先进的空军，美国空军拥有数量庞大的飞机、武器装备、基地和人员，具备“全球预警、全球到达、全球力量”的超强能力。美国空军的使命任务是“在空中、太空和网络空间飞行、打仗、取胜”。维持全球机动能力和空中优势需要消耗大量能源，作战训练、持续保障等活动一刻都离不开能源。因此，美国空军能源需求量巨大，居美国国防部各部门能源消耗量之首。新世纪以来，随着国际油价的持续上涨，严重依赖能源特别是石油的美国空军面临一系列严峻的挑战，驱使其走上了能源变革和战略转型之路。

那么，美国空军能源使用现状到底如何？其能源安全面临哪些风险和挑战？美国空军是如何走上能源变革和战略转型之路的呢？经历了哪些发展阶段？制订了什么样的能源战略？采取了哪些变革行动？其能源战略成效如何？有什么主要特点？本章将以这些问题为线索，全面解析美国空军的能源战略与变革行动。

第一节 美国空军能源使用现状及挑战

要认识和理解美国空军的能源战略和变革行动，必须首先了解和掌握美国空军的能源使用现状及其面临的风险和挑战。本节着重探讨这两个问题。

一、美国空军能源使用现状

作为当今世界上实力最强大、技术最先进的空军，美国空军拥有数量庞大的人员和武器装备。截止 2015 年，美国空军现役各类飞机超过 5137 架，装备洲际弹道导弹 450 枚、军用卫星 63 颗；现役人员 30.7001 万人，文职人员 17.7221 万人，后备役人员 6.92 万人，空军国民警卫队人员 10.55 万人；空军财政预算为 1610 亿美元。① 如此庞大的装备和人员使美国空军能源消耗量，尤其是航空燃油，远远高于其他军种。同时，美国空军的地面设施、车辆、武器装备等消耗的能源同样占据了相当大的比例。这一现状使美国空军不仅是美国国防部，也是美国联邦政府中最大的耗能机构。

美国空军的使命是确保在空中、太空和网络空间能够飞行、打仗、打赢。为了有效履行这一使命，美国空军每年消耗大约 25 亿加仑航空燃料和 64 万亿英热单位的能源，每年在能源方面的总开支高达 90 亿美元。② 图 3—1 显示了从美国联邦政府、国防部直至美国空军的燃料消耗百分比。从图 3—1 可以看出，美国国防部约占联邦政府石油消耗总量的 91%；通过对美国各军种单独计算可以看出，美国空军石油消耗在国防部石油消耗总量中占比最大，占 64%，比美国陆军和美国海军两个军种石油消耗的总和还要高出许多。其中，航空燃料消耗约占美国空军能源消耗总量的 84%，或者说约占国防部能源消耗总量的 50%。

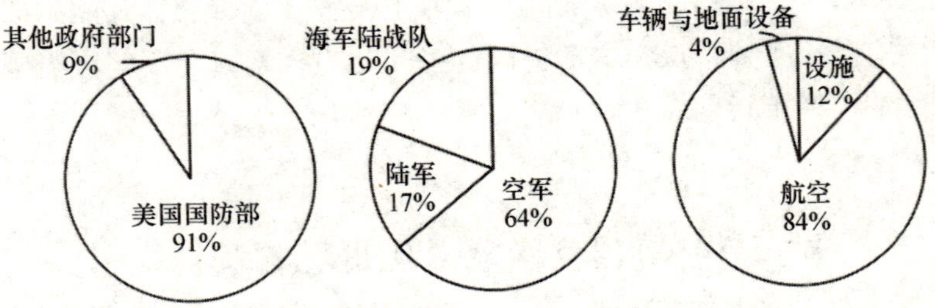

图 3—1　从美国联邦政府到美国空军燃料消耗示意图

资料来源：U. S. Air Force, *Air Force Energy Plan* 2010, November 2009, p. 4.

图 3—2 显示的是 2007 财年美国空军设施能源的消费结构。从图中可以看出，美国空军设施能源开支中，电力所占比例最大，达到了 66.7%；

---

① United States Air Force. https://en.wikipedia.org/wiki/United_States_Air_Force.［2016—08—15］

② U. S. Air Force, *U. S. Air Force Energy Strategic Plan*, March 6, 2013, p. 6.

其次是天然气，占19.1%；石油占9.3%。

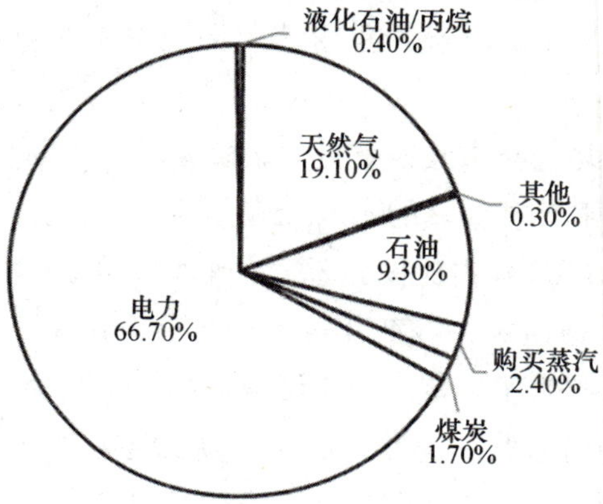

图3—2　美国空军设施能源消费结构示意图①

资料来源：U. S. Air Force，*Air Force Infrastructure Energy Plan* 2010，January 2010，p. 4.

不难发现，作为美军内部一个能源消耗大户，美国空军严重依赖石油和电力，是美国国防部各军种中对能源的依赖性和敏感度最高的军种。能源供应是否持续、稳定，直接关系到美国空军能否正常运转，能否维持美军在全球范围的优势地位。美国空军巨大的能源需求决定了它比其他任何一个军种都更关注能源安全，更致力于实现节能增效的目标，也更加注重自身能源战略转型。

二、美国空军面临的能源风险和挑战

美国空军的能源变革建立在美国联邦政府能源法律法规和现实能源安全挑战之上。随着美国空军使命任务的日益复杂和变革目标的不断提高，其受能源因素制约的问题日益突出。除了第一章分析的美军作为一个整体所面临的能源挑战之外，美国空军还面临以下几个较为独特的风险和挑战：

一是能源依赖严重威胁使命安全。由于美国空军极度依赖能源，因此，持续获得充足、安全、经济的能源始终是美国空军执行使命任务的先

① 该百分比数值相加为99，系原图错误。

决条件。一旦出现油价暴涨和供应中断必然严重危及美国空军的使命安全。同时，美国空军地勤设施的绝大部分电力供应来自于脆弱的商业电网，一旦发生断电事故，就会严重影响美国空军正在执行的关键性任务，包括网络和空间任务。

二是能源开支增长挤占其他重点建设资金。进入新世纪以来，由于国际油价的持续上升和作战频率的不断加大，能源开支在美国空军预算中所占比例不断增长。2003 年占比仅为 3%，到 2011 年已超过 8%，未来能源开支的增长幅度很难预测。2008 年国际油价飙升至 147 美元/桶，导致能源开支大幅增长，挤占了本该用于建设项目的经费。由于目前美国空军乃至整个美军都面临财政紧缩问题，能源开支问题甚至可能引发财政危机，削弱美国空军规划、研发和拥有先进装备技术的能力，而这些能力对于美国空军维持其在天空、太空和网络空间的主导地位至关重要。一旦受到财政因素的影响，美国空军战斗力的提升将受到巨大的冲击。

三是能源法令带来巨大的节能减排压力。进入 21 世纪以来，美国联邦政府出台了一系列能源法律法规提出了一系列严格的能源管理目标和要求，美国国防部为贯彻落实联邦政府法令也出台了一系列能源管理指令（参见附录一、附录二）。在这种自上而下的节能减排压力之下，美国空军巨大的能源消耗和温室气体排放迫切要求其推动能源变革和战略转型，以落实联邦政府和国防部的能源政策目标。

四是日益复杂的太空活动需要先进能源技术作支撑。太空是美国空军面向未来战场、提升部队战斗力的重点发展领域之一，也是实现美国空军“全球警戒，全球到达，全球力量”战略愿景的重要组成部分。然而，目前美国空军所面临的太空能源图景相当复杂，涉及领域十分多样，能源消耗日益增多，对美国空军太空能源技术的开发提出了更高的要求。

五是脆弱的网络空间呼唤新的网络能源技术。近年来，美国空军通过网络空间取得后援支持的需求正在迅速增长。但是，随着美国空军各类作战力量互联互通的不断扩大，以前相对独立的基础设施在网络空间内的脆弱性暴露无遗，极易成为敌对势力攻击和利用的致命弱点。为了向网络空间资产提供更稳定的支持与保护、减少对手成功攻击美国空军系统的机会和可能性，美国空军必须加强网络空间能源技术研发，改善网络空间战略环境，巩固其在网络空间的“绝对可靠的能源优势”。

第二节　美国空军能源变革的历史演进

为了贯彻落实联邦政府能源法令和国防部能源政策指令、应对上述能源安全风险和挑战，美国空军逐渐走上了能源变革和战略转型之路。本节将追溯这一演变历程，揭示其能源变革的发展动力，回顾其所取得的成就。

一、奠基阶段（1971～1998）

美国空军从20世纪70年代初就已经认识到开展能源管理、加强能源节约的必要性。早在1971年，美国空军就开始实施一项能源计划，旨在加强设施能源管理。[①] 该计划提出的主要目标包括：降低航空燃料和电力在使用过程中的无谓浪费；提高各耗能系统的能源使用效率；教育引导空军官兵意识到节约能源的重要意义。1972年，美国国防部首次提出通过美军基础设施更新换代来减少空气污染、提高能源效率的构想，并着手实施了一系列相关的科研项目。正是在这一时期，美国空军开始将大部分燃煤设施转为使用石油和天然气。

1973年第一次世界石油危机让严重依赖能源的美国空军深刻认识到加强能源管理的重要性，促使其确立了自己的节能目标，并逐步建立起能源消耗监测系统。1975年美国政府出台了《能源政策与节约法》，建立了综合性的联邦能源政策，其主要目标是增加能源生产和供应、减少能源需求、提升能源效率。基于这一法案，美国空军制订了一个针对设施能源的十年节能计划，着重开展空军基础设施的节能减排工作。同时，美国空军还成立了第一个空军能源办公室，开始统筹规划美国空军的能源政策。1977年1月，美国空军会同美国商务部国家标准局编写出版了一部《空军节能手册》[②]，为空军基地如何开展能源管理提供了详细的技术和管理指南。1985年，美国空军研发了能源信息管理系统，用于收集所有部队的能

① U. S. Department of Commerce, *Air Force Energy Conservation Handbook*, January 1977, pp. 2－1.

② Ibid.

源数据。在该系统的管理之下，所有空军基地每一至三年进行一次能源安全评估。

1992 年，老布什政府签署了《1992 年能源政策法》。该法案旨在提升全美国清洁能源的利用和总体能源效率、减少对进口能源的依赖、促进能源节约等。该法案允许联邦机构与私营企业签署“节能绩效合同”（ESPC)，以帮助联邦机构提升能源效率。美国空军通过 ESPC 与私营企业合作，使其许多设施得到升级，能源效率得到提高。

在这一阶段，美国空军的能源变革主要是根据美国联邦政府能源立法和国防部能源战略布局，建立健全能源管理机构，理清自身能源使用现状，开展设施能源管理计划，是一个从无到有的奠基阶段。

二、起步阶段（1999 ~2004）

1999 年，克林顿总统签发了第 13123 号行政令，要求联邦政府通过加强能效管理，走绿色发展之路。[①] 美国空军以此为契机，根据美国国防部所发布的能源政策指南，积极开展能源管理和创新。这一时期，美国空军把能源政策的主要着力点置于设施能源的使用以及清洁、替代能源的开发之上，重点关注其自身的基础设施升级改造，提高设施能源使用效率，开发新能源和清洁能源作为传统能源的替代能源。为落实《1992 年能源政策法》和第 13123 号行政令所确立的能源目标，美国空军首先建立健全了其能源管理机构。根据 2005 年出版的《国防部能源管理师手册》[②]，美国空军能源计划由空军司令部后勤战备局（AF/ILG）总管，负责从政策层面出发制定、评估和协调空军能源规划。具体来讲，后勤战备局局长担任空军能源管理指导小组（EMSG）组长，同时兼任国防能源政策委员会成员。EMSG 负责管理与监督各项能源战略的实施进度。美国空军各主要司令部和各基地也设立了本层级的能源管理指导小组，负责本单位的能源管理事务。EMSG 每半年召开一次会议，审议向国防部长办公室提交的报告，评估设施能源和机动能源管理的进展情况。空军材料管理处（AF/ILGM）负

① Executive Order 13123—*Greening the Government through Efficient Energy Management*, 1999.

② Intuitive Research & Technology Corporation, *Department of Defense Energy Manager's Handbook*, 2005.

责制定空军燃料能源政策。此外，从总部到基地，美国空军还设立了各级能源管理办公室，形成了一个完整的能源管理体系。

与此同时，美国空军还制定了其能源管理政策——确保能源供应能力、提高能源使用效率，以支持国家安全目标。美国空军专门发布了第AFEPPM 96－1号备忘录——《空军能源管理计划》。这是美国空军能源管理的实施计划。该备忘录详细阐述了美国空军实施和管理能源计划的理念、组织关系、职责和程序。美国空军的能源管理政策和指导方针则体现在其发布的一系列备忘录、空军条例和指示指令之中。[①] 依据美国国防部总体部署，美国空军实施了十大设施能源管理战略，包括：一是战略实施与绩效衡量；二是改进作战与维修工作；三是全寿期符合成本效益的基建投资；四是参与创新性公用能源服务项目；五是节能绩效合同；六是使用能源产品与服务；七是新建筑的可持续能效设计；八是使用替代、可再生、清洁能源；九是水资源节约；十是平衡能源与环境目标等。[②] 具体举措包括在装备和设施上安装全寿期能源消耗跟踪分析系统、空军各主要司令部对年度节能成绩出色的空军基地给予奖励等。

在这一阶段，美国空军能源变革的动力主要来自于第13123号行政令所提出的目标。为了走绿色发展的道路，美国空军采取了一系列制度性和政策性行动，努力提高设施能源使用效率，开发新能源和清洁能源。需要指出的是，出于维持美国空军自身战斗力的考量，美国空军不愿意因为能源政策变革而牺牲部队的战斗力，因此，这一阶段改革的重点主要集中在空军基础设施能源管理之上，对于空军航空能源的变革幅度较小。这也为下一阶段美国空军能源政策变革重点转向航空能源奠定了基础。

三、发展阶段（2005～2008）

从20世纪末开始，国际油价发生大幅波动。面对一系列新挑战，美国政府出台了《2005年能源政策法》。该法案明确提出要将节能与新能源技术置于重要地位，重点关注并发展替代能源和可再生能源。此后，美国政

---

① Intuitive Research & Technology Corporation, *Department of Defense Energy Manager's Handbook*, 2005, p. 197.

② Ibid, pp. 198－203.

府在能源领域的变革速度加快，先后出台了一系列法律法规。2007 年，小布什总统签署了第 13423 号行政令①，明确提出了节能目标，包括降低能源使用强度、增加可再生能源使用、减少水资源消耗、减少有毒有害物质的排放等目标和要求。《2007 年能源独立与安全法》提出了可再生能源产业发展目标“20 in 10”，希望通过大力发展生物乙醇，用10 年时间将美国石油消耗降低 20%。

正是在这样的大背景下，美国空军开始更加重视能源政策的变革。2006 年，美国空军首次在军用飞机上试验使用了国产混合燃料。2007 年 9 月 18 日，美国空军部长签发了一份旨在落实第 13423 号行政令的备忘录，描绘了空军的能源战略，并指示所有涉及能源管理的政策和指令必须加以更新，各主要司令部和基地都要创建能源管理指导小组（EMSG），管理好政策实施工作。为落实这一要求，美国空军制订了《空军基础设施能源战略计划》和《基础设施能源实施计划》。②

2008 年，国际油价一路飙升，使美国空军更加迫切地感受到制订能源战略、全面推行能源变革的必要性。当年 12 月，美国空军发布了《空军能源计划政策备忘录》。③ 该备忘录明确了美国空军能源政策的管理架构和各部门的职责权限，确定由美国空军部副部长（SAF/US）来负责管理整个空军能源规划，并担任空军的最高能源官。该文件包含了一份《空军能源战略》，详细地描述了空军能源战略的愿景、目标、任务、手段、衡量办法、组织结构等基本内容，成为美国空军未来制订有关法规的核心文件。同年，美国空军还专门发布了一个框架性的《美国空军能源战略》。④ 该战略提出了通过“减少需求、扩大供应、变革文化”来应对能源挑战。此外，美国空军还在当年发布了《空军基础设施能源战略计划》⑤，作为《空军能源战略》实施计划的一部分。

这一阶段，在美国联邦政府一系列法律法规和国际石油价格飙升等诸

---

① Executive Order 13423—*Strengthening Federal Environmental, Energy and Transportation Management*, January 2007.

② *US Department of Defense, Annual Energy Management Report for Fiscal Year* 2008, January 2009, p. 4.

③ Secretary of the Air Force, *The Air Force Energy Program Policy Memorandum*, AFPM10 - 1, Dec. 19, 2008.

④ U. S. Air Force, *United States Air Force Energy Strategy*, 2008.

⑤ U. S. Air Force, *US Air Force Infrastructure Energy Strategic Plan*, 2008.

多因素的驱动之下，美国空军公布了第一部框架性能源战略，明确提出了把能源因素纳入空军一切行动考量范围的战略愿景和三大战略目标，为空军能源变革和战略转型提供了清晰的路线图。这标志着美国空军能源战略的正式确立和综合性能源变革的正式开始。

四、成熟阶段（2009 年至今）

2009 年 10 月 5 日，奥巴马总统签发了第 13514 号行政令，要求联邦政府确立一项追求可持续发展的一体化战略，把减排温室气体作为联邦政府的一个优先目标，并为所有联邦机构规定了一系列量化的和非量化的目标。[①] 为全面落实 2005 年以来联邦政府出台的各项能源法律法规和国防部第 4170.11 号指令，美国空军于 2009 年设立了新的能源项目管理办公室（EPMO）作为能源领导机构。2010 年，在 13514 号行政令和 2010 年《四年防务评估报告》的驱动下，美国空军相继公布了四份能源战略实施计划，包括《空军能源计划》[②]《空军航空作战能源计划》[③]《空军基础设施能源计划》[④] 和《空军采办与技术能源计划》[⑤]。这四份战略实施文件全面而系统地阐述了美国空军在各个能源领域的战略规划、总体目标、具体计划、所要采取的行动等内容，是这一阶段美国空军能源变革和战略转型不断发展并趋于成熟的重要标志，对美国空军能源战略的发展起到了重要的推动作用。

在进一步发展能源战略规划的同时，美国空军还注意完善其能源管理结构。根据 2010 年《空军能源计划》，美国空军确立了以“高级焦点小组”（Senior Focus Group，SFG）为中心、由空军副部长和空军副参谋长共同负责的空军能源管理架构。SFG 作为空军司令部的能源管理指导小组（EMSG）发挥作用，是空军能源事务的最高管理机构。SFG 下设五个工作组，每个工作组负责制订指导意见、用于报告的衡量办法及其他与其负责

---

① Executive Order 13514—*Federal Leadership in Environmental, Energy, and Economic Performance*, October 5, 2009.

② U. S. Air Force, *US Air Force Energy Plan* 2010, 24 November 2009.

③ U. S. Air Force, *US Air Force Aviation Operations Energy Plan* 2010, 24 November 2009.

④ U. S. Air Force, *US Air Force Infrastructure Energy Plan* 2010, 24 November 2009.

⑤ U. S. Air Force, *US Air Force Acquisition & Technology Energy Plan* 2010, 24 November 2009.

的空军能源管理领域相关的文件和工具。在能源相关问题上，SFG 均代表空军，用一个声音说话。

随着能源管理机构的完善和能源战略规划的实施，美国空军在能源变革的道路上逐渐走向成熟。2012 年 1 月，美国空军首席科学家公布了《能源地平线：美国空军 2011 ~ 2026 年能源科技构想》①，作为对 2010 年《空军能源计划》和国防部 2011 年《作战能源战略》的回应。该报告为美国空军确定了近期（1 ~ 5 年）、中期（6 ~ 10 年）和长期（11 ~ 15 年）的能源科技发展规划。

2013 年，美国空军又出台了一份全新的《空军能源战略规划》②，在 2010 年版本的基础上进一步丰富和发展了美国空军的能源战略。在这份文件中，美国空军对自身能源愿景及主要战略目标的描述出现了一定的变化。其能源愿景由"一切行动考虑能源"改为"在天空、太空和网络空间维持绝对可靠的能源优势"，三个目标也相应地改为四个目标——"增强恢复能力、降低需求、确保供应、营造节能文化"。这两点变化表明，美国空军对能源安全挑战和能源变革目标有了新的认识，空军能源变革的道路更加清晰、更加全面、更加成熟。

这一阶段，美国空军依据联邦政府的法律法规，特别是第 13514 号行政令和 2010 年《四年防务评估报告》的要求，建立健全了其能源管理领导机构，出台了一系列新的能源战略文件，走上了一条兼顾能源安全、国家安全、经济安全和生态安全的可持续能源发展之路。至此，美国空军能源战略趋于完善，能源变革和战略转型全面推开。

第三节 美国空军能源战略的基本内容

美国空军能源战略的基本内容主要体现在 2008 年《空军能源战略》之中。同年公布的战略实施计划——《空军能源计划》和《空军基础设施能源计划》，及其 2010 年更新版——《空军能源计划》《空军基础设施能

① U. S. Air Force Chief Scientist, *Energy Horizon: United States Air Force Energy S&T Vision 2011—2026*, Jan. 31, 2012.

② U. S. Air Force, *U. S. Air Force Energy Strategic Plan*, March 2013.

源计划》《空军航空能源计划》和《空军采办与技术能源计划》等文件，对美国空军能源战略思想进行了更加系统的阐述。2013 年出台的《空军能源战略规划》进一步发展和丰富了美国空军能源战略的内涵。本节将根据这几份重要文件对美国空军能源战略的基本内容进行系统的梳理和解析。

一、能源愿景和终极目标

21 世纪以来，美国在全球范围内面临日益复杂的安全挑战，能源问题又成为美军的薄弱环节。美国空军能源消耗居国防部之首，因而能源变革和战略转型的必要性和紧迫性远高于其他军兵种。2008 年 12 月，美国空军在《空军能源政策计划备忘录》中首次提出了其能源战略。该战略明确提出了美国空军的能源愿景：一切行动考虑能源。①

由于能源因素直接影响到美国空军的关键能力——全球警戒、全球到达和全球力量，所以，美国空军认为必须把能源视为其执行各种任务和行动的基础要素，乃至关键性作战赋能要素，理解能源供应和使用对各个行动领域（即空中、陆地、海上和太空）的内在影响，把能源纳入每一项任务和每一个机构的考虑范围，增强空军全体人员的能源意识，使其充分认识到能源对上述各个领域作战准备的极端重要性，从而提升空军的反应能力。同时，还需要解决好能源及支撑能源流动的系统所产生的影响，对新出现的能源供应脆弱性进行有效的预报，将能源因素纳入技术研究、开发和使用的全过程，把现有节能技术应用到空军的所有作战平台。只有这样，美国空军的能源愿景才有望成为现实，才能最终推动其无论是在环境方面，还是在战略方面都能成为一支更加可持续的武装力量。

美国空军提出到 2030 年实现这一能源愿景。为此，美国空军在 2010 年《空军能源计划》中专门制定了一整套基本目标、具体目标和衡量方法，旨在为其能源管理技术的持续改进提供一个框架。美国空军提出从近期和长期两个视角来看待能源管理问题，一方面通过理念培育，改变官兵的日常行为习惯来实现节能，另一方面要另辟蹊径，为自身创造一个更加可持续的能源未来。这一框架就是美国空军所展望的未来能源状态，为美

---

① Secretary of the Air Force, *The Air Force Energy Program Policy Memorandum*, AFPM10 - 1, Dec. 19, 2008, p. 5.

国空军实现其能源战略确定了长远的发展轨迹。实现这些核心目标将极大地增强美国空军的能源安全态势，也为美国空军全体人员绘制了一幅携手建设可持续的能源发展蓝图。

表3—1显示的是美国空军能源战略提出的一整套“能源终极状态目标”。这些目标旨在确保美国空军的能源变革朝着可持续的道路不断前进，使其在可再生能源、替代燃料、先进的设计系统和可持续发展领域成为全世界的开路先锋。实现这些核心目标，不仅可以使美国空军部队将环境所造成的影响减少到最低程度，而且还将增强美国的能源安全和恢复能力。同时，“能源终极状态目标”也是一个不断发展的框架，美国空军会不断地将能源变革方面的新信息和新进展融入其能源战略规划之中，对终极状态目标不断加以修改完善。

表3—1　美国空军2030年能源终极状态目标

·纳入各种可持续性发展战略，以帮助减缓温室气体排放
·各基地达到空军能源安全标准，同时优化基地内和基地外发电的品种结构
·飞机使用替代型混合燃料飞行，前提是燃料成本具有竞争力、能实现本地生产且全寿期内产生的温室气体排放量等于或低于石油
·前进作战基地能依靠可再生能源运转
·能源利用效率得到优化，成为美军一个重大的战术优势
·研究、开发、试验和评估体系提供能够实质性减少需求、增加供应的成本效益比高的各种能源新技术
·各类装备采办过程中，能源作为一个关键性因素得到重点考虑
·一切行动考虑能源因素

资料来源：*Air Force Energy Plan* 2010，November 24，2009，p. 6.

2013年，美国空军在《空军能源战略规划》中提出了新的能源愿景：

在天空、太空和网络空间保持绝对可靠的能源优势。① 这表明，美国空军能源变革的终极目标不再停留在"一切行动考虑能源"的指导思想层面上，而是要维持其在三个行动领域的能源战略优势。

二、战略目标和任务

为了实现其能源愿景，美国空军制定了一整套战略目标和任务。需要指出的是，与能源愿景一样，美国空军的能源战略目标也是一个不断演变的过程。2008 年，美国空军在首份《空军能源战略》中提出了三大目标，即减少需求、增加供应和文化变革，成为其实现"一切行动考虑能源"这一愿景的三大支柱（见图 3—3）。2010 年，美国空军《空军能源计划》延续了这三大目标。

图 3—3　美国空军能源战略的三大支柱

资料来源：U. S. Air Force，*Air Force Energy Plan* 2010，Nov. 24，2009，p. 7.

美国空军在 2013 年公布的《空军能源战略规划》提出了四个目标：提升恢复力、降低需求、增加供应、营造能源文化。这四大目标构成了整个战略的顶层设计框架，反映了美国空军将应对能源挑战的各个方面均考虑在内，从供需安全到节能文化，明确将能源视为美国空军一切行动的核心要素。

---

① U. S. Air Force，*U. S. Air Force Energy Strategic Plan*，March 2013，p. 8.

美国空军深知，实现上述目标需要一系列条件，包括：实现能源愿景所需的投资；实施能源创新行动所需的人员；对空军当前和未来面临的能源问题所需掌握的知识。鉴于能源在空军行动中的关键性作用，美国空军需要在能源投资的收益和先期成本与经常性成本之间认真地加以权衡，根据优先目标来评价各种能源创新计划，提供相应的资金，以实现其资源利用的最大化。表3—2概要地介绍了四大目标及其所要达到的意图和预期结果。下文将对美国空军四大战略目标和具体任务做详细的解析。

表3—2　美国空军能源战略四大目标及其意图和预期结果简介

优先目标	意图	预期结果
增强恢复力	·找出能源和饮用水供应的软肋，如物理和网络攻击、自然灾害 ·减轻能源供应中断对关键资产、设施和优先使命任务的影响	·提升能源和饮用水供应中断的应对能力 ·增强迅速恢复正常运转、减轻对使命任务影响的能力 ·制订优先等级清楚的应急预案和解决办法，以降低从尾巴（后勤供应链）到牙齿（作战中能源需求端）之间的风险
降低需求	·在不降低作战能力的前提下，提高空军各种系统和过程（如计划、设计等）的能源效率和行动效率	·减少空军系统和行动的能源需求 ·提高一切军事行动的灵活性、作战距离和持久性
增加供应	·整合平台兼容性强的替代能源 ·使“滴入式”能源品种多样化 ·提供可靠、不间断的能源供应能力	·基于资产和使命优先等级获得备用能源资源和供应链的保障能力 ·提高一切行动的灵活性 ·提高持续保障使命任务的能力
营造节能文化	·利用教育训练机会加强宣传，增强能源对使命任务影响的意识 ·确保采办过程体现能源作为一个使命任务赋能要素的作用	·增强能源及其对任务影响的认识和意识 ·通过提高能源利用效率减少能源需求 ·提高将能源考虑融入计划和决策的能力

资料来源：U. S. Air Force, *Air Force Energy Strategic Plan*, March 2013, p. 9.

第一，提升恢复能力，确保能源持续供应。

能源和饮用水供应极易受到供应短缺和价格波动的影响。为了确保其军事行动不受制约，美国空军提出加强恢复能力建设，以确保自己能在发生能源中断时迅速恢复供应并继续保障使命任务。美国空军认为自己必须拥有相应的监管权、计划、项目和工具，以便系统地考虑此类风险，应对可能出现的短期性和长期性能源和饮用水供应中断，特别是商业电网的供应中断，同时确保关键任务的能源供应有一定的富余，以备万一。表3—3所示是美国空军围绕"提升恢复能力"这一主题所提出的基本目标和具体目标。

表3—3 "提升恢复能力"的基本目标和具体目标

基本目标	具体目标
查找和评估各种风险	2013年之前，从宏观层面上找出对空军资产、使命任务和基地设施构成的与能源相关的威胁与风险
	2014年之前，针对能源相关的风险制订缓解方案
	评估能源基础设施中断后对关键性资产保障战略使命任务的能力所带来的风险
采用支持风险分析、能源效能分析和全寿期分析所需的系统和工具	2013年之前，找到能源评估方法以提高决策能力
	2013年之前，完善风险评估框架，以评估空军资产、使命任务和基地设施所面临的能源威胁
	找到实现数据需求、数据系统和数据管理效率相匹配的机会
	2015年之前，制定可以更好地将能源安全因素纳入预算流程的方法
降低能源和水资源供应中断的可能性，避免军事行动受到影响	明确替代型燃料和能源可以纳入空军能源结构的地方和方式
	明确为空军作战行动提供能源和水源的替代性供应方案
	分析在商业电网供应中断的情况下支持现行使命任务保障需求的备用能源能力
确保计划活动时查明并应对能源和水补给中存在的风险	将能源风险评估纳入计划活动，以应对关键资产、使命任务和远征作战行动可能出现的主要燃料、电力或水供应中断
	确保作战连续性方案应对能源和水供应安全和风险问题

资料来源：U. S. Air Force, *Air Force Energy Strategic Plan*, March 2013, p. 11.

美国空军认为，找到潜在的能源供应威胁并制订应对计划是维护其军事设施能源安全的基础。上述基本目标和具体目标为这些计划活动提供了支持，并有助于确保美国空军完成下述任务所需拥有的能力：一是以高效、一致和负担最小的方式对能源和饮用水供应风险进行评估，并确定相应的优先等级；二是缓解因能源和饮用水供应中断所带来的影响；三是在能源和饮用水供应发生中断时确保军事行动继续进行；四是适应能源供应和价格出现的大幅波动。①

这些目标有助于美国空军确保所需资源（如训练有素的空勤人员、规划人员、建筑师和工程师）和政策流程（如规划、确定项目、编制预算、研究和设计），这些都是美国空军确保能源供应恢复能力所需要发展并维持的能力。美国空军实现“提高恢复能力”这一目标的方法是探索不同的机制，包括：持续保障现行军事行动的替代途径；实现现有能源供应链的多元化（即纳入各种不同的燃料品种和来源），重点突出来自本地的能源供应；提高现有系统的作战效率和能源效率；实施计划和采办活动（即各种想定），为能源供应中断作好准备；开发高级智能计量仪和微电网，提高能源管理水平，增强能源供应的灵活性、安全性和可靠性。

第二，降低能源需求，提高使用效率。

美国空军每天都在全球开展各种各样的行动。随着能源成本的不断上升和财政预算的不断紧缩，美国空军希望能通过提高作战和后勤运输效率、开发新技术作为一种途径来改善其能源态势，同时提升任务效能。未来，美国空军将通过整合能源效率和燃料优化措施，力争稳定并减少作战和基础设施能源需求，同时提高空军各项任务的完成效果，并进一步扩大行动范围。表3—4是美国空军围绕“降低需求”这一主题所提出的基本目标和具体目标。

表3—4　“降低需求”的基本目标和具体目标

基本目标	具体目标
通过高效的飞行作战方式降低航空燃料消耗	2020年之前，把航空能源使用效率提高10%（以2011年为基准）
	制订并执行评估计划，评价新技术在作战能效上的潜在提升空间
	与国内外伙伴分享燃料高效使用的最佳方法

① U. S. Air Force, *U. S. Air Force Energy Strategic Plan*, March 2013, p. 10.

续表

基本目标	具体目标
降低基础设施能耗	2015 年之前（以 2003 年为基准）把能耗减少 30%，并且以后每年减少 1.5%，直到 2020 年（以 2015 年为基准）
	确保各项能源消耗指标正常，符合法律法规及行政命令的要求
	到 2016 年，确保所有的地勤设备的智能电表、油表及蒸汽表均连入计算机网络
降低地面车辆对汽油燃料的依赖	2020 年之前，地面车辆每年减少 2% 的汽油消耗（以 2008 年为基准）
	确保更多节能型和目标适应型的车辆能够参与执行任务
加强技术研发、示范，推动作战和管理创新，提高能源使用效率，降低能源需求	寻求并评估近期、中期和长期提高能源使用效率的技术
	2013 年之前，确定评估能源技术转换的更好方法
	2013 年之前，找到潜在的空军能源测试地点
	与国际伙伴一起参与能源技术的合作研发
从工序和网络作战中降低能源需求	2013 年之前，降低空军的工序能源消耗
	加强空军数据中心建设，在 2015 年前减少服务器数量
	寻求并运用合适仪器和方法减少能源消耗，并提高留存空军数据中心的能源使用效率

资料来源：U. S. Air Force，*Air Force Energy Plan* 2010，p. 8；*Air Force Energy Strategic Plan*，2013，p. 13.

需要强调指出的是，美国空军明确指出将降低工序能耗作为一项关键措施加以落实。由于美国空军所消耗的一大部分能源直接出自众多的工业工序，例如保养、设备大修、飞机修复以及一些固定作战站点（如模拟器和地面基站）的维护，因此，美国空军正在评估其在航空后勤中心、工程发展中心、数据中心及其他高耗能设施所消耗的能源，从而找出可以提高能源效率的方法，降低能源消耗。这些方法包括更新设备、改用能效更高的型号、确保设备得到应有的维护保养或者从工序上作出相应变化以降低能耗等。

美国空军始终认为，降低能源需求是提升能源安全的最佳办法。“降低需求”的基本目标和具体目标从需求方的角度应对能源管理问题，支持美国空军能力建设各项活动，降低武器系统和执行任务所需的能源消耗量。这方面的部分工作就是要确保美国空军有能力利用先进的工具和能源管理系统（如智能计量仪）搜集和分析能源数据，以便有效管理能源消耗。

上述目标以不损害人员安全和作战能力为前提，重点关注航空燃料、远征燃料、战术和非战术地面车辆燃料、水资源消耗以及设施能源。这些目标旨在帮助美国空军提高下述能力：一是通过技术创新和符合成本效益原则的投资，提高各类飞机的航空能效，突出训练和作战效能；二是减少地面车辆燃料、设施能源和水资源消耗，以帮助空军降低对商业供应和运输系统的依赖；三是在切实可行的情况下，在设计、生产和运营活动的具体规范中落实减少能源需求的要求；四是推进各种技术研发、测试与评估创新计划，开发能效更高的先进推进和飞机空气动力学技术，以增强空军作战能力；五是开展计划活动，以确定、评估和优先考虑可降低能源需求的机会，包括对当前军事行动做出改变。①

为了“减少需求”，美国空军要求提高各种作战平台的能源效能，提升固定基础设施的能源效率。通过建造能效更高的武器平台、更加有效地利用资源，美国空军期待在不降低作战能力的情况下提升其作战范围和持久力。

第三，开发替代能源，确保能源供应。

美国空军致力于实现能源种类的多样化，确保拥有完成使命任务所需的能源，从而实现“确保供应”的目标，这不仅符合其短期利益，也有利于长期的能源安全。美国空军的各项行动都严重依赖石油和石油衍生燃料。这种依赖性带来了重大的战略和安全脆弱性，一旦出现长期的能源供应中断，就会给美国及其盟友的能源供应带来巨大的压力。美国空军能否确保其各项行动的连续性，不仅取决于足量、可靠、不间断的能源供应，而且也取决于任务平台能否适应多样化的能源品种，比如替代燃料。表3—5所示为美国空军围绕“确保供应”这一主题所明确的基本目标和具体目标。

美国空军认识到，确保能源供应不能局限于其航空行动，还要包括其基地设施、地面车辆和各种装备。美国空军高度重视发展基地可再生能源，尤其是那些可以保护它免受商业电网停电或其他供应中断影响的能源

① U. S. Air Force, *U. S. Air Force Energy Strategic Plan*, March 2013, p. 12.

品种。未来，美国空军将继续扩大替代燃料汽车和“插电式”混合动力汽车的使用。这样的车辆可以保护美国空军免受燃料价格波动的影响，降低对外国石油的依赖，增强其能源安全，同时应对环境问题，如空气质量等。

“确保供应”重点应对供应方的问题，这一目标对维持美军的能源优势至关重要。表3—5中所列目标支持各种规划、项目编制、投资和研究活动，打造并保持美国空军确保能源供应所需要的能力。美国空军以不同的形式在不同的能源消耗者群体中开展上述不同类型的活动。这些共同活动的不同运用有助于美国空军提升以下能力：一是查明并在切实可行的情况下落实可再生/替代能源的需求，应用于设计、生产和运营活动的具体要求以及产品和设备的具体规格之中；二是推进各种技术研发、测试与评估创新计划，以促进新技术的发展，评估能源新品种，提升空军将替代能源融入各种耗能平台的能力；三是利用第三方投资机制发展公用服务规模的项目，增加空军生产可再生/替代能源的装机容量以及更好地分配和利用这些能源的能力，目标是到2016年实现基地产能1000兆瓦；四是查明并建设支持替代能源使用的基础设施；五是采用可以在各类能源消费者中创造消费替代能源能力的技术。[①] 美国空军希望最终可以根据任务需要建立备用能源供应链，提高所有作战行动中的能源选择灵活性，增强持久保障作战任务的能力。

表3—5 “确保供应”的基本目标和具体目标

基本目标	具体目标
增加替代型航空燃料的使用比例	增加具有价格竞争力的“滴入式”替代型航空混合燃料在非应急作战中的使用量，到2025年将其提高到燃料消费总量的50%
	到2013年，通过使用以生物为基础的替代型混合燃料认证的空军飞机比例达到100%
	2013年之前，依据国防部指南，为替代燃料制订一项一体化的政策和投资战略
	与国内外工商业和政府合作伙伴一起努力，对空军飞机进行使用各种替代型混合燃料的认证，以确保互操作性

① U. S. Air Force, *U. S. Air Force Energy Strategic Plan*, March 2013, p. 14.

续表

基本目标	具体目标
提高替代/可再生能源在设施能源中的比例	到 2025 年，将替代能源或可再生能源在设施能源消费总量中的比例提高到 25%
	在空军基地上建设可再生能源发电设施，2013 年达到空军设施能源消费总量的 1%，2016 年提供 1000 兆瓦的基地可再生能源发电容量
	从 2020 年开始，确保所有新建筑在设计时都要符合到 2030 年实现“净零能耗”的要求
增加地面车辆和装备的替代能源使用量	到 2015 年，在商业上有供应、经济上可行的前提下，新购轻型车辆 100% 为替代燃料车或弹性燃料车
	2015 年及以后，将地面车辆的替代燃料使用率每年平均提高 10%（以 2008 年为基准）
	当替代燃料有供应且性价比合理时，100% 使用替代燃料
	查明在野战环境下将替代燃料纳入车辆和装备使用的机会和需求
开发适合远征作战的新能源品种，并实现新能源品种多样化	促进可在战地附近或周边地区生产的替代能源品种的研发、测试和评估
	将经过改进的、安全的能源供应纳入远征基地的规划和管理之中
	2013 年之前，查明野战环境中替代能源品种的潜力

资料来源：U. S. Air Force, *Air Force Energy Strategic Plan*, March 2013, p. 15.

第四，强化能源意识，营造能源文化。

团队的文化氛围决定团队的凝聚力和战斗力。在空军内部建立能源管理行为标准，打造空军特有的能源文化，对于实现空军自身的能源战略也是至关重要。

“营造能源文化”的第一步就是要提高空军官兵对能源的理解，并正确认识能源因素对空军遂行作战任务的影响。美国空军将能源视为其作战行动的一个主要组成部分，认为能源直接关系到其在全球范围内的战备能力和反应能力。随着部队能源意识的不断增强，新的观念和方法就会产生，空军开展军事行动中能源效率将得以提高，从而增强空军的能源安全和可持续发展能力。更重要的是，美国空军认为必须把能源使用的经济成本和安全影响两个方面进行整合，将这两个因素贯彻到部队的编成、列装、态势营造以及作战行动的计划中去。表 3—6 为美国空军围绕“营造能源文化”这一主题所确立的具体目标。

表 3—6　“营造能源文化”的基本目标和具体目标

基本目标	具体目标
在整个空军提供能源领导，促进形成一种能源意识强烈的文化	将能源分析和规划要求纳入所有相关的态势和战略文件之中
	在空军部、各主要司令部和各基地层面，每季度召开能源治理机构会议
	2013 年前制定并实施一个“拱顶石”能源奖项目
在整个空军宣扬能源对空军执行各种使命任务的重要性	筹划和实施与联邦能源意识宣传活动配套的年度能源宣传活动
	每年向全体空军官兵发放能源意识宣传材料
	到 2014 年及以后，将能源逐步纳入现有的训练和教育计划
	2013 年前，将作战能源纳入发展安全合作与伙伴关系的项目之中
在采办过程中加强对能源因素的考量	根据国防部指南，实施能源关键效能参数
	将能源全负担成本作为一个要素纳入重大的武器系统采办之中
	运用能源全负担成本和能源关键效能参数来帮助形成采办决策

资料来源：U. S. Air Force，*U. S. Air Force Energy Strategic Plan*，March 2013，p. 17.

美国空军由现役、后备役、国民警卫队和文职人员组成，其知识基础不同，工作要求也不一样。正是这些背景不一的群体中的每一个人作出减少能源需求、确保能源供应和提高恢复能力的日常决定。这些群体包括飞行员、设施能源管理员、飞行联队指挥官等等。通过增强能源意识、把能源作为一个考虑因素纳入一切行动之中，不论是在永久性基地还是在野战环境中，美国空军人员就会：把能源珍视为一种事关任务成败的关键性资源，从而使能源效率最大化，同时，只要有可能，减少与能源相关的成本和后勤挑战；将能源因素纳入空军的规划、结构调整、装备配备和态势塑造工作之中，以应对部队未来的挑战。

为了实现这一目标，美国空军将开发和维持相关能力，以改善其能源安全状况。这一过程首先要求每一名空军官兵从自身做起。为此，美国空军将继续重视提升官兵能源意识，增强官兵对能源重要性的认识。在这方面，美国空军将采取的一系列行动，包括：一是根据其对空军总体能源目标的影响程度来确定关键领域群体；二是利用包括社交媒体在内的一切现有工具，针对空军特定群体的独特兴趣开展宣传，提高其能源意识，同时将每一个空军官兵在提高能源效率、维护能源安全中的角色进行个性化定制，从而培育一支能源意识强的军队；三是通过宣传和教育的方式，使目标受众了解空军的能源需求及其对国家安全的影响，从而使他们支持空军的能源计划和战略；四是鼓励协作，扩大和加强空军与其他军种、其他政府机构和私营部门之间的伙伴关系。①

第四节 美国空军能源变革的主要行动

为了落实《空军能源战略》提出的愿景、目标和任务，美国空军在2010年版《空军能源计划》的指导下，又分别从航空能源、设施能源和采办与技术三个方面制订了三份更为详细的实施计划，分别是：《空军航空作战能源计划》《空军基础设施能源计划》和《空军采办与技术能源计划》。这三份文件作为对《空军能源计划》的补充，分别对航空作战能源、基础设施能源和技术与采办能源三个领域做出了详细的战略规划，明确了具体的目标和实施步骤。美国空军围绕其能源战略提出的减少需求、增加供应和营造能源文化、增强恢复力四个目标，采取了一系列行动，主要包括以下几个方面的内容。

一、建立健全多级能源管理体系

美国空军深知，要想有效落实其能源战略，就必须首先建立健全有效的领导和管理体系。依据2008年美国空军发布的《空军能源计划政策备忘录》以及2010年《空军能源计划》，美国空军首先形成了以能源管理指导小组（EMSG）为主要形式、以高级焦点小组（SFG）为核心的一体化能源管理架构。2009年7月，美国空军发布了第90—17号空军政策指示——“能源管理”②，建立了一个横跨空军各行动领域的能源管理框架，明确了空军总部（HAF）各部门的职责。为贯彻该指示，美国空军专门颁布了第90—1701号指令——“能源管理”，在空军各级建立了一个跨职能治理和管理结构。

---

① U. S. Air Force, *U. S. Air Force Energy Strategic Plan*, March 2013, p. 16.

② Air Force Policy Directive (AFPD) 90—17, *Energy Management*, July 2009.

为落实美国空军的能源政策、优化能源管理结构，美国空军在空军总部、各主要司令部（MAJCOMs）、各直属单位（DRUs）和各基地四个层面均设立了能源管理指导小组。各层级的指导小组主要负责协调本级与能源相关的各项议题，强化能源工作的领导，推动《空军能源计划》的具体落实，并通过教育引导营造本单位内的节能减排氛围。一般情况下，各主要司令部和各直属单位的“指导小组”直接由本单位最高指挥官领导，成员包括分管土木工程、交通运输、预算制定、后勤保障、物资油料保障、飞机维护保养等部门的代表。

高级焦点小组居于整个美国空军能源管理体系的核心地位。2010 年《空军能源计划》明确规定，焦点小组是空军能源政策的核心领导机构，同时也作为空军总部的能源管理指导小组发挥作用。焦点小组由空军副部长（SAF/US）和空军副参谋长（VCSAF）共同主持，下设有 5 个工作组，分别是：航空作战工作组、采购与技术工作组、基础设施工作组、国际工作组、文化变革工作组。每个工作组制订各自的行动指南、报告机制和各类工作文件。此外，焦点小组下面还设有 3 个顾问组——战略沟通一体化顾问组、关键基础设施项目（CIP）顾问组和创新性融资顾问组。这些顾问组就使命任务交叉的方面向焦点小组提供支持（见图 3—4）。

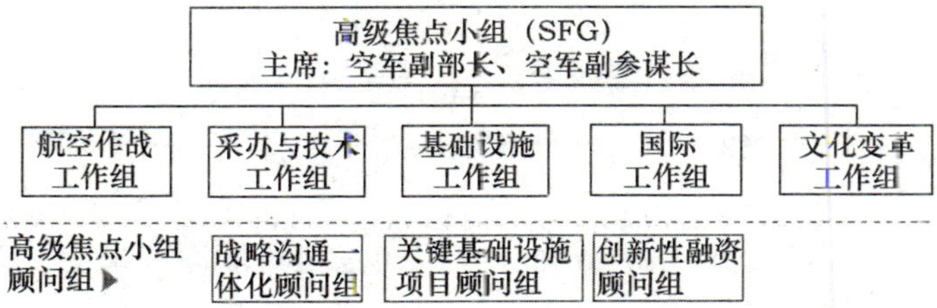

图 3—4 美国空军能源高级焦点小组结构示意图

资料来源：U. S. Air Force, *Air Force Energy Plan* 2010, Nov. 24, 2009, p. 12.

高级焦点小组的职责范围包括美国空军内部所有与能源使用和管理相关的问题（包括航空、设施、地面运输、保障装备和系统）以及相关的科技领域，并负责统管美国空军的总体能源目标、衡量标准和计划的实施以及鉴别、整合和调整完成能源目标所需的投资，以确保《空军能源计划》的基本目标和具体目标能通过各下属的工作组得以落实。焦点小组并不直代空军司令部内部有关能源问题的正常工作，但所有负责能源问题的空军官员都须向该小组报告正在开展的活动和项目。焦点小组还有权就有关的能源计划进行特别研究和报告，并向空军总部办公室和各大司令部办公室分派任务。

2013 年，美国空军在更新其能源战略规划的同时，对其能源领导和管理机构也做出了重大的改革和调整。原有的高级焦点小组升格为空军能源理事会（Air Force Energy Council），并通过其下设的空军能源一体化委员会负责落实具体的工作。经过改革后的美国空军能源管理架构分为三层：空军能源理事会、空军能源一体化委员会和指导小组（参见图 3—5）。这一架构是美国空军 2011 年 11 月 29 日发布的第 90—17 号空军政策指示——“能源管理”所确立的。[①]

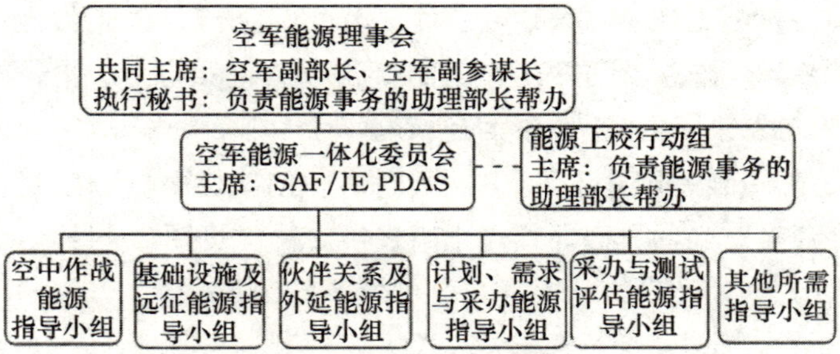

图 3—5　美国空军能源管理结构示意图

资料来源：U. S. Air Force, *Air Force Energy Strategic Plan* 2013, March 24, 2013, p. 5.

美国空军能源管理体系的最高领导机构是空军能源理事会。理事会站在全球的高度提供战略指导，以应对整个空军部队所面临的复杂的能源挑战。理事会由美国空军部副部长和副参谋长共同主持，成员由空军总部和各主要司令部的高级领导（四星或三星将军）担任，是一个主要负责制订空军能源战略及具体措施、审查能源战略目标执行情况的动态审议机构。空军能源理事会还有权建立指导小组等机构，以关注某个特定问题。主管能源的助理部长帮办（SAF/IEN）负责为空军能源各相关领域的能源工作和政策制定提供战略管理和监管。鉴于能源涉及空军的各个职能领域，助

① Air Force Policy Directive (AFPD) 90—17, *Energy Management*, November 29, 2011.

理部长帮办负责协调空军内部各方，并为制定能源政策、开展创新、发展伙伴关系和项目提供领导。

美国空军能源一体化委员会则是直属于空军能源理事会的政策执行机构，由主管设施和能源的助理部长首席帮办（SAF/IE PDAS）主持，成员均为三星或二星将军。委员会每季度召开一次会议，主要负责为空军各单位执行能源计划、落实能源目标协调资金投入，对所有能源项目经费统一协调和管理。能源上校行动组则是能源理事会和一体化委员会的直接办事机构，由主管能源的助理部长帮办主持工作，成员包括空军总部和主要司令部高层领导，每两周召开一次会议，主要负责各类信息的上传下达，以及各指导小组之间的沟通协调。

美国空军能源治理体系的第三层是 5 个指导小组，包括：航空作战能源指导小组；基础设施能源指导小组；伙伴关系与宣传推广能源指导小组；计划、需求与采办政策能源指导小组；采办与研发、测试和评估能源指导小组。指导小组的数量可根据需要加以增减。这些小组均由空军总部和主要司令部高层领导主持。

在作战能源方面，美国空军也明确了相应的领导架构。美国空军副部长（SAF/US）既是空军能源主管，也是作战能源主管。主管基础设施、环境与后勤的助理空军部长（SAF/IE）负责协助 SAF/US 监督能源计划的制订和实施。负责能源事务的助理部长帮办（SAF/IEN）则主要负责为空军内部所有与能源相关的事务提供具体指导，并监督落实高级能源主管的指示精神。该助理副部长所辖机构中共有 8 名成员，其中一人专门负责作战能源事务，其余人员在必要时也会参与作战能源的管理工作。受空军参谋长指定，负责作战、计划和需求的空军副参谋长（A3/5）主管作战能源相关事务。①

美国空军的治理结构提供了一个跨职能的框架，使空军得以确立从战略到战术层面的发展方向，解决影响多个机构或职能部门的问题。

二、以“节能增效”为目标，强化航空作战能源管理

航空作战领域约占美国空军每年能源消耗总量的 84%。因此，美国空

① Department of Defense, *Energy Investments for Military Operations*, June 2012, p. 36.

军深刻认识到航空领域开展节能增效、加强能源管理的必要性。尽管联邦政府法令和国防部政策没有对美国空军航空燃料消耗或温室气体排放提出任何的要求，但是，美国空军认为航空作战领域必须加强能源管理，否则，其能源消耗的一个主要部分没有纳入管理。为了在航空作战能源领域支撑其能源愿景——“一切行动考虑能源”，落实三大战略目标——减少需求、增加供应和文化变革，美国空军于2010年专门出台了《空军航空行动能源计划》，提出了四大支柱。下面基于这份文件详细解析美国空军在航空作战领域采取的能源变革行动。

（一）加强对航空行动能源工作的领导和管理

维持美国空中优势需要消耗大量的燃料，每年约为25亿加仑的航空燃油，这使美国空军极为重视其在航空作战能源领域的管理责任，要求各级指挥官加强宣传沟通、提供指导和激励机制，并承担起提升航空作战领域能源效率的责任。美国空军认为，一旦其高层领导在能源效率方面发挥示范作用，空军官兵和文职人员就会理解寻求创新性能源解决办法和技术的重要性，努力减少能源需求、增加能源供应。要最大程度地提升作战能源效率，就必须向全体空军官兵提供必要的工具，在遂行使命任务时把能源作为一个考虑因素。目前，美国空军组织结构中不乏能源管理表现突出的单位和个人，但是，美国空军领导人更希望为全体空军官兵在能源管理方面确立可以遵守的标准操作程序，以提升每一名空军官兵的领导能力，因为许多最优秀的思想源自基层单位。确保能源管理信息在空军体系内传播需要有一个透明的环境，这样才能让航空作战能源管理程序得以在整个指挥链上传下达。

在发挥领导作用方面，美国空军制订了八项目标举措：一是确保空军领导层的能源优先目标在整个空军得以传达。美国空军领导层致力于使能源成为空军所有航空行动的一个考虑因素。通过建立明确的目标和任务，美国空军给全体官兵制定了能源管理框架。二是推进可再生能源和能源效率创新计划。前提是不损害完成使命任务的能力并且在预算范围内。三是找出可以在整个空军推广的能源创新计划和最佳实践，帮助全体官兵把能源最佳管理实践融入一切行动之中。四是制订以绩效为导向的指南，推动能源管理领域的争先创优。五是创造透明的环境，让空军航空行动节能程序在整个空军中得以传播。六是为创新能源效率的努力给予奖励，确保节能创新行动得以在整个空军传播。七是提出实现能源目标的前进道路，使全体人员将能源管理融入自己的标准操作程序之中。八是确保领导层对能源管理战略的实施接受问责，使能源管理实践在地面、在空中得到落实。

美国空军对这一支柱采取的衡量办法主要包括：一是各飞行联队和中队发布每月进度报告，并向主要司令部提交报告；二是最佳能源管理实践信息传播情况；三是衡量空军能源政策和战略意识的问卷调查打分结果；四是电力和燃料需求通过替代/可再生能源品种满足的百分比。①

为了落实上述目标和措施，美国空军积极提供资金加以支持。例如，截止 2012 年 3 月，美国空军投入了 180 万美元，支持其作战能源总体治理和战略发展，涉及作战能源的六大关键领域：一是战略性能源规划、项目和政策的落实，加强人力资源监管，旨在为持续改进空军能源项目提供支持和产品；二是空军治理和政策发展的战略性升级，旨在为美国空军开展由能源治理架构数据库驱动的决策提供支撑；三是针对能源环境变化提出的战略性政策发展，包括政策建模与分析、作战能源、能源安全、关键性资产风险管理发展等，旨在就新兴能源领域制订政策建议；四是采办管理、需求判定、商业案例分析和能源采购计划制订，旨在应对当前武器装备升级和未来作战平台采办涉及的能源问题；五是航空燃料和作战模式的协同发展，旨在开展基准线评估，供实现空军能源目标的各项战略效仿；六是战略沟通、市场营销和空军企业范围的开发，旨在设计和实施一个多阶段战略沟通宣传运动。②

（二）提高航空飞行和地面行动的能源效率

该支柱重点关注优化飞行和地面行动的能源使用问题。航空行动涉及许多影响能源消耗率的决策点。例如，尽管不同类型的飞机发动机都有标准的燃油消耗率，但飞行员在操作飞机时可以采取一些技巧降低燃油消耗。燃油负荷配置会影响飞机的阻力，飞机携带燃油越多，消耗的能源就越多。出于安全考虑，如果飞机降落时仍载有大量燃油，那么，飞行员会在降落前进行空中放油。因此，飞行前需要开展需求评估，帮助飞行员确

---

① U. S. Air Force, *Air Force Aviation Operations Energy Plan*, 2010, pp. 11 – 12.

② U. S. Air Force, *FY13 Budget Certification Report—Energy Investment for military operations*, June 2012, p. 40.

定执行任务所需的燃油量，优化燃油负荷配置。这样不仅可以降低燃油消耗，而且可以最大程度地减少空中放油，从而节约能源和财政资源。

在这一支柱，美国空军提出的能源变革行动主要包括：一是重新审视降低飞机阻力和重量的可能性。美国空军提出，在飞行前筹划阶段，所有飞机都需要尽可能降低重量从而减少能源消耗。二是优化每一次任务的燃油负荷。在飞行计划阶段，通过确定遂行任务所需燃油量，优化飞机燃油负荷，减少空中放油概率，大幅节省燃油。在安全执行任务和满足训练需求的前提下，调整起飞燃料（Ramp Fuel）和回收燃油（Recovery Fuel），以减轻飞机总重量。三是尽可能使用飞行模拟器作为替代训练方式。相对于受到地形制约、空域限制等因素影响较多的例行飞行训练，高质量的模拟训练不仅可以改善训练效果，还可以极大节约飞行的能源消耗。美国空军要求优化和广泛使用高仿真度模拟器进行训练，同时查明飞行员利用模拟器开展训练的限制或制约因素。四是增加使用替代能源动力的地面车辆和设备。在实施地面行动时，美国空军要求增加替代燃料动力车辆的使用，包括由液化天然气、生物柴油和乙醇驱动的车辆。五是确保装备合理配置。为减少远程运输的能源消耗，美国空军要求在预期要采取行动或正在开展行动的地区合理预置装备和飞机，一方面提升美国空军的反应能力，另一方面减少远程运输的能源消耗。六是优化空中加油技术。美国空军要求考虑飞机在飞行途中降落进行停留加油，作为空中加油的一种替代。然而，地面加油会极大地影响飞机的作战行动，因此，美国空军要求在作战行动中考虑加油方式时以安全和高效为标准。七是优化飞行航路和降落方式。美国空军要求从燃油效率的角度出发，评估任务筹划和飞机航路选择程序，实施可望提升燃料效率的程序，如更为直接、距离更短的飞行线路。

美国空军对这一支柱的衡量办法包括：一是基于飞机配置考虑完成一项任务（训练相对于作战）所需燃料；二是预期的相对于实际的卸油（off-loads）日志；三是空中加油接收机取消率；四是根据按日志纪录小时数分解的任务设计系列（MDS）和每季度完成的训练数量，跟踪模拟器使用情况；五是从引擎发动到起飞的发动机燃料消耗率（APU 与航空）；六是引擎发动到起飞、降落和关停之间燃料消耗和时间跨度；七是放油数量、地点和原因（根据放油日志跟踪）；八是每英里所载燃料吨数。①

（三）在航空行动中培养能源意识

培养能源意识是《空军航空行动能源计划》的第三大支柱。该支柱谋求改变美国空军的航空能源文化。美国空军领导人特别强调能源效率的重要性，努力改变当前航空能源中的做法和习惯，以减少飞行、训练或地面行动中的能源消耗。

该支柱关注空军航空部队的文化变革。美国空军认识到，单纯发现提升能源效率的做法无法实现其能源战略目标，除非把这些做法作为习惯落实到每一次飞行行动之中。培养能源意识需要变革传统的训练方法，同时，空军各级指挥官必须在各自单位内大力支持提升能源效率的各种做法。促进变革需要运用多媒体解决办法和宣传运动，让“一切行动考虑能源因素”的愿景成为官兵的第二天性。美国空军期望直接从事航空行动的飞行员和文职人员能从实践中探索出更多提升能源效率的经验方法。因此，沟通渠道必须保持双向顺畅，从高层领导到新兵，从新兵到高层领导。通过共同努力，实现航空文化变革。

美国空军围绕第三大支柱提出的变革行动包括：一是针对航空行动中节约燃油开展教育、评估并建立激励机制。美国空军致力于创建一种能源文化，让空军官兵认识到能源管理的重要性，并积极投身于实施节能战略的行动之中。二是确立一种综合看待能源与安全问题之间交叉关系的观点。扎实开展飞行前筹划工作，根据飞行任务为飞机加注相应的燃油，可以减少空中放油次数，并降低飞行员载着过量燃油降落的风险。三是整合能源信息文件，创建一项协调一致的空军能源管理框架，以确保全体官兵可以随时随地集中地获取所有能源相关的信息。四是提供必要的背景情况，让飞行员认识到为什么航空行动对解决能源问题具有重要意义。一旦空军官兵理解能源如何影响遂行使命任务的能力，空军能源行动计划就可以在航空官兵中更加有效地产生反响。五是重新评估训练计划，确保计划反映能源目标和作战形势考虑因素。先进的模拟器技术为空军官兵提供了新的训练平台，使飞行训练计划的编排既可以优化任务训练潜力，又能降低训练燃油消耗。六是灌输一种文化，让每一名飞行员在飞行中努力提升

① U. S. Air Force, *Air Force Aviation Operations Energy Plan*, 2010, pp. 13 - 14.

能源效率。美国空军要求飞行员在航空行动中减少滑行时间，并尽可能减少使用辅助电源，以降低燃油消耗量。

美国空军对第三支柱提出的衡量办法包括：一是最佳能源管理实践报告；二是能源管理测试结果；三是开展问卷调查，测量官兵掌握和认识空军能源政策和战略的程度。①

（四）最大限度地利用技术提升燃料效率

美国空军航空能源计划的最后一大支柱是最大程度地利用燃料效率技术。这一支柱面向未来，强调空军航空部门不能在真空中开展行动，而是要与采办和其他各部门和各学科开展合作，找到并采用先进技术，实现空军的能源战略目标。目前，美国空军正在开展飞机和发动机燃油效率提升、替代燃油认证、下一代导航设备、车辆减阻等技术研究。新兴技术的不断涌现要求美国空军重新评估作战和训练程序，以最大程度地扩大技术在能源管理中的影响。随着模拟器技术日益完善，更多的训练任务可以通过模拟器演练实施，这样可以节约能源并减少飞机损耗。

美国空军为这一支柱提出的变革行动包括：一是优化发动机性能（及相关）数据的运用，加强飞机效能管理，实现提升燃油效率的目标。美国空军要求将节约开支的措施融入能源管理软件，以便提供证明能源效率项目如何节省空军开支所需要的财务数据。二是集成各种先进的设计系统，提升航空行动能源效率。先进的设计系统，例如地理信息系统和S模式转发器，可以为空军官兵提供实时信息，用于调整飞机速度、转向半径和下滑剖面等，这些都会影响能源消耗率。三是开发先进技术，确保指挥层级数据收集。衡量方法对于评估空军能源管理的进度极其重要。应用或获取技术手段记录数据比手动输入更为可靠，更具成本效益比，而且还有助于把简化的数据管理流程应用于能源管理。

美国空军提出的衡量第三支柱的办法包括：一是能源效能数据；二是因应用先进设计系统而导致的燃料消耗率降低。②

为了全面落实上述四根支柱所提出的各项变革举措，美国空军综合运用了多种手段，积极推进空军能源战略转型，提升战备状态和反应能力。

---

① U. S. Air Force, *Air Force Aviation Operations Energy Plan*, 2010, pp. 15 – 16.

② Ibid, p. 17.

表3—7是美国空军近年来开展的创新计划和投资情况。从表中可以看出，美国空军高度重视飞机燃料节能增效技术的研发。美国空军尤其重视下一代自适应多用途涡轮引擎技术（ADVENT）的研发，以优化作战飞机引擎在各种飞行条件下的燃料效率，达到节省燃料25%、增加作战半径、降低加油机出动架次的目的。2012财年，美国空军给ADVENT研发的年度拨款资金为5800万美元，2013财年为4800万美元，2013～2017财年FYDP资金达到4800万美元。2013财年，美国空军为ADVENT计划的后续项目安排了2.136亿美元的年度拨款和3.464亿美元的FYDP资金。另一项受到重点支持的研发项目是高能效内置式涡轮引擎，旨在为加油机、情报监视侦察机、攻击机开发先进的引擎技术，其基本目标是燃料效率提高35%，增加载荷和航程。2012财年，美国空军为该项目提供了1580万美元的年度拨款，2013财年提供了880万美元的年度拨款和2.373亿美元的FYDP资金。其他两个项目也是为了提升飞机的燃料效率，由此可见美国空军对节能增效技术研发的重视。

表3—7　美国空军主要作战能源创新计划

创新计划	情况简介	基本目标	资金预算（万美元）		
			2012	2013	FYDP（2013～2017）
自适应多用途引擎技术（ADVENT）	开发下一代涡轮引擎，优化作战飞机引擎在各种飞行条件下的燃料效率	燃料效率提高25%，增加作战半径，降低加油机出动架次	5800	4800	4800
自适应引擎技术发展（AETD）	ADVENT计划后续项目，旨在研发下一代涡轮引擎	燃料效率提高25%，增加作战半径，降低加油机出动架次	0	21360	34640

续表

创新计划	情况简介	基本目标	资金预算（万美元）		
			2012	2013	FYDP（2013～2017）
高能效内置式涡轮引擎（HEETE）	为加油机、情报监视侦察机、攻击机开发先进的引擎技术	燃料效率提高35%，增加载荷、航程	1580	880	23730
KC—135推进器升级	实现第四代引擎升级，研发高压配件	燃油消耗量降低1.5%，提高设备可靠性和耐久性，减少全寿命油耗和维修费用13亿美元	0	290	1590
降低KC—10飞机阻力	解决飞机阻力问题	燃油消耗量降低1.4%，每年节省540万美元开支	0	210	2810

资料来源：*Department of Defense Energy Initiatives*: *Background and Issues for Congress*, Dec. 10, 2012, p. 17.

三、以“升级改造”为抓手，推动基础设施能源创新

基础设施能源是美国空军推行能源变革、落实能源战略目标的重要组成部分，也是美国空军最先开展能源变革的领域之一。美国空军于2010年专门出台了《空军基础设施能源计划》①，作为指导美国空军基础设施能源变革和战略转型的指南。文件明确指出，在基础设施方面，美国空军主要从提升现有基础设施和未来基础设施的能源效率、开发可再生能源、降低管理成本开支等方面来达到减少能源需求的目的，落实联邦政府提出的设施能源目标，包括：到2020年将基础设施成本降低20%；到2015年设施能源使用强度每年降低3%；逐步增加可再生能源年度增长目标（3%、

① U. S. Air Force, *Air Force Infrastructure Energy Plan*, 2010.

5%、7.5%、25%）直到2025年；到2015年将地面车辆燃料使用量每年减少2%；到2015年替代燃料使用每年增加10%。为了实现这些目标，美国空军提出了基础设施能源计划的四大战略支柱（见图3—6）。鉴于2013年《空军能源战略规划》增加了一个战略目标——打造恢复力，美国空军在这方面也采取了相应的行动。

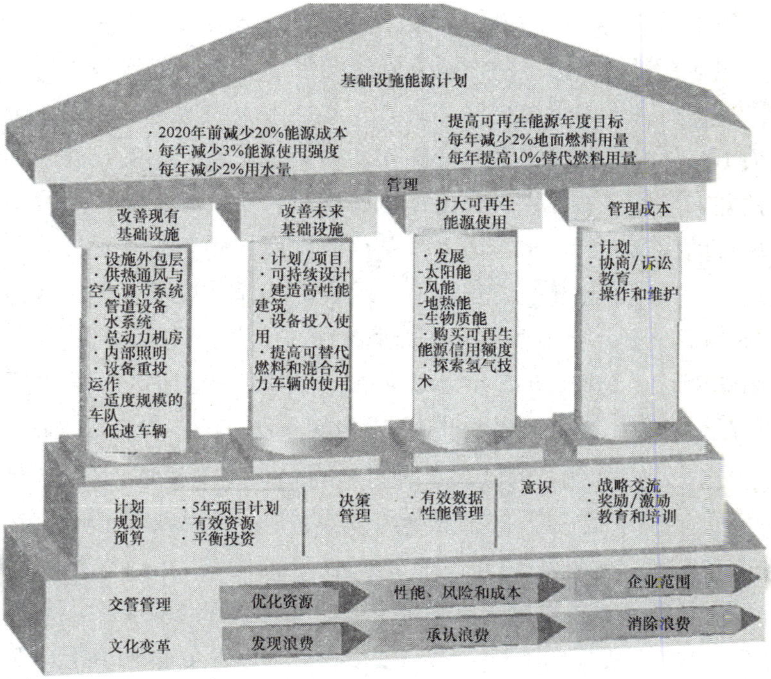

图3—6　美国空军基础设施能源计划示意图

资料来源：U.S. Air Force, *Air Force Infrastructure Energy Plan*, 2010, p.8.

（一）提升现有基础设施的能源效率

美国空军在基础设施能源变革领域的第一大支柱就是提升现有基础设施的能源效率。该支柱重点关注提升现有设施、车辆和装备的能源效率以及水资源保护。具体行动包括改善建筑热隔离效果、安装节能照明设备、重新校验（调高）建筑系统、实现空间利用最大化、合理控制车队规模以及替换低效的系统部件等。在美国空军能源管理中，这些行动是所有基地采取的基本和常见的手段。

围绕这一战略支柱，美国空军提出了一系列具体的目标措施，以帮助其在基础设施领域节能增效：一是确保在2015财年之前，严格落实现有基础设施能源强度的年度缩减目标。二是通过建筑主体翻修和“军队建设”（MILCON）工程项目，确保到2015财年15%的现有建筑达到甚至超过《联邦政府高能效建筑谅解备忘录》中关于能效可持续建筑的标准。三是制定相关的政策与机制，在采购与能源和水相关的大宗消耗品和替代品的过程中将使用周期成本作为考虑因素。四是制订基地层面的加固和拆除计划，内容包括针对能效低下的设施开展资源需求、资源节约和开支节省情况分析。五是通过发布水表规格和政策，增加水表的使用。水表至少应在用水量为10万加仑/年或更多的设施安装。六是宣传配水系统查漏和修复的有效性并加以推广。提供一个工作状态模板，以实施类似的项目。七是根据各单位的用车实际需求，为每个单位制定新的用车需求标准，并以此将各基地的地勤车辆调整至合理规模。八是将30%的轻型车辆更换为低速车辆（LSV）。九是在商业供应充足的情况下，所有轻型车辆均使用替代或灵活燃料车型。十是以2005年基线为准，到2015年所有车辆每年减少2%的化石燃料消耗量，并稳步提升整个车队的每加仑平均英里数（MPG）。十一是对市场上的低速车型进行编目，用于取代3855公斤以上的轻型车辆。十二是继续开展氢能源动力车辆和基础设施的测试工作。①

美国空军通过多种手段对现有基础设施能源项目进行投资。例如，2013财年，美国空军通过第三方融资手段，在圣安东尼奥联合基地开展了一项投资达290万美元的项目。该项目旨在对基地内全部98幢建筑内部的照明设施进行升级换代，以减少其能源消耗。所有照明设备的全寿命节能量预计能达到14.286亿英热单位。② 2014财年，美国空军在308个涉及节能增效、可再生能源开发、水资源保护等基础设施能源项目中总计投入了1.3亿美元。③ 这些项目的内容主要改造现有基础设施，包括照明设备和照明管控设备的更新换代、供暖制冷设备的节能改造、低能耗设备排查以及水资源保护改善项目。在2014财年所有投资项目中，97%都是集中在节能增效的项目上，水资源保护和可再生能源开发项目分别占2%和1%。这表

---

① U. S. Air Force, *Air Force Infrastructure Energy Plan*, 2010, pp. 11 – 12.

② Department of Defense, *Annual Energy Management Report Fiscal Year* 2013, June 2014, p. 67.

③ Department of Defense, *Annual Energy Management Report Fiscal Year* 2014, May 2015, p. 66.

明，在基础设施能源变革行动中，美国空军首先关注的是改善现有设施的能源使用效率，降低其过度的能源消耗。

（二）提升未来基础设施的能源效率

该支柱关注改进各种决策流程、应用可持续能效标准来加速高效能建筑、替代燃油车及相关保障性基础设施交付空军部队。设施创新计划的重点是通过“军事建设”（MILCON）拨款和“作战与维修”（O&M）基金来进行新建筑和翻新建筑的规划、项目安排、设计、建设和交付。车辆和地面燃油创新计划则主要关注车队的资产重组和使用最符合成本效益的车辆，同时使用混合技术和 E85（含 85% 乙醇）、B20（含 20% 生物燃料）、太阳能、电能和氢燃料。美国空军积极把提高标准与最佳实践相结合，努力确保未来作战效果的提升。

围绕这一战略支柱，美国空军提出的任务主要包括：一是实现或超过降低未来基础设施能源和饮用水使用强度的年度性目标和 2015 年目标。二是对于所有重大改造和军事设施建设项目，消除在规划、项目编制、设计、建设、调试等各个流程中存在的障碍，确保高效能、可持续建筑的交付。三是从 2009 财年军事建设计划开始，美国空军要求通过落实“能源与环境设计先锋”（LEED）确立的标准、《联邦高效能建筑谅解备忘录》及其他适用的联邦建筑能效法令，最大程度地发挥 LEED 的核心作用，确保 100% 的新建筑能够获得 LEED 银级认证，5% 的建设项目获 LEED 银级认证，而到 2010 财年及以后 10% 获 LEED 银级认证。四是开发计量和衡量能力，对通过主体翻修和“军事建设”资金建设的大楼的能源效能进行跟踪。五是确定一批现已达到或超过联邦高能效建筑标准的基准线建筑，用以查清离 2015 年实现 15% 投资目标的差距。六是购置、建造和维持替代型燃料加油站和车辆，同时将 30% 的车辆转换为低速车辆，实现车队的现代化。七是每年降低燃料消耗 2%，提高每加仑平均英里数（MPG）的效能。八是在每个基地、每年加油量超过 10 万加仑地面燃料的联邦车辆加油站安装至少一个可再生燃料泵。[①]

美国空军认识到，要想实现 LEED 对新修建筑的能效标准，人才的培养和教育至关重要。为此，美国空军专门开设了一系列有关可持续建筑设

---

① U. S. Air Force, *Air Force Infrastructure Energy Plan*, 2010, pp. 13 - 14.

计以及旨在推广 LEED 的课程。2014 年，来自全世界美国空军基地超过 1000 名人员参加了这个培训班，有 125 人获得了 LEED 认证，成为绿色建筑的专业设计人员。[1] 此外，LEED 推广课程已经融入了美国空军的人才培养计划。美国空军指挥学院和空军理工学院都已经将 LEED 培训纳入了课程体系，旨在为美国空军培养更多获得 LEED 认证的设计人员，进而提升未来美国空军基础设施的能源使用效率。

（三）扩大可再生能源使用

该支柱旨在促进可再生能源和替代能源的发展，用于设施、地面车辆和设备。可再生能源和替代能源包括用于设施的太阳能、风能、生物能和地热能以及用于车辆的生物燃料、氢能和太阳能充电。可再生电能直接从当地供应商购买，有时是通过政府拥有的设施或第三方出资修建（或拥有）的设施进行基地发电。对美国空军来说，基地发电是更可取的方式，这样可以在提升供应安全的同时减轻国家电网的压力。美国空军从 2010 年开始与国防部和能源部开展合作，打造“净零”能源设施。美国防部规定，到 2025 年，基地内生产的可再生能源要占基地能源消耗总量的 25%，并且要求通过实施相关计划，利用可再生能源生产基地能源需求 100% 以上的电力，以实现基地和附近社区的“孤岛化”。

该支柱包含四项目标：一是落实所有联邦政府规定的可再生能源目标；二是建设基地自身的可再生能源发电能力，实现到 2012 财年达到空军能源消耗总量 1%、到 2015 财年达到 3% 的目标；三是在所有空军基地查明可再生能源项目的候选对象，开展可行性研究；四是完成氢能测试的评估，并在符合成本核算的情况下，在车辆和燃料基础设施中加以应用。[2]

美国空军在这方面投资的项目繁多。2011 财年，已经开始或正在计划的大型能源项目有 28 个，包括“净零能源”设施和“净零”设施、太阳能发电、风能发电、水力发电、垃圾发电、氢动力汽车、地热和海洋热量利用等项目。[3] 到 2013 财年，美国空军正在运行或在建的可再生能源项目约有 261 个，包括太阳能、废弃物利用和风能等。美国空军希望能实现可

---

① Department of Defense, *Annual Energy Management Report Fiscal Year* 2013, June 2014, p. 71

② U. S. Air Force, *Air Force Infrastructure Energy Plan*, 2010, p. 15.

③ *DoD's Energy Efficiency and Renewable Energy Initiatives*, July 2011, p. 4.

再生能源发电总功率达到1吉瓦（GW）的目标。此外，美国空军还力求实现从2020～财2030年所有新修建筑均为“净零”能源建筑的目标。科德角（Cape Cod）空军站是第一个实现“净零能源”的空军设施，其依靠的是站内的风力涡轮机，这些涡轮机功率约8000兆瓦，每年为科德角空军站节省开支约100万美元。①

在美国空军基地，应用最多的还是太阳能发电，比较典型的有内利斯（Nellis）空军基地太阳能发电项目和戴维斯—蒙森（Davis Monthan）空军基地太阳能发电场。2006年7月31日，美国空军通过军民融合的方式，与美国最大的新能源风险投资公司MMA、SunPower太阳能公司和内华达州电力公司构建了多方伙伴关系，联手在内华达州的内利斯空军基地建设光伏发电场。这是世界上规模最大的光伏阵列，发电功率至少15兆瓦，可提供该基地大约三分之一的电力需求。发电场占地面积140英亩，使用约7万块电池板，每年发电超过25吉瓦/小时，占基地用电量的25%以上，每年减少二氧化碳排放约2.4万吨。根据协议，MMA免费租用基地闲置土地（部分为垃圾填埋场）用于太阳能开发，拥有发电场的所有权和经营权。空军基地以2.2美分/千瓦时左右的固定低价从该公司购买20年的电力。这一价格远低于基地向内华达电力公司支付的9美分电价，从而每年为空军节省100万美元的电费。该项目2007年4月27日开工，同年12月17日全面启动。除了节省费用之外，竣工后已经成为美军乃至美国可再生能源公私合营模式的成功典范。2009年5月27日，美国总统奥巴马专程前往内利斯太阳能发电场视察，并发表了演讲。自2010年《空军能源计划》实施以来，内利斯空军基地光伏发电项目成为美国空军重点打造的可再生能源发展样板项目。2015财年，美国空军在内利斯空军基地又投资扩建了发电功率达19兆瓦的光伏列阵。这样，与原有功率为14.2兆瓦光伏发电场一起，所发电能在该基地能源消费总量中占比提升至38%。②

2010年，位于美国亚利桑那州图森市（Tuscon）的戴维斯—蒙森空军基地与太阳能制造商兼开发商SunEdison签订购电协议，让其负责在基地未得到充分使用的土地上设计、出资建设、运营维护太阳能发电场。2014年2月13日，戴维斯—蒙森空军基地太阳能电场工程项目正式竣工。这是

---

① *Military's Shift Toward Renewable Energy*, August 12, 2015, p. 2.

② Department of Defense *Annual Energy Management Report Fiscal Year* 2015, June 2016, p. 41.

美国国防部最大的太阳能发电场，占地面积170英亩，有5.7万块太阳能电池板，发电功率16.4兆瓦，可为该基地提供35%的电力，每年可为该基地节省50万美元的电费。[①] 该太阳能发电场是军民合作开发项目的又一个成功典范。未来，美国国防部可再生能源项目约有80%将通过这种购电协议方式来实施。

2016年，一大批可再生能源发展项目相继建成并投入使用，包括：德克萨斯州戴斯（Dyess）空军基地的垃圾发电项目，发电功率可达5.4兆瓦；新墨西哥州霍洛曼（Holloman）空军基地5兆瓦光伏发电项目；新泽西州麦克格威尔联合基地（MacGuire-Dix-Lakehurst，JBMDL）10兆瓦光伏发电项目；马萨诸塞州汉斯科姆空军基地的10兆瓦光伏项目。此外，美国空军还计划在佛罗里达州埃格林（Eglin）空军基地兴建一个发电功率达到30兆瓦的光伏项目。[②]

为了促进可再生能源的快速、健康发展，美国空军积极加强可再生能源管理。目前，美国空军对于可再生能源的评估标准多达19项。[③] 通过对各类可再生能源的获取便利性及其相应的经济效益进行评估，美国空军为各个空军基地引进了各自相适应的可再生能源设施。下一阶段，美国空军将继续对包括风能、太阳能和生物质能在内的可再生能源开展更深入的经济效益研究评估，为更多空军基地推广可再生能源打下基础。美国空军还专门成立了一个“空军可再生能源计划发展”（REPD）委员会，以统一协调可再生能源发展的各项工作，为美国空军领导层决策提供咨询。

（四）加强基础设施公用服务成本管理

该支柱重点在于寻找最佳办法，通过有利的条件、服务和费率，大幅减少或稳定公用能源服务开支。美国空军购置的公用能源服务主要包括电力、天然气、燃油、液化丙烷、煤炭、蒸汽和热水。为了有效降低基础设施的公用服务开支，美国空军建立了一个强有力的评估机制，以确保各项数据公开透明。该支柱的关键性行动包括计划开支、价格谈判、审计管

---

① *Military's Largest Solar Array Opens at Davis-Monthan AFB*，February 28，2014，http://www.pewtrusts.org/en/ research-and-analysis/analysis/2014/02/28/militarys-largest-solar-array-opens-at-davismonthan-air-force-base.

② Department of Defense，*Annual Energy Management Report Fiscal Year* 2015，June 2016，p. 42.

③ Department of Defense，*Annual Energy Management Report Fiscal Year* 2014，May 2015，p. 42.

理、及时付账和节省开支教育。

美国空军在这方面确定的任务主要包括：一是核查支付滞纳金的设施，并找出滞纳的根本原因，并将调查结果和解决方案提交给基础设施工作组（PIWG）。二是每年通过合同对10个空军基地进行公用服务采办评估，从而制定出最佳费率表单和最有利的合同条款。三是为合同和工程人员制订并实施一个公用服务合同培训计划。四是制订一个计划，以不断更新政策和指导，适时反映能源市场和需求的变化。五是根据基础设施配送损失和质量问题，研究基地公用服务系统低效问题并确定解决办法。六是与能源部合作，宣传当前公用服务和可再生能源享有的退税、奖励措施和信贷优惠，最大限度地提高空军基地的可再生能源使用量。七是根据空军土木工程支援局（AFCESA）的采购建议，或通过对冲采购天然气的合同，集中采购天然气。

目前，美国空军正在大力更新能源使用计量系统，以获取更精确的能源使用数据，准确掌握能源使用现状，更好地降低能源管理成本。尽管目前美国空军已经对90%的公共建筑和76%使用天然气的建筑安装了能源计量仪，但是，根据美国空军最新的计量数据管理计划，这些测量装置都需要更新换代。在2012财年，美国空军就投入3300万美元，为80个空军基地安装标准化先进计量仪读数系统（AMRS）。① 该系统可以依靠标准化的商业运营系统，为报告电力、水、蒸汽、天然气等公用服务用量提供一个标准化的解决方案。先进计量仪读数系统能够帮助美国空军节约公用服务开支，并让基地层面的能源管理人员实时掌握本单位的能源信息，确保建筑运营效率。截至2013财年，美国空军已有40个基地完成了这一项目，15个基地完成了基本设计，另有2个基地成功将该计量系统运用于作战能源的监控上。目前，美国空军正在稳步推进该项目。表3—8所示为截至2015财年美国空军安装先进计量仪的设施百分比以及先进计量系统（AMS）监测的能源百分比。表3—9则显示已经安装计量仪的建筑总数，这些建筑的计量仪既包括与AMS系统相连接的计量仪，也包括目前尚未连接的计量仪。

2015财年，美国空军重申将继续落实国防部计量政策规定的目标：一是安装的先进计量仪足以监测空军60%的能源消耗量；二是在40个能耗

---

① Department of Defense, *Annual Energy Management Report Fiscal Year* 2013, June 2014, p. 58.

最大的基地内安装先进计量仪读数系统系统；三是为先进计量仪读数系统用户提供培训，提高其对自身能源使用的情况分析能力，从而降低能源消耗；四是充分利用先进计量仪读数系统的数据，为领导层决策提供信息支持；五是在60%的能源消耗量受到监测后开展成本效益分析，以确定是否继续投资先进计量仪读数系统。①

表3—8　2015财年美国空军能源计量情况一览表

商品	消耗总量（BBTU）	AMS监测的能源消耗量	AMS监测的能源百分比	安装设施级先进计量仪的基地数量	安装设施级先进计量仪的基地百分比
电能	30，485	72	0%	2	1%
天然气	21，114	4	0%	2	1%
商品	消耗总量（BBTU）	AMS监测的水消耗量	AMS监测的水消耗百分比	用水强度大的设施或设施与区域蒸汽系统相接的设施数	安装计量仪的用水强度大的设施或与区域蒸汽系统相接的设施百分比
水能	22805102	0	0%	1	0.2%
蒸汽				0	0%

资料来源：Department of Defense，*FY2015 DOD Annual Energy Management Report*，June 2016，p. 62.

表3—9　截止2015财年美国空军连接先进计量系统（AMS）的进展情况

商品	采用AMS计量的建筑总数		未采用AMS计量的建筑总数
	先进计量	其他	
电力	27	10	14，050
天然气	—	19	7，337
水	20	—	4，427
蒸汽	—	—	351

资料来源：Department of Defense，*Annual Energy Management Report Fiscal Year* 2015，June 2016，p. 62.

① Department of Defense，*Annual Energy Management Report Fiscal Year* 2015，June 2016，p. 61.

（五）积极打造基地能源恢复能力

为了落实2013年《空军能源战略计划》提出的增强恢复力目标，美国空军采取了一系列行动，包括确保关键性任务的能源需求，制订和实施应急计划，提升基地能源安全态势。具体措施包括减少能源需求、促进发电品种多样化、确定其他的能源解决方案来改善基地能源灵活性，支撑基地战备需要。美国空军主要采取与国防部和州、地区、联邦等相关伙伴开展协作的方式打造空军基地的能源恢复力。

2013年，美国空军专门制订了一个《能源安全框架》，确立了一个评估空军体系层面能源安全风险的统一架构。① 该框架建立了一系列基准评估要素，以识别和评估宏观层面的与能源相关的威胁和风险。其方法基于“关键性资产风险管理”（CARM）计划和“作战连续性项目”（COOP）之上，但是，其中心在于支持联合作战司令部司令的体系性任务需求，而非基地指定的关键性资产。

为了缓解因可再生能源系统连接电网带来的能源安全脆弱性，美国空军根据国际电气与电子工程学会（IEEE）对分布式资源孤岛化系统与电力系统互联的设计、运营和集成实施了严格的设计要求和项目评审，以大幅减少电网意外中断、电力质量低下以及通过网络攻击造成系统控制劫持的风险。美国空军通过全面的能源安全检查清单对电力系统脆弱性和确保任务所需备用电源存在的差距进行不断的评估。

2012年3月，美国空军出版了《工程师技术指南》（ETLs）11—21——《应急和备用发电机设计、维护和测试标准》，旨在确保现场备用电源得到充分的准备和维护，包括备用发电机所需的燃料储存和再补给计划。2013年，美国空军又出台了两份《工程师技术指南》：第一份指南编号ETL 13—04，全名为《备用发电机设计、维护和测试标准》，旨在提升空军备用发电机的可靠性，强化美国空军在紧急情况下的电力保障和恢复能力；第二份指南编号ETL 13—12，全名为《根据国际电气与电子工程学会（IEEE）1547（分布式资源与电力系统互联）标准和IEEE 2030（智能电网）标准使用分布式资源，包括能源储存、可再生能源和美国空军微电

① *Department of Defense Annual Energy Management Report Fiscal Year* 2013, June 2014, p. 51.

网指南》①，该文件首次提出了智能微电网的概念，是美国空军在提高基础设施能源恢复力方面的一大概念创新。

同年，美国空军在洛杉矶空军基地实施了一个国防部示范项目，旨在示范微电网在提升能源恢复力方面所具有的好处，同时展示如何在不断变化的电力市场上有效利用美国国防部资源。此项示范工程重点展示插电式中型电动车（PEVs）。车载电池快速反应的储电能力可以提供电力，帮助满足大楼、所在基地和更大范围的电网服务。虽然汽车作为个体电荷不大，但是，一旦集中起来就可以形成一个可控的整体，补偿当地资源和负荷变化所产生的影响。“汽车到电网”（V2G）的概念是指电动汽车作为分布式储能单元，以充电和放电的形式参与电网的调控。当电网负荷过高时由电动汽车储能源向电网馈电；而当电网负荷低时，用来存储电网过剩的发电量，避免浪费，从而实现电力系统的削峰填谷。V2G 连接技术涉及优化充电时机、实现“汽车到电网”的集成、与本地公用能源服务供应商建立合作关系，以利用辅助性服务市场。此模式可降低电动汽车增量成本，还可提供“汽车到电网”运营给能源恢复力带来的好处。截至 2015 年 10 月，该基地 43 辆车全部改为插电式混合动力车，其中大多数车辆被用于示范 V2G 能力，把汽车电池储存的能源出售给当地公用能源公司，获取货币补偿。该项目是联邦政府车队采购的最大一批可在公路上行驶的插电式混合动力车，也是 V2G 技术作为增强电网能源安全的一种手段所进行的首次示范。美国空军计划在马里兰州的安德鲁空军基地部署 31 辆 PEV 车、新泽西州的麦圭尔联合基地（Joint Base McQuire）部署 63 辆 PEV 车，作为美国国防部实施的 PEV—V2G 项目的一部分。

美国空军在提升能源恢复力方面另一个有代表性的项目是在阿拉斯加埃尔门多夫—理查德森联合基地（JBER）开展的垃圾填埋气工程。该工程 2013 年投入使用，每周 7 天、每天 24 小时运转，通过燃烧基地附近安克雷奇城垃圾填埋产生的沼气来为基地提供安全的能源供应。该项目由美国空军与当地政府合作，在基地旁建立一座最大发电功率达 7 兆瓦的沼气发电厂，所发电力作为空军基地的应急储备电力供应，在平时补贴民用商业

① *Use of Distributed Resources including Energy Storage, Renewable Energy Sources, and USAF Microgrids within Institute of Electrical and Electronics Engineers* (*IEEE*) 1547 *and IEEE* 2030 *Guidelines.*

电网，一旦基地出现能源供应短缺或中断情况，将会优先保障基地内基础设施的电力需求。项目建成以来，在提升该基地能源供应恢复能力、确保关键任务保障上取得了显著的成效，也为整个美国空军加强能源恢复力建设树立了样板。

四、以“技术创新”为手段，提升武器装备能源效率

采办与技术部门在实现美国空军武器系统的能效提升与技术革新的过程中扮演着重要角色。为支撑《空军能源计划》三大目标，2010 年，美国空军专门出台了《空军采办与技术能源计划》。① 美国空军能源高级焦点小组的采办与技术工作组受命制订能源解决方案，通过利用可靠的替代能源资源、提升能源效率、减少与空军武器装备采办相关的全寿期成本，提高美国空军战斗力。美国空军在这一领域的能源创新项目分两种：一是将现有技术应用于传统机群（legacy fleet）；二是研发新型高性能武器系统或技术以改造传统机群。美国空军以往的努力重在改进武器系统的能力，以减少平台数量、降低航空燃料需求。然而，鉴于新平台采购量减少，美国空军开始把关注焦点转向有助于减少燃油消耗、降低温室气体排放同时保持或提升传统机群武器系统能力的技术之上。此外，美国空军需要大批新型的尖端技术，给传统飞机重新配置燃料消耗和温室气体排放较少、作战能力更高的系统。《空军采办与技术能源计划》明确了六个重点创新领域：替代燃料评估与认证；飞机组件和子系统技术开发，以提升能源效率、减少燃料消耗；新型平台高燃效引擎以及燃料效率技术在传统飞机中的应用；先进的飞机设计和飞机改造；先进轻型复合材料和绿色材料；新能源技术在军事上的独特应用评估。该文件提出了两大战略：一是通过引擎和飞机升级减少传统系统的燃料消耗和温室气体排放；二是开展“先进研究与开发”，减少传统系统和未来系统的燃料需求、增加燃料供应、降低温室气体排放。②

---

① U. S. Air Force, *Air Force Acquisition & Technology Energy Plan*. 2010.

② Ibid, p. 3.

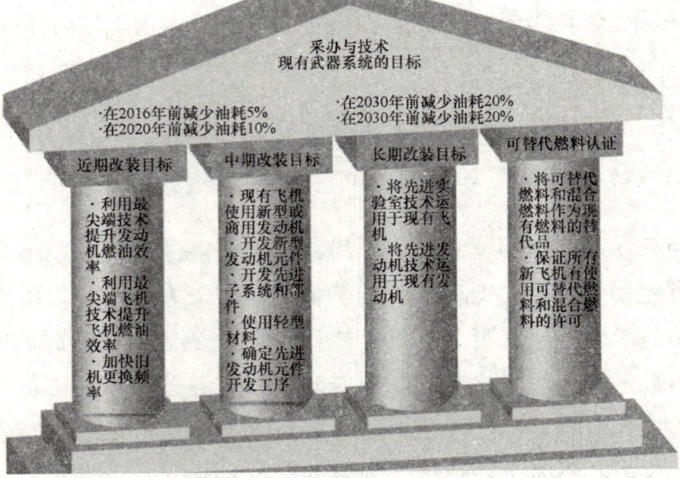

图 3—7　美国空军采办与技术计划针对传统系统的创新目标示意图

资料来源：*U. S. Air Force Acquisition & Technology Energy Plan*, 2010, p. 8.

（一）减少传统系统燃油消耗和温室气体排放

美国空军围绕着《空军采办与技术能源计划》明确的两大战略领域制定了具体的创新目标。传统系统的能源目标围绕近期、中期和远期的飞机和发动机改造以及替代燃料认证过程展开：近期目标——到 2016 年，减少燃料消耗 5%，将替代燃料增至美国本土空军燃料需求的 50%；中期目标——到 2020 年，减少燃料消耗 10%；长期目标——到 2030 年，减少燃料消耗 20%。美国空军把这三个改装目标作为传统武器系统升级改造的四大战略支柱（见图 3—7）。

第一支柱：飞机和发动机的近期性改造（目标：到 2016 年减少油耗 5%）。该支柱突出运用当前现成的零部件和技术对飞机进行工程检修和改装，减少 5% 燃料消耗及相应的温室气体排放。在这方面，美国空军采取的重点行动有三项：一是找出可利用现成技术对发动机进行改造的地方；二是找出可减少阻力的飞机改造之处；三是确认改进任务计划、电源管理和子系统效率的项目。①

第二支柱：飞机和发动机的中期性改造（目标：到2020年减少油耗10%）。该支柱侧重于通过使用节油的衍生性、升级性或商业性技术，完成对传统武器系统的现代化改造。美国空军在这方面提出的具体措施包括六项：一是查明先进的衍生性、升级性或商业性发动机插入式项目，通过系统升级实现作战飞机节能减排；二是查明先进的飞机改造项目，以减少阻力、改进系统性能、降低燃料消耗和温室气体排放；三是查明先进的飞机子系统改造项目，以改进飞机系统整体效率，降低燃料消耗，提升热性能；四是查明运用轻型和绿色材料生产的先进组件；五是查明先进的传感器和计算能力，以改进飞机操作性能，减少燃料消耗；六是查明先进的发动机组件开发，通过应用现成技术改进压缩机、涡轮机和其他发动机组件。②

第三支柱：飞机和发动机的远期性改造（目标：到2030年减少油耗20%）。该支柱强调将当前科研项目产生的先进发动机和飞机技术应用于传统系统的飞机升级。预期在2016年成熟或投入生产的技术只要可行，即应立即采用，以降低燃料消耗、减少温室气体排放、提升战斗力。美国空军就这一支柱提出的目标行动有两项：一是为新系统设计的推进技术，一旦成熟度达到TRL 6级，即可将其应用于传统装备的升级之中，以实现节能目标；二是基于实验室推力/操作者拉力需求，将实验室技术应用于现有系统，以实现机群升级。这方面的具体措施包括推广节能、安全和可靠的系统；采用先进的轻型绿色材料、先进能效组件和子系统、先进的传感器与作战计划以及作战工具；制订计划和路线图来评估应用这些技术的可行性。③

第四支柱：替代燃料认证，以增加供应、减少温室气体排放。鉴于飞机性能和安全性不可损害，美国空军制定了一个全面的燃油认证过程，以《军用手册510》为基础。美国空军将根据认证过程中吸取的经验教训对《军用手册510》进行不断更新，并将其作为美军各军兵种和国际盟友使用的一部基础性文件。在这一支柱，美国空军提出两项具体措施：一是对用于传统飞机和新型飞机的替代性和合成性燃料以及混合燃料进行认证；二是确保所有新型飞机按照确定规格和空军替代燃料认证办公室（AFCO）

---

① U. S. Air Force, *Air Force Acquisition & Technology Energy Plan*. 2010, p. 9.

② Ibid, pp. 10 – 11.

③ Ibid, p. 12.

的要求对使用替代燃料进行认证，作为采购工作的一部分要求。①

为了支持《空军技术与采办能源计划》提升现有系统能源效率的目标，多年来，美国空军积极加强对传统系统改造项目的投资。从美国国防部《2013 财年军事行动能源投资预算认证报告》中可以看出，从 2013 财年到 2017 财年，美国空军能源投资的重点方向是降低现有系统能源需求的项目，占美国空军 FYDP 资金总投入的 93%（参见图 3—8）。具体来说，2013 财年，美国空军投入了 1.961 亿美元的年度拨款和 9.578 亿美元的 FYDP 资金，用于改进当前作战行动的能源使用效率，包括购置支持空军作战部队的新型飞行器和车辆、购置和持续保障“远征机场基础资源”（BEAR）的成套装备。例如，美国空军投入 2900 万美元的年度资金和 9.578 亿美元的 FYDP 资金购买了 KC—135 飞行助推器的升级部件（C-PUP），提高了引擎助推器的燃料使用效率，降低了其燃料需求。② 此外还有一些项目，如 KC—10 减阻（drag reduction）技术研发计划等，也得到了美国空军经费上的大力支持，有效地提升了现有作战平台上武器系统的性能，减少了其燃油消耗和温室气体排放。

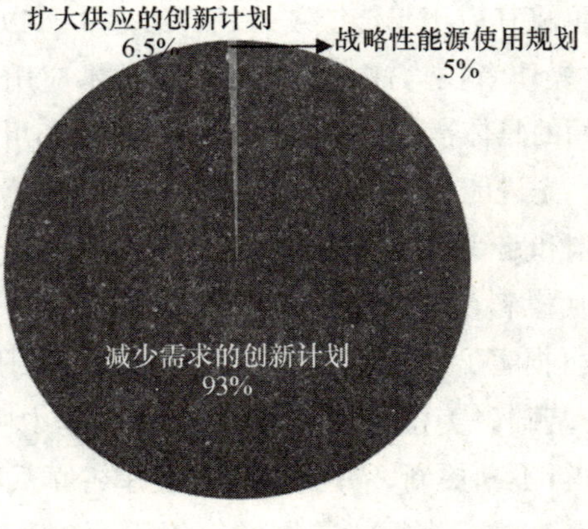

图 3—8　2013 ~ 2017 财年美国空军作战能源投资情况

资料来源：Department of Defense，*Energy Investments for Military Operations*：*For FY* 2013，June 2012，p. 37.

---

① U. S. Air Force，*Air Force Acquisition & Technology Energy Plan*. 2010，p. 13.

② Department of Defense，*Energy Investments for Military Operations*：*For FY* 2013，June 2012，p. 37.

（二）促进节能减排和替代燃料技术研发

《空军采办与技术能源计划》建立在改进传统飞机的四个支柱和开发尖端技术的四个支柱之上。在改造传统武器系统的同时，美国空军专门建立了一个先进技术研发战略，旨在源源不断地提供新技术，大幅减少燃料需求、增加燃料供应、提升武器系统的能力。这些技术的成熟度一旦达到TRL 6级，即应用于新武器系统或者通过改装的方式应用于合适的传统平台。美国空军的先进技术研发战略包括以下四大支柱（见图3—9）。

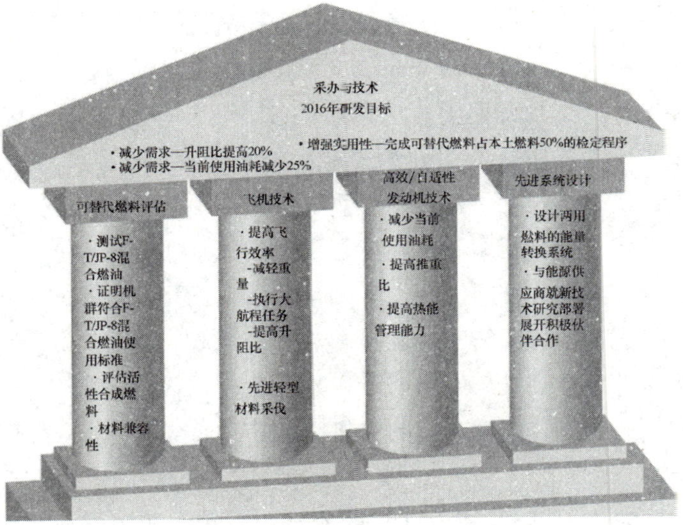

图3—9　美国空军采办与技术2016年研发目标示意图

资料来源：*Air Force Acquisition & Technology Energy Plan*, 2010, p. 16.

第一支柱：评估替代燃料。该支柱重点评估来自本国能源资源的各类替代燃料和合成燃料。这些燃料必须是完全可以替代现有石油基燃料的“滴入式”替代燃料，并能提供相同或更高的性能和工作效能，不改变武器系统的耐用性或维护保养。替代燃料必须比当前所使用的石油基燃料更加绿色环保。为了实现这一支柱的要求，美国空军提出了七项具体目标：一是达到或超过操作性能标准，并适用于空军一切装备；二是一切替代燃料均须经过评估，以确保其为完全可以替代石油基航空燃料JP—8的“滴入式”替代燃料；三是将达到TRL 6级替代燃料技术从空军研究实验室

（AFRL）转交空军认证办公室（AFCO）进行评估；四是对替代燃料的环境特点进行评估，包括发动机尾气排放物，如氮氧化物、硫化物、未燃碳氢化合物、微颗粒排放以及温室气体排放物；五是发展新的分析技巧、计量方法和其他技巧，从成本、环境、性能、技术适应度和系统整体耐受度的角度评价替代燃料的性能；六是从美国国内资源角度评价替代燃料用于作战的合适性，以确保其长期可供应性、可持续性以及与石油基燃料相比的竞争力；七是与其他军兵种、政府机构、商业部门和外国盟友就替代燃料、燃料技术和燃料认证建立协作项目，以确保燃料的互操作性。①

第二支柱：研发提升飞行效率的先进飞机技术。先进的飞机设计和飞行管理技术可以减少整体燃油消耗量，提供作战能力更高的飞机设计，增加飞机航程和滞空时间（loiter time）。飞机设计技术的改进可以增加升阻比、减少油耗、提高系统能力。应用这些技术需要使用先进的轻型材料、创新制造工艺。为落实这一支柱的要求，美国空军提出了六项具体目标：一是发展先进的飞机技术，提升新型飞机的航空飞行效率，减少油耗；二是开发先进技术，提升新型飞机和传统飞机的航空飞行效率；三是开发先进技术，提升飞机航程和滞空能力；四是开发创新型、轻型材料和制造技术；五是开发先进的能源管理、发电和热管理系统，提升飞机子系统整体效率，减少冷却要求高带来的损害；六是开发改进飞机作战和编队飞行能力的先进技术、先进传感器和新的飞机飞行管理系统，用于新型飞机和传统飞机。②

第三支柱：发展高效/适应性强的发动机技术。2010 年，美国空军每天燃料消耗量达 700 万加仑，二氧化碳排放量达到 76200 吨/日。③ 对于二氧化碳排放造成的环境问题，世界各国的担忧与日俱增，特别是在欧洲。这就可能导致美军被迫减少使用传统武器系统在欧洲开展行动。此外，如果美国也建立碳排放交易机制，美国空军的飞机就可能受到限制。美国《国家航空研发及相关基础设施规划》中提出，其主要长期目标是将特定系统燃料消耗（和二氧化碳排放）相比当前的燃气涡轮发动机减少 30% 以上。为实现上述长远目标，美国空军提出了九项投资措施：一是发展先进

① U. S. Air Force, *Air Force Acquisition & Technology Energy Plan*. 2010, pp. 17 - 18.

② Ibid, p. 19.

③ Ibid, p. 20.

涡轮发动机技术，提高已经部署的新兴武器系统的燃油效率、推重比和耐久度；二是发展技术等级达 TRL 6 级的小型驱动系统技术，减少无人机油耗，提升机上发电能力；三是发展先进高马赫数（M3—4）可弃式发动机技术，作为飞机节油的一种替代能力，同时为未来武器系统应对威胁增加更多的选项；四是发展飞行包线（flight envelope）范围内适用且技术等级达 TRL 6 级的先进大型风扇涡轮发动机技术，这些技术应使飞机具体油耗量减少 25% 或更多，并提高现有作战能力；五是发展技术等级达 TRL 6 级的先进大型风扇式涡轮发动机技术及相关材料技术，这些技术应能展示一个整压比（pressure ratio）高的推进系统，油耗量减少 25% 或更多；六是结合上述第三点和第五点，开发并示范一个极省油推进系统，该系统将组合自适应循环特点，整压比高，并可减少具体油耗 35%；七是发展先进发动机和机身一体化技术，提升飞机整体推进效率；八是通过使用一体化热能管理系统改进飞机整体操作和热能管理，该管理系统将实现能源利用最大化和发动机废热（waste engine heat rejection）最小化；九是发展并核实 TRL 6 级示范机中涡轮发动机支持技术，积极确保战斗机的推进安全性和经济可承受的战备性。①

第四支柱：先进的能量转换设计系统。通过开发先进的材料、材料制作工艺、产能储电技术、先进混合动力概念、先进的飞机热能管理、燃料效率技术以及新型建模与仿真工具，美国空军可以实现节能减排，提供更牢靠、恢复能力更强的基础设施。在这方面，美国空军的投资领域主要包括：一是评估先进的能源转换系统，以开发可再生能源，增强燃料使用灵活性，推广先进的混合动力概念以提升系统整体效率；二是评估先进的能源储存能力，将产能潜力与能源需求相结合；三是与其他政府机构、工业界和学术界在互利、协作的基础上开展先进能源系统评估；四是在所有先进的飞机和装备设计中考虑相关系统终端使用的燃料全负担成本和燃料后勤的影响；五是设计、开发先进的材料和设备架构，用于生产高效、低成本、灵敏的光电设备；六是评估能源采集技术，提高太阳能电池技术的整体系统效率；七是开发纳米材料，提升能源和电力密度，显著提高产品性能；八是评估针对高电压和脉冲电源应用的高能源密度储存系统，满足军事作战环境的需要；九是发展材料工艺技术，制造牢靠、轻质、高性能材

① U. S. Air Force, *Air Force Acquisition & Technology Energy Plan*. 2010, pp. 21 – 22.

料，减少飞机和发动机重量，提升发动机性能，增强先进涡轮发动机的燃油效率和减排能力；十是发展能耗低、温室气体排放量小的材料和工艺技术；十一是发展先进的分析工具和模型，将替代能源技术融入空军作战行动；十二是将商业性替代能源技术用于军事，并作必要的技术修改；十三是对适合前进基地部署的可再生能源和集成电源系统进行评估，同时评估美国本土基地的电网恢复能力；十四是发展无线能源电力传输能力；十五是提高先进航空航天电池和光伏电池技术的生产准备和经济性。①

为了确保计划实施，美国空军积极提供资金投入。2013 财年，美国空军在减少作战能源需求的技术创新领域投入了 3.369 亿美元的年度拨款和 12 亿美元的 FYDP 资金。② 这些资金主要用于发展航空航天推进与动力技术、航空航天运载器技术、适用性引擎技术、材料技术等多项涉及能源科技创新的尖端技术开发。具有代表性的研发项目包括自适应多用途涡轮引擎（ADVENT）、自适应引擎技术开发（AETD）、高性能内置涡轮引擎（HEETE）等。此外还包括合成机翼设计、轻型机身荷载、机身空气动力学设计改进、耐高温涡轮引擎材料、定向热能管理材料等。这些技术一旦发展成熟并最终得到应用，不仅可以极大地提升美国空军武器系统的作战性能，还将帮助美国空军在航空作战领域实现节能减排、增加燃料供应的目标。

需要指出的是，美国空军高度重视替代燃料的研发。自 2006 年以来，美国空军一直在积极鼓励和支持私营部门研发替代燃料，并通过对各种型号飞机使用不同的替代燃料进行测试和认证，为大规模使用私营部门所能生产的一切燃料作好准备。2007 年，美国空军专门成立了替代燃料认证办公室，负责空军所有作战平台、保障设备和基地基础设施使用混合燃油的认证工作。③ 美国空军制定的总目标是到 2016 年确保空军 50% 的燃料来自于各种本土生产的替代型混合燃料。为了实现这一目标，美国空军主要围绕着以下三种替代燃料开展了一系列测试和认证行动：

---

① U. S. Air Force, *Air Force Acquisition & Technology Energy Plan*. 2010, pp. 22 – 23.

② U. S. Air Force, *FY13 Budget Certification Report—Energy Investment for military operations*, June 2012, p. 38

③ M. A. Mawid, *Development of a Detailed Chemical Kinetic Mechanism for JP-8 and Fisher-Tropsch-Derived Synthetic Jet Fuels*, presentation AIAA-2007-5668, 43rd AIAA/ASME/SAE/ASEE Joint Propulsion Conference and Exhibit, Sacramento, CA, 8-11 July 2007.

一是费—托（F-T）合成燃料。费—托工艺通过一系列化学反应，将碳基物质转化成液体碳氢化合物，一般使用煤炭、天然气或生物质作原料，最终产生合成燃料，用作石油替代品。2007 年 8 月，美国空军 B-52 轰炸机首先通过认证，可以使用比例为 50/50 的合成混合燃料。[①] 2010 年 11 月 23 日，一架“全球鹰”无人机使用这种混合燃料完成了首次飞行测试。在测试中，这架 RQ-4 无人机使用了由 25% 煤油燃料、25% 天然气液化燃料和 50% 的 JP-8 型航空燃料构成的混合燃料，从爱德华兹空军基地起飞，飞行 32 小时后成功着陆。RQ-4 是美国空军所有飞机平台使用费—托合成燃料进行认证的最后一个机种。[②] 截至 2011 年，该合成燃料已经完全通过美国空军认证，可以在 B-1、B-52、C-17、F-15、F-22、RQ-4 等所有飞机上使用。这标志着美国空军在发展未来替代燃料的进程中迈出了一大步。

二是加氢处理可再生航空燃料（HRJ）。HRJ 是一种从动物脂肪或植物中提取的环境友好型燃料与传统的 JP-8 燃油的混合物。美国空军首先在最具挑战性的系统——C-17 和 F-15 上进行了测试，其他机型只进行“相似性认证”（Certified by Similarity）。2011 年 2 月，C-17“环球霸王III”运输机采用 HRJ 生物燃料进行了地面试验和飞行试验。飞行试验采用的是 HRJ。地面试验采用了两种替代燃料：一是煤基费—托合成燃料；二是 HRJ 与 JP-8 的混合燃料。试验取得了圆满成功，实现了生物燃料的首飞认证。这使 C-17 运输机成为首个可以使用 HRJ 的空军运输机。同年 3 月 23 日，两架使用 HRJ 生物燃料的 F-15 战机成功升空，加入了美国空军“雷鸟”飞行表演队的公开表演之中。这是生物混合燃料首次运用于空军飞行表演活动中。飞行表演的成功再次证明，用亚麻制作的生物替代航空燃料与普通航空燃油相比毫不逊色，还能降低 70% 的碳排放。[③]

---

① Mark J. Lewis, *Military Aviation Goes Green*, Aerospace America 47, no. 8, September 2009. http://www.aerospaceamerica.org/Documents/Aerospace America PDFs (2009) /AerospaceAmerica_ SEP2009. pdf.

② Air Force News Agency, *Global Hawk Flies with Alternative Fuel By Air Force News Agency*. December 1, 2010. http://www.defencetalk.com/global-hawk-flies-with-alternative-fuel-30374/. [2017—01—08]

③ Shane Nolan, *USAF Thunderbirds Become First Aerial Team To Fly On Alternative Fuel*, http://avstop.com/news_ may_ 2011/usaf_ thunderbirds_ become_ first_ aerial_ team_ to_ fly_ on_ alternative_ fuel. htm. [2017—01—08]

到 2012 年底，HRJ 的所有测试宣告完成，美国空军完成了整个机群对 HRJ 的认证。

三是醇基航空燃料（ATJ）。ATJ 是一种基于纤维物质的燃料，可以由木材、纸、草等材料衍生，从中提取糖类发酵成酒精，再经过加氢处理后变成航空煤油，用作航空燃料。2012 年 6 月 28 日，美国空军试飞了第一架使用 ATJ 的 A-10 攻击机。在测试过程中，A-10 攻击机使用替代燃料与 JP-8 标准燃料的混合燃料进行了地面和飞行测试。地面测试包括发动机性能监测、确保所有数据与技术要求和 JP-8 燃油规格呈正相关。飞行试验包括分析飞机在受控加速、爬升和作战机动控制过程中的性能。结果表明，该混合燃料的效果与普通航空燃油没有任何差异。[①] 到 2014 年底，美国空军已经完成了整个机群的醇基混合航空燃料认证工作。

可见，美国空军已经完成了上述三种替代燃料的全部测试和认证工作，这意味着美国空军已经为所有飞机使用这三种替代燃料取代石油基燃料扫清了道路。目前的主要问题是替代燃料价格仍然过高。美国空军正在积极鼓励私营部门加速替代燃料的规模化生产，以降低燃料生产成本。

与美国海军不同的是，美国空军只当替代燃料的采购者，不当生产者。工业部门负责根据美国空军提出的标准生产替代燃料。当然，美国空军也认识到，要实现其雄心勃勃的目标，就必须直接参与私营部门的生产过程，以便作为消费者提供使用意见、建立标准、支持替代燃料开发。尽管美国空军燃料消耗巨大，但是，与商业部门相比，其所占比例微不足道，在美国航空燃料市场仅占 11%，与美国航空公司（American Airlines）不相上下。[②] 这意味着美国空军虽然拥有一定的市场权力，但这种权力还没有大到足以驱动市场。为了帮助推动燃料市场、提供交换数据和最佳实践的能力，美国空军通过“商业航空替代燃料倡议”（CAAFI）与商业界建立了伙伴关系。CAAFI 包括其他政府实体（如联邦航空管理局）以及各

---

① John Reed, *C—17 is First Air Force Jet to Cleared to Fly on Biofuel*. February 11, 2011. https://www.defensetech.org/2011/02/11/c-17-is-first-air-force-jet-to-cleared-to-fly-on-biofuel/. [2017—01—08]

② Terry A. Yonkers, *What is the Price of Energy Security: from Battlefields to Bases*. Witness Statement before the House Committee on Armed Services, Subcommittee on Readiness, March 29, 2012, p. 12.

航空公司、机场、飞机和发动机制造商、能源生产商、研究人员和国际合作伙伴。各方共同制定了一个可重复的替代燃料认证流程，帮助商业航空和军方开展认证。通过 CAAFI 的努力，制定工业技术标准的美国材料与试验协会（ASTM International）于 2011 年 7 月批准了 50% 的 HRJ 混合燃料用于商业飞机使用。由于美国空军有几种飞机为商业衍生机型，因而可以直接将这些标准应用于其飞机认证。

五、以“科技研发”为牵引，谋求太空和网络空间能源新优势

为了落实其能源战略目标，美国空军不仅在传统的航空作战、基础设施和技术采办与研发领域积极采取行动，而且对太空和网络空间等用能领域也给予了充分的关注。为了支持美国国防部《作战能源战略》和 2010 年《空军能源计划》，2012 年 1 月，美国空军首席科学家马克·梅贝里（Mark T. Maybury）公布了一份新的能源技术研发框架——《能源地平线：美国空军 2011～2026 年能源科技构想》（简称《能源地平线》）。[①]《能源地平线》旨在确保美国空军在航空、太空、网络空间、基础设施等四个领域取得相对于对手的能源优势（参见图 3—10）。该报告审视了美国空军在上述四个领域的任务需求和能源目标，提出了空军近期（1～5 年）、中期（6～10 年）和长期（11～15 年）的科技研发重点，区分了美国空军在重点技术投资领域中的三种关键性角色——技术领导者（L）、技术跟进者（F）和技术关注者（W），全面提升美国空军作战行动的生存能力、能源效率、经济可承受能力和作战效能。图 3—11 显示了改进武器系统、作战方法和各项活动对实现美国空军能源战略三目标的影响。鉴于上文已经对美国空军在航空行动和基础设施能源领域里所采取的行动进行了较为详细的论述，本节将重点解析《能源地平线》中涉及美国空军在太空、网络以及跨领域、赋能性能源科技三个领域里所制订的能源技术发展规划。

---

① U. S. Air Force Chief Scientist, *Energy Horizon: United States Air Force Energy S&T Vision 2011—2026*, Jan. 31, 2012.

图 3—10 《能源地平线》与美国空军战略文件和优先任务关系示意图

资料来源：U. S. Air Force Chief Scientist，*Energy Horizon*：*United States Air Force Energy S&T Vision* 2011—2026，Jan. 31，2012，p. 2.

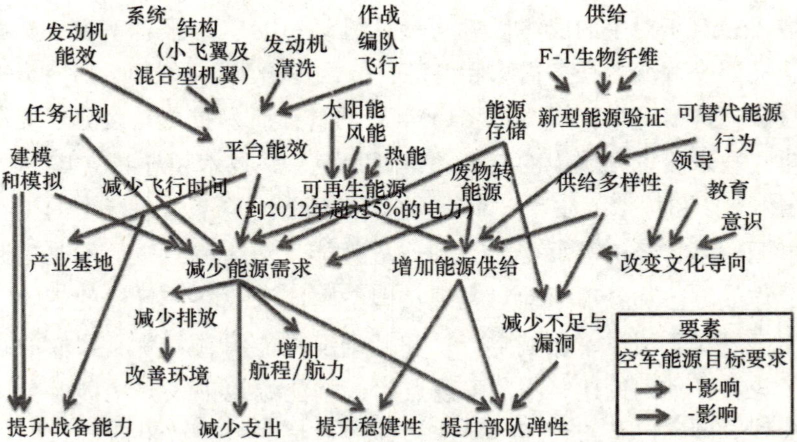

图 3—11 美国空军以作战结果为导向的战略目标实施示意图

资料来源：U. S. Air Force Chief Scientist，*Energy Horizon*：*United States Air Force Energy S&T Vision* 2011—2026，Jan. 31，2012，p. 4.

（一）太空能源技术研发

太空是“终极制高点”（Ultimate High Ground），从太空可以到达地球上任何地方，包括一些禁区。太空有一个独特的优势，即太空资产一旦到达太空，其遂行任务时所需能源较少，且大多是可再生能源。这一简单化的特性描述实际上掩盖了更为宏观的太空事业的复杂性。较为全面的太空能源图景必须包括以下几个用能领域：维持和运作发射场所消耗的能源；发射太空资产期间所消耗的能源；在太空中生产和使用的能源；卫星控制站所消耗的能源；数据接收和处理中心所消耗的能源等。一项全面的太空能源战略必须覆盖上述全频谱的行动领域，通过减少能源消耗、增加能源供给、改变能源文化，提高未来太空系统和行动的韧性（Resiliency）、可持续性和经济可承受性（Affordability）。《能源地平线》认为，就近期而言，太空能源技术的研发应强调减少地面设施和系统的能耗，同时继续为确保长远的能源优势进行科技投资。这里所说的地面设施包括发射场、全球范围的卫星控制设施以及大量处理数据并向作战人员发送数据所需要的数据中心。从较长远的视野来看，以高效能的方式从太空遂行更多的任务是可能的。这要求基于太空的能源生产和储存技术研发必须有质的飞跃。就中期和远期而言，大幅度节能可以通过促进地面系统的共通性和高效率运行、扩大可再生能源的使用等方式来加以实现。

1. 太空领域的战略环境

在美国空军资产清单中，在轨资产继续是需求程度最高、部署密度最低的资产。这些资产所携载荷的大小和能力都受到限制。恶劣的运行环境，再加上现有技术的限制，意味着这些系统通常都要超期服役。提升在轨资产能源生产、储存和利用的科技有助于延长其寿命，增加其对空军的使用价值。

与航空领域不同，太空资产并不使用传统的航空燃料进行机动（空运和空中加油）。实际上，一旦太空资产进入轨道，除了少量自带的耗能设备（包括进行卫星位置调整的推进设备）以外，唯一需要使用能源的地方是维护和运行地面设施和系统。尽管把系统送入太空需要消耗能源，但这部分消耗比起地面设施的能耗来说微不足道。因此，《能源地平线》认为，在近期规划中，减少太空系统能源成本的科技投资应主要用于降低相关地面设施和系统的能源成本之上。尽管重点在地面，但是，大幅减少在轨资产能耗的科技项目前景光明，如可复用式助推器系统（RBS）和革命性小型运载工具等。

其他一些先进技术可以大幅节省能源，这些技术包括太空系统的分散化（Fractionated）、组件化（Composable）、网络化（Networked）。小型系统比起大型系统来说不仅拥有同样的功能，还可以大幅降低发射成本，减少在轨能耗。另一方面，向近地轨道发射大量小型卫星需要消耗更多的能源、使用能效较低的小型运载工具。《能源地平线》还积极主张应用实时的、跨领域、确定无疑、可信赖的“空间态势感知”（SSA）技术。“空间态势感知”自动化可以减少人为干预的影响，提升反应能力，从而节省大量的能源成本。

图 3—12 显示的是美国空军太空司令部（AFSPC）地基设施和系统的能源消耗情况。在 AFSPC 各项任务所消耗的能源中，地面设施占 97.2%，地面车辆运输占 1.8%，火箭发射约占 1%。AFSPC 已经考虑关闭一些基地来大幅节省开支。另一个解决方案是制订一项计划，用可再生能源技术来替代当地电力生产。这一方案直接支持《空军能源计划》的近期目标，同时也有助于实现确保能源供给和减少开支的目标。目前，美国空军正在建造能效更高的地面资产。一个关键性的机会是减少地面雷达和供暖、通风与空调（HVAC）系统的能源成本。

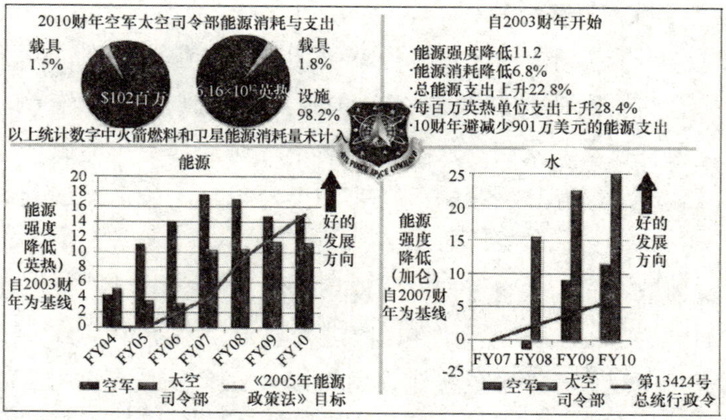

图 3—12　美国空军太空司令部地基设施能源消耗情况

资料来源：U. S. Air Force Chief Scientist, *Energy Horizons*: *United States Air Force Energy S&T Vision* 2011—2026. January 31, 2012, p. 21.

2. 太空能源技术研发重点

提升在轨太空系统能源效能的尖端科技可以转用于地面设施和系统之

上，以降低其能源强度和能源消耗。《能源地平线》把这些技术分为以下三类：

一是能源生产技术。表3—10显示的是美国空军在能源生产领域的近期、中期和远期发展机会。目前强调的重点是继续研发逆向变质（Inverted Meta-Morphic，IMM）太阳能电池阵列技术，这项技术在示范项目中效率超过34%。相比之下，现有的地面太阳能电池阵列发电效率要低得多，不到20%。如果包装和生产方面的问题能够克服的话，逆向变质技术所能实现的效率提升，可以大幅提高地面设施太阳能阵列系统的发电能力，进而大幅降低非可再生能源的使用。这些科技研发努力的重要意义在于，太阳能电池阵列发电效率每提高1%，系统供电就可增加3.5%。此外，非硅晶（a-Si）技术已经达到10%的转化率。尽管非硅晶技术在太空中的适用性尚未得到充分的验证，但这项技术可应用于远程驾驶飞机（RPA）、电力帐篷等地面系统上。

表3—10　美国空军太空能源生产技术近、中、远期研发重点

能源生产		
近期（2011～2015财年）	中期（2016～2020财年）	远期（2021～2025财年）
能效提升30～35%的光伏电池（L）	能效提升40%的光伏电池（L）	能效提升70%的光伏电池（如量子点技术）（L）
高能太阳能电池阵列（HPSA）/集成覆盖式互联系统（IBIS）（L）	太阳变油技术（F）	
	轨道系统使用的太空核能技术（F）	
	地面站点使用的小型模块化核能技术（F）	
注：L＝技术领导者；F＝技术跟进者；W＝技术关注者		

资料来源：U. S. Air Force Chief Scientist, *Energy Horizons: United States Air Force Energy S&T Vision* 2011—2026. January 31, 2012, p. 22.

除了改进光伏转化效率外，在中期和远期还有其他一些能源生产技术也很有发展潜力。核能在若干个卫星系统上已经进行了示范，如放射性同位素热电发电机（RTG）。核能可以不间断地供电，其产生的能量和电力强度均比现有技术高得多。许多小型模块化反应堆的投资可用于发展天基系统。随着核电设备的日益小型化，其在天基资产上的用途日益提高。

二是能源储存技术。尽管镍氢（Ni：H）电池已经可以满足美国国家安全太空办公室对能源储存的大部分要求，但是，特氟龙（Teflon）—30镍氢隔离材料因其环境问题从2012年起已经停止使用。接替它的电池技术，如锂离子化学材料，能满足日历寿命测试的相关要求，并且其原材料也可以从国内获取，因此，此类电池技术将继续开发。其他储能技术，如飞轮（flywheel）电池，有望为所需能源增加一个反作用轮的特色。这项技术为储能与高度控制的结合提供了难得的机会。

太空领域的地面系统对供电有着极其严格的要求，因而可能需要几种系统为地面站和数据中心提供必要的能源。尽管诸如液流（flow）电池和抽水储能（pumped hydro）等一批技术可以提供大容量的能源储存，但是，调节供电质量的其他技术也是需要的。这些技术，如传统的铅酸蓄电池或大型飞轮，同大规模储能技术相结合，形成一个混合系统，就可以提供最佳的解决方案（参见表3—11）。在更遥远的未来，材料革命可望进一步增加供电量、能源强度放电率和电池寿命。

表3—11　美国空军太空能源储存技术近、中、远期研发重点

能源储存技术		
近期（2011~2015财年）	中期（2016~2020财年）	远期（2021~2025财年）
太空系统的飞轮技术（L）	用于高功率、高密度储能的纳米材料技术（F）	
太空应用的国产锂离子电池（F）		
设施级储能技术（F）		
注：L=技术领导者；F=技术跟进者；W=技术关注者		

资料来源：U. S. Air Force Chief Scientist, *Energy Horizons*: *United States Air Force Energy S&T Vision* 2011—2026. January 31, 2012, p. 24.

三是推进与供电技术。在轨道空间，许多系统的电力需求巨大。这些系统主要是传感器、通讯设备和舱内信息处理。这些系统目前都是由硅基技术组成。几十年来，多个机构一直在努力生产出新的计算构架。如表3—12所示，几项基于新颖计算构架的技术，如忆阻器（memristor）、光子计算（photonic computing）、量子计算等，都可以大幅减少能源消耗。除了尺寸缩小以外，相对于硅质设备，这些系统的运转所需电力减少，产生的热负荷大幅降低。这些特性在太空技术应用中都是非常有价值的。除了能大幅减少轨道能源消耗之外，在轨信息处理还可以增强美国空军实时处理数据的能力，减少地面基础设施的能源消耗。

表 3—12 美国空军太空推进和供电技术近、中、远期研发重点

太空推进和供电技术		
近期（2011～2015 财年）	中期（2016～2020 财年）	远期（2021～2025 财年）
高效微处理器（F）	太空应用的光子计算（F）	量子计算技术（F）
高效轨道推进器（L）	高效霍尔（Hall）推进器和电动推进器（L）	电磁推进技术（L）
	在轨卫星补充能源技术（L）	自带光伏设备或能量束系统供电的电动推进器（L）
注：L = 技术领导者；F = 技术跟进者；W = 技术关注者		

资料来源：U. S. Air Force Chief Scientist, *Energy Horizons*: *United States Air Force Energy S&T Vision* 2011—2026. January 31, 2012, p. 24.

卫星推进技术的进步也至关重要。为保证卫星能够保持在轨状态并根据需求持续提供情报，这些系统必须具备在太空中进行机动的能力。特别是近地轨道卫星，这些系统的变轨能力对于确保作战任务的成败至关重要。目前，这种轨道位移主要通过推进器使用舱内的燃料执行。随着系统的逐渐老化，执行变轨的能力与卫星剩余燃料量直接相关。由多个机构开展的一些研发项目已经研究了在轨道空间为这些系统补充燃料的可能性。国防高级研究计划局和美国空军研究实验室对执行此类任务所需的系统也进行了研究。在中期规划中，美国空军还将对提升当前这一代卫星系统的生存能力和在轨寿命的概念开展进一步的探索。

在美国空军的中期和远期规划中，其他一些推进技术将极大地提升推进功效，延长在轨系统舱内所携燃料的使用时间。类似霍尔（Hall）推进器和电动推进器这样的技术可望延长舱内所携推进剂的功用。利用“电力集束”（power beaming）技术为在轨卫星补充能量的概念同样可望延长其服役寿命。在远期，电磁脉冲推进的先进概念可以在执行任务的持续时间和恢复能力方面带来优势。通过使用系统搭载的能量采集设备从周边环境中采集能量，卫星系统可以在无需补给推进剂的情况下延长太空机动时间。这可以降低美国空军卫星的推进重量要求，为提升作战能力腾出更多的重量和空间。

3. 太空操作技术创新

新的操作方法可望带来大幅提升节能效果。表3—13所示即为美国空军太空操作技术近、中、远期发展规划。这方面，《能源地平线》提出的创新举措包括：

表3—13 美国空军太空操作节能技术近、中、远期研发重点

太空操作相关技术		
近期（2011～2015财年）	中期（2016～2020财年）	远期（2021～2025财年）
高能效数据中心和地面站（F），云计算（F）	地面基地能源转为使用高效太阳能（F）	自动化、“无人值守”（lights-out）地面操作（F）
采用商业部门的最佳实践（F）	开发自动化程度更高的卫星能力（L）	先进的舱内自动化技术（F）
	太空功能的跨领域研究（L）	模块化、太空到太空能量波束传输能源星群技术（L）
改进高效发射助推器相关技术（F）	研究可复用推进系统（RBS）概念（F）	革命性小/中型发射技术，包括小型卫星的空基发射能力（L）
注：L＝技术领导者；F＝技术跟进者；W＝技术关注者		

资料来源：U. S. Air Force Chief Scientist, *Energy Horizons: United States Air Force Energy S&T Vision* 2011—2026. January 31, 2012, p. 26.

一是应用数据处理和信息存储的新范式。如上所述，地基系统消耗的能源在太空行动所需能源中占比最大。除了执行指挥控制的地面控制站和相关通讯链以外，太空部门还有许多数据处理设施，都是太空行动能源消耗大户。云计算等技术能够大幅减少太空部门进行情报生产和指挥控制所需消耗的能源。在中期和远期规划中，太空部门可望将这些技术进行集成应用。

二是应用先进的可再生能源技术。可再生能源是减少这些数据处理设施能源消耗的行之有效的选择方案。这方面许多技术已经成熟，如聚光光伏（concentrated PV），已经可以提供高密度能量。考虑到这些设施对能量强度有着极高要求，高能量密度技术对降低能源开支至关重要。

三是开发太空操作新概念。这些新概念要求在操作现有卫星控制系统和卫星数据处理系统时更具能源意识，采取更加节能的方法。近期的一项努力是确定在何种条件下商业部门的做法能应用于国家安全太空办公室（NSS）所属的太空系统，以减少地面系统的能源消耗。当前亟待改进的设施是发射场、控制站和处理中心。

四是减少传统系统产生的废能。确定特定的系统效率，通过新技术替换或产品升级，提升外形、适配和功能性能，特别是在现有系统的数控方面，使传统系统减少废能的产生。在近期规划中，基础研究的重点将放在碳纳米管（CNT）纤维等技术之上，这些技术可能为美国空军执行各种任务带来颠覆性的影响。但最主要的途径还是为现有系统升级能效更高的电子器件。

五是启动对革命性能源品种的投资。这将改变现役雷达和其他地基设施使用的基准设备。太空系统可作为规划这些必要的研究线路的起点，并根据美国空军科学咨询委员会的建议考虑开展小型模块化核能系统研究的试点。

六是应用无线能源传输技术。在太空轨道，能源的利用通常都取决于发电的资产本身。这就大大降低了这些系统的潜在性能。不过，新技术可以通过使用能源无线传输技术提升这些系统的性能。太空对太空能量波束传输技术可能具有变革意义，这个领域可能会给成套的模块化、分布式卫星系统供电开辟全新的途径。太空供电可以将能源直接传输或通过无线波束的形式传输给其他太空资产，因此，这些资产相对于现有系统而言就可以更小，生存能力更强，性能更优越。由于在轨能源生产与储存的技术限制，无线能源传输技术可望主宰卫星上使用的能源。

七是开展多领域分析，检验在航空和太空领域执行任务的相对能效。此类研究包括抵达指定轨道所需的能源，在空中和太空中执行任务所需的能源，以及驾驭太空和航空资产的地面系统和设施的能耗情况（包括远程驾驶飞机的能效趋势）。这些研究为查明在何种条件下可将任务从航空领域转入太空领域和/或从载人转为无人以提升能源效率打下基础。

4. 太空能源新系统建设

就中期和远期投资而言，《能源地平线》提出了一系列研究方向，以重新定义美国空军的太空和地基系统，增强整个“系统之系统”（systems of systems）的能源确定性。太空领域为美国空军对潜在的作战概念（CO-NOPS）变化开展利弊分析提供了一个极好的机会。为了对带有不同平台（地面、航空和太空）组合的传感和战役管理任务进行更全面的分析，美国空军就必须拥有能源度量和权衡空间（trade space）分析工具。

为实现其中期和远期太空能源目标，《能源地平线》提出采取以下三个步骤：一是在系统分析和设计中发展并应用计量指标以确保确定无疑的能源优势。这些指标也将成为系统关键性能参数（KPPs）和未来能源优势确定性要求的基础。计量指标的一个实例是每一“任务比特”（mission bit）所消耗的能源，即每产生一比特（0 或 1）任务数据所消耗的能源。二是开发相关工具，对系统间能源流转进行分析，使设计人员能够实施一个能源预算对能源账单的战略。三是开发相应的分析工具，对任务水电气权衡空间能耗的全部情况进行权衡（make trades），类似于当前看待任务水电气权衡空间的成本一样。例如，包括小型和中型卫星在内的近地轨道航天器任务和星群数据，带有相应的较小的运载工具，这些数据可加以分析，以判定减少航天器发电和储电的最佳时机。这一优化的节电时机（power down time）可以是在航天器飞临地球表面上空基本没有产生任务数据的时间段。

这些分析步骤必须伴以美国空军太空司令部/太空与导弹系统中心（SMC）和空军研究实验室联合研发项目框架内的集中努力。美国空军太空司令部科技需求和能源研发重点包括：一是卫星太阳能供电。提高体积比功率（volume-specific power）：成功的先例是稳步提升卫星系统的能源效率和输出功率。这种技术已经在航空和地面系统取得回报。二是卫星电池。提升质量比功率（mass-based specific power）：成功的先例是更高的循环技术（45～60K 循环），可以延长卫星服役寿命。这项技术也可以应用在航空和地面系统中，如消除远程驾驶飞行器或汽车电池的再循环烦恼。三是自动化系统。减少人力消耗，降低人力密集系统的通风空调系统压力和能源消耗。

未来，美国空军太空司令部将重新制订关于减少能耗、提升系统效率、增加可再生能源使用和新能源生产的指导方针。太空司令部不会复制地基设施提高能源效率的战略，而是将这些战略应用于地面系统。太空司令部将重点关注地面设施和系统以及可再生能源品种的使用。对太空系统的其他投资将集中在提升这些系统所提供的任务能力之上。

5. 太空能源战略

美国空军认为，在太空领域节能效果最大的地方极有可能是与太空基础设施相关的能效提升，这些基础设施包括发射场、控制站和数据处理设施。因此，美国空军将从能源的角度对基础设施进行全面的评估，努力提升能源和操作效率。美国空军计划更多地使用公共地面站点、提升操作员效率（从而减小设施规模）、提高操作自动化水平，以便节约能源、节省开支，同时实现新的作战概念。

此外，美国空军认为，在太空领域实现“确定无疑的能源优势”的关键在于集中投资，改善卫星部件的性能。因此，美国空军将充分利用卫星为技术示范提供大量机会，这些技术包括星载能源生产和储存、推进中的能源高效利用、星载信息处理等。

（二）网络空间能源技术研发

网络空间领域是对现代生活各个方面都至关重要的一个交流交换渠道。整个社会和美国军方都日益依赖网络空间。网络作战在美国空军执行的航空、太空和网络空间任务中发挥着更加重要的作用。美国空军的大部分核心功能都与其在全球范围内投送力量的能力息息相关。这一点体现在美国空军的战略愿景——“全球警戒，全球到达，全球力量”之中。美国空军在网络空间领域的科技发展重点是大力发展关键性能力，确保其遂行C^4ISR 任务。在如此广泛的任务领域维持指挥控制能力意味着对网络技术的高度依赖。美国空军正在转型成为一支更具远征性质的军事力量，突击运往战区的资源在减少，与此同时，通过网络空间从美国提供后援支持的需求在增加。

美国空军认为，网络空间既是一种力量的源泉，也是脆弱性之所在。网络技术基地每年都在以几乎翻倍的速度增长，大大促进了社会的发展。然而，这也为美国的对手创造了可以攻击和利用的致命弱点。互联互通的不断扩大，将对国家安全、公共健康和经济发展至关重要而以前是相对独立的基础设施暴露无遗。对手可以通过网络攻击来试图拒止、削减、操纵、干扰和破坏关键性基础设施，从而影响美国空军依赖这些基础设施遂行的任务，特别是能源基础设施本身。然而，能源如果在网络空间进行智能分布的话，就可以改变这种情况，减少对手对美国空军的系统成功攻击的机会和可能性。

若要给网络空间资产提供更加稳妥的支持，就需要新的能源系统。信息技术能源消耗正在快速增长。2007 年，仅数据中心就消耗了美国能源消费总量的1.5%。到2010 年，这一数据增长到2%。[①] 降低这方面的能源需求有助于实现美国空军的能源目标和联邦法令，同时提升空军遂行任务的能力。

1. 网络空间的战略环境

未来，美国空军在网络空间面临的战略环境有以下几个特点：

一是对网络的依赖将继续上升。在航空、太空和网络空间领域，网络作战已经扮演着十分重要的角色，然而，其重要性还将继续上升。美国空军必须在现有基础上通过网络空间进一步发展应用自动化系统，实现系统之间、空军官兵之间的相互联通，在提升能力的同时减少开支。网络空间的传输速度对美国空军至关重要，空军必须有能力在对手做出反应之前达成任务目标。同样重要的是，美国空军必须拥有保护其航空和太空任务通过网络空间实现指挥与控制、通信、情报、侦察以及操纵武器瞄准目标的能力，这一点对于保持空军的领先地位至关重要。

二是网络领域的设备技术将继续向小型化方向发展。世界范围内几十亿人与网络空间的联系将变得更加紧密。从桌面主机到笔记本电脑，再到手机，再到免提的蓝牙设备，这一发展趋势使网络空间与人的距离不断缩小，成为日常活动不可分割的一部分。随着设备的体积、重量和能耗不断降低，能源存储的小型化问题日益凸显。

三是“摩尔定律”速率将放慢，但纳米技术和三维封装（3D packaging）技术将加速发展。芯片制造工艺改进使得芯片的尺寸不断缩小，推动了与“摩尔定律”相关的科技进步，即芯片的性能在过去几十年中每18个月就翻一番。但是，现在，由于实现这个速率必须对生产设施投入巨额资金才能实现，因此，这一速率终将趋于停止。近年来，随着三维堆叠（3D stacking）技术的进步，芯片厚度进一步变薄，只有几微米的厚度，芯片在整个表面形成众多过孔（via），为持续提升功率密度和能效提供了无穷的机会，前提是散热技术也要以同样的速度发展。对许多操作来说，在

---

① U. S. Air Force Chief Scientist, *Energy Horizon: United States Air Force Energy S&T Vision 2011—2026*, Jan. 31, 2012, p. 29.

芯片堆叠（stack）中垂直移动比在常规芯片之间水平移动所需能量要少。假以时日，因纳米技术进步而出现的全面三维化结构将使科技进步的速度赶上甚至超过“摩尔定律”基于二维芯片平版印刷术所实现的速度。

2. 网络空间能源技术发展构想

从1995~2010年，美国空军高性能计算系统每千瓦功率能支持的每秒浮点运算次数（flop/kW）已经从25亿次提高到1.9450万亿次，计算速度提升了700倍。可以预期的是，这种每1.6年翻一番的功效（power efficiency）增长趋势会一直持续到2020年以后，使高性能计算（HPC）系统级的功效超过每瓦特1000亿次浮点运算。这不仅可以提升数据中心的计算能力，还能使该领域内嵌系统内完成更复杂的数据处理。封装技术、纳米技术和定制计算机结构的进步使超大规模集成电路（VLSI）设备减小了体积，提升了功效。因此，美国空军在提出网络能源发展规划时充分考虑了这些技术进步所产生的影响。

每秒浮点运算次数/瓦特这一度量方法对确定处理器在高负荷下的运行情况非常有用。但是，其他一些科技进展也在展望之中，这些技术可以用来对计算机架构进行动态控制，以优化各种负荷条件下的能源消耗，并且囊括设施电源使用总量的各个组成部分。掌握这种情况的关键是应用收集和分析实时数据的工具。在网络空间能源领域，一个重要的度量方法是电源使用效率（PUE），用于确定基础设施除服务器本身之外的用电量。例如，如果服务器每消耗1瓦特电量，基础设施还要消耗0.5瓦特，那么，PUE就是1.5。因此，美国空军不仅要关注服务器用电量，而且还要改善整个PUE。

当今，“云计算”服务使个人、企业和政府能够把工作转移到遥远的数据中心，那里电价低廉，带宽充裕，营业成本非常低。云计算技术还能优化整个设施的PUE值，系数能达到1.1~1.3。相比之下，所有数据中心的PUE平均值在1.8~1.9。美国国防部已经向空军研究实验室委托了一项“2012高能效计算联合概念技术示范”项目。这一项目将在美国空军研究实验室毛伊（MAUI）高性能计算中心进行。其目标是通过优化从软硬件到设施建设、从冷却到电力传输等各方面活动，展示一个PUE值低于1.2、具备每秒250~350万亿次浮点（Teraflops）运算能力的新项目。到2020年，市场力量的竞争将使PUE值优化至更低的水平。信任问题可能会威胁这一模型。把数据转移至云端，特别是那些高度敏感的数据，需要对云端安全进行大规模的投资，把安全方面的改进成果展示出来，以提高其可信度。这些问题都可能使原本迁至云端的数据重返性能更好地本地计算设备。

3. 网络空间能源技术研发重点

实现计算设备绿色化的目标包括减少有害材料的使用、最大限度地提高能源效率、提升废品的再循环能力或生物可降解能力。与网络能源发展动力联系最紧密的目标是最大限度地提高计算设备的能效。必须采取系统工程学的方法，把高能效的架构、硬件和软件结合起来。实现这一目标的重要途径是持续研发算法设计、软件构架设计，优化软件应用以提高运算构架的能效。这些都是减少现场网络能源需求的关键途径。网络能源另一项重要主题是使用可再生能源和替代能源品种的必要性。这一要求涉及范围广泛，从提高小型自动化系统的运行寿命到减少大型空调指挥控制设施的能耗，乃至战区和国家级数据中心。

美国空军研究实验室制订的《网络科学和技术战略》草案与美国国防部《网络战略》精神一致，作为讨论网络能源技术发展并将其与空军所面临的网络技术挑战更紧密联系的一个组织框架。这份文件包括下述四个战略驱动力量。美国空军将围绕这四个动力开展网络能源技术的研发。

一是保障使命。美国空军的各项使命，例如，对大面积区域进行持续性监视，需要用超级计算机进行海量数据分析，以提供“大海捞针”式的关键性能力，减少人类感官的超负荷工作量。再比如，特种作战部队只有很有限的通信设备、时间和电池容量，却需要巨大的计算功能。到 2020 年前后，飞行器将微缩到昆虫般大小，届时这一问题将更具挑战性。将超级计算机的海量数据分析功能与嵌入式高性能计算功能相结合，可以使美国空军获得遂行使命的新能力。

表 3—14 显示的是美国空军网络能源的能效和可再生能源技术近、中、远期研发重点。从中可以看出，直接应对这些使命需求的第一个技术挑战就是在系统层面提高能源效率，并在未来 15 年内找到另一个提升 700 倍能效的技术手段。能源效率必须作为一项优先标准加以考虑。三维堆叠等技术进步具有颠覆性意义，但前提是要能克服耗电芯片堆叠过热的问题。

除了改进计算机架构、封装和系统集成以外，通过考虑算法和软件与硬件配置以及软件构架本身的互动也能大幅提升能源效率。美国空军研究实验室的每秒 500 万亿次浮点运算超级计算机“秃鹰”（Condor）已经实现了这样的平衡，使能效获得数量级的大幅提升。然而，很多个案研究也反复证明：任务应用、算法和系统构架之间如果匹配不当，就会导致总体效率下降，有时会造成运算时间延长百倍以上。

许多任务导向计算的嵌入式特性对可再生能源发电和储电带来了更多的技术挑战。纳米技术的进步导致超级电容器的出现，可以极大地延长其任务执行能力，并满足严格的体积和重量要求。在遂行任务的过程中采集能源可以延长电池工作时长，提高任务效能。另一个关键步骤是让整个网络领域和任务管理者意识到对遂行任务具有关键意义的项目，包括一切任务必要活动和备选行动方案的能源状况，在适应能源供应受限的同时完成使命任务。

表 3—14　美国空军网络空间能源——能效和可再生能源技术近、中、远期研发重点

推力	领域	近期（2011～2015 财年）	中期（2016～2020 财年）	远期（2021～2025 财年）
保障使命	系统效率	·算法/软件/硬件设计与发电效率（L） ·硬件构架（3D 芯片）每年提升能效 10%（L） ·体积/重量/功效比更好的计算机技术，每年减少空军 10% 的能源使用（F） ·高性能计算系统资源控制每年减少能源使用 5%（W）	·纳米传感器（F） ·纳米处理技术每年减少 5% 的能源用量（L） ·在一个芯片上进行光学单光子量子处理（L） ·智能高性能计算资源控制，每年减少能源使用 10%（F） ·环境自适应计算（W） ·优化计算机供电（F）	·量子计算技术每年减少能源使用 10%（F） ·忆阻神经形态电路（F） ·高效计算纳米结构（F）
	可再生能源	·纳米技术架构（F） ·芯片上使用替代电源补给（W）	·可再生电源小型计算系统（W） ·替代能源补给（W）	·微型无人机能源采集系统（F）
注：L＝技术领导者；F＝技术跟进者；W＝技术关注者				

资料来源：U. S. Air Force Chief Scientist, *Energy Horizons: United States Air Force Energy S&T Vision* 2011—2026. January 31, 2012, p. 33.

二是优化人/机系统。计算机能够追踪许多目标，但人仍然更有能力进行更高层次的理解、推理和预测。展望 2020 年，预计人机能力的有效联动将成为最基本的能力。这就是智能放大、增强认知（augmented cognition）和人机系统集成领域的研究目标。随着美国空军在使命任务内部和各使命任务之间作战节奏的变化，自动感知操作手/处理器工作负荷增减并能动态适应运算强度低、运算节点能效高的技术，可以从操作手的定制化需求出发，提供更加智能、更加高效的能耗控制。人类的自然能力日益与数据流量、处理能力和决策速度失去匹配。一个系统的效能可以通过在设计阶段纳入人为因素问题而得到提升，特别是就实际部署的系统而言。提升人类表现对有效利用海量数据可能是至关重要的，网络空间领域数据极其丰富，日常工作中唾手可得。提升人类表现的措施包括新形感官刺激、植入芯片或其他改善记忆的途径、增强警惕性、提升认知和视/听觉灵敏性等。数据可以加以整合并传输给人类，传输方式是利用人工合成增强的直觉，在数据流量大、决策速度快的作战环境中取得所需决策速度、提升决策质量。这一技术可以大幅提升人/机系统的效能。

如表3—15中几个关注领域所示，人/机系统需要解决的一个主要问题是“信任”，既包括对人类的信任，也包括对网络系统的信任。人类和计算机都有可能难于“读取”。从两个方面建立措施和度量指标有助于首先促进人际间的信任，进而促进混合了人类和网络系统的大型团队间的信任。随着信任度的提升，实现流程自动化、提升操作流程能效比的能力也将产生更好的效果。

最后，为降低对传统石油基能源品种的需求，美国空军需要改变自身文化，提升日常网络工作中的节能意识。教育官兵节能是“必须行为”而非“自愿行动”。这项教育要从领导层开始，并使其成为日常文化不可分割的一部分。在空军科技部门，这就意味着每一个研究项目要从概念阶段就融入用电考虑，一直扩展到开发阶段。这是应用社交媒体提升节能意识、引导节能风气、树立节能信念、培养节能习惯的大好机会。

三是提升敏捷性和灵活性。美国空军网络科技的一个关注重点是提升网络能力的敏捷性和灵活性，这一点与网络空间能源战略有直接的关联。攻击网络系统的一个办法就是切断其任何能源来源。因此，美国空军需要有能力持续监控和评估其能源来源，并具有在各种替代供电模式之间快速转换的能力。同时，美国空军也需要增强向任务系统供能的每一个能源品种和各种供应渠道的灵活性。这些需求以近期、中期和远期研发重点的形式体现在表3—16之中。

表 3—15 美国空军网络空间能源——文化变革近、中、远期发展重点

推力	领域	近期（2011 ~ 2015 财年）	中期（2016 ~ 2020 财年）	远期（2021 ~ 2025 财年）
优化人/机系统	文化观念问题	·领导力方面的法规要求（L） ·能源效率方面的文化/行为变化（L） ·度量方法、数据一致性与衡量（F）	·人类对网络的依赖（L） ·人类表现的感知与提升（L） ·服务器迁移（足迹）（F）	·对机器的信任（L）
注：L = 技术领导者；F = 技术跟进者；W = 技术关注者				

资料来源：U. S. Air Force Chief Scientist, *Energy Horizons*: *United States Air Force Energy S&T Vision* 2011—2026. January 31, 2012, p. 35.

表 3—16 美国空军网络空间能源——电力和云计算技术近、中、远期研发重点

推力	领域	近期（2011 ~ 2015 财年）	中期（2016 ~ 2020 财年）	远期（2021 ~ 2025 财年）
提升敏捷性和灵活性	电力	·节能政策/程序（L） ·监控系统（F） ·智能电网（F）	·替代能源（W） ·绿色建筑（W） ·安全的智能电网（F）	·远程测量系统（F） ·稳定、安全的智能电网（W）
	云计算	·高效率计算软件，每年减少能源使用 10%（L） ·异构高性能计算系统，每年减少能源使用 15%（W） ·分布式—无线技术（W） ·云计算技术，每年减少能源使用 10%（W）	·云服务（F） ·优化服务器软件（L） ·网络安全（L） ·云环境的安全与保证（L） ·优化超级计算机使用（F）	·网络能源管理系统（F） ·基于高性能计算技术的自动化，每年减少空军能源使用 20%（W） ·智能系统（W）
注：L = 技术领导者；F = 技术跟进者；W = 技术关注者				

资料来源：U. S. Air Force Chief Scientist, *Energy Horizons*: *United States Air Force Energy S&T Vision* 2011—2026. January 31, 2012, p. 36.

同样，美国空军在决定何时何地在网络空间遂行任务的过程中也需要敏捷性。相对于目前的解决方式，美国空军需要采取更加灵活的方法。例如，云计算可以提供计算、软件、数据获取和存储等服务，它不需要终端用户掌握提供服务的系统所处的物理位置和配置情况。它提供了一条提升容量或增强能力的途径，无需投资新的基础设施、无需培训新人、无需申请新软件的使用许可。大部分云计算基础设施由共享数据中心所提供的服务和连接用户计算需求的单个节点组成。不断发展的云计算技术为美国空军塑造其如何使用网络基础设施来优化平台和任务、提升能源效率提供了巨大的潜力。

四是创新基础理念。表 3—17 所追求的科技研发领域在网络能源方面有望“改变游戏规则”。美国空军目前所投资的此类技术包括量子计算技术、纳米技术和超导材料技术。这些技术之间相互关联，许多发展都是相互依赖的。例如，量子信息科学直接取决于纳米技术和超级计算技术的进步。

表 3—17　美国空军网络空间能源——颠覆性技术近、中、远期研发目标

推力	领域	近期（2011～2015 财年）	中期（2016～2020 财年）	远期（2021～2025 财年）
创新基础理念	颠覆性技术	·纳米技术（L） ·超导材料科技（F） ·量子科技（F）	·纳米技术出现（L） ·超导技术出现（F） ·量子设备出现（F）	·纳米技术随时投入应用（F） ·基于需求的超导技术应用（F） ·量子技术随时投入应用（F）
注：L＝技术领导者；F＝技术跟进者；W＝技术关注者				

资料来源：U. S. Air Force Chief Scientist, *Energy Horizons*: *United States Air Force Energy S&T Vision* 2011—2026. January 31, 2012, p. 37.

量子计算有望改变一些当前最棘手的运算任务所固有的运算复杂性，它应用了一种完全不同的计算方式，通过使用量子的物理特性同时演算多种可能性。

纳米技术对于网络能源来说不仅仅意味着超级电容器和超薄芯片三维堆叠技术的出现。碳纳米管结构的热传导可能为热能管理方面的问题带来新的解决方案，克服限制芯片间距的关键问题。纳米技术也可以生产出把网络“大脑”连接到微型驱动器的材料，造就虫子大小的航空器，其能源效率可以满足重量、功率和能源的巨大制约。其他科技创新，如忆阻器技术，能够进行高密度、非易失性存储（non-volatile storage），并带有学习功能，为高能效计算构架的发展提供了一条路径，最终这些架构可以开始模仿人脑的能力。

超导材料的颠覆性在于它能把寄生电阻降为零。随着晶体管体积的继续缩小，线路电阻已经成为芯片内部能量损耗的主要部件。攻克这一技术难关将带来颠覆性的影响。但是，除了电路交换速度加快以外，经济实惠的高温超导体所带来的一个更大的影响是能量传导，不仅仅在芯片本身和众多芯片之间，而且还在全世界范围内实现零寄阻能量损耗。确保电网的安全将对网络基础设施提出严峻的挑战。这就需要在网络—物理接口采取新的技术手段来保护关键性基础设施，因为实现能源效率的最优化必须有可再生能源接入、负荷和智能控制器。

这些科技不仅为美国空军开发系统部件，而且研制监控设备，确保网络—物理基础设施安全提供了潜在的颠覆性部件。同时，这些技术也能为智能控制器提供必要的设备，以便在出现任务需求和负荷变化时提供最佳的能效。

六、以“未来需求”为着眼点，推进跨领域、赋能性能源科技研发

除了基础设施、航空、太空、网络领域以外，美国空军还高度关注跨领域、赋能性能源科技的研发。美国空军认为，基础科学研究中出现的一些新理念有望从根本上改变能源前景。美国空军在《能源地平线》中对每一个技术领域分别进行了描述，探讨它们如何对图 3—14 所示的跨领域技术进步带来深刻影响。例如，在能源生产方面，跨领域技术的进步将促进超高效太阳能光伏、生物燃料和太阳能促变石油技术以及具有被动安全性的可运输式小型模块化核反应堆技术的发展。在强化储能方面，科技进步能够带来大功率、高密度、可变式充/放电循环的先进电池，超级电容器，高功率飞轮和超导磁能技术。纳米材料的发展将带来轻型、高强度结构和纳米电子元器件。云端、绿色超级计算技术将带来韧性更强、效率更高的计算性能。能源微监控技术可以加强能源态势感知能力，带来人类行为模

式的改变，而这一点对优化能源使用至关重要。

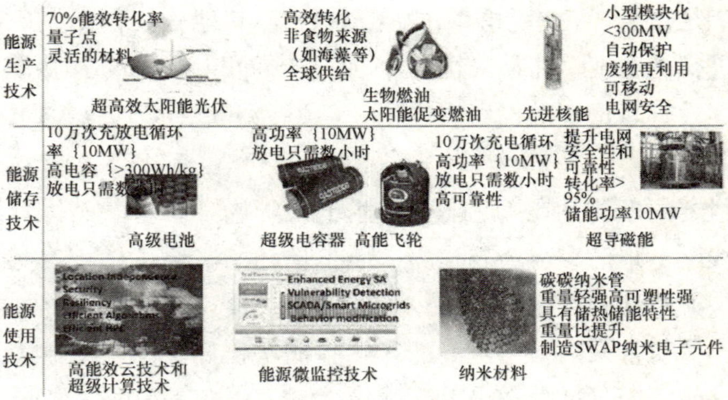

图 3—13　美国空军跨领域、赋能性能源科技研发情况图

资料来源：U. S. Air Force Chief Scientist, *Energy Horizons*: *United States Air Force Energy S&T Vision* 2011—2026. January 31, 2012, p. 47.

《美国空军科技远景展望》中提出了若干个跨领域的科技，这些科技有望改变美国空军在跨航空、航天、网络空间和基础设施等领域遂行使命任务的能源格局。以下简要介绍美国空军关注的七个科技领域的研发动态和跨部门合作情况。

（一）纳米结构材料中的集体行为

美国空军认为，使用新型光子材料进行纳米制造的技术合成，特别具有彻底颠覆能源技术格局的巨大潜力。纳米制造技术能够使各种设备在纳米层面上进一步发展提升，而光子技术则能够在相似的长度范围内控制光子或光。这两个领域的结合为高效的能源采集和光电转化带来新的技术突破。衍射限制（deffraction limit）以下的光局域化研究，运用等离子体光学和光子晶体纳米光子学概念，可望研制出超小型集成光子系统。最近，尺寸在 1 ~ 50 纳米之间的新型等离子材料已经问世，在这种材料中，光电场能够直接与材料产生互动反应，其方式类似电子学。这些光子设备的技术进步最终可降低未来计算机的能耗。高能效辐射天线元件和低损耗传输设备可降低电信设备的功耗要求。通过研究纳米结构来引导光子有助于研发超小型光子功能设备、分子和纳米晶体光伏设备的采光元件、深度次波长规模平板印刷（lithographic patterning）技术以及制造拥有前所未有高分辨率的光学成像无球差镜片（aberration-free lenses）。

尽管无法预测带来技术进步的具体发现是什么，但是，美国空军认为，这是一个广阔的研究领域，这一领域将对未来空军的能源生产和利用带来深远的影响。早期应用当今新兴纳米科技先进研究成果的范例包括：能为地面设施、航天和航空系统供能的轻型化、耐用型、高能效光伏技术；下一代电池和高密度电容器；超导能源存储技术。

（二）轻型多功能结构

美国空军坚信，技术能够帮助其实现大幅节省燃料开支的目的，实现途径包括提升涡轮引擎能效、使用轻型材料和多功能结构、应用新的航空动力学概念、采用自适应控制技术等。当前的轻型复合材料有望带来不同的未来，届时，轻型部件不仅有更好的承重性，还能提供更好的功能和性能。该领域的一个研究重点是碳纳米管和其他外来（exotic）纳米结构，以及用于控制这些纳米材料生产和可制造性的技术。这种结构材料具备新一代材料重量轻、强度高、功能可定制（热能、电能）的特性。

环境高适应性、可变形材料能够带来一直以来被认为不可能制造出的新型飞行结构（flight structures）。弹性化机翼能够大幅节省油耗，据称可高达20%。然而，用于优化气动弹性弯曲的主动控制机翼表面技术尚处于待突破的状态。集成传感器和能源采集及储存技术是载重结构的重要组成部分，它们能够极大地减少系统总重，提高燃油效率，提升任务执行能力。这一领域的科技进步并非仅限于未来平台设计，美国空军还在飞行器结构中集成自诊断和自修复能力开展研发，这些技术不但能减少现有系统的全寿期成本，还能降低其能耗。

（三）可耐受极端条件的材料和系统

美国空军武器系统的性能发挥取决于但并不局限于其所处的电子、热能、放射及其他压力（stress）。当今的系统在设计时都带有相当大的安全极限，以防范可能由热能引发的故障，而这些安全极限正是限制能效提升的主要原因。由于科技人员对把表面化学反应与飞行器结构和推进系统中的流体流量相结合的认识有了提升，再加上对此类复杂系统的建模能力不断增强，美国空军近期和中期内有望驱动这项技术不断取得进步。未来的吸气式和化学火箭推进系统要求推进剂能够吸收大量热能，将其热动力（themodynamic）状态提升到超临界点。但问题在于如何理解并控制这一状态下的流体特性，以避免热能流失，以及如何优化燃烧室的后续处理流程。等离子增强燃烧研究可以实现带电化学物种（energized chemical species）的应用，以非传统方式加速点火和燃烧进程，稳定和延长燃烧极限。探索极小空间和极速时间范围的热传导现象可促进光子传输和光子储能应用模式的发展，两者是热能储存的关键技术。目前，热能转化的关键技术——如何在不同界面之间进行热传导，还仅仅只是科学设想。然而，极端环境下表层化学反应控制技术的实质性进展可带来巨大的变革，其影响之大远远超过改善当前系统效率所能达到的水平。小型化、模块化、安全的核反应堆技术，战术机载激光武器系统，电磁轨道炮，超小型电子元器件和飞轮储能技术，都是被美国空军视为未来系统的代表性技术，但目前其发展严重受限，主要原因是控制界面无法在极端环境条件下加以有效控制。

（四）生物工程和仿生学研究

生物科学目前正处于一场革命之中。近年来，由于某些含氧光养生物的生物化学和分子调控技术取得了实质性的进展，研究部门高度重视可替代型液态燃油技术的研发。如微藻和蓝藻（cyanobacteria），只要提供水、二氧化碳和光就能生成分子氢和脂类生物燃料。限制和管理这种燃料生产涉及生理学、生物化学和遗传学因素的知识，这些知识是利用生物工程技术生产光合生物所必备的知识，使光合生物的生产非常高效且可控。光合生物化学、氢化酶酶化学（hydrogenase enzymology）以及脂类生物合成（lipid biosysthesis）的特性化、理解和建模方面的基础研究，被视为实现这些目标并最终用以生产可再生、碳中和、脂类提取航空燃料的关键技术。美国空军认为有充分的理由相信，这一领域的发现速度只会加快，并且带来深远的影响。最显著的影响也许是在微生物能源生产和储存领域，但是，在生物推动的传感和计算领域的进展也可能带来彻底改变格局的影响。

（五）复杂系统与控制技术

减少美国空军各种系统的能源需求是一个跨学科的关键领域。随着各种系统变得越来越复杂，美国空军早已放弃把系统作为单一整体加以控制的想法，取而代之的是通过制造许多个体部件来构建系统，每一个部件都已经实现单独的最优化。未来，模型将通过接收在线度量数据的方式直接生成，并随新信息和关键数据的变化自动更新。这些方法在计算方面是容易驾驭的，它们需要严密的统计方法来进行模型验证。这种实时生成的模型和系统行为结算类别为验证系统性能和预测未来行为提供了基础。

复杂系统控制的典型案例包括大型设施的能源管理以及改进引擎能效。另外，自动化和/或半自动化的无人机技术，更有可能对美国空军减少能源消耗带来深远的影响，但是，其前提是预测和控制复杂系统技术取得突破性进展。为实现这一目的，可能需要用社交媒体来协助提高人们的节能意识并引导人们改变能源相关行为，从而实现人机混合的能源管理模式。美国空军对于更长远未来的规划还包括冗余式、模块化、合作式系统的研发，这些系统能够在争夺激烈、拥堵严重和竞争性的环境下运作。这项规划要求人工智能和控制理论出现具有根本性意义的新思想，要远超当前的飞行器和机器人研究水平。

（六）信息与网络技术

无处不在的信息革命一方面带来了众多机会，另一方面也包含不少风险。在最近 20 年中，商务和社会作为一个整体已完全离不开网络带来的可靠和免费的信息交互环境。此外，计算科学也在科学、工程学和产品设计领域引发了一场革命。运用计算技术来设计新系统、揭示新的物理知识的能力也是极具变革性意义。然而，这项先进技术的发展带来的问题是能耗大、信息的可靠性和安全性难以保证。尽管操作单项数学运算的能耗有所下降，但是，信息革命所带来的计算和数据运用总体能耗持续飞升。新型计算构架，如云计算、新一代记忆和处理硬件在不断开发，以提升能效，但是，其代价是安全性和可靠性上的能耗增加。网络脆弱性的提升导致人力和计算能效方面的成本增加，部分抵销了网络整体性能的革命性影响。

为确保其在网络空间领域的领导地位，美国空军希望参与甚至领导计算构架革命的一些领域，包括云计算和未来硬件研发（如光学计算、神经计算和量子计算）。这一革命的全面实现不能以大量消耗人力或能源为代价。这就意味着，美国空军必然有选择性地研发和应用高能效的信息构架和硬件设备。

（七）信任和自主性问题

上文介绍了科学、数学、工程学中宏观的跨领域前沿科技，它们将为未来的美军士兵带来前所未有的工具。但是，未来的美军战士是否准备好最大限度地利用这些新工具呢？他/她是否会给这些正以开发的自主系统以足够的信任呢？进一步说，他/她是否会有足够的动机来改变自己的行为呢？历史已经证明，使用自动化系统常常会导致一些不可预测的后果，原因要么是对系统过度依赖，要么是对系统依赖过低。美国空军最近开始转向研究开发在理解性格、技术、文化以及信任的其他社会先决条件方面所取得的重大进展。

实现人机交互的革命并非是实质性地提升对信任的认识所带来的唯一结果。在与其他文化的交流史上，有无数事例表明，相关人员为说服、威慑或胁迫潜在对手所采取的步骤带来了有害的后果，耗费了包括能源在内的大量资源。实现理想的终极目标状态需要一场革命，从根本上理解人类如何以及为什么会产生信任。这一知识必须跨越文化之界的鸿沟，提高美国空军对其他文化的理解能力、对其他文化的行为和认知过程进行建模的能力，以及感知预测其他文化的成员对美国的潜在行动会产生何种反应的能力。提高对如何运用全球影响力、减少所需全球足迹的认识所带来的回报，可对美国空军未来的能源需求产生深刻的影响。

在上述所有研究领域，这一点从长远看对美国空军减少能源足迹具有最深远的影响。互信机制和系统自主化紧密联系，并且，随着其对自动系统调整信任的能力不断提高，美国空军对大型前进基地脆弱的能源供给网络的依赖性将会降低，最终实现一般军事设施和远征基地能源足迹的减少。更重要的是，美国空军对潜在对手会如何应对美军有计划的行动预测得越充分，所需计划应对的紧急情况就会越少，这样就可以减少未来军事行动的人力和能源成本。

（八）任务相关性和合作伙伴关系

表3—18 显示了各个跨领域研究对保障美国空军使命任务的影响。表中深灰色的格子表示美国空军在研发活动中将保持领先，浅灰色格子表示美国空军将保持跟进或早期采用伙伴方投资，白色格子表示美国空军将持续关注。总体来说，美国空军将在航天航空能源领域保持领先，在网络和

基础设施领域确保快速跟进。另外，最后一格（带条纹格子）列出了同联邦政府各部门合作的任务和投资项目。在这些领域，美国空军将紧密协调能源投入并实现投资效益最大化。

表 3—18 美国空军能源科技发展重点与合作伙伴一览表

	航空领域	太空领域	网络空间领域	基础设施领域
纳米结构材料中的集体行为	·热能管理 ·高效天线 ·电容器	·热能管理 ·高效天线、光伏 ·电容器	·内存 ·忆阻器 ·光学计算	·超高效光伏 ·轻型光伏
轻型、多功能结构	·机身	·太空飞行器	·热能管理	·轻型可部署结构
可耐受极端条件的材料和系统	·推进技术 ·定向能技术	·化学火箭 ·定向能	·热能管理 ·多种规模建模	·远征能源
生物工程和仿生学	·脂类生物燃料合成技术 ·编队飞行 ·人造肌肉	·基于生物科技的传感技术	·计算机规划 ·神经形态计算	·生物能转电能
复杂系统与控制	·模块化系统 ·“蜂群”系统	·模块化卫星网络	·建模与仿真	·设施管理 ·可部署式智能电网
信息与网络技术	·任务计划优化	·任务计划优化	·设计工具 ·高能效高性能运算	·安全的数据采集与监视控制系统
信任和自主性	·减少能源足迹	·减少足迹	·实时防御 ·实时验证	·自动化控制
政府合作伙伴	·国防部长办公室、海军、航空航天局、联邦航空管理局	·航空航天局、国家测绘局、美国地理空间情报局	·网络司令部、国家安全局	·能源部、国防部、能源部先进研究计划署、国土安全部、国家科学基金会

资料来源：U. S. Air Force Chief Scientist, *Energy Horizons: United States Air Force Energy S&T Vision* 2011—2026. January 31, 2012, p. 54.

七、以“能源愿景”为指向，努力培育节能新文化

打造能源文化是美国空军实现“一切行动考虑能源”这一愿景和“文化变革”这一战略目标十分关键的一环。美国空军高度重视能源文化建设，努力让每一名空军士兵都认识到能源是一种不可浪费的战略资源，对于美国空军履行职能使命至关重要。为此，除了上述各个领域采取的能源文化举措以外，美国空军还采取了一系列措施来提高全体空军人员的能源意识。

一是设立能源文化变革指导机构。为了在整个空军范围内系统展开文化变革行动，美国空军专门设立了文化变革工作组。该工作组是空军能源高级焦点小组的一个组成部分，其工作重点是在空军各级单位促进文化变革，实施“一切行动考虑能源因素”的宣传推广项目。作为美国空军能源战略目标之一，促进文化变革，营造节能文化氛围，对促进空军内部能源管理行为规范的形成至关重要。文化变革工作组的基本目标就是要在整个空军培育能源意识，形成能源管理文化，促使全体官兵自觉地把能源作为一个重要因素融入其日常工作之中。随着个人对能源管理的责任感在整个空军蔚然成风，共同的价值观就会释放在巨大的创新能力，促使每个人自觉寻找提高能源利用效率的办法。

二是强化能源意识的宣传与推广。文化变革工作组定期制订详细计划，确保美国空军能源战略目标和任务在空军上下广为宣传。该活动旨在帮助全体官兵更好地理解能源变革，更积极主动地营造节能文化氛围。美国空军领导人定期就能源问题向所属人员发表公开信，表达自己致力于能源变革的坚定决心。美国空军非常注意举行一些有创意的宣传运动，包括“能源意识月”活动，在每年10月广泛开展能源教育活动。此外，美国空军还通过举办“空军能源论坛”，传播其在节能增效领域所取得的实践经验。首届论坛于2007年3月召开，吸引了来自空军内外相关单位的近百位代表参加，起到了良好的宣传推广效果。空军能源论坛已经成为美国空军营造部队节能文化、增强部队节能意识、分享节能新技术和新方法的一个重要平台。

三是加强能源意识的教育培训。营造能源文化最关键的是教育训练。美国空军认为，教育训练是在空军官兵中营造能源意识一个最直接的方

法。在美国空军教育与训练司令部的领导下，美国空军对空军的课程体系进行了全面的评估修订，从基本训练到高级领导课程，以确保能源意识、能源节约和能源安全的概念纳入其中。这项工作于2014年完成，是美国空军历史上规模最大的课程修订，将确保空军官兵能掌握必备的技能和知识，以落实一切行动都考虑能源因素的愿景。作为这项措施的开端，美国空军开设了一个网上能源意识模块，对空军解决能源问题的办法提供一个全面介绍，各级指挥官可借助这一工具在执行各自使命任务时开展能源教育，并向全体空军官兵提供在工作和生活中都能运用的节能战术、技巧和流程。此外，文化变革工作组还专门组建了核心教育团队，负责制定营造节能文化氛围的模块化课程，课程内容包括绿色清洁能源推介、部队节能文化营造、替代能源新技术运用等。该团队还把上述课程纳入了美国空军大学、美国空军学院等空军所属院校以及后备军官培训团（ROTC）空军人员的入伍入职教育和常规任职培训之中。通过这种能源意识的教育培训，美国空军有效地强化了全体官兵的思想认识，使全体官兵和文职人员深刻认识到节能对于维护美国空军能源安全乃至国家安全的重要意义。

四是建立考评与激励机制。文化变革工作组成功地开发了一整套用以跟踪和评定空军飞行员、飞行联队和地面勤务保障设施能源消耗的计分系统，通过科学合理的手段对美国空军的航空作战能源、基础设施能源和技术与采办能源的使用情况进行全寿期的跟踪衡量，从而全面掌握空军的能源使用、新技术开发和节能增效情况。同时，该计分系统与空军官兵个人的奖励荣誉挂钩，在空军各类军事演习和飞行训练中，能源指标也作为考核项目中的一个重要指标，在执行同样任务的情况下，飞机能耗的多少将决定训练成绩的高低。对于年度节能考评优秀的飞行员或地勤人员，美国空军各主要司令部乃至空军总部都会给予表彰和奖励。正是通过这样的考评与激励机制，美国空军极大地提高了全体官兵对节能增效的热情和积极性，有效地激励了更多的人员参与到节能文化的营造工作之中。

第五节 美国空军能源战略的成效与特点

经过多年的不懈努力，美国空军能源变革已经取得了令人瞩目的成效，同时表现出一系列突出的特点。本节旨在评估美国空军能源战略和变革行动的成效，总结归纳对其特点。

一、成效评估

（一）能源需求持续下降

美国空军能源消耗量巨大，居国防部之首。因此，美国空军始终把降低能源消耗、提升能源效率放在能源变革和战略转型的突出位置。2008 年《空军能源战略》和 2010 年《空军能源计划》均把“减少需求”确定为第一大战略目标。美国空军认为，降低能源需求是减少石油依赖、提升能源安全的最佳办法。多年来，美国空军积极开展能源文化建设，强化官兵节能意识，同时在航空作战、基础设施、采办与技术等领域实施了大批创新计划，进行了大量投资，着力提高各种武器系统和基础设施的能源效率。经过多年的努力，美国空军在减少能源需求方面取得了巨大的成绩。

表 3—19　2015 财年美国空军设施能源和水资源管理目标进展

目标	度量单位	2015 财年绩效	2015 财年目标
以 2003 财年为基准减少设施能源强度	每平方英尺设施面积能耗（英热单位）	-24.3%	-30%
增加可再生电能消费	可再生电能在设施电力消费总量中的占比	6.2%	7.5%
增加可再生能源生产或购买	可再生能源在设施电力消费总量中的占比	6.9%	25% （2025 财年目标）
以 2007 财年为基准减少饮用水强度 （第 13423 号行政令）	每平方英尺设施面积用水量（加仑）	-23.4%	-16.0%
以 2005 财年为基准减少非战术车辆石油消耗量	石油燃料消耗当量的汽油消费量（加仑）	-14.7%	-20%

资料来源：Department of Defense，*Annual Energy Management Report FY* 2015，June 2016，p. 8.

在设施能源方面，美国空军能源强度持续下降。从表 3—19 可以看出，

2015财年，美国空军能源消耗总量为1061.6万亿英热单位，比2014财年的1088.49万亿英热单位下降了2.5%，比2003财年基准线的1401.65万亿英热单位下降了24.3%，与30%的年度目标相比仅差5.7百分点[①]，下降幅度居各军种之首。根据美国国防部2016年发布的能源管理年度报告，促使美国空军基地能源消耗大幅下降的主要因素有四个：一是前些年投资的设施节能项目所产生的效果；二是各种提升能源意识的项目；三是连续实施“节能绩效合同”和“公用能源服务合同”创新计划；四是重新校验（recommissioning）设施供热通风与空气调节系统（HVAC）。以美国空军在驻日嘉手纳（Kadena）空军基地为例，该基地实施了一个投资额为5850万美元的照明灯改造项目——用LED灯取代石英灯和白炽灯，可为美国空军节省83%的机场照明能源消耗，寿命增加40倍。[②]

在非战术车辆石油消耗量方面，美国空军也取得了不小的成绩。为了减少非战术车辆的石油消耗，美国空军采取了一系列转型行动，包括使用替代燃料。具体措施是在车辆采购中优先考虑燃料效率最高、经济效益好的替代燃料车、混合电力车和/或插电式电动汽车（PEVs）。2013财年，与2005财年基准线相比，美国空军减少石油消耗17.7%，超额完成了16%的年度减耗目标。[③] 不过，2014财年和2015财年，美国空军均未达到年度目标。2014财年为11.4%，而年度目标是18%；[④] 2015财年为14.7%，而年度目标是20%。[⑤] 尽管连续两年没有达标，但是，美国空军一直致力于创新。具体地说，美国空军车辆与设备管理办公室实施了许多项目，包括采购插电式电动汽车、部署第二代机动车信息模块（AIM2）、开展车辆验证（VV）等。例如，2014财年，该办公室完成了14次现地车辆验证、13次虚拟访问，确定并减少了1941辆不再符合任务需要的车辆，调整了775辆车的规格，有效地减少了石油消耗。[⑥]

---

① Department of Defense, *Annual Energy Management Report Fiscal Year* 2015, June 2016, p. 21.

② Ibid, p. 25.

③ Department of Defense, *Annual Energy Management Report Fiscal Year* 2013, June 2014, p. 30.

④ Department of Defense, *Annual Energy Management Report Fiscal Year* 2014, May 2015, p. 32.

⑤ Department of Defense, *Annual Energy Management Report Fiscal Year* 2015, June 2016, p. 25.

⑥ Department of Defense, *Annual Energy Management Report Fiscal Year* 2014, May 2015, p. 33.

表 3—20 2010～2016 财年美军各军兵种作战能源需求一览表

		2010	2011	2012	2013	2014	2015	2016（估）	2017（估）
作战能源需求（百万桶）	陆军	19.0	20.2	16.1	12.7	10.1	7.3	11.7	10.9
	海军	29.7	31.1	31.5	28.4	28.2	28.5	33.8	29.8
	空军	63.0	61.3	55.7	47.8	48.6	52.0	33.8	48.9
	海军陆战队	0.4	0.3	0.2	0.2	0.2	0.2	0.8	0.8
	其他机构	0.5	0.5	0.4	0.7	0.3	0.5	2.7	2.8
	总需求	112.6	113.5	103.9	89.8	87.4	88.6	87.9	93.3
	开支（亿）	$113	$168	$163	$148	$140	$129	$100	$98

资料来源：*DoD Operational Energy Annual Report Fiscal Year* 2015，August 2016，p. 17.

在减少作战能源需求方面，美国空军根据美国国防部《作战能源战略》和《空军能源计划》的目标和要求开展了大批创新行动，进行了大量投资。根据美国国防部《2015 财年作战能源年度报告》，美国空军在减少需求方面投资的项目多达 72 个。[①] 随着各种项目的实施，美国空军作战能源需求逐年下降。表 3—20 所示为美军各军兵种作战能源需求的总览。从表中数据可以看出，从 2010～2015 财年，美国空军作战能源需求量显著下降，由 6300 万桶下降到 5200 万桶，减少了 1100 万桶，幅度达 17.5%。这在很大程度上反映了美国空军能源变革和战略转型的力度及其在降低能源需求方面所取得的巨大成效。

（二）可再生能源供应不断增加

美国空军能源战略的第二大目标是扩大能源供应。如上所述，美国空军严重依赖石油燃料。发展可再生能源既有利于美国空军减少对石油等化石能源的依赖，节省燃料开支，应对价格暴涨、供应中断特别是商业电网断电的风险；同时也有助于美国空军降低温室气体排放，完成美国政府规定的节能减排目标。为此，美国空军高度重视发展替代/可再生能源。多

① Department of Defense，*Fiscal Year* 2015 *Operational Energy Annual Report*，August 2016，pp. 21–26.

年来，美国空军实施了大批清洁能源发展计划，积极拓宽融资渠道，确保项目建设资金。除了正常的拨款以外，美国空军还充分利用第三方机制，为其可再生能源项目筹措建设资金。2014 财年，美国空军在 97 个下属单位实施了 293 个可再生能源建设项目。到 2015 财年底，美国空军在 104 个单位实施了 311 个可再生能源建设项目，有的已经投入运行，有的还在建设之中。① 这些项目的资金来自各种途径，有效地保证了美国空军可再生能源建设的顺利推进。经过多年的努力，美国空军在增加替代/可再生能源供应方面取得了长足的进步。2015 财年，美国空军可再生能源电力消费量达到了 36.91 万兆瓦时，比 2014 年 29.2621 万兆瓦时增长了 26%。在美国空军电力生产总量中，可再生能源发电占比已经达到 6.9%，比 2014 财年的 6.7% 又增加了 2 个百分点，并保持着良好的增长势头。美国空军预计，到 2025 年，这一比例可达到 25%。②

在替代航空燃料方面，美国空军也已取得了重大进展。迄今为止，美国空军已经完成了费—托合成燃料、加氢处理可再生航空燃料和醇基航空燃料的全部测试和认证工作。换言之，美国空军已经为所有飞机使用这三种替代燃料扫清了障碍。目前，美国空军正在积极鼓励和支持私营部门加速替代燃料的规模化生产，以降低替代燃料过高的价格。这些成就充分说明，美国空军在增加能源供应、提高替代燃料和可再生能源的使用率上取得了显著的成效。

（三）能源恢复能力不断提升

自 2013 年《空军能源战略规划》提出恢复力目标以来，美国空军采取了一系列有针对性的行动，取得了初步的成效。2013 年美国空军发布了《能源安全框架》，为评估空军体系层面能源安全风险确立了一个统一的制度框架。2012 ~ 2013 财年，美国空军先后出版了三份《工程师技术指南》，建立了应急和备用发电机设计、维护和测试标准，从制度上保证了空军基地现场备用电源的准备和维护，包括备用发电机所需的燃料储存和再补给计划，提升了空军基地应急发电机的可靠性，强化了空军基地在紧急情况下的电力保障和恢复能力。美国空军还根据国际电气与电子工程学会的相

---

① Department of Defense, *Annual Energy Management Report Fiscal Year* 2015, June 2016, p. 42.

② Ibid, p. 41.

关标准出台了分布式资源使用指南。

为了提高空军基地的能源恢复能力，美国空军积极与美国国防部、基地所在地区、州和联邦机构等伙伴开展协作。作为提升能源恢复力的一项重要行动，美国空军正在大力开展新型智能微电网建设。这种微电网可根据用户每天的用电量及需求反馈，综合调节电网内可再生能源发电、电网供电、电力储存等能源供应措施，从而达到降低能源使用成本、提升能源安全的双重目的。目前，洛杉矶空军基地已经率先完成了智能微电网建设项目。该基地是美国国防部打造全电动车队以测试和验证“车辆到电网”（V2G）能力的第一个试点基地。其最终目标是实现 100% 的 PEV-V2G 车队。截至 2015 年 10 月，该基地 43 辆车全部改为插电式电动车，在提升能源恢复力方面发挥了示范作用。美国空军计划在其他一些基地也部署 PEV 汽车，作为美国国防部 PEV-V2G 项目的一部分。美国空军另一个有代表性的项目是阿拉斯州加埃尔门多夫—理查德森联合基地的垃圾填埋气发电工程。该发电厂每周 7 天、每天 24 小时运转，最大发电功率达 7 兆瓦，所发电力作为空军基地的应急储备电力供应。该项目的建成有效地提升了该基地的能源恢复能力。美国空军还在其他一些基地部署 PEV 汽车，作为美国国防部 PEV-V2G 项目的一部分。

提升能源恢复力是一项复杂的系统性工程，必须根据各项作战任务的需求、执行任务的客观条件、任务的关键程度以及任务的时间和阶段来制定不同任务的能源恢复力需求。通过确认每次任务的能源需求、理清可供选择的能源供应、制订并落实能源应急反应计划，美国空军正在稳步减少对商业电网的依赖。例如，在科罗拉多州巴克利（Buckly）空军基地，460 空军大队及其工程兵连队在空军设施与任务支援中心（AFIMSC）和空军工程中心（AFCEC）的帮助下，对其作战平台和基础设施进行升级改造，在不增加外来电力供应的情况下，对基地内的电力供应进行重新设计和改造，使基地内的电力供应系统更加安全可靠，有效地提升了基地的能源恢复力。

（四）节能文化蔚然成风

为了实现其能源愿景和战略目标，特别是“文化变革”目标，美国空军采取了形形色色的能源文化建设举措，运用各种方法和手段大力塑造能源文化，增强全体人员的能源意识。主要行动包括：一是建立文化变革工作组，打造能源管理文化，促使全体人员将能源自觉融入日常工作；二是加强能源意识的宣传与推广，营造部队节能文化，增强部队节能意识，帮助官兵掌握节能技术和做法；三是将能源纳入空军院校教育培训课程之中，强化全体官兵的能源意识；四是建立考评和激励机制，把能源绩效与奖励荣誉挂钩，提高全体官兵对节能增效的热情和积极性。美国空军还利用社交媒体等一切现有工具和手段，针对特定群体的独特兴趣开展有针对性的宣传教育活动，将每一个空军官兵在提高能源效率、维护能源安全中的角色进行个性化定制，使目标受众深刻了解美国空军的能源需求及其对国家安全的影响，真心实意地认同和支持空军的能源变革和战略转型。通过这种入心入脑、扎实有效的宣传教育和培训工作，美国空军已经形成了“节能减排、绿色环保”的文化氛围，极大地提高了全体人员的能源意识和投身能源变革的主动性和创造性。可以说，节能文化已经在美国空军蔚然成风。

二、特点分析

纵观美国空军能源变革和战略转型的历程，我们可以发现几个突出的特点。

（一）强化忧患意识，突出文化建设

美国空军能源消耗量巨大，对石油依赖尤其严重。2008 年国际油价飙升到 147 美元/桶，给美国空军的能源安全和军费开支构成了严峻的挑战，因此，美国空军领导人有着强烈的危机意识。在 2008 年《空军能源战略》中，美国空军深刻地指出：“能源是我们日常生活的一部分，我们不能没有能源。对美国空军来说，能源就是生命之源。没有航空油料，各种高性能飞机就无法起飞。没有热能和汽油，位于世界各地的众多基地就无法运转。”① “由于空军使用的油料比其他各军种加起来还多，因此，美国空军在做出明智的能源选择上承担了最大的责任。”② 美国空军部长迈克尔·唐利（Michael B. Donley）和参谋长诺顿·舒瓦茨（Norton A. Schwartz）上

① U. S. Air Force, *United States Air Force Energy Strategy*, 2008, p. 1.

② Ibid, p. 2.

将在《能源地平线》的序言中写道："能源是空军遂行作战任务的基础要素。提高能源效率、减少需求、改变文化对于使命任务取得成功至关重要。有效的能源管理不仅在支撑国家目标中发挥着关键作用，而且也是作战准备的基本要求。"① 正是这种对能源重要性的深刻认识和能源安全的危机感，促使美国空军较早地走上了能源变革和战略转型之路。

美国空军深知，能源变革必须首先解决人的观念问题。因此，在制订其能源战略、实施计划和变革举措时，美国空军始终把文化建设摆在突出的位置。在美国国防部和各军兵种之中，美国空军率先将文化变革作为战略目标明确写入能源战略。为了促进整个空军范围内的能源文化建设，美国空军在其能源管理结构中专门设立了一个文化变革工作组，负责打造能源管理文化，促使各个单位自觉地把能源作为一个重要因素纳入日常工作、训练和作战之中。美国空军运用了一切方法和手段，扎实有效地开展各种形式的宣传、教育和培训活动，大力营造节能文化，增强每一名官兵的忧患意识、变革意识、参与意识和创新意识，有效地保证了美国空军能源变革和战略转型的顺利推进。

（二）注重顶层设计，完善治理体系

为确保其各项能源战略目标的切实落实，美国空军高度重视顶层设计，建立并完善能源领导管理体系。从美国空军能源变革的历史演进可以看出，美国空军的能源管理体系不是一朝一夕建立起来的，而是在长期的能源管理实践和探索中逐步完善的。2008 年《空军能源战略》出台后，美国空军建立了以"能源管理指导小组"为主要形式、以"高级焦点小组"为中心、由空军副部长和空军副参谋长共同负责的空军能源管理架构。"高级焦点小组"下设五个工作组。2013 年，美国空军对这一体系进行了改革和调整，形成了以"空军能源理事会"为管理核心，包括"空军能源理事会""空军能源一体化委员会"和"指导小组"三个层次的一种全方位、多层次、精细化的能源管理结构。美国空军在空军总部、各主要司令部、各直属单位和各基地四个层面均设立了"能源管理指导小组"。这一架构为美国空军提供了一个跨职能的治理框架，使空军得以确立从战略到

---

① U. S. Air Force Chief Scientist, *Energy Horizons*: *United States Air Force Energy S&T Vision 2011—2026*, January 31, 2012, p. iii.

战术层面的发展方向，解决影响多个机构或职能部门的问题。由美国空军副部长和副参谋长共同主持的空军能源理事会的设立说明美国空军已经把能源因素视为统领整个军种的关键要素，需要分别通过军政和军令系统内的共同协调，处理好各项能源政策议题。同时，各单位的能源管理指导小组均由各级主官担任组长，也有利于加强各级各部门能源工作的内部协调，确保能源管理纳入空军日常管理工作之中，切合美国空军的指挥体系和管理实际。事实上，美国空军不仅从顶层设计出发，不断完善能源领导管理架构，同时还着重强调加强日常能源管理，不断完善能源治理体系。无论是基础设施能源建设改造，还是航空作战能源的节能增效，还是技术与采办能源的研发，美国空军强调的第一要点都是充分发挥美国空军能源领导机构的作用和优势，确保其能源战略目标的全面落实。

（三）突出节能增效，降低石油消耗

美国空军石油消耗在国防部石油消耗总量中占比最大，超过美国陆军和美国海军两个军种的总和。因此，美国空军在2008年出台的首部能源战略中就明确提出其能源愿景：一切行动考虑能源。三大战略目标的第一大目标就是减少需求。从中可以看出美国空军何等重视节能增效。2010年《空军能源计划》中专门制定了一整套基本目标、具体目标和衡量方法，从近期和长期两个视角加强能源管理，努力改变官兵的日常行为习惯来实现节能增效，创造更加可持续的能源未来。为了支持《空军能源计划》提出的战略目标，美国空军还专门出台了《空军航空行动能源计划》《空军基础设施能源计划》和《空军采办与技术能源计划》，对三大领域开展节能增效、减少石油消耗进行全面细致的规划。2012年，美国空军首席科学家发布了《能源地平线》，通过近期、中期和长期的科技发展规划，为落实节能增效、改革文化的战略目标提供科技支撑。2013年《美国空军能源战略计划》对各个方面的节能增效提出了明确而具体的目标，规定到2020年航空燃油效率提升10%（以2011年为基准），设施能源消耗总量降低15%，到2015年能源使用强度降低30%（以2003年为基准），2020年前，每年减少地面车辆石油消耗2%（以2008年为基准）等细化目标。从能源愿景到战略目标再到具体目标可以看出，美国空军始终把节能增效、减少石油消耗放在突出的位置。为了落实这些目标，美国空军在航空行动、基础设施和采取与技术三大领域实施了一系列创新行动计划，开展了大量投

资，在提升能源效率、减少石油消耗方面取得了相当可观的成效。

（四）注重能源开发，增强能源安全

美国空军清醒地认识到，其能源使用的最大特点就是严重依赖石油燃料，由此带来了一系列挑战。因此，美国空军在制订能源战略时注重从自身的用能特点和面临的挑战出发，提出了“扩大供应”的战略目标，在强调减少能源需求、降低石油消耗的同时，加强替代/可再生能源开发，促进能源供应的多样化，提升能源安全水平。为了实现这一目标，美国空军从航空行动、基地设施、地面车辆、远征作战等各个用能领域同时入手，制定了一系列政策和措施，积极促进替代/可再生能源的开发和利用。例如，在航空领域，美国空军提出增加替代型航空燃料的使用比例，主要目标是：增加具有价格竞争力的“滴入式”替代型航空混合燃料在非应急作战中的用量，到2025年提高到燃料消费总量的50%；到2013年，空军飞机100%通过使用生物基替代型混合燃料认证。在基础设施方面，美国空军要求增加替代能源和可再生能源在设施能源中的比例，主要目标是：到2025年，将替代能源和可再生能源在设施能源消费总量中的占比提高到25%；在空军基地建设可再生能源发电设施，2013年达到空军设施能源消费总量的1%，2016年提供1000兆瓦的基地可再生能源发电量；从2020年起，所有新建筑在设计时都要符合到2030年实现“净零能耗”的要求。在非战术车辆方面，美国空军提出增加地面车辆和装备的替代能源使用量，主要目标是：到2015年，新购轻型车辆100%为替代燃料车或弹性燃料车；2015年以后，将地面车辆的替代燃料使用率每年平均提高10%（以2008年为基准）；在替代燃料有供应且性价比合理时，100%使用替代燃料。在远征作战领域，美国空军要求开发适合远征作战的新能源品种，并实现新能源品种多样化，主要目标是：促进可在作战地区附近或周边地区生产的替代能源品种的研发、测试和评估；将经过改进的、安全的能源供应品种纳入远征基地的规划和管理之中；2013年之前，查明野战环境中替代能源品种的潜力。由此可见，美国空军高度重视促进能源品种的多样化，以增加能源供应，减少石油等化石能源的依赖，提升其能源安全态势。

（五）重视科技创新，提升能源效率

美国空军特别重视科技创新在提升其武器系统和基础设施能源效率中的重要作用。如上所述，美国空军航空作战燃料在其能源消耗总量中的占比高达84%。为了减少航空作战能源消耗、支撑其能源战略目标，美国空军于2010年专门出台了《空军采办与技术能源计划》。该文件提出了两大战略：一是通过引擎和飞机升级减少传统系统的燃料消耗和温室气体排放；二是开展“先进研究与开发”，减少传统系统和未来系统的燃料需求、增加燃料供应、降低温室气体排放。该文件同时明确了六个重点科技创新领域。围绕着上述两项战略和六个研发重点，美国空军实施了一系列创新计划，大力发展先进的节能科技，特别是通用性多用途引擎技术（ADVENT）、高效嵌入式涡轮发动机技术（HEETE）、混合/电力推进等先进能源技术，提升各类作战飞机的能源效率。其中，ADVENT可将作战飞机的油耗降低15%～25%，HEETE可将运输机和加油机的油耗降低25%。[①] 这些先进的能源科技成果被应用于美国空军的实战和训练后，起到了显著的节能效果。

在基础设施能源领域，美国空军把科技创新的重心放在可再生能源的开发上。例如，生物燃料可以增加前进作战基地战术车辆和空调设备的液态燃油供应，废弃物变能源技术可以降低空军基地的基础设施能源需求，同时也能改善环境。尽管现有技术已经为美国空军基地提供了大量能源，但是，美国空军不满足于现状。表3—21所示是美国空军在《能源地平线》中对基础设施可再生能源的科技发展规划。该表清晰地展示了美国空军在近、中、远三期内对基础设施可再生能源的科技构想以及美国空军在特定技术上所处的位置，从中可以领略美国空军在可再生能源方面的科研目标及其在能源科技领域的战略视野。

① U. S. Air Force Chief Scientist, *Energy Horizons: United States Air Force Energy S&T Vision 2011—2026*, January 31, 2012, p. 11.

表 3—21　美国空军基础设施可再生能源技术近、中、远期研发重点

近期（2011～2015 财年）	中期（2016～2020 财年）	远期（2021～2025 财年）
——在合适的空军设施扩大生物质能发电（L） ——应用石油替代燃料技术（L） ——提高现有风能与太阳能技术的效率（F）	——利用太阳能进行热化学发电和生产燃料（L） ——利用光伏技术减少后勤燃油消耗（F） ——前进作战基地采用塑料变战术燃料的转化技术（F）	——灵活的现场能量采集/消费—光伏、太阳能、风能、生物质等（F） ——利用微生物燃料电池提升废弃物变燃料的能力（W） ——光电直接转换技术新概念（W）
注：L＝技术领导者；F＝技术跟进者；W＝技术关注者		

资料来源：U. S. Air Force Chief Scientist, *Energy Horizons*: *United States Air Force Energy S&T Vision* 2011—2026, Jan. 31, 2012, p. 41.

第四章/美国海军能源战略与变革行动

作为世界上最强大的海军，美国海军拥有大量的军舰、飞机、车辆和基地，其活动覆盖全球各个角落，因而能源消耗巨大。过度依赖石油和电力给美国海军带来了巨大的风险。新世纪以来国际油价的暴涨导致美国海军能源开支大幅增加，能源安全面临严峻挑战。在美国联邦政府法律法规、国防部能源政策等一系列内外因素的共同驱动之下，美国海军走上了能源变革和战略转型之路。

美国海军部由美国海军和海军陆战队两个兵种组成。本章主要以美国海军为主要研究对象，旨在分析美国海军能源消费现状及其面临的挑战，追溯美国海军能源变革和战略转型的演变历程，重点解析美国海军能源战略的基本内容和变革行动，最后分析美国海军能源战略的成效，总结归纳其能源战略转型的基本特点。

第一节　美国海军能源消费现状与挑战

美国海军能源使用处于一种什么样的现状？其能源安全面临哪些风险和挑战？这是理解和掌握美国海军为什么制订能源战略、推行能源变革的重要前提。本节旨在审视美国海军能源消费现状，分析其所面临的能源安全风险和挑战。

一、美国海军能源消费现状

美国海军是世界上最强大的海军，编制现役军人 32.6 万、后备役

10.7 万人，编有太平洋和大西洋两大舰队，下辖第 2、第 3、第 5、第 6、第 7 等 5 个舰队，拥有 10 艘航母、22 艘导弹巡洋舰、62 艘导弹驱逐舰、9 艘两栖攻击舰、22 艘船坞登陆舰、71 艘核潜艇等共计 236 艘大型舰艇，总吨位 362 万吨；装备固定翼和直升飞机 2641 架。① 此外，美国海军还拥有遍布全球的 100 多个军事基地、9 万多座大楼，包括营房、数据中心、办公大楼、实验室、船坞、飞机维修中心等保障和娱乐设施，为其提供驻泊和作战支援。

美国海军的使命任务是：维持、训练和装备一支战备水平高，具备打赢战争、遏制侵略、维持海上行动自由的海军部队。② 为此，美国海军一直维持着强大的舰队。二战结束以来，美国海军参与了美国发动的几乎所有重大军事行动，成为美国推行全球霸权、介入地区事务的急先锋。

美国海军隶属于海军部，主要由海上力量和岸基设施组成。美国海军数量庞大的军舰、飞机、车辆以及众多的岸基支援设施消耗了大量的能源，约占美国国防部能源消耗总量的 28%。如图 4—1 所示，2008 财年，作为美国最大的联邦机构用户，美国国防部消耗了联邦政府石油消费总量的 93%。其中，美国海军部（包括海军和海军陆战队）又消耗了国防部石油消费总量的 34%。

美国海军对石油的依赖程度低于美国空军，主要原因是海军现役所有航空母舰和潜艇都已实现核动力化。尽管如此，美国海军每年石油消耗仍高达 4500 万桶。所以，美国海军能源消费的最大特点是以石油消耗为主。图 4—2 显示的是 2008 财年美国海军部、海军和陆战队在海上、航空、远征和岸基设施四个方面的石油消耗量。从总体上看，舰队和航空能源消耗量占美国海军部石油需求总量的 78%；远征行动约占 16%；岸基行动占 6%。美国海军海上活动占其石油消耗总量的 51%，航空活动占 42%，岸基活动占 6%，远征活动占 1%。

图 4—3 显示的是 2008 财年美国海军部基于燃料品种的岸基和战术能源消耗构成。从图中可以看出，石油燃料为最主要的能源品种，占 57%；电力、天然气和其他能源品种占 26%；核能占 16%；可再生能源约占 1%。

---

① 《美国海军武器装备图鉴》，化学工业出版社，2016 年 2 月版，第 11—15 页。

② Ray Mabus, *Leading the Military toward a More Secure Energy Future*, October 13, 2010, p. 1.

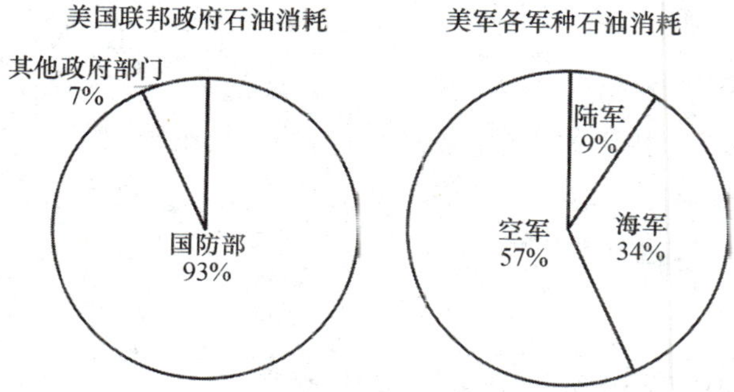

图 4—1 美国联邦政府、国防部与海军部石油消耗量示意图（2008 财年）

资源来源：*Department of the Navy's Energy Program for Security and Independence*，October 2010，p. 5.

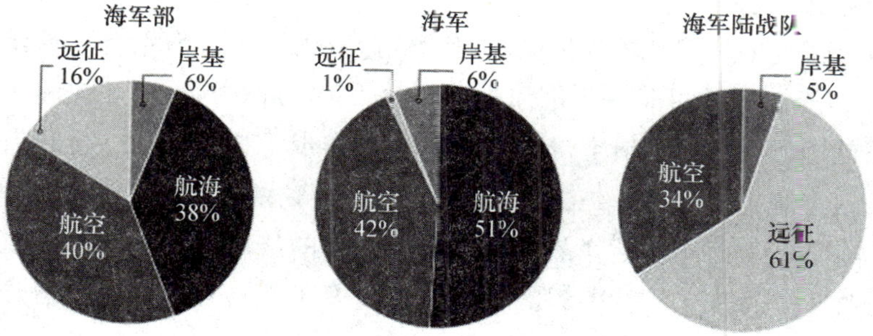

图 4—2 美国海军部、海军和陆战队石油消耗示意图（2008 财年）

资源来源：*Department of the Navy's Energy Program for Security and Independence*，October 2010，p. 5

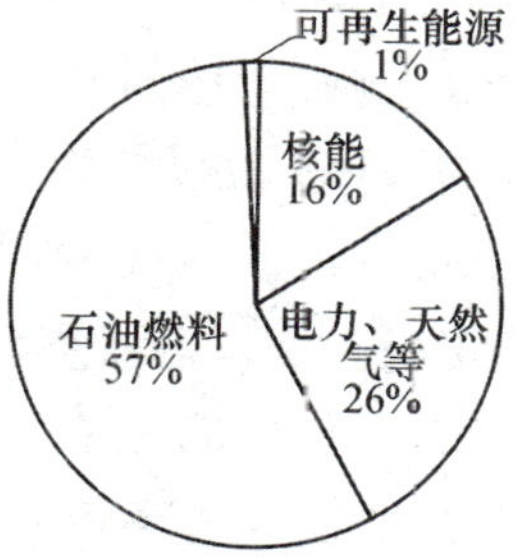

图 4—3 美国海军部基于燃料品种的能源消耗示意图（2008 财年）

资源来源：*Department of the Navy's Energy Program for Security and Independence*，October 2010，p. 4

从上图不难看出，美国海军是美军内部的能源消耗大户，作战能源对于石油依赖较大，岸基设施则主要依赖电力。因此，能否确保能源供应的持续稳定与美国海军完成使命任务的能力息息相关，直接决定美军能否在全球范围内继续维持其海上优势。

二、美国海军能源安全面临的风险与挑战

美国海军严重依赖能源给它带来了一系列风险和挑战。除了第一章提到的美军作为一个整体所面临的一系列风险和挑战以外，美国海军能源消耗的独特性还给它带来了一系列本军种特有的风险和挑战，具体表现在以下几个方面：

一是过度依赖石油成为美国海军的致命弱点。美国海军当前能源消耗约75%用于海上的军舰、飞机和车辆行动，其中近60%属于石油基液体燃料。虽然美国海军所有航空母舰和潜艇均已实现了核动力化，但仍有数以百计的巡洋舰、驱逐舰、护卫舰、两栖攻击舰等大中型战舰依靠石油燃料驱动，有数千架海军舰载作战飞机和数以万计的战术车辆严重依赖汽油作燃料支撑。一旦失去石油燃料的供应，美国海军就会丧失绝大部分作战能力，其作为美国介入地区事务的急先锋角色也将不复存在，为美国投射军力的职能也将遭到极大的削弱。因此，可以毫不夸张地说，失去石油，美国海军只能是一只没有牙齿的老虎。

二是石油依赖阻碍美国海军发挥更大作用。巨大的石油消耗给美国海军带来了沉重的预算压力，影响了美国海军的建设步伐。2010 年，美国海军海上部队每天消耗约 8 万桶石油，按照当时国际油价 125 美元/桶计算，每天花费约 1000 万美元。高油价和价格动荡带来的巨大能源开支，挤占了原本可用于采购装备、加强训练等以提高战斗力为目的的预算，阻碍了美国海军的建设进度。2012 年 1 月，美国总统奥巴马宣布在未来 10 年内削减 1 万亿美元军费开支。此后，美国国防预算不断削减，美国海军因此承受的财政压力也越来越大。同时，美国庞大的石油进口对美国海军的任务需求形成了制约。美国海军既定的使命任务是保持、训练和装备随时准备作战的海军部队，能够打赢战争、遏制侵略、维持航海自由。由于美国国内石油需求的57%需要通过进口满足，因而确保海上能源运输线的安全顺

畅成了美国海军目前的主要任务之一。为维护本国和盟国的能源安全，美国海军不得不长期游弋在诸如占全球石油输出量22%的霍尔木兹海峡、每天超过330万桶原油通过的亚丁湾、直布罗陀海峡等重要咽喉要道上。[①] 同时，为确保能源产地稳定，美国海军一直在中东地区保持强大的军力存在。这些任务无疑牵制了美国海军的力量，分散了其用于打击恐怖主义、维护全球安全、彰显实力、威慑对手等维护更高层次国家安全利益的精力。随着北冰洋和其他地区资源竞争的扩大，国家性和全球性能源安全问题将继续塑造美国海军的任务需求。

三是能源需求制约部队战术行动。除了能源的战略意义之外，美国海军各种系统的能源需求也在战术层面上形成了制约。如上所述，美国海军除航空母舰和潜艇以外的军舰、飞机和车辆行动都离不开石油燃料。而液体燃料容量和补给直接制约军舰的航程、飞机的滞空时间、作战车辆的机动性，影响部队的持续作战能力，尤其在远离海岸的内陆、输送不便的地区，燃料供给不足将直接降低远征部队的作战效能和灵活性。海军舰艇部队在海上补充油料时与补给舰连接，完全失去了机动性，极易成为作战对手的攻击目标。此外，美国海军岸基设施对海上部队和海军远征部队行动具有极大的支持作用。近年来，美国海军岸基设施对液体燃料的依赖已经大大降低，但同时却又增加了对公共电网的依赖。如，2009年美国海军部共计33万台电脑，年耗能1.85亿千瓦时，海军部年度电费开支达到4亿美元。[②] 公共电网易受网络和物理攻击以及自然灾害影响，从而对岸基设施运转造成制约，间接对海军部队的行动造成障碍。

四是非战术行动能源消耗占比过大。如图4—4所示，美国海军部2008年消耗的3450万桶石油中，42%用于航空，40%用于舰艇，10%用于战术车辆，7%用于非战术车辆，1%用于支持岸基设施。在航空行动中，巡逻、运输、侦测行动占到油耗的23%，直升机油耗占10%，短距离或垂直起降训练占5%，而真正具有实际效果的战术行动石油消耗量仅占总量的62%。在舰船消耗的油料中，支援行动占20%，两栖行动占21%，运载行动占4%，真正的舰艇战术行动仅占54%。从数据中不难看出，在美国海军油耗总量中，真正用于作战行动的航空和舰艇行动仅占50%～

① Ray Mabus, *Remarks at the Naval Energy Forum*, October 2009, p. 1

② RADM Philip H. Cullom, *Navy Task Force Energy*, 19 November 2009, p. 7.

60%上下。虽然对作战行动而言，其他配合行动也很重要，诸如航空行动中的起降训练、巡逻、运输、侦测行动，以及舰艇行动中的保障和两栖训练等，但此类行动中的能耗过大不可避免地占用作战行动中能源的份额，从而对作战行动产生制约。

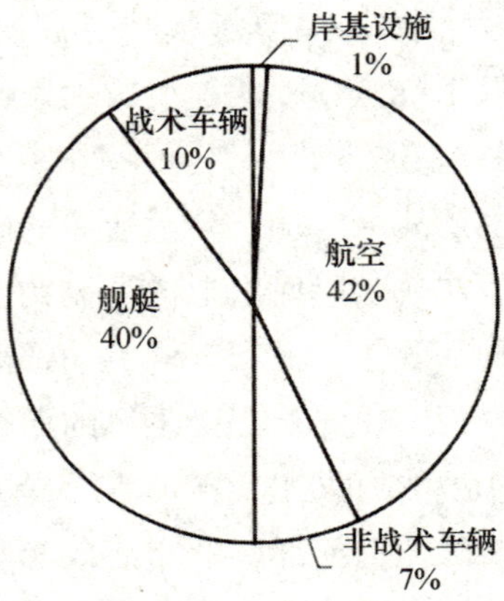

图 4—4 美国海军油料消耗情况示意图

资源来源：U. S. Navy，*Navy Energy Perspectives*，June 2009，p. 9.

五是联邦政府节能减排目标要求美国海军积极作为。2009 年 10 月，奥巴马总统签署了第 13514 号行政令，要求联邦政府机构务必于 90 天内制定各自温室气体减排目标。这项行政令要求到 2020 年，各联邦机构在交通方面的石油使用量降低 30%，水资源利用率提高 26%，政府采购向环境友好型产品和技术倾斜。作为美国国内几个能源消耗大户之一，美国海军致力于在美国国防部评估、适应和降低气候变化影响的努力中发挥带头作用，因而提出了更高的目标：到 2020 年，海军部能源消耗总量的 50% 将来自于替代能源品种，海军部 50% 的军事设施将成为净零能耗单位①，力求在实现能源安全、提升战斗力作为首要目标的同时，将提高能源效率、寻求替代能源、应用新技术等措施一并纳入温室气体减排目标之中，为美国国防部和联邦政府实现减排目标增加助力。

---

① Ray Mabus，*Remarks on Naval Energy Forum*，October 2009，pp. 8 – 9.

第二节 美国海军能源战略的历史演进

美国海军能源变革历史悠久。20 世纪初，美国海军“大白舰队”依靠燃煤产生的蒸汽环行世界，成功地摆脱风帆驱动的束缚。在随后几十年里，美国海军转向石油这种更加优越的能源作为燃料，打赢了第二次世界大战。冷战期间，美国海军潜艇和大型水面舰艇采用了核动力技术，取得了明显的战略战术优势。20 世纪 70 年代，受世界石油危机的驱动，美国海军开始加强能源管理。但是，正如美国国防部和其他军种一样，美国海军新一轮能源变革和战略转型是从新世纪前后开始启动的。本节将分三个阶段来叙述这一历史演变过程，重点回顾近年来美国海军为应对上述风险与挑战所走过的能源变革道路。

一、奠基阶段（1973～1998）

长期以来，美国海军一直致力于实现航空母舰和潜艇的核动力化，但是，其绝大多数舰船和所有海上作战飞机仍然以石油为主要燃料，岸基设施则主要依靠电力运转。传统能源对作战行动的制约以及能源价格上涨对军种预算的挤占始终困扰着美国海军。1973 年第一次世界石油危机使原油价格从危机前的 1.8 美元/桶飙升至 11.65 美元，引发了包括美国在内的西方国家经济危机。严重依赖石油的美国海军也感受到前所未有的危机，它不得不通过压减部队需求来减少石油消耗。因此，尽管 1976 年美国海军石油消耗量比 1973 年降低了 29.9%，但当年美国海军舰艇部队的机动时间较往年减少了 5%，海军航空兵的飞行小时减少了 6%。[①] 换言之，美国海军在 1976 年取得的节能成绩在很大程度上是依靠减少作战行动换来的，已经危及到海军的核心作战能力。

有鉴于此，美国海军首次认识到加强能源管理、提高能源效率的必要性和巨大潜力。从此，美国海军开始了能源变革的初步探索。1977 年，美

---

① U. S. Navy Energy Office, *U. S. Navy Energy Plan*. January 1977, p. 4.

国海军设立了“能源行动小组”，并提出在不损害美国海军核心能力的前提下，通过其他节能措施将油耗降低15%。其中，岸基设施节能主要通过将原本多样化的岸基能源转向煤炭和电力。例如，先前美国海军非战术车辆以燃油为主，设施取暖以天然气为主，许多设施依靠油料和煤炭发电。美国海军节能措施之一就是将各类设施的自主发电转向采购公共电力（利用煤炭或核能发电），同时用煤炭取代岸基设施以往使用的特种燃料、柴油、垃圾生产蒸汽为设施供暖。作战能源变革则主要通过技术研发、投资和节能项目、使用合成燃料等方式进行。

1977年，美国海军依据联邦政府和国防部的能源战略规划出台了由海军作战部长签发的《美国海军能源计划》。① 该计划分析了美国海军在能源方面面临的威胁，包括易受价格波动影响、敌对国家禁运或控制石油产地等。在此基础上，美国海军提出了短期（至1985年）、中期（至2000年）、长期（2000年以后）三个阶段性规划，并制订了能源战略和实施计划。其能源目标主要包括：一是在可能的地方开始由依赖石油燃料转向使用替代能源品种；二是减少海军对外部能源供应的依赖；三是在确保作战效能、灵活性和完成任务能力的基础上提升海军各种消耗能源的系统的能源效率和可靠性；四是与国内和国际机构建立合作关系，以实现国家能源目标，并帮助美国降低因外国中断石油供应而造成的脆弱性；五是尽可能减少能源价格上涨给海军作战行动带来的影响；六是确定在未来发生石油禁运、有限战争和对美国及其盟国燃料供应有限中断的情况下为持续确保海军能源所需采取的措施；七是确立可量化的能源节约目标。② 为实现上述目标，《美国海军能源计划》有针对性地提出了五大战略途径：能源节约、混合燃料、自给自足、能源分配和能源管理。这些举措对美国海军实现能源安全、节约能源、提高能效等都起到很大的推动作用。

20世纪80年代初，美国海军成立了“岸基能源办公室”，其主要职能是根据联邦政府能源法律和国防部指令管理岸基设施节能提效工作。自该办公室设立后，美国海军岸基能源强度从1985年的30%下降到2003年的14%。在替代能源使用方面，美国海军是当时美国政府中最大的替代能源用户，尤其是在地热能使用方面，美国海军凭借1987年在“中国湖”航

---

① U. S. Navy Energy Office, *U. S. Navy Energy Plan*. January 1977.

② U. S. Navy Energy Office, *U. S. Navy Energy Plan*. 1977.

空武器试验站（Naval Air Weapons Station China Lake）建设的地热发电厂遥遥领先于其他军种和部门。该发电厂最大功率 270 兆瓦，可为加利福尼亚约 30 万户普通家庭提供可靠的可再生能源电力需求。1998 年，美国海军通过在有条件的地区以天然气取暖取代燃油取暖，使 1998～1999 年美国海军部汽油消耗量下降了 16%。

从 1977～1998 年，美国海军认识到能源变革的重要意义，并建立了相应的管理机构，在岸基能源管理、减少石油用量方面进行了一定的探索，制定了能源战略目标。但是，总体来说，这一阶段的美国海军能源变革主要是为了应对世界石油危机所产生的能源安全威胁，并没有上升到可持续发展的高度来认识。由于 1986 年以后国际油价长期处于低水平状态，美军能源安全不存在严重威胁，能源变革缺乏足够的动力，因此，其能源行动只能算是在能源变革道路上所作出的有益尝试和探索，为新一轮能源变革和战略转型奠定了基础。

二、起步阶段（1999～2008）

从 20 世纪末开始，国际能源价格持续上涨，美国能源安全面临严峻挑战。1999 年，美国总统克林顿发布第 13123 号行政令，要求美国联邦政府机构走绿色发展、节能环保的道路。该行政令要求，到 2005 年联邦政府所属机构的能耗比 1985 年基准线降低 30%，2010 年降低 35%。

作为能源消耗大户，美国海军积极采取行动，努力落实第 13123 号行政令和国防部指示精神。美国海军在两个方面做出了卓有成效的努力：一是着力推进岸基设施改造。美国海军部 2001 年制订了《岸基能源计划》，成立了海军部项目执行组（DoN Project Execution Team）；二是大力发展可再生能源。“中国湖”地热发电厂的成功使美国海军以及其他军种看到了发展可再生能源的广阔前景。因此，海军部项目执行组除了发展节能项目以外，还积极开发可再生能源，作为落实第 13123 号行政令的一个重要手段。

《2005 年能源政策法》、第 13423 号行政令、《2007 年能源独立与安全法》颁布以后，美国海军以国防部第 4170.11 号指令和国防部备忘录——“加强美国安全、改善环境”为指南，指定主管设施与环境的助理部长（ASN（I&E））担任海军部能源主管，负责落实联邦政府上述法律法规。

美国海军开展了一系列能源创新活动，主要包括：一是增加清洁能源产品的采购；二是对可再生能源直接投资利用；三是充分利用专项拨款大力投资节能设施。

自 1999 ~ 2008 年的 10 年间，在 13123 号行政令、《2005 年能源政策法》、第 13423 号行政令、《2007 年能源独立与安全法》等法律法规和美国国防部能源政策的推动下，美国海军开始走上了追求绿色发展、节能环保的能源变革道路，出台了《岸基能源实施计划》，成立了海军部项目执行组，在能源变革指导、具体措施实施等方面都取得了长足进步，尤其是在岸基设施能源管理、可再生能源开发、新技术运用等领域有了新的拓展。然而，此阶段的美国海军能源变革主要是落实联邦政府的法律法规，在主动性、前瞻性和顶层设计方面明显不足，因而可以理解为美国海军能源变革的起步时期。

三、发展成熟阶段（2009 年至今）

2008 年，国际油价飙升至 147 美元/桶，给美国政府、国防部特别是美国海军敲响了能源安全的警钟。奥巴马政府入主白宫后把提振美国经济、追求绿色发展作为其施政重点。2009 年 2 月 17 日，奥巴马总统签署了《美国复苏与再投资法》。该法案的首要目的是应对经济危机和能源危机，主要通过实施一揽子经济刺激措施支持基础设施、教育、健康和新能源发展，计划从 2009 ~ 2019 年投入 7872 亿美元，其中 2009 年投入 1849 亿美元，在提高能效和新能源开发两个领域计划投资超过 200 亿美元，支持包括可再生能源、能效和节能、电力传输、生物燃料研究和开发、电动汽车等技术发展。2009 年 10 月，奥巴马又签署了第 13514 号行政令——“联邦政府在环境、能源和经济绩效中的领导作用”。该行政令的目的是在联邦政府中确立一项追求可持续发展的一体化战略，把减排温室气体作为联邦政府的一个优先目标。

为了落实美国政府出台的各项能源法令和国防部 2010 年《四年防务评估报告》的战略要求，应对能源安全、气候变化等多重挑战，美国海军大张旗鼓地扬起了新一轮能源变革的风帆。2009 年 7 月，美国海军部长雷·马布斯（Ray Mabus）一上任就加快了海军能源变革的步伐。同年 10 月，马布斯在美国海军能源论坛上提出了五大能源变革目标，从而拉开了美国海军能源变革和战略转型的大幕。[①] 与此同时，美国海军部公布了其能源战略——《海军部能源战略路径》，以正式文件的形式明确阐述了美国海军能源战略的三大愿景、治理结构和战略途径，纳入了马布斯提出的五大能源目标。[②] 在此基础上，2010 年 10 月，美国海军部出台了一份能源战略实施计划——《海军部能源安全与独立实施计划》，详细地描绘了实现战略愿景和目标的路线图。[③] 与此同时，美国海军也公布了一份详细的能源战略文件——《21 世纪海军能源构想》[④]，全面阐述了美国海军能源战略的愿景、目标、途径、手段等内容。从此，美国海军能源战略形成了一个完整的体系。

为了确保其能源变革的顺利推进，美国海军部积极采取措施，强化其能源领导和管理体系。2009 年美国海军部设立了能源办公室，与海军和海军陆战队作战能源办公室一起组成了整个海军部能源变革的领导机构（参见图 4—5）。在新体系中，美国海军部副部长负责落实海军部能源战略各项目标，海军部能源办公室则负责具体工作。该办公室既作为海军部长在能源方面的主要顾问，也是海军部负责所有作战和岸基活动中与能源相关事务的日常行政管理机构，并为部队实现能源安全和提升部队作战效能提供政策支持和技术指导。

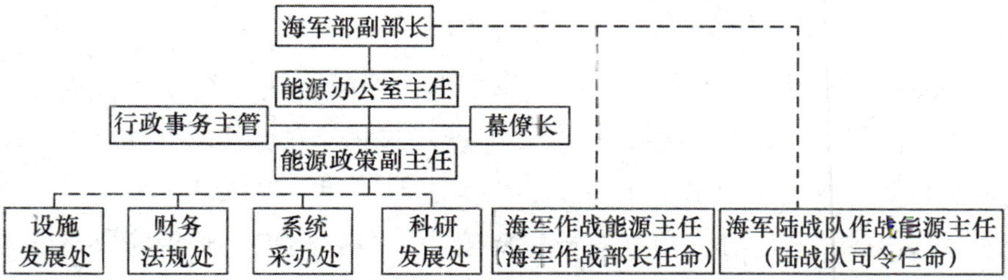

图 4—5　美国海军部能源管理体系示意图

资料来源：Department of the Navy，*Naval Energy—A Strategic Approach*，October 2009，p. 4.

---

① *Remarks by Navy Secretary Mabus at Naval Energy Forum*，Oct. 14，2009.

② Naval Energy Office of the Secretary of the Navy，*Naval Energy—A Strategic Approach*，October 2009.

③ *Department of Navy's Energy Program for Security and Independence*，October 2010.

④ U. S. Navy，*A Navy Energy Vision for the 21st Century*，October 2010.

这一阶段的突出特点是美国海军在第13514号行政令和2010年《四年防务评估报告》的驱动之下，吹响了新一轮能源变革的号角，积极主动地追求能源战略转型。2009年，马布斯雄心勃勃地提出了五大能源变革目标。美国海军部先后出台了《21世纪海军能源构想》和《美国海军部能源安全与独立实施计划》，建立健全了能源领导和管理体系，海军部能源办公室的成立为美国海军和海军陆战队的能源变革行动提供了机制保障。2010年，美国海军也公布了自己的能源战略——《21世纪海军能源构想》。从此，美国海军的能源变革和战略转型全面推开。

第三节　美国海军能源战略的基本内容

自2009年美国海军部长提出海军部能源变革的五大目标以来，美国海军部和美国海军先后出台了三份能源战略文件。这些文件系统地阐述了美国海军能源战略的指导思想、目标任务和途径方法。本节将根据这些纲领性文件详细地解析美国海军能源战略的基本内容。

一、战略愿景与战略方针

2009年10月，美国海军部在《海军部能源战略路径》中首次确立了旨在提升战斗效能的能源愿景。这一愿景谋求增强战术和岸基能源安全、减少温室气体排放，要求整个海军部减少能源消耗、提高能源效率、尽可能用替代能源取代石油、确保基础设施安全。具体地说，美国海军部能源战略愿景包含三根支柱（参见图4—6和图4—7）：

第一，能源安全。能源安全对美国海军部维持其作战能力、履行其使命任务至关重要，因此，美国海军部将能源安全列为第一大战略支柱。要实现能源安全，就必须保护其能源基础设施，同时规避燃料供应大幅波动所带来的影响。为此，美国海军部提出三项目标：一是打造和部署21世纪的“大绿舰队”；二是大幅度减少海军对化石燃料的依赖；三是确保充足、可靠、可持续的能源供应。

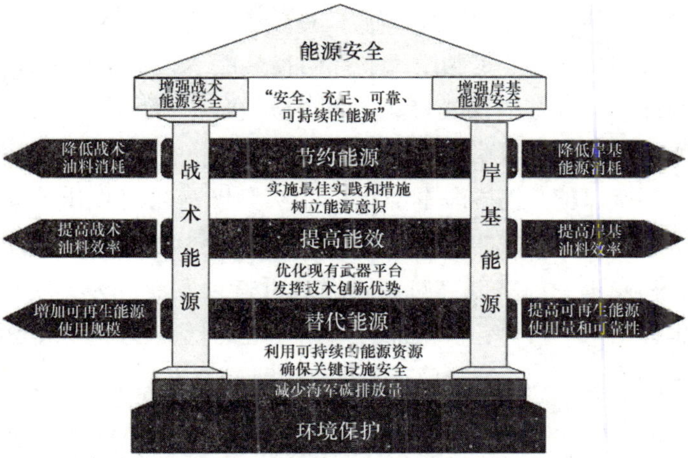

图 4—6　美国海军部能源战略示意图

资料来源：U. S. Department of Navy，*Naval Energy—A Strategic Approach*，October 2009，p. 5.

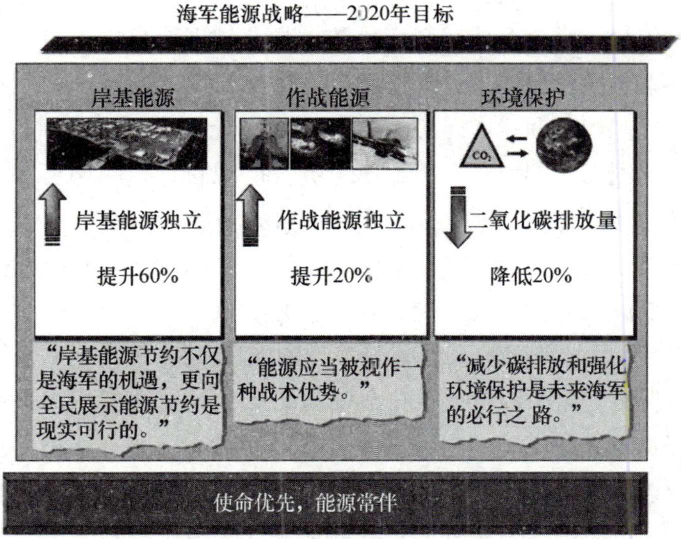

图 4—7　美国海军能源战略 2020 年目标示意图

资料来源：Chip Cotton，*Navy Energy Strategy*，5 May 2009，p. 15.

第二，能源效率。提升能源效率是提高美国海军部作战效能的重要途径。美国海军部将通过提升各类装备和设施的能源效率扩大战术行动范围，最大程度地减少作战风险，以期达到节省时间、开支、减少伤亡的目的，同时鼓励全体人员承担起提高能效的责任。为实现这一愿景，美国海军部提出了三项目标：一是刺激工业部门提高能效；二是加大对研究、发展、试验与评估的投资，加速能效技术的开发；三是修改作战政策和条令，将能源珍视为一种战略资源。

第三，环境保护。美国海军部积极落实奥巴马政府提出的减排目标，将环境保护视为义不容辞的责任。美国海军提出要减少其能源使用带来的环境影响，率先减少温室气体排放，促进可持续发展。为实现这一愿景，美国海军部提出三项目标：一是加快采用先进的低碳技术；二是在日常行动和采购中考虑碳排放问题；三是用替代型、可再生能源品种取代化石燃料。①

2010 年 10 月公布的《海军部能源安全与独立实施计划》从更高的层面提出了美国海军部的能源愿景："海军和海军陆战队将在国防部和全国实现改善能源安全、能源独立和新能源经济中发挥领导作用。"② 实施计划指出，美国总统奥巴马制订了一个雄心勃勃的能源议程，谋求减少美国对化石燃料的依赖，应对全球气候变化的挑战，创造绿色工作机会。美国联邦政府的一系列法律法规、总统行政令、战略指南和国防部政策也要求美国海军部在岸基能源和战术能源使用方面采取行动。为了支持美国总统的能源议程，美国海军部长马布斯提出了五大能源目标，明确要求海军和海军陆战队通过增加使用替代能源，包括生物燃料、太阳能、风能、水电、地热能和核能，通过大力加强能源节约、能效技术和能源供应管理创新，在提升战斗效能的同时，改善能源安全、促进能源独立。

2010 年 10 月，美国海军公布了自身的能源战略——《21 世纪海军能源构想》，详细地描述了其能源安全观和能源愿景。文件指出，所谓能源安全，是指拥有确定无疑的途径获取可靠能源供应，并有能力保护和提供充足的能源以满足海上和陆上的作战之需。对美国海军而言，能源安全包含两个方面：一是战术能源安全；二是岸基能源安全。战术能源安全就是要缓解与战术平台能源需求相关的各种脆弱性，包括后勤尾巴的长度和石油价格的大幅波动。美国海军主要通过降低燃料消耗总量、提高战术系统

---

① U. S. Department of Navy, *Naval Energy—A Strategic Approach*, October 2009, p. 2.

② *Department of the Navy's Energy Program for Security and Independence*. October 2010, p. 2.

的燃料效率和使用替代燃料来提升战术能源安全水平。岸基能源安全则是缓解与电网相关的脆弱性，包括自然灾害、事故以及由物理和网络攻击引起的电力供应中断。美国海军提升岸基能源安全水平的办法主要包括减少能源消费总量、提升岸基系统的能源效率、增加使用可靠的替代能源品种、提高关键资产的能源供应可靠性。

基于这一能源安全观，美国海军在《21 世纪海军能源构想》中将其能源愿景确定为："建设一支将能源珍视为一种战略资源的海军；一支充分认识到能源安全对海军实施海上和岸基使命任务具有根本性意义的海军；一支对任何潜在能源前景具有灵活反应能力的海军。"① 为实现这一愿景，美国海军提出了一系列战略方针：一是保护美国和盟国获取能源来源的途径；二是在战略规划中考虑能源需求；三是将能源需求纳入系统开发和采办的各个阶段；四是将能源效率作为提升作战能力、减小后勤尾巴的力量倍增器加以运用；五是率先试验和采用可靠的替代能源；六是迅速采用高能效技术和操作规程；七是与其他军种、政府部门、工业界和学术界开展密切协作，加强海军层面、联合作战层面和国家层面的能源安全；八是美国海军的能源领先地位受到广泛认同；九是在联邦政府减少温室气体排放的努力中发挥引领作用；十是对能源安全保持一种长远观点。②

二、战略目标

2009 年 10 月，在美国海军能源论坛上，美国海军部长马布斯首次提出了五项雄心勃勃的能源目标，以减少海军部能源消耗总量、降低其对石油的依赖、大幅提高替代能源的使用量（见表 4—1）。为了实现其能源愿景，美国海军在 2010 年公布的《21 世纪能源战略构想》中提出了一系列战略目标、战略任务和战略手段，对马布斯的五项目标进行了详细的阐述和延拓（见表 4—2）。这些任务和目标与美国联邦政府和国防部应对能源和气候变化的举措相契合。

① U. S. Navy, *A Navy Energy Vision for the 21st Century*, October 2010, p. 4.
② Ibid.

表 4—1　美国海军部长提出的五大能源目标

能效采办	在颁发武器系统和建筑工程合同时，能源因素的评估将成为法令性要求。
部署“大绿舰队”	到 2012 年海军部将在局部行动中展示一支“绿色打击群”，2016 年正式部署。
减少非战术性石油使用	到 2015 年，海军部将减少商用车辆舰船 50% 的石油使用量。
增加岸基替代能源的使用	到 2020 年，至少 50% 的岸基能源需求将来自于替代能源；海军部 50% 的军事设施将实现净零。
增加替代能源的使用	到 2020 年，海军部能源消耗的 50% 将来自于替代能源。

资料来源：*Department of the Navy's Energy Program for Security and Independence*，2010，p. 3.

表 4—2　美国海军能源战略目标、战略途径与战略手段

海军作战部长指示：制订一部海军能源战略，将能源当作一种战略资源			
目标	途径		手段
愿景	战略任务	具体目标	战略手段
·一支将能源视为一种战略资源的海军 ·一支充分认识到能源安全对海军实施海上和岸基使命任务具有根本性意义的海军 ·一支对潜在能源威胁具有灵活反应能力的海军	·确保机动能力 ·保护关键基础设施 ·减轻负重 ·拓展战术行动范围 ·使行动更加绿色环保	·增加海上替代能源 ·部署“大绿舰队” ·增加岸上替代能源 ·为关键基础设施提供可靠的电力保障 ·减少非战术石油使用 ·提高海上能效 ·提高岸上能效 ·能效采办	·领导 ·技术 ·政策 ·战略伙伴 ·文化变革
能源安全就是拥有确定无疑的途径获取可靠的、可持续的能源供应，并有能力保护和提供充足的能源以满足作战之需。			

资料来源：U. S. Navy，*A Navy Energy Vision for the 21st Century*，2010，p. 17.

《21 世纪能源战略构想》明确指出，美国海军的使命任务是维持、训练并武装一支时刻准备打仗的部队。这支部队需要具备打赢战争、威慑挑衅和维持海上安全的能力。能源对于维持和加强美国海军履行其使命任务所需要的核心能力具有极其重要的意义。为此，美国海军从能源安全、能源效率和环境保护三个角度提出了以下三大能源战略目标和一系列子目标：①

（一）确保机动平台能力，保护关键性基础设施

这是从能源安全的角度提出的第一大战略目标。美国海军需要依赖机动能力投送兵力，而美国海军的大多数平台——舰艇、飞机、战术车辆、非战术车辆等——长期以来均依靠石油基燃料提供动力。战役和战术部队则需要依靠美国海军在全球军事基地内的关键资产提供持续不断的支持。这些资产大多依赖营区外的电网供电。美国海军必须保护其人员、武器、弹药、补给物资的运输以及信息和指令的传达畅通无阻，不受中断，以维持其核心军事能力。针对上述制约因素，美国海军在这方面提出了五个具体目标，旨在通过发展海上和岸上替代能源增强能源安全，同时不影响作战准备。

第一，海上替代能源目标：到 2020 年，美国海军海上能源消耗总量的 50% 将来自替代能源。目前，美国海军超过 25% 的海上能源消耗量已经由航母和潜艇的核反应堆提供。虽然美国海军正在对下一代核反应堆技术开展研究，但是，鉴于这种替代燃料在体积、重量和人力要求方面受到限制，此项技术不容易纳入现有平台之中，因而需要探索其它潜在的革命性技术。从短期来看，能够确保舰队未来机动能力的下一轮能源转型很可能来自替代型液体燃料，因为这类燃料与常规石油基燃料的特点和性能相当。石油替代燃料可以明确地为美国海军提供可持续燃料供应的战略优势。美国海军将对投资进行统筹协调和同步化，以形成一个高效精干的、目标明确的发展计划，查明并批准合适的替代燃料。这些替代燃料的使用不会引起舰队操作人员的注意。供战术平台使用的替代燃料将是“滴入式”的，与舰机几十年来使用的石油基燃料效能相当。此类燃料不需要对

---

① U. S. Navy, *A Navy Energy Vision for the 21st Century*, October 2010, pp. 5 – 11.

现有武器系统、后勤设施等进行任何改造，可与石油基燃料实现无缝对接。实现海上替代燃料达到50%的目标，需要有一个强有力的产业提供经济型的供应，需要有一个灵活的批准程序确保海军采购，需要有一个对具有发展前景的能源技术进行探索的基础研究。一个可持续的非石油基燃料供应体系是实现美国海军和美国能源安全的基石。

第二，“大绿舰队”目标：到2016年，美国海军将部署一支“大绿舰队”——一支由核动力舰艇、生物燃料混合动力舰艇和生物燃料动力飞机组成的航母打击群。“大绿舰队”旨在展示确保机动性的先进技术。其最为显著的特点是应用包括生物燃料和舰艇混合电力驱动等新能源技术。此外，美国海军部还在资助用于海上电力高效管理的先进储能及其他系统的研究。这些系统最终将适应下一代武器系统电力需求的大幅增加和能力的巨大跃升。“大绿舰队”将向全美国乃至全世界展示美国海军的关键性能源技术，也是美国海军实现其能源愿景而向前迈出的重要一步。

第三，岸基替代能源目标：到2020年，美国海军岸基能源消耗总量的50%将来自替代能源；海军50%的军事设施将成为“净零”能源设施，使用的能源均为基地利用太阳能、风能、潮汐能和地热能生产的电力。美国联邦政府和国防部均要求大幅提高替代能源品种的使用。为了落实这些目标，美国海军首先将大幅度降低能源消耗。美国海军岸基部队已经在可再生能源利用方面取得了显著成就。能源效率，加上在正确的时间和地点部署正确的替代能源技术，将帮助一些基地摆脱对商业电网供电的依赖，成为“净零”能源用户。此类投资与先进的电网和储能技术一道，将降低基地对商业电网的依赖程度，提高能源供应的灵活性，减少温室气体排放，促进国家能源创新。

第四，关键性基础设施目标：到2020年，美国海军所有关键性基础设施将拥有可靠的备用供电系统和冗余供电系统。美国海军海上部队需要获得来自岸基军事设施持续不断的保障。即使是短暂地失去岸基关键设施的支持，都会严重影响海军的行动。因此，美国海军基地必须发展充足的备用供电系统和冗余供电系统，确保在遭遇电力中断的情况下仍能有效完成使命任务。美国海军将努力制订综合性应急计划、建立卓有成效的伙伴关系，最大程度地确保恢复能源供应的能力。海军网络部队将保护海军能源基础设施免遭攻击。此外，美国海军还将积极探索可行的替代能源解决方案，支持备用和基地发电系统，以保护关键性基础设施。

第五，减少非战术车辆石油消耗目标：美国海军将通过分阶段采用混合燃料车、电动车和弹性燃料车，到 2015 年，削减公务车辆 50% 的石油用量。美国海军部正在大幅减少非战术车辆的化石燃料消耗，措施包括减少车辆数量、采购或租用能效更高的车辆、将大部分车辆改造或替代燃料车。除了采购使用替代能源的车辆之外，美国海军还致力于发展配套的基础设施和配电系统，并修改一系列相关政策，最大程度地减少在非战术车辆使用替代燃料过程中存在的阻碍。

（二）减轻燃料负重，扩大战术活动范围

这是从能源效率的角度提出的第二大战略目标。替代燃料的理想状态是让作战人员感觉不到变化。为了创造陆海空全域作战优势，美国海军既要减轻实际燃料负荷，又要利用先进技术减轻机身、车辆和武器罩的重量，应用能源效率技术，或者调整政策等措施，降低能源消耗。扩大战术活动范围就是在燃料负荷相同的情况之下，能够走得距离更远、时间更长、速度更快，或者节省燃料用于执行下一次任务。这是一项战略任务，强调能源安全对于作战能力的重要作用。这方面包括以下几个子目标：

第一，海上节能增效目标：到 2020 年，美国海军将提高海上部队能源利用效率，将燃料消耗总量降低 15%。仅仅增加替代燃料的使用，无法实现美国海军提高海上替代能源的目标。美国海军将双管齐下：一方面大力开展各种创新计划，提升燃料效率，降低海上部队燃料消耗总量；另一方面维持或增强海军的作战能力。美国海军在航海、航空和远征环境中提高能效、节省能源的创新计划如下：

一是针对航海环境的创新计划。美国海军目前仍有 200 多艘舰艇依赖燃料驱动，每隔几天就要重新补给。军舰在与加油船并排实施航行补给时，最容易受到敌方海上攻击，或者发生碰撞事故。通过提高燃料效率延长续航时间，在未来战争中将产生决定性的影响。为了减轻负荷、扩大战术活动范围，海上部队将扩大成功的技术和作战创新计划，完成对快速取胜方案的测试与评估，培育各种革命性技术，打造能源效率显著提高、能源安全得到增强的未来海军。美国海军开展的“有奖节能计划”（i-ENCON）已经成功地帮助其舰队采用了基本的航海节能措施，大幅降低了许多水面作战舰艇的燃料消耗。未来，该计划还将继续提升海上部队的燃料效率，并将致力于解决港内舰艇的能源效率问题。美国海军开展的其他一系列计划将着重解决保障舰和海军飞机的节能问题。美国海军海上部队将不断为现役舰艇和新设计舰艇寻求新的技术解决方案。这些革命性技术将塑造海上能源安全的未来格局。

二是针对航空环境的创新计划。美国海军航空兵拥有3700多架飞机，每年消耗石油基燃料超过6亿加仑。资源制约和任务需求迫切要求美国海军让每一加仑燃料发挥更大的作战效益。为实现近期、中期和长期能效目标，美国海军航空部队针对四个关键领域开展均衡的投资：仿真/模拟系统；作战政策与条令；传统系统的技术集成；下一代技术解决方案。首先，训练模拟器的使用是成效最突出的航空创新行动。随着海军航空兵的训练和战备模式由基于飞行经验向基于能力需求转变，飞行员已经能够通过模拟器不断提高训练和战备水平。其次，美国海军航空兵正在通过修订作战政策和条令打造一种节能文化。目前，美国海军航空兵正在开展一系列节能项目，鼓励节省作战燃料、提高舰队人员能源意识、推广能源最佳实践，前提是不影响作战效能和执行任务的能力。再者，美国海军航空兵正在评估提高现行系统能源效率的技术解决方案。经过改进的压缩机和涡轮机设计、寻优控制技术和先进的材料都在开发之中，目标是减少传统推进系统8%的燃料消耗。正在进行的任务计划数据库升级和机上飞行性能模块能够将每架次燃油消耗再减少1% ~3%。抗阻涂层能够节约6%的燃油，目前正在进行军用评估。先进材料也可减少未来弹药的负荷，让飞机的航程更远、携带的武器装备更多。最后，美国海军正在为下一代海军航空平台投资发展潜在的革命性节能技术。可变冲程发动机技术能够减少25%的飞机燃油消耗。无人机技术有望提高能效20%，甚至完全摆脱石油燃料。

三是针对远征环境的创新计划。远征部队的一个最大软肋是依赖燃料的定期补给。提高所有远征系统的能源效率、部署便携式可再生能源发电系统将减轻远征部队的负担，拯救生命，节省装备和开支，并且可以进一步扩大美国海军在近海和陆地战场上的行动范围。美国海军远征能源战略突出数据采集、机动平台和基地系统。为了解决远征环境中的能源问题，美国海军远征作战司令部需要自始至终有能力测算战区内战术车辆的燃料消耗。然而，现实情况是，燃料消耗单元往往分布在数百个据点、数以千计的装备之中，而当前的车辆队伍不具备这样的数据测算能力，前进基地也没有明确的办法采集数据，应急行动期间更是如此。目前美军正在探索新方法，对燃料消耗的加仑数、行驶里程和行动时间的数据进行集成。与此同时，对电源管理和分配的投资将有助于提高发电机的使用效率。美国海军的行动依靠大批战术地面车辆、巡逻艇和工程建设装备。对机动平台的能效升级能够直接提高作战能力。例如，气垫登陆艇的升级可以节约10%的燃料。美国海军还将改进前进作战基地和作战前哨的能源生产能力，同时降低能源消耗。美国海军正在采购能效更高的、发电机一体化的环境控制单元，装备海军远征作战司令部和海军陆战队。同时，美国海军还在与美国国防部开展合作，为临时性结构的隔热问题找到跨军种解决方案，从而大幅降低发电需求，为作战行动留出更多的燃料。美国海军还在开发替代能源发电系统，包括车载发电和可再生能源，如毯式太阳能电池板和太阳能照明。除了减少燃料需求外，这些技术可以减少美国海军和陆战队官兵所需携带的电池数量，从而实实在在地减轻背包负重。此类需求表明，在远征环境中，每节省一加仑燃料、一度电都是非常重要的。

第二，岸基节能增效目标：到2020年，美国海军将提高岸基部队能源利用效率，将燃料消耗总量降低50%。美国海军将在过去成功的基础上加强能源管理，继续在合适的时间应用前沿技术。岸基节能增效方面的投资重点关注以下领域：强化能源意识；电力、天然气、蒸汽的先进计量；不断加大设施能源年度审计的广度和深度；现有能源系统的重新校验；直接提升能效的办法；设施和公用能源服务系统的现代化；新建筑和主体装修建筑的可持续设计。先进的计量，与数字控制（DDC）和数据采集（sCa-Da）系统集成后，将为一个近乎实时掌握能源消耗情况的“智能电网”提供必要的数据和核算基础，从而提供问责和直接减少消耗的能力。美国海军已经在开展设施级智能电网试点，其长远目标是将智能电网融入国家智能电网。节能增效对于岸基部门实现联邦政府的替代/可再生能源目标是基础性工作。以往的成功经验已经表明，大幅度提高替代能源品种的影响可以通过降低能源需求总量获得。美国海军将提高能源效率，以减少需求，同时在个人层面、指挥层面和功能层面上改变文化和行为。

第三，能效采办目标：在颁发武器系统和建筑合同时，能源因素的评估将成为强制性要求；工业界将根据合同要求负责达到能效目标。采办是美国海军作战力量的一个基础。今年列装的军舰将在未来25～50年服役。同样，飞机和战术车辆也要维持很多年。岸上基础设施的设计寿命长达几十年。因此，美国海军大规模的能源转型需要将能源考虑向采办决策的前端延伸。扩大战术行动范围、减轻战斗负重必须成为美国海军和国防部改革的突出目标。现在，联邦政府、国防部和美国海军提出的法令要求在评估海上和陆上新系统时强调能源相关的具体指标。美国海军将制定并实施一项能源关键效能参数和能源绩效指数，以指导此类评估工作。此外，美国海军参与了其他军种及国防部定义并纳入“全负担燃料成本”的工作。在军事设施方面，联邦政府法律法规已经要求对新造建筑进行高效能设计，能够取得可持续建筑实践和能效认证。最后，美国海军部将制定一个机制，对国防工业提出强制性能效要求。美国海军将打造一支通过提高能效取得战略和战役优势的未来舰队，以此展现其在公共部门的能源领导地位。同时，美国海军工业基础可以引领私营经济部门创新办法，减轻能源负担，提升国家能源安全，同时降低对化石燃料的依赖。

（三）保护环境，绿化足迹

这是美国海军从环境保护的角度提出的第三大战略目标。美国海军将继续担当环境守护神的角色，包括减少温室气体排放，应对全球气候变化。美国国防部已经宣布，以 2008 年为基准线，到 2020 年将温室气体排放减少 34%。美国海军将在不损害其核心能力的前提下实现这一目标。美国海军在能源效率和替代能源方面的投资不仅有助于减少温室气体排放，而且还将提升能源安全的战术性和战略性优势，为美国海军及国家环境可持续发展做出巨大的贡献。

三、战略手段

实现能源愿景和战略目标需要强有力的战略手段作保证。《21 世纪海军能源构想》指出，美国海军能源愿景和战略目标能否成功落实，取决于五大关键要素——领导、技术、政策、战略伙伴关系和文化变革。每一个要素都需要持续的支持和配套的资源。[①] 这五大要素就是美国海军实施其能源战略的主要手段。

---

① U. S. Navy, *A Navy Energy Vision for the 21st Century*, 2010, pp. 14 – 15.

（一）落实领导

美国海军认为，要实现能源安全、落实节能行动，必须建立强有力的领导机构统筹管理。正如美国总统为国防部任命一位作战能源规划与项目主任一样，美国海军也设置了一名海军作战能源主任来领导海军能源协调办公室，负责海军海上和岸上能源工作的全面领导。作战能源主任向海军高级能源委员会报告工作，高级能源委员会的代表来自海军高层，包括海军作战部长和副部长。作战能源主任和作战能源参谋人员与资源、系统司令部和舰队一起努力，确保能源考虑因素纳入决策过程。即使领导人发生变化，能源的优先地位也将依然如故。海军部能源办公室是海军部长能源问题的主要顾问，也是海军部长在海军部所有作战和陆上活动中与能源相关职责的日常行政管理机构。该办公室成立后积极制定政策和指导意见，开展一系列强有力的能源投资，努力改善海军能源安全，提高海军部队作战效能。

（二）科技投资

要实现美国海军的能源目标就需要在技术开发的各个层面上持续进行投资，包括基础能源科学、研发、测试与评估、采购、维护与监测等。其中有些科研项目将会优化现有系统，有些则会引入或者优化新的系统；有些将是演进性技术，有些则可能是革命性技术。美国海军坚信，这些科技将为其下一轮伟大的能源转型提供强大的动力。通过对科技的投资可以提高燃料和能源效率，并用来支撑更多的能力。如果这种能力尚无需求，那么，燃料效率的提高则转换为能源节约。虽然先期投入获得回报的时间有差异，但众多投资却通过降低系统拥有总成本为海军提供节省净开支的效果。一些能够立即带来节能效益的创新项目可望实现资金的自我提供。美国海军将对各种能源投资方案进行严格的分析评估，以便在能力和节能效果方面实现投资回报的最大化。评估过程将确保能源解决方案不会以新的脆弱性取代现有的脆弱性。美国海军投资能源技术有可能惠及整个美国，诸如能源存储、生物燃料等技术也可作为民用技术加以应用。

（三）政策引领

美国海军一些效益最好的能源创新项目都依托技术进步与前瞻性政策

和传统的激励措施相结合。美国海军海上部队的“有奖节能计划”就是一个典型的例证。通过政策鼓励开发的新技术可以通过直接监测能源消耗情况，或者通过观察或预报天气、洋流等燃料消耗影响因素的数据为日常军事行动提供信息支撑。这些技术可以确保实时决策，开展具有高能效的军事行动。今后，美国海军还可能需要修改政策，支持新技术的有效利用，确保新技术产生的优势得以充分实现。当一项政策变化有助于增强能源安全同时又不影响战备时，美国海军就会毫不犹豫地支持高能效的军事行动。美国海军的企业运作过程也会相应地反应能源的优先等级。

（四）战略伙伴关系

在开展能源创新行动中，美国海军还将积极谋求利用跨军种、跨机构和国际伙伴的知识和资源。就能源问题开展强有力的协作可以在预算严重受制约的背景下最大程度地减少重复建设，同时为美国及其盟友最大程度地带来回报。美国海军将继续与海军陆战队和主管能源的海军助理部长帮办通力协作，以确保海军部的能源安全。其他合作伙伴还包括美国空军、陆军、国防部机构和联邦政府机构。此外，各州和地方政府能源办公室也是美国海军重要的合作伙伴，它们可能通过第三方参与岸基能源创新计划提供激励措施。美国海军将积极发展公私伙伴关系，以支持工业界最佳的创新思想，在美国国防部谋求改革商业模式的过程中推动能源成为工业基础的一个关注点。只有工业界能够提供美国海军行动中使用的最终产品。与地方公用能源服务公司建立伙伴关系可以应对在推进替代能源部署和能源安全战略实施过程中所面临的共同挑战。美国海军还将与学术机构和非盈利组织开展合作，为能源愿景的实施提供信息支撑，促进公众就能源问题开展公开辩论。最后，美国海军还将与友好国家和联盟伙伴广泛合作，共同寻找新办法，开发新能力。与相关国家的国防部和能源部合作可望减少开支、增强市场力量，同时挑战墨守陈规的解决思路。美国海军致力于在美国国防部长办公室和国务院的指导下，对各种合作方案加以结构化，为各方带来有意义的投资回报。

（五）文化变革

美国海军认识到，尽管领导层确定变革方向，但是，有效落实海军能源愿景需要全体人员的共同努力。没有广泛的参与，再高效的技术、再完善的政策也无法确保行动的效率。不论是军职还是文职，不论是军官还是士兵，人人都必须为珍视能源、将其视为战略资源的文化贡献一份力量。为此，美国海军将积极推行能源意识的培育活动，同时配以各种奖励措施，以确保海军内部人人都掌握必要的能源知识和技能，增强能源意识下行动能力。改变文化意味着人人都要充分认识到能源安全对美国海军执行使命任务的基础性作用。

第四节　美国海军能源变革的主要行动

为了落实其能源愿景、战略目标和战略任务，自2009年开始，美国海军紧紧围绕"能源安全""能源效率"和"环境保护"三大主题，开展了一系列能源变革行动，主要包括以下几个方面的内容。

一、完善管理架构，健全政策体系

（一）调整完善能源领导和管理架构

为落实其能源战略愿景和目标、全面推进能源变革和战略转型，美国海军部首先注重加强顶层设计，在整个海军部系统内调整完善能源领导和管理架构。这一架构明确了能源管理的角色、职责、计划、项目安排和预算编制，并确立了海军部体系内政策和实施职能之间协调的组织框架。

2010年公布的《海军部能源安全与独立实施计划》详细描述了美国海军部完善后的能源管理体系（参见图4—8）。在该体系中，在海军部长之下，主管能源、环境与设施的助理海军部长担任能源总管，负责海军能源总目标和具体目标的落实。助理海军部长之下，由主管能源的助理海军部长帮办兼任能源办公室主任，主要负责审核海军和海军陆战队创新计划所需资金和资源；制定海军能源政策和指南，确保海军部遵循所有有关能源管理的法律、总统行政令和国防部指示；协调海军能源与环境办公室、海军陆战队远征能源办公室共同推进能源目标落实；协助海军部内部各类能源项目的计划、安排、预算编制和实施；负责起草、协调和管理海军部能源计划的对内和对外战略宣传计划。

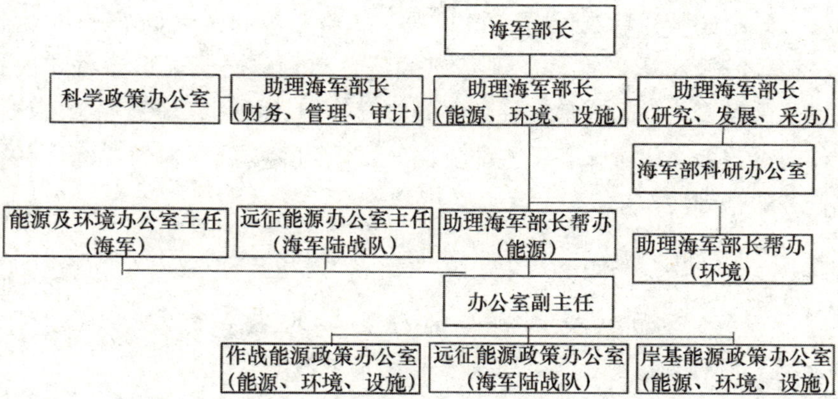

图 4—8　2010 年美国海军能源管理结构图

资料来源：*Department of the Navy's Energy Program for Security and Independence*，October 2010，p. 11.

在能源办公室之下，美国海军部进一步设置了海军作战能源政策办公室、海军陆战队远征能源政策办公室以及海军和海军陆战队岸基能源政策办公室三个机构，对海军与海军陆战队、作战能源与岸基能源进行分类研究、管理和指导。2010 年美国海军部对能源管理体制的调整和完善理顺了海军部能源管理和指导关系，更加明确了职能责任，细化了末端指导，对美国海军和海军陆战队的能源变革行动起到了积极的规范和推动作用。

在岸基能源和作战能源的具体管理方面，2011 年，美国海军部继续调整完善岸基能源的管理体制，在岸基能源政策理事会之外还设置了岸基能源项目主任，并由主管能源的海军助理部长帮办牵头协调海军岸基战备主任、设施司令部司令、海军陆战队主管后勤与设施的副司令一同推进岸基能源目标与行动的落实（参见图 4—9）。

2012 年后，美国海军在海军部能源管理体系内建立了由海军作战部长领导、海军设施建设司令部统筹、设施与环境部（N4）下属设施处（N44）设立的能源组（N441）具体负责的岸基能源管理体系（参见图 4—10）。自此，美国海军真正意义上建立了专属岸基能源管理机构，也意味着美国海军从先前只负责落实海军部指令的落实机构，变为一个更为自主筹划、自我完善的机构。这标志着美国海军能源变革向更深层次推进，对其随后的能源战略转型起到巨大的推动作用。

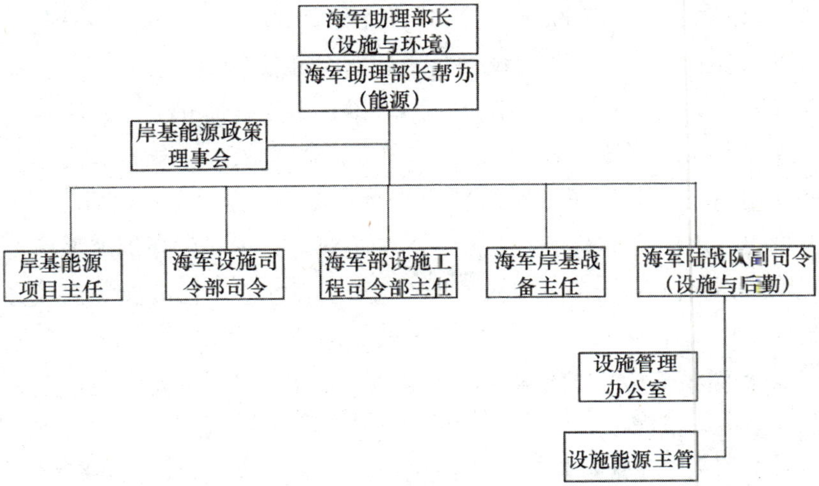

图4—9　2011年后美国海军部岸基能源管理体系

资料来源：Department of Defense, *Annual Energy Management Report for Fiscal Year* 2011, July 2012, p. 42.

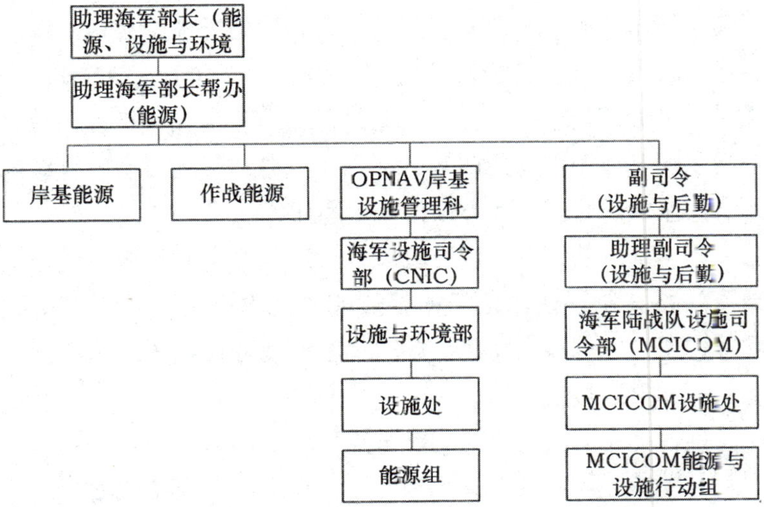

图4—10　2012年后美国海军部岸基能源管理体系

资料来源：Department of Defense, *Annual Energy Management Report for Fiscal Year* 2012, June 2013, p. 10.

在作战能源管理方面，由美国海军作战部长2009年任命的作战能源主任，负责美国海军内部作战能源管理和作战能源目标落实。如图4—10所示，2010年，美国海军部在主管能源的助理海军部长帮办下设立了作战能源政策办公室，负责作战能源政策研究。2011年，美国海军进一步理顺了作战能源管理体系，明确在海军作战部长之下，由主管舰队战备和后勤的海军作战部副部长（N4）负责作战能源管理。其下，美国海军设置了由1名海军少将担任主任的海军作战能源办公室（N45），该主任还同时兼任海军能源特别工作组（Navy Task Force Energy）组长。海军作战能源高级办公室编制内，由1名中校和5名参谋人员组成的海军能源协调办公室（N45E）负责美国海军作战能源方面的具体行动落实。[①] 由此，美国海军作战能源体系进一步完善。

美国海军部和海军能源领导与管理机构的改革完善为美国海军的能源变革和战略转型理顺了关系，强化了行动指导，在战略筹划和监督层面上为美国海军落实其能源战略奠定了基础。

（二）颁布《岸基能源管理》指令

维系美国海军能源安全和能源独立的两大战略支柱是战术能源和岸基能源。为了从政策上支持其能源战略的实施，2012年6月22日，美国海军部颁布了一个专项指令——《岸基能源管理》。[②] 该指令旨在为海军部各相关部门提供岸基能源管理的政策、原则、战略和行动，明确各级部门在实现海军部岸基能源管理目标方面的职责和任务。

该指令指出，岸基能源管理的政策是通过提高基础设施能源效率、运用符合成本效益又兼顾使命任务的替代能源技术提供可靠的岸基能源供应，确保能源安全，并落实联邦法律法规。该指令提出了三项政策目标及相关任务：

第一，确保把能源安全作为战略重点。对美国海军而言，确保岸基能源安全，就是要减少与电网相关的脆弱性。实现能源安全的途径主要有两

---

① DoD, *Energy Investments for Military Operations for Fisical Year* 2013, June 2012, p. 21.

② Chief of Naval Operations, *Shore Energy Management*, OPNAV Instruction 4100. 5E, 22 Jun 2012.

个：一是为海军I级和II级关键岸基资产提供可靠、恢复力强、对完成使命任务极其重要的冗余能源；二是通过降低能源依赖、集成各种能源安全技术，强化对能源供应和分配的控制力，减少因依赖电网所产生的脆弱性，包括因自然灾害、事故、物理攻击和网络攻击所引起的断电问题。

第二，落实联邦政府有关岸基能源和可持续性的法律法规。这方面的任务有八项：一是到2015年设施能源强度降低30%；二是减少非战术车辆化石燃料消耗，增加替代燃料的使用比例；三是提高岸基基础设施的水资源利用效率；四是降低温室气体排放；五是按规定生产、采购和消费可再生能源；六是对25%的相关设施完成能源和水资源年度综合评估；七是在岸基设施上最大程度地安装先进计量仪，监测电力、天然气和水资源消耗情况；八是促进所有岸基新项目和主要资本重组项目的可持续发展。

第三，达成海军部岸基能源目标。以最符合成本效益的方式实现海军部的四个岸基能源目标：一是到2020年降低岸基能源消耗50%；二是到2020年替代能源在岸基能源总量中占比达到50%；三是到2020年“净零”能源设施数量占比达到50%；四是到2015年公务车辆石油消耗量降低50%。

岸基能源管理三政策实质上是衡量美国海军岸基能源管理水平的标准和“杠杆”。为实现上述三项政策中提出的能源目标，同时兼顾各地区的不同情况，该指令还对美国海军岸基能源管理提出了三项原则和七点战略。三项原则：一是提高现有设施的能源效率；二是保持可再生能源可持续利用；三是创建高效利用能源的海军文化。七点战略：一是根据各基地独特的能源形势，为每个基地建立量身定做的能源减耗目标，这些目标加起来就是海军50%能源减耗总目标；二是在不排除本地创新行动的前提下，优化海军范围或地区范围内可行的技术解决方案；三是变革海军岸基能源文化，这方面包含三部分内容：（1）要有技术解决方案，提供能源消耗数据，让领导和个人可以改变行为；（2）要有作战和决策流程变革，以减少能源消耗和开支；（3）要培养能源节约意识，将能源珍视为一种战略资源；四是通过完善需求确认、需求管理和基于状况的维修，把基础设施维护和资本重组系统与能源管理和分配系统相连接，实现能源效率的提升；五是按照考察技术、寻求合作伙伴、牵头开发关键技术“三步走”的工作思路评估新技术；六是开拓视野，对外寻求双赢合作机会，积极寻求与其他政府部门、工业界、开发商、学术机构等能源利益相关方开展合作的机会；七是根据《海军岸基能源战略宣传计划》，在各级单位内外全面落实岸基能源宣传沟通措施。

此外，该指令还附录了海军岸基能源的治理结构、岸基能源投资回报、岸基能源技术概要、岸基能源伙伴关系概要以及《海军岸基能源战略宣传计划》。

从上文不难看出，美国海军岸基管理政策是整个岸基能源管理的统揽和目标；“三项原则”是实现过程中的规范和保证；“七点战略”是实现岸基能源管理目标的途径和方式。三者相辅相成，构成了海军岸基能源管理的完备指导体系。《岸基能源管理》指令的出台，为美国海军岸基设施能源的管理、变革和发展提供了系统性指导，对海军岸基设施能源变革的具体实践提供了一个政策框架，对岸基设施能源变革起到了巨大的规范和促进作用。

（三）出台《可再生能源战略》

2009 年 10 月，美国海军部长马布斯提出了海军部五大能源目标，其中一个目标是到 2020 年可再生能源占海军部能源消耗总量的 50%，可再生能源产量达到 1 吉瓦。为了落实这一目标，美国海军部于 2012 年 10 月专门出台了一个《可再生能源战略》，详细阐述了美国海军部的能源目标、可再生能源发展环境、当前和未来能源需求状况、实现目标的途径和手段、所需采取的具体行动和实施办法等。① 海军部长马布斯在前言中指出，制订这项战略的目的是指导海军部实现 2009 年提出的两个能源目标：海军部 50% 的能源来自可再生能源；岸基能源需求至少 50% 来自可再生能源，包括太阳能、风能和地热能。为实现 2020 年能源目标，美国海军部认为必须以更快的速度、更大的规模实施可再生能源建设项目。这是推进海军能源变革的核心。由于可再生能源项目发展过程漫长、手续繁琐，因此，美国海军领导人认为，只要合法、经济、可行，就必须想办法缩短和简化流程。为此，美国海军提出采取整体规划、兼顾小型项目发展、整合地区性项目等方式来促进可再生能源开发利用。具体来讲，主要通过三个实施办法、四个行动领域和六项具体任务来落实可再生能源战略。

《可再生能源战略》提出的三个实施办法：一是按地区对可再生能源

---

① Department of the Navy, *Strategy for Renewable Energy*. October 2012.

项目进行整合。将同一地区的几个小项目合并成一个大项目，这样不仅可以吸引投资，更好地利用有限的人力资源，而且可以综合利用不同基地的优势，简化项目规划流程。二是整合并简化环境评估流程。在同一个地区开展可再生能源项目时，需要考虑的环境因素大体相同，因此在多个场地建设可再生能源项目时，应联合开展环境分析，节省时间和人力资源。三是获取入网许可。由于项目规划过程涉及传输升级以便接入商业电网，因此，必须与州和地方政府以及工业部门建立伙伴关系并达成互联协议。鉴于达成该协议所需时间较长，美国海军设施工程司令部必须积极开展协调，以期尽快获得官方许可。

美国海军领导人深知，实现其能源目标需要每一个指挥层级和每一个人的积极参与，为此提出了实施《可再生能源战略》的四个行动领域：一是筹划项目。海军和海军陆战队必须明确资金与人力资源，以支持可再生能源项目的确认、评估和开发，为项目筹划提供所需资金。二是确定大型可再生能源项目。在经济效益可行的情况下，海军部必须快速确定大型可再生能源项目。大型项目对于实现 1 吉瓦的目标的意义最大，但是办理环境评估、许可证和合同耗费的时间最长。大型项目需要大量资源（人力和资金），因此应该优先考虑。目前，美国海军已经签署的合同项目总发电量不到 100 兆瓦，离 1 吉瓦目标差距相当大，显然还需要更多的大型项目才能接近目标。三是小型项目融入能源计划。只有同时推动很多发电项目的发展，才能圆满实现可再生能源达到 1 吉瓦、50% 的军事基地实现“净零”的目标。四是按照地区整合所有项目。如果可行的话，应当把同一地区的各个项目合并成一份合同，提交一份方案请求书（Request for Proposal），把所有项目交给同一个开发商。这样，开发商就可以综合调配资金，支持同一地区的多个不同项目。这将有助于提高海军部在合同签订以及环境和法律等方面的工作效率。

在上述四个行动领域之下，《可再生能源战略》提出了六项具体任务：一是负责海军和海军陆战队需求和资源的赞助商对项目指南进行调整，对可再生能源项目开发给予足够的优先等级。二是在合适的项目支持得到优先考虑和保护之后，海军部必须为所有军事基地制订全面的长期能源计划。该计划应纳入所有相关法令，并包含一个时间表，说明海军和海军陆战队将如何实现 2020 年“1 吉瓦”目标。三是作为年度能源计划的一部分，海军和海军陆战队都需确定新的大型可再生能源发电项目，此外还需要通过岸基能源政策委员会（SEPB）向海军部负责能源、设施与环境的助理副部长提交进展报告。岸基能源政策委员会也将对此前被宣布为耗资过多的大型项目进行年度评估，以确定这些项目目前是否具备可行性。四是海军和海军陆战队应指示各地区和基地在其能源计划中明确小于20兆瓦发电量的小型可再生能源项目，并以可再生能源计划年度更新报告的形式向负责能源、设施与环境的助理副部长提交项目最新进展。五是在考虑是否有可能与其它军种达成合作关系之后，由海军设施工程司令部提出建议，形成最佳的地区合同方案，并将该方案告知海军部负责能源、设施与环境的助理副部长。六是由海军部负责能源、设施与环境的助理副部长提出建议，解决按照地区统一开展环境评估工作相关问题。

《可再生能源战略》为美国海军部发展可再生能源提供了一个正式框架，规范了投资可再生能源项目的基本流程并细化了各个部门职权，为美国海军可再生能源领域快速投资和发展铺平了道路。美国海军部长马布斯指出："利用太阳能、风能和地热能生产1吉瓦的可再生能源，可以给一个像佛罗里达奥兰多市这样大小的城市提供足够的电力，同时提升能源安全和电网的灵活性。"[①] 2014年5月，美国海军部专门成立了可再生能源项目办公室（REPO），以加大可再生能源发展力度，确保1吉瓦目标的实现。

二、研发战术替代燃料，扩大岸基可再生能源供应

为落实美国海军部长提出的2020年可再生能源发展目标和《可再生能源战略》提出的目标和任务，美国海军实施了一系列创新行动，积极推动战术替代燃料和岸基可再生能源的开发利用。

（一）研发和测试战术替代燃料

为了减少石油消耗、追求能源独立、提升能源安全，多年来，美国海军积极开展替代燃料的研发、试验和认证，取得了实质性进展。2009年，美国海军使用石油基燃料（JP—5）和基于亚麻荠燃料各占50%的混合海军航空燃料对一架F/A—18战机的发动机进行了首次试验。试验结果证

① Department of the Navy, *Strategy for Renewable Energy*. October 2012, p. 11.

明，使用混合燃料时飞机发动机的运行状况与使用 JP—5 汽油燃料时并无明显差异。2010 年 4 月 22 日，使用 1：1 亚麻荠与 JP—5 汽油混合燃料的首架“绿色超级大黄蜂”战斗机在马里兰州帕塔克特森河海军航空站试飞成功，标志着混合航空燃料进入了实用阶段。自 2011 年开始，该混合燃料又先后在 MH—60“海鹰”直升机、AV—8B“鹞”式战斗机、E—A6B“徘徊者”电子战飞机、MQ—8B“火力侦察兵”无人机、T—45C“苍鹰”教练机、MV—22“鱼鹰”倾斜旋翼机上展开实验，均获得圆满成功。目前，该混合燃料（又称 HRJ 燃料）已完成在海军所有种类飞机上的测试，包括无人机，并将在不久的将来实现大规模应用。

在舰艇领域，美军的试验也取得了突破。替代燃料的海上应用试验和认证工作也一直在紧锣密鼓地进行。美国海军试验的第一种燃料是一种船用柴油（F—76）和海藻基各占 50% 的混合军舰推进燃料。2010 年 10 月 22 日，美国海军在诺福克军港一艘内河指挥艇上对 1：1 海藻基与 F—76 混合燃料（又称 HRD）进行测试。试验中，该艇使用混合燃料推动后，功率达到 1700 马力，并可以 40 节的高速在水面上行进、转弯、反转。这标志着美国海军舰船用混合燃料试验成功。[①] 截至 2012 年，海藻基与 F—76 混合燃油已经在美国海军绝大多数舰艇上完成了试验。2011 年，美国海军采购 45 万加仑纯生物燃料为“大绿舰队”演示做准备，其中 35 万加仑生物燃料与相同数量的舰用柴油混合后供海军水面舰艇使用；10 万加仑生物燃料与相同数量航空汽油混合后供舰队舰载机使用。[②]

除上述两种替代燃料外，美国海军还积极推动费—特工艺燃料以及航空燃料酒精、热解油等替代燃料的试验和论证[③]，并积极开发替代能源发电系统，包括车载发电和可再生能源系统，如展开式太阳能电池板和太阳能照明。除了减少燃料需求外，这些技术还可以减少支持通信和武器系统所需要的大量电池，从而减轻美国海军和陆战队远征部队官兵的背包重量。2011 年 6 月，根据《国防生产法》的授权，美国海军部与能源部和农业部签署了一个题为《协助发展和支持建立一个商业型生物燃料工业》的

---

① U. S. Navy, *A Navy Energy Vision for the 21st Century*, October 2010, p. 6.

② Jtozer, *The Inevitable Demo of The Great Green Fleet*, July 2012, http://science.dodlive.mil/2012/07/19/the-inevitable-demo-of-the-great-green-fleet/. [2016—01—10]

③ Katherine Blakeley, *DOD Alternative Fuels: Policy, Initiatives and Legislative Activity* December 14, 2012, p. 6.

备忘录。在该备忘录中，美国海军明确指出，鉴于当前经济环境、混合生物燃料产业起步面临的巨大风险，以及由现有原油市场造成的竞争性障碍等困难，如果缺乏政府的直接投资，国内混合生物燃料生产将很难在短期内获得足够的产能。因此，该备忘录促成美国海军部、能源部和农业部各出资 1.7 亿美元，总计 5.1 亿美元用以支持替代能源产业的发展。①

为鼓励替代能源开发和使用，2012 财年，美国海军列支 600 万美元的年度拨款资金和 3100 万美元的 FYDP 资金专门用于替代能源的研究开发。② 2013 财年，又列支 1110 万美元的年度拨款资金和 1.373 亿美元的 FYDP 资金用于发展和采购替代能源，其中约 7000 万美元的 FYDP 资金用于采购替代能源，其余用于替代能源的研发。③

2013 年，美国海军部长马布斯和农业部长汤姆·维萨克共同签署并发布公报称，未来 3 年内，美国海军将在 4 家公司投入 2000 万美元，为美国海军生产生物燃料。这是美国海军“从农场到舰队”计划的一个关键部分。该计划旨在促进美国海军在 2015 年以前实现战机和军舰用生物燃料的采购常规化。计划中涉及的生物燃料主要是指以谷物、藻类提取物和烹饪油脂混合制作的燃料。美国海军拟议中的生物燃料使用方法并非全部使用生物燃料，而是使用生物燃料与传统燃料的合成燃料。美国海军将这种合成燃料称为“滴入式”燃料。④ 战术替代燃料的开发和利用为美国海军找到了一条可以有效减少对化石燃料依赖的途径，为海军能源变革和战略转型提供了巨大的助力。

（二）扩大岸基可再生能源供应

与战术能源一样，岸基能源也是美国海军减少能源消耗、提升自身能源安全、落实环境保护目标的一大支柱领域。为达到海军部长提出的到 2020 年 50% 岸基能源要来自替代能源的目标，美国海军在岸基能源领域同样做出了巨大的努力，并将创新重点放在岸基设施的清洁能源使用之上。

---

① 刘洋：《美三部门联合出击航空生物燃料》，《中国能源报》2011 年 08 月 22 日第 08 版。

② DoD, *Operational Energy Budget Certification Report Fiscal Year* 2012, January 2011, p. 15.

③ DoD, *Energy Investment for Military Operations for Fiscal Year* 2013, June 2012, p. 27.

④ 白炎林：《美军以生物燃料替代石油，“大绿舰队”对华启示大》，《世界新闻报》，2013 年 12 月 19 日，http://news.ifeng.com/mil/4/detail_2013_12_19/32273972_0shtmil. [2016—10—20]

美国海军部积极研发和部署诸如海洋热能转换（OTEC）、风能、太阳能、波浪能、潮汐能、核能、生物质能、地热能等可再生能源发电技术，促进能源供应多样化，改善海军岸基设施能源安全。

2012～2015 年，美国海军先后投入 5200 万美元①、2553 万美元②、2292 万美元③、354 万美元④用于发展清洁和可再生能源项目，并取得了不菲的成绩。"中国湖"海军航空武器站地热能发电厂是美国海军乃至美国国防部清洁能源利用的典范。2011 年前，该项目占据美国国防部可再生能源发电总量的 3/4 以上。从 2012 年开始，"中国湖"海军航空武器站又安装了面积达 118 英亩、海军部最大的光伏矩阵，发电功率达到 13.8 兆瓦，占该基地电力需求的 30%，20 年内可为美国海军节约 1300 万美元的开支。此外，美国海军在加利福尼亚埃尔森特罗和内华达州法伦地区建立的地热发电站发电能力也分别达到了 35 兆瓦和 30 兆瓦，法伦基地还同时安装了发电功率达 3 兆瓦的光伏矩阵。

光能发电方面，除上面提到的项目外，美国海军最大的太阳能发电项目位于西班牙罗塔地区。该地的巨大光伏阵列发电功率达到 20 兆瓦。其他较大的太阳能发电项目还包括：圣地亚哥科罗纳多海军基地光伏矩阵，功率 1 兆瓦；北岛停车场建立的太阳能阵列，发电功率约 1 兆瓦。

与此同时，美国海军还借助所属沿海和海外基地积极发展风力发电项目。例如，加利福尼亚州科罗纳多海军基地建设了 2 兆瓦风力发电项目；在危地马拉湾建设了 3.8 兆瓦风力发电站；在乔治亚州安纳波利斯、罗得岛纽波特也建设了兆瓦级风力发电厂。此外，美国海军还在印度洋迪戈加西亚建设 10 兆瓦海洋温差电厂；在皮吉特湾、夏威夷等地建设了潮汐发电项目。

2015 年，美国海军部又签订了约 300 兆瓦发电能力的清洁能源建设合同，并准备在几年内再签订 650 兆瓦～750 兆瓦的清洁能源发电项目合同。在此期间，美国海军发展可再生能源的主要途径也有两个：第一个途径是增加清洁能源产品的采购。2013 年，美国海军可再生能源电力使用量占当

---

① Department of Defense, *Annual Energy Management Report Fiscal Year* 2012, H—21—22.

② Department of Defense, *Annual Energy Management Report Fiscal Year* 2013, G—19.

③ Department of Defense, *Annual Energy Management Report Fiscal Year* 2014, p. 65.

④ Department of Defense, *Annual Energy Management Report Fiscal Year* 2015, p. 67.

年全部岸基设施电力消耗量的 26.6%①，2014 年占 26.5%②，2015 年占 25.9%③。海军部采购的这些清洁能源中，有些来自私营垃圾焚烧发电厂，有些来自地热井工厂，还有的来自水力发电站。这样的采购一方面满足了美国海军自身的能源需求，同时又促进了民营清洁能源发展。

美国海军发展可再生能源的第二个途径是对可再生能源直接投资利用。自 1999 年开始，美国海军充分利用各种资金大力投资发展可再生能源，在风能、太阳能、潮汐能等方面都有了很大发展。其中，加利福尼亚州圣克莱门特安装了 675 千瓦风力发电系统，可满足岛上 10% ~13% 的电力需求；关塔那摩湾安装了 3.8 兆瓦风力发电系统，可满足该基地 5% ~7% 的电力需求；科罗拉多州海军基地和加利福尼亚州二十九棕榈镇海军陆战队空地作战中心地区分别安装了 750 千瓦和 1.2 兆瓦光伏发电系统；美国海军诺福克军港利用潮汐发电获得了 13.3 万兆瓦时的电量。2013 年，美国海军为 13 个可再生能源项目共计投资 2258 万美元；④ 2014 年又投资 2296.2 万美元支持 8 个可再生能源项目发展；⑤ 2015 年，美国海军又投资 3541 万美元支持 6 个可再生能源项目⑥，主要包括建设位于马里兰州安纳波利斯海军支援行动基地 181 号大厦的地源热泵、为美军驻西班牙罗塔海军基地第 13 营区安装太阳能热水器、为美国驻意大利西戈奈拉海军航空兵基地安装大型光伏电站等。⑦

美国海军对岸基可再生能源的开发利用有效地降低了部分岸基设施对商业电网的依赖，同时也对岸基可再生能源更为广泛的利用探索了路子。

三、节能增效并举，降低岸基能源消耗

在《21 世纪能源战略构想》中，美国海军明确指出，要降低岸基能源消耗，减少汽油使用量，并以此作为美国海军能源变革和战略转型的重要

① Department of Defense，*Annual Energy Management Report Fiscal Year* 2013，p. 7.
② Department of Defense，*Annual Energy Management Report Fiscal Year* 2014，p. 9.
③ Department of Defense，*Annual Energy Management Report Fiscal Year* 2015，p. 41.
④ Department of Defense，*Annual Energy Management Report Fiscal Year* 2013，p. 63.
⑤ Department of Defense，*Annual Energy Management Report Fiscal Year* 2014，F—34.
⑥ Department of Defense，*Annual Energy Management Report Fiscal Year* 2015，p. 68.
⑦ Ibid，F—40.

目标。为实现其预定的战略目标，美国海军专门出台了《岸基能源管理》指令，开展了一系列岸基能源创新行动，主要包括以下几个方面。

一是建立赋能系统（基础设施和创新计划）。为确保有效实现岸基能源目标，美国海军充分运用具有赋能作用的基础设施和创新计划，包括先进计量基础设施（AMI）、设施能源年度审计、向各地区和各基地派遣能源管理师、建立智能建筑和基地能源管理操作系统等。[①] 美国海军把这些新型的赋能性能源管理系统与设施管理系统实现一体化，以确保能源节约不仅得以实现，而且还可以不断持续下去。海军设施司令部司令（CNIC）在分析能源目标完成情况时，在制订能源与可持续发展创新计划的要求时，都会运用这些赋能系统。海军部设施工程司令部则会跟踪和监测这些系统的有效性，并定期向海军设施司令部司令提出改进意见及其他技术性建议。

二是规范岸基能源数据的报告和分析。美国海军各地区司令和设施指挥官在海军设施工程司令部的协助下，积极开展海军岸基能源数据收集工作，并以季度报告的形式在每季度结束60天内提交给海军设施司令部。海军设施司令部在接到各地区报告并加以整理汇总后，呈交给海军作战部长和岸基战备处（Shore Readiness Division）。数据报告经整编后再次下发至各地区、各设施、各系统司令部和支援司令部，确保各个层级能源计量数据透明。进度报告的内容主要包括：岸基能源进展情况；可再生能源发电情况；完成“净零”能源年度要求的进度；年度海军非战术车辆汽油消耗量、替代能源消费量、替代燃料车采办情况和替代燃料加油站的数量；完成关键性能源系统脆弱性评估和应急战略制订的海军Ⅰ、Ⅱ级关键性资产的比例；完成节能节水评估的设施比例；先进计量基础设施部署的年度进展情况等。[②]

三是规范岸基能源投资（规划与选择）。美国海军要求，所有岸基能源投资，不论资金来源，都必须基于能源投资回报最大化的标准进行规划、立项、预算和实施。数据报告必须如实反映实际效果与计划结果的对比情况。为此，美国海军对几个相关机构的职责进行了规范。海军设施司

① Chief of Naval Operations, *Shore Energy Management*, OPNAV Instruction 4100.5E, 22 Jun 2012, p. 5.

② Ibid, p. 6.

令部司令主要负责对各种来源的岸基能源投资进行确认和优先化等级排序，并基于项目特点和本地化能源成本决定资金筹措机制和方法，以实现岸基能源投资的最大化；海军设施工程司令部主要负责重要维修项目的能效投资；海军下属各地区、各基地和相关实体须将自身的岸基能源投资与能源投资回报优先化标准相匹配，并通过基地指挥官向海军设施司令部司令上报项目信息。①

与此同时，美国海军从节能设施的投资、能耗监控系统的安装、新能源车辆使用等领域采取了一系列卓有成效的实际措施，以降低岸基能源消耗、减少非战术车辆的汽油消耗。具体来说，这些举措主要包括：

一是加大设施节能增效投资。美国海军在设施节能领域投资主要来自两个方面：一方面，美国海军充分利用专项拨款大力投资节能设施。例如，2015 年，美国海军和海军陆战队总计投资 2.22 亿美元用于建筑节能项目，包括照明系统升级、供热和供暖系统、天然气分配系统升级等。主要项目包括：投资 660 万美元的海军基沙普—布雷默顿基地 11 栋建筑以及军用住房区域能效措施改造计划（计划于 2016 年 5 月完工）；华盛顿艾佛雷特海军基地将照明系统更新为等离子光照系统，每年可节约 1.6 万美元的维护费用。②

另一方面，美国海军积极利用第三方非政府融资机制——“节能绩效合同”（ESPC）和“公用能源服务合同”（UESC），为各军种发展节能项目提供资金支持。2012 财年，美国海军利用 UESC 资金 4400 万美元，其中一个合同金额 360 万美元，由海湾电力公司（Gulf Power）建设一个节能项目，旨在减少美国海军 12 座设施的能源消耗，升级能源管理基础设施。此项目每年可节能 148.5 亿英热单位，节水 130 万加仑，相当于每年节约 30 万美元的开支。③ 2013 财年，美国海军又获得“节能绩效合同”和“公用能源服务合同”4440 万美元的投资；2014 财年获得 1 个“节能绩效合同”项目，投资额 1270 万美元；3 个“公用能源服务合同”，投资总额达 890 万美元。④ 2015 财年，美国海军授予了总额约 3900 万美元的“节能绩效合

① Chief of Naval Operations, *Shore Energy Management*, OPNAV Instruction 4100.5E, 22 Jun 2012, pp. 6 – 7.

② Department of Defense, *Annual Energy Management Report Fiscal Year* 2015, June 2016, p. 25.

③ Department of Defense, *Annual Energy Management Report Fiscal Year* 2012, June 2013, p. 77.

④ Department of Defense, *Annual Energy Management Report Fiscal Year* 2014, May 2015, p. 68.

同”和“公用能源服务合同”项目，加上海军陆战队2800万美元的一个合同项目，预计每年可节能近1000亿英热单位。①

二是建立能耗监控体系。为了更好地促进岸基设施节能增效，美国海军高度重视能耗监控系统的开发和运用，以期为节能行动提供更精确的数据支撑。2009年，美国海军已对全部2.6313万座建筑中的1.6919万座完成了监控，约占全部建筑的64%。② 从2011年开始，美国海军开始推广一种先进的“设施能耗监控系统”，以跟踪其在全世界范围内岸基设施的电力、天然气和水资源的消耗情况。③ 截至2015年，该系统已经实现美国海军部50%的电力消耗监控，比2014年提升26个百分点。未来几年内，美国海军计划利用“设施能耗监控系统”项目对85%的电力、天然气、水、蒸汽消耗实现监控。④ 此外，美国海军还在设施中应用了一款‘公用服务信息综合跟踪系统”（Comprehensive Utilities Information Tracking System）软件。该软件可通过连接监控系统的数据库，收集设施能耗情况、支付能源账单。该系统将使能源管理者可以更加精确地掌握能源消耗、分配和支付等数据，便于做出更优化的决策。

三是使用新型非作战车辆。为实现到2015年削减商用车辆石油消耗量50%的总体目标，美国海军主要采取两项措施：一是替代现有车辆，研发和采购新能源汽车。美国海军首先将大部分现有非战术车辆改为替代燃料车辆，大幅度减少非战术车辆的化石燃料消耗量。新型非战术车辆主要包括电动、混合动力以及能够依靠燃烧天然气、高纯度乙醇混合物、生物燃料混合物或者氢能源驱动的车辆。同时，美国海军还于2011年参与了美国联邦政府事务管理局组织的一个电动车辆研发项目，2012年领导了一项关于中型和重型柴油混合动力车辆的评估项目。此外，美国海军还积极引进技术成熟的新能源车辆。例如，2012年美国海军采购了168辆低速电动车，2013年采购107辆，用以替代传统燃料车辆。⑤ 二是建设配套设施，

① Department of Defense, *Annual Energy Management Report Fiscal Year* 2015, June 2016, p. 71.

② Department of Defense, *Annual Energy Management Report Fiscal Year* 2009, May, 2010, p. 17.

③ Department of Defense, *Annual Energy Management Report Fiscal Year* 2011, September 2012, p. 59.

④ Department of Defense, *Annual Energy Management Report Fiscal Year* 2014, March 2015, p. 59.

⑤ Department of Defense, *Annual Energy Management Report Fiscal Year* 2015, June 2016, p. 32.

促进替代能源车辆使用体系的建立。2015 年，美国海军在西南部地区、大西洋中部地区和东南部地区的不同军事基地建成了 6 座太阳能车库。另有 3 座太阳能车库在建并计划于 2016 年底投入使用。截至 2015 年，美国海军在不同的基地建成了 53 座电动汽车充电站，另有约 250 座充电站计划于 2016 年底前在西南地区建成。另外，在大西洋中部地区和夏威夷地区有 3 座 E85 充电站于 2015 年竣工。在诸多措施共同作用下，2015 年，美国海军汽油消耗量比 2005 年基准线下降了 25.1%。[①] 美国海军在非战术车辆节能方面取得显著成效。

四、依托技术革新，打造“大绿舰队”

（一）“大绿舰队”发展概貌

2009 年，美国海军部长马布斯提出了五大能源目标，旨在减少海军部能源消耗，降低对外国进口石油的依赖，大幅度提高替代能源的使用。五大目标之一就是示范并最终部署一支“大绿舰队”。这支舰队之所以取这样一个名字，是为了纪念西奥多·罗斯福的“大白舰队”。20 世纪初，罗斯福打造的一支“大白舰队”，充分展示了美国的海军实力和国家实力，使美国成为一个全球大国走上了世界舞台。2009 年 5 月马布斯就任美国海军部长以后，就一直致力于推动美国海军使用替代燃料。“大绿舰队”将带来一个新常态。在这个新常态之下，美国海军将珍视能源，把它当作一种战略资源，最大程度地提高能源效率，培育各种替代能源品种。

“大绿舰队”的初始目标是建立一支区域内部署的“绿色打击群”（Green Strike Group）。该打击群由一艘航空母舰、一艘导弹巡洋舰、两艘导弹驱逐舰、一艘核潜艇和舰载飞机组成，其中所有舰船（除核动力军舰外）和飞机均使用生物燃料与燃油 50/50 混合而成的替代燃料驱动，并同时展示其他节能技术（参见图 4—11 和图 4—12）。混合动力是实现“绿色打击群”概念的关键。它将帮助美国海军实现在全军种减少燃油消耗的最终目标。混合电动概念将允许舰船使用电动机非燃气轮机作为主推进装备来提供动力。美国海军希望此举可以让舰队中的舰船节约数百万美元的燃

① Department of Defense, *Annual Energy Management Report Fiscal Year* 2015, June 2016, p. 32.

油费用。根据计划，舰船在航速低（14 节以下）的时候会使用混合电动装置，航速高的时候则使用燃气轮机。

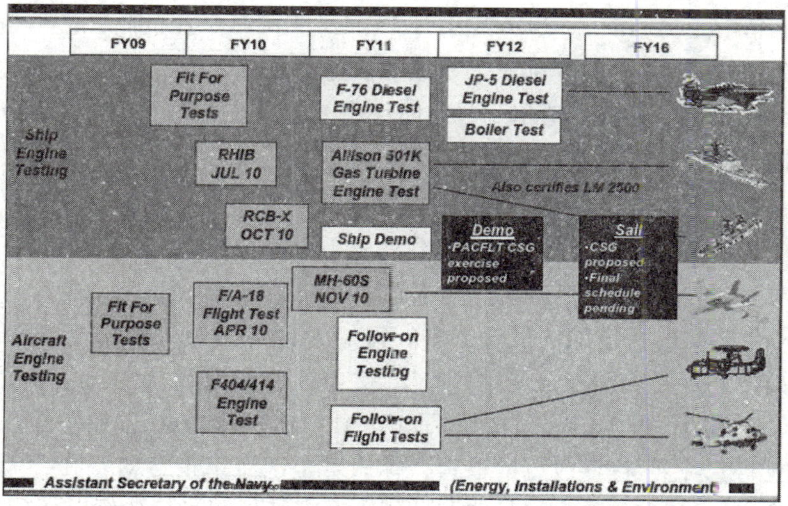

图 4—11　美国海军“大绿舰队”发展进度示意图

资料来源：Assistance Secretary of the Navy, *Department of Navy Energy Program*, March 30, 2011, p. 5.

图 4—12　美国海军“大绿舰队”构成变化示意图

资料来源：Tracey b. Moriarty, *Navy Energy Program*, May 2011, p. 12.

2012年7月，在美国环太平洋演习期间，“大绿舰队”进行了首航，参演的40艘军舰、6艘潜艇和200架飞机开展了替代燃料实验。美国海军为此斥资1200万美元购置了45万加仑由烹饪油脂（即“地沟油”）和海藻油制备的生物燃油。[①] 2016年1月15日，美国海军宣布将试航其“大绿舰队”。1月20日，海军部长马布斯和农业部长维尔萨克出席“阿里·伯克”级驱逐舰“斯托克达尔”号启航仪式，这是美国海军首艘用混合燃料替代化石燃料的主战舰。同年3月11日，“斯托克代尔”号完成南太平洋独立巡航，巡航过程中通过燃烧生物燃料及一系列节能措施，战舰平均每天油耗2.0159万加仑/天，相当于容量的4.4%，比改装前节能40%。[②]

与此同时，“斯托克达尔”号在巡航中使用了Alt Air公司生产的基于牛油等生物燃料所搭配的混合燃料，每加仑价格仅为2.05美元。相比之下，2016年5月美国零号柴油每升2.52美元，新型混合燃料终于在价格上有了竞争力。同年，美国海军采购了Alt Air公司7760万加仑混合燃料用作舰船燃料。[③] 这些成就的取得，标志着美国海军正在朝着其“大绿舰队”的目标不断向前迈进。

事实上，美国海军“大绿舰队”的建设和发展正反映了美国海军在战术能源上的突破性进展。为了让“大绿舰队”真正具备实战能力，美国海军持续在作战能源科技领域里投入了大量资金。如2012财年，美国海军共列支3.89亿美元年度资金和20亿美元的FYDP资金用于发展“大绿舰队”、提高作战能效、推广替代能源等项目；[④] 2013财年列支3.377亿美元年度预算资金和19亿美元的FYDP资金[⑤]，重点从舰船航行和舰载机飞行两个方面入手，大力推动技术创新，取得了一系列显著的成果。

（二）海上舰船能源技术的研发

海上舰船是构成“大绿舰队”的主力。对海上舰船绿色能源技术的研

---

① 丁宏、张玉乾：《美军“大绿舰队”首艘战舰启航，使用生物燃料》，中国新闻网，2016年1月25日，http：//www. chinanews. com/mil/2016/01—25/7731556. shtmil.［2016—10—20］

② 《美国海军神盾舰试喝四年地沟油，全球首支“大绿舰队”正式开挂》，大金网，2016年3月13日，http：//mt. sohu. com/20160313/n440256390. shtmil.［2016—10—20］

③ 丁宏、张玉乾：《美军“大绿舰队”首艘战舰启航，使用生物燃料》，中国新闻网，2016年1月25日。

④ DoD，*Fiscal Year* 2012 *Operational Energy Budget Certification Report*，January 2011，p. 14.

⑤ DoD，*Energy Investment for Military Operations for Fiscal Year* 2013，June 2012，p. 7.

发和应用也就成了美国海军打造“大绿舰队”必须攻克的技术难关。近年来，美国海军在这一领域的投入十分明显，具体包括以下几个方面：

一是发展混合动力军舰。2009 年，美国海军对装有辅助电力驱动系统（HED）的两栖攻击舰“马金岛”号（Makin Island）进行了试验。试验中，该舰从墨西哥湾一个船坞到达圣迭戈军港，全程使用燃气轮机和辅助电力系统驱动后整个航程节省了大约 200 万美元的燃料费用，预计在服役期内可节省燃料费用 2.5 亿美元。①“马金岛”号试验成功后，基于相同原理的动力系统——燃汽轮机和电力驱动混合动力系统正在积极研发并计划应用于 DDG—51 级军舰上。2012 年，舰载原型混合动力系统在“特鲁斯顿”号驱逐舰上安装使用，通过对该舰与其他同级军舰能耗数据进行对比，结果表明，在低速行驶的情况下，使用新型混合动力系统的军舰可比燃油动力的基本型号军舰节省 10% 的燃料。经改进后，军舰燃气与电力混合推进系统可使军舰加注燃料后续航时间增加 2.5 天，同时燃料加注时间也减少到燃气锅炉的一半。2013 年，美国海军拨款 1310 万美元年度资金和 2.353 亿美元的 FYDP 资金用于发展舰船混合动力推进技术，在 DDG—51 级军舰上进行混合动力系统改造。改造后预计每艘军舰每年可通过提高效率节约 10% 的燃油，约合 5500 桶。②

尽管 2015 年国会拨款有所减少，但美国海军仍在推进该系统在 DDG—51 级军舰上的应用。③ 除燃气和辅助电力系统外，美国海军还在不断地为服役中的军舰和新设计的军舰寻求新的动力技术，比如对压缩机和涡轮机设计的改进、效能控制技术以及新材料技术等目前都在研发之中，相比现有推进系统可减少燃料消耗达 8%，正在研发的先进周期发动机技术有望塑造美国海军能源安全的未来。

二是推广船体革新技术。美国海军积极采用船体新设计降低能耗。比如，美国采用新的船体漆装技术，可以有效减少贝类等海洋生物附着，从而起到减少阻力、降低能耗的作用。美国海军部长马布斯称，该技术可使每艘战舰每年节约 18 万美元的燃料费用。此外，美国海军还在研究艉板技

---

① Ray Mabus, *Remarks at Naval Energy Forum*, October 14, 2009, p. 6.

② Moshe Schwartz et al., *Department of Defense Energy Initiatives: Background and Issues for Congress*, December 10, 2012, p. 20.

③ Department of Defense, *Fiscal Year 2015 Operational Energy Annual Report*, August 2016, p. 20.

术，目前已经应用于“硫磺岛”号两栖攻击舰、“奥克·希尔”号船坞登陆舰、“埃塞克斯”号两栖攻击舰等军舰。这项技术可使每艘战舰每年节约5天航行所用燃料。虽然在安装时需投资550万美元，但安装后每艘军舰可节约400万美元的燃料费用，从长远来看也可极大减少能源消耗。2013年，美国海军投资3220万美元FYDP资金用于提升LM2500型燃气轮机改造项目，通过改进发动机控制器、减少压缩机漏气、降低气流损耗、提升油仓维修标准等措施达到提高燃料利用效率的目的。[①] 2015年美国海军计划投资110万美元用于在军舰底部安装两个中等尺寸鳍片用于增加船体转向时的稳定性，此项技术可减少舰船13%的动力并提升燃料3%的燃烧率。此外，美国海军还积极探索球鼻型舰首优化技术，即：在导弹驱逐舰声呐导流罩上方增加附加装置，在不影响声呐作业和舰船机动性的情况下减少船体行进时的波浪阻力，从而达到节能的效果。[②]

三是运用辅助节能系统。美国海军在航海平台上安装了监测电力和燃料消耗的“能源仪表板”（Energy Dashboard），为指挥官和水兵做出实时行动决定提供所需要的信息，并在战术情况允许时改变能源使用行为。其他一些既可提高海军战斗力又可降低舰队燃料消耗的创新计划包括：智能航行规划软件；优化油料船及其他支援舰艇的补给线路；航海平台扩大使用舰队合成训练等。[③] 提高战场环境下的能源效率创新计划包括改造液压动力系统、改进维护保养程序、高效舰载系统、电源管理系统和电驱系统等。有些研发计划，如固态照明灯，不仅可以减少海军资产或平台的全寿命电力和燃料消耗量，进而减少整体拥有成本，还可以减少维护需求。尽管许多计划所产生的能源效率比例相对较小，但是这些小贡献意义重大，不仅可以提升作战能力，还可以节省军舰全寿命周期的能耗。美国海军研究办公室还资助电力驱动舰船办公室对先进储能系统和其他海上电力高效管理系统开展的研究。这些系统将最终接受下一代武器系统电力需求的大幅增加和能力的巨大跃升。同时，美国海军也注重研发海军舰上能效技术。“韦恩·E·麦亚”号导弹驱逐舰安装了能源仪表盘，为该舰提供实时

① DoD, *Energy Investment for Military Operations for Fiscal Year* 2013, June 2012, p. 25.

② Department of Defense, *Operational Energy Annual Report Fiscal Year* 2015, August 2016, p. 43.

③ U. S. Navy, *A Navy Energy Vision for the 21st Century*, October 2010, p. 8.

监控，同时为舰员提供舰船能耗情况和各系统运转情况。由海军研究生院设计并已在第五舰队和第七舰队应用的“海上补给计划者”软件可通过计算作战舰艇与补给舰船最佳汇合路径起到减少军舰航程、节约能源的目的，每年可为美国海军节省数百万美元的油料。

此外，美国海军还在积极探索舰船能源存储和发电技术。2013 财年，美国海军列支 2140 万美元的年度拨款资金和 6320 万美元的 FYDP 资金用于发展能源存储技术；列支 700 万美元的年度拨款和 4110 万美元的 FYDP 资金开展“先进发电模块”（Advanced Power Generation Module）。其中，“先进发电模块”主要是通过研制带有一台高速发电机的先进燃气涡轮机，获得更高的燃料效率、减轻自重、降低使用寿命内维护费用并满足先进传感器和未来武器的要求。①

四是发展舰船能耗监控系统。美国海军意识到，了解舰船何时何处消耗能源对提高能效具有很大作用。因此，美国海军积极投资舰船“设备燃料流量监控系统”（Plant Flow Minitoring System）和“岸基电源管理与监控系统”（Shore Power Management and Monitoring System）。舰船“设备燃料流量监控系统”主要用于监控舰船柴油发动机的燃料消耗情况，通过调整浓度、技术、进气等方法将燃料流量测量精确到 0.01%。“设备燃料流量监控系统”提供的精确测量数据，使美国海军可以监控其舰船燃料消耗、分析油料消耗与航速的关系、优化航行参数设置，填补了美国海军军事海运司令部和舰船自身对发动机消耗缺乏监控能力的缺陷，有利于军事海运司令部更好地落实节能措施。军事海运司令部开发的“岸基电源管理与监控系统”与舰船的任务控制和通信系统实现集成，对舰船包括千瓦时总数、用电高峰及其他几项电力质量计量指标在内的能源和电力品质数据进行衡量和储存。所得数据用于军事海运司令部监控和管理岸基电力使用量，采取相应的节能措施。2012 财年，美国海军为上述两项系统提供了 300 万美元的年度预算资金和 1100 万美元的 FYDP 资金。②

2013 财年，美国海军列支 2090 万美元的年度预算资金和 1.84 亿美元的 FYDP 资金用于“作战能源消耗计量”项目，重点发展“综合状态评估系统”（Integrated Condition Assessment System）、“舰队战备研发项目”

---

① DoD, *Energy Investment for Military Operations for Fiscal Year* 2013, June 2012, p. 24 - 25.

② DoD, *Fiscal Year* 2012 *Operational Energy Budget Certification Report*, January 2011, p. 16.

(Fleet Readiness R&D Program)、"海军能源使用报告服务"(Navy Energy Utilization Reporting Service)升级版等项目。其中,"综合状态评估系统"项目共计花费340万美元的年度预算资金和1050万美元的FYDP资金。该系统由软件、便携式数据终端和工作站三部分组成,主要用于获取军舰驻泊时的船体、机械、电力等数据。"舰队战备研发项目"共计投入880万美元的年度预算资金和5960万美元的FYDP资金,重点研发可以快速应用的提升能效、降低维护费用的技术。这些技术包括"能源仪表盘""智能航行规划决策辅助软件"等。其中,"能源仪表盘"是一种在舰船航行或驻泊时监控全舰船范围内各个系统能耗的工具。"智能航行规划决策辅助软件"被海军部海事预报中心(Naval Maritime Forecast Center)用来分析当地气象、洋流、舰船外形、推力数据等要素,规划出节省燃油的航行路线。"海军能源报告服务"升级版主要用于收集舰船驻泊时的能耗数据并提升监测的精确性、可计量性和报告方便性。开发该系统共计投入25万美元的年度预算资金和130万美元的FYDP资金。[①]

(三)海军航空能源技术的研发

美国海军打造"大绿舰队",其中必不可少的组成部分是海军航空兵。目前,美国海军航空兵拥有3700多架舰载飞机,每年消耗石油基燃料6亿加仑。[②] 2008年,美国海军航空兵油耗占整个海军部石油消耗的42%。因此,美国海军在着力减少军舰能耗的同时,也必须采取多种方式降低各类飞机的能耗。[③] 这是建设"大绿舰队"的必然要求。目前来看,美国海军在航空能源技术领域内的主要创新努力包括以下三个方面:

一是采用训练模拟技术。模拟器技术在过去十年中稳步发展。美国海军利用现代模拟器提供的分散式任务训练能力使舰队空中、水面和水下受训人员可以在逼真的合成环境中互动,所提供的训练常常优于实际舰队资产所能提供的训练,而且风险和成本也比较低。2008年,由美国海军部航空训练主任(CNATRA)所负责管理的模拟器使飞行员完成了超过1/3的

① Department of Defense, *Energy Investment for Military Operations for Fiscal Year* 2013, June 2012, p. 23.

② U. S. Navy, *A Navy Energy Vision for the 21st Century*, October 2010, p. 9.

③ Department of Defense, *Annual Energy Management Report Fiscal Year* 2014, March 2015, p. 6.

训练课目，总计节约了4500万美元的燃料成本。[①] 模拟器带来的其他项目节支，诸如飞机操作成本和机身磨损开支，更是大大超过通过减少燃料用量所能节省的开支，进而大大减轻训练经费的开支压力。

2013财年，美国海军列支6400万美元的年度拨款和3.312亿美元的FYDP资金，大部分用于训练模拟器的升级。“海军航空模拟器总计划”(Navy Aviation Simulator Master Plan) 旨在确认在经费、技术和最低飞行小时等因素的限制下，如何对模拟器的能力（保真度）和使用限度进行升级，以最大限度地利用模拟器开展F/A—18A/C、F/A—18E/F、EA—18G、MH—60R/S和E—2C等机型的训练，提高战备水平。该计划对模拟器技术的改进可使美国海军航空兵通过增加模拟器训练减少实际飞行训练小时数，并减少相应的燃料消耗。[②]

二是加大飞机能效技术研发。美国海军正在更新的任务规划数据库和使用中的机上飞行效能模块可进一步减少1%～3%的飞行架次燃料消耗。美国海军对F/A—18“大黄蜂”战斗机的发动机进行了升级，改进型发动机可获得3%的效率提升，每年每架飞机可节约航空燃油12.7万桶，约合1500万美元。[③] 改进型压缩机和涡轮机设计、寻优控制技术和先进的材料都在研发之中，目标是减少传统推进系统8%的燃料消耗。另外，由于抗阻飞机涂料在商用航空中展示了高达6%的燃料节省效果，美国海军也在对这种涂料进行军事应用评估。美国海军还在投资潜在的可供下一代海军航空平台应用的革命性节能技术。2013财年，美国海军投资2420万美元的年度拨款资金和1.44亿美元的FYDP资金用于研发“可变式循环发动机技术”(Variable Cycle Engine Technology)[④]，此项技术可以帮助下一代航母舰载机提高性能，同时降低燃料消耗。同年，美国海军投资1060万美元年度拨款资金和4980万美元的FYDP资金，用于研发无人潜航器（UUV）动力与能源、无人潜航器动力系统和长航时无人潜航器等项目。[⑤] 这些项

---

① U.S. Navy, *A Navy Energy Vision for the 21st Century*, October 2010, p.9.

② Department of Defense, *Energy Investment for Military Operations for Fiscal Year 2013*, June 2012, p.24.

③ Mabus, Ray, *Remarks at Naval Energy Forum*, October 14, 2009, p.6.

④ Department of Defense, *Energy Investments for Military Operations for Fiscal Year 2013*, June 2012, p.26.

⑤ Ibid.

目的研发重点是为无人潜航器开发高持久性动力和无空气推进系统。与无人潜航器相关的最大挑战是动力和推进系统。这些研发项目旨在提升持久性、优化电动机设计，以提升效率，减少重量、体积和踪迹。

2013 财年，美国海军斥资 1770 万美元的年度拨款资金和 1.422 亿美元的 FYDP 资金用于研发航空节能技术。其中最突出的是对 F—35 型战斗机的技术改造。为了提升 F—35 战斗机的发动机效率，美国海军投资了 1380 万美元的年度资金和 7130 万美元的 FYDP 资金，主要通过采用“高性能控制器”“优化涡轮机降温”“涡轮机清洁控制”“燃料燃烧优化控制模式”等先进技术，优化战斗机的发动机燃料效率。在 F—35 战斗机飞行节能技术方面，美国海军投资 40.2 万美元的年度拨款资金和 3920 万美元的 FYDP 资金，优化 F—35 战斗机的燃料效率，重点开发“电源热能管理系统”（PTMS）的飞行前操作模式、GPS 获取能力、常规起降/舰载型（CTOL/CV）喷气口优化、子系统待命模式等技术。上述动力和飞行技术革新将运用于 F—35 Block 5 战斗机（2020 年）及以后机型，预计将取得显著的节能效果。①

三是通过其他辅助措施降低飞机油耗。例如，自 2009 年以来各海军航空兵工作站通过在飞机加注燃料期间使用燃料卡车而非“热”滑行，节省了超过 200 万加仑的燃料；F/A—18“超级大黄蜂”机群通过取得相关认证后，在通常留给商业航班使用的更高、更省油的飞行高度飞行，从而使每个中队每年节省 25 万美元的燃料费用。美国海军采用国家航空航天局研发的一种飞行控制程序可以有效优化飞机在各种飞行条件下的外形特性，可使 F/A—18A 战斗机减少 3.5% 的燃料消耗。在现有电子设备基础上，美国海军通过借助 GPS 辅助导航可使舰载机飞行时比传统无线电导航降低 1% 至 2% 的燃料消耗。② 海军航空兵还在积极开发先进的材料，减轻飞机上武器弹药的负荷，使飞机飞得更远，携带更多的武器——这是 2008 年国防科学委员会报告中引用的“增加牙齿、减少尾巴”理念的一个鲜明例子。

---

① Department of Defense, *Energy Investments for Military Operations for Fiscal Year* 2013, June 2012, p. 25.

② Department of Defense, *Operational Energy Annual Report Fiscal Year* 2015, August 2016, p. 41 – 42.

从上述内容中不难看出，美国海军倾力打造的“大绿舰队”不仅是实质意义上的一支新能源舰队，更是一支承载众多前沿节能科技和新能源技术的标杆，这支舰队将引领世界海军向新能源领域的跨越。

五、着眼长远发展，优化能效采办

采办过程是美国海军战斗力的一个基础。下水服役的军舰未来 25 ~ 50 年将在舰队中服役，飞机和战术车辆也要服役很多年，陆上基础设施的设计寿命长达几十年。因此，美国海军在能源变革行动中积极把能源作为考量因素纳入到采办决定的前期。美国海军部长马布斯 2009 年 10 月在海军能源论坛上提出要改变海军采办模式，并将其列为美国海军第五大能源目标。为实现这一目标，美国海军聚焦需求制定、武器采办和合同签订的全过程，把能源效率纳入新系统和新建筑的决策之中。

在岸基设施方面，为落实《2005 年能源政策法》《2007 年能源独立与安全法》、第 13423 号行政令、第 13514 号行政令以及国防部第 4170. 11 号指令关于新建筑必须满足“能源和环境设计银级标准”的要求，美国海军将全寿期能源成本作为授予合同时的一项强制性评估因素。美国海军部在采购建筑设备、办公产品、电器和系统时，尽可能采购符合美国环保署或联邦能源管理计划指定的产品。美国海军部把能源效能纳入“优先供应商计划”，使竞争公司的能源足迹成为采办决定中的一个额外的考虑因素。这些措施鼓励了工业界积极进取，建造美国海军所需要的高能效系统、建筑和设备，从而促进持久的变化。此外，美国海军设施工程司令部采用美国绿色建筑协会的“能源和环境设计先锋（LEED）”绿色建筑评估体系，将 LEED 银级设计指标纳入新建筑，可增加全寿期节省成本的机会。

同时，美国海军继续沿用自 1997 年开始实施的“能源之星”评级体系。该评级体系源于美国国防部与美国能源部、美国环保署签订的一份谅解备忘录。备忘录规定：某一建筑综合审计评估时若被确定可在 10 年或更短时间内利用自身资源抵消成本，即可评为“能源之星”建筑。2003 年，美国海军 9. 585 万座建筑（占总面积 93%）通过审核，达到了“能源之星”标准。① 2005 年，美国海军部项目执行组开始采用美国能源部研发的

① Department of Defense, *Annual Energy Management Report Fiscal Year* 2003, p. 20.

“建筑物全寿期成本核算软件”作为建筑物的最新评价标准，提高评价效率。此外，美国海军部还积极参与节能建筑的设计。1999 年，美国海军部主导了联邦政府设立的“设施理事会工作组”。该工作组主要任务是将可持续性设计、工程增值和“全寿期成本核算”统一于联邦建筑项目标准中。总统环境质量环境技术特别行动组理事会也邀请美国海军设施工程司令部共同主持一个执行委员会，修订《整栋建筑设计指南》（Whole Building Design Guide），使其可涵盖《可持续建筑技术手册》的相关内容。美国海军参与联邦政府相关建筑设计标准制定既有利于自身在建设和设计新设施时把握建设标准，又能对照标准对已建成的设施进行改造，从而促进了其岸基设施节能。

2014 年，美国海军投资“节能绩效合约”项目 1 项和“公用能源服务合同”项目 3 项，共计投资 1400 万美元；[①] 2015 年又在珍珠港联合基地等地投资 3900 万美元用于“节能绩效合约”和“公用能源服务合同”的设施项目。这些项目完全启用后可每年节约能源 1000 亿英热单位。[②] 2014 年，美国海军投资 740 万美元在珍珠港建设装有高效变速空气压缩机的工厂，每年可为海军节约 88 万美元能源开支和 1170 万英热单位。[③] 2015 年 5 月，美国海军在北岛海军航空基地新建一座健身中心。该中心秉承节能理念，在整个建筑设计中最大限度利用外部光能，建设了太阳能游泳池和内部水暖系统，并安装了 337 千瓦的太阳能电池板，实现了系统能源自给。同年，美国海军在展开对杰克逊维尔海军航空基地机场升级改造时，一方面将拆解的硬质材料填入新跑道进行重复性利用，另一方面在机场安装高能 LED 照明系统，替代原有照明系统，预计每年可节省 10 万美元的电力开支。[④] 截至 2015 年，美国海军自 2007 年新建的建筑中有 36% 达到低于 ASHRAE 90.1 - 2004 基准 30% 的标准；另有 16% 的建筑物达到了低于 ASHRAE 90.1 - 2007 基准 30% 的标准；还有 6.5% 的建筑达到了低于

① Department of Defense, *Annual Energy Management Report Fiscal Year* 2014, March 2015, p. 68.

② Department of Defense, *Annual Energy Management Report Fiscal Year* 2015, June 2016, p. 71.

③ Department of Defense, *Annual Energy Management Report Fiscal Year* 2014, March 2015, p. 24.

④ Ibid, p. 67.

ASHRAE 90.1 - 2010 基准 30% 的标准。[①]

作战能源采办方面，2011 年 6 月，主管研究、开发与采办的助理海军部长发布了一份备忘录，明确规定将能源考虑纳入采办过程之中。备忘录提出了具体的指南：一是将计算“能源全负担成本”作为指令性要求；二是在可承受性（Affordability）指标中建立一个能源成分；三是在所有采办计划中将能源作为考量因素；四是在把入围评审流程（Gate Review Process）中将能源作为考量因素；五是对传统武器系统进行能源评估。[②]根据该备忘录要求，海军作战部作战能源办公室（N45）设立了一个作战能源采办小组（EN-ACQT），负责把作战能源考量纳入到海军各种规划和部队建设活动之中。采办小组还评估了在《联合能力集成与开发系统》文件中纳入能源效率考虑的问题，接着进行“装备性解决方案分析”阶段评估。此外，美国海军作战能源办公室还参与了诸如“俄亥俄”级潜艇替代项目、空中与导弹防御雷达（AMDR）、船坞登陆舰（LSD（X））、联合轻型战术车（JLTV）等研发计划，确保能源要素纳入考量范围。美国国防部在 2013 财年作战能源投资报告中，首次将美国海军部提出的“高效能采办”作为六大扶植目标之一，从而进一步优化了作战能源相关采办程序和要求。[③]

美国海军对采办程序的革新实质上是从先前的一种短期的、狭隘的采办行动转变为一种长远的、综合的、有前瞻性的行动，是美国海军落实可持续发展战略和能源战略的重要支撑。

六、注重以人为本，培育节能理念

除了围绕五大能源目标开展各项能源创新行动以外，美国海军认识到，培育节能意识对实现其能源战略目标也至关重要。美国海军部一直在推进和实施能源文化变革计划，从人员教育和训练着手，力求使美国海军全体人员都能理解节能的重要意义，通过树立节能理念并转化为自觉的节能行动，为美国海军能源变革营造良好的内部环境。

---

① Department of Defense, *Annual Energy Management Report Fiscal Year* 2015, June 2016, p. 70.

② DoD, *Energy Investment for Military Operations for Fiscal Year* 2013, June 2012, p. 27.

③ Ibid, p. 27.

（一）强化节能意识

美国海军首先注重从教育培训入手，致力于打造海军内部的节能文化。其教育培训主要针对军官和相关人员进行，目的是讲解节能行动对提升作战能力的重大意义，唤醒相关人员的节能意识；再通过传授节能增效手段，引导上述人员的节能行动；最后通过海军军官和相关人员建立起来的节能理念塑造整个海军的节能文化。为此，美国海军部建立了五个层次的教育培训体系：

一是能源基础教育培训（General Energy T&E）。能源基础培训旨在为受训人员提高节能意识提供基础理论和技能培训。此类培训又区分为入伍入职培训（Accession T&E）、通用军事培训（General Military Training）和人员资格标准（Personnel Qualification Standards）三类。其中入伍入职培训主要对象是新兵、候补军官和军校学员；通用军事培训对象为军官和士兵；人员资格标准主要用于检验海军军官和士兵掌握的相关节能知识能否达到职业标准。

二是岗位专家教育培训（Subject Matter Expertise T&E）。岗位专家培训属中级培训范畴，具体区分为两类培训：一类是基础专业人员培训，主要面向少尉、中尉军官以及下士以下的士兵传授日常任务中可用的具体节能措施，如计算燃料消耗率等；另一类是中级专业培训，对象为上尉、少校和中士、上士，主要侧重讲授能耗与任务成败关系以及在决策过程中纳入能源因素的方法。

三是领导层教育培训（Leadership T&E）。领导层培训区分为两个层次：一个是高级领导层培训（Advanced leadership T&E），针对舰长（COs）、执行军官（XOs）和部门主管（DH）以及三级军士长以上的士官进行，主要培养如何通过提高能效提升作战能力以及如何将能力创新应用于能源管理领域；另一个是最高级领导培训（Senior leadership T&E），主要针对海军将官，侧重于培养如何在采办、作战决策时将能源因素纳入考量范围。

四是高级专业人员教育培训（Advanced Specialized T&E）。高级专业人员培训区分航空、远征、岸基、水面、水下五个方向，主要针对各类工程师和各类技工开展，目的是指导各个作战单位落实最佳节能行动、强化节能意识。

五是舰队评估（Fleet Evaluation）。即利用合成训练单元演习（COMPTUEX）和联合特混舰队演习（Joint Task Force Exercises）来检验和评估能源效率做法纳入当前军事行动后的集成效果。①

据美国国防部2016年发布的《2015财年作战能源年度报告》透露，2015年7月，美国海军发布了一项综合性战略，将能源培训机会作为制度纳入了军官和士兵的教育培训体系。该战略提出了一系列关于创造新的能源知识学习机会的建议，涉及能源效率、能源节约以及这两项措施与提升作战能力之间的关系。美国海军还开发了一个基于网络的能源通用军事培训课程，并于2015年10月开始向海军参谋军官开放。海军研究生院继续向将级军官和高级行动服务人员开设“领导创新—能源应用聚焦”课程。除开展这些教育培训外，美国海军还推出了供苹果和安卓移动设备使用的“能源战士”数字应用，这是美国海军文化变革创新计划的一个关键部分，旨在改变官兵的能源思维，增强官兵的能源意识，使官兵将能源视为一种作战赋能要素。与此同时，美国海军还利用其能源季刊“Currents”，就美国海军的能源发展计划、具体创新计划和取得的成就对利益相关各方开展教育。② 美国海军还通过向其官兵家属分发节能手册，通过每月通讯“Energized”和能源通讯季刊、更新海军网站能源信息等方式和途径强化节能意识。

（二）促进节能行动

美国海军还在水面舰艇中大力实施“有奖节能计划”（i-ENCON），鼓励舰艇在执行任务过程中采取更高效的操作方法达到节能目的。该计划采取的主要做法是派遣能源专家在舰员中推广节能技巧，发放奖金表彰节能成效最佳的舰艇。奖金作为舰艇自由支配资金，可用于采购舰艇所需装备，亦可用作舰员福利、娱乐、提升士气等方面。自i-ENCON实施以来，美国海军已成功地将航海节能的基本要素引入了海军舰队，有效地降低了许多水面作战舰艇的燃料消耗量。2010财年，美国海军依靠i-ENCON节

---

① U. S. Department of the Navy, *Navy Energy Training & Education Plan*, 2 July 2015, pp. 5 – 7.

② DOD, *Fiscal Year 2015 Operational Energy Report*, August 2016, p. 6.

约油料 135 万桶;[①] 2011 财年节约原油 110 万桶，总计节省燃料费用约 11%、约合 5.65 万工作小时。2012 财年，美国海军共计投入 50 万美元的年度拨款资金和 280 万美元的 FYDP 资金用于奖励在节能方面表现突出的单位。[②] 2011 财年，美国海军“普林斯顿”号导弹巡洋舰、“霞飞”号导弹驱逐舰和“钟云”号导弹驱逐舰因节约更多燃料而获得该奖项。未来，美国海军将继续利用 i-ENCON 提高海上燃料效率，并把能效创新计划的目标对准港内军舰。[③]

2012 财年，美国海军航空部队开始实施“航空兵能源节约项目”（Air ENCON）。该项目通过度量、报告、节能行动、奖励等方式促进燃料节约。美国海军拨款 210 万美元的年度预算资金和 1310 万美元的 FYDP 资金支持该项目。[④] 2013 财年再次拨款 160 万美元的年度预算资金和 1250 万美元的 FYDP 资金继续推进该项目。[⑤] 2013 年，美国海军通过了针对航空节能的两个项目——“油罐车加油”项目和“短周期任务与回收装罐”项目（Short-Cycle Mission and Recovery Tanking，SMART）。其中“油罐车加油”项目是指使用油罐车在飞机发动机停转时加油，取代管道在飞机发动机发动状态下加注燃油。“短周期任务与回收装罐”项目是指通过优化给飞行中的 F—18 战斗机加油，减少加油机滞空时间，从而取得节能效果。除上述两个项目外，还有 6 个项目正处于研发中。“航空能源节约项目”在 2014 年全面实施，预计到 2020 年将为美国海军航空部队节省 4% 的油料消耗。[⑥]

在岸基设施方面，美国海军通过参与联邦政府机构各类评选活动促进自身设施节能工作。例如，2010 年，美国海军部获得 2 项总统颁发的“能源和水资源管理奖”和 8 项由美国能源部颁发的联邦能源管理计划奖。[⑦]

美国海军从 2000 年开始每年推出节能样板工程。第一批样板工程包括：美国海军学院、加利福尼亚怀米尼港（Port Hueneme）。美国海军学院

---

① DOD，*Fiscal Year 2012 Operational Energy Budget Certification Report*，January 2011，p. 16.

② Ibid.

③ Jtozer，*The Inevitable Demo of the Great Green Fleet*，July 2012，p. 1.

④ DOD，*Fiscal Year 2012 Operational Energy Budget Certification Report*，January 2011，p. 16.

⑤ DOD，*Energy Investment for Military Operations for Fiscal Year 2013*，June 2012，p. 24.

⑥ Department of Defense，*Fiscal Year 2014 Operational Energy Report*，October 2015，p. 4.

⑦ Department of Defense，*Annual Energy Management Report Fiscal Year 2009*，May 2010，F—4.

配有完善的办公、住宿、健身等设施，并配有天然气站和天然气车辆以及高效的制冷、照明和供暖系统，成为当仁不让的样板。加利福尼亚怀米尼港则主要依靠太阳能提供照明、取暖等，同时还采用了数控技术、雨水回收技术、音频自行引导技术，并配备天然气驱动车、电动汽车和相应的充电站等，是节能新技术的示范基地。

此外，美国海军还制定了一个新的节能项目，在不影响作战效能或使命能力的情况下，在舰队内部传播行之有效的能源最佳做法，以鼓励节约作战燃料，提高舰队能源意识。美国海军还就其能源管理师的角色和职责制定了一个统一的标准。此项标准明确了在设施层面和地区层面能源管理功能的一切要素，管理者则根据自身角色和职责在现行工作中制定相应绩效预期。①

美国海军突出“以人为本”的理念，通过强化节能意识、促进节能行动，使节能文化逐渐在军种范围内形成气候，把节能行动落实到美国海军的全员、全域、全时，成为美国海军能源变革和战略转型的一大支撑。

七、联通外部资源，建立能源伙伴

长期以来，美国海军与联邦政府机构、企业和科研院所保持着良好的战略伙伴关系，利用合作伙伴的资源和能力推进和实施能源计划。美国海军和海军陆战队与美国陆军、美国空军和国防部其他机构面临相似的挑战。美国海军积极寻求加强与这些伙伴的合作关系，因为许多外部机构开发的项目、工具、材料和其他资源，都可以为美国海军所用。美国海军认为，与相关联邦机构、州能源办公室、地区能源和非政府机构、能源服务合同商、设备生产商和销售商发展互利共赢的战略伙伴关系，对其全面落实联邦政府能源法令和自身的能源战略至关重要。

一是联邦机构：美国联邦机构正在为替代能源和能源效率创新技术的开发以及旨在改进能效做法和意识的辅助项目提供资金支持。目前，与美国海军部建立伙伴关系的联邦机构主要有两个：一是美国能源部，合作范围涵盖智能电网、可再生能源、装备采办和能源效率等领域；二是美国农业部，2010 年 1 月，美国海军部与农业部签署了谅解备忘录，旨在合作开

① Department of Defense, *Annual Energy Management Report Fiscal Year* 2009, May 2010, p. 13.

发先进的生物燃料和其他可再生能源。

二是州能源办公室：美国海军部认识到州能源办公室也能为其实现能源战略目标做出重要贡献，因而积极寻求与州能源办公室建立伙伴关系，共同探索可再生能源项目的激励机制，利用州资金开展公共能源意识宣传活动。州一级伙伴关系的主要候选对象是具有“可再生能源组合标准”（RPS）的州，使第三方可再生能源项目对美国海军部岸基设施具有吸引力。

三是地区能源和非政府机构：美国海军部与积极推动能源效率、能源意识和能源项目管理的地区和非政府机构建立了合作关系，相互学习和交换能源信息，分享最佳做法和其他资源。

四是公用服务供应商：公用服务供应商拥有获得公共福利项目资金的途径，且常常花费大量资金促进可再生能源和能效工程项目。美国海军部在开展公用服务项目时注意与能源供应商建立伙伴关系，以利用其资源、资金和知识，获取创新融资选择。美国海军部还积极争取有助于促进节能、分布式发电并最终为岸基设施带来经济效益的项目。

五是工业界和各行业协会：美国海军部需要依靠工业界供应商来开展创新和合作，以实现海军部长提出的能源目标。由于美国海军行动领域非常广泛，参与这一努力的工业类型几乎遍布整个制造业和服务业。美国海军部积极接触工业界、各行业协会、工程社团，为解决海军能源挑战贡献创新性解决方案。此外，美国海军部还继续推进来自“小企业创新研究”的解决办法，以确保新兴技术纳入海军部能源管理计划。

六是大学和卓越技术中心：为实现美国海军部长能源目标所需的许多技术和创新，美国海军部非常注意跟踪大学出版物和技术会议，并且依靠负责研究的助理海军部长和海军研究办公室发现和推荐来自大学方面的具有前景的研究进展。美国海军部强调要继续与大学建立伙伴关系，确保前沿研究和新兴技术融入海军能源计划之中。

通过发展上述伙伴关系，美国海军建立了与外部沟通和合作的桥梁，对美国海军充分利用外部资源、实现能源战略目标、引领伙伴发展、推动节能和新能源技术在更广泛的领域发展应用起到了积极的推动作用。

第五节　美国海军能源战略的成效与特点

经过多年的不懈努力，美国海军在能源变革和战略转型中已经取得令人瞩目的成绩，形成了自己的特色。本节将对美国海军能源战略的成效作一初浅的评估，对其特点进行分析归纳。

一、成效评估

（一）岸基设施节能增效和能源安全建设成绩显著

作为美国海军能源变革的两大关注点之一，岸基能源管理在整个海军能源变革行动中占据了重要地位。自2009年以来，美国海军通过项目投资、能效采办、技术革新、使用可再生能源、完善能源评级和监控措施、提升能源恢复能力等手段，在推进岸基能源管理和确保能源安全方面开展了卓有成效的工作，取得了显著的成绩。表4—3所示为2015财年美国海军在完成设施能源和水资源管理目标方面所取得的进展。从表中可以看出，2015财年，美国海军单位面积能耗强度比2003年基准线下降了21.5%。虽然与30%的年度目标相比尚有一定的距离，但其成就是不容低估的。

表4—3　2015财年美国海军设施能源和水资源管理目标进展

目标	度量标准	2015财年	2015财年目标
以2003财年为基准减少设施能源强度	每平方英尺设施面积能耗（英热单位）	-21.5%	-30%
增加可再生电能消费	可再生电能在设施电力消费总量中的占比	1.9%	7.5%
增加可再生能源生产或采购	可再生能源在设施电力消费总量中的占比	25.9%	25% （2025财年目标）

续表

目标	度量标准	2015 财年	2015 财年目标
以 2007 财年为基准减少饮用水强度（第 13423 号行政令）	每平方英尺设施面积用水量（加仑）	-22.3%	-16.0%
以 2005 财年为基准减少非战术车辆石油消耗量	石油燃料消耗当量的汽油消费量（加仑）	-25.1%	-20%

资料来源：Department of Defense, *Annual Energy Management Report Fiscal Year* 2015, June 2016, p. 8.

图 4—13 更清楚地显示了美国海军部（包括海军和海军陆战队）自实施能源战略以来能源强度的变化。2010～2015 财年，美国海军部能源强度持续下降，从 -13.7% 降到 -22.0%，下降幅度达到 8.3%；实际能源消耗量由 1050.36 万亿英热单位减少到 990.35 万亿英热单位，[①] 下降 60 万亿英热单位，下降幅度为 5.7%。

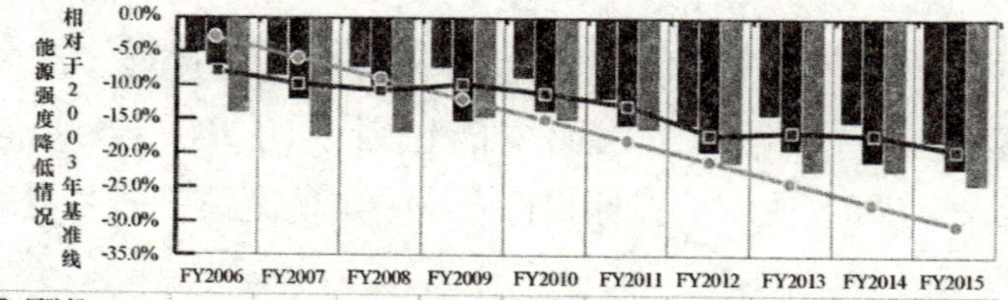

	FY2006	FY2007	FY2008	FY2009	FY2010	FY2011	FY2012	FY2013	FY2014	FY2015
国防部	-8.0%	-10.0%	-11.0%	-10.0%	-11.4%	-13.3%	-17.7%	-17.2%	-17.6%	-19.9%
陆军	-5.0%	-8.4%	-7.2%	-7.2%	-8.7%	-11.8%	-15.7%	-14.2%	-15.2%	-18.0%
海军	-7.0%	-12.0%	-10.0%	-15.2%	-13.7%	-15.8%	-19.6%	-19.3%	-21.0%	-22.0%
空军	-14.0%	-17.5%	-16.9%	-14.6%	-14.9%	-16.3%	-21.2%	-22.3%	-22.3%	-24.0%
EISA 2007目标	-3.0%	-6.0%	-9.0%	-12.0%	-15.0%	-18.0%	-21.0%	-24.0%	-27.0%	-30.0%

图 4—13　美国国防部落实《2007 年能源独立与安全法》能源强度目标的情况

资料来源：Department of Defense, *FY* 2015 *Annual Energy Management Report*, June 2016, p. 19.

在增加可再生电能消费目标方面，2015 财年，美国海军仅增加了 1.9%，

---

① Department of Defense, *Annual Energy Management Report Fiscal Year* 2015, June 2016, p. 21.

没有完成7.5%的年度目标。但是，在增加可再生能源生产或购买方面，美国海军部表现较为出色，达到21.8%。美国海军更是高达25.9%，连续三年超过2025财年25%的目标。之所以能取得这一成绩，是因为美国海军集中力量发展大型可再生能源项目。位于加利福尼亚州的"中国湖"海军部航空武器站地热能发电厂和位于弗吉尼亚州的诺福克海军部船坞城市垃圾发电厂历来是美国海军可再生能源的最大来源。2015财年，美国海军又实施了一批相当规模的可再生能源项目，以支持到2020年实现海军部1吉瓦可再生能源目标和替代燃料占海军部能源需求50%的目标。①

在减少石油消耗量的目标方面，美国海军成绩卓著。2015财年，美国海军相比2005财年基准线减少了25.1%，超过了25%的年度目标，反映美国海军在使用替代燃料车、各种节能技术和车队优化方案所作出的巨大努力，有效地减少了石油消耗和温室气体排放。

在落实美国国防部能源计量政策方面，美国海军也取得了长足进展。2015财年，美国海军能源计量系统已经覆盖了海军部电力消耗总量的50%，比2014财年24%增加了26个百分点（参见表4—4），受计量的对象包括电力、水、天然气和蒸汽。美国海军部"先进计量基础设施项目"的目标是覆盖电力和天然气消费总量的85%以及所有与地区蒸汽系统连接的设施和全世界水资源消耗强度较大的军事设施。据美国国防部能源管理年度报告，截至2015财年，美国海军已有1.0231万个先进电力计量仪与先进计量系统（AMS）实现了连接。此外还有约722个天然气计量仪、272个蒸汽计量仪和超过2297个饮用水计量仪也实现了与AMS的连接（参见表4—5）。②

表4—4　2015财年美国海军能源计量情况一览表

商品	消耗总量（BBTU）	AMS监测的能源消耗量	AMS监测的能源百分比	安装设施级先进计量仪的基地数量	安装设施级先进计量仪的基地百分比
电力	24057	12124	50%	43	52%
天然气	14814	1634	11%	15	18%

① Department of Defense, *Annual Energy Management Report Fiscal Year* 2015, June 2016, p. 41.

② Department of Defense, *FY2015 DOD Annual Energy Management Report*. June 2016, p. 60.

续表

商品	消耗总量（BBTU）	AMS 监测的能源消耗量	AMS 监测的能源百分比	安装设施级先进计量仪的基地数量	安装设施级先进计量仪的基地百分比
商品	消耗总量（BBTU）	AMS 监测的水消耗量	AMS 监测的水消耗百分比	用水强度大的设施或设施与区域蒸汽系统相接的设施数	安装计量仪的用水强度大的设施或与区域蒸汽系统相接的设施百分比
水	23033416	3931820	17%	39	47%
蒸汽				15	18%

资料来源：Department of Defense，*FY2015 DOD Annual Energy Management Report*，June，2016，p. 60.

表 4—5　2015 财年美国海军完成先进计量系统（AMS）连接进展情况

商品	采用 AMS 计量的建筑总数		未采用 AMS 计量的建筑总数
	先进计量	其他	
电力	10231	399	9732
天然气	722	604	2563
水	2297	1886	7382
蒸汽	272	76	799

资料来源：Department of Defense，*FY2015 DOD Annual Energy Management Report*. June 2016，p. 60.

美国海军在提升能源恢复能力方面也取得了相应的进展。美国海军通过降低能源消耗总量、提高基岸系统能效、增加替代能源品种利用以及提升关键性基础设施的可靠性，有效地增强了其岸基能源的恢复能力。此外，美国海军还与当地公用能源服务供应商积极合作，努力降低与电网相关的脆弱性，包括由自然灾害、事故以及物理攻击和网络攻击所带来的影响。美国海军设施工程司令部已经开始全面评估公用电力设施，以判定当前状况和所需升级以规避风险的成本。2013 年，海军设施工程司令部颁发了一份价值 270 万美元的合同，在位于加利福尼亚州怀尼米港的移动公用服务保障设备（MUSE）场建设一个微电网测试设施。该设施使美国海军有能力对微电网概念和部件在实际部署前进行具体的受控测试。2012 财年，美国海军建立了一个全体系能源管理项目，对岸基能源项目进行必要的监控，应对关键性基础设施和对某些特殊使命极为重要的公用服务基础设施所面临的风险。“能源恢复力项目计划”（Energy Resiliency Program Plan）为对美国海军至关重要的电力和公用服务基础设施相关设施、码头及周边市政支持活动建设风险纠治（risk remediation）工程项目确立了评估风险、制定缓解方法、确定项目融资的手段、方法和时间表。美国海军部水面作战中心与海军设施工程司令部合作，在“能源安全审计项目”之下领导评估与制订解决方案的工作，为建设工程项目提供建议。基于这一项目，美国海军 2013 财年开展了 5 次设施评估，评估报告详细地提出了缓解风险的方案，这些方案可望提升关键性公用系统基础设施的恢复能力，为基地和设施提供可靠的电力供应。评估报告经修改后提交给相关司令部机构，供其制定工程建设项目。2014 财年，美国海军又进行了 4 次能源安全审计项目评估。美国海军还与陆战队协作，制定了一整套高层需求，并于 2013 财年公布了“海军与陆战队智能电网能力开发文件”。智能电网项目的目标是在网络安全环境中改善建筑和公用电力管理的日常操作，以节省操作成本和能源开支，保障任务所需。

（二）作战能源消耗呈下降趋势

在作战能源方面，美国海军通过积极开发利用生物燃料、运用新技术、鼓励节能行为等方式达到了节能增效的目的，作战能源消耗总体呈下降趋势。这一成绩主要体现在以下几个方面：

一是生物燃料使用不断扩大。多年来，美国海军始终致力于开展生物燃料的研制、测试和运用，并取得了长足的进步。自 2010 年混合燃料在海军军用舰机上测试成功以来，美国海军不断扩大替代能源与传统能源的混合燃料在战术行动中的使用。2015 年 9 月，美国海军首次大批量采购了 7800 万加仑混合有 10% 替代燃料的 F—76 型柴油。① 2016 年，美国海军又以每加仑 2.05 美元的价格采购了 Alt Air 公司 7760 万加仑混合燃料用作舰

① Department of Defense, *Operational Energy Annual Report Fiscal Year* 2015, August 2016, p. 12.

船燃料。这是混合燃料首次取得对传统燃料的价格优势，在美国海军乃至整个美军能源变革史上具有重要的里程碑意义，为美国海军未来大规模采购和使用替代燃料、降低石油依赖奠定了基础。

二是技术革新成果卓著。美国海军高度重视技术研发，实施了大量创新行动，取得了出色的成效。在海上部队方面，2009 年，美国海军对装有辅助性电力驱动系统的两栖攻击舰“马金岛”号进行了成功的试验，过程中全程使用燃气轮机和辅助电力系统驱动，整个航程节省了大约 200 万美元燃料费用，预计在服役全寿期内可节省燃料费用 2.5 亿美元。2012 年，“特鲁斯顿”号驱逐舰安装使用了舰载原型混合动力系统，比燃油动力的基本型号军舰提升燃料效率 10%。此外，美国海军还在不断地为新老军舰研发新的动力技术，这些技术相比现有推进系统可减少燃料消耗 8%，正在研发的先进周期发动机技术有望塑造美国海军能源安全的未来。在航空部队方面，美国海军通过各种创新行动取得了出色的节能效果。用先进的模拟器取代常规训练，不仅提升了飞行员的飞行能力和战备水平，而且还节省了大量燃料开支。例如，2008 年美国海军部借助模拟器完成了飞行员超过 1/3 的训练课目，节约了 4500 万美元的燃料开支。模拟器的广泛使用还降低了飞机操作成本和机身磨损，从而大大减少了训练经费不足的压力。美国海军对 F/A—18“大黄蜂”战斗机的发动机升级可提升 3% 的燃料效率，每架飞机每年可节约航空燃油 12.7 万桶，约合 1500 万美元。另外，由于抗阻飞机涂料在商用航空中展示了高达 6% 的燃料节省效果，因此，美国海军正在对这项技术加以积极应用。目前，美国海军还在对可供下一代海军航空平台应用的革命性节能技术进行投资。可变式循环发动机技术可望降低飞机燃料消耗高达 25%。无人机可望从小型重燃料技术中提高燃料效率 20%。

三是有奖节能活动成效明显。为了落实其能源战略目标，美国海军大力开展有奖节能行动，促进官兵的节能意识和行动。例如，美国海军在水面舰艇中实施了“有奖节能计划”，通过派遣能源专家在舰员中推广节能技巧，并发放奖金表彰达到节能成效出色的舰艇。2012 年，美国海军在航空部队中建立了“航空节能项目”，通过计量、报告、节能行动、奖励等方式促进官兵节约燃料。自“有奖节能计划”实施以来，美国海军已成功地将航海节能的基本要素引入了海军舰队，有效地降低了许多水面作战舰艇的燃料消耗。仅2010年上半年，美国海军就节约了38.6万桶燃油；[①] 2011年节约了110万桶原油，节省燃料费用约11%，约合5.65万工作小时。未来，美国海军将继续利用“有奖节能计划”提高海上燃料效率，并把能源效率创新计划的目标对准港内军舰。[②] 此外，美国海军还在2014年全面实施“航空节能项目”，预计到2020年时可为海军航空部队节省4%的油料消耗。[③]

正是因为上述种种创新举措，美国海军作战能源消耗量稳步下降。如表4—6所示，美国海军在2010～2015年间作战能源消耗呈总体递减趋势。2015年石油消耗量比2010年减少约120万桶，降低了约4%。与此同时，美国海军采购作战能源的费用呈现更大的下降趋势。从表中可以计算出，2011年，美国海军用于采购作战能源经费为4.6亿美元，而2015年时美国海军用于采购作战能源经费为3.85亿美元，比2011年节约7500万美元，下降16.3%。在国际能源价格持续动荡的背景下，美国海军依靠能源变革不断降低作战能源用量和开支，凸显了美国海军在作战能源变革方面所取得的巨大成效。

表4—6 2010～2017财年美军各军兵种作战能源需求一览表

		2010	2011	2012	2013	2014	2015	2016（估）	2017（估）
作战能源需求（百万桶油耗）	陆军	19.0	20.2	16.1	12.7	10.1	7.3	11.7	10.9
	海军	29.7	31.1	31.5	28.4	28.2	28.5	33.8	29.8
	空军	63.0	61.3	55.7	47.8	48.6	52.0	33.8	48.9
	海军陆战队	0.4	0.3	0.2	0.2	0.2	0.2	0.8	0.8
	其他机构	0.5	0.5	0.4	0.7	0.3	0.5	2.7	2.8
	总需求	112.6	113.5	103.9	89.8	87.4	88.6	87.9	93.3
	支出（十亿美元）	13.3	16.8	16.3	14.8	14.0	12.9	10.0	9.8

资料来源：DOD, *Operational Energy Annual Report Fiscal Year* 2015, August 2016, p. 17.

① Alaina M. Chambers and Steve A. Yetiv, *The Great Green Fleet - the U. S. Navy and Fossil-fuel Alternatives*, *Naval War College Review*, Summer 2011, Vol. 64, No. 3.

② Jtozer, *The Inevitable Demo of the Great Green Fleet*, July 2012, p. 1.

③ Department of Defense, *Fiscal Year* 2014 *Operational Energy Report*, October 2015, p. 4.

（三）“大绿舰队”初步成形

相对于其他四大能源目标，马布斯 2009 年提出的“大绿舰队”建设目标不仅具有更加明确的指导性和操作性，而且在能源变革领域更具标志性和引领性。经过多年的不懈努力，马布斯设想的“大绿舰队”已然成形。首先，在 2012 年 7 月美国环太平洋演习期间，“大绿舰队”实现了首航并进行了替代燃料试验，期间消耗了 45 万加仑生物燃料。2016 年 1 月 15 日，美国海军宣布“大绿舰队”将试航。同年 3 月 11 日，美国海军首艘使用混合燃料的“斯托克达尔”号驱逐舰完成了南太平洋独立巡航，巡航过程中通过燃烧生物燃料及一系列节能措施，战舰平均每天油耗 2.0159 万加仑，相当于容量的 4.4%，比改装前节能 40%，向全世界展示了新型燃料动力战舰更长的续航时间和更低廉的运营成本。这表明美国海军已经在能源转型中取得了重大突破，从而在美国海军能源变革史上树立了一个重要里程碑。未来，美国海军“大绿舰队”建设将朝着到 2020 年替代燃料占比达到 50% 的目标继续推进，以摆脱对石油的过度依赖（见图 4—14）。

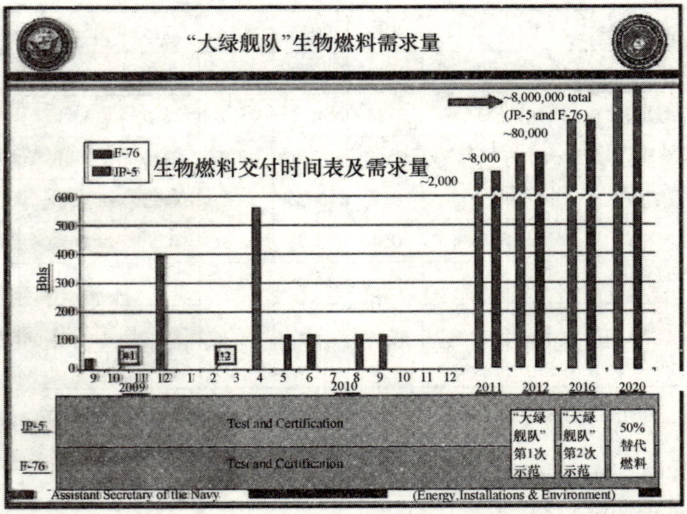

图 4—14　美国海军“大绿舰队”生物燃料需求变化示意图

资料来源：Assistance Secretary of the Navy, *Department of Navy Energy Program*, March 30, 2011, p. 6.

需要指出的是，尽管美国海军能源变革和战略转型取得了巨大的成就，但是，问题和不足也是显而易见的。首先，美国海军岸基能源安全依然面临不小的中断风险。据美国国防部能源管理年度报告透露，2015 财年，美国海军一共接到 47 起影响其基地和设施、持续时间在 8 小时以上的断电断水事故报告，不仅影响其基地的正常运转，而且还造成了相当大的经济损失。这些事故都是由商业性公用水电供应系统中断所致，85% 发生在美国本土以外，与 2014 财年的情况相反，主要原因是设备故障和自然灾害，没有接到人为破坏的报告。① 其次，美国海军可再生电能消费在设施电力消费总量中的占比连续多年没有达标。2015 财年，美国海军可再生电能消费量仅为 1.9%，与 7.5% 的年度目标相比存在巨大的落差，离 2020 年替代能源占比达到 50% 的目标差距更大。当然，美国海军深知这一点，因此正在大张旗鼓地实施可再生能源战略，力争到 2020 年实现可再生能源达到 1 吉瓦的目标，落实海军部长马布斯提出的到 2020 年替代能源达到海军部能源需求总量的 50% 目标。2014 年 5 月，美国海军部专门成立了可再生能源项目办公室，以加大可再生能源发展力度。

二、特点分析

回顾美国海军能源战略的发展历程，纵观其提出的能源战略目标和实施的种种能源创新行动，我们可以发现美国海军能源变革的一些突出特点。

（一）自上而下，指向明确

在美军新一轮能源变革中，美国海军相对其他军种起步较晚。但是，2009 年 5 月马布斯就任美国海军部长后，情况发生了明显的变化。在同年 10 月召开的美国海军能源峰会上，马布斯雄心勃勃地提出了五大能源目标，从而吹响了美国海军能源变革和战略转型的号角。在同年公布的《海军部能源战略路径》的部长致辞中，他明确表示致力于使美国海军部在能

---

① Department of Defense, *Operational Energy Annual Report Fiscal Year 2015*, August 2016, p. 55.

源变革大潮中，不单是在国防部，而且在整个美国发挥领导作用，以减少国家对化石燃料的依赖。他认为，美国对化石燃料的依赖从战略、经济和地球保护角度来讲都是坏事。而美国海军和海军陆战队内部实施能源变革，将给国家能源消费和能源政策带来重大而持久的影响。因此，他要求海军部全体官兵解放思想，大胆行动，减少化石燃料消耗，努力改变常规做法。海藻、谷物、纤维素、海水、波浪、风力、太阳能和地热能都有可能成为未来的能源。他敦促海军部全体人员充分发挥想像力，创新能源品种利用方法。在马布斯的大力推动之下，美国海军部出台了《海军部能源战略途径》和《海军部能源安全与独立实施计划》，提出了海军部能源愿景——“海军和海军陆战队将在国防部和全国实现改善能源安全、能源独立和新能源经济中发挥领导作用”。[①] 从马布斯的部长致辞到美国海军部的能源愿景和战略目标，我们可以清晰地看出美国海军部是站在国家安全的战略高度认识和谋划其能源变革和战略转型的。可以说，没有海军部长马布斯的积极推动和大力支持，美国海军部不可能在能源变革中站得如此高，变革力度如此之大。

为落实马布斯的指示和海军部能源战略目标，美国海军于 2010 年 10 月出台了自身的能源战略——《21 世纪海军能源构想》，提出了提升美国海军能源安全的目标、途径和手段。海军作战部长拉夫海德（Gary Roughhead）海军上将在序言中强调，该文件体现了美国海军致力于打造能源文化的坚定决心——让能源意识成为日常行动和决策的一部分。该文件提出的能源愿景是：“建设一支将能源珍视为一种战略资源的海军；一支充分认识到能源安全对海军实施海上和岸基使命任务具有根本性意义的海军；一支对任何潜在能源前景具有灵活反应能力的海军。”由此可见，从美国海军部到美国海军的能源变革和战略转型实质上是一场自上而下、指向明确的能源革命。其目的除了落实美国联邦政府的一系列能源法律、总统行政令、国防部指南与政策之外，更重要的是支持奥巴马总统提出的减少化石燃料依赖、应对气候变化、创造绿色就业的绿色经济发展方略，通过大力发展和部署清洁能源技术，提升自身的战斗效能，实现能源安全和能源独立。

---

① *DoD*, *Department of the Navy's Energy Program for Security and Independence*. October 2010, p. 2.

（二）立足当下，放眼长远

从美国海军部长提出的五大能源目标中可以看出，美国海军能源战略不是一种单纯为了应对国际油价飙升的权宜之计，而是着眼于应对多重挑战、追求可持续发展、最终摆脱石油依赖的战略性规划。美国海军深知，石油依赖不仅是美国国家安全的重大威胁，更是其自身能源安全的致命软肋。上世纪几次石油危机的惨痛教训、2008 年 147 美元/桶的超高油价以及石油作为化石能源的不可再生性，使美国海军领导人深刻意识到现行能源消费模式的不可持续性，石油依赖迟早会成为威胁其能源安全的一枚定时炸弹。因此，美国海军对自身的能源安全抱有强烈的忧患意识，力求通过节能增效、发展替代/可再生能源和保护环境，摆脱对化石燃料的依赖，实现其 21 世纪的可持续能源安全。当然，美国海军也深知，能源变革不可能一蹴而就，不能急功近利，而必须立足当下，放眼长远。美国海军部长马布斯多次在演讲中指出，对能源变革的投资不能仅在意当前或近期能否收回成本，而应从长远角度看是否物超所值。在 2012 年“大绿舰队”首航时，美国海军斥资 1200 万美元，以每加仑替代燃料 26 美元的高价采购了 45 万加仑生物替代燃料，结果直接招致美国国会立法禁止大批采购不具价格竞争力的替代燃料。然而，仅仅四年后，Alt Air 公司生产的生物燃料价格就降到了 2. 05 美元/加仑，低于美国汽油价格，从而具备了挑战传统石油类燃料的价格优势。不难看出，从某种程度上讲，正是由于美国海军的战略投资和大力支持，美国生物燃料工业才得以快速发展并形成了规模。美国海军独到的战略眼光使其在推进源变革和战略转型的过程中并不过于在乎短期利益回报，而更关注其能源的结构性、革命性的变化，以实现其减少能源消耗、降低对石油的依赖、大幅增加替代/可再生能源使用的目的。

（三）技术支撑，体系合力

美国海军推进能源变革和战略转型的第三大特点是依靠科技创新、合力攻关。为了实现其能源变革目标，美国海军高度重视开展能源技术研发和创新，通过技术革新提升能源效率、减少石油消耗、改进武器装备的性能。例如，舰机动力系统改造、舰船漆装、智能仪表、无线电源控制台、模拟训练器等大量新技术的研发和应用，对美国海军实现节能增效目标、确保战斗力产生了出色的效果。“大绿舰队”的成功更是体现了科技对美国海军能源变革的强大支撑作用。美国海军深知，单纯依靠自身的力量和资源无法实现其能源战略目标，因此，它善于利用军内外技术力量和第三方融资机制开展联合攻关，促进先进能源技术的研发和应用。美国海军通过各类武器装备和设施招标、评估、采购等手段，吸引有能力和实力的企业、机构投入到海军能源变革的进程之中，引导它们根据海军的能源愿景和规划参与能源技术研发，满足美国海军装备和设施在减少能耗、提高效率、增加供应等方面的要求。此外，美国海军还通过与政府相关部门、科研机构、能源企业等部门开展通力合作，打造利益共同体，通过采购订单扶植和引导相关企业，使海军与政府机构、企业、研发机构等形成合力，推动能源技术推陈出新，为美国海军实现各项战略目标提供技术和市场支撑。

（四）文化先行，理念培塑

美国海军能源变革的第四大特点是注重培育海军官兵的能源意识，营造节能减排的文化氛围。美国海军深刻认识到，宣传教育对实现其能源目标至关重要。因此，美国海军积极推进文化变革行动，开展形形色色的能源宣传教育活动，努力从根本上改变全体人员传统的能源思维。美国海军特别重视从教育和训练入手。美国海军部设置了 5 个层次的教育培训体系，以确保所有人员理解能源管理的重要意义，掌握节能增效的技巧，不断学习和运用最佳实践。2011 年，美国海军研究生院设置一个专门的能源研究生硕士学位项目，成为第一所设置能源硕士点的美国高等军事学府，为海军能源变革培养和储备创新人才。在每年 4 月“地球日”和 10 月“能源意识月”中，美国海军都会广泛开展增强能源意识的宣传活动，以此来鼓励每一名海军官兵采取行动，参与到节能增效的实际工作中去。美国海军还把能源安全和能源效率作为任务完成的考核指标，以此向全体海军官兵灌输一种能源是战略资源的理念。自上而下的重视，持续有效的教育，使美国海军官兵树立了节能理念，并自觉地转化为日常行动。美国海军能源改革通过抓住节能文化理念这一要素，为顺利推进能源变革和战略转型增加了强大的助力。

第五章／美国海军陆战队能源战略与变革行动

美国海军陆战队隶属于美国海军部。因此，它首先要贯彻海军部能源战略目标、实施计划和相关指令，积极推行能源变革和战略转型。与此同时，海军陆战队自身面临的能源挑战和未来军力发展的需求也是重要的驱动因素。作为美军远征性两栖精锐部队，美国海军陆战队装备精良，现代化程度高，在美国发动或参与的历次海外战争中均扮演了急先锋的角色。然而，在新世纪初两场反恐战争中，能源成了美国海军陆战队的一个致命软肋，其燃料运输车队频频遭袭，损失惨重。痛定思痛，美国海军陆战队开始走上了能源变革和战略转型之路。

本章旨在分析美国海军陆战队的能源消费现状及其面临的风险挑战，追溯美国海军陆战队能源变革的历程，重点解析美国海军陆战队远征能源战略的基本内容及其所采取的主要创新行动，评估美国海军陆战队能源战略的成效，总结其能源变革的基本特点。

第一节　美国海军陆战队能源消费现状与挑战

美国海军陆战队能源变革的动力，一方面来自于美国联邦政府能源相关法律法规、国防部和海军部相关政策所提出的能源管理目标和要求，另一方面也来自于其自身能源消耗及其所面临的能源安全风险与挑战。本节首先审视美国海军陆战队的能源消耗现状，随后分析其所面临的风险和挑战，为理解其为什么要出台能源战略、推行能源变革打下一个基础。

一、美国海军陆战队的能源消费现状

美国海军陆战队隶属于美国海军部，主要由海军陆战队司令部、作战部队、后勤辅助单位及海军陆战队后备役部队四部分组成，现有编制员额18.2万人，后备役3.89万人（2016年数据）。海军陆战队所属部队可分为三类：一是联合作战司令部下的陆战队司令部、太平洋陆战队司令部所辖的一线作战部队（第一、二、三远征部队）；二是平时驻守海军基地的海军陆战队保安团；三是负责驻外使领馆安全的使馆警卫队，其中一线部队人员装备最多，能源消耗最大。①

自伊拉克和阿富汗战争以来，美国海军陆战队能源消耗大幅增加。2009年数据显示，美国海军陆战队每年消耗500多万桶石油，约占美国海军部石油消耗总量的16%（见图5—1），主要用于各类远征行动和驻守活动。石油是关系到美国海军陆战队使命成败的关键性要素。海军陆战队石油消耗总量的97%用于作训目的——训练、机动以及保障部队、武器平台运转，其中航空燃料消耗约占总量的75%，地面战术活动消耗了其余的25%（见图5—2）。掌握这些能源使用的具体方式和关键地点，剖析其结构特点，就是确立了分析此类问题的基线，以此可以衡量美国海军陆战队落实其能源战略目标、联邦法律法规、国防部政策的进展情况。

（一）作战能源消耗现状

美国海军陆战队作战部署的基本框架是陆战队空地特遣队（MAGTF），它能够随具体任务、威胁及战场环境进行编制配属的灵活调整。空地特遣队按规模大小分为三类：陆战队远征部队（MEF），约4.6万~9万名官兵，具备60天持续作战能力，由中将指挥；陆战队远征旅（MEB），约4000~1.6万名官兵，具备30天持续作战能力，由少将指挥；陆战队远征队（MEU），约2200名官兵，具备15天持续作战能力，由上校指挥。② 不

---

① Wikipedia, *United States Marine Corps*, https://en.wikipedia.org/wiki/United_States_Marine_Corps.

② Wikipedia, Marine Air-Ground Task Force, https://en.wikipedia.org/wiki/Marine_Air-Ground_Task_Force, 2016

同规模的部队都辖有一定数量的空中力量执行作战和后勤保障任务。

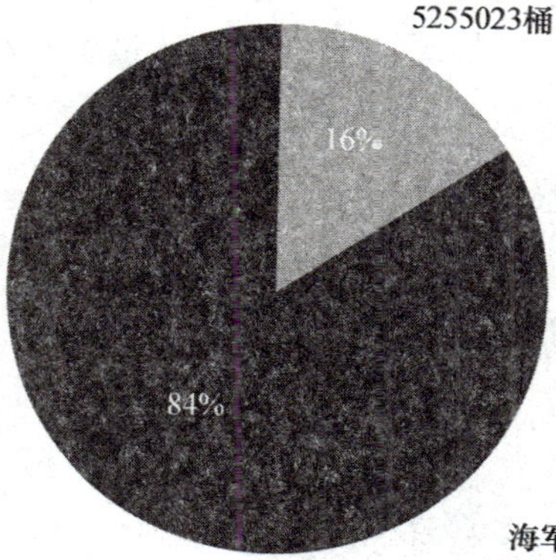

图 5—1　美国海军部 2009 财年石油消耗情况

资料来源：*United States Marine Corps Expeditionary Energy Strategy and Implementation Plan*, 2011, p. 69

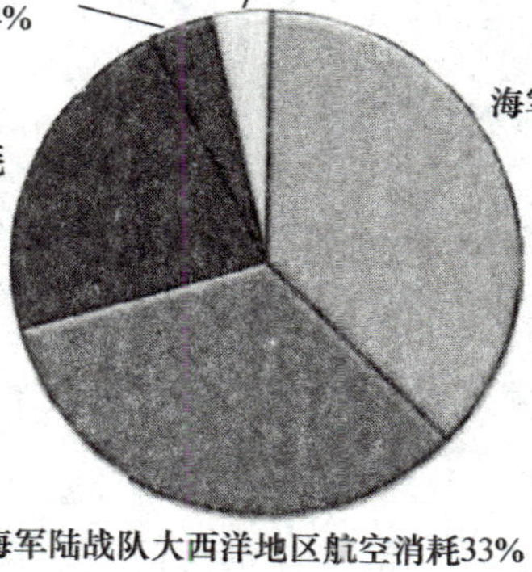

图 5—2　美国海军陆战队 2009 财年作战燃料使用情况（共 490 万桶）

资料来源：*United States Marine Corps Expeditionary Energy Strategy and Implementation Plan*, 2011, p. 70

对于美国海军陆战队来说，“远征”不是一个单纯的口号，而是代表着部队的组织、训练、装备方式，其中包括能源使用的具体方法。以阿富汗战场为例，美国海军陆战队的作战行动和营区运转都需要消耗大量能源，每天消耗燃料超过20万加仑（2010年6月数据）。其中75%由地面部队所消耗，包括车辆、发电机及其他维持作战行动的装备。飞机消耗约占25%。此外还有100多个前进作战基地，每个基地每天至少消耗300加仑柴油，相当于每名陆战队员每天消耗8加仑燃料。

从美国海军陆战队远征旅（MEB）的假想燃料需求出发，其支撑陆战队空地特遣队的燃料每日计划消耗量约为53万加仑。① 其中78%由航空作战分队消耗，地面分队约占燃料日需求量的22%（见图5—3）。

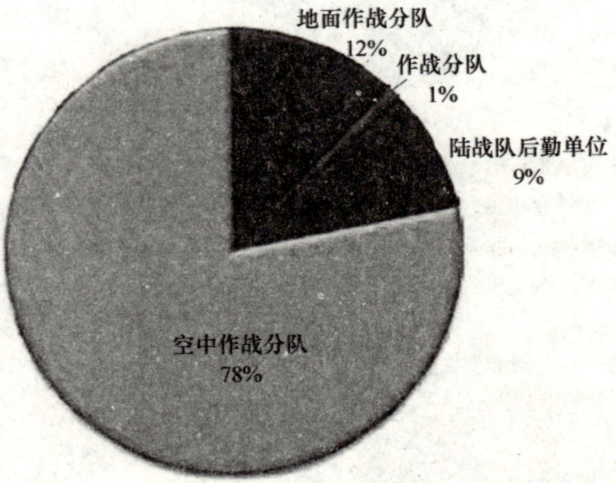

图5—3 美国海军陆战队一个远征旅的假想燃料需求示意图

资料来源：*United States Marine Corps Expeditionary Energy Strategy and Implementation Plan*, 2011, p. 70

从美国海军陆战队第一远征部队（I-MEF）的燃料实际消耗数据来看，其前进分队（FWD）的燃料实际消耗比例与前者几乎正好相反（见图5—4）。2010年6月，保障阿富汗作战行动的燃料日消耗量约为20万加仑，其中75%由地面部队（车辆、发电机和其他维持性装备）所消耗，25%由飞机所消耗。这主要与两支部队的装备和主要遂行任务的不同有关。同样，在前进分队地面部队所消耗的75%燃料中，有一大部分用于发电。图

① USMC HQ, *United States Marine Corps Expeditionary Energy Strategy and Implementation Plan*, 2011, p. 70.

5—5 显示了用电量最大的 10 个系统与装备和空地特遣队各分队的用电需求。超过 57% 的装备用电需求来自环境控制单元（ECU）和空调器。紧随其后的是与通信相关的设备，占 12%。

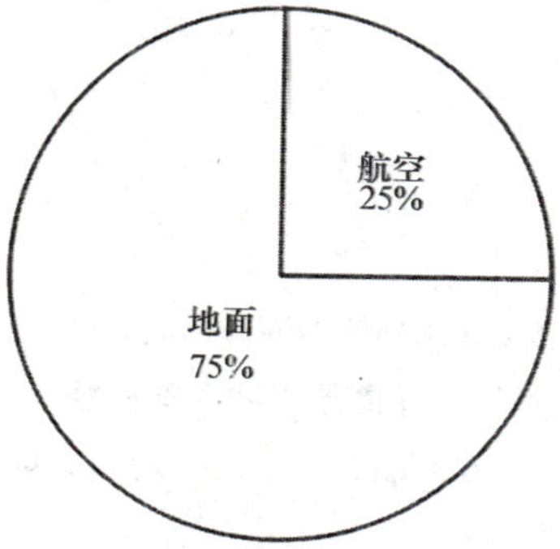

图 5—4　美国海军陆战队第一远征部队前进分队主要燃料消耗情况（2010 年 6 月）

资料来源：USMC Expeditionary Energy Strategy and Implemenation Plan，2011，p. 71

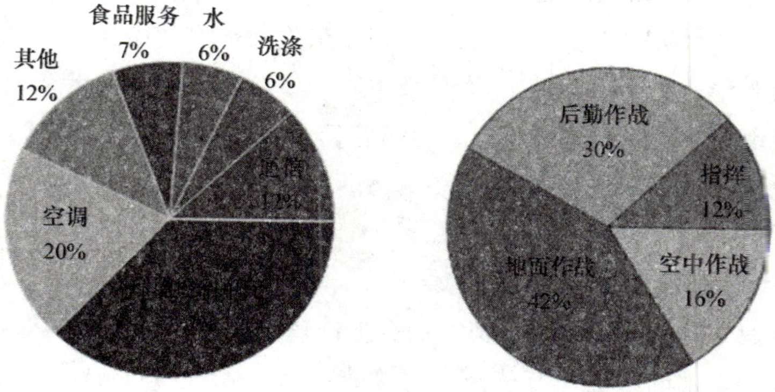

图 5—5　按装备功能和作战分队划分的陆战队空地特遣队能源消耗情况（32 兆瓦）

资料来源：USMC Expeditionary Energy Strategy and Implemenation Plan，2011，p. 72.

来自驻阿富汗美国海军陆战队远征旅（MEB-A）2009 年 8 月的数据显示，航空燃油消耗仅占 46%，而在驻阿富汗海军陆战队远征旅每天消耗的 8.8749 万加仑燃料中，有多达 32% 用于战场发电（参见图 5—6）。

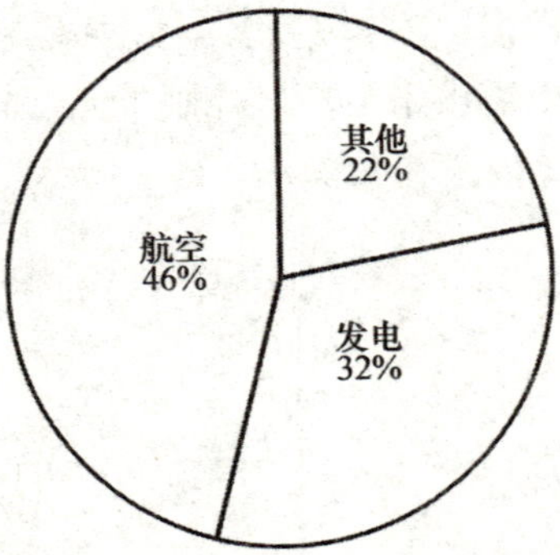

图 5—6 驻阿富汗海军陆战队远征旅主要燃料消耗情况（2009 年 8 月）

资料来源：*United States Marine Corps Expeditionary Energy Strategy and Implementation Plan*, 2011，p. 72

此外，《美国海军陆战队 2003 年 MEF 减少燃料使用情况研究》为我们深刻理解伊拉克行动期间战术车辆燃料使用情况提供了额外的数据资料。MEF 地面车辆使用的燃料中几乎 90% 用于战术轮式车辆，包括高机动多用途轮式车（HMMWV）、中型卡车和后勤车辆系统（LVS）。研究表明，装甲武器车辆，如 M1 坦克、轻型装甲车（LAV）、两栖攻击车（AAV）等，尽管都属于燃料密集型系统，但是作为一个整体，这些车辆的燃油消耗仅占总量的一小部分。

（二）设施能源消耗现状

美国海军陆战队设施燃料消耗的数据比较齐全。陆战队拥有 22 个主要军事设施，占地面积 230 万英亩。列尊营基地（Camp Lejeune）约占陆战队电力（百万英热单位，MBTU）消耗总量的 25%。匡蒂科（Quantico）、切里波因特（Cherry Point）和帕里斯岛（Parris Island）三个基地各占 20%。东海岸设施比西海岸相应设施在湿度控制和取暖方面要求更高。①

图 5—7 显示 2009 年美国海军陆战队设施能源消耗的种类和成本数据。2009 年，陆战队军事设施和卫戍机动装备（GME）年消耗总量为 1060 万

① USMC HQ, *United States Marine Corps Expeditionary Energy Strategy and Implementation Plan*, 2011, p. 73.

MBTU，其中48%为电力，30%为天然气，其余为煤、燃油、蒸汽和丙烷。电力成本最高，占总开支的77%以上。基地可再生能源发电量约占电力总需求的5%。

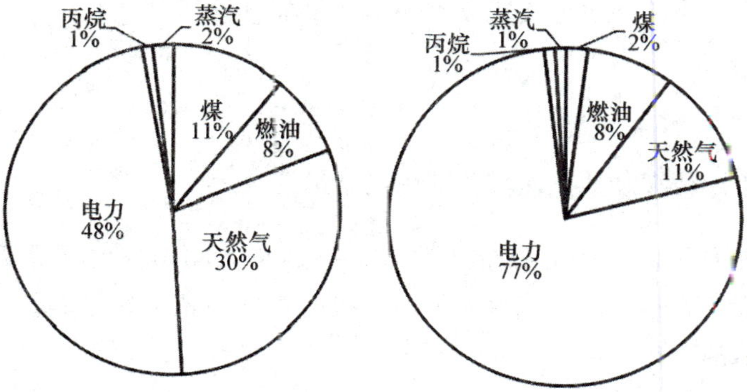

图5—7 2009年海军陆战队设施能源消耗的种类和成本

资料来源：*United States Marine Corps Expeditionary Energy Strategy and Implementation Plan*, 2011, p.73.

2009年，驻守机动装备燃料消耗约为710万加仑，车辆总数为1.4233万辆，其中包括2868辆替代燃料车辆。图5—8反映了这一庞大车队按终端用户分配计算的石油消耗情况。

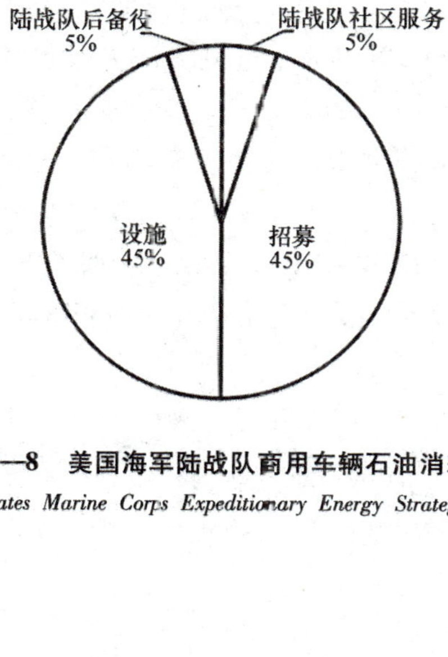

图5—8 美国海军陆战队商用车辆石油消耗量

资料来源：*United States Marine Corps Expeditionary Energy Strategy and Implementation Plan*, 2011, p.74.

从以上数据可以得出，美国海军陆战队的实际燃油消耗比重并没有达到理想数值，主战装备、航空设备用油占比较低，地面及非作战行动唱重头戏，同时大量的能源消耗在战场发电之上。由此可见，海军陆战队的燃料消耗并没有十分高效地转化为战斗力，反而有许多消耗在人员日常活动和营区运转上。

二、美国海军陆战队面临的能源安全挑战

上述能源使用现状给海军陆战队带来美军共同面临的一系列安全问题；除此以外，作为一支应对突发性危机的特殊力量，它还面临一系列特有的能源挑战。

（一）作战消耗大幅增加

从越南战争至今，美国海军陆战队的人均燃料消耗增加了 175%。近 10 余年来，伴随着 C^4I 系统的技术改进、战术车辆加固以及更多先进的武器系统投入使用，海军陆战队能源消耗大幅增长，给后勤保障带来了巨大压力。① 2001 年，美国海军陆战队一个步兵营仅有 64 辆悍马越野车，如今装备有 173 辆防雷反伏击装甲车（MRAP）和防雷全地形车（M-ATV），每辆车的重量也增加了 1360 ~ 2270 公斤，燃油效率降低了 30%。与此同时，美国海军陆战队的电力和电池需求也飞速增加。计算机使用量增加了 300%，无线电使用量增加了 3 倍。驻阿富汗美国海军陆战队约 60% 用电需求用于为环境控制单元（ECU）供电，以保证指挥、控制和通讯设备的持续工作。海军陆战队一个步兵连的燃料用量超过了 10 年前一个步兵营。② 海军陆战队空地特遣队（MAGTF）出现的变化包括：无线电增加了 250%；IT/计算机增加 300%；车辆数量增加了 200%；车辆重量增加了 75% 以上；所有战术车辆的每加仑英里数（MPG）下降了 30%。面对

① Sharon Burke, *Solar Fi: The Marine Corps' Commitment to Clean Energy*, November 2015, http://www.pewtrusts.org/en/research-and-analysis/analysis/2015/11/4/solar-fi-the-marine-corps-commitment-to-clean-energy.

② USMC HQ, *United States Marine Corps Expeditionary Energy Strategy and Implementation Plan*, 2011, p. 8.

如此巨大的能源消耗，海军陆战队急于提高能源使用效率并寻求替代能源。

（二）后勤保障链极其脆弱

先进的武器装备提高了美军的杀伤力，但却带来了意想不到的后果——后勤供应链面临更大的风险。美国海军陆战队近80%的运输车队用于运输燃料和水，这就增加了其补给物资运输和作战方面的脆弱性，提高了作战成本。调查发现，美国海军陆战队平均每50次补给运输就会有一名队员伤亡。[①] 此外，海军陆战队在后勤保障过程中还面临着复杂的传感器、指挥控制系统、作战平台和武器等可能对远征能源、水和废弃物（E2W2）分布和防护带来的影响和损伤，对E2W2数据监控和决策信息的截断和窃取，以及对能源系统进行的网络攻击等新型威胁。[②] 与其他军种一样，美国海军陆战队基地同样面临人为和意外情况造成的电力供应中断风险。而且，陆战队备用供电手段单一，能源设施停运情况下通常只能依靠柴油发电机发电。[③] 在陆战队的装备采办项目中，有58个项目需要直接的发电机支持，对电力有着很高的甚至专供的需要。还有600多个终端项目需要依靠电池供电。没有稳定、充足的电力供应，日常战备和作战需求就难以得到应有的保证。[④] 由此可见，美国海军陆战队能源保障链存在严重的安全隐患。

（三）部队发展存在现实瓶颈

美国海军陆战队面临的能源挑战不仅来自于装备能耗的增加和外部挑战的加剧，还有一部分是源于自身在能源领域的发展限制。例如，许多海军陆战队官兵没有形成能源思维模式，对能源的重要性及能源给后勤保障带来的影响缺乏足够的认识，并且在日常计划中没有将垃圾作为潜在能源进行考虑和处理；部队在当前和将来的远征行动中所涉足的总体地域过

---

① USMC, *USMC Expeditionary Energy, Water and Waste (E2W2) ICD*, 2011, p.2.

② Ibid, p. 8.

③ MCBO, ENERGY AND WATER MANAGEMENT PROGRAM, MARINE CORPS BASE ORDER 4100. 1B, Apr 11, pp. 2 – 3.

④ USMC HQ, *United States Marine Corps Expeditionary Energy Strategy and Implementation Plan*, 2011, p. 9.

广，但在目前的技术战术水平和程序下（TTPs）不能在远征环境实现能源自给自足，而且无法生产获取 C^4ISR 系统和持续作战所需的能源及水资源；难以自动跟踪远征能源和水资源消耗，在能源计划中不能很好地利用当地的能源和水资源；部队为提高作战效能开展的能源应用训练不足等等。这些都给能源变革和发展带来不小的挑战。① 其中最为关键也是最为根本的矛盾是目前的能源发展水平与海军陆战队的未来建设目标存在较大差距。海军陆战队的定位是远征军性质，未来将不断提高快速部署和持续作战能力，而目前的能源保障和消费方式，无法支撑其理想的机动作战要求。《海军陆战队 2025 年构想和战略》提出，海军陆战队的战略目标就是要打造更加精干、灵活的部队，提升其前沿快速部署、长期驻守和介入的能力。在能源方面，随着作战理念的不断更新、投送装备的升级换代，美国海军陆战队在后勤保障上已更加灵活、精准，但是，目前在重塑现有力量、减轻战斗负重、能源供应多样化、运用节能手段、挖掘应用新技术等方面仍无法达到目标要求。此外，在如何经济、安全地获取、存储、运输和使用能源等环节上也存在着不少困难。这类矛盾不仅反映在供需端，还体现在整个作战行动之中。②

第二节　美国海军陆战队能源变革的历史演进

美国海军陆战队认为，斯巴达勇士有着迅捷、致命、简朴的优点，并将自身视为现代“斯巴达勇士”。随着能源消耗量的日益增加，美国海军陆战队面临的能源挑战日益增多。能源严重束缚美国海军陆战队战斗力的提升。为了应对能源安全挑战、提升部队战斗力，同时回应美国联邦政府能源法令、国防部能源政策和海军部能源战略，美国海军陆战队逐渐走上了能源变革和战略转型的道路。在出台远征能源战略之前，美国海军陆战队能源变革已经走过了一段历程。

---

① USMC, *USMC Expeditionary Energy, Water and Waste (E2W2) ICD*, 2011, Appendix F - 2.

② James T. Conway, *US Marine Corps Vision and Strategy* 2025, 2008, pp. 6 - 13.

一、早期探索实践

与美国国防部和其他军兵种一样，美国海军陆战队能源变革最初的动力主要来自于美国联邦政府颁布的与能源相关的法律法规，特别是美国总统克林顿 1999 年签署的第 13123 号行政令。为了落实联邦政府和美国国防部提出的能源管理目标，美国海军陆战队积极开展能源创新活动。减少能耗作为最直接易行的办法在美国海军陆战队中首先实施。早在 2001 年，海军陆战队领导层就决定推广一种名为 B20 的新型燃料产品，以减少国内基地在用车辆的化石燃料消耗。该燃料由 20% 的生物柴油和 80% 的常规柴油混合而成，其中生物柴油由国产大豆提炼制成。B20 燃料具有很强的应用推广优势，主要有三大特点：一是应用范围广，几乎能用于所有的柴油车辆；二是方便使用，可直接适用常规柴油的运输、存储和加油装置进行补给；三是性能稳定，能够在任何地点、气候和海拔条件下使用，而且性能不会受到影响，正好符合美国海军陆战队分布地域广的特点。到 2006 财年，海军陆战队已有约 90% 的基地使用 B20，总量相当于 150 万加仑汽油。①

与此同时，美国海军陆战队也在能源科技领域开展了早期探索。在 2004 年，海军陆战队开始了便携式太阳能光伏充电器的研究，Natick 士兵系统中心研制了首个可折叠便携式太阳能充电器。当时，军内外人士持强烈的怀疑态度，认为传统电池很难被这种便携式装备替代。② 但是，该项目并没有因此而停滞，后续实验应用证明了其研究价值。

受 21 世纪初美军两场反恐战争的影响，战场能源变革问题引起了海军陆战队领导人的重视，但将其提上议事日程并上升至战略层面则经历了一番曲折。2006 年 7 月 25 日，美国海军陆战队驻阿富汗安瓦尔省的司令官理查德·齐尔默（Richard Zilmer）少将提交了一份重要的请示报告，指出美军后勤补给线面临的严峻挑战，建议美国国防部给驻伊美军部署 183 套

① US Department of Energy, *US Marine Corps is Leading the Way with Widespread B20 Use*, pp. 1 – 2.

② *Operational Energy – The Marines Embrace Renewable*, Nov. 14, 2011. http //davebuemi. com/2011/11/14/operational-energy-%E2%80%93-the-marines-embrace-renewables/.

可再生能源系统。尽管在当时已经有部分基地开始使用替代能源，但齐尔默的请示函是当时第一份来自一线指挥官的报告。到2007年，随着美军从海外撤军，以及情报、防护能力的提升、运输风险的降低，能源需求有所减少。再加上当时新能源技术的可靠性还不是很成熟，前期发展并不是很快，因此，有关能源变革的议题被渐渐搁置了下来。2007年6月，由于经费和技术原因，齐尔默的请示报告被上级部门彻底否定。但是，各方并没有停止相关努力，而是转向小型系统的研发。①

二、设立专门机构

2009年8月13日，时任美国海军陆战队司令詹姆士·康威（James T. Conway）上将在美国海军陆战队能源峰会上宣称，能源是海军陆战队的一大优先考虑。此后，美国海军陆战队能源问题真正得到了各方重视和支持，并开始酝酿一场从思维认识、制度法规到具体应用层面上的大变革。

2009年10月，海军陆战队司令康威上将设立了陆战队远征能源办公室（E2O），其任务由《远征能源、水和废弃物（E2W2）初始能力文件》和《海军陆战队远征能源战略》驱动，主要是分析、发展和指导美国海军陆战队能源战略，以优化陆战队各种作战职能的远征能力。E2O是直属美国海军陆战队司令部的一个部局级办公室，在军力发展过程中作为"远征能源代言人"。办公室主任的职责是在海军陆战队司令助理（ACMC）的指导下领导战略实施工作。各分工副司令、局长负责实施远征能源战略，并于每年6月向E2O报告目标进展情况。E2O负责跟踪战略实施的进展，并每年向上报告进展情况。此项工作与每年10月《远征能源年度报告》的公布同时进行，并根据指示向司令和司令助理报告。

此外，E2O的任务还包括向"陆战队需求监督委员会"（MROC）就所有与能源和资源相关的需求、采办和项目性决定提供建议。根据《2009财年国防授权法案》，美国海军部长还给E2O分派了"海军陆战队作战能源高级官员"的职责。E20的设立，使海军陆战队有了指导能源发展的专门机构，不仅有效推动了各项法规的贯彻落实，而且能够从顶层设计的角

---

① *Frontline Commanders Requesting Renewable Power Options*, 2011. http://www.defenseindustrydaily.com/commanders-in-iraq-urgently-request-renewable-power-options-02548/

度协调各部门工作，增强了海军陆战队能源转型的执行力。此外，在变革前期，海军陆战队设施能源的管理主要由海军设施和后勤副司令助理在设施管理部门以及海军陆战队设施能源管理人员的支持下开展。[①]

三、出台政策法规

2009 年 5 月，奥巴马总统签署了第 13514 号行政令，制定了可持续性目标，其中包括各联邦机构节能减排的具体目标，并要求各部门制订《战略可持续性绩效计划》，确定其具体的目标、政策、方案以及实现既定目标的进程。2010 年 8 月，美国国防部公布了其《战略可持续性绩效计划》。该计划为在国防部任务中贯彻可持续性目标建立了一个战略框架。它界定了国防部的可持续发展政策、目标、绩效目标和计量方法、进程报告协议、优先投资项目，描述了执行方法和最终目标，规定了管理型和功能型角色以及各自的责任。为达到这些可持续性要求，美国海军陆战队司令指导制订了《陆战队可持续性计划》。[②] 如图 5—9 所示，该计划将如何实现陆战队的可持续发展分解为三个主要目标和 11 个子目标。三个主要目标：一是提高能源和水资源的管理水平并减少温室气体排放；二是减少垃圾并预防污染；三是在所有任务区域内增强实施可持续发展的协调性。

2010 年，美国国防部发布《四年防务评估报告》，提出以战略的方式应对能源安全和气候变化的挑战。美国海军陆战队据此提出了两项方案：一是采取缓解措施（Mitigation），从源头上减少温室气体排放或者提高废气中的碳回收量，具体来讲，主要就是减少化石能源的使用量，并更多使用可再生能源；二是增强适应气候变化的能力（Adaptation）。由于气候变化带来的海平面上升、恶劣气候及自然灾害影响，在防卫驻守、执行紧急任务或是人道主义救援救灾行动时将面临更多不稳定因素，这将对部队部署、军事设施和整体军事能力造成影响，因此必须增强部队适应久旱、飓风、生态系统变化等状况的能力。[③]

2009 年 10 月，美国海军部长马布斯提出了雄心勃勃的五项能源变革

① DOD, *Department of Defense Annual Energy Management Report FY* 2010, July 2011, p. 41.

② USMC, *United States Marine Corps Sustainability Plan*, 2011.

③ USMC, *United States Marine Corps Sustainability Plan*, 2011, pp. 1 - 9.

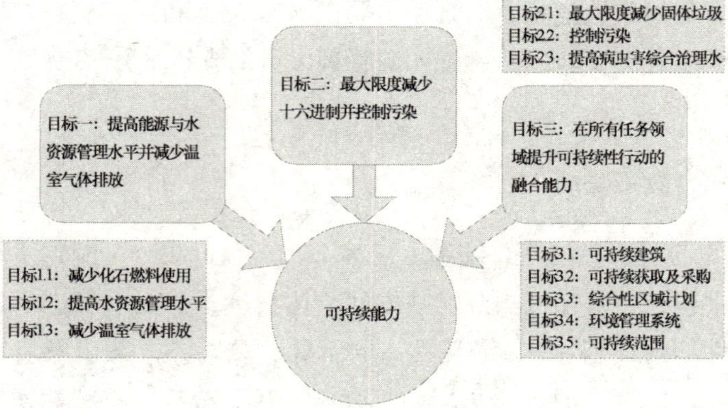

图 5—9 美国海军陆战队可持续性计划目标

资料来源：USMC，*United States Marine Corps Sustainability Plan*，2011，p. 1.

目标。美国海军部同时公布了其能源战略——《海军部能源战略途径》。该战略谋求实现三个愿景——能源安全、能源效率和环境保护，并提出了一系列旨在提升战术能源安全和岸基能源安全、降低温室气体排放的战略目标。主要目标包括：到 2015 年，海军部将减少商用车辆舰船 50% 的石油使用量；到 2020 财年，在海军部范围内，将设施能效水平提高 50%，减少 50% 的总体能源消耗，通过采用替代/可再生能源满足至少 50% 的岸基设施能源需求；50% 的岸基设施实现“净零”能源消费；海军部能源消耗的 50% 将来自于替代能源。这些目标涵盖美国海军和海军陆战队的所有行动领域。2010 年 10 月，美国海军部又公布其战略实施计划——《海军部能源安全与独立实施计划》，提出了海军部能源愿景：“海军和海军陆战队将在国防部和全国实现改善能源安全、能源独立和新能源经济中发挥领导作用。”为了落实海军部能源愿景和战略目标，美国海军陆战队于 2011 年 2 月公布了《美国海军陆战队远征能源战略及实施计划》①，开始全面推行能源变革和战略转型。

① USMC HQ，*United States Marine Corps Expeditionary Energy Strategy and Implementation Plan*，Feb. 2011.

第三节　美国海军陆战队远征能源战略的基本内容

2011年2月，美国海军陆战队出台了《美国海军陆战队远征能源战略及实施计划》（以下简称《远征能源战略》），作为海军陆战队能源变革和战略转型的总体规划和路线图。这份文件同时对《海军陆战队2025年构想及战略》起支撑作用。《远征能源战略》对美国海军陆战队能源战略的指导思想、战略意图、愿景、目标、任务、行动领域和前进道路进行了全面的阐述，勾画了一幅能源变革和战略转型的蓝图。本节主要依据《远征能源战略》这份纲领性文件对美国海军陆战队能源战略的基本内容进行全面的解析。

一、指导思想和战略意图

美国海军陆战队认为，能源是支撑其作战行动的一个核心要素，也是其致命的“软肋”。陆战队不断将高技术装备投入军队，取得了较大的战场优势，但这也带来了对燃料前所未有的补给需求，从而给陆战队套上了长长的后勤尾巴，限制了陆战队作为远征军的机动能力。从战略层面上看，对化石燃料的依赖也增加了美军的脆弱性。在过去10年中，美军武器装备的杀伤力提高了，但重量也增加了，其机动性和战斗效能因此受到了严重影响。《远征能源战略》《海军陆战队2025年构想及战略》等重要文件都提到了美国海军陆战队近10年来在实战中凸显的能源问题，无论是数据资料还是官兵的直观感受都来自基层一线，真实可靠。这些问题受到陆战队各级领导的高度重视。2006年4月，美国海军陆战队詹姆斯·马蒂斯中将曾在一份题为“未来的燃料”的海军研究咨询委员会报告中大声疾呼：“把我们从燃料的束缚中解脱出来吧！”① 第34任美国海军陆战队司令詹姆士·康威上将强调：“能源选择能够在战场上拯救生命。”② 前任美国海军陆战队司令詹姆斯·阿莫斯上将也在《远征能源战略》中深有感慨地

① *United States Marine Corps Expeditionary Energy Strategy and Implementation Plan*, Feb. 2011, p. 11.

② Ibid, p. 35.

指出："在过去235年中，我们将斯巴达勇士精神注入了陆战队之中，并将自身视为现代'斯巴达勇士'——快速、致命、简朴。过去10年来，我们确实证明了我们在艰苦环境下的致命战斗力，但是，我们在能源消耗方面远远超过斯巴达勇士。由于我们对液体燃料过于依赖，我们已不再像过去那样轻装、敏捷了，从而严重威胁我们士兵的生命和远征能力。在部队建设过程中，我们一直理所当然地认为，能源随手可得，就象氧气一样。我们必须转变思维方式。"① 美国海军陆战队的杀伤能力不断增强，但同时越来越依赖化石燃料。日益严峻的全球性冲突与危机要求美国海军陆战队具有更强的远征思维。当前和未来作战环境迫切要求海军陆战队节能增效，以减轻部队的负担、提升部队行动速度。因此，《远征能源战略》提出的指导思想就是"让美国海军陆战队恢复平衡"，回归其斯巴达式的传统——快速、致命和简朴。

《远征能源战略》的战略意图就是要改革美国海军陆战队的能源和资源使用方式，提高作战效能，减少对陆上后勤保障的需要。海军陆战队所要塑造的远征能源态势与《2025年海军陆战队愿景和战略》中展望的未来部队相匹配。为了实现这一目的，美国海军陆战队决定从战场和基地两个方面同时采取变革行动。首先，在战场上，美国海军陆战队提出了三个目标：一是在战场维持行动中实现资源自给；二是减少作战平台和武器系统的能源需求；三是在当前和未来远征行动中减少碳排放量。其次，在基地和站点，美国海军陆战队也提出三个目标：一是确保安全、可靠和价格可以承受的能源和饮用水供给，以保障作战部队及其家庭的基本需要；二是减少陆战队军事设施的全寿期运行成本，对未来商品价格波动加以管理；三是支持美国政府减少温室气体排放和环境影响的努力，减少对外国石油的依赖，促进水资源的保护。

美国海军陆战队领导人在《陆战队作战概念2010》中深刻指出，随着陆战队在更艰苦条件下分散作战的任务日益频繁，陆战队各种作战分队所需提升的一项核心能力就是减少能源消耗。减少能源依赖可以让陆战队空地特遣队行进速度更快，因为携带的燃料和电池减少；行动速度更快，因为大宗补给品减少，装备体积和数量降低。新技术能帮助陆战队减少装备体积和重量，降低对能源的依赖，使空地特遣队有能力在更艰苦的环境下开展行动。

---

① *United States Marine Corps Expeditionary Energy Strategy and Implementation Plan*, Feb. 2011, p. 7.

艰苦环境不允许有冗余物资和奢侈。对于任何作战部队来说，打击毁伤能力、机动突防能力和应急反应能力等各种战斗力要素是一个整体，既相互制约又相互作用。10 年反恐战争的经验教训表明，美国海军陆战队为能源问题所困，造成了各种能力间的“失衡”，因此迫切需要改变当前能源和资源使用方式，提高作战效能，恢复各种能力之间的“平衡”，即其所谓的斯巴达传统——快速、致命和简朴。从现代意义上讲，就是要找到高速机动性、强大精准火力和能源高效使用率这三种特性之间的最佳契合点。

二、能源愿景、使命任务和涵盖范围

（一）能源愿景和战略任务

根据《远征能源战略》，美国海军陆战队提出的能源愿景是：“使海军陆战队成为一支世界最优秀的自给自足的远征军，在全体官兵中灌输一种思想——重要资源的高效利用就等同于作战效能的提高。”为实现这一愿景，美国海军陆战队提出的使命任务是：“到 2025 年，海军陆战队远征部队的部署将能从海上实施机动并能维持其 C^4I 系统和生活保障系统，届时唯一需要的液体燃料仅用于机动车辆系统，而这种车辆系统的能效也将高于今天的系统。”（参见图 5—10）①

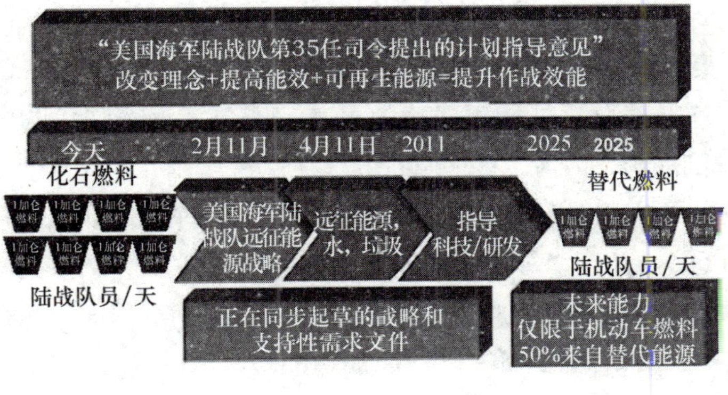

图 5—10　美国海军陆战队远征能源战略及其路线图

资料来源：*US Marine Corps Expeditionary Energy Strategy and Implementation Plan*, 2011. p. 45.

---

① *US Marine Corps Expeditionary Energy Strategy and Implementation Plan*, 2011. p. 17.

美国海军陆战队领导人在《远征能源战略》中强调指出，陆战队能源变革要取得成功，就必须推行制度性变革。首先，必须采购和使用能效更高的装备，并对现有装备进行升级；其次，必须通过创新和改造，增加可再生能源的使用；最后，必须改变官兵的能源思维方式——海军陆战队的军魂要求把能源和水资源的高效利用等同于作战效能的提高。能源变革的目标是让海军陆战队可以轻装行进，通过减小装备体积和数量及其对大宗补给品的依赖，提高部队的行动速度（参见图 5—11）。

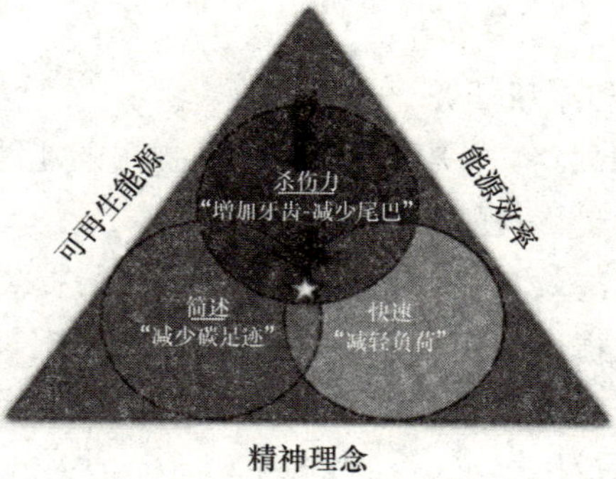

图 5—11　美国海军陆战队远征能源战略示意图

资料来源：*US Marine Corps Expeditionary Energy Strategy and Implementation Plan*, 2011. p. 17.

（二）战略涵盖范围

美国海军陆战队远征能源战略的覆盖范围包括海军陆战队的各类行动，从基地到战场，因为“……真正的远征性建立在一种制度性和个体性思维之上，而不仅仅是海外部署的能力”。[①] 美国海军陆战队司令詹姆斯·阿莫斯上将深刻指出：“对于陆战队士兵来说，‘远征’一词不是一句简单的口号，而是我们的军魂。它驱动我们组织部队、训练部队和采购装备的方式方法。”[②] 因此，美国海军陆战队能源战略采取的是一种整体性思维。虽然强调远征行动，但远征能源战略覆盖海军陆战队的基地和站点以及远

---

① USMC HQ, *United States Marine Corps Expeditionary Energy Strategy and Implementation Plan*, 2011, p. 17.

② Ibid, p. 19.

征与基地两类使命之间的交汇点。作为陆战队空地特遣队的“第五分队”，海军陆战队的基地、站点和卫戍机动装备为陆战队提供基本的支持，对陆战队的作战准备起到进一步的支撑和强化作用。并且，由于陆战队的军魂植根于陆战队士兵的训练、生活和作战方式之中，因此，基地上行为也会影响远征思维。

《远征能源战略》要解决的一系列问题包括作战能源，即‘部队训练、机动和持续保障以及用于军事行动的武器平台所需消耗的能源……（包括）战术电力系统和发电机以及武器平台所使用的能源”。[①] 由于水与能源存在内在联系，因此，《远征能源战略》把水资源的高效利用也纳入其中。水是部署一支远征作战部队必不可少的资源。饮用水的生产、处理和运输以及废水的收集和处理都需要消耗大量的能源。远征部队的用水需求本身也产生了一个巨大的战场后勤尾巴，最终增加燃料需求量。陆战队司令阿莫斯上将指出：“我们必须大力寻求创新性解决办法，以减少系统和平台能耗，提高自给自足能力，减少战场上的远征足迹。改变能源使用方式对于陆战队恢复平衡并为未来战争作好准备有着至关重要的意义。”[②] 美国海军陆战队为整套能源解决方案设定的作战环境是远征前沿，关注的焦点是陆战队从海基平台上发起早期进入行动，动用轻装部队执行支持系列军事行动。美国海军陆战队设想的情况是交通线处于敌我争夺状态。另一个关注焦点是从陆战队行动到受支援的维持型联合作战行动的过渡阶段。陆战队考虑的问题包括与当地民众接触以及任务完成时将能源和水资源补给能力移交给当地人使用的问题。《远征能源战略》涉及“基地”的一系列问题则包括为海军陆战队设施和基地供电所需要的能源和卫戍机动装备所需要的燃料。

三、战略目标、行动概念和成功衡量

《海军陆战队 2025 年构想及战略执行计划指南》中提出，未来的美国

---

① USMC HQ, *United States Marine Corps Expeditionary Energy Strategy and Implementation Plan*, 2011, p. 18.

② USMC HQ, *United States Marine Corps Expeditionary Energy Strategy and Implementation Plan*, 2011, Commandant's Message.

海军陆战队应能在未知、混乱、资源集约的条件下坚强生存，无论是整个部队还是单兵，都必须形成精干、灵敏和适应环境的能力，并且能够执行持续性的远征作战任务。① 同时，近年来，美国国会立法和总统行政令提出了一系列能源目标，将关注重点由原先需求端使用效率的提升扩展至供应端替代能源及可再生能源的发展。在此背景下，《远征能源战略》将海军陆战队能源方面的发展目标细化为战略目标，并针对远征作战能源和基地设施能源发展分别提出了具体目标以及衡量目标完成情况的办法。

（一）战略目标

美国海军陆战队远征能源目标从基地到战场无所不包，为陆战队通过塑造军魂、提高能效和使用可再生能源来提升作战效能提供了一个行动框架。美国海军陆战队的总体目标是将战场作战能源效率提升 50%，同时将每名陆战队士兵消耗的燃料减少 50%。变革的结果是后勤保障需求特别是对液体燃料的需求降低。陆战队应对设施能源的办法将实现联邦法律、总统行政令和海军部长提出的节能节水和增加替代/可再生能源使用的指令。通过将军事设施生产替代/可再生能源和减少能源需求相结合，到 2020 年，美国海军陆战队 50% 的基地和站点成为“净零”能源消费单位。

《远征能源战略》的基本目标是：购买和使用具备更高能效的装备并升级现有装备，通过创新改造加大可再生能源使用量，改变能源思维模式，将能源与水资源使用效率与作战能力匹配起来，争取到 2025 年美国海军陆战队能够形成从海上进行机动部署、足够维持 C4I 和生命支持系统、仅有机动装备使用液体燃料并具备更高能效的远征力量。② 在作战能源方面，美国海军陆战队计划将战场上的作战能源效率提高 50%，每个陆战队士兵能源日消耗量降低 50%，以减少后勤保障特别是对液体燃料的需求。在设施能源方面，海军陆战队有关设施能源的行动将落实国会立法、总统行政令、国防部指令以及海军部长提出的有关减少能源和水资源消耗、扩大替代/可再生能源使用的目标和要求，并通过在基地和设施内生产替代/可再生能源与减少能源需求相结合的方式，到 2020 年使陆战队 50% 的基

---

① USMC, *Marine Corps Vision and Strategy 2025 Implementation Planning Guidance*, 2008, p. 5.

② USMC HQ, *United States Marine Corps Expeditionary Energy Strategy and Implementation Plan*, 2011, p. 17.

地和站点成为“净零”能源消费单位（参见表5—1）。①

美国海军陆战队远征能源战略的具体目标是：从战场和基地全局出发，一是将远征能源植入美国海军陆战队军魂之中。这将使陆战队官兵在关注战斗效能的同时重视能源和资源使用效率，逐步将能源因素纳入计划和作战行动考虑，训练部队提高能源和水的使用效率。二是对远征能源效能进行领导和管理。到2015年，海军陆战队将实现对全部装备和系统的监测，以使各级指挥员和项目管理员能够跟踪管理能源和饮用水的需求水平及使用总量。

表5—1 美国海军陆战队远征能源目标和效率提升目标

远征能源目标	效率提升		
	2015	2020	2025
将远征能源嵌入海军陆战队的精神特质	25%	40%	50%
引导和管理远征能源效能			
提高武器系统、平台、车辆和装备的能效			
利用可再生能源满足作战需要			
降低能源强度（《2007年能源独立与安全法案》）	2003～2015年，将军事设施能源强度降低30%		
降低水消耗强度（第13514号总统行政令）	从现在起到2020年，每年降低水消耗强度2%		
增加替代能源（2010财年国防授权法案；海军部长）	到2020年，军事设施替代能源用量提高到50%		
降低石油消费量（海军部长）	到2015年，非战术车辆石油消耗量减少50%		

资料来源：*United States Marine Corps Expeditionary Energy Strategy and Implementation Plan*, 2011, p. 22.

在作战能源方面，一是提高武器系统、平台、车辆和装备的能效。对传统装备进行升级，发展和采办能效更高的武器装备。这方面至少包括：武器系统、平台；空中、地面和海上运输工具；C^4I设备；简易帐篷、水、

① USMC HQ, *United States Marine Corps Expeditionary Energy Strategy and Implementation Plan*, 2011, p. 21.

垃圾、战场维持和生命支持系统与设备。二是利用可再生能源满足作战行动需要。海军陆战队将积极开发能够在远征环境下部署的创新性可再生能源和储能装备能力。

在设施能源方面，一是降低能源使用强度。截至《远征能源战略》公布时，美国海军陆战队已将军事设施的能源使用强度降低了9.5%，计划以2003年为基准，到2015年时设施能源使用强度减少30%。围绕这一目标，海军陆战队关注的范围比较广泛，包括各种设施、公用服务系统和各种设备库。陆战队将通过升级改造消除浪费、开展能源审计和重新校验耗能系统、拆除低能效基础设施、建设综合多种节能特性的新基地等努力相结合的方法来实现降低能源强度的目标。同时，美国海军陆战队还将运用计量、能源负荷规划、微电网应用等技术来优化能源品种，减少能源支出。二是减少水资源消耗。计划通过开展节水教育活动、应用节水设备和更换低效率公用系统等措施，到2020年每年将水资源消耗降低2%。三是增加替代能源。计划到2020年将设施替代能源消费量提高到能源消费总量的50%。通过大幅度降低能源需求和增加基地可再生能源生产，使陆战队50%的基地和设施成为"净零"能源消费单位。四是减少非战术性石油消耗。美国海军陆战队将分阶段采用混合动力车、电动车、替代燃料车和弹性燃料车，以达到至2015年非战术车辆石油消耗减少50%的目标。该目标中还包括对车辆运行提供加油和维护保养的基础设施以及使用石油供暖和发电的基地。①

美国国会立法、总统行政令和国防部指令：《2009财年国防授权法案》和国防部指南都强调了能源安全问题，并对作战能源管理、规划、需求开发和装备采办作出了一系列指示。《远征能源战略》中提出的目标和任务与这些指示相一致。海军陆战队能源战略还为国防部未来的指南预留了空间，以确保陆战队在国防部体系内引领远征部队的作战能源创新和管理以及可再生能源生产。美国国会立法为设施能源使用强度、温室气体减排和可再生能源使用方面确定的目标和要求，推动了海军陆战队设施和卫戍机动装备（GME）能源和水资源管理。近年来，美国联邦政府提高了强制性降低能耗目标，并把关注焦点从提高需求端效率转向供应端替代/可再生

---

① USMC HQ, *United States Marine Corps Expeditionary Energy Strategy and Implementation Plan*, 2011, pp. 21 - 23.

能源开发（参见附录一、附录二）。这是美国海军陆战队在制订《远征能源战略》目标时重点考虑的一个因素。

美国海军部长的能源目标：美国海军部长在上述联邦政府法律法规的基础上，又给美国海军和海军陆战队提出了更高的目标，要求到2020年替代能源使用量达到50%。①《远征能源战略》旨在落实美国联邦政府法令和美国海军部长提出的能源目标，支持海军部长提出的能源安全和能源独立优先任务，力争在广泛使用替代能源和先进能效技术方面走上美国国防部和整个美国的前列。

（二）实现战略目标的两类行动概念

1、远征行动概念：分阶段的方法

美国海军陆战队领导人深知，重塑陆战队能源态势需要时间，因此强调变革必须从当下就开始，多条战线齐头并进。领导工作和创新行动突出改变官兵的行为，推动战略落实，使战场上能源和水资源使用效率产生立竿见影的提升效果。近期，美国海军陆战队的工作重点是向各级指挥官提供所需信息，以提高能源效率，使其转化为作战效能。同时，美国海军陆战队将立即干预武器装备升级的进程，确保能效需求纳入正在进行的采办活动之中，并启动传统武器系统的升级计划。美国海军陆战队将把能源考虑纳入科技研发的优先目标之中，并积极追求新兴技术，满足陆战队中长期需要。美国海军陆战队准备通过塑造能源效能需求、规划技术开发和采办、调整项目投资等举措，在未来15年中分阶段、渐进式地实现其节能目标，最终使每名士兵油耗降低50%（参见图5—12）。

2、基地行动概念：为远征精神提供支撑

能源与水资源对于维持和增强陆战队作战准备所需要的作战保障极为重要。海军陆战队的精神理念既是在战场上也是在基地里形成的。因此，《远征能源战略》提出要打造一种节能节水文化，将这种文化传播到陆战队的各个基地和站点。《远征能源战略》基于《海军陆战队“10 in 10”能源和水资源管理项目行动计划》之上。未来，美国海军陆战队将把规划、评估和培训与公用服务符合成本核算的作战与维护、武器系统改装与新装

① USMC, *United States Marine Corps Expeditionary Energy Strategy and Implementation Plan*, 2011, p. 63.

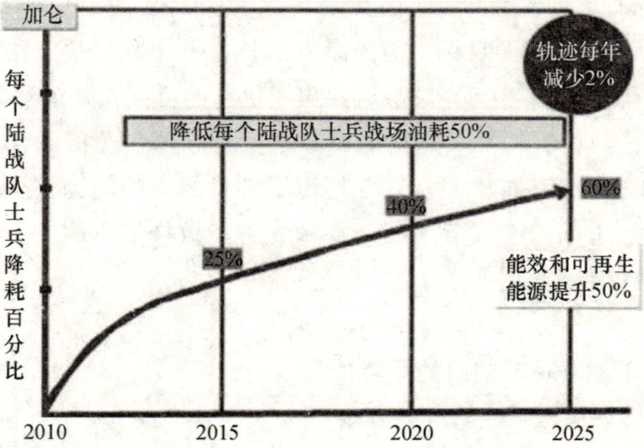

图 5—12　美国海军陆战队士兵战场油耗降低 50% 目标进程图

资料来源：*USMC*，*United States Marine Corps Expeditionary Energy Strategy and Implementation Plan*，2011，p. 25.

备的基建投资以及能源意识宣传计划的实施相结合，开展一系列创新行动，在陆战队各基地能源和水资源使用中养成责任感，同时提高陆战队非战术车辆的能源效率。在这方面，美国海军陆战队将采取一系列措施：一是创建一个组织架构，以始终保持一个致力于提升能源和水资源使用效率的指挥体系；二是采取一体化的设计方法，以优化能源效能；三是在落实有效技术和管理做法方面展示领导作用；四是采购高能效装备和产品；五是实施培训和意识培养项目，强调用户控制的节能节水体验。

（三）衡量成功的办法

美国海军陆战队深知，要想真正提高能源效率、减少过度的燃料需求，就必须衡量和管理完成目标所需的电力和燃料量。美国海军陆战队将从两个方面衡量远征能源战略目标完成情况：一是远征能源；二是设施能源。

1. 建立每名陆战队士兵能源日消耗加仑总数基线

在远征能源方面，美国海军陆战队把衡量重点放在其实施一切军事行动和训练陆战队士兵所使用的能源之上。这方面最有用的度量标准应该是为完成特定的标准化军事目标所消耗的燃料加仑数。目前，海军陆战队缺乏这种数据——陆战队内部没有要求对战场上或训练中作战能源详细数据作为常规加以收集和报告。要提供可靠的信息，就必须发展跟踪、测量和报告较小部队单位燃料和电力使用情况的能力。《远征能源战略》提出的目标是到2015年把系统安装到位，使部队有能力跟踪、测量和报告能源使用情况。

美国海军陆战队通过在阿富汗战场上获取的总的燃料数据和作战经验确定一个粗略的基线，作为起点。目前，海军陆战队根据自己掌握的陆基补给的燃料总加仑数和战区陆战队总人数，确定每名陆战队士兵的日消耗加仑总数（GPMD）。从美军在阿富汗展开的作战行动中可以看到，海军陆战队的日消耗加仑总数保持在比较高的水平上。美军根据已有的作战经验得出的数据，量化出海军陆战队的日消耗加仑总数基线。基于截止到2010年6月的数据，海军陆战队基准远征燃料消耗量约为8个日消耗加仑总数。在得出日消耗加仑总数基线后，再用它来衡量作战部队在能效改进方面取得的进展。

需要注意的是，用这种衡量方法比较日消耗加仑总数，必须确定陆战队士兵是在基本相似的作战条件下进行基本相似的活动。海军陆战队将对这些度量结果进行定性分析，并把它们与相关特点（如行动阶段、任务、部署的装备以及空地特遣队规模）进行比对。在收集和改进数据过程中，海军陆战队就能够分析出发展趋势，把日消耗加仑总数与其他因素进行关联分析，找到最佳做法，提出装备改进意见和对新系统的能效要求。

2. 利用“国防公用能源报告系统”数据衡量设施能源进度

在设施能源方面，美国海军陆战队将利用“国防公用能源报告系统”（DUERS）所报告的数据来衡量各基地和站点能源目标的实现情况。目前，美国海军陆战队各军事设施正在安装先进的计量系统，计划在2012年实现对电力、2016年实现对其他公用服务进行计量的规定目标。①

① USMC HQ, *United States Marine Corps Expeditionary Energy Strategy and Implementation Plan*, 2011, pp. 27 – 28.

四、战略任务

《远征能源战略》的落实需要整个陆战队的共同努力，涵盖各种作战功能，融合各个作战开发环节——条令、组织、训练、装备、领导与教育、人员和设施。《远征能源战略》围绕组织领导、人员配备、教育培训和装备研发四个领域提出了一系列战略任务。同时，《远征能源战略》以附件形式公布了《远征能源战略实施计划》。该计划围绕《远征能源战略》提出的四个战略领域明确了 72 项具体任务、职责、目标和完成时间节点。下文将根据这两份文件，从远征能源和设施能源两个方面，详细解析美国海军陆战队提出的战略任务。

（一）远征能源的战略任务

1. 加强组织领导

美国海军陆战队领导人认识到，陆战队能源使用方式是其作战效能的一个关键因素。然而，陆战队在战场上、在训练中、在基地内对能源的需求毫无节制。装备和技术解决办法对改变陆战队能源使用方式极为重要，但是，单纯依靠这两种方法还不够。能源效率对使命任务的重要性必须融入陆战队的思维并如同陆战队遂行从基地到战场的任务一样加以制度化。为此，美国海军陆战队将充分发挥各级领导的作用，在全体官兵中深植能源思维，使其认识到能源的重要性和必要性，并应用于各类任务的执行过程之中。

一是将远征能源理念注入海军陆战队。这一点需要陆战队整个高层领导和各级组织的领导人共同努力。计划任务包括：由远征能源办公室牵头，联合海军陆战队司令部公共事务局拟制一份计划，将远征能源战略概念下的任务目标传达至全体官兵；制订一份有关出台美国海军陆战队远征能源年度报告的计划，并且在 2011 年 10 月前发布第一份报告，该报告将贯彻《2009 财年国防授权法案》中提出的每年报告作战能源需求和消耗情况的要求等。

二是通过为各级指挥员提供计量和管理能源的工具提高作战效能。要通过提高能源效率，提升作战效能，让陆战队各级指挥员能在任何时刻掌握其部队的能源资源使用状况。这一数据可以帮助指挥员论证、管理和调整作战步骤，提升作战效能和能效。这一数据还可以为陆战队需求开发和采办过程提供信息，这种信息对于聚焦装备性和非装备性投资极其重要。装备性解决方案可以为系统和平台提供捕获和报告基本数据的能力。美国海军陆战队把装备性解决方案与政策、条令和训练一起视为《远征能源战略》的关键赋能要素。这方面的计划任务包括：由远征能源办公室牵头制订一项能够跟踪、计量和管理作战能源消耗及需求的综合性计划。该计划将以尽可能全面的数据来制定能源消耗和需求的计量基线，为指挥员和项目负责人提供可视化的能源消耗情况和武器装备能效表现。该计划还将建立能源使用概貌，作为陆战队司令的一项关键信息需求（CCIR），同时将远征能源报告确立为国防战备报告系统（DRRS）的一项数据输入。整个计划最迟在 2015 年前实施；在 2011 年 9 月前完成对多个作战职能内远征能源的评估，该评估将检验现行政策、程序，定位差距，并就能源效率提出建议。

三是对海军陆战队的能源效率和作战效能进行制度化规范。为了使变革形成制度，美国海军陆战队将在条令、组织、训练、装备、领导与教育、人员、设施（DOTMLPF）各层面制定正式要求，寻求解决远征能源、水和垃圾的问题。这些要求将聚焦项目开发，引导相关投资。计划任务包括：在 2011 年 4 月前，由作战开发与集成副司令（DC CD&I）和远征能源办公室共同完成并发布《远征能源、水和垃圾初始能力文件》（E2W2 ICD）并制订一项计划，将基于能力的评估结果和初始能力文件内容融入到海军陆战队远征部队开发系统（EFDS）进程中。

四是与联合作战部门开展协作实现远征能源要求。现代战场性质的不断变化越来越多地要求美国海军陆战队在联合、多国和跨机构环境下开展行动。尽管陆战队努力通过提高能源效率改进作战效能，但是，美国海军陆战队领导人也认识到，其他军种和盟友会严重影响其能源消耗量。因此，海军陆战队提出，远征能源办公室与联合作战部门就《远征能源、水和垃圾基于能力的评估/初始能力文件》进行协作，以确定联合作战环境中的潜在应用；制定相应的政策、条令和程序，以实现提升联合环境中能源、垃圾和水资源使用效率的相关要求。

五是充分利用战略伙伴关系。美国海军陆战队认为，要成为作战部队远征能源能力建设方面的领导者，必须充分利用政府内外的先进思想、技术创新和资源，与各军种、联邦机构、学术界、工业界和盟友建立卓有成效的伙伴关系，共同开发和应用最佳做法和技术来促进制度变革。远征能源办公室提出在 2011 年 4 月前找到建立伙伴关系的机会，并制订一份合作计划，确定美国海军陆战队在研发方面的优先需求、商业解决方案、潜在伙伴机构等。①

六是注入责任感，促进创新。每一个陆战队士兵、指挥员、部队单位和设施租赁者都要在职责范围内采取先进的能效做法来开展行动。美国海军陆战队将对设施、基地和卫戍机动装备的用能用水情况进行规划和监测，向指挥员提供加强能源意识、教育和培训所需要的数据，以提升能源效率、加强能源安全、降低全周期运作成本。各级领导将致力于营造良好的节能氛围，鼓励所属人员采用新观念、运用专业知识来实施创新性能效做法。

2. 完善人员配备

美国海军陆战队空地特遣队往往执行高强度任务，结构精简、专业化程度高，人力资源十分紧张，由此凸显了公用服务和给水工程人员的价值。美国海军陆战队将给部队配备所需人员，向指挥员提供远征能源方面的信息和建议，以保障陆战队的远征能源需求。远征能源办公室计划将联合人力和后备役事务部门在陆战队空地特遣队范围内制定人力需求，以支撑远征能源能力建设，并拟定人力方案和相关政策，满足这些需求。②

3. 开展教育培训

美国海军陆战队认为，远征能源战略的实施是一项集体行动，要顺利推进该战略在各层面上得到有效落实，就必须开展相关培训，提高人员专业素质。

一是制定政策和条令，使变革制度化。美国海军陆战队提出把远征能源概念融入作战决策各个流程。陆战队将立即启动将这些概念嵌入其基础政策和条令的长期进程，以作好实现远征能源任务要求的准备。由于海军陆战队迫切需要减少后勤足迹、提升战场能源效率，因此，它认为必须加快把远征能源概念注入其使命行动和近期的规划之中。在这方面，海军陆战队提出制订一份综合性计划，将远征能源的优先发展目标和概念融入基

---

① USMC HQ, *United States Marine Corps Expeditionary Energy Strategy and Implementation Plan*, pp. 46 – 49.

② Ibid, p. 49.

本政策和条令之中。该计划将把能源效率和能源利用作为作战效能的一个要素加以制度化，应用于单兵、空地特遣队以及空地特遣队合成作战。此外，陆战队近期将制订一份计划，加速条令和辅助性文件的制订。

二是对陆战队进行远征能源培训和教育。未来冲突的性质要求美国海军陆战队在复杂、常常是艰苦的环境中针对混合威胁开展行动，这就特别需要陆战队拥有作为一支远征军的机动和作战能力。为了应对这一需求，美国海军陆战队提出必须对其士兵进行培训和教育，将能源效率纳入任务筹划和实施过程之中。美国海军陆战队将以士兵为中心，通过正规的教育和训练过程，改变其组织体系的能源思维方式，强化能源与作战效能之间的关系。同时，陆战队将分析士兵目前拥有的各种技能，建立未来应有的能力，以优化空地特遣队从而开展高效能、高能效的作战行动。这方面的主要工作包括：（1）远征能源办公室会同各作战咨询小组（OAG）制订一份计划来评估、定义和加强现行标准作战程序（SOP）以及战术、训练和程序（TTP），以提升能源效率、优化能源资源。（2）制订一份计划，将远征能源概念和做法融入培训和教育所有课程之中，以提高各层级的熟练程度。分析和确定远征能源培训和教育需求，就能源效率概念和做法在什么地方、以什么方式注入培训和教育之中提出建议。考虑训练的全过程，从士兵入伍到正规学校、部署前培训项目以及职业军事教育。评估开设特别课程或创造机会将能效概念融入现行课程的必要性。（3）远征能源办公室会同相关部门制订一份计划，在部队兵棋推演和演习中纳入一个能源课题。该计划将确定在什么地方、以什么方式将能源作为一个要素注入作战计划和实施想定之中。①

4. 提升装备水平

美国海军陆战队能否实现其2025年远征能源目标，很大程度上取决于其发现和开发相关技术和装备需求的能力。因此，这些需求必须纳入可以实现的装备性解决方案之中，把作战能力与能源效率相结合。美国海军陆战队强调要为部队配备先进的装备，使其发挥作为美国最精锐的远征军的作用。《远征能源战略》将确立海军陆战队作为一个作战能源效率、远征能源系统和战场可再生能源技术的创新中心。美国海军陆战队强调将依据

---

① USMC HQ, *United States Marine Corps Expeditionary Energy Strategy and Implementation Plan*, pp. 49 - 51.

其能源战略目标制订战略性装备创新计划，通过加深对能源挑战和可能采取的解决方案的认识引领需求开发，指导技术创新。同时，美国海军陆战队还提出要改革相关决策程序，把远征能源概念注入装备需求和采办的决策之中，并与美国政府、学界和商界的著名思想家和企业家协作，随时准备更新和部署新的武器装备能力到作战行动中去。

就近期而言，美国海军陆战队将把对能源效率影响重大的行动放在首位，重点升级现有装备和修改处于采办周期早期阶段的项目或技术。这些努力将成为2015年之前实施的一揽子装备创新计划的一部分。发电机、环境控制单元、计算机硬件和遮罩设备以及战术车辆都是能源效率升级对象。一是在装备开发和采办中重视能源考量，将能源效率作为首要要求。美国海军陆战队准备把能源效率和能源效能标准结合起来，作为开发装备、车辆和武器系统的一项要求和关键性评价因素。2011年5月前，作战开发与集成副司令联合远征能源办公室出台一项计划，围绕系统及配套设备设立能效要求，同时评估和制订在所有采办发展和分析中落实能源效率的相关建议。能源效率将与成本、工期和性能一样纳入交易空间之中加以考量。需求开发人员和采办专业人员将分析装备性解决方案中的能源效率问题，至少包括所有武器系统和平台，各类航空飞行器、地面车辆和海军舰船，C^4I装备，野战帐篷、水、垃圾、持续保障、生命支持系统和设备。二是将装备性投资集中于效果明显的领域。美国海军陆战队提出将重点投资现有系统的装备升级和新装备，提高能源效能。陆战队将采取系统论的方法来查找关键性挑战，安排好投资战略的结构来应对这些挑战。在2011年8月前，远征能源办公室出台一份路线图和战略，提高现有装备、系统、平台以及开发中的武器装备的能源效率。该计划将根据对战场效能的潜在影响、成本效益、对系统改进的潜在影响等相关标准优先投资于项目修改和升级工作，并兼顾资源和预算需求。

就长期而言，美国海军陆战队为实现2025年目标必须对现行项目进行更加复杂的修改，进一步开发目前正处于研发之中的技术，研发创新性节能型平台和可部署式可再生能源装备。一是针对海军陆战队的需求开展技术创新。美国海军陆战队将在政府内、学术界和商业市场上推动科技和研发，创造新的技术能力，为陆战队远征能源需求提供解决方案。这方面的主要任务包括：制订和发布科技投资优先框架，以指导支撑海军陆战队能力提升的各个项目要素发展，该框架还将指导其他科技合作伙伴，使他们了解美国海军陆战队在提升武器系统和平台，各类航空飞行器、地面车辆和海军舰船，C^4I装备，野战帐篷、水、垃圾、持续保障、生命支持系统和设备等方面的能效科技要求。远征能源办公室将发布一份年度性综合技术投资路线图，用于发展远征能源武器装备能力。二是率先实施创新性能源解决方案。美国海军陆战队将建立相关能力，发现能效技术和解决方案以及可再生能源技术，加快相关技术从研发向作战应用的过渡，采用新概念、新能力，将它们应用于战场、训练和军营驻地。具体的计划包括：由主管作战开发与集成的副司令会同陆战队系统司令部制订一份项目计划，对海军陆战队装备使用替代燃料进行认证，该计划将与海军部替代燃料创新计划和项目发展保持同步；由远征能源办公室制定三个项目：一是应用新兴技术增加部队驻地水资源利用，并将新能力向战场转化；二是利用新兴技术解决垃圾管理和废能转化问题，并将新能力向战场转化，该项目将采取系统论的办法应对战场垃圾管理问题；三是应用新兴可再生能源技术，确定并推进适合远征环境的解决方案。①

（二）设施能源的战略任务

《远征能源战略》不仅针对陆战队的远征前沿，而且包括其军营和基地。美国海军陆战队强调必须对生活、训练和工作在基地和设施里的每一个人，即能源使用者进行教育，让他们懂得日常行动对能源足迹产生的影响，然后给他们提供工具来管理和改进其能源和水资源使用方式。能源意识终于问责。《远征能源战略》在设施领域的目标是建立在陆战队司令发布的《设施能源和水资源管理项目行动计划》之上的。这一领域的任务主要涵盖五个方面：能源意识、效能计量、能效规划、技术应用、安全环保。

1. 向所有设施使用者灌输能源、燃料和水资源节约意识与责任感

美国海军陆战队认为，一个组织里如果不是人人参与就不可能发生重大变革。为此，美国海军陆战队为各级主管能源的领导制订了一系列行动计划，主要包括：在所有海军陆战队环境评估和环境影响报告中，立即考虑能源使用量、能源节约和替代能源品种问题；制订一份执行计划，为陆

---

① USMC HQ, *United States Marine Corps Expeditionary Energy Strategy and Implementation Plan*, pp. 51 – 54.

战队基地、设施和租赁单位领导人提供通过地理信息服务（GIS）系统获得能源消费数据的途径；出台有关报告事项的政策，要求各单位通过联邦车辆统计工具获取所有商用车辆的燃料用量、里程数和成本数据；更新基地和卫戍机动装备的能源命令，更新后的命令将包含能源和水资源管理的政策和程序性指南；海军陆战队指挥、控制、通信和计算机部门将出台一项能源计划，使各部门及数据中心都能够在能源战略精神指导下开展工作；陆战队司令部各直属机构都必须指定一名高级能源代言人，其职责是从职能部门的视角应对能源问题，并参加远征能源办公室工作组，在制定和评估能源政策中提供职能性意见；各设施均须制订详细的设施能源计划，为具体制订远征能源战略奠定基础。①

2. 衡量提高能源和水资源使用效能

衡量基地资源使用状况有助于美国海军陆战队掌握完成目标和法令的进展情况，同时，把具体计量数值同提高能源意识联系起来，也能够更好地增强教育训练效果。美国海军陆战队在这方面提出的任务包括：与美国国防部、能源部和联邦航空管理局合作，制订一项将 LED 技术应用到前线机场照明的计划；继续淘汰设施内非节能照明设备；通过节能和避峰策略继续减少设备能耗支出；在可行的情况下推进加利福尼亚州二十九棕榈镇海军陆战队空地战斗中心和亚利桑那州尤马（Yuma）海军陆战队航空站的地热项目；每年进行设施能源审计，并通过运用全寿期内支出分析的方法找到投资回报率最高的项目等。②

3. 在计划、决策和行动中将能源效率从自觉行动转化为指令性行动

能源规划包括各项节能努力，既通过改变人类行为，也通过基地和基础设施的实际改进，以及采用替代能源和可再生能源品种。能源规划是设施可持续发展规划的关键一环。这种规划也包括节水节省资源、通过生活和工业污水的循环利用分流废水、垃圾变能源行动计划以及通过采购可持续的供应链产品最大限度地减少废水流。所有新的行动计划将依据现行联邦政府环境保护法规完成。这方面的任务主要有：立即制定政策，规定新设施取得“能源和环境设计先锋”银级资质为不可动摇的最低要求；确保

---

① USMC HQ, *United States Marine Corps Expeditionary Energy Strategy and Implementation Plan*, pp. 55 – 57.

② Ibid, pp. 57 – 58.

所有的合同制服务中都涵盖能源效率；陆战队后勤基地巴斯托（Barstow）和米拉马（Miramar）升级“绿色基地”模板实施计划，提名更多的能源计划前景看好的基地纳入“绿色基地”项目；各军事基地制订一项可再生能源基础设施发展计划，以保障商用车辆的充电和燃料加注。[①]

4. 快速主动应用新技术，充分展示领导作用

美国海军陆战队认为，将研发成果迅速向作战行动转化的能力是陆战队创新能力的一个关键性标志，应该通过各种方法尽快推动新技术的实际应用。海军陆战队提出的主要措施有：将与能源有效管理相关的教训报告给远征能源办公室；通过设施行动顾问组及其相关的能源工作组找到并发展具有颠覆性的技术和项目；各基地应对采纳有助于减少能源需求的新技术给予鼓励、奖励和表彰；各基地应将微电网或智能电网过渡计划纳入其《能源与可持续发展计划》之中。[②]

5. 确保能源安全和环境保护，为基地使命任务提供支撑

海军陆战队将继续减少温室气体排放和对化石燃料的依赖，同时积极推动采用减少环境破坏的可持续做法。美国海军陆战队在能源安全和环境管理方面提出的主要任务包括：为能源安全和能源确定性作出定义，并为陆战队各司令部机关和设施提供政策和指南；制订一项使目标设施实现净零能源的战略，战略将考虑对可再生能源项目进行集中式管理；制定相关政策和指南，将环境考虑因素纳入能源决策（如温室气体减排）和陆战队司令的可持续政策之中；各设施仔细研究和制订一份《能源安全计划》，在发生自然或人为灾害期间为关键设施提供不间断能源保障；各设施推广可再生能源和温室气体减排。[③]

《远征能源战略》的出台为美国海军陆战队推动从基地到战场的综合性能源变革建立了一个战略总框架。《远征能源战略实施计划》是美国海军陆战队司令为落实《远征能源战略》而制订的指导意见，为战略从文字变为现实指明了道路。两份文件既表达了美国海军陆战队领导人推动能源变革的意志和决心，也提供了切实可行的目标、任务和方法，为美国海军

---

① USMC HQ, *United States Marine Corps Expeditionary Energy Strategy and Implementation Plan*, pp. 58 – 59.

② Ibid, pp. 59 – 60.

③ Ibid, p. 60.

陆战队明确了能源战略转型的努力方向。

第四节　美国海军陆战队能源变革的主要行动

为了贯彻落实《远征能源战略》中提出的愿景、目标和任务，美国海军陆战队远征能源办公室依据系列文件，在陆战队各相关部门的支持下，定位差距、制订方案，在奠定变革行动的基础上，有计划、分步骤地推进作战能源和设施能源领域的战略转型。其主要行动表现在以下几个方面。

一、奠定变革行动基础

为使军事变革与能源变革同步推进，基于目前的能源使用状况，美国海军陆战队从制度要求、目标差距、指导方案这三个方面出发，研究制订了奠定海军陆战队能源变革行动基础的实施方案。

（一）搭建制度和管理框架

为确保军事行动的能源安全，美国海军陆战队高度重视顶层设计，努力从制度层面加强对能源变革工作的指导和管理。从2008～2012年，美国海军陆战队先后出台了《海军陆战队2025年构想及战略》《海军陆战队远征能源战略及实施计划》《海军陆战队远征能源、水和垃圾基于能力的评估/初始能力文件》《海军陆战队科技战略规划》等四份纲领性文件（参见图5—13）。这四份文件构成了海军陆战队实施能源变革的基本规范和根本遵循。其中后两份文件将能源安全纳入了作战能力建设的具体环节之中，从发展的重点、方向、领域等方面做出了详细阐释和规定。

美国海军陆战队还不断健全其能源变革领导体系。主管能源、设施与环境的海军部长助理是美国海军部分管能源工作的高级官员，负责制定海军部范围内的政策、流程、主张、战略规划并监管海军部所有与能源相关的职能机构和项目。陆战队主管设施与后勤的副司令（DC I&L）负责根据司令的指示和联邦政府法令为陆战队军事设施制定能源和水资源管理政

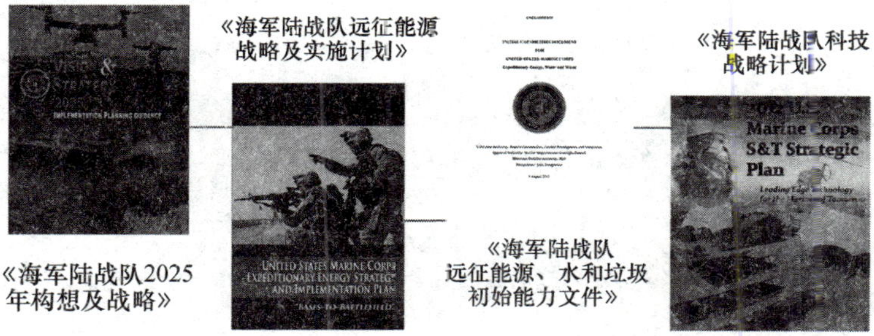

图 5—13　美国海军陆战队远征能源战略框架

资料来源：USMC，2012 *USMC Expeditionary Energy Update*，2012，p. 3.

策，其助理（ADC I&L）负责项目管理和资源采集的单点联系。[①] 海军陆战队设施司令部（MCICOM）负责监督 3 个下属区域司令部——海军陆战队东部、西部和太平洋设施司令部。设施司令部司令兼任海军主管设施与后勤的副司令助理，全权负责所有设施的运转、资金和设施能源项目，是负责发展、管理、执行海军陆战队设施能源和水资源管理项目的高级官员。下一级直接负责人是司令部的设施主任（Director，MCICOM GF），直接监管海军陆战队的能源和水资源管理项目，而司令部下属的能源与设施行动科（MCICOM GF－1）遂行对海军陆战队设施能源项目的具体管理（参见图 5—14）。

（二）定位发展差距

面对能源领域出现的各种挑战，为了有针对性地补足短板、加速推动远征能源的发展和实战应用，美国海军陆战队在《远征能源、水和垃圾基于能力的评估/初始能力文件》中，就 29 个任务范围和 6 个影响每一个作战部队（能源、水和垃圾）消费者或生产者的能力领域（计划、生产、分配、储存、处理和管理）确定了 152 项差距，其中涉及能源计划 38 项、生产 38 项、存储 20 项、分配 15 项、管理 31 项、垃圾处理 10 项。这些差距反映在作战功能领域可以细化为部队在火力、机动、指挥控制、情报、后勤、防护方面运用现代化武器装备面临的能效低下和替代不足等问题。该

① Single point of contact 指能源用户与项目负责方之间能够直接联系，并在过程中做出决策。

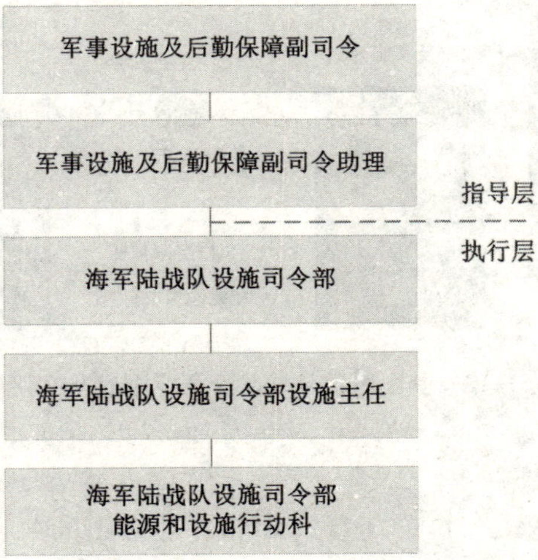

图 5—14　美国海军陆战队设施能源管理架构

资料来源：DoD，*Annual Energy Management Report for FY* 2014，p. 12

文件同时指出，为了尽快解决现存差距，政策条令、上层指导和相关训练的落实刻不容缓，且能够起到最直接的效果。该文件提出的方案主要包括：发布政策并明确领导责任；制订一个跨部门的工作组计划并协调在条令、组织、训练、装备、领导与教育、人员、设施领域的变革；更新院校课程内容；对能源管理组织架构和人力资源状况进行全面审视，有重点地安排资金和计划等。①

图 5—15 描绘了 2025 年美国海军陆战队一个空地特遣队运用完整的“远征能源、水和垃圾（E2W2）”高效率能力的作战图谱。陆战队空地特遣队从海上抵达作战地域，接受以海上为基地的持续作战后勤支援，仅仅依靠岸基部队开展行动。部队开始展开，建立能够自给自足的前进作战基地（FOBs）、作战据点、巡逻基地和“前进装备与燃料补给点”（FARPs）。该图突出了 E2W2 效率特性的关键性作战节点（operational nodes），展示了 E2W2 架构、环境和联合能力之间的互动关系。陆战队空地特遣队从单兵到特遣队司令部都有效地运用高效率的 E2W2 系统，使各

① USMC，*Initial Capabilities Document for United States Marine Corps Expeditionary Energy，Water and Waste*（*E2W2*），2011，pp. v – vi.

作战节点能够自给自足，最大限度地减少地面和空中再补给；增强机动能力，减少暴露弱点的事件，把运输工具解放出来用于执行其他使命任务。自给自足的作战节点采集一切可用的能源（太阳能、热能、动能等），为高能效的 C^4ISR 系统和生命支持设备提供动力，同时利用当地水源生产饮用水。车辆和人员在运动中收储能源，并相互分享能源，为武器系统和 C^4ISR 系统供电，扩大永久性基地的可再生电力。

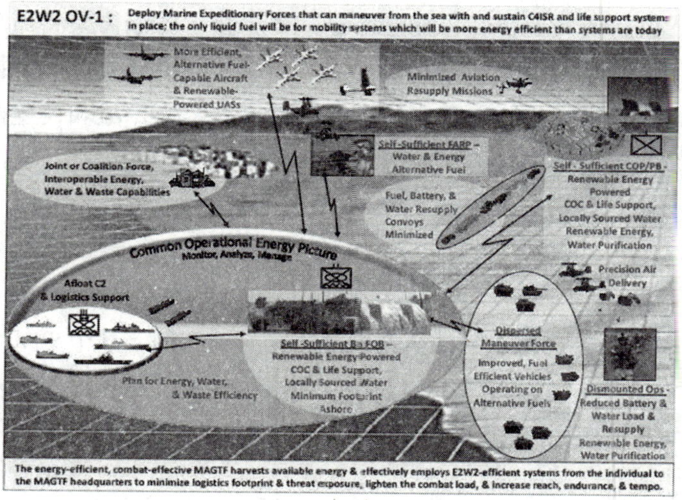

图 5—15 2025 年海军陆战队一个空地特遣队远征能源、水和垃圾能力作战图谱

资料来源：USMC，*Initial Capabilities Document for United States Marine Corps Expeditionary Energy, Water and Waste*，2011，p. A－1.

（三）明确行动方案

美国海军陆战队深知，能源变革事无巨细，涉及的行业部门繁多，因此必须确定大体的行动方案，才有利于陆战队各级部队机关的有效落实。陆战队主要行动方案分为两大类：一是非装备性解决方案，该方案内容共计 160 项，主要包括：在生产、消费能源系统的文件要求中纳入能源关键效能参数和重要系统指标；发布文件将能源要素纳入全寿期消耗评估和替代能源分析中；设计技术发展路线图，在近期和远期寻求潜在的 E2W2 技术方案；为了在任务规划、政策制定中考虑 E2W2 因素，并在分布式战场环境中实现灵活作战和自给自足，陆战队必须更新组织结构；将 E2W2 的计划和执行融入到标准化的预部署训练中，提高部署远征能源的专业能力和效率；基于训练和战备手册要求改进军官培训模式等等。二是装备性解决方案，该方案内容主要涵盖信息技术研发、演进式开发项目和能源技术变革三大类，内容共计 87 项，主要包括：开发军兵种导向的架构（Service-Oriented Architecture，SOA）工具，用于支持计划流程；为后勤和测量系统获得实时准确数据研发内联式软件；为基层部队研发易用、轻型、便携式供电设备；研发混合燃料发电设施，逐步减少对液体染料需求；建立集能源使用、管理与计量于一体的系统等等。[①] 初始能力文件中提出的差距一针见血地指出了问题之所在，提出的解决方案为作战和设施能源变革项目的具体实施设定了目标。

二、加强作战能源管理创新和技术研发

2010 财年，美国海军陆战队消耗了 470 万桶石油，其中 90% 为作战能源消耗，而其中航空占 85%，地面占 15%。[②] 可见，美国海军陆战队作战能源消耗在其能源结构中占主导。2011 年，美国国防部公布的《作战能源战略》提出确保 21 世纪能源安全的总目标，并确定了三个实现途径：减少军事行动中的能源需求；拓宽并保障军事行动中的能源供给；把能源安全纳入未来军力发展之中。围绕上述作战能源战略目标和途径，并针对自身的作战能源挑战，美国海军陆战队积极采取行动，加强作战能源管理创新和技术研发，以落实其《远征能源战略》目标。

（一）推动能源数据应用

如何准确高效地对作战能源数据进行计量、计算和应用，关系到能源变革行动的发展走向和实际效果。在这方面，美国海军陆战队主要开展了三项工作：一是确定能耗基线，定下数据标准；二是将能源效能参数融入

---

① USMC, *Initial Capabilities Document for United States Marine Corps Expeditionary Energy, Water and Waste* (*E2W2*), 2011, pp. 14 – 19.

② Moshe Schwartz, *Department of Defense Energy Initiatives—Background and Issues for Congress*, 2012, p. 4.

实施方案，使数据有所支撑；三是将能源数据融入作战行动。

1. 确定作战能耗基线

远征能源办公室曾经为美国海军陆战队确定了一个作战能源消耗初始基准线。该基准线来自2010年美国海军陆战队第一远征军部署到阿富汗战区的实际“装备密度清单”（EDL）和燃料消耗数据。远征能源办公室还通过陆战队远征军（MEF）大宗石油应急供应报告，跟踪记录了向前进作战基地交付的战术燃料数据。① 基于这些数据，远征能源办公室开发了海军陆战队空地特遣队电力和能源模型（MPEM）并充分以作战能源消耗基准线为参考，其中MPEM用来模拟装备使用和对空地特遣队能源效能投资所产生的效益。可以说，该基线为海军陆战队作战能源消耗提供了最为直接的参考。尽管它并没有考虑到能源从生产到使用中的其他因素，但却为训练和实验提供了标准。

2. 将能源效能参数融入装备性方案

美国海军陆战队对能源的综合评价早先使用的是《远征能源战略》提出的“能源效率”。后来，陆战队提出了“能源效能”的概念，这一概念主要指在特定作战模式和环境条件下的能源消耗率或执行任务所需能源的采集率。该定义同时适用于任何与能源相关的能力或系统的描述，其中包括能源的使用、存储、转化和消耗。2012年1月发布的《联合能力集成与开发系统行动手册》提出了“能源关键效能参数”概念，以此作为能源效能的量化数据。2013年6月，海军陆战队又在第3009.1号指令中规定，各部门须通过在新系统中纳入能源效能参数，更新现有系统以提升作战能力。②

美国海军陆战队副司令、海军陆战队系统司令部司令以及项目执行官在远征能源办公室的直接支持下，负责将能源效能参数融入能源变革的装备性方案之中。主要方法包括：在制定能力需求、考察方案和选择供货方时平衡考量能源效能与其他性能因素；采用系统工程学的方法减少系统和陆战队空地特遣队的能源需求，减轻单兵和部队战斗负重，提高能源生产、存储和运输能力；关注减少能源需求和增加能源高效供应给行动带来

① DOD, *Fiscal Year* 2012 *Operational Energy Budget Certification Report*, January 2011, p. 19.

② USMC, *EXPEDITIONARY ENERGY*, 2014, p. 1. https://marinecorpsconceptsandprograms.com/programs/expeditionary-energy/expeditionary-energy

的影响，其中涵盖单兵负重和战斗力、燃料和电池补给的数量和频率；能源管理和供给链导致的敌方威胁增加；运输过程中的能源需求及损耗；单兵和陆战队空地特遣队战斗负重和补给需求给战术战役级机动能力、行动范围和持续作战能力带来的限制等。①

3. 将能源数据融入作战行动

美国海军陆战队领导人在《远征能源战略》中指出，每一名海军陆战队员在作战训练中都清楚地知道自身所携带的弹药量，但对于能源补给却知之甚少。因此，远征能源办公室积极致力于提高每一名陆战队员管理能源的意识，将能源数据融入到每一个作战环节，提高从指挥员到士兵对手中能源的管理水平。远征能源办公室于 2013 年启动了“指挥官能源战备计划”（Commander's Energy Readiness Program，CERP），旨在为分队级指挥员提供燃料和电力数据，以辅助其对训练时长和作战距离进行决策。该项目能够使能源发挥最大效益，对作战部队的能源进行规范化管理，并形成一套可对海军陆战队空地特遣队各层级进行通报的机制。② 这种融入方式实际上是将能源当作弹药、人员一样重要的作战要素，而不是仅仅从后勤保障角度泛泛考虑。这从一个侧面反映了作战能源变革的紧迫性。

（二）发展高能效装备

美国海军陆战队高耗能、后勤保障链脆弱等问题的本质在于对传统能源的过度依赖。为此，美国海军陆战队坚持从一个个具体项目入手，大到车辆装备、小到单兵，改进能源使用方式、开发新能源。在装备领域投资框架下，变革的主要任务就是由计划人员、操作人员、能源代言人（Advocates）、能力集成军官（CIOs）和采办项目管理者研发、升级、采购高能效装备。③ 美国海军陆战队大力支持对高能效装备的投资，在 2013 ~ 2017 财年安排的作战能源项目资金中，有 21% 用于资助装备研发、测试和评估（RDT&E），目的是通过提高能源使用效率，增强自给能力并减少战

---

① CMC, *Applying Energy Performance Metrics and Measures in Requirements Development and Acquisition Decision-making*, Marine Corps Order 3900. 19, May 2013, p. 2.

② USMC, *EXPEDITIONARY ENERGY*, 2014, p. 1. https://marinecorpsconceptsandprograms.com/programs/expeditionary-energy/expeditionary-energy

③ Headquarter United States Marine Corps, *Applying Energy Performance Metrics and Measures in Requirements Development and Acquisition Decision-Making*, Marine Corps Order 3900. 19, p. 2.

场远征部署，以提高作战能力（参见图5—16）。2013财年，海军陆战队为作战能源申请的年度预算资金为6450万美元，在未来多年度国防计划中用于作战能源计划的总预算为3.52亿美元。2013财年预算资金约有58%用于采购具有改进型能源特点的新装备，主要目标是减少能源需求（参见图5—17）。①

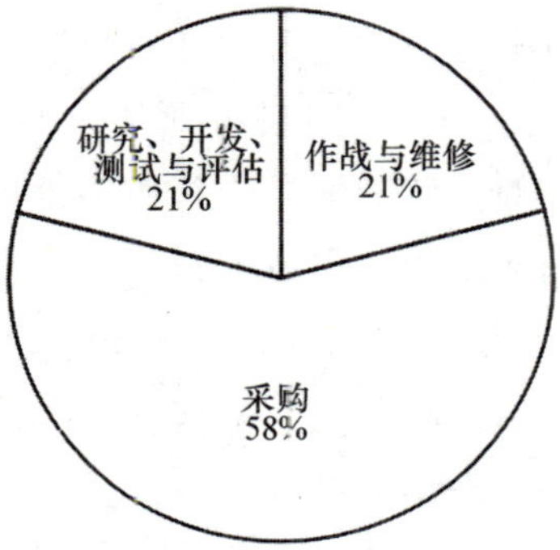

图5—16　美国海军陆战队2013～2017财年作战能源资金（按用途）分配示意图

资料来源：*FY13 Budget Certification Report—Energy Investments for Military Operations*, p. 30.

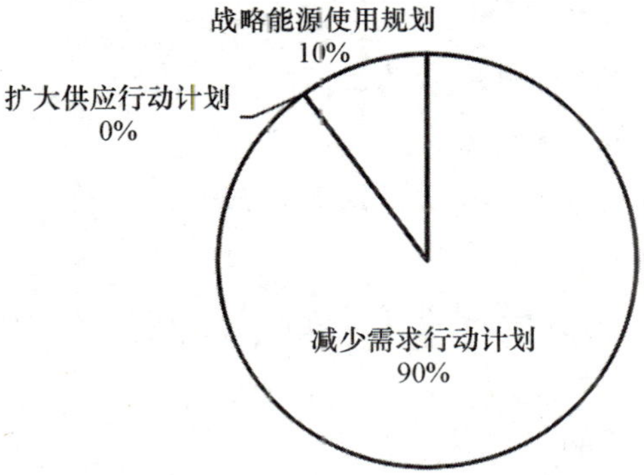

图5—17　2013～2017财年陆战队作战能源资金分配示意图

资料来源：DOD, *Energy Investment for Military Operations: For Fiscal Year* 2013, June 2012, p. 31.

① DOD, *Energy Investment for Military Operations: For Fiscal Year* 2013, June 2012, p. 30.

美国海军陆战队重点发展的作战能源装备项目包括以下三类（参见表5—2）：

一是电源和发电设备。现代战争对单兵或分队的持续作战能力要求更高。为提供持续的能源保障，除有限的后勤保障外，关键是要提高立足自身的能源存储和再生能力。一方面，美国海军陆战队积极推进“先进电源”（Advanced Power Sources）技术研发，该技术能够在一定设备体积内大幅增加电池容量，提高兼容性并进行能量回收。在“便携式电能和净水技术”中，金属空气电池、JP—8燃料电池催化剂、电化学超级电容器、车用大容量电池等技术，对传统锂电池进行改造，提高了存储能力，而可穿戴式配电设备、动能与太阳能采集技术则拓展了供能渠道。在“步行移动充电器（FMC）/班用电力网络（SEPN）”项目中，陆战队希望开发一种便于士兵携带的轻型充电系统，其中包括BB—2599、AA和CR—123等常见电池类型。该系统能够利用士兵肢体的运动和其他外界能量来进行二次蓄能，能接收多种能源输入并使充电全部在行进中进行，从而为陆战队士兵穿戴或使用的电动设备充电或提供电源。此外，陆战队还研发了车（机/舰）载电源管理（Onboard Power Management）、无线电电源适配器等技术，提高对电源的管理能力。另一方面，陆战队积极发展可再生能源技术。其中，太阳能便携式替代通信能源系统（SPACES）、地面可再生远征能源系统（GREENS）能够使普通士兵经过培训后，迅速架设太阳能光伏板和采集线路，实战意义很强。①

二是节能型设备。节能是美国海军陆战队最为重视、也是一直在推进的重点工作。在这方面，陆战队除了改进替代燃料和动力技术外，还对一些装备器材和环境控制设备进行了节能改造。在对帐篷和其他遮覆器材的改造中，陆战队计划减轻器材重量，用节能灯替换目前使用的荧光灯，并在使用节能取暖系统的同时提高密封性以减低能耗；在对野战医疗设备的改造中，陆战队计划采购LED灯进行手术照明及其他节能型医疗设备，研发节能型医疗/手术消毒系统，甚至在X光检查和牙科灯光器材上都力求节能。陆战队还开展节能型电子装置研究，进行燃料效率和便携式电能先进技术示范，内容包括对小型3KW～10KW电源的混合化和微电网技术、

---

① DOD, *Energy Investment for Military Operations: For Fiscal Year* 2013, June 2012, pp. 32－33.

先进车辆传送、动力和推进技术的研究。这些创新技术都能够在不同程度上降低能源消耗，提高部队在野战环境下的持续行动能力。①

表 5—2 美国海军陆战队主要作战能源创新计划

创新计划	情况简介	基本目标	资金预算（美元）		
			2012	2013	2013 ~ 2017
太阳能便携式替代通信能源系统（SPACES）/地面可再生远征能源网络（GREENS）	单兵装备和远征基地太阳能供电	延长步兵巡逻时长、减少或消除电池再补给的需要；使环境恶劣的巡逻基地可完全依靠可再生能源供电执行任务，其他部队可减少燃料消耗	290 万	1200 万	7390 万
实验前进作战基地（ExFOB），远征能源办公室（E2O）	ExFOB 可为野战条件下的陆战队快速测试和部署商用节能技术。还可评估远征能源装备并对陆战队士兵进行相关培训	简化远征能效技术的应用程序	670 万	700 万	3660 万
帐篷内衬，LED 照明灯	帐篷隔热，节能灯	降低野战帐篷的用电需要	0	750 万	3700 万
先进中型移动电源（AMMPS）	改进型野战发电机	提高能效 17%，为偏远地点减少燃料消耗和后勤运输负担	620 万	1120 万	4020 万
中型战术车辆替代型（MTVR）	车辆效率提升	燃料效率提升 15%	140 万	150 万	1160 万

资料来源：*Department of Defense Energy Initiatives: Background and Issues for Congress*，2012，pp. 20 - 21.

① DOD，*Energy Investment for Military Operations: For Fiscal Year* 2013，June 2012，p. 33.

三是前瞻性研究项目。现有的项目并不能满足日益增长的能源需求，美国海军陆战队坚持用发展的眼光看待能源问题，并着手面向未来的研究工作。2012 年 11 月，远征能源办公室与海军研究生院开展合作立项，项目命名为“伞”，并将“硕士论文研究项目”（Thesis Research Program）论证研究的重点放在远征能源上。其目的是为能源的高效利用提供新思想，填补陆战队在分析能源相关问题上的短板，并培育在远征能源问题上训练有素的新一代军官。自立项开始，该项目开展的研究有：成规模的热能应用可行性研究、冷喷涂技术可行性研究、利用太阳能提高战术性长航时无人机系统的作战效能、在海军陆战队远征装备中运用放射性同位素热能发电装置的可行性研究等 14 个项目。[①] 这些项目不仅为海军陆战队能源变革开阔了思路，而且还有很大的潜在实用价值，一旦成功应用将在作战能源领域形成重大突破。

（三）开展综合性实验

美国海军陆战队的能源创新项目和行动计划并不是孤立的。为了试验实战应用效果、加速成果转化，“实验前进作战基地”（ExFOB）项目应运而生。该项目自 2009 年起在美国海军陆战队司令的指示下开始实施，之后更名为“远征能源概念技术示范”（E2C），顾名思义，目的就是要实现各个能源项目从技术验证到实战应用的转化。

目前，该项目主要是通过每年召开一次大会的方式进行。其工作流程大体分为四个步骤：第一，远征能源办公室在政府采购网站“FedBizOpps”上发布一份信息请求公告（Request for Information），列出远征能源概念技术论证所要解决的技术和能力差距。2015 年，远征能源概念技术论证大会重点关注的需求是更好的能源存储能力和全地形车辆，同时还关注其他一些有趣的技术，例如太阳能无人机、供指挥员在战场上进行能源供给和需求管理的战术能源仪表盘等。[②] 第二，邀请各厂商展示各具特色和优势的产品。例如，2015 年，“K2 能源解决方案”公司展示了最新便携式 UPS

---

① Naval Postgraduate School, *Multidisciplinary Energy Studies Support for the USMC Expeditionary Energy Office* (ppt), 2012.

② Sharon Burke, *Solar Fi: The Marine Corps' Commitment to Clean Energy*, November 2015, http://www.pewtrusts.org/en/research-and-analysis/analysis/2015/11/4/solar-fi-the-marine-corps-commitment-to-clean-energy.

电池——可扩展式模块化储能电池（EMESB）。这种新型锂电池重量轻、续航时间长、环保且比传统的锂化学物氧化电池更加安全，其特点是具备智能接口的交互式触摸屏和电池内部通讯组件，这种设计能够使任何数量的同型电池组合在一起。[①] 第三，由来自海军陆战队需求、采办、技术开发等各部门人员组成的巡视组（Roving Group）对产品进行评估。在为期一周的评估过程中，工程师收集系统性能数据，同时海军陆战队的设备操作人员根据使用情况提供反馈。在验证过程完毕后，具有发展潜力的技术还会在控制实验室环境中进行评估，然后再交给海军陆战队在作战条件下实测。实验室和实地评估结果会通报给海军陆战队的相关部门。第四，产品/系统如果测试情况良好，就会最后进入海军陆战队的需求采办环节。在一些情况下，评估所选出的装备可能很快就投入实战应用。[②] 自 2009 年以来，远征能源概念技术论证工作已经完成了大大小小数百项技术的测试，其中包括实地检测和实验评估。目前比较成熟的项目有五个：地面可再生能源网络（GREENS）；太阳能便携式替代通信能源系统（SPACES）；LED 照明系统；太阳能棚顶；太阳能轻型拖车。整体看来，这就相当于集成多个能源项目的综合系统，能够用于前线快速部署和机动作战。

项目预期达成的效果主要有：一是前线巡逻基地的用电能够完全依赖可再生能源；二是部队使用有限的或者不使用燃料及电力补给即可执行长距离巡逻任务，同时减少对携带多种型号电池的需求；三是部队用于 96 小时巡逻任务所携带的电池和饮用水重量由 65 磅减轻至 7 磅；四是发电机运行时间缩短 80%，燃料消耗缩减 50%；五是中型战术车辆替代型燃料效率至少提升 25%，并且使车辆空转时燃料使用量减少 30%。[③] 为使项目尽快达到预期效果，美国海军陆战队很快就将其投入了实战。2010 年 3 月，陆战队在匡蒂科基地对项目中的清洁能源和可再生技术进行了初步测试；同年 5 月在摩洛哥举行的“非洲狮”演习中，陆战队测试了该系统运用便携式水净化系统和“净零基地发电系统”（Zero Base power generation systems）

---

① K2 Energy Solutions Inc.，*K2 Energy Solutions Selected as a Demonstrator at the Marine Corps' E2C Energy and Technology Conference* 2015，June 2015.

② TACTICAL-LIFE，*Marine Corps E2C Focusing on Future Energies*，http://www.tactical-life.com/news/marine-corps-e2c-energies/，FEB 17，2015

③ USMC，*Expeditionary Energy*，July 2014，https://marinecorpsconceptsandprograms.com/programs/expeditionary-energy/expeditionary-energy.

提供饮用水、中型通用帐篷LED照明以及像加固型笔记本电脑等小型用电设备电源的效果。2011年3月，美国海军陆战队第5团第3营在阿富汗实战环境下测试了该系统。实验比较成功，得到了参议院听证会的认可，海军陆战队决定不断扩大该系统的应用范围。2013年9月开始，海军陆战队第5旅第3营印度连将这套系统部署至阿富汗。目前，有两个巡逻基地完全依托可再生能源运行，同时还有一个基地已将能源消耗由每天20加仑降至2.5加仑。如果算上运输所耗能源，那么，海军陆战队的能源实际消耗已从每天140~150加仑降至15加仑。在该项目支持下，普通的海军陆战队士兵能够大大减轻负重，并执行为期三周的步行巡逻任务而不需要电力补给。① 可以看到，远征能源概念技术论证项目一方面加快了各个子项目的集成应用，另一方面，其所带来的能源变革成效促进了海军陆战队各领域行动的深入推进。

三、促进设施能源“开源节流”

美军认为，设施能源领域的变革在整体能源战略中至关重要，不仅是因为庞大的财政支出，而且在于设施能源直接决定了军事任务能否顺利进行。为此，美国海军陆战队积极采取行动，通过设施节能和可再生能源开发，努力提高能源安全和自给自足能力。

（一）加强营区节能改造

在过去10年中，有限的资金投入是制约美国海军陆战队设施能效总体水平提高的最大难题，许多高耗能、低功效的营区设备无法淘汰更新，带来了巨大的能源浪费。2012至2014财年，海军陆战队安排了大笔资金用于营区节能改造，主要措施有：安装高能效供热、冷却、通风和热水设备，其中包括供暖、通风与空调（HVAC）系统等；通过楼体绝缘、节能改造以及反射性屋顶涂料对建筑物进行热封套；改进照明系统及其控制器；升级中央控制能源系统，使其能够自动调节温度、电力负荷、控制设

---

① Defense Industry Daily, *Frontline Commanders Requesting Renewable Power Options*, January 2012, http://www.defenseindustrydaily.com/commanders-in-iraq-urgently-request-renewable-power-options-02548/.

备转速或调节照明强度；用人工草皮改造运动场，降低维护保养费用；安装中央灌溉控制系统，以监控和管理所有的饮用水和污水灌溉线路。除了工程项目外，海军陆战队对新建项目及重大翻修项目都采用美国绿色建筑委员会（USGBC）“能源与环境设计先锋”绿色建筑评价体系，并采取试运行办法验证与建筑物能源相关的系统是否正确安装、校准并按照最初设计运行，优化系统以满足当前行动需求。

有的营区结合自身实际情况研究针对性方案，更有效地推动了节能减排。例如，美国海军陆战队匡蒂科基地出台了“BASE”计划。该计划的名字由四项创新计划的英文首字母组成，即“Benchmark Building Performance”“Activities and Tenant Command Commitment”“Sustainable Facilities”“Energy Awareness Campaign”。一是通过基线建立能效标准。通过安装计量仪收集信息，对设施能源消耗数据进行分析并开展能源审计，从而制定能源和水资源基线，通过将现实数据与该基线进行对比衡量节能成效。目标是在2012财年底安装电表并覆盖至少75%电力消耗；截至2015财年安装覆盖75%能源和水资源消耗的天然气、蒸汽、水计量装置。二是履行承诺。所有能源变革行动纳入节能委员会或“节能官计划”（Energy Conservation Officer Program）管理的能源项目中。节能委员会将对设施内的能源和水资源消耗状况进行监督。委员会每半年召开一次会议评估政策和项目落实情况；节能官撰写情况报告并在每季度至少召开一次会议。三是建设可持续设施。将可持续性作为基础设施在计划设计、工程建设和运营维护过程中的核心要求，以提高能源效能。目标是以2003年为基准，每年开展的能源改进和新建工程能耗逐年减少3%；将可再生能源技术融入各个项目中，总体上每年减少0.5%的传统能源消耗；所有建筑设施都要符合规定的评价体系；按《促进现有建筑可持续化指导原则》（Guiding Principles for Sustainable Existing Buildings）要求，在2015财年底前对15%的现有建筑进行改造。四是开展能源意识教育运动，通过发表文章、张贴海报、举行活动等方式使基地内人员认识到他们在节能方面必须有所作为。目标是开展年度能源意识调查，在2012、2013、2014三个财年分别有25%、50%、75%的调查对象能够了解基地的能源和水资源管理计划；每月发表一篇能源意识方面的文章；每季度分发能源意识教育材料；每年参加或举行至少2次节能活动等。[①] 匡蒂科基地的节能改造方案有其特点，但也展示了美国海军陆战队其他营区面对的共性问题以及采取的通用做法。

（二）扩大能源供应渠道

扩大供应是美军总体节能计划中三大支柱之一，也是最耗时耗力的一项工作。从2011财年数据来看，美国海军陆战队并没有完成《2005年能源政策法案》规定的5%可再生能源目标，其使用的电力总量中只有1.2%来自可再生能源。海军陆战队92%的可再生能源产自本土西南部和夏威夷，存在规模小、来源单一等问题。为此，美国海军陆战队采取了一系列创新措施。

一是扩大可再生能源供应。2011年9月，海军陆战队奥尔巴尼（Albany）后勤保障基地和雪佛龙能源公司（Chevron Energy Solutions）完成了海军部第一个垃圾废气（LFG）热电联产工厂。从此，奥尔巴尼基地与多尔蒂镇（Dougherty）开启了一项为期20年的合作项目。多尔蒂镇允许奥尔巴尼基地运营一个1.9兆瓦的热电厂，也是目前海军陆战队可再生能源产能最高的电厂。在海军陆战队彭德尔顿营（Camp Pendleton）基地，陆战队在一个垃圾填埋场建设了1.4兆瓦的太阳能光伏系统。该项目由《美国复苏与再投资法》提供资助，是美国海军陆战队基地中最大的光伏系统，也是圣地亚哥最大的太阳能设施之一。在海军陆战队米拉玛航空站，一座废能转换厂正在建设之中，它将利用圣地亚哥米拉玛垃圾填埋设施中降解垃圾所产生的自然沼气发电，预计能为基地提供50%的电力需求。海军陆战队彭德尔顿营基地、圣地亚哥海军陆战队新兵训练营、海军陆战队列尊营基地分别投入了1000万美元安装发电量超过1兆瓦的光伏系统。海军陆战队夏威夷基地、巴斯托（Barstow）后勤保障基地、加州二十九棕榈镇空地作战中心都与企业签订产能合同，以获取各基地太阳能光伏系统生产的高性价比电力。

二是实施供电设施集成方案，有效保障基地能源安全。位于加利福尼亚州的二十九棕榈镇陆战队空地作战中心基地被美国国防部选定为微电网示范项目。该基地位于莫哈维沙漠（Mojave Desert），驻扎有2.7万名军事

---

① MCBO, *ENERGY AND WATER MANAGEMENT PROGRAM*, *MARINE CORPS BASE ORDER* 4100.1*B*, Apr. 11, 2011, Enclosure (2): pp. 2–6.

和文职人员。恶劣的环境条件、有限的基础设施和必要的运行连续性给基地的电力设施带来了沉重的压力。该基地的日常运行电力依靠发电总量10兆瓦的现地设施，其中包括2兆瓦太阳能光伏发电场、1兆瓦太阳能光伏遮光网、0.5兆瓦燃料电池以及7.2兆瓦热电联产电厂。该基地积极整合不同的电力基础设施，实现最佳的并网，同时作为新技术的测试平台。设施整合的核心内容是展示微电网如何成为智能电网的一个重要组成部分。在展示的第一阶段，一个中央控制系统让设施管理师能够调整来自大楼和变电站的用电需求，同时切断仓库和临时拖车的需求，以人格化当地系统。第二阶段是测量和改进微电网电流质量。第三阶段是钠金属卤化物（Sodium-Metal-Halide）电池（这种电池可在沙漠气候中正常工作），帮助缓解可再生能源间歇性，改善孤岛模式运行，减少高昂的“需求费”，降低基地主变压器和其他电力设备的压力。[①] 示范已经取得了成功，目前正在推广。

三是追求“净零”能源设施，实现可再生能源稳定供应。美国海军陆战队与国家可再生能源实验室（NREL）合作，选择了加利福尼亚州的米拉玛航空站作为净零能源分析的最初实验对象。该实验室对基地设施能源效率进行了评估，以确定附加的能源效率投资，分析了太阳能技术、热电联产以及垃圾填埋场废气的潜力，检验了已经计划的项目，并积极推动其他高性价比项目的发展。

（三）加强能源数据采集和分析

美军不断变革、不断提高的一个重要因素是掌握精准、全面的数据，从而科学地指导战略思想调整和武器装备研发。在设施能源方面，美国国防部运用了企业化能源信息管理系统（EEIM），以实现数据采集和分析的自动化和标准化。海军陆战队分布地域广、机动性强，数据采集整合难度大，其军事设施司令部（MCICOM）的想法是运用地理信息系统（GIS）获取、管理并分析计量数据。自2011财年开始，军事设施司令部派出工作组提升计量数据的管理能力。海军陆战队继续在选定的实验场地运行综合性公用服务信息跟踪系统（CIRCUITS），将设施统计数据、分析方法和报

---

① DOD, *Department of Defense Annual Energy Management Report Fiscal Year 2014*, May 2015, pp. 48 – 49.

告程序（iSTAR）作为解决问题的方法并开展竞争性分析。表5—3显示了2014财年美国海军陆战队对电力、天然气、水和蒸汽消耗进行计量的数据。

表5—3 2014财年美国海军陆战队电力、天然气、水和蒸汽计量数据

产品	消耗总量（十亿英热单位）	计量系统所得能源消耗	计量系统所得能源占比	安装设施级先进计量仪的设施数量	安装设施级计量仪的设施占比
电力	5895	1417	24%	9	43%
天然气	3080	1108	36%	2	10%
产品	消耗总量（千加仑）	计量系统所得的水消耗	计量系统所得的水占比	水集约型设施或连接区域蒸汽系统的设施数量	受计量的水集约型或接通蒸汽的设施占比
水	7054282	1126585	16%	2	10%
蒸汽				0	0%

资料来源：*Department of Defense Annual Energy Management Report Fiscal Year* 2014，p. 59.

在制度化的数据采集过程中，美国海军陆战队每年对能源使用状况进行总结，对比往年数据并评估发展状况。在2014财年，海军陆战队的能源强度相比于2003年基线下降了18.7%，石油消耗相比于2005财年基线下降了38%，饮用水强度相比于2007财年基线下降了27.7%，超过了2020财年达到26%的目标。尽管2014财年美国海军部没有达到2.1%的可再生能源目标，但海军陆战队从可再生能源中获取了9.1%的电力，超过了《2005年能源政策法》规定的可再生能源目标。① 表5—4显示的是2014财年美国国海军陆战队设施能源和水资源管理目标进展情况。

表5—4 2014财年美国海军陆战队设施能源和水资源管理目标进展情况

目标	度量标准	2014财年成效	2014财年目标
以2003财年为基准减少设施能源强度	每平方英尺设施面积能耗（英热单位）	-18.7%	-27%

① DOD, *Department of Defense Annual Energy Management Report Fiscal Year* 2014, May 2015, pp. 24-28.

续表

目标	度量标准	2014 财年成效	2014 财年目标
在消耗电能中利用更多可再生资源	可再生电能在设施电力消费总量中的占比	9.1%	7.5%
增加可再生能源生产或购买	可再生能源在设施电力消费总量中的占比	5.2%	25% （至2025 年）
以2007 财年为基准减少饮用水强度	每平方英尺设施面积用水量（加仑）	-27.7%	-14.0%
以2005 财年为基准减少非战术车辆石油消耗量	石油燃料消耗当量的汽油消费量（加仑）	-38.0%	-18%

资料来源：*Department of Defense Annual Energy Management Report Fiscal Year* 2014，p. 9.

第五节　美国海军陆战队能源战略的成效与特点

从上述分析研究中我们不难看出，美国海军陆战队自实施《远征能源战略》以来，在落实能源战略目标、全面推进能源变革和战略转型中取得了令人瞩目的成就，形成了一些突出的特点。本节将对美国海军陆战队能源战略的成效进行初步的评估，并总结归纳其特点。需要指出的是，作为一个兵种，美国海军陆战队能源战略的成效评估已经包含在美国海军部能源战略的总体评估之中。

一、成效评估

美国海军陆战队能源战略的一项重要成就是确立了一系列切实可行、多层次、多领域的发展目标。这些目标为海军陆战队回归“快速、致命、简朴”传统，从组织管理、技术创新、精神塑造等方面推进能源变革和战略转型提供了清晰的路线图。美国海军陆战队期望通过应用新技术、加大可再生能源使用量、改变能源思维模式等方式，实现其总目标——到2025年美国海军陆战队形成从海上进行机动部署、足以维持 C^4I 和生命支持系统、仅有机动装备使用液体燃料并具备更高能效的远征力量。

在具体的目标设置上，作战能源方面，美国海军陆战队努力通过升级提高武器系统、平台、车辆、生命支持系统等装备的能源效率，发展和获取更强的能源存储和节能增效能力，以实现到2020年将战场上的作战能源效率提高50%，使每名陆战队士兵能源日消耗量降低50%，以减少后勤保障特别是对液体燃料的需求。设施能源方面，美国海军陆战队最大限度地降低能源使用强度，以2003年为基准，到2015年将设施能源强度降低30%；通过每年开展节约用水教育活动、应用节水设备并更换耗能公用系统等措施，到2020年每年将水资源消耗降低2%；增加可再生能源使用，到2020年将设施消耗的可再生能源占比提高到能源消费总量的50%；逐步采用混合动力车、电动车、替代能源车或弹性燃料车，到2015年商用车辆石油消耗减少50%；通过在基地和设施内生产可再生能源与减少能源需求相结合的方式，到2020年陆战队50%的基地和站点成为净零能源消费单位。

从近年来的实际发展情况看，美国海军陆战队能源变革和战略转型进展顺利，成效显著。作战能源方面，美国海军陆战队能源数据采集工作全面推进并且日益融入作战行动，发展了步行移动充电器、先进电池等高能效设备，重点推进了“远征能源概念技术论证/实验前进作战基地”项目，引进并在实战环境下测试了多套新型系统及设备，迅速形成了保障能力。在该项目的引导下，2011年3月，在阿富汗前线，美国海军陆战队两个巡逻基地完全依托可再生能源运转，还有一个基地已将能源消耗由每天20加仑降至2.5加仑。如果算上运输所耗能源，那么，海军陆战队的能源消耗实际上已从每天140~150加仑降至15加仑。美国海军陆战队第5师第3营通过部署太阳能发电机和混合电力等替代能源，使主要作战基地的燃料使用量和后勤需求减少了25%，作战前哨据点的能源消耗量减少90%以上。由于无需电池再补给，因此，一次3周的巡逻任务所需携带的电池重量减少了大约320公斤，节省开支4万美元。光伏电池充电技术使海军陆战队外出执行巡逻任务时由原来的每隔2~3天进行一次电池再补给发展为现在3周内无需进行电池再补给（参见图5—18），从而增强了部队使命任务的远征性，减少了险象环生的再补给任务的次数。[①] 这些技术在驻阿美

---

① Statement of Honorable Jackalyne Pfannenstiel, Assistant Secretary of the Navy (Energy, Installations and Environment) before the Readiness Subcommittee of the United States House Armed Services Committee, 29 March 2012, p. 5.

国海军陆战队各营级单位中得到了全面部署，每年节省开支 5000 万美元，半年内收回 2500 万美元的投资成本。更重要的是，这相当于减少 450 架次空中再补给飞行任务或者 180 辆卡车的地面运输任务。考虑到美国海军陆战队每 50 个运输车队就有一名士兵伤亡，这些能源创新措施不仅有助于节省开支，而且也有助于减少士兵伤亡。根据《2015 财年国防部作战能源年度报告》，美国海军陆战队作战能源在减少需求、多样化供应、打造未来部队等目标上完全通过了美国国防部的评估。①

图 5—18　驻阿富汗美国海军陆战队部署的光伏电池充电技术

资料来源：Statement of Honorable Jackalyne Pfannenstiel, Assistant Secretary of the Navy, before the Readiness Subcommittee of the United States House Armed Services Committee, 29 March 2012, p. 5.

设施能源方面，美国海军陆战队稳步推进对电力、天然气、水和蒸汽消耗的计量和制度化数据采集工作，取得了相当程度的进展（参见表 5—3）。与此同时，美国海军陆战队每年按照要求对能源使用状况进行分析评估。从美国国防部 2015 财年能源管理年度报告可以看出，美国海军陆战队总体能源强度持续下降，2015 财年相较于基准年（2003 财年）下降了 20.2%，在 2014 财年下降 18.7% 的基础上继续减少了 1.5 个百分点；在电力消费总量中，可再生能源占比提高了 9.8%，比 2014 财年 9.1% 增加了

① Office of the Under Secretary of Defense for Acquisition, Technology and Logistics *FY2015 Operational Energy Annual Report*, p. 19.

0.7 个百分点；可再生能源在设施电力消费总量中的占比提高了 5%，比 2014 财年的 5.2% 下降了 0.2 个百分点；相对于 2005 财年基线减少非战术车辆的石油消耗 42.9%，比 2014 财年的 38% 进一步减少了 4.9 个百分点（参见表 5—4 和表 5—5）。实际上，美国海军陆战队在利用可再生能源发电、减少非战术性车辆石油消耗等方面长期走在其他军兵种前列。以列尊营基地为例，其 2015 财年的能源消耗强度就比 2010 财年下降了 10%。①

表 5—5　2015 财年美国海军陆战队设施能源和水资源管理目标进展情况

目标	度量标准	2015 财年成效	2015 财年目标
以 2003 财年为基准减少设施能源强度	每平方英尺设施面积能耗（英热单位）	-20.2%	-30%
增加可再生电能消费	可再生电能在设施电力消费总量中的占比	9.8%	7.5%
增加可再生能源生产或购买	可再生能源在设施电力消费总量中的占比	5.0%	25%（2025 财年目标）
以 2005 财年为基准减少非战术车辆石油消耗量	石油燃料消耗当量的汽油消费量（加仑）	-42.9%	-20%

资料来源：*Department of Defense Annual Energy Management Report Fiscal Year* 2015，June 2016，pp. 12 - 41.

然而，相较其 2015 财年在设施能源强度方面设定的减少 30% 目标，美国海军陆战队的发展仍存在很大的差距。美国海军陆战队在《远征能源战略》中所提出的“三步走”计划，其中提出到 2020 年能效相较于 2010 年提升 40%，就目前进度来看，实现这一目标具有相当大的困难。美国海军陆战队预计，到 2025 年相较于 2010 年实现每名陆战队士兵降低战场油耗 50% 的目标，每年平均至少提高 2%，这一目标落实起来也存在不小的挑战。

总体而言，尽管美国海军陆战队能源变革距离其预期目标还存在一定的差距，但各领域正在持续推进且取得了不小的成就，充分体现了陆战队

① DOD，*Department of Defense Annual Energy Management Report Fiscal Year* 2015，June 2016，pp. 24 - 25.

推进能源变革和战略转型的力度，同时也说明了美国海军陆战队远征能源战略总体上是成功的。

二、特点分析

美国海军陆战队出台能源战略时间虽然不长，但是特点比较明显，主要表现在以下几个方面：

（一）注重全局性指导

美国海军陆战队的能源变革由上层推动，成立专门机构，以精细制度和具体项目为抓手，是一项兼顾各部门、各领域、各手段的综合性、全局性工程，在指导层面上十分注重运用思想、组织、政策等方法推动办调工作。

1. 思想先导

从战略制订到战略实施的全过程，美国海军陆战队始终把思想工作放在首位，努力塑造陆战队节能文化、改变官兵的能源思维方式，使部队回归“斯巴达勇士”精神——快速、致命、简朴。《远征能源战略》在愿景中即开宗明义地表示要在全体官兵中灌输一种思想——重要资源的高效利用就等同于作战效能的提高。陆战队司令阿莫斯上将要求陆战队官兵深刻理解“远征”一词的含义，“‘远征’一词不是一句简单的口号，而是我们的军魂。它驱动我们组织部队、训练部队和采购装备的方式方法”。《远征能源战略》提出的第一大战略目标就是要把远征能源植入美国海军陆战队的军魂之中，让官兵在关注战斗效能的同时重视能源和资源使用效率。在制订战略任务和变革行动时，美国海军陆战队更是把培养官兵的能源意识放在第一位。《远征能源战略》及其《实施计划》均突出领导作用，提出要充分发挥各级领导的作用，把能源效率对使命任务的重要性融入陆战队的思维并加以制度化，在全体官兵中深植能源思维，强化能源意识和责任担当，帮助官兵从认识能源价值转变到认清自身责任，在日常行动中创新能效技术和做法。《远征能源战略》还强调对陆战队开展远征能源培训和教育，将能源效率纳入任务筹划和实施过程之中，强化能源与作战效能之间的关系，让官兵掌握未来应有的技能，以优化空地特遣队开展高效能、高能效的作战行动。与此同时，美国海军陆战队还积极开展各种形式的能源宣传和管理活动。例如，2015 年 3 月，美国海军陆战队专门发布了一份关于开展“能源精神宣传运动”（Energy Ethos Campaign）的通知，明确要求各部队设置能源管理师、组织强制性能源培训、采取节能措施。[①]不难发现，文化建设是美国海军陆战队能源战略的第一大特点。

2. 架构支撑

美国海军陆战队是隶属于美国海军部的一个兵种。根据实际情况，海军陆战队建立了既受海军部领导，又具有自身特色的能源领导和管理架构。为了推进陆战队的能源变革，2009 年 10 月，陆战队司令康威上将设立了远征能源办公室（E2O），负责制订和实施陆战队远征能源战略，并就所有与能源和资源相关的需求、采办和项目性决定向“陆战队需求监督委员会”提供建议。E2O 同时还兼任陆战队作战能源主管。E20 的设立使海军陆战队有了指导能源发展的专门机构，从顶层设计的角度协调各部门工作，增强了海军陆战队能源变革的执行力。

在设施能源管理方面，美国海军陆战队建立了由主管能源、设施与环境的海军部长助理、海军部主管设施与后勤的副司令及其助理、陆战队设施司令部司令、陆战队司令部设施主任、陆战队能源和设施行动科组成的多级领导架构。上级领导主要担负任务规划和联络，具体工作由陆战队相关部门负责实施。陆战队从上级政策、中间联络和监督到基层工作的落实，分工明确、责任清晰、流程顺畅，形成的组织架构有力地支撑了整个能源变革计划。

3. 政策衔接

美国海军陆战队在能源政策的研究、制定、实施等各环节上都十分注重各级之间的衔接，主要体现在：一是大方向上的一致性。美国海军陆战队的能源政策既属于美国海军政策的一部分，同时又处在联邦政府法律法规的大框架之下，不仅要做到与历年《国防授权法》《2005 年能源政策法》《2007 年能源独立与安全法》和相关总统行政令等法律法规中提出的目标和要求相符合，还要结合自身特点有针对性地制定切实举措。比如美国能源法律法规着重强调节能减排、增加替代能源和绿色能源的使用，并为联邦政府规定了具体的目标，美国国防部能源战略也提出了相应的要

---

① Office of the Under Secretary of Defense for Acquisition, Technology, and Logistics, *Fiscal Year 2015 Operational Energy Annual Report*, Aug 2016, p. 6.

求。据此，美国海军陆战队在《远征能源战略》和《2025 年构想与战略执行计划指南》中提出将能源战略的关注重点由原先需求端使用效率的提升扩展至供应端替代能源和可再生能源的发展，由此形成精干、灵敏和适应环境的能力。二是政策发展的连续性。美国海军陆战队先后出台的四份能源变革纲领性文件按照时间轴的顺序不断递进，逐渐深入，既是从概括性介绍到具体性指导的演变，也是政策不断调整深入的变化过程。三是目标上的统一性。比如美国海军部长要求到 2020 年，整个海军部能源消耗的 50% 将来自于替代能源。美国海军陆战队据此制定了以驻阿美军 2010 年能源使用状况为基线到 2020 年提高能效 50% 的目标。又如，美国国防部提出“净零能源目标”后，海军陆战队选取了位于加利福尼亚的米拉玛航空站作为净零能源分析对象，并要求到 2020 年，50% 的陆战队基地和兵站成为“净零”能源用户。此外，美国海军陆战队还出台了许多目标政策、项目计划与上级要求相对接，有效地指导和助推了其能源变革和战略转型。

（二）采用科学实施方法

任何变革的成功不仅在于上层的正确指导，更在于对具体环节落实的科学有效。美国海军陆战队实施的能源变革并不是纸上谈兵，而是依赖于实际的数据、一个个实实在在的项目以及一切可以利用的军内外力量，具有很强的执行力。

1. 进行全过程评估

一是确定合理的评估基线。在远征行动的能源消耗评估方面，美国海军陆战队认为，不仅要关注实施军事行动的能源消耗量，也要关注训练陆战队士兵的能源用量，而最有用的度量标准应该是为完成特定的标准化军事目标所消耗的燃料加仑数。但是，美国海军陆战队内部以前没有要求部队把战场上或训练中的作战能源数据作为例行任务加以收集和报告。《远征能源战略》提出到 2015 年将计量系统安装到位，使部队有能力收集数据。在此之前，美国海军陆战队根据掌握的陆基燃料补给总加仑数和战区陆战队总人数，确定了每个陆战队士兵的日消耗加仑总数（GPMD），并结合已有作战经验得出的数据，量化出陆战队员的日消耗加仑总数基线，以此衡量作战部队在能效改进方面取得的进展。根据这些数据，美国海军陆战队开始分析发展趋势，把日消耗加仑总数与其他因素进行关联分析，找到最佳方案，提出装备改进意见和对新系统的能效要求。

二是在初始阶段着眼于自身定位开展评估。在论证提高E2W2效率时，美国海军陆战队提出了基于能力的评估（CBA）概念，其任务是确定现实能力与未来之间的差距，评估风险并提出装备性和非装备性解决方案，具体包括任务和能力定位、差距和风险评估、方案评估和建议三个阶段，并在全过程运用集体决策、多重标准和层次分析工具。

三是在时间节点着眼于总结对比开展评估。对能源消耗状况的精准测量贯穿美国海军陆战队各领域全过程，每个财年的能源预算、消耗、可再生能源用量等数据都会与基线年份和上年度作对比，由此确定下一年度工作重点。值得一提的是，美国海军陆战队制作的散点图、百分比图等图表不局限于单一分类方式，而是进行综合性展示，这从一个侧面说明了其强大的数据采集和分析能力，显示了其评估的客观性。

2. 推动创新型项目

尽管相比于其他军兵种，美国海军陆战队能源消耗较少，但是，在节能减排方面，陆战队坚持走在前列，积极推动创新改造。为提高前线作战能源保障能力，陆战队一方面努力开展运动发电、大容量电池等技术研发，将单兵负重由65磅减少到7磅；另一方面在2013年启动指挥官能源准备项目，使指挥员掌握分队级燃料和电力数据，以便更好地就行动周期制订计划并进行决策。为提高军事设施运转能效，陆战队不仅寻求多样化节能技术和方法，如安装冷却屋顶、日光照明设备、热回收通风装置、高效制冷设备、室内传感器、高效能机动设备、辐射供暖设备以及可变空气容量系统，而且开展冷喷涂、放射性同位素热能发电等前沿性研究。美国国防部在加利福尼亚州二十九棕榈镇空地作战中心实施一个项目，该项目训练结果为海军陆战队第一远征旅提供了发电量和电机性能的实时可视化数据，使该旅司令部机关能够对营区发电过程进行优化。① 最难能可贵的是，美国海军陆战队在加大研究力度的同时积极投入实验测试和实战验证，这种做法大大加快了能源创新成果的部署进程，提升了实际效果。

3. 借助外部力量

美国海军陆战队深知，能源变革既需要内部的大力推动，更需要社会力量的支持。典型的例子有“节能绩效合同”（ESPC）和“公用能源服务合同”（UESC）这两种私人企业资助下的合作方式。美国海军陆战队在布

---

① DOD, *Fiscal Year* 2015 *Operational Energy Annual Report*, August 2016, p. 8.

朗特岛的服务设施即是一项 UESC 中的一部分，其中包括一系列能源效率提高和可再生能源项目，具体有更换冷却装置、安装太阳能光伏设备、地热泵以及升级供暖通风和空调系统等。此外，海军陆战队彭德尔顿兵营基地建设采用的也是 UESC 方式。该项目进行了供暖通风空调系统和锅炉的更新换代，并安装节能灯和太阳能光伏设备。而匡蒂科基地则通过 ESPC 方式对照明和供水系统进行改造。① 总的来说，这两种方式都能够实现军民融合和互利双赢。

除了资金方面的合作外，美国海军陆战队目前正越来越多在各方面借助外力进行变革。例如，参照美国绿色建筑委员会（USGBC）"能源与环境设计先锋"标准对设施能源状况进行评估；远征能源办公室与能源部桑地亚（Sandia）国家实验室开展研究合作，建立了空地特遣队电力和能源投资模型，以分析战场电力需求，评估替代能源价值和任务所需能源储量。这些举措充分地借助外部力量，有效助推了海军陆战队的能源变革和战略转型。

（三）紧跟发展趋势

《远征能源战略》的总体思路是"从基地到战场"。这一理念与现代战争前线后方概念日趋模糊、战时平时快速转换、战勤保障全时全域的概念相符，同时又突出了能源利用必须集约高效、可再生的要求。遵循这一思路，美国海军陆战队始终紧跟趋势谋求发展。

1. 能源供应多样化

美国海军陆战队领导人深知，随着科技的发展进步和更多武器装备的投入使用，能源需求将会不断增长，因此，陆战队不单纯寻求节能降耗和提高效率，而将关注焦点延伸到替代能源和可再生能源开发，每个财年都安排大笔经费用于可再生能源研发，不断扩大太阳能、风能、沼气池等已应用能源生产方式的部署规模和范围，大力开展微电网、便携式充电器、节能板房等新技术研究应用，不断提高可再生能源供应量，提高远征能源保障能力。

2. 营区管理智能化

在设施能源领域，仅营区每日运转所需的非战术车辆石油消耗以及照

① DOD, *Annual Energy Management Report FY*2011, 2012, p. 65.

明、空调和办公用电就需要一笔不小的开销。美国海军陆战队在能源变革中融合了营区智能化趋势，将车厂、街道、建筑物内外部等各类场所需要的能源和管理措施都纳入考虑，将运动感应开关、日光照明设计、太阳能路灯、垃圾发电装置、电动和燃料汽车、无人搬运设备等前沿技术引入军营，在节能减排的同时提高了智能化管理水平。

第六章／战区能源战略与变革行动：以美国太平洋司令部为例

联合作战司令部是美军高级指挥机构，通常按地理或功能划分。目前，美军共有 9 个联合作战司令部，包括 6 个按地理划分的战区司令部（即太平洋司令部、欧洲司令部、北方司令部、南方司令部、中央司令部和非洲司令部）和 3 个按功能划分的专业司令部（即特种作战司令部、战略司令部和运输司令部）。联合作战司令部能源战略是美军能源战略不可分割的一部分，理当引起我们应有的关注。然而，由于美军联合作战司令部众多，且大多没有像国防部和各军兵种那样形成完善的能源战略体系，美国国防部《能源管理年度报告》也没有纳入联合作战司令部的能源管理情况，因此，全面考察每一个联合作战司令部的能源战略既不现实，也无必要。我们选取能源战略相对成熟、资料相对丰富的美国太平洋司令部为例，考察美军战区级能源战略和变革行动的情况。美国太平洋司令部是美军组建最早、辖区最大、实力最强、军兵种结构最完整的联合作战司令部，其能源战略体系相对较为成熟，其能源变革行动具有较大的代表性。更重要的是，美国太平洋司令部与我国直接相关。2011 年，美国推出“亚太再平衡”战略以后，太平洋司令部的地位和作用更加凸显。因此，研究太平洋司令部能源战略和变革行动对我们了解和掌握相关情况、应对未来挑战具有特殊的意义。

那么，美国太平洋司令部能源使用现状如何呢？其能源安全面临哪些风险和挑战？其能源变革走过什么样的历程？制订了什么样的能源战略？提出了哪些目标？采取了哪些变革行动？成效如何？有什么特点？本章将以这些问题为线索，全面解析美国太平洋司令部的能源战略与变革行动。

第一节 美国太平洋司令部能源使用现状及挑战

要认识和理解美国太平洋司令部的能源战略和变革行动，我们首先要了解太平洋司令部能源使用现状及其面临的风险和挑战。本节着重探讨这两个问题。

一、美国太平洋司令部能源使用现状

美国太平洋司令部辖区覆盖大约地球表面的一半，包括整个太平洋和大部分印度洋，陆地上包括东亚、东南亚、南亚大部分、大洋洲、南极、俄罗斯中部和远东地区以及部分非洲、美国西海岸、阿拉斯加等（参见图6—1）。其所辖部队主要包括太平洋陆军、太平洋舰队、太平洋空军、太平洋海军陆战队、美驻日部队、美驻韩部队和太平洋特种作战司令部等。辖区内约有37.5万名军事和文职人员、各型舰艇约200艘、飞机2000余架。作为指挥机构，美国太平洋司令部能源消耗主要来自分布于夏威夷州各个岛屿上的军事设施。从其出台的相关能源战略可以看出，其能源发展的立足点和突破口在夏威夷。因此，我们以夏威夷州能源现状为出发点，分析美军太平洋司令部能源使用现状。

（一）电力与石油消耗

美军太平洋司令部辖区是世界上化石燃料最为贫乏的区域之一，所需能源严重依赖外部供应。美军驻夏威夷部队平均每天消耗电能3吉瓦时（1吉瓦时=100万度电），是夏威夷群岛上耗电量最大的用户。太平洋司令部驻地夏威夷州也是美国石油发电消费量最多的州，75%的电力供应来自石油（参见图6—2）。夏威夷州90%的能源供应来自于石油产品。[1] 在过去30年里，由于当地甘蔗产业和甘蔗渣的消失，导致夏威夷州对化石燃料的依赖度大幅上升。煤炭在很大程度上取代了曾被用作生物燃料原料的

① Greg Wiles, *PACOM Renewable Energy Surging*, Sep. 8, 2009, p. 1. http://the.honoluluadvertiser.com/article/2009/Sep/08/bz/hawaii909080309.html.［2017—06—26］

甘蔗渣进行发电。尽管如此，夏威夷州对石油的需求一直没有多大变化。

图 6—1　美国太平洋司令部辖区范围示意图

资料来源：http：//www. pacom. mil/About-USPACOM/USPACOM-Area-of-Responsibility/［2017—06—26］

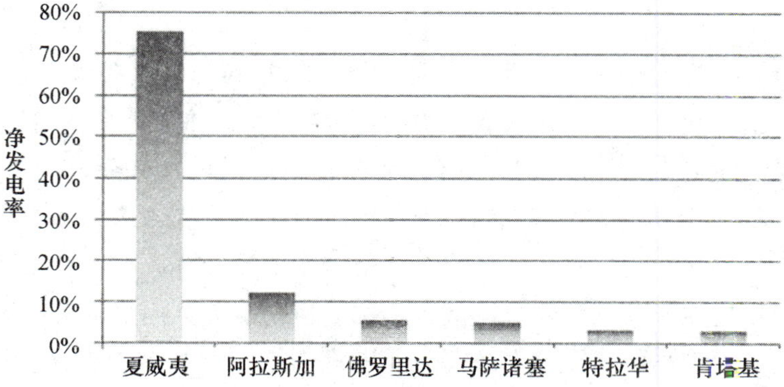

图 6—2　美国对石油发电依赖度最高的六个州

资料来源：*United States Pacific Command Energy Strategy in Cooperation with the State of Hawaii*, 2009，p. 3.

（二）可再生能源消耗

长期以来，夏威夷州可再生能源发电能力相当有限，主要是夏威夷大岛（Big Island）上的普纳（Puna）地热发电厂利用火山热能发电；瓦胡岛上的 hPower 垃圾发电厂利用家庭和工厂垃圾发电。随着太阳能技术的不断发展，夏威夷州政府出台了多种税收抵免政策，因此，太阳能发电变得越来越普遍（参见图 6—3）。

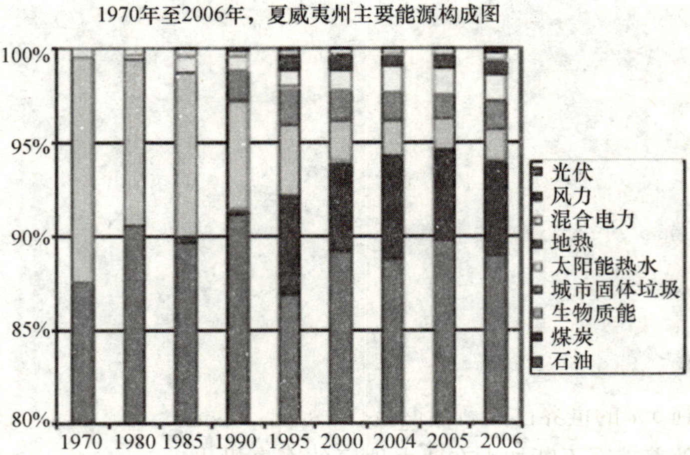

图 6—3　1970～2006 年夏威夷州主要能源构成图

资料来源：*United States Pacific Command Energy Strategy in Cooperation with the State of Hawaii*, 2009, p. 4.

夏威夷州拥有丰富的可再生能源资源，包括风能、太阳能、地热能、潮汐能和海洋热能。然而，这些能源资源大都分散。例如，地热能主要集中在夏威夷大岛上，风能最为丰富的地方是莫洛凯岛（Moloka'i）和拉奈岛（Lana'i）。由于没有海底电缆，外岛生产的电力无法输送到用电需求量旺盛的瓦胡岛这个人口中心。夏威夷与美国本土不一样。在美国本土，城市和公用电力服务公司之间可以从相邻地区借用能源，而夏威夷则不具备这种能力。每个岛屿所需电力必须完全依靠本地生产、本地消费。更为复杂的是，由于这些岛屿相对偏远孤立，而且本身没有化石燃料资源，因此，一切都必须依靠远距离进口。新世纪以来，随着燃料价格的持续上涨和美国国内燃料产量的不断下降，夏威夷州对进口化石燃料的依赖逐渐引起美国太平洋司令部的高度关注。

二、美国太平洋司令部面临的能源安全挑战

受制于夏威夷特殊的地理位置和亚太地区化石能源的匮乏，夏威夷州严重依赖进口石油。2008 年，当国际油价持续飙升并最终达到 147 美元/桶时，美国太平洋司令部认识到能源问题的严重性，明显感受到自身所面临的财政压力和能源安全威胁。太平洋司令部辖区广阔，且位于世界上局势最为复杂的地区，面对多样化的使命任务。严重依赖石油和电力使美国太平洋司令部面临一系列独特的能源安全风险和挑战：[①]

一是能源供需不平衡。与世界上其他地区相比，亚太地区能源消费量最高，自 2000 年以来一直占世界能源消费增长总量的 70% 以上。预计到 2035 年，本地区能源消费量将有可能占世界能源消费总量的 50%。然而，本地区仅拥有约 1/3 的世界已知煤炭储量、不到 10% 的世界已知天然气储量以及不到 5% 的世界已知石油储量。[②] 可见，本地区能源需求与供应严重脱节。伴随着美军不断加大在亚太地区的军事投入，美军太平洋司令部能源消耗将大幅增加。而亚太地区化石能源供需严重失衡给美军能源保障带来了很大的问题。

二是地区贸易不平衡。亚太地区国家能源消费量巨大，需要从其他地区大量进口化石燃料来满足其能源需求。目前，能源贸易的特点主要是由西向东，亚洲消耗了中东石油出口总量的近 75%。然而，由于美国石油和天然气产量显著增加，将来有可能出现由东向西的能源流动。不论是哪一种情况，财富都将从亚太地区流向地区之外的国家。尽管这能增加贸易机会，但也将导致国家间贸易不平衡，并因此而产生摩擦。

三是能源运输风险较大。由于地理环境和贸易模式的原因，无论是通过陆路还是海路，大量的商业运输要通过多个“瓶颈”。在亚太地区，能源供应国与消费国之间的距离比世界上其他任何地区都要长很多，因此，能源运输也面临着更高的风险。夏威夷州所需原油大部分来自越南、沙特阿拉伯、文莱和印度尼西亚等国，成品油大部分来自韩国、美国本土、印

---

① U. S. Pacific Command, *PACOM Energy Strategy*, Oct. 24, 2013, pp. 3 – 4.

② Ibid, p. 3.

度和萨尔瓦多等国[1]，能源运输距离遥远，并且需要经过几个战略咽喉要道，因而存在被切断的风险（参见图6—4）。

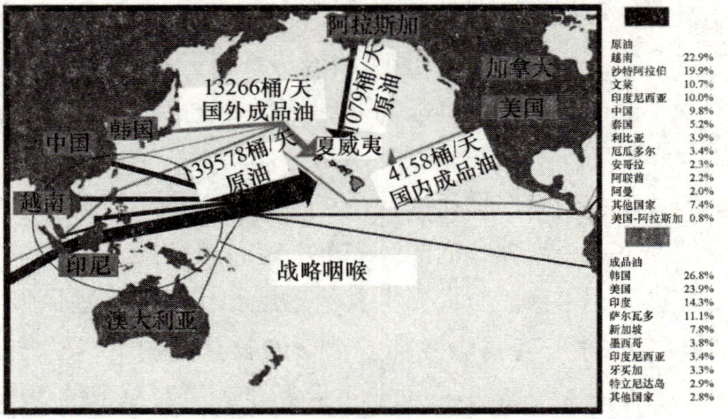

图6—4 夏威夷州石油供应线

资料来源：*PACOM Green Initiative for Fuels Transition*，Aug. 31，2010，p. 3.

四是基础建设不够完善。由于太平洋地区拥有大量小国和岛屿，因此，地区内能源基础设施支离破碎，无法享受到与规模相对应的效能和效率。电网尤其如此。地理条件的限制形成了数以千计的小型能源系统（主要是岛基电网），使本地区国家无法使用高效率的大型发电站，无法在断电的情况下依靠一个规模更大的电网救急。这种缺乏效率和效能的基础设施增加了能源成本。

五是可再生资源开发不足。尽管亚太地区严重缺乏化石燃料，但是，本地区拥有丰富的可再生能源，包括太阳能、风能、地热能和潮汐能。这些资源在很大程度没有得到开发。其原因是这些可再生能源分散在不同的岛屿之上，大部分集中在错误的地点，而且相关基础设施仍不完善，导致可再生能源生产的电力无法快速传输至急需用电的岛屿，客观上妨碍了可再生能源的开发。

六是能源安全极为脆弱。亚太地区大部分基础设施比较陈旧，尤其是在一些岛国。地区内军事力量的发展意味着这些基础设施越来越容易受到

---

① U. S. Pacific Command，*PACOM Green Initiative for Fuels Transition*（*GIFTPAC*），Aug. 31，2010，p. 3.

潜在对手的攻击（包括动能攻击和非动能攻击）。此外，亚太地区自然灾害频发，进一步加大了这些基础设施的脆弱性。

第二节　美国太平洋司令部能源变革的演进

为有效应对上述能源安全风险与挑战，同时落实美国联邦政府颁布的《2005 年能源政策法》《2007 年能源独立与安全法》、相关行政令和国防部政策指令，美国太平洋司令部与夏威夷州一起走上了能源变革和战略转型之路。

2008 年 1 月 31 日，时任夏威夷州州长琳达·林格尔（Linda Lingle）在其州情咨文中公布了《夏威夷州清洁能源行动计划》（HCEI），提出了一个总体目标——到 2030 年实现清洁能源占比 70%。同年 10 月，林格尔宣布了一份独特的能源协议，参与方包括夏威夷州、美国能源部、夏威夷电力实业公司代表的公用能源服务公司以及消费者代言人。该协议为《夏威夷州清洁能源行动计划》提供了更加详细的内容，主要包括：一是到 2010 年可再生能源发电量占比达到 10%、2015 年达到 15%、2020 年达到 25%、2030 年达到 40%；二是通过采取提高能源效率的措施，实现可再生能源消费占比达 30% 的总体目标；三是到 2015 年，公用能源服务公司下属单位进口的生物燃料不得超过可再生能源的 30%；四是未来 5 年新增 700 兆瓦的可再生能源，到 2030 年达到 1100 兆瓦；五是建设一条连接瓦胡岛和毛伊县（Maui County）的海底电缆；六是毛伊县风力发电量达到 400 兆瓦；七是不再增加化石燃料工厂；八是使夏威夷电力实业公司的利润与销售业务脱离，使其更多地发挥能源中介的作用，降低其向消费者售电的积极性；九是建立新能源补贴政策（feed-in tariffs），使独立发电公司能把电力销售给夏威夷电力实业公司。①

夏威夷州希望通过两个方面的努力实现到 2030 年清洁能源占比 70% 的目标：一是采取各种提升能源效率的措施把能源消耗量降低 30%；二是利用丰富的自然资源把可再生能源发电量占比提升至 40%。夏威夷州既不

---

① U. S. Pacific Command, *United States Pacific Command Energy Strategy in Cooperation with the State of Hawaii*, 2009, p. 5.

打算止步于70%的目标，也不想等到2030年才实现这一目标。

国际油价的大幅飙升严重威胁美国太平洋司令部能源安全。2009年1月，太平洋司令部资源与评估局局长（Director of Resources and Assessment）创建了一个由国防部、能源部和夏威夷州三方参与的联合机构，取名为“太平洋司令部能源伙伴关系与战略理事会”（PEPSC）。该理事会就太平洋司令部如何与夏威夷州开展合作以支持《夏威夷州清洁能源行动计划》提供建议和指导。同年6月，太平洋司令部于发布了《太平洋司令部能源行动计划》，提出分两个阶段实现太平洋司令部能源战略：第一阶段是2009年夏与夏威夷州建立能源伙伴关系；第二阶段是2009年秋制订适用于更广泛辖区的能源安全战略。

2009年10月，太平洋司令部资源与评估局与太平洋司令部能源伙伴关系与战略理事会共同制订了《美国太平洋司令部与夏威夷州能源合作战略》，由太平洋司令部参谋长斯蒂文·汤姆（Steven D. Tom）少将签发。该战略提出的愿景是：“通过与夏威夷州建立伙伴关系，研究制订一系列重要战略，落实创新性解决方案，以充分利用清洁、高效、安全、可再生、可持续的能源，造福于夏威夷州和亚太地区人民。”① 太平洋司令部提出的能源战略目标是“达到或超过夏威夷州的目标”。② 该文件还详细地描述了太平洋司令部所处的能源安全环境、所要实现的基本目标和具体目标以及战略实施途径和手段。

为进一步加强其能源安全，美国太平洋司令部于2010年5月发布了《太平洋司令部能源安全行动计划》③，强调从地理、经济、环境和信息四个方面加强能源风险管理：在地理方面，降低能源消耗，提升包括海上安全在内的军事安全，促进国家和民族之间的社会公平；在经济方面，以实惠的价格确保稳定的能源供应，确保基础设施安全和投资环境的稳定，将粮食价格与能源供应相关联；在环境方面，在包括碳排放管理在内的可持续发展原则指导下保护自然资源；在信息方面，提高美国及地区国家民众和政府对安全和风险的认识。该文件还从目标、途径和手段三个方面提出

---

① U. S. Pacific Command, *United States Pacific Command Energy Strategy in Cooperation with the State of Hawaii*, 2009, p. 3.

② Ibid, p. 6.

③ U. S. Pacific Command, *PACOM ENERGY SECURITY INITIATIVES (U)*, May 2010.

了一个能源安全战略框架。其中，目标体现《国家安全战略》《四年防务评估报告》和总统行政令提出的目标，包括五个部分：一是根据总统行政令、《2005 年能源政策法》《2007 年能源独立与安全法》的要求，减少能源使用；二是通过提高能源效率，促进可持续发展，减少部队/设施的脆弱性和能源开支；三是通过能源合作扩大美国的联盟和伙伴国数量；四是避免和慑止因能源引起的地区冲突和紧张局势；五是通过确保能源供应维持行动自由。实现战略的途径：一是密切沟通与合作；二是采取对冲（Hedging）措施，降低风险。手段包括四个方面：一是发挥领导作用；二是加强军方与能源部和农业部等部门、盟友和伙伴国之间的合作；三是达成协议、制订计划、建立伙伴关系、充分利用资源和签署合同；四是召开研讨会以明确更多细节问题。

美国总统奥巴马在 2010 年 5 月公布的《国家安全战略报告》中指出："美国必须发展清洁能源，为新产业提供动力，使美国摆脱对国外石油的依赖，同时保护地球。"[①] 美国国防部 2010 年 2 月公布的《四年防务评估报告》也强调："改革是迫切需要的：安全援助、国防采办、国防工业基地以及能源安全和气候变化……以提升作战效能，减少温室气体排放，支持美国气候变化倡议，保护国防部免受能源价格波动的影响。"美国国会通过的《2009 财年国防授权法》提出了"能源关键效能指标"和"燃料全负担成本"的两个重要概念。为落实这一系列指南和要求，美国太平洋司令部于 2010 年 8 月专门出台了《太平洋司令部燃料转型绿色行动计划》。该计划提出了 11 条指导原则：一是能源供应来源多样化；二是缩短能源供应线；三是通过签署长期稳定价格合同，降低操作预算波动；四是为当地能源生产和使用提供示范；五是降低对外国进口能源和化石能源的依赖；六是降低军事行动的碳排放强度；七是在保护区内以及远离关键咽喉要道和冲突地区的地方创建补给点，以保护关键基础设施；八是发展可应用于太平洋司令部辖区内和国防部其他地点的先进模式；九是提供"好邻居"式的帮助，支持夏威夷经济和州能源目标；十是原料多样化，包括海藻燃料、纤维素材料、油菜籽等；十一是燃料必须满足美国材料与试验

---

① U. S. Pacific Command, *PACOM Green Initiative for Fuels Transition* (*GIFTPAC*), Aug. 31, 2010, p. 2.

协会 ASTM D7566 标准，并通过认证，可用于军事装备。[①] 该计划确立的理想结果包括三点：一是国防后勤局能源处签订长期合同，要求以多年度稳定价格供应本地生产的军用级绿色燃料，取代夏威夷至少 25% 的国防部石油基燃料；对来自航空燃料生产过程副产品的可再生/绿电采购合同；二是确立一种包容本地能源市场的企业模式，融合农业、能源、环境、政府、工业和商业可持续性目标；三是形成多层面、多种商业实体之间可持续竞争的终极状态。此外，该计划还提出了一系列实施步骤和举措。

2011 年 5 月，美国太平洋司令部发布了《太平洋司令部能源安全展望》[②]，概要地介绍了联邦政府能源法律法规、《太平洋司令部与夏威夷州清洁能源合作战略》、太平洋司令部网络安全智能电网示范项目、先进生物燃料供应链行动等内容。此外，该文件还描述了《太平洋司令部燃料转型绿色行动计划》中“稻草人”（Straw Man）潜在供应链计划（参见图 6—5）。

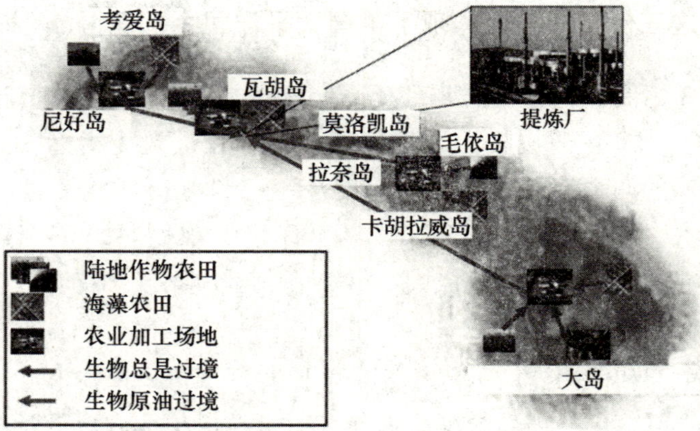

图 6—5　美国太平洋司令部“稻草人”潜在供应链计划

资料来源：*U. S. Pacific Command Energy Security Perspective*（*U*），May 20，2011，p. 15.

2013 年 10 月，美国太平洋司令部在总结和继承上述能源行动经验的

① U. S. Pacific Command, *PACOM Green Initiative for Fuels Transition*（*GIFTPAC*），Aug. 31，2010，p. 5.

② U. S. Pacific Command, *US PACIFIC COMMAND ENERGY SECURITY PERSPECTIVE*（*U*），May 20，2011.

基础上，正式出台了针对亚太地区的《太平洋司令部能源战略》①，旨在支持太平洋司令部更广泛的战略目标，落实美国国防部《作战能源战略》及其《实施计划》，为关岛和阿拉斯加地区提供示范作用。该战略不仅从顶层设计的角度描绘了总体战略愿景，而且提出了四条指导原则，明确了五个具体目标和四条可行的战略途径。这标志着美国太平洋司令部在能源变革中形成了一整套成熟的能源战略理论。

第三节 美国太平洋司令部能源战略的基本内容

为了应对种种能源风险和挑战，同时落实联邦政府和州政府能源法律法规以及国防部能源政策，几年来，美国太平洋司令部制订了一系列能源战略和行动计划，主要包括2009年《太平洋司令部与夏威夷州能源合作战略》、2010年《太平洋能源安全行动计划》和2013年《太平洋司令部能源战略》。这三份文件全面体现了美国太平洋司令部能源战略的愿景、目标、方法、手段等。本节将以这三份文件为基础，全面解析美国太平洋司令部能源战略的基本内容。

一、战略指导原则

对于任何一个战略而言，指导原则至关重要，它是战略实施的行动指南。2013年公布的《太平洋司令部能源战略》提出了四条指导原则：一是安全第一，确保能源不会成为太平洋司令部的制约因素或软肋；二是开展合作，使能源成为加强与本地区伙伴和盟友之间合作的切入点；三是节省财政，减少平时和战时军事行动的能源开支；四是有效监管，严格遵守相关行政令和能源法律法规。② 这四条原则同时支撑《美国太平洋司令部战略》所提出的七项原则。这些原则塑造了美国在亚太地区所扮演的角色，未来将继续塑造美国在这一地区所发挥的作用。

---

① U. S. Pacific Command, *USPACOM Energy Strategy*, October 24, 2013.

② Ibid, pp 2 - 3.

二、能源愿景与战略目标

战略愿景是对未来长期目标的一种构想，能够从宏观上指导实践。美国太平洋司令部提出的战略愿景是：通过与夏威夷州建立伙伴关系，研究制订一系列重要战略，落实创新性解决方案，以充分利用清洁、高效、安全、可再生、可持续的能源，造福于夏威夷州和亚太地区人民。① 为实现这一愿景，美国太平洋司令部提出了一个战略目标，即达到或超过夏威夷州的目标。②

基于《2005 年能源政策法》《2007 年能源独立与安全法》、第 13123 号行政令和 13423 号行政令等相关法令，为实现上述战略愿景和战略目标，美国太平洋司令部提出了以下五个具体目标：

（一）显著降低化石燃料依赖

石油是美国太平洋司令部在能源需求方面需要重点解决的中心问题。无论是开发更多可再生能源、提高能源效率、使用电动汽车，还是采取节能措施，都是为了降低石油消耗，减少其带来的不利影响。这一目标包括两项重点任务：一是降低电力消耗。每年将单位产值能耗降低至少 3%，到 2015 年实现降耗 30% 的目标。美国太平洋司令部提出要到 2015 年实现这一目标。③ 二是降低地面交通石油消耗。非战术车辆化石燃料消耗每年降低 2%。2006 年，夏威夷州能源消费总量中有 54.7% 来自交通运输领域。夏威夷州提出的能源目标是，到 2030 年实现清洁能源占比 70% 的目标，为此需要大幅改变道路上行驶的小汽车和卡车的类型及其使用的燃料类型。④ 美国太平洋司令部计划率先采取这项变革行动。

---

① U. S. Pacific Command, *United States Pacific Command Energy Strategy in Cooperation with the State of Hawaii*, 2009, p. 3.

② U. S. Pacific Command, *PACOM ENERGY SECURITY INITIATIVES (U)*, May 2010, p. 5.

③ U. S. Pacific Command, *United States Pacific Command Energy Strategy in Cooperation with the State of Hawaii*, 2009, p. 6.

④ Ibid

（二）大幅提高可再生能源占比

这方面，美国太平洋司令部提出了两项重点任务：一是充分利用清洁替代能源，到2010年将可再生能源占比提高至10%、2015年15%、2020年25%、2030年40%。[①] 这与《夏威夷清洁能源行动计划》中提出的目标一致，超额完成《2005年能源政策法》中规定的目标。为实现这一目标，美国太平洋司令部将积极推进能源多样化，实施一系列太阳能、风能、潮汐能、生物燃料、垃圾填埋气体转换能源和海洋热能转换发电项目。二是除战术和机动发电系统、火力发电厂之外，军事基地内所需电力将实现100%来自于可再生能源，而且火力发电厂在条件允许的情况下也要使用生物燃料发电。

（三）大幅减少温室气体排放

美国太平洋司令部致力于实现或者超过联邦政府制定的所有目标，采取有效措施减少温室气体排放，以支持夏威夷州政府第234号法案——《夏威夷全球变暖解决方案法》，协助夏威夷州实现其能源目标。由于当前没有减少温室气体排放的成文要求，因此，该目标没有可计量的联邦衡量标准。目前，受到最广泛认可的温室气体排放标准就是《京都议定书》。该议定书规定，全球减排目标是到2012年将温室气体排放量减少5.2%，而美国承诺减排7%。美国虽然签署了该议定书，但却没有批准，因而不受约束。第234号法案是夏威夷州议会于2007年通过的一项法律，要求到2020年1月1日将夏威夷州的温室气体排放量减少至1990年的水平。美国太平洋司令部表示将协助夏威夷州实现这一目标，减少温室气体排放。

（四）不断提高设施能源降耗标准

这一目标具体包括六项内容：一是设计新建筑时将所需能耗降低30%；二是设计新建筑时，以2003年为基准线，降低化石燃料消耗量，2010年达到55%，2015年65%，2020年80%，2025年90%，2030年100%；三是设计新建筑时，须高出ASHRAE标准30%；四是对主体建筑

---

① U. S. Pacific Command, *United States Pacific Command Energy Strategy in Cooperation with the State of Hawaii*, 2009, p. 6.

进行翻新时，能耗降低 20%；五是确保到 2015 年 15% 的建筑能够达到《“联邦在绿色可持续建筑中发挥领导作用”备忘录》的要求；六是所有新建筑和重大翻新工程都须达到“能源与环境设计先锋”银级标准。[①]

（五）发挥领导作用

作为美国成立历史最为悠久、辖区范围最大的联合作战司令部，美国太平洋司令部希望通过实施自己的能源战略，为整个太平洋地区及其他联合作战司令部树立一个榜样。为此，美国太平洋司令部提出从以下几个方面加强努力：

一是为太平洋战区确立一个可复制的模式。美国太平洋司令部认为，当今的能源格局提供了一个千载难逢的机遇，可以引领整个亚太地区走上积极的道路。由于气候相同、地理位置偏远，并且都依赖化石燃料，美国太平洋司令部在夏威夷采取的措施可以直接应用于关岛。随着美国海军陆战队员及其家属不断从冲绳迁至关岛，关岛军队社区在未来几年也有着独特的机会，可以建造新的节能基础设施。此外，由于阿拉斯加是美国国内单位产值能耗最高的州，因此也应受到同等重视。这些地区能源状况改善所带来的影响是巨大的。太平洋司令部能源伙伴关系与战略理事会充分认识到夏威夷与太平洋其他地区之间关系的重要性，其下一个任务就是为太平洋司令部辖区打造一个能源安全战略，引导本地区走上能源独立的道路。

二是注重提升能源安全。长期以来，美国严重依赖外国进口石油。国内脆弱不堪的商业电网使美军基地及其关键性基础设施面临人为或偶发事件的影响。为了实现能源安全，美国必须摆脱对石油的依赖，加强国家电网。就美国太平洋司令部而言，这意味着要取得一定水平的冗余供电能力，这样就可以在电网供电下降时继续执行任务而不至于中断。美国太平洋司令部致力于保护所有任务关键资产，并采取必要措施使驻夏威夷州的军事设施（包括斯科菲尔德兵营、夏威夷海军陆战队基地、珍珠港—希卡姆联合基地、史密斯军营和考爱岛太平洋导弹靶场）实现孤岛化。这一措施的目的有三个方面：一是孤岛化有助于基地在紧急情况下独立运行，以

---

① U. S. Pacific Command, *United States Pacific Command Energy Strategy in Cooperation with the State of Hawaii*, 2009, p. 8.

便继续执行任务；二是基地发电后，军队可以更好地协助当地社区从自然灾害或其他事件中恢复过来；三是有了智能电网和孤岛化电路系统之后，军事基地生产的多余电力可以供应基地外的设施，比如医院、超市、学校和紧急避难所等。

三是开展各类示范项目。美国太平洋司令部正在开展各种示范项目，另有许多项目也在筹划之中。例如，“发电浮标”和氢燃料站已经开展了数年时间。美国太平洋司令部还在夏威夷就泡沫绝缘的价值开展实验，并对珍珠港的国防事业计算中心进行了一系列改进，以测量每次改进之后的能耗减少情况。此外，太平洋司令部还在与美国能源部开展合作，开发一种称为“液态干燥剂太阳能冷却”的新技术，将在夏威夷海军陆战队基地进行演示。美国太平洋司令部还在实施“联合能力技术示范”项目，主要关注智能电网的网络防御。

三、战略途径

美国太平洋司令部能源安全战略的重点是确保能源永远不会成为其军事行动的制约因素，利用能源来加强伙伴关系，并且尽可能提高效率、节省开支。为实现其能源战略愿景、目标和任务，美国太平洋司令部确定了以下四条战略途径：

（一）打造灵活的能源系统

《美国太平洋司令部能源战略》要求确保美军在整个地区的存在，具备向本地区任何一个角落投送部队的能力，随时准备开战并取胜。拥有一个灵活应变的能源系统——一个平时精干高效、战时保障有力的能源系统——来支撑上述每一个目标，这是美国太平洋司令部能源战略的基石。这方面的具体目标包括两项：

一是拓展能源来源并保证能源通道畅通。美国现在是、将来也将继续是一个太平洋大国。美国太平洋司令部辖区内的美国领土包括阿拉斯加州、夏威夷州、关岛、美属萨摩亚以及北马里亚纳群岛联邦。美国对密克罗尼西亚联邦、马绍尔群岛和帕劳共和国还有宗主国义务。维持美国太平洋大国地位需要大量的能源。美国太平洋司令部将努力确保在执行上级赋予的使命任务时，不会让能源成为制约因素。要实现这一点，就需要确定新的能源来源和品种，保证拥有获取能源的多种途径，并确保能够随时随地获取所需能源。美国太平洋司令部将通过扩大选择范围来降低风险。

二是提升抗风险能力。能源来源、运输方式和基础设施容易受到对手攻击。这些基础设施还在不断老化，变得脆弱不堪。由于本地区自然灾害频发且后果严重，这个问题尤其令美军领导人忧心忡忡。太平洋司令部将建立一个具有弹性且强有力的能源生态系统，以便在面对敌对势力攻击或遭受自然灾害破坏时确保使命任务安全和持续作战的能力。太平洋司令部将加强所有能够加固的基础设施，并制订可行的缓解和补救备选方案，以便可以在遭到攻击或发生自然灾害时尽量减少不利影响。

（二）积极塑造太平洋战区

《美国太平洋司令部战略》要求构建各种伙伴关系和联盟，加强美国各州和海外领地的国土防御，并促进所有国家尊重国际规则。美国太平洋司令部认为，能源可以成为其与地区内几乎任何国家开展交流合作的切入点。这方面的具体目标包括四项：

一是强化联盟关系。美国与澳大利亚、日本、韩国、菲律宾和泰国签署有同盟条约。这些国家构成了美国参与亚太地区事务的基石。美国太平洋司令部将通过提高与其他国家之间能源基础设施的互操作性强化这种联盟，加强能源相关技术的研发和应用，与盟友开展合作，努力减少资源获取和运输过程中面临的威胁。

二是巩固伙伴关系。能源，尤其是能源效率和可再生能源技术开发，是国际交往中一个不会出现对抗的领域。它也可以成为富有成效的国际交往切入点。美国太平洋司令部提出将利用与能源相关的交往来强化现有伙伴关系并建立新的伙伴关系，特别是与东盟这样的多边组织建立伙伴关系。印度是一个非常重要的伙伴，因为美国与印度在能源方面有着许多共同的问题。美国还将努力加强与印度尼西亚、马来西亚、新加坡和越南的伙伴关系。

三是与其他政府机构、非政府组织、私营企业加强合作和协调。美国太平洋司令部将与联邦伙伴密切协调，随时随地就能源相关问题开展协作。太平洋司令部还将与非政府组织和私营企业合作，以推进共同利益。

四是推动高层交流。美国太平洋司令部将充分利用高层领导访问的机会宣传能源对于本地区的重要作用，促进对话，扩大进一步合作的机会。

（三）节省财政开支

美国太平洋司令部辖区部队需要投入数额巨大的资金以满足其能源需求。2011 和 2012 财年，太平洋司令部在作战能源和设施能源上开支将近 10 亿美元。在当前国防预算面临削减的财政气候之下，这种开支难以接受且不可持续。太平洋司令部将评估条令、组织、训练、装备、领导与教育、人事、设施和政策（DOTMLPF-P）全要素中的所有选项，以提高能效、削减成本，同时不影响作战能力。这方面的具体目标包括两项：一是推进技术应用和装备性解决方案。美国太平洋司令部将确定合适的、效能好的装备性解决方案，提高能源效率，降低能源消耗，并与各军种部和联合参谋部合作落实这些方案。二是寻求非装备性解决方案。美国太平洋司令部将确定合适的非装备性变革措施，以提高能源效率、降低能源开支。此外，美国太平洋司令部还将调整更新组织结构和相关政策，以降低能源消耗。

（四）落实相关行政令和法律法规

美国联邦政府高度重视节约能源和提高能效。行政和立法部门发布过一系列行政令和法律，要求联邦机构降低能源消耗，增加可再生能源使用，减少温室气体排放。美国太平洋司令部与夏威夷州积极开展合作，追求独立于联邦法令之外的能源效率目标。这方面的具体目标包括两项：一是落实或超额完成各项行政令和国会立法中提出的能源相关目标。在这方面，美国太平洋司令部将在联邦机构中争当先进。考虑到其拥有与伙伴开展国家安全合作的大量机会，美国太平洋司令部将在始终牢记维持作战能力的同时，尽最大努力实现能源效率、替代能源、能源安全和温室气体减排目标。二是与当地政府建立伙伴关系改善能源状况。鉴于美国太平洋司令部及其组成部门是夏威夷州的最大能源用户，太平洋司令部将全面参与《夏威夷清洁能源倡议》。此外，太平洋司令部还将充分利用与允许美军永久驻扎或定期驻扎的盟友和伙伴之间的关系，超额完成驻在国的能源法令和要求。

第四节 美国太平洋司令部能源变革的主要行动

为了落实其能源战略目标，多年来，美国太平洋司令部采取了一系列能源变革和战略转型举措。本节将从四个方面论述太平洋司令部能源变革的主要行动。

一、建立健全能源治理结构

要想推进能源变革和战略转型，没有一套高效合理的能源治理体系就会寸步难行。因此，美国太平洋司令部在制订和发展能源战略的同时，积极采取行动，建立健全其能源治理制度和架构。

2009 年 1 月，美国太平洋司令部资源与评估局成立了由美国国防部、能源部和夏威夷州三方共同参与的太平洋司令部能源伙伴关系与战略理事会，为制订《美国太平洋司令部与夏威夷州能源合作战略》奠定了基础。美国太平洋司令部与夏威夷州之间的战略伙伴关系有助于规范现行能源管理秩序、加强可再生能源开发工作，探索新的潜在机会。

为了配合实施 2010 年 8 月公布的《太平洋司令部燃料转型绿色行动计划》，美国太平洋司令部专门成立了一个由其牵头的跨机构规划小组。该小组均由政府部门组成，包括任务管理机构、联邦代表机构、采办管理机构、军种主管部门和监管机构。其中，任务管理机构为太平洋司令部。联邦代表机构包括国防部后勤局能源处、国防部高级研究计划局、农业部农村发展署、能源部能源效率和可再生能源办公室等。采办管理机构为国防部后勤局能源处。军种主管部门为美国空军能源办公室和美国海军能源办公室。监管机构为夏威夷州商业、经济发展与旅游部以及农业部。跨机构规划小组需要经常听取包括土地拥有人、农民、工程师、农业加工厂、设备供应商等在内的产业相关部门和人士的建议。①

2011 年 5 月《太平洋司令部能源安全展望》发布后，美国太平洋司令

① U. S. Pacific Command, *PACOM Green Initiative for Fuels Transition* (*GIFTPAC*), Aug. 31, 2010, p. 6.

部对上述工作组机构设置进行了调整优化，首次将工业部门纳入组织体系。《太平洋司令部燃料转型绿色行动计划》工作组成员变更为任务负责部门、采购负责部门、联邦代表部门、国家/州支援部门、工业合作部门。其中，任务负责部门为太平洋司令部和海军能源主管；采购负责部门为国防部后勤局能源处；联邦代表部门包括国防部高级研究计划局、农业部农村发展署、能源部能源效率和可再生能源办公室等；国家/州支援部门包括夏威夷州商业、经济发展与旅游部以及能源部；工业合作部门包括航空运输协会、夏威夷电气公司。该工作组需要经常听取工业部门/利益相关方的建议。

综上可以看出，美国太平洋司令部的能源治理机构经历了三次重大变动，参与部门数量不断增多，机构职责不断细化，能源治理结构逐渐健全。

二、广泛应用节能增效技术，大幅减少化石能源需求

美国太平洋司令部辖区范围广阔，所属部队数量庞大，因此，能源需求十分巨大。然而，夏威夷州没有化石燃料，可再生能源又没有得到充分的开发和利用，因此，太平洋司令部高度重视节能增效，作为增强能源安全的一大举措。

为减少对化石燃料的依赖，美国太平洋司令部提出两个具体目标：一是降低地面交通石油消耗，将非战术车辆化石燃料消耗每年降低 2%；二是降低电力消耗，每年将单位产值能耗减少至少 3%，到 2015 年实现减少 30% 的目标。为落实目标，美国太平洋司令部积极采取有效措施，广泛应用节能增效技术，减少对石油的依赖。其主要行动包括：一是加强对设施的可持续性设计。通过与夏威夷州合作，美国太平洋司令部对瓦胡岛阿利亚马努军事保留区的新增军事住房开发项目采取了可持续设计，所有住房均安装了太阳能热水系统，所有车库顶部均安装有光伏发电设备。二是安装照明控制系统。2012 年《夏威夷海军陆战队能源行动计划》指出，夏威夷海军陆战队基地在机库和仓库中安装灯光控制器，可以自主控制照明系统。对室外照明系统安装运动传感器，便于照明系统自动变暗或者熄灭。此外，太平洋司令部还耗资 110 万美元升级司令部楼房灯光与控制系统。这些措施有效地节省了电能损耗。三是应用先进技术减少热能散失。夏威

夷海军陆战队基地为楼房安装了废热回收利用系统。希卡姆空军基地内一些建筑楼顶喷洒了泡沫隔离层。此外，太平洋司令部还投资16.5万美元，为珍珠港—希卡姆联合基地内四栋大楼更换管道隔热设施。[①] 四是安装能源使用计量系统。2012财年，太平洋司令部分别投资90.6万美元和59.1万美元，在夏威夷海军陆战队基地安装先进计量仪和自动计量读取系统。[②] 通过对能源的使用情况进行计量，太平洋司令部实现了更为有效的能源管理。

三、大力发展可再生能源，逐渐摆脱对石油的依赖

目前，美国太平洋司令部所需能源中石油等化石燃料仍占主导地位，这是其面临很多能源风险和挑战的直接原因。为提高可再生能源使用率、摆脱对石油燃料的过度依赖，太平洋司令部采取了大量行动，主要做法如下。

（一）大规模安装可再生能源设备

美国太平洋司令部在辖区内大规模安装了光伏发电设备。例如，在夏威夷州陆军家庭住房楼顶安装了6.8兆瓦的光伏发电设备；在夏威夷州海军陆战队基地内大楼安装了64千瓦光伏发电设备；在夏威夷州福特岛的一个机库顶棚加装了309千瓦光伏发电设备；为珍珠港维修设施安装了楼顶光伏发电设备；在夏威夷海军陆战队基地一处军营楼顶安装了“楼房综合光伏发电”系统（参见图6—6）。此外，太平洋司令部还大量安装了太阳能加热系统，包括：耗资200万美元在珍珠港安装太阳能热水车棚；在珍珠港耗资300万美元为宿舍安装太阳能热水器；在私有住房、健身中心和官兵宿舍安装太阳能热水系统；耗资8.3万美元在斯科菲尔德兵营安装了太阳能加热系统。

---

① Office of the Assistant Secretary of Defense (Energy, Installations, and Environment), *Annual Energy Management Report Fiscal Year* 2015, June 2016, p. 135.

② Office of the Deputy Under Secretary of Defense (Installations and Environment), *Annual Energy Management Report Fiscal Year* 2012, June 2013, p. 231.

图 6—6　驻夏威夷美国海军陆战队“楼房综合光伏发电”系统

资料来源：*United States Pacific Command Energy Strategy in Cooperation with the State of Hawaii*, 2009, p. 7.

（二）积极推广清洁能源使用

美国太平洋司令部和夏威夷州都认为应淘汰石油火力发电机。太平洋司令部已经制订了计划，将在各军事基地建造新的生物燃料发电机，除极端情况外都尽量使用清洁生物燃料发电。在紧急情况下，可以使用军用柴油发电机向关键设施供电。在 2016 年交通运输和生物燃料论坛期间，太平洋司令部、夏威夷州政府等相关各方一致认为，替代能源和生物燃料是未来能源发展的方向。随着夏威夷州生物燃料产业的发展，该产业将有助于增加粮食产量，弥补因甘蔗产业消失而流失的工作岗位，支持可持续性制造业的发展，促进基础设施的发展。此外，由于夏威夷州目前还没有制造业，因此，粮食产量的增加将催生粮食储存、仓储中心和加工厂，而生物燃料供应链的发展将催生给料中心和仓储中心、预加工和转化精炼工厂，这些都将为燃料转换技术提供急需的给料来源。夏威夷州生物经济和生物燃料供应链的蓬勃发展将有助于缓解太平洋司令部所面临的石油供应和价格震荡带来的风险。[①] 根据2012年发布的《夏威夷海军陆战队能源行动计划》，夏威夷海军陆战队基地自2010年11月起开始使用E－85加注机/储存设施，全部88辆弹性燃料汽车现都在使用E－85乙醇；2011年2月，已经将所有柴油转换为B－20生物柴油，所有使用柴油的汽车现已只使用B20生物柴油（参见图6—7）。

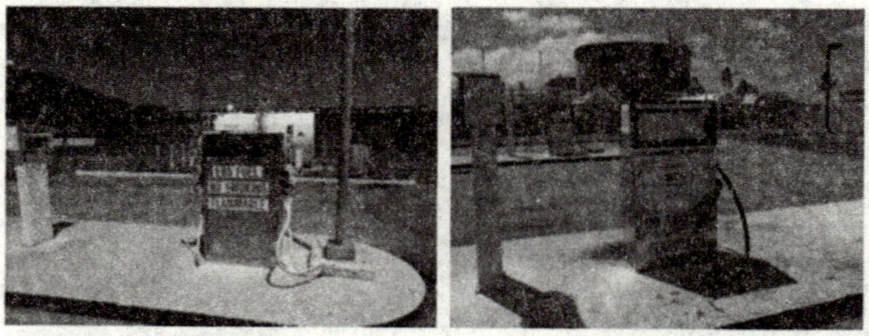

E-85乙醇分配器　　B-20生物柴油分配器

图6—7　E－85乙醇加油机和B－20生物柴油加油机

资料来源：*Energy Initiatives at Marine Corps Base Hawaii*，August 2012，p. 14.

美国太平洋司令还在对氢燃料电池进行研究测试。美国桑迪亚国家实验室在夏威夷州火奴鲁鲁港牵头开展的“海上氢燃料电池”项目，旨在对氢燃料电池发电机进行测试，未来有望取代传统的柴油发电机。[②] 美国空军希卡姆基地建设了一个氢燃料站，由120KW太阳能电池阵供电。该燃料站利用水电解之后产生的氢，为氢燃料电池进行充电。氢燃料电池在需要时供应电能，比柴油发电机更加节能。美国陆军太平洋司令部、美国太平洋舰队、美国太平洋空军和美国太平洋海军部队2012年2月联合宣布，将对16辆通用汽车公司生产的氢燃料电池车进行实地测试，以检验这种技术的实用操作性和可应用性。在测试中，16辆燃料电池车满电行驶300多公里，此后再次充电，经测试其碳排放为零。[③]

---

① Carl Campagna，*Biofuels could advance agriculture*，*energy goals*，Honolulu Star-Advertiser，Feb. 20，2017，https：//www. pressreader. com/usa/honolulu-star-advertiser/20170220/281689729576970.]［2017—7—14］

② *Nothing but water*：*Hydrogen fuel cell unit to provide renewable power to Honolulu port*，Sandia National Laboratories，Aug. 28，2015，https：//share-ng. sandia. gov/news/resources/news_ releases/honolulu_ hydrogen/#. WXSoM3qECP1［2017—07—24］

③ 朱莉萌：“美军测试氢燃料电池汽车”，人民网，2012—03—07。

（三）加强能源技术创新

为降低美军对进口石油的依赖度，美国太平洋司令部还积极研发和应用其他类型的清洁能源技术。例如，美国太平洋司令部与夏威夷州积极合作，开发利用其最为充足的能源——波浪能。太平洋海军陆战队在卡内奥赫湾投放了一个40KW波浪能“发电浮标”试验用原型器（参见图5—8）。该浮标可随洋面的起伏而起伏，从而带动发电机运转，并将发电机产出的电力通过电缆传输至岸上。美国太平洋海军也在积极参与夏威夷州波浪能的开发与利用，以使其离岸军事基地能利用波浪能发电系统生产自身所需的电能。目前，美国第一批2台最先进的波浪能“发电浮标”已经在夏威夷投入使用，并且已经生产出了约22千瓦的电能。

卡内奥赫湾的潮汐能“发电浮标”

希卡姆空军基地的氢燃料站，由美空军采购，夏威夷衔进运输技术中心（HCATT）负责运营。

图6—8　潮汐能“发电浮标”和氢燃料站

资料来源：*United States Pacific Command Energy Strategy in Cooperation with the State of Hawaii*, 2009, p. 3.

四、积极探索“废料变能源”技术，提升远征行动能源保障能力

美军在开展人道主义救援/减灾和建立应急基地时，都会面临一系列相似的问题，包括位置孤立、土地有限、资源有限、再补给困难、驻在国保障有限等。当前，应急基地固体废弃物的处理做法费用昂贵，土地、能源和人力消耗巨大，给人体健康和环境带来危害，没有对废弃物中的能源加以再利用，日积月累降低任务效能。为有效应对这些问题，太平洋司令

部积极探索“废料变能源”技术。

2014 年 9 月，太平洋司令部资源与评估局联合创新与试验处发布了《联合可部署废料变能源》。[①] 该文件提出了四个目标：一是打造模块化、层叠系统，用于保障从小型远征部队到大型应急基地的需求，根据四种部队规模纳入技术效率；二是保障偏远地区 90 天以上应急作战行动和持久性作战行动；三是在潮湿、尘土弥漫和极端气温环境中遂行任务；四是提升对战术性、城市性和人道主义援助/减灾行动中固体非有害废弃物的降解和能源回收能力。

当前，“废料变能源”技术发展迅速，大体分为以下两种类型：一是生物降解/发酵；二是热降解。工业部门在处理城市固体非有害废料方面已经有了非常成熟的技术，最大的挑战是如何对现有技术进行改装，以满足军队的需求。美国太平洋司令部所需要的“废料变能源”技术装备必须具备以下五个特点：一是体积小；二是坚实耐用；三是可以灵活移动；四是易于使用；五是适用于执行应急基地建设和人道主义援助/救灾任务时产生的废料处理。[②]

目前较为成熟的技术包括：一是“绿色能源机”（GEM），在爱德华兹空军基地进行示范，该机每天可处理 2 ~ 3 吨未经分类的垃圾，是一种下吸式气化炉；二是“微型自动气化系统”（MAGS），该系统日处理袋装垃圾 1 吨，是一种合成气再利用气化炉；三是“垃圾处理站”，日处理未经分类的垃圾 3 ~ 4 吨，是一种合成气再利用气化炉；四是“生态垃圾解决方案生态活动式焚烧炉”，日处理营地和工业垃圾 4 吨，是一种带洗涤器的焚烧炉（参见图 6—9）。目前，美国太平洋司令部正在开展一系列“废料变能源”技术项目研究。

绿色能源机（GEM）　微型自动气化系统　垃圾站　生态活动式焚烧炉

图 6—9　目前较为成熟的“废料变能源”技术

资料来源：U. S. Pacific Command, *Joint Deployable Waste to Energy*（*JDW2E*）, Sep. 2014, p. 8.

---

① U. S. Pacific Command, *Joint Deployable Waste to Energy*（*JDW2E*）, Sep. 2014.

② Ibid, p. 8.

五、推进“孤岛化”保障能力建设，有效抵御电力供应中断风险

美国太平洋司令部致力于保护所有任务关键资产，并采取必要措施使位于夏威夷州的军事设施实现“孤岛化”。为帮助各军事基地更好地管理能源需求、提升能源效率、充分利用可再生能源、有效地抵御电力供应中断，美国太平洋司令部参与了一项联合能力技术示范项目（JCTD）——“能源可靠性和安全性智能电力基础设施示范项目”（SPIDERS）。该项目旨在发展先进的微电网能力，实现军事设施的“孤岛化”，同时确保作战任务的确定性和安全性，降低因电网长时间断电所带来的高风险。该示范项目于2011年6月17日正式启动，分为三个阶段，分别在夏威夷州珍珠港—希卡姆联合基地、科罗拉多州卡森堡基地和夏威夷州史密斯兵营展开。[1] 由于第二阶段实施地点不在太平洋司令部辖区，且其他章节已经有述及，故此处重点介绍第一阶段和第二阶段。

第一个阶段在珍珠港—希卡姆（Hickam）联合基地开展（参见图6—10）。示范项目安装了一台数字控制的800千瓦柴油发电机、先进的不间断电源供应（UPS）以及相关软件和控制器，创建一个微电网，使光伏阵列与多台柴油发电机实现集成。这样就确保了废水处理设施（模拟的复杂的关键性任务负荷）电力供应的连续性。2012年12月进行了一次技术示范，结果超出全部预期。示范展示了1兆瓦接入商业电网的能力；多台发电机有效实现同步运转；可再生能源发电接入率超过90%；完成了一次“黑启动（black start）”紧急电力故障模拟；经受了联合信息战中心（JIOWC）红方（Red Team）和桑地亚红方（Sandia Red Team）假想敌发动的网络攻击。2013年1月，SPIDERS完成了一次长达72小时的操作演示，取得了节省柴油燃料30%的佳绩，由此建成了一个拥有先进工业控制和动态负荷管理能力的微电网。第一阶段的结果是电力可靠性提升了39倍、减排42%、节省柴油30.4%、可再生能源发电达到90%。[2] 这些初步成果提供了概念验证（proof of concept），说明SPIDERS微电网能够满足美国太平

---

① U. S. Department of Defense, *Smart Power Infrastructure Demonstration for Energy Reliability and Security (SPIDERS)*, May 2012, p. 15.

② Department of Defense, *Annual Energy Management Report for FY2014*, May 2015, pp. 49 – 50.

洋司令部和美国北方司令部在发生长时间断电事故期间维持关键性作战任务的需求；可以保护关键性资产不受网络攻击造成的断电事故的影响；在发生紧急事态时能够接入可再生和其他分布式发电源，为关键性资产提供电源；能够管理设施电源和消费效率，减少石油需求、碳足迹和能源开支。

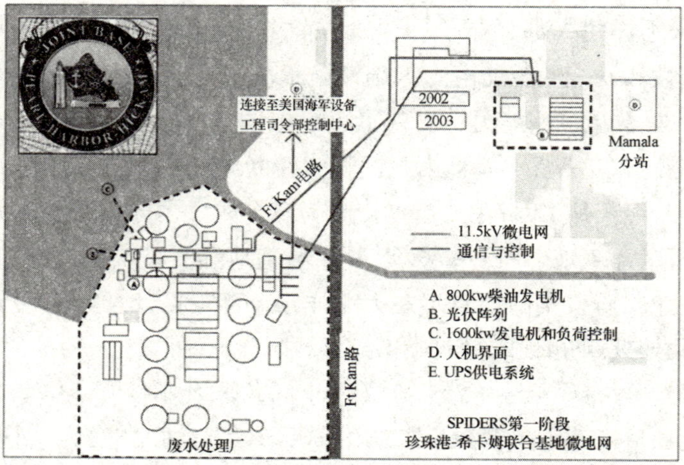

图 6—10 SPIDERS 第一阶段——珍珠港—希卡姆联合基地微电网

资料来源：U. S. Army Corps of Engineers，*JCTD SPIDERS Technical Overview Phases* 1—3，Nov. 4，2015，p. 9.

第三个阶段是 JCTD 的最后阶段，在夏威夷州斯密斯军营（Camp Smith）展开。2016 年 1 月，该项目进行了操作示范。从系统运转、调度员（操作员）反应和网络安全评估的情况来看，示范取得了圆满成功，成为美国国防部第一个彻底实现全天候感知、“可孤岛化”、能够维护网络安全的军事微电网，包括办公大楼、住宅单元、太阳能发电系统、能源储存系统、分布式发电机等基础设施。① 通过参与 SPIDERS 示范项目，太平洋司令部的电力安全得到了有效的保障，其完成任务的能力显著提升。

美国太平洋司令部的能源变革行动远远不止上面讨论的这些内容。这

① Office of the Assistant Secretary of Defense（Energy，Installations，and Environment），*Annual Energy Management Report Fiscal Year* 2015，June 2016，pp. 52 - 53.

一点我们可以从上一节讨论的太平洋司令部能源战略的基本内容中窥见一斑。通过坚持不懈的努力，美国太平洋司令部应对能源风险和挑战的能力得到大幅度提升，能源供需状况已经有所改观。

六、重视开展能源意识教育，努力营造能源文化氛围

美国太平洋司令部积极拓展能源技术教学，努力提升全体人员的能源认知水平。美国海军设备工程司令部夏威夷能源小组和夏威夷战区海军共同发起并资助了“海军能源节约学校拓展计划”。该计划已经在当地六所学校实施。该计划强调，要对海军家属占比较高的学校学生开展节能教育。其愿景是，通过提高工作场所雇员子女及家庭的能源意识，使雇员能够更多地节约能源。根据该计划，由能源小组组织开展能源讲解，随后进行着色竞赛，学生们阐述他们对于节约能源的认识，获胜者的绘图将在重点区域和诸如地区能源节约记事录等媒体中进行展览。

除了教育儿童之外，对全体工作人员进行教育也同样重要。夏威夷的每一个军事基地都有能源意识提升计划，旨在提高军事人员对最佳能源做法的认识。夏威夷州能源办公室与太平洋司令部、国防能源保障中心共同举办了2009年亚太清洁能源峰会和博览会，这也可以视为一种教育形式。这次峰会提供了一个平台，美国和亚太地区的各国政府、国防部官员、工业专业人员、客户等借此机会对他国的公共政策、新兴技术和机遇、能源效率和安全事项有了更多的了解。更重要的是，这次峰会表明，太平洋司令部正在与夏威夷州开展合作，努力让夏威夷人民在未来用上更为清洁的能源。

第五节 美国太平洋司令部能源战略的成效与特点

美国太平洋司令部能源变革已经持续了近10年。那么，应该如何评价太平洋司令部能源战略所取得的成效？其能源变革有哪些显著的特点？本节将尝试对太平洋司令部能源战略的成效作一初浅的评估，并总结归纳其特点。

一、成效评估

美国太平洋司令部对自身所面临的能源风险和挑战有着十分清醒的认识，并且立足于自身实际制订了能源战略，积极推进能源变革和战略转型。从2009年美国太平洋司令部公布其第一部能源战略——《太平洋司令部与夏威夷州能源合作战略》，到2013年正式发布《太平洋司令部能源战略》，其间时间虽然不长，但是，经过数年的探索和努力，美国太平洋司令部已经形成了切合自身实际的能源战略，在能源变革的道路上取得了令人瞩目的成就，主要表现在以下三个方面：

一是能源治理结构逐步完善。在推进能源变革与战略转型的过程中，美国太平洋司令部积极建立健全协同高效的能源治理结构，先后牵头成立了多个能源合作工作组。2009年1月，美国太平洋司令部资源与评估部门组织成立了太平洋司令部能源伙伴关系与战略理事会，成员包括国防部、能源部、夏威夷州和太平洋司令部。2010年8月，太平洋司令部牵头成立了跨机构计划小组，参与的部门更多，结构更为细化，但该小组仅由政府部门组成。2011年5月，太平洋司令部对上述工作组机构设置进一步优化，并首次将工业部门纳入治理体系。由此可见，美国太平洋司令部能源治理结构一步步完善，最终形成了军政地三方共同参与且职责明确的跨部门合作机制。

二是能源结构不断优化。美国太平洋司令部提出"到2010年将可再生能源占比提高至10%、2015年15%、2020年25%、2030年40%"的目标，希望借此丰富能源种类、改善能源不足的状况。为解决化石燃料依赖程度高且能源比较单一的现状，美国太平洋司令部积极采取措施，大力开发夏威夷群岛丰富的可再生能源资源，包括太阳能、潮汐能、风能、地热能等。太平洋司令部在辖区内花费巨资为斯科菲尔德兵营、卡内奥赫海军陆战队基地等多处楼房加装"综合光伏发电"系统，在珍珠港等地人员宿舍和车棚安装太阳能热水系统。太平洋海军陆战队开发潮汐能采集技术，在卡内奥赫湾投放潮汐能"发电浮标"，利用海平面起伏带动发电机运转，并通过电缆将产生的电能传输至岸上需要用电的设施。夏威夷海军陆战队基地已经开始使用E—85乙醇驱动所有弹性燃料汽车，所有之前使用柴油驱动的汽车现在也已经全部改为B20生物柴油驱动。截至2015年，夏威夷岛上超过37%的电能、瓦胡岛上近10%的电能、毛伊县超过26%的电能来自于可再生能源，包括风能、生物质能、太阳能等。① 由于积极推动可再生能源利用，根据最新电力计划，预计夏威夷州总体可再生能源发电占比到2030年将达72%，其中莫洛凯岛、夏威夷岛、毛伊县和瓦胡岛可再生能源发电占比到2020年将分别达到100%、80%、63%和40%。②

三是“孤岛化”保障能力显著提升。考虑到基地点状分布的实际情况，为确保军事设施能源安全、保证电力持续供应，美军太平洋司令部积极开展“能源可靠性和安全性智能电力基础设施示范项目”。通过不断建设，该项目第一阶段使珍珠港—希卡姆联合基地的电力可靠性提升了39倍，排放量减少42%，柴油消耗量减少30.4%，可再生能源使用率高达90%，并且每年节约4.3万美元的费用。在第三阶段，太平洋司令部将史密斯兵营建成了美国国防部第一个彻底实现全天候感知、适用于岛上、能够维护网络安全的军事基地微电网，电力可靠性提高了25倍，燃料效率提高到44%，将断电时持续执行任务的时间由3天延长至10天，并对微电网进行了适应性设计，使其满足当前及未来的设施功能，提高了设施的网络安全性能。③

尽管美国太平洋司令部已经在能源变革与战略转型的道路上取得了诸多进展，但是，与美国“亚太再平衡”战略所提出的任务需求相比，仍然存在巨大的差距。美国2014年《四年防务评估报告》指出，为保障“亚太再平衡”战略实施，美军需要进一步调整优化各军种组织结构，加强网络及情报监视侦察能力建设，增强联合部队战备能力，继续维持海外存在以更好捍卫美国国家利益。④ 为保障“亚太再平衡”战略的顺利实施，美军将把超过60%的海空力量部署至亚太地区，随之而来的必然是能源需求的大幅增加，从而加剧太平洋司令部面临的能源风险和挑战。如何有效保

---

① https://www.hawaiianelectric.com/clean-energy-hawaii/clean-energy-facts/about-our-fuel-mix.[2017—07—28]

② Steve Hanley, *Hawaii's HECO May Reach 100% Renewable Energy Target 5 Years Early*, Jan. 11, 2017, https://cleantechnica.com/2017/01/11/hawaiis-heco-may-reach-100-renewable-energy-target-5-years-early/.[2017—07—28]

③ Ross Roley, U. S. Pacific Command Energy Innovation Office, *Smart Power Infrastructure Demonstration for Energy Reliability and Security* (PPT), *Energy Exchange-Federal Sustainability for the Next Decade*, USDOE, August 10, 2016, p. 13.

④ U. S. Department of Defense, *Quadrennial Defense Review* 2014, pp. 13-16.

障部队的能源供应是太平洋司令部不得不认真思考和精心谋划的一个大问题。由此可见，要想真正实现能源独立与安全、有效履行自身的使命任务，美国太平洋司令部仍然任重而道远。

二、特点分析

相对于美国国防部和各军兵种，美国太平洋司令部能源变革起步较晚，但是特点比较明显，突出体现在以下三个方面：

（一）突出发展可再生能源

石油等化石能源匮乏是美国太平洋司令部驻地夏威夷的突出特点。随着国际能源价格的持续上涨，美国太平洋司令部和夏威夷州政府深刻感受到依赖化石燃料的危害性，同时也充分认识到了化石燃料对全球气候变化所带来的不利影响。夏威夷州拥有丰富的可再生能源资源。然而，这些资源大多集中在人烟稀少的外岛。缺乏海底电缆使可再生能源发电无法从产电的外围岛屿输送到人口和用电中心。而且，夏威夷与美国本土不同，无法从相邻地区借调能源。每个岛都不得不生产自身所需电力，供本岛使用。因此，大力发展可再生能源成为美国太平洋司令部和夏威夷州的共识。双方有针对性地制订了能源合作战略，采取了大量创新举措，因地制宜地推进能源变革和战略转型，积极开发当地能源资源，包括建设一条连接瓦胡岛和毛伊县的海底电缆。不难发现，美国太平洋司令部能源变革和战略转型，既遵循了联邦政府的相关能源与环境法令以及美国国防部能源战略目标，同时也体现了夏威夷州政府的能源战略目标。这是美国太平洋司令部能源战略和变革行动的第一大特点。

（二）高度重视开展能源协作

美国太平洋司令部能源战略的第二大特点是高度重视与相关各方广泛开展能源协作。美国太平洋司令部深刻认识到自身能源安全面临诸多风险和挑战，包括能源供需不平衡、能源运输风险较大、基础建设不完善、可再生资源开发不足等，迫切需要与夏威夷州政府和地区相关国家开展能源合作，以确保自身的能源需求。夏威夷州独特的地理特征和资源禀赋，客观上要求太平洋司令部与夏威夷州政府积极开展合作，改变各岛能源孤立现状，实现能源互联互通。夏威夷州尽管拥有丰富的可再生能源资源，但开发严重不足，因此也希望借助太平洋司令部的力量，大力开发可再生能源和替代能源。从《太平洋司令部与夏威夷州能源合作战略》《太平洋司令部能源战略》和《夏威夷州清洁能源行动计划》等相关文件可以看出，美国太平洋司令部与夏威夷州政府在能源战略方面的目标高度契合。此外，美国太平洋司令部在亚太地区执行多样化军事任务，每年还要与亚太地区盟友和伙伴国开展多次联合军事演习。要想成功地遂行这些军事任务，美国太平洋司令部自然需要大量能源作保障。只有加强与夏威夷州以及盟国和伙伴国的合作，太平洋司令部才能实现能源供应链的畅通。

（三）积极塑造能源文化

美国太平洋司令部能源战略的第三大特点是积极塑造能源文化。太平洋司令部领导人深知"涓涓细流汇成江海"的道理，考虑到自身辖区广袤、所属部队人员众多，如果能让每一名官兵都养成节能环保的习惯，无疑会在很大程度上缓解当前面临的能源风险和挑战。为此，美国太平洋司令部采取了多种举措，大力塑造能源文化，提升全体人员的能源意识。主要行动包括：一是把提升能源意识纳入整体能源计划之中。根据美国太平洋司令部的指示，其辖区内每个军事基地都制定了能源意识提升计划，积极营造节能增效的文化氛围。二是举办清洁能源峰会和博览会。太平洋司令部、国防能源保障中心和夏威夷州能源办公室每年都共同举办亚太清洁能源峰会和博览会，有效地提升了夏威夷州和太平洋司令部的清洁能源意识，促进了亚太地区相关国家之间在清洁能源方面的合作。三是与当地学校联合开展节能教育。太平洋司令部还在夏威夷当地多所学校开展能源节约教育，并组织能源文化相关的竞赛活动，对竞赛胜出者进行大力宣扬，旨在提高驻地所有人员的能源意识，在平时工作和生活中践行节能环保的理念。

第七章/美军能源战略评析与前景展望

美军新一轮能源变革和战略转型已经走过了十几年的发展道路。我们应该如何评价美军作为一个整体的能源变革和战略转型所取得的成就？美军能源战略存在哪些不足和问题？美军能源变革产生了哪些重大影响？有哪些突出的特点？未来将如何发展？分析探讨这些问题，有助于我们更加全面、客观、深刻地认识美军能源战略的成败得失，正确评估美军能源战略所产生的影响，掌握美军能源战略的特点和规律，科学判断美军能源战略的调整趋势和发展前景。

第一节　美军能源战略的成就

经过十几年的不懈努力，美军能源战略已经结出了丰硕的果实，在建立健全能源管理制度、完善能源战略体系、降低能源需求、增加新能源使用、提升基地能源恢复能力、营造能源文化等方面取得了长足的进步和显著的成就。

一、能源治理体系日益健全

健全高效的能源治理架构是推动能源变革的重要组织保障。美军高度重视能源领导和治理体系的建设。美国国防部和各军种从 20 世纪 70 年代初期开始建立能源管理体制，为美军能源变革奠定了基础。1999 年克林顿总统签署第 13123 号行政令后，美国国防部即指定主管采办、技术与后勤的副部长首席帮办担任国防部高级机构官，负责落实行政令提出的目标和要求。国防部军事设施能力委员会负责处理与军事设施相关的一系列问题，包括能源管理问题。2005 年美国国防部发布第 4170.11 号指令——“设施能源管理”，对国防部设施能源管理的政策、职责和程序作出了详细的规定，以落实《2005 年能源政策法》和第 13123 号行政令。第 13423 号行政令、《2007 年能源独立与安全法》颁布后，美国国防部对第 4170.11 号指令进行了更新，对国防部设施能源管理的职责、程序和情况报告作出了详细的规定，并要求国防部各组成部门指定具有资质的人员担任相关设施的能源管理师，负责落实各项法律法规、总统行政令和国防部文件的要求。美国国防部指定主管设施与环境的副部长帮办负责落实该法案所提出的能源目标，各军种部和国防部 10 个直属机构也根据法律要求任命了相应的设施能源负责人，建立健全了各自的设施能源领导小组。2015 年 1 月，美国国防部合并了设施能源和作战能源两个职能部门，由主管能源、设施与环境的助理国防部长（ASD（EI&E））统一管理。ASD（EI&E）下设主管设施能源的助理部长帮办（DASD（IE））和主管作战能源的助理部长帮办［DASD（OE）］。其中，DASD（IE）办公室负责监管美国国防部设施能源管理。①

2009 年，美国国防部设立了作战能源规划与项目（OEPP）主任一职，负责制订国防部范围的作战能源战略。《2011 财年国防授权法》将这一职务升级为主管作战能源规划与项目的助理国防部长［ASD（OEPP）］。2010 年 10 月，莎伦·伯克被任命为首任 ASD（OEPP）。随后，ASD（OEPP）办公室成立并开始运转，美国国防部作战能源变革全面启动。2012 年 3 月，为了落实《作战能源战略》和《作战能源战略实施计划》，美国国防部成立了国防作战能源委员会，由 ASD（OEPP）和联合参谋部后勤部长共同担任主席。委员会常任成员包括各军种部长、参谋长和各国防部直属部门主要领导。委员会下设专门工作组。2015 年 1 月设施能源与作战能源机构合并后，主管作战能源的助理国防部部长帮办（DASD（OE））负责国防部一切作战能源管理工作，并向主管能源、设施与环境的助理国防部长汇报工作。

与此同时，美军各军兵种也相继建立健全了自己的能源管理体系。目前，美国陆军最高能源官是主管能源与可持续发展的助理陆军部长帮办。

---

① Department of Defense, *Annual Energy Management Report FY2015*, June 2016, p. 11.

陆军能源管理团队由主管设施、能源与环境的助理部长办公室、主管军事设施管理的助理参谋长办公室、军事设施管理司令部、陆军国民警卫队、美国陆军后备役和陆军装备司令部构成。陆军作战能源由主管后勤的副参谋长负责；设施能源管理由主管设施、能源与环境的首席助理部长负责。美国空军部高级能源主管由美国空军副部长担任。空军能源管理架构分为三层：空军能源理事会、空军能源一体化委员会和指导小组。其中，空军能源理事会是美国空军能源管理体系的最高领导机构，空军能源一体化委员会是政策执行机构，下设五个指导小组。美国空军的治理结构覆盖空军部、主要司令部、直属单位和基地四个层面。美国海军部主管能源、环境与设施的助理海军部长担任最高能源官。海军部能源办公室与美国海军和海军陆战队作战能源办公室一道组成整个海军部能源变革的领导机构。主管能源的助理海军部长帮办兼任海军部能源办公室主任。美国海军设能源协调办公室，负责制订和落实海军能源战略。陆战队远征能源办公室负责制订和落实陆战队能源战略。

除了国防部和各军兵种以外，美国国防部各直属机构也已建立了各自的能源管理体系。各机构均指定了高级能源主管负责管理能源项目（参见第一章表1—7）。例如，美国国家情报总监办公室专门成立了一个情报部门能源管理工作组，成员是来自所属机构内具有相关专业知识和权威的人士，代表所属机构说话。

美国太平洋司令部能源事务由参谋长负责。太平洋司令部资源与评估局具体负责制订和实施能源战略。太平洋司令部能源治理体系是一个由其牵头的跨机构规划小组，成员包括任务负责部门、采购负责部门、联邦代表部门、国家/州支援部门、工业合作部门。

由此可见，美军能源治理体系是伴随着美军能源战略的发展进程逐渐建立健全的。可以说，这一体系既是美军能源变革不断推进的强大动力，同时也是美军能源变革不断推进的必然结果，为美军能源战略的成功实施和进一步发展提供了重要的组织和制度保障。

二、能源战略体系日趋完善

美军能源变革最早可以追溯到20世纪70年代两次世界石油危机期间。但是，美军真正意义上的能源变革和战略转型是从1999年克林顿总统签署的第 13123 号行政令开始的。能源变革初期，美军主要围绕设施能源开展管理和创新，以落实联邦政府能源和环境法律法规提出的目标和要求，应对能源安全、环境污染和气候变化的挑战。2005 年，美国陆军率先出台了《陆军设施能源战略》和《陆军设施能源与水资源行动计划》，提出了美国陆军 2030 年能源愿景和五项战略，从此拉开了美军能源战略的序幕。随后，其他军种纷纷跟进。2008 年，美国空军发布了框架性的《美国空军能源战略》及两份战略实施计划——《空军能源计划》和《空军基础设施能源计划》。2010 年，美国空军更新了《空军能源计划》，并公布了《空军基础设施能源计划》《空军航空能源计划》和《空军采办与技术能源计划》三份实施计划。2011 年，美国空军首席科学家发布了《能源地平线：美国空军 2011 ~2026 年能源科技构想》，提出了空军近期、中期和长期的科技发展规划。2013 年，美国空军出台了《空军能源战略规划》，进一步丰富和发展了其能源战略的内涵。2009 年，美国陆军出台了综合性能源战略——《陆军能源安全实施战略》，2010 年公布《动力与能源战略白皮书》，2015 年发布新版能源战略——《能源安全与可持续战略》，使其能源战略趋于完善。美国海军部于 2009 年公布了其能源战略——《海军部能源战略路径》，2010 年又出台了《美国海军部能源安全与独立实施计划》。美国海军同时公布了其能源战略——《21 世纪海军能源构想》。2011 年，美国海军陆战队也公布了《海军陆战队远征能源战略及实施计划》。至此，美国各军兵种能源战略形成了一个完整的体系。

美国国防部能源战略建立在各军兵种的能源战略之上，其主要目的是指导和协调各军种能源战略的发展。在正式出台能源战略之前，美国国防部主要以指令、备忘录等形式为美军能源管理提供政策指导。2010 年，美国国防部正式公布了设施能源战略，提出了四大目标，后锁定为三大目标，旨在提升能力、减少开支、降低风险。2011 年，美国国防部公布了首部《作战能源战略》，勾勒了全面改革美军战场燃料使用方式的战略构想。2012 年，美国国防部又出台了《作战能源战略实施计划》，提出了落实《作战能源战略》的近期、中期、远期详细目标和时间表。至此，美国国防部建立了完整的能源战略体系。

在战区层面上，美国太平洋司令部 2009 年 10 月公布了《美国太平洋司令部与夏威夷州能源合作战略》，2010 年 5 月发布了《太平洋司令部能源安全行动计划》。2013 年 10 月，美国太平洋司令部出台了《太平洋司令部能源战略》，旨在落实美国国防部《作战能源战略》及其《实施计划》。该战略描绘了太平洋司令部的能源战略愿景，提出了四条指导原则，明确了五个具体目标和四条战略途径。这标志着美国太平洋司令部能源战略趋于成熟。

十几年来，美军能源战略从无到有、从各军兵种和战区到国防部，形成了一个涵盖设施能源和作战能源、包括实施计划和政策制度在内的庞大的能源战略体系，建立了一整套促进节能增效和清洁能源发展的政策机制、创新机制、投资机制和评估机制，为美军能源变革和战略转型的全面推进打下了坚实的基础。在这过程中，美军能源变革已经从一种单纯为了贯彻落实联邦政府能源和环境目标、应对短期性油价上涨而采取的被动行为，演变为一种积极进取、主动作为，追求能源安全、国家安全、经济安全、环境安全等多重目标互动的可持续能源战略行动，其终极目标是摆脱对石油等化石能源的依赖，增强能源选择的灵活性，实现能源等重要资源的可持续发展，确保美军 21 世纪军事能源的“长治久安”。

三、能源消耗持续下降

提高能源效率、减少能源消耗是美军能源战略追求的第一大战略目标，也是美军各个层次实现其能源愿景的主要途径和手段。从美国国防部到各军兵种再到战区，从设施能源战略到作战能源战略，都把减少能源消耗、提升能源效率作为能源创新行动的投资重点。自能源战略实施以来，美军在减少能耗方面取得了令人瞩目的成效，能源消耗显著减少，能源需求不断降低。

在作战能源方面，根据美国国防部公布的《2015 财年作战能源年度报告》，自《作战能源战略》实施以来，美军作战能源总开支持续下降（参见表 7—1）。2011 财年为 168 亿美元，2015 财年下降到 129 亿美元，减少了 39 亿美元。2011 财年，国防部作战能源总需求为 1.135 亿桶，2015 财年下降到 8860 万桶，比 2011 财年减少了 2490 万桶。其中，美国陆军作战能源需求下降最为明显，2011 财年为 2020 万桶，2015 财年仅为 730 万桶，两个财年相比减少了 1290 万桶，降幅达 66%；美国海军 2011 财年作战能源需求为 3110 万桶，2015 财年降到 2850 万桶，减少 260 万桶，降幅近 9%；美国空军仍然是国防部作战能源消耗最大的军种，2011 财年为 6130

万桶，2015 财年下降到 5200 万桶，减少了 870 万桶，降幅为 15%；美国海军陆战队 2011 财年为 30 万桶，2015 财年下降到 20 万桶，降幅为 34%，仅次于美国陆军。

表 7—1　美国国防部历年作战能源需求与支出

		2010	2011	2012	2013	2014	2015	2016	2017
作战能源需求（百万桶）	陆军	19.0	20.2	16.1	12.7	10.1	7.3	11.7	10.9
	海军	29.7	31.1	31.5	28.4	28.2	28.5	33.8	29.8
	空军	63.0	61.3	55.7	47.8	48.6	52.0	33.8	48.9
	海军陆战队	0.4	0.3	0.2	0.2	0.2	0.2	0.8	0.8
	其他机构	0.5	0.5	0.4	0.7	0.3	0.5	2.7	2.8
	总需求	112.6	113.5	103.9	89.8	87.4	88.6	87.9	93.3
	支出（十亿美元）	13.3	16.8	16.3	14.8	14.0	12.9	10.0	9.8

资料来源：Department of Defense, *FY 2015 Operational Energy Annual Report*, Aug. 2016, p. 17.

作战能源开支和需求下降的原因当然与近年来美军作战频度降低有关，但是，美军能源战略所产生的效果也是不可低估的。以美国陆军为例，2011 年，一名士兵执行 72 小时的任务需要携带 16 磅电池，而到 2013 年，单兵携带能源重量减少到 9.8 磅，在大大提升便携性和灵活性的同时降低了能源消耗。美国空军通过选择更为直接高效的飞行线路，显著提高了能源效率，减少了燃油消耗。美国海军对 F/A－18 "大黄蜂" 战斗机的发动机进行升级，每年可使每架飞机节约航空燃油 12.7 万桶，约合 1500 万美元。

在设施能源方面，美国国防部能源消耗持续下降。《2007 年能源独立与安全法》规定，以 2003 年为基准，联邦政府建筑能源强度每年降低 3%，2015 年达到 30%。根据美国国防部 2016 年公布的《2015 财年国防部能源管理年度报告》，2015 财年，国防部设施能源强度与 2003 财年基准线相比下降了 19.9%。其中，空军的设施能源强度下降最为明显，达到 24.3%；其次是海军 21.5%，海军陆战队 20.2%，陆军 18.0%（参见表 7—2）。

2015 财年，美国国防部受联邦能源目标约束的建筑能源消耗总量约为

1848 万亿英热单位，不受约束的建筑能源消耗总量约 172 万亿英热单位。图 7—1 显示的是美军各军种受联邦能源目标约束的建筑设施能源消耗历史趋势。从图中可以看出，自 2007 财年以来，美国国防部和各军种能源强度总体呈下降趋势，由 2007 财年的 2051.2 万亿英热单位下降到 1848.36 万亿英热单位，降幅达到 10%。虽然没有达到 2015 财年能源强度降低 30% 的目标，但是，相比于 2003 财年基准线，美国国防部能源强度下降了 19.9%，比 2014 财年进一步降低了 2.3%。

表 7—2 2015 财年美国国防部与各军兵种设施能源和水资源减耗目标进展情况

目标	度量单位	部门	2015 财年绩效	2015 财年目标
以 2003 财年为基准减少设施能源强度（《2007 年能源独立与安全法》）	每平方英尺设施面积能耗（英热单位）	国防部	-19.9%	-30%
		空军	-24.3%	
		陆军	-18.0%	
		海军	-21.5%	
		海军陆战队	-20.2%	
增加可再生电能消费（《2005 年能源政策法》）	可再生电能在设施电力消费总量中的占比	国防部	3.6%	7.5%
		空军	6.2%	
		陆军	1.8%	
		海军	1.9%	
		海军陆战队	9.5%	
增加可再生能源生产或购买（《美国法典》第 10 编第 2911 节第 5 条）	可再生能源在设施电力消费总量中的占比	国防部	12.4%	2025 年达到 25%
		空军	6.9%	
		陆军	12.0%	
		海军	25.9%	
		海军陆战队	5.0%	
以 2007 财年为基准减少饮用水强度（第 13423 号行政令）	每平方英尺设施面积用水量（加仑）	国防部	-22.3%	-16.0%
		空军	-23.4%	
		陆军	-26.5%	
		海军	-12.2%	
		海军陆战队	-31.1%	

续表

目标	度量单位	部门	2015 财年绩效	2015 财年目标
以 2005 财年为基准减少非战术车辆石油消耗量（《2007 年能源独立与安全法案》、第 13423 号行政令）	石油燃料消耗当量的汽油消费量（加仑）	国防部	-33.6%	-20%
		空军	-14.7%	
		陆军	-41.1%	
		海军	-25.1%	
		海军陆战队	-42.9%	

资料来源：Department of Defense，*Annual Energy Management Report FY 2015*，June 2016，p. 8.

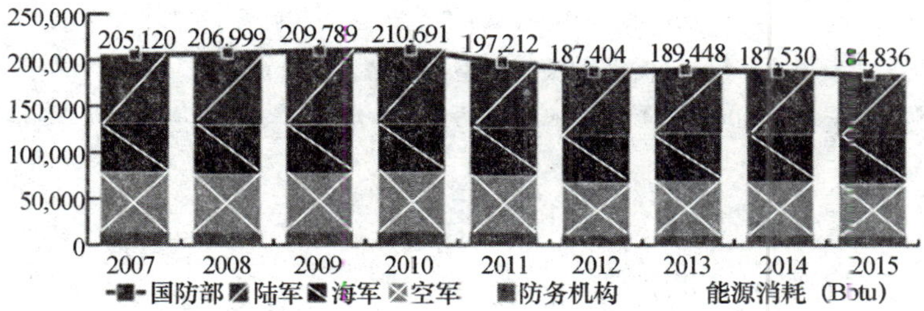

图 7—1　2015 财年美军各军种受能源目标约束的设施能源消耗示意图①

资料来源：Department of Defense，*Annual Energy Management Report FY 2015*，June 2016，p. 19.

美国国防部从 1975 年开始向能源部报告能源强度进展。历史数据显示，美国国防部能源强度已经从 1975 财年的 1821.53 万亿英热单位下降到 2015 财年的 939.63 万亿英热单位（对现地生产可再生能源和信用额度减扣调整后的数据），是 30 年来的最低水平，降幅超过 48%。②图 7—2 显示了美国国防部 1975 ~ 2015 财年能源强度下降的历史趋势。美国国防部指出，能源强度的持续下降归功于美军采取的实质性能效和节能措施。这些举措对改变美军官兵行为、增加能源项目投资（如隔热、照明升级等）产生了巨大的影响。虽然美国国防部仍然是美国联邦政府中能源消耗最大的部门，但国防部在联邦政府能源使用总量中的比例已经从 1975 财年的 87% 下降到 2013 财年的 78%。

① 与图 2—13 同。

② Department of Defense，*Annual Energy Management Report FY 2015*，June 2016，p. 20.

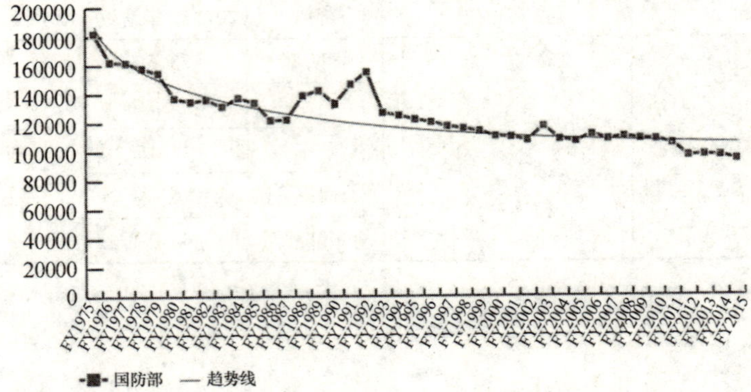

图 7—2 美国国防部 1975 年以来能源强度进展示意图（十亿英热单位）

资料来源：Department of Defense, *Annual Energy Management Report FY* 2015, June 2016, p. 21.

四、新能源比重不断扩大

长期以来，美军过度依赖石油燃料和化石能源，不仅面临严重的战术性、战略性、财政性风险和挑战，而且还对生态环境带来巨大影响。发展清洁能源有助于综合应对上述挑战，减少对石油和其他化石能源的依赖，增加能源供应品种，降低燃料开支，减少温室气体排放，提升美军能源供应的灵活性和能源供应中断时的迅速恢复能力。为此，美国国防部、各军兵种和太平洋司令部均在能源战略中均把增加可再生能源和替代能源作为一项战略目标，并不断增加对新能源技术研发的投资，大力开展替代/可再生能源项目建设。

在作战能源方面，美国国防部积极促进燃料供应的多样化，以防范潜在的石油供应中断和价格波动。例如，2011 财年，美国国防部拨款 8220 万美元，用于替代燃料的研发和部署。其中，美国空军投资 2390 万美元，主要用于确保替代燃料在当前和未来武器系统中的作战运用，同时支持对替代燃料的技术评估。美国海军投资 2510 万美元，涵盖燃料测试、评估等领域。美国陆军投资 220 万美元，用于评估新兴燃料对作战车辆、战术发电机以及其他设备的影响。[1] 2012 财年，美国国防部对替代燃料的投资为 4640 万美元，用于测试和认证各军兵种车队、机群和舰队使用的替代型混合燃料。其中，美国空军投资 2200 万美元，用于评估替代燃料和飞机引擎的兼容性。美国海军投资 1800 万美元，用于测试、评估和认证飞机和军舰使用的替代燃料。美国陆军投资 280 万美元，用于评估战术/作战车辆、战术发电机系统和其他可部署式资产使用新兴替代燃料的效果。国防后勤局投资 360 万美元，用于支持把合成燃料和替代燃料加入机动燃料规格的测试和认证活动。[2] 美国国防部开展的另一项替代燃料投资活动是根据《国防生产法》生产先进的“滴入式”生物燃料计划。2012 财年，在该计划框架内，美国国防部出资 1 亿美元，用于刺激本土规模化生产具有价格竞争力的先进“滴入式”可再生燃料。[3] 到 2015 财年，美国国防部已将发展替代燃料的投资增加到 1. 35745 亿美元，外加 6. 12746 亿美元的 FYDP 资金。[4]

在设施能源方面，2010 财年美国国防部已完成或正在建设中的可再生能源项目有 454 个，其中包括军事设施中使用的太阳能、地热能、生物能、风能等。在设施能源战略公布后的四年里，美军又实施了数百个作战能源创新项目和子项目。到 2015 财年，美军可再生能源项目已达 1390 个，比 2014 财年（1130 个）增加了 260 个。[5] 这些项目以不同的方式改进了美国国防部的作战能源供应，促进了可再生能源和替代能源的应用，增加了能源供应种类，降低了对石油等化石燃料的依赖，提高了美军的能源安全水平。

经过多年的努力，可再生能源项目建设产生了显著的效果。在设施能源方面，根据美国国防部《2015 财年能源管理年度报告》，美军可再生能源项目发电超过 105. 34 万亿英热单位，占美军可再生能源生产或采购总量的 82%。其中，地热能是美军最主要的可再生能源，占国防部可再生能源发电总量的 41%；其次是生物质能，占 19%；再次是城市固体垃圾发电，占 15%；美国国防部 80 个太阳能光伏项目，占可再生能源发电总量的

---

① Department of Defense, *FY2011 Operational Energy Annual Report*, March 11, 2013, p. 10.

② Department of Defense, *FY2012 Operational Energy Annual Report*, September 2013, p. 12.

③ Ibid.

④ Department of Defense, *FY2015 Operational Energy Annual Report*, August 2016, p. 19.

⑤ Department of Defense, *Annual Energy Management Report FY 2015*, June 2016, p. 38.

13%；261 个地源热泵项目，占 8%（参见图 7—3）。

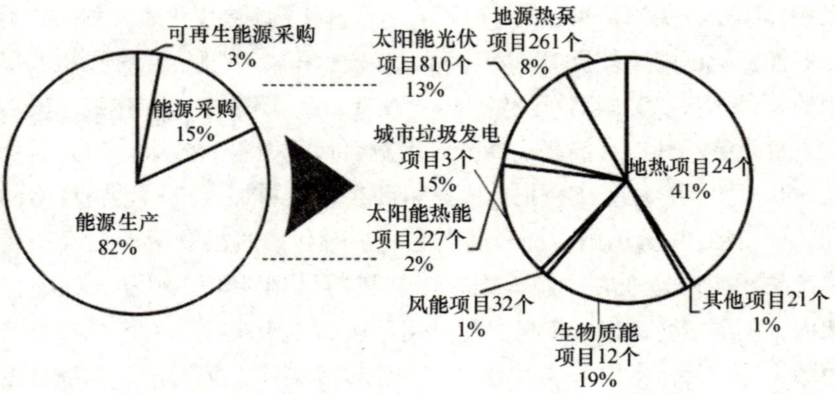

图 7—3　2015 财年美国国防部按技术分类的
可再生能源供应结构示意图

资料来源：Department of Defense, *Annual Energy Management Report FY* 2015, June 2016, p. 39.

美国陆军虽然没有完成《2005 年能源政策法》制定的可再生电力在电力消费总量中占比达到 7.5% 的目标，但是，其原因主要是美国陆军正从购买新能源到生产新能源转变，且 2015 财年新启动的 65 个可再生能源项目刚刚投入运营，还没有完全发挥作用。尽管如此，与 2014 财年相比，美国陆军可再生能源使用量仍增加了 0.75%。美国空军在 2015 财年的可再生电力使用量达到 369102 兆瓦时，比 2014 财年提高了 26%。美国海军从可再生能源中生产或购买的电力占总量的 25.9%，连续三年提前实现《美国法典》第 10 编第 2911 节规定的 2025 年前达到 25% 的目标。美国海军陆战队 2015 财年可再生电力消费量达到 9.8%，超过了《2005 年能源政策法》规定的 7.5% 的目标。①

在作战能源方面，美国国防部对替代燃料测试和应用的大量投资也取得了显著的成就。美国陆军成功地在战术/作战车辆、战术发电机等装备中使用 50/50 的 JP8 混合燃料，并于 2014 财年底将混合燃料用于旋翼直升

① Department of Defense, *Annual Energy Management Report FY* 2015, June 2016, pp. 34 – 42.

机中队。① 美国海军的"大绿舰队"已然成型。2016 年3 月11 日，美国海军首艘使用混合燃料的主力战舰"斯托克达尔"号完成了南太平洋独立巡航，战舰油耗比改装前减少 40%，大大降低了对基地和补给舰的依赖。2011 年，海军陆战队在阿富汗的前进作战基地有两个已经完全依托可再生能源运行，还有一个基地已经将能耗由每天20 加仑降至2.5 加仑。② 国防部资助的"滴入式"生物燃料生产项目也稳步发展。

由此可见，美军在替代能源和可再生能源利用方面已经取得了显著的成绩。新能源的广泛应用有效减少了对传统能源的依赖，提升了美军能源供应的灵活性和能源供应中断时的恢复能力。

五、能源恢复能力稳步提升

美国国防部军事基地高度依赖商业电网供电。商业电网容易受到自然灾害、网络攻击等事件的影响，极易发生断电事故。美国国防部充分认识到断电对基地和设施执行关键性使命任务所带来的脆弱性和风险，因而高度重视能源恢复能力建设，把它作为其设施能源战略的一项优先目标。为了提升美军基地和设施电力供应的可靠性、可供性、持续性和可恢复性，美国国防部采取了一个三管齐下的战略：一是设施能源战略的两项内容——减少军事设施的能源需求、扩大分布式供电能力——作为增强能源恢复能力最基本的措施；二是积极应对近期性能源安全问题，主要措施包括两项：实施一系列提升能源恢复力的行动计划，为可能发生的能源供应中断事故作好准备并发展迅速恢复供电的能力；与联邦政府各部门、州和地方政府、工业企业等伙伴广泛开展合作，缓解美军基地面临的商业电网供电中断风险；三是通过发展先进技术增强基地能源恢复能力，应对更长远的能源安全问题。

关于第一项战略举措，美国国防部始终认为，只有大幅度减少能源需求、促进能源供应的多样化，才能从根本上提高能源恢复能力。因此，多

① Department of Defense, *Operational Energy Annual Report FY* 2013, October 15, 2014, p. 7.

② Defense Industry Daily, *Frontline Commanders Requesting Renewable Power Options*, January 2012, http://www.defenseindustrydaily.com/commanders-in-iraq-urgently-request-renewable-power-options-02548/.

年来，美军实施大批创新计划，进行了大量投资，取得了巨大的成就。

为了缓解近期性断电问题、提升美军基地的能源恢复能力，美国国防部采取的举措主要包括升级基础设施、加强本地公用系统的维修、发展应急或冗余电力供应能力（包括备用发电机）。多年来，美国国防部对各基地执行能源恢复能力建设关键政策的情况加强了检查指导，并更新了设施能源政策，帮助国防部各组成部门强化设施能源意识，促进能源恢复力建设，更好地将能源需求与关键性使命任务相匹配，鼓励各基地超越备用发电机的典型做法，追求一体化、整体性能源解决方案。在打造能源恢复力的过程中，美国国防部积极与联邦政府其他部门和机构以及私营部门建立战略伙伴关系。与公用服务供应商以及州和地方应急管理机构的协作是美国国防部增强商业电网基础设施迅速恢复能力的一个焦点。基于对关键性、脆弱性、威胁性和危害性的评估，美国国防部为其“国防关键性基础设施”制订和实施了不同优先等级的风险缓解和补救计划。①

在应对长期性问题方面，美国国防部注重依靠研发先进技术，主要包括智能微电网技术、“能源可靠性和安全性智能电力设施示范工程”（SPIDERS）、改进工业控制系统等。美国国防部认为，新兴技术可以帮助其以最具成本效益的方式减少设施能源需求、提升能源确定性、提供分布式发电和储电能力。美国国防部通过“环境安全技术认证计划”开展了大批微电网和先进的设施能源管理技术示范项目，包括对新技术进行严格的作战性能测试，评估其在解决国防部独有问题的同时所需付出的全寿期成本。

美国国防部重点研发的一项先进技术是智能微电网及储能技术。相比于传统的备用发电机，智能微电网是确保设施能源恢复能力的一种更加先进、更具成本效益的途径。尽管微电网系统已经广泛使用，但是，目前的微电网系统不够先进，存在可再生能源及其他分布式能源发电入网困难、缺乏储电能力、负荷需求无法控制等弊端。先进的微电网可以自动平衡负荷和用电需求，为美国国防部提供参与辅助性服务市场的途径，减少基地和设施日常能源开支，使整体性能源管理更具成本效益。先进微电网还能方便可再生能源及其他基地现场发电入网。更重要的是，它可以增强能源灵活性：基地现场发电储电，加上微电网管理当地能源供需的能力，使基地和设施实现“孤岛化”运转模式，一旦出现电网中断，即可卸掉非必要

---

① Department of Defense, *Annual Energy Management Report FY* 2015, June 2016, p. 49.

的负荷，确保对执行使命任务关键性的电力供应。为此，美国国防部先后在德克萨斯州布里斯堡陆军基地、加利福尼亚州二十九棕榈镇海军陆战队空地作战中心和洛杉矶空军基地开展了三个智能微电网示范项目，取得了圆满成功，目前正在美军基地中有计划地推广。

美军重点打造的第二大技术是 SPIDERS。这是由美国太平洋司令部和北方司令部与美国能源部和国土安全部联合开展的一个“联合能力技术示范”项目，旨在示范一种网络安全的智能微电网结构。SPIDERS 采取了一个三阶段的发展方法，先后在夏威夷州珍珠港—希卡姆（Hickam）联合基地、科罗拉多州美国陆军卡森堡（Fort Carson）和夏威夷斯密斯军营（Camp Smith）进行示范，系统复杂性逐步提高，最终建成了国防部第一个基地范围的微电网系统，集成智能电网技术，具备分布式和可再生发电能力、能源储存能力和网络防御能力，并能长时间以“孤岛化”模式自主运行。示范结果可以帮助美国国防部改进基础设施投资决策，降低基地长时间断电对履行使命任务所构成的风险，提升军事设施确保任务安全的能力，协助周边居民区开展灾后重建工作。

先进的工业控制系统（ICS）是美国国防部重点研发的第三种技术。商业电网依赖工业控制系统。随着控制系统的网络化、互联化和相互依赖性日益提高，其被网络入侵或攻击的风险与日俱增。为了应对此类风险，美国国防部与国土安全部、能源部、国家标准与技术研究院（NIST）合作制定了一个《工业控制系统安全指南》，其中包括一个适用于各类控制系统的专业化安全规范。同时，美国国防部采用了《NIST 风险管理框架》，为 IT 系统和 ICS 提供同等的保护和持续的监控安全需求。多年来，美国国防部与 ICS 界积极开展合作，开发新的采购语言、装置、现有设备补丁以及信息技术安全措施升级。美国国防部还与美国网络司令部和军种网络司令部加强协作，在基地和设施部署安全的 ICS 解决方案，并与其他 ICS 利益相关者分享这些解决方案。

美国国防部的上述举措，加上各军兵种为提升能源恢复能力所作出的努力，已经取得令人瞩目的成效。图 7—4 显示了 2012 ~ 2015 财年美军各地区基地上报的 127 起公用系统供应中断（大部分为断电事故）的平均时长（按天计算）。从图中可以看出，美国国防部国内基地和设施断电事故的平均时长呈明显下降的趋势。2012 财年，供应中断平均时长为 2. 2 天，到 2015 财年已经下降到 1. 4 天。美国国内各地区军事基地和设施的断电时长都明显下降，中西部地区由2012财年的4.6天降至2015财年的0.2天。[①] 这些数据表明，美国国防部采取的一系列行动有效地缓解了美军基地能源供应的脆弱性，能源恢复能力稳步提升。随着智能微电网等先进技术的日趋成熟和广泛应用，美军的能源恢复能力必将得到进一步的增强。

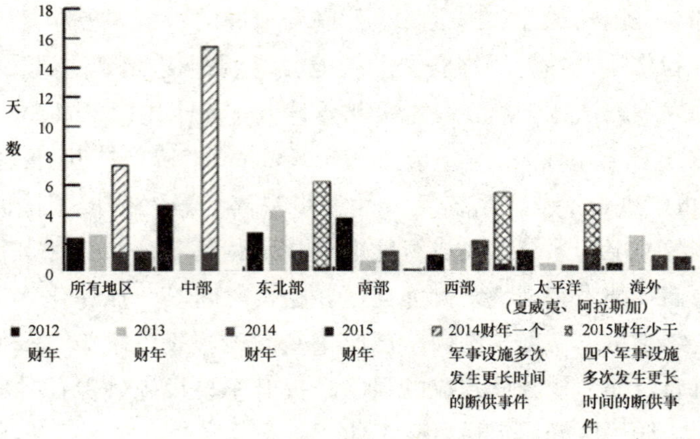

图7—4 2012～2015财年美国国防部各区域军事设施水电气供应中断平均时长

资料来源：Department of Defense，*Annual Energy Management Report FY* 2015，June 2016，p. 47

六、能源文化建设卓有成效

长期以来，美军对能源的重要性缺乏正确的认识，能源浪费十分严重。为了推动能源变革，美军高度重视能源文化建设，努力改变官兵的能源思维。美国国防部2009年出台的第4170.11号指令明确要求各组成部门制订内部能源宣传计划，宣传节能目标、能源工作信息和节能技巧，在各个指挥层次强调节能并把节能同作战准备相挂钩，推广能效奖励和表彰工作，在工作场所继续提高能源意识，鼓励指挥机构或军事设施将每年10月确定为“能源意识月”并开展宣传教育活动。美国国防部《作战能源战略》也要求各级领导将能源分析和规划纳入条令、作战概念、作战计划、训练教育等领域，以提升作战效能、降低能源开支。2012年公布的《作战

① Department of Defense，*Annual Energy Management Report FY* 2015，June 2016，p. 47.

能源战略实施计划》进一步提出通过职业军事教育为美军官兵提供作战能源和设施能源课程。此外，美国国防部层面还采取了一系列宣传活动，培养和强化全体人员的能源意识，主要包括：一是创建带有社交媒体和微博功能的网页，宣传美军能源变革的目的、政策、行动等情况；二是创刊每月简讯，发布能源变革的新闻和成就；三是刊发系列信息图片，宣传能源在战争中的作用、美军在改进能源使用中所取得的成就等内容。

各军兵种均把能源文化建设作为重要目标纳入了能源战略之中，并广泛开展能源宣传和教育培训活动，积极营造能源文化氛围。美国陆军能源愿景三大核心之一的“自主”就是指培育能源文化。陆军提出的变革使命是“让能源成为陆军一切活动的考虑因素，以减少能源需求、提升能源效率、寻求替代能源品种、创造能源问责文化，同时维持或增强行动能力。”为此，美国陆军广泛开展教育培训等能源文化建设活动，打造“能源知情文化”，努力让每一名官兵都成为能源管理师。西点军校还把能源话题融入 16 门核心课程的教案设计之中。

美国空军是美军能源消耗量最大的军种，也是最早将营造节能文化纳入整体能源战略的军种。美国空军提出的愿景是“一切行动考虑能源”，并把文化变革确定为其能源战略的第三大支柱。为落实其能源战略愿景和目标，美国空军采取了大量举措来提高全体人员的能源意识，例如专门设立文化变革工作组、开展“空军能源论坛”等活动、把能源文化建设相关内容纳入到课程体系、建立考评与激励机制等。

美国海军提出的能源愿景是：“建设一支将能源珍视为一种战略资源的海军；一支充分认识到能源安全对海军实施海上和岸基使命任务具有根本性意义的海军；一支对任何潜在能源前景具有灵活反应能力的海军。”为实现这一愿景，美国海军非常重视能源文化建设，其采取的五个战略实施手段之一就是文化变革。美国海军主要从教育训练入手，设置了 5 个层次的培训体系，通过培训为官兵营造良好的节能环境。美国海军还推出了“能源战士”数字应用、向官兵家属分发节能手册等方式强化节能意识。

美国海军陆战队作为远征军，特别突出节能增效，以减轻部队的负担，提升部队的行动速度。因此，《远征能源战略》提出的指导思想就是要回归快速、致命和简朴的斯巴达式传统。其能源愿景是“使海军陆战队成为第一支自给自足的远征军，在全体官兵中灌输一种思想——重要资源的高效利用就等同于作战效能的提高”。为落实这一目标，海军陆战队高度重视文化建设，充分发挥各级领导的作用，从战场和基地同时着手，大力打造远征能源文化。

通过上述深入细致、形式多样和扎实有效的宣传、教育和培训，美国国防部和各军兵种已经在全体人员中深植了能源思维，强化了能源意识和责任担当，帮助官兵从认识能源价值转变到认清自身责任，在日常行动中创新能效技术和做法。能源文化已经蔚然成风，节能理念正在转化为自觉的节能行动，为美军能源变革和战略转型创造了良好的文化氛围和创新的环境。

第二节　美军能源战略的不足和问题

美军能源变革虽然取得了令人瞩目的成就，但是，仔细观察之下，我们也会发现，美军能源战略及其变革行动也存在着一系列不足和问题，阻碍并影响了美军能源战略目标的全面落实，在一定程度上削弱了美军能源变革的成效。在此，我们对这些不足和问题进行一些粗浅的分析。

一、能源目标未能完全实现

受种种因素的制约，美国国防部未能实现其全部的能源变革目标。以设施能源为例，美国联邦法律法规在设施能源方面包括以下三个关键目标：一是减少能源强度。《2007 年能源独立与安全法》规定，以 2003 年为基准线，每年降低能源强度 3%，或者到 2015 年整体达到 30%。二是增加可再生能源使用。《2005 年能源政策法》规定，2013 年及以后，将可再生能源在电力消费总量中的占比提高到 7.5%。《美国法典》规定，到 2025 年，能源消耗总量的 25% 须从可再生能源品种中生产或采购。三是减少非战术车辆石油消耗。根据奥巴马总统 2009 年 10 月签发的第 13514 号行政令，到 2020 年非战术车辆石油消耗须减少 30%。

美国国防部在上述三个目标上均取得了一定的进展，但是未能完成法律规定的降低能源强度和增加可再生能源占比的目标。如图 7—5 所示，2015 财年，美国国防部能源强度较 2014 财年降低了 2.3%，低于完成年度目标所需达到的3%。从整体情况看，从2006～2015年，美国国防部能源强度仅降低19.9%，未能达到30%的累计目标，其中2009财年和2013财年美军能源强度不降反升。各军种的能源强度均未达到规定目标。根据美国国防部《2015财年能源管理年度报告》的解释，没有达到目标的原因主要包括：一是预算自动减赤机制和拨款无法及时到账，导致能效和节能建设项目减少；二是天气和气温变化等不可控变量的影响，导致设施能源消耗增加；三是更多地依赖在固定设施和持久性据点执行使命任务（如训练，无人机行动，情报、监视或侦察行动），导致美军对固定设施和持久性据点能源的依赖增加。①

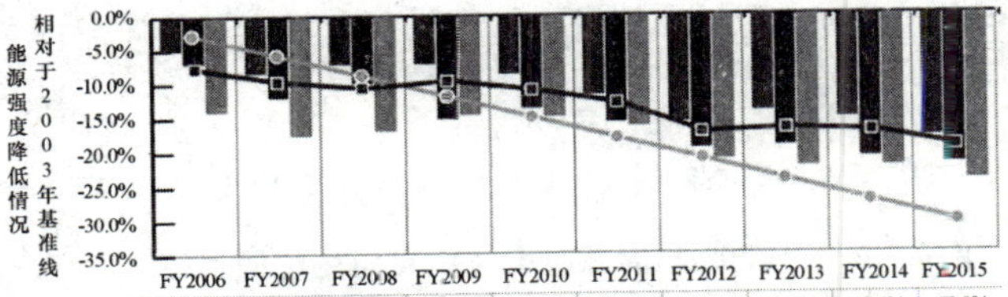

	FY2006	FY2007	FY2008	FY2009	FY2010	FY2011	FY2012	FY2013	FY2014	FY2015
国防部	-8.0%	-10.0%	-11.0%	-10.0%	-11.4%	-13.3%	-17.7%	-17.2%	-17.6%	-19.9%
陆军	-5.0%	-8.4%	-7.2%	-7.2%	-8.7%	-11.8%	-15.7%	-14.2%	-15.2%	-18.0%
海军	-7.0%	-12.0%	-10.0%	-15.2%	-13.7%	-15.8%	-19.6%	-19.3%	-21.0%	-22.0%
空军	-14.0%	-17.5%	-16.9%	-14.6%	-14.9%	-16.3%	-21.2%	-22.3%	-22.3%	-24.0%
EISA 2007目标	-3.0%	-6.0%	-9.0%	-12.0%	-15.0%	-18.0%	-21.0%	-24.0%	-27.0%	-30.0%

图7—5　美国国防部实现《2007年能源独立与安全法》能源强度目标的情况

资料来源：Department of Defense，*FY 2015 Annual Energy Management Report*，June 2016，p. 19.

在可再生能源目标方面，2015财年，美国国防部也没有完成《2005年能源政策法》规定的目标。可再生能源电力消费量在国防部电力消费总量中仅占3.6%，远低于规定的7.5%的指标，落差高达3.9%（参见图7—6）。除海军陆战队外，其他军种均未完成这一目标。此外，从图中可以看出，美国国防部已经连续第6年没有完成可再生能源使用目标。

① Department of Defense，*Annual Energy Management Report Fiscal Year 2015*，p. 19.

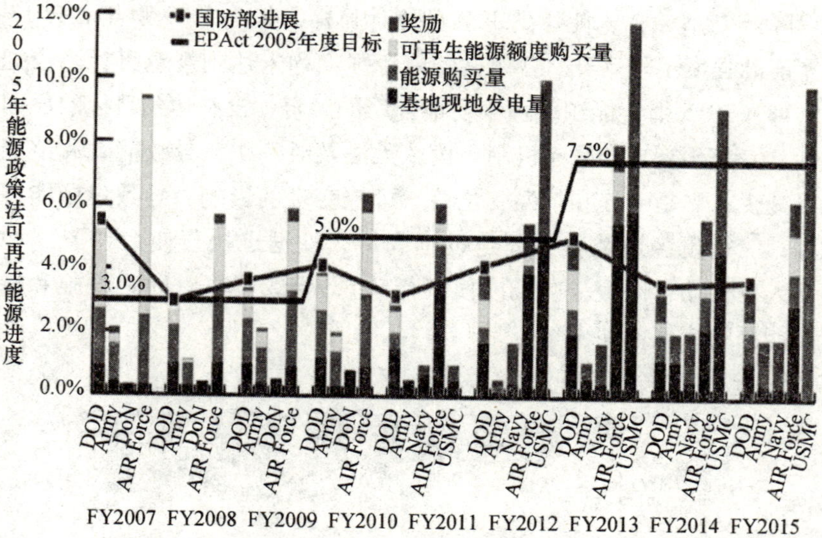

图 7—6 《2005 年能源政策法》可再生能源目标实现情况

资料来源：Department of Defense, *Annual Energy Management Report FY* 2015, June 2016, p. 36.

依据《美国法典》第 10 编第 2911 节的标准，2015 财年美国国防部的可再生能源占比应为 12.4%。假如这一趋势继续下去，那么，能否实现 2025 年目标（即 25% 产自或购自可再生能源）是一个巨大的疑问。而且，美国国防部 2015 财年可再生能源占比还低于 2014 年，出现了负增长（参见图 7—7）。目标未达成的原因主要有两个：一是美国国防部决定减少购买可再生能源信用额度，增加军事设施自身的可再生能源生产；二是部分新能源项目尚未完全发挥功效。

在作战能源方面，2015 财年，美国国防部作战能源需求不降反升，比 2014 财年的需求增加了 130 万桶。除美国陆军以外，其他军种的作战能源需求都有所上升。美国空军的上升幅度最大，达到 340 万桶。从表 7—2 中可以看出，美国空军的能源需求自 2013 财年以来连续三年上升。2011 年美国国防部《作战能源战略》中规定的降低能源需求的目标并未实现。究其原因，主要是近年来美国空军海外军事活动增加，包括在中东地区对“伊斯兰国”（ISIS）进行的空袭，以及在亚太地区日益频繁的巡逻行动等。

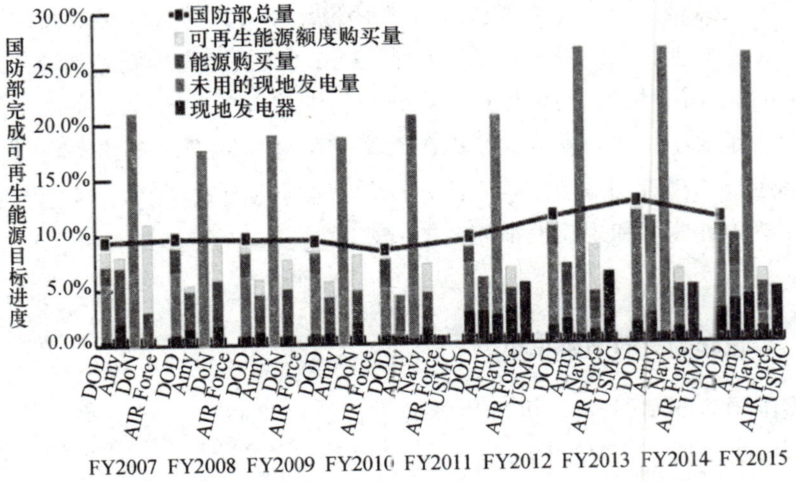

图 7—7　《美国法典》第 10 编第 2911 节
可再生能源目标实现情况

资料来源：Department of Defense, *Annual Energy Management Report FY* 2015, June 2016, p. 36.

根据美国可再生能源实验室（NREL）对“净零”能源基地建设所做的分析报告，尽管有些能效和可再生能源项可以节省国防部开支，但是，其得出的一个主要结论是，实现美国国防部确定的能源目标需要大幅加大能源效率和可再生能源投资和项目实施的力度。NREL 对卡森堡（Fort Carson）“净零”能源基地的评估结果表明，完成能源效率和可再生能源项目、接近达成该基地的“净零”能源目标就需要大约 8.42 亿美元的基本建设投资。这些项目完成以后有望在未来 40 年内带来 9600 万美元净值的投资回报。但是，仅这一个基地就可能需要国防部将过去 8 年“能源节约投资计划”投资的 3.87 亿美元资金增加一倍。[①] 实现“净零”能源目标所需的总投资各个基地差别很大。例如，NREL 对美国海军陆战队米拉马尔（Miramar）航空站实现“净零”能源目标所需开支的估计是 6000 万美元，而美国陆军波哈库洛阿角（Pohakuloa）试验区仅为 300 万美元。然而，美

---

① Michael Callahan et al., *Lessons Learned from Net Zero Energy Assessments and Renewable Energy Projects at Military Installations*, Summary, September 2011, p. vi.

国国防部尚未实质性地将投资提升到实现能源目标所需要的水平，私营部门也没有对美国国防部能源项目投入足够的资金，因而难以实现其雄心勃勃的目标。此外，美国空军内利斯基地14兆瓦光伏阵列从概念到竣工用了近4年时间，而且，内利斯光伏阵列比起把卡尔森堡改造成“净零”能源设施的困难要小得多。完成大型能源效率和可再生能源基本建设项目所需花费的超长工期充分说明，美国国防部实现其能源效率和可再生能源目标，在资源、速度和规模上都需要加大力度。①

二、新能源发展困难重重

美国国防部发展替代/可再生能源方面已经取得了长足的进步，但也面临着诸多挑战，主要表现在以下几个方面：

一是财政紧缩对新能源发展形成制约。由于美国联邦政府债台高筑和国防预算不断削减，维持对新能源开发项目的资金投入成为美国国防部面临的一大挑战。自2012财年开始，美国国防部受到了2011年《预算控制法》设定的开支上限的严重影响。该法案要求美国国防部在10年内削减4870亿美元开支，设置了每年大约500亿美元的自动减支机制，并规定到2013年1月1日再进行全面削减，除非美国国会通过其他替代方案。国防预算不断削减必然影响美军对新能源的投资力度。

二是能源供求形势变化可能削弱新能源的发展动力。美军发展新能源的根本原因是新世纪以来油价暴涨，导致其能源开支大幅增加，由此引起对能源安全的恐慌。然而，近年来，由于世界经济复苏乏力，国际能源需求持续低迷，原油供应出现过剩，油价大幅下降。在美国国内，由于奥巴马政府力推能源独立革命，采取了开放近海石油开发、加大生物燃料生产等举措，美国国内能源产量大幅增加。特别是借助页岩油气革命的成功，美国本土石油天然气产量急剧增长，新能源的替代又抑制了液体能源消费总量的增长，因此，美国能源价格大幅下降，石油进口持续减少。2014年，美国石油对外依存度已经降至26%（参见图7—8）。预计到2020年，

---

① Michael Callahan et al., *Lessons Learned from Net Zero Energy Assessments and Renewable Energy Projects at Military Installations*, Summary, September 2011, p. vii.

美国能源自给率将突破85%。[①] 在这样一种趋势之下，新能源的发展动力和受支持程度必然受到相应的影响。

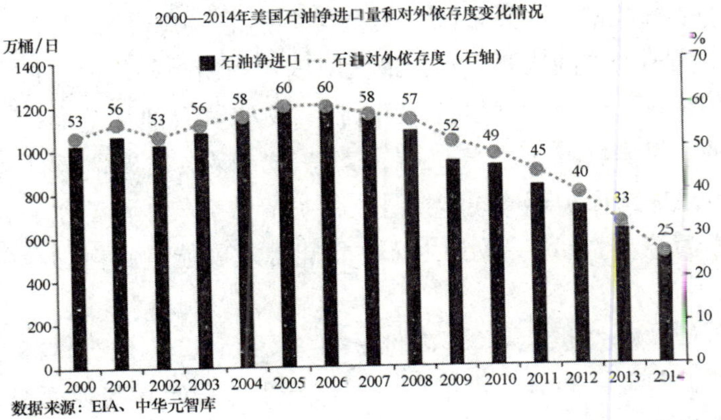

图7—8　2000～2014年美国石油净进口量和对外依存度变化情况

资源来源：张庭宾、吴迪："美国已准备好发动一场'世界石油大战'"，2015—08—17。http：//blog. sina. com. cn/s/blog_ 59b377290102v6ar. html. ［2015—12—16］

三是发展生物燃料占用耕地，冲击粮食生产。生物燃料的主要原料是玉米和藻类。近年来，美国大力发展生物燃料，力求减少对外国石油的依赖。一些农场主放弃种植小麦和大豆，转产玉米，以供乙醇生产，导致粮食价格猛涨。在2010～2011年度的玉米收成中，约有40%用于乙醇燃料生产。据预测，即使100%的玉米收成用于燃料生产，也只能满足社会汽油需求量的12%及柴油的6%。[②] 兰德公司资深研究员巴蒂斯（James T. Bartis）指出，生物燃料导致的全球土地利用变化的程度尚不清楚。每天生产20万桶生物燃料（约合全美石油日消耗量的1%）所需要的土地面积"约等于美国目前耕地面积的10%"。[③] 由此可见，生物燃料的规模化生产存在"与粮争地"的严重隐患，极有可能造成粮食危机。

---

① "新能源页岩油气革命冲击国际能源市场"，和讯网，2017—02—10。http：//gas. in-en. com/html/gas-2568601. shtml. ［2017—3—20］

② 汤兆平、孙剑萍："生物燃料可持续发展面临的挑战及对策研究"，《农机化研究》第3期，2014年3月。http：//gas. in-en. com/html/gas-2568601. shtml. ［2017—3—20］

③ 薛亮："兰德公司：替代燃料无益于美国军事"，人民网，2011—01—30，http：//roll. sohu. com/20110130/n302761997. shtml. ［2017—03—20］

四是新能源发展面临政策不确定性。政府领导人的更迭往往给政策的连续性带来某种程度的影响。特朗普（Donald Trump）总统则是全盘否定奥巴马的政策。2017 年 1 月就任美国总统的第一天，特朗普就终结了奥巴马政府清洁能源政策，并公布了“美国优先的能源政策”。其核心要点包括：降低美国消费者的能源成本，最大限度地利用美国能源资源，摆脱对外国石油的依赖；取消“气候行动计划”；支持页岩油气革命，大力开发本土页岩油、页岩气和天然气资源；支持清洁煤炭发展，振兴美国煤炭业；能源发展应与保护环境同步推进，保护清洁空气、清洁水、自然栖息地和自然资源等。[①] 在这一政策之下，新能源发展能得到何种程度的支持可想而知。

五是生物燃料成本高，美军高价采购备受批评。与化石燃料相比，生物燃料生产成本高，商业化水平低，可供性不太确定。与地面交通相比，航空生物燃料市场规模小，且生物燃料最初产出的是柴油，需要第二次分裂才能产出氢处理可再生航空燃料（HRJ），因此，HRJ 燃油生产成本高于生物柴油。生物燃料生产还存在一个原料供给的问题，需要有持续可靠的供给来源才能满足需求。[②] 美国兰德公司一份报告提出，飞机、船舶和其他武器系统中增加使用替代燃料，对于美军来说意义不大。该报告称，多数替代燃料技术未经证实，过于昂贵，远未达到商业规模，难以在未来 10 年里满足军事需要。如果技术无法取得突破，美军舰机使用替代燃料的成本将远远超过石油等传统化石燃料。[③] 该报告指出，美军担心没有足够的燃料供应缺乏依据，因为军用燃料的日消耗量只有大约 34 万桶石油，不到全球石油需求的 0.5%，而美国国内每天的石油供应能力高达 800 多万桶。他认为，美军应对燃料问题最有效的办法是购买更多的高能效装备，采取其他节能增效措施。美国海军部长马布斯（Ray Mabus）多年来一直力推军用舰机使用生物燃料，他认为：“美军推广生物燃料的方向是正确的，如果海军、空军和陆军都采用生物燃料的话，就形成了强大的市场需求，

① White House, *An American First Energy Plan*. http://www.whitehouse.gov/america-first-energy.［2017—02—05］

② 王战超：“生物能源成新话题 航空正在走进生物燃料时代”，《中国航空报》，2011—07—08。http://www.hangkonglaw.com/a/ceshilanmufabu/2011/0708/20397.html.［2017—03—20］

③ RAND, *Alternative Fuels for Military Applications*, 2011, p. 83.

相应地，价格就会降下来，相关的基础设施自然就兴建起来。”① 对此，美国国会共和党议员普遍持怀疑态度。众议员兰迪·福布斯（Randy Forbes）表示：“我们坚决反对国防部在没有任何分析证明如何成功实行之前，仅凭部长一己之愿，就试图用纳税人的钱去创建一个替代燃料市场的做法。”② 美国常规航空燃料价格是2.88美元/加仑。美国生物燃料比常规航空燃料价格高出10倍左右。美国国防部采购的两种替代燃料——费—托合成燃料和加氢处理的酯和脂肪酸（HEFA）可再生燃料的价格在3至150美元/加仑之间。2012年环太平洋军演期间，美国海军以每加仑26美元的价格为“大绿舰队”购买生物燃料。同年，美国空军曾以每加仑59美元的高价从一家科罗拉多州的生物燃料公司购买了1.1万加仑乙醇基航空燃料。2014年5月，政府问责办公室（GAO）公布一份报告披露，美国国防部以每加仑150美元的惊人高价，采购了1500加仑HEFA海藻基替代型航空燃料，比标准碳基燃料市价高出64倍，遭到外界猛烈的攻击。③ 2012年，美国传统基金会资深能源政策分析家戴维·克鲁策（David Kreutzer）甚至撰文指出：“美军需要重新思考其生物燃料发展计划。”④

三、石油和商业电网依赖依然严重

尽管近年来美国政府出台的法律法规对促进美军购买可再生能源产生了一些影响，但是，其能源消耗总量和电力供应渠道总体变化不大，美国国防部一如既往地依赖石油和商业电网。由于全球能源市场高度一体化，因此，只要国际能源市场发生动荡，美国的能源安全就会受到严重的影响。尽管美国本土能源产量已经显著增加，但每天仍需要进口大量石油，因此，国际油价和石油供应的波动必然对美国带来严重影响，特别是对美国国防部，因为其大部分能源都从海外采购。美军在哪里开展行动，美国

---

① “美军开始搞替代石油能源了”，2011—8—11，http：//lt. cjdby. net/thread-1204377-1-1. html.［2017—03—20］

② “可再生能源无法使美军摆脱燃料困境”，人民网，2012—06—28，http：//news. 163. com/12/0628/17/853PVH2C00014JB6. html.［2017—02—05］

③ Lachlan Markay，*Report：Pentagon Paid $150 Per Gallon for Green Jet Fuel—GAO report notes exorbitant prices act as de facto subsidy for biofuel firms.* May 7，2014. http：//freebeacon. com/national-security/report-pentagon-paid-150-per-gallon-for-green-jet-fuel/.［2017—03—20］

④ Ibid.

国防部就从哪里购买能源。2013 财年，美国国防部作战能源消耗 8980 万桶，开支约 148 亿美元，其中 60% 以上购自海外。① 2014 财年，美国国防部作战能源消耗量略有下降，但还是达到 8740 万桶，开支约 140 亿美元。② 由此可见，美国国防部对石油特别是进口石油的需求依然非常惊人。

在基地电力供应安全方面，由于商业电网设施陈旧，且容易受到自然灾害或网络攻击的威胁，极易发生电力供应中断，不可避免地影响美军的军事能力，甚至可能带来灾难性的后果，因此，美国国防部近年来高度重视发展可再生能源，建设微电网和“净零”能源基地，以改善基地和设施能源供应的灵活性。但是，迄今为止，商业电网依然是美国国防部获得绝大部分电力供应的主要来源，因而美军依然面临严重的断电威胁。根据美国国防部的统计，仅 2015 财年，美军本土和海外设施就发生了 127 起超过 8 小时的电、气、水断供事故，比 2014 财年的 114 起事故增加了 13 起。这些事故主要是电力供应中断，平均中断时间为 1.4 天，每天造成的财政损失超过 17.9 万美元（参见表 7—3）。③ 美国海军 2015 财年上报的供应中断事故达 47 起，均为断电和断水事故。其中，85% 的事故发生在其海外设施，与 2014 财年大部分断电发生在本土基地正好相反。断供的主要原因是设备故障和自然灾害，没有发生蓄意破坏的事件。④

表 7—3　2012～2015 财年美国国防部公用水电气系统供应中断每天财政损失

2013 财年	2014 财年	2015 财年
22.5 万美元	24.6 万美元	17.9 万美元

资料来源：Department of Defense，*Annual Energy Management Report FY* 2015，June 2016，p. 46.

对外国石油和商业电网的继续依赖说明，美军依然面临严重的能源安全风险和挑战，在很大程度上影响其作战能力，增加其脆弱性。

① Department of Defense，*FY* 2013 *Operational Energy Annual Report*，October 15，2014，p. 1.
② Department of Defense，*FY* 2015 *Operational Energy Annual Report*，August，2014，p. 17.
③ Department of Defense，*Annual Energy Management Report FY* 2015，June 2016，p. 45.
④ Ibid，p. 55.

四、各方意见难以调和

美军能源变革是一项巨大的系统工程，涉及各个军兵种，影响多方利益。由于各方对能源战略的看法不一、观点各异，因此，美军能源变革面临阻力也就不足为怪。民主党和共和党对新能源的选择存在严重的分歧，使美军能源战略的实施很难完全按照一党思维进行操作。虽然两党在作战能源多元化和自主化方面已经达成一定程度的共识，但是，民主党更倾向于推动太阳能、风能和生物燃料的发展应用，希望借此遏制气候变化，改善环境；而共和党则主张利用传统化石能源获取替代能源，例如利用清洁技术将煤炭液化、提高本土和周边地区油砂与页岩油气的液化使用比例等。两党在新能源问题上的分歧使美军想要迅速确立统一的可再生能源行动方案变得相当困难。

此外，早在2011年国防部《作战能源战略》出台之前，美军各军种都已根据自身的特点和需要制订了能源战略。这些战略之间差异明显，存在相互竞争和重复建设的问题。美国国防部《作战能源战略》及其实施计划只是确定了宏观的能源战略，并未针对各军种提出切实可行的实施方案，未能有效地化解相互之间的分歧和矛盾。并且，美国国防部对各军种的能源需求缺乏全面、深入的了解，所制定的战略目标未必符合各军种的实际。如果美国国防部不能继续加强协调，制定统一的能源标准，各军种在能源变革中仍会继续各自为战，难以形成合力，变革也就难以达到理想的效果。

五、“能源先锋”不易兑现

在美军能源战略中，美国国防部力图使其成为美国能源变革的领路先锋，通过率先实施能源转型推动全国的能源变革。但是，这一美好的愿望目前看来恐怕难以成为现实。美国国防部虽是联邦政府中能源消费量最大的机构，但它在能源市场的影响微不足道，在全国燃料需求总量中仅占1%，其余99%的燃料由美国民间消耗。美国空军和海军拥有数以千计的飞机，但是，与美国民用航空公司相比，军用飞机的燃料消耗只能算是九牛一毛。2011年7月15日，美国智库CSIS的“能源与国家安全课题组”

和国防一工业创新计划小组召开专家小组讨论会，研讨评估《作战能源战略》的可行性问题、实施计划问题以及战略实施所面临的政治环境问题。会上，海军前作战部副部长、退役海军上将约翰·耐斯曼（John Nathman）指出，美国国防部面临的最大障碍之一就是它无法影响市场的走向。[①] 美国缺乏一项全国性的政策来刺激人们减少购买石油，投资新能源。除非美国出台相关法律和政策，把减少石油依赖确定为一个国家战略目标，否则国防部难以单靠自身的力量推动美国能源市场向可再生能源过渡，美国军方追求的能源目标就难以实现。因此，形成一项全面的能源政策，创造必要的市场刺激条件，将是决定美国国防部能否实现其《作战能源战略》中所提目标的关键性因素。

然而，问题在于美国国会不可能把能源节约问题当作头等大事来考虑。美国国防部寻找可再生能源的努力对传统能源市场的影响也很小，这就使美国能源政策的决策者很难认识到实施能源战略、变革作战能源使用方式的重要性，因而迟迟未能出台相应的刺激政策。没有政策的支持，没有市场的引导，美军能源变革的影响力就十分有限，既无力改变全国的能源发展方向，又无法彻底解决美军自身的能源安全问题。

第三节 美军能源战略的影响

虽然存在这样那样的问题和不足，但是，美军能源变革从总体上讲是成功的，所取得的成就是不可否认和低估的，其影响也是广泛而深刻的。美军能源战略所产生的影响主要体现在以下四个方面。

一、战术性能源安全显著提升

美军能源战略的积极影响首先体现在战术层面上，即美军战场能源保障能力和设施能源恢复能力的显著提升。如前所述，美军能源变革的重要原因之一就是因为美军过于依赖石油燃料和电力，由此带来了一系列作战

① Laura Vilhauer, *Event Summary: Operational Energy Strategy*, July 15th, 2011.

性风险和挑战，特别是战场燃料运输频频遭袭，人员和物资损失惨重，严重削弱了部队战斗力。为此，美国国防部在《作战能源战略》中提出的愿景就是要确保作战部队的能源安全，使美军在21世纪开展军事行动时拥有可靠的能源供给。《作战能源战略》为实现这一愿景提供了三种途径：一是减少军事行动的燃料用量；二是扩大军事能源供应，确保军事行动的能源安全；三是把能源安全纳入未来军力建设之中。《作战能源战略实施计划》将这三种途径细化为七项具体措施，并为实现每项措施确定了明确的时间表。随后，美国国防部从推动制度变革、支持当前作战行动和打造未来部队三个方面采取了大量制度性、装备性和非装备性创新行动，将能源因素全面融入作战决策和部队建设的各个环节。经过多年的不懈努力，美军战场能源保障能力有了显著的提升，替代燃料得到有效开发、测试和认证，大批节能型或可再生能源型装备投入实战，美军战场能源使用效率得到极大提升，可再生能源使用大幅增加，在一定程度上实现了能源生产的本地化、战场化、机动化和可再生化，有力地促进了美军能源供给的多元化。作战能源变革的成功大幅减少了美军对石油的需求，减轻美军后勤供应的负担，有效地提升了美军战术性能源安全。随着能源需求减少、能源效率提高、能源品种增多、能源因素融入军事谋划全过程，美军逐渐成为一支更加精干、能源意识更强、能源选择更加灵活的作战力量。石油在美国军事预算和战略选择中的负担有所减轻，能源开支和运输伤亡明显降低。美军领导人已经初步具有针对某项任务选择最合适的能源品种的能力。可见，美军更有能力应对世界任何地点、任何挑战和任何威胁，而且反应时间缩短，作战效能提高。

与此同时，美军基地恢复能力也得到稳步增强，对提升美军战斗力同样具有重大的意义。美军大量基地和设施不仅是其官兵日常训练和工作生活的大本营，也是直接参与军事行动（如情报收集、监视、侦察和无人机作战）的关键性平台。因此，设施能源安全同样关乎美军作战的胜败。多年来，美军设施能源面临的最大挑战是严重依赖商业电网、备用供电能力不足。商业电网不仅基础设施陈旧，而且容易遭受网络攻击和自然灾害破坏，造成断电事故频发，严重危及美军关键性作战任务。因此，美国国防部设施能源战略的一个重要目标就是提升基地和设施在遭遇长时间断电的情况下迅速恢复供电的能力。通过大力开展节能增效、降低能源需求、开发可再生能源、建设智能微电网和“净零”能源基地等一系列创新举措，美军基地的能源恢复能力已经有了明显的提升，有效地减少了对商业电网的依赖，提高了灵活应对断电事故的能力。

在当今和未来战争中，能源就是战斗力。美军能源变革和战略转型的成功，不论是战场能源保障能力的提高，还是设施能源恢复能力的增强，对于有效提升美军全球部署能力和作战效能均具有重大的意义。

二、战略性能源安全相应改善

长期以来，美军过度依赖外国进口石油，损害了美国的能源安全、国家安全、经济安全，制约了美国的外交政策和战略灵活性。美国领导人认为，世界主要能源生产国利用能源资源要挟美国，将能源出口赚取的巨额收入资助恐怖组织和美军的对手，挑战美国利益，危害美国国家安全。2006 年，小布什就曾公开指出，“能源问题不只是一个经济安全的问题，它也是一个国家安全问题”。伴随着美国页岩气、页岩油生产技术的突破和本土油气资源的大规模开发，美国油气产量大幅增加，对石油出口国的依赖显著降低，基本实现了能源独立，增强了能源安全。在这一过程中，美军能源变革和战略转型也为增进美国能源独立与安全做出了积极的贡献。通过大力营造能源文化，积极开展节能增效、替代燃料和可再生能源创新行动，美军石油消耗量持续下降，在提升自身能源保障能力和战斗效能的同时，降低了美国对外国石油的依赖，增强了外交政策和战略灵活性，减少了国际油价飙升给美国带来的财政损失和经济威胁，在某种意义上阻断了流入国际恐怖组织的资金。石油消耗的减少也意味着美军温室气体排放量的降低，为保护环境、应对气候变化、改善生态安全贡献了一份力量。此外，美军能源变革和战略转型对美国发展清洁能源起到积极的推动作用。作为美国能源变革的先锋，美军既是新能源技术的创新者和示范者，也是新能源技术的试验田和应用者。其大胆的尝试和成功的实践为美国推广和应用清洁能源技术、走可持续发展之路发挥了不可小视的作用。

三、抢占了世界新一轮军事能源变革的先机

军事能源变革是 20 世纪以来世界各军事大国高度关注和精心谋划的战略性问题。能源，特别是石油，是现代战争的“血液”，也是未来战争的

“锁链”。能源供应一旦中断，军事行动就无法实施或继续，先进的武器装备就会变成一堆废铜烂铁，战争胜败不言而喻。在20世纪人类战争史上，因能源供应中断而战败的案例不胜枚举，教训十分惨痛。更为重要的是，以石油为主体的传统能源具有不可再生性，人类迟早要告别化石燃料。因此，寻找军事能源的新出路就成为军事大国尤其是霸权国家追求的战略重点。可以说，谁先找到未来战争的主导能源，谁就能首先摆脱石油这条“锁链”的束缚，赢得未来战争的主导权。

美军危机意识强，不断谋求变革创新。面对种种挑战，美军善于从历史事件中寻找启示，积极谋求军事能源革命。一个经常挂在美军领导人嘴上的经典案例是20世纪初英国皇家海军的燃料革命。1911年，时任英国皇家海军大臣丘吉尔决定用石油取代煤炭，作为皇家海军的主要燃料。这在当时是一场极具争议的军事能源变革。历史证明，丘吉尔的决定极具战略眼光。变革所产生的航速提升和后勤负担的减轻，给英国海军带来了相对于德国海军的决定性优势。在第一次世界大战中，英国海军战胜了以煤为主要动力的德国海军。① 100多年后的今天，美军领导人从丘吉尔的燃料革命中深刻汲取历史启示，积极推动能源变革和战略转型，力求尽早摆脱对石油等化石燃料的依赖，提升其核心军事能力。② 美军能源战略基于历史经验、实战教训、自身用能特点以及对能源发展趋势的科学判断，追求多重目标互动的综合性可持续能源安全，应对能源安全、国家安全、经济安全、生态安全等多重挑战。以美国海军为例，其效法20世纪初西奥多·罗斯福的“大白舰队”，倾力打造“大绿舰队”，在全世界创造了整支航母舰队摆脱石油燃料，完全依靠核能、生物燃料和混合电力驱动的先例。美军能源变革和战略转型的成功一方面引领了世界新能源革命的潮流，为人类社会发展清洁能源、摆脱对石油等传统化石能源的依赖、走可持续发展之路作出了重要的贡献；另一方面，美军抢占了新一轮世界军事能源变革的先机，在制订军事能源战略、建立健全军事能源治理体系和政策制度、开发应用节能增效和新能源技术、将能源考虑融入未来军力建设等方面走

---

① 圣宝剑橡叶骑士：“赢得优势的冒险决断：第一次世界大战前英国海军舰艇燃料的转换”。博客文章，2014年9月20日，http://blog.sina.com.cn/s/blog_873ccfb60102v5f3.html.［2015—09—03］

② Thomas D. Crowley et al., *Transforming the Way DOD Looks at Energy—An Approach to Establishing an Energy Strategy*. LMI report, April 2007, pp. 2-1.

在了世界的前列，取得了巨大的战略战术优势，形成了相对于其他军事大国的时代差甚至隔代差，极大地提升了美军的能源保障能力和战斗效能。美军能源变革和战略转型的成功必将刺激其他军事大国加速启动和推进能源变革步伐，力争在新一轮军事能源革命中抢占有利地形。

四、对我军形成巨大的战略战术优势

美军能源变革和战略转型的成功无疑将对我军产生重大影响。美国是世界上唯一的超级大国。由于中国的和平崛起已经威胁到美国的霸权地位，因此，美国已经明确把中国视为其主要对手。五角大楼甚至把中国称为“完美的敌人”。澳大利亚著名记者约翰·皮尔格（John Pilger）在其拍摄的纪录片《即将到来的对华战争》（The Coming War on China）中披露，美国正在进行细致的军事准备，其规模自二战以来前所未有。这些军事力量出现在北半球，出现在俄罗斯西部边境，出现在亚太地区，矛头直指中国。今天，有400多个美军基地包围着中国，这些基地构成了一个“完美的锁链”。[①] 在美国全面推进“亚太再平衡”战略的大背景之下，美军能源变革和战略转型的成功，无论在战略还是在战术层面上，均对我军形成了巨大的优势，构成了严峻的挑战，直接威胁我国家安全、军事安全和能源安全。这一点可以从美国国防部公布的2016版《作战能源战略》得到充分的证明。[②] 虽然特朗普总统入主白宫以后不再提及奥巴马政府力推的“亚太再平衡”战略，但是，作为一个霸权国家和守成大国，美国对中国的遏制决不会从根本上改变。我国著名军事评论家尹卓指出，特朗普政府可能放弃“亚太再平衡”和“重返亚太”的名称，但实质不会改变。美国就是要想方设法遏制中国，以维持其全球霸权。[③] 对此，我们必须有清醒的认识。毋庸讳言，美军能源战略所取得的巨大成就是对我国形成的巨大战略战术优势。

---

① 闻道：“《即将到来的对华战争》为什么在美国难以上映”。察网，2017—01—06，http：//www.haijiangzx.com/2017/0106/1602203.shtml.［2017—02—10］

② 关于2016版《作战能源战略》的具体内容，请参见本章第五节。

③ 李娴、康哲、毛志文：“特朗普或放弃亚太再平衡战略名称，但实质不会变”。中国军网，2017年03月13日，http：//www.haijiangzx.com/2017/0106/1602203.shtml.［2017—04—10］

第四节 美军能源战略的基本特点

美军能源战略开创了新世纪以来世界新一轮军事能源变革的先河，取得了丰硕的成果，产生了广泛而深远的影响。纵观美军能源变革和战略转型的历程，除了相关各章分析的军兵种性和战区性能源战略特点以外，我们还可以从美军作为一个整体的能源变革中归纳出以下10个突出的特点。

一、注重顶层设计

注重顶层设计、自上而下的强力推动是美军能源战略的第一大特点。美军高层领导人高度重视能源对美军的重要性。早在新世纪之初，美国国防部长拉姆斯菲尔德就积极推进能源变革，他把能源创新计划列为美国国防部军事变革的25项优先任务之一。美国国防部长帕内塔同样坚定支持能源变革，他强调指出："我们必须继续开发创新性的能源解决方案来促进我们的军事使命，明智地使用我们的宝贵资源。目前，国防部在这方面一马当先，因为在战场上节约能源意味着拯救生命、节约开支。"[①] 主管作战能源规划与项目的助理国防部长莎伦·伯克深刻指出："一支懂得更具战略性地使用能源的军队，不论是今天还是未来，都是一支更加强大的军队。美国国防部正在重新打造美军，使它变得更加敏捷、灵活，能够应对各种未来挑战。"[②] 美国国防部2010年公布的《四年防务评估报告》把应对气候变化和能源安全确定为美国国防部的优先任务。国防战略的明确要求和高层领导的坚定支持为美军能源变革注入了强大的动力。

美军领导人深知，能源变革要取得成功就必须加强顶层设计，建立一个强有力的领导和治理体系作制度保证。因此，美国国防部从能源变革初期就注意建立健全其能源领导机构和治理体系。1999年第13123号行政令

① *Department of Defense Announces Winners of $18.0 Million Fund to Improve Battlefield Energy Security*, January 31, 2012, http://www.defense.gov/releases/release.aspx?releaseid=15035. [2014—07—27]

② Ibid.

发布后，美国国防部即指定主管采办、技术与后勤的副部长首席帮办担任国防部高级机构官，负责落实行政令所提出的目标和要求。此后，美国国会和总统每颁布一部能源法律法规，美国国防部就指定相关高官担任高级能源官，负责落实相关法令。随着《2005 年能源政策法》、第 13423 号行政令和《2007 年能源独立与安全法》的相继颁布，美国国防部的设施能源管理架构不断完善。美国陆海空三个军种部和国防部的直属机构也任命了各自的设施能源最高责任人，建立健全了各自的设施能源领导小组。2009 年第 13514 号行政令和 2010 年《四年防务评估报告》出台使美军能源管理出现了范式性转变。美国国防部将能源安全与气候变化相结合，将能源安全提升到战略的高度，纳入可持续发展的轨道。2010 年，美国国防部公布了设施能源战略，全面启动设施能源变革。为了推动作战能源变革，美国国防部于 2009 年专门设立了作战能源规划与项目主任一职，2010 年又将其升格为助理国防部长，成为美国国防部长在作战能源安全方面的首席顾问和国防部高层的主要政策官员。正是在该助理部长的全力推动下，美国国防部于 2011 年出台了首部《作战能源战略》，2012 年又公布了《作战能源战略实施计划》，从而使美军能源战略成为一个完整的体系。2012 年 3 月，美国国防部又成立了国防作战能源委员会，负责落实《作战能源战略》及其实施计划。

与此同时，美军各军种也完善了相应的能源领导管理机构，如陆军的高级能源理事会、海军的能源协调办公室、空军的能源高级焦点小组、海军陆战队的远征能源办公室，以加强与国防部的协调和沟通，更好地监管本军种能源战略和计划的实施。能源领导机构和治理框架的建立和完善，对于美国国防部、各军兵种和战区能源战略、实施计划和相关政策措施的出台，推进美军能源变革和战略转型的顺利进行，均发挥了不可替代的作用。

比较典型的是美国海军。在美军新一轮能源变革中，相对于其他军种，美国海军起步较晚。2009 年 5 月马布斯就任海军部长后，情况发生了根本性的变化。在 2009 年 10 月召开的美国海军能源峰会上，马布斯吹响了海军能源变革和战略转型的号角，雄心勃勃地提出了海军能源变革的五大目标。在其大力推动之下，美国海军部先后出台了《海军部能源战略路径》和《海军部能源安全与独立实施计划》，提出了海军部能源愿景——“海军和海军陆战队将引领国防部和美国提升能源安全和能源独立、发展新能源经济”。[①] 从这一愿景可以看出，美国海军部站在国家安全的战略高度认识和谋划其能源变革和战略转型。美国海军部提出的可再生能源发展目标高于联邦政府的目标和美国国防部的要求，充分说明美国海军希望在这一次新能源革命中担任领导者的角色。可以说，没有马布斯的全力推动，美国海军不可能在能源变革中有如此大的魄力，并取得如此辉煌的业绩。可见，美国海军部的能源变革实质上就是一场自上而下、指向明确的新能源革命。

二、注重科学论证

美军在制订能源战略的过程中特别注重调研论证。美国国防部对于能源变革非常谨慎。从上世纪末、本世纪初开始，面对严峻的能源形势，美国国防部开始酝酿军事能源变革问题。为了掌握美军能源消耗的现状和存在的问题、寻求能源变革的方法和途径，美国国防部和各军兵种开展了大量调查研究。这些研究有的是美国国防部和各军种自已开展的，有的是委托独立研究机构进行的。比较著名的有国防科学委员会 2001 年研究报告[②]和 2008 年研究报告[③]、2006 年 JASON 研究报告[④]、2007 年 LMI 研究报告[⑤]、2007 年国会研究服务处（CRS）研究报告[⑥]、2009 年海军分析中心（CAN）研究报告[⑦]等。以 2008 年国防科学委员会提交的研究报告为例，国防科学委员会于 2006 年 5 月成立能源战略课题组，课题组由 77 名成员和政府顾问组成，分成四个专家小组，全面审视政策、作战平台、军事设施和基础设施以及研究和技术问题。在长达 8 个月的时间里，课题组召开了 37 次会议，听取了 143 次情况汇报，审阅了无数份研究报告，举行了多

---

① *DoD*, *Department of the Navy's Energy Program for Security and Independence* October 2010.

② DSB Report—*More Capable Warfighting Through Reduced Fuel Burden*, May 2001.

③ Office of the Under Secretary of Defense For Acquisition, Technology, and Logistics, *Report of the Defense Science Board Task Force on DoD Energy Strategy*: *More Fight*, *Less Fuel*, February 2008.

④ Paul Dimotakis et al. , *Reducing DOD Fossil-Fuel Dependence*, JASON JSF-06-135, Sep. 12, 2006.

⑤ LMI, *Transforming the Way DOD Looks at Energy—An Approach to Establishing an Energy Strategy*, 2007.

⑥ Kristine Blackwell, *The Department of Defense*: *Reducing Its Reliance on Fossil-Based Aviation Fuel*-Issues for Congress, June, 2007.

⑦ CNA, *Powering America's Defense—Energy and Risks to National Security*, May 2009.

次讨论会，最后提出了研究结果和建议。在广泛调研和深入思考的基础上，课题组最终公布了其研究报告——《战斗增加，燃料减少》。这些研究报告及其所提建议为美国国防部出台《设施能源战略》和《作战能源战略》，全面推动美军能源变革奠定了坚实的基础。

再以美国海军陆战队制订《远征能源战略》为例。为了落实陆战队司令关于制订能源战略的指示，美国海军陆战队远征能源办公室从 2009 年 11 月开始到陆战队各单位进行广泛的调研，评估战区的能源形势，广泛咨询工业界、学术界和外部专家，在此基础上撰写了一份陆战队能源态势分析报告。2010 年春，远征能源办公室起草了《美国海军陆战队远征能源战略》，期间得到了办公室战略规划小组的支持。该小组的成员来自陆战队司令办公室、战略愿景小组、国防大学、新兴威胁与机遇中心（CETO）以及陆战队各位副司令和陆战队总部多位局长。随后，远征能源办公室组建了三个工作组，对《远征能源战略》中提出的使命、基本目标和具体目标进行分析，参加者来自陆战队各单位。2010 年 5 月，90 多名代表济济一堂，参加了两天的工作峰会，就战略和任务提出反馈意见，并进一步制定具体的任务。这些任务成为《实施计划指导意见》的基础。这份任务清单被压缩到 72 项基本任务，每项任务与特定的或者多个战略目标相联系。①

不难看出，无论是美国国防部，还是各军兵种，抑或是战区，在制订能源战略的过程中均开展了大量调研论证，从而有效地确保了其能源战略的科学性、针对性和可操作性。

三、注重多目标互动

美军严重依赖能源，特别是石油和电力，因此面临一系列风险和挑战。这些风险和挑战既有油价暴涨、供应中断带来的能源安全问题，也有战场燃料运输频频遭袭造成人员和物资巨大损失、战斗力受损的军事安全问题；既有因美军严重依赖外国进口石油所带来的国家安全问题，也有因国际能源价格上涨造成能源开支大幅增加的财政问题，还有因美军大量消耗能源所带来的环境破坏和气候变暖问题。美国国会立法和总统行政令提

---

① *USMC*, *US Marine Corps Expeditionary Energy Strategy and Implementation Plan*, 2011, pp. 43 - 44.

出的一系列能源目标以及国防部纲领性文件提出的目标和任务都给美军带来了巨大的压力。为了应对这些风险和挑战，美军注重制订多重目标互动的设施能源战略和作战能源战略，通过节能增效、扩大替代能源和可再生能源使用、减少石油消耗、把能源考量融入未来军力发展等手段，综合应对能源安全、国家安全、经济安全、环境安全等多重挑战，走可持续发展的道路。例如，美国国防部设施能源战略追求三个目标：扩大供应；减少需求；打造未来部队和先进技术。其目的是增强能力、减少开支、降低风险。美国国防部《作战能源战略》的总目标是确保作战部队的能源安全，使美军在21世纪开展军事行动时拥有可靠的能源供给。该战略提出了三个实现途径：减少军事行动的燃料用量；扩大军事能源供应，确保军事行动的能源安全；把能源安全纳入未来军力建设之中。美国空军能源战略最初追求三个目标——“减少需求、增加供应、文化变革”，2013年改为“增强恢复能力、降低需求、确保供应、营造节能文化”。从这些战略目标和手段中可以看出，美国国防部和各军种的能源战略都是兼顾多重目标的，以全面落实联邦政府能源法令，综合应对各种风险和挑战。

四、注重支撑实战

如上所述，美军最大的弱点是过度依赖能源，特别是燃料。新世纪以来，美军在两场反恐战争中吃尽了苦头。其燃料运输车队频频遭到武装分子的袭击，伤亡惨重。数据显示，2003～2007年间，在阿富汗和伊拉克战场上有3000多名士兵因燃料运输遭袭而受伤或阵亡；2010年，仅向各基地运输燃料的部队就遭袭1000多次。由此可见，能源成为美军的致命软肋。为此，美军能源变革的第一大目标就是支撑实战。美国国防部和各军兵种的能源战略均强调支撑实战需求，针对目前战场上出现的能源安全问题对症下药，降低能源需求，提升能源效率，扩大战场可再生能源利用，以减少燃料运输伤亡，降低能源开支，减轻单兵负重，提升战斗力，使能源成为美军的战略优势，而不是负担。为了给作战部队提供支撑，从美国国防部到各军兵种均开展了大量装备性和非装备性能源创新计划，投入了大量资金研发先进的能源技术和最佳做法，以提高作战能源效率，降低石油消耗，增加替代燃料和可再生能源使用。例如，2011财年，美国国防部为阿富汗应急作战行动启动了发电、配电、储电和耗能等方面的一系列装备性改进措施。其中一项计划投入 1.08 亿美元，安装集中式发电厂和配送电网，取代大约 545 台能效低下的战术发电机，每年可节省燃料 40 万桶。美国陆军加速采购“先进中型机动发电系统”，其燃料效率比传统战术发电机平均高出 21%。美国陆军还示范了发电功率达到 1 兆瓦的微电网系统，与现有战术发电机相比，其燃料消耗量降低 17%，持续部署成本降低 60%。目前，驻阿富汗美军已经部署了远征型帐篷系统、LED 帐篷照明设备、太阳能便携式替代通信能源系统（SPACES）、地面可再生远征能源网络（GREENS）战术太阳能电源系统、改进型环境控制单元、班用电源管理器、单兵电源/数据集成系统、共形穿戴式电池、模块化通用充电器等大批先进的能源技术创新成果。各军种还在大力开展节能型武器平台的研制，并着手改进和升级传统武器系统，以提高其战场能源效率，大量使用替代能源。从上述研究可以看出，美军能源创新已经取得了显著的效果，有效地提升了战场能源保障能力，减少了燃料运输车队的频率，提升了美军的战斗力。

五、注重塑造未来

美军能源战略在注重提升当前军事行动能源安全的同时，高度重视把能源考虑融入未来军力建设的方方面面，努力确保美军拥有 21 世纪开展军事行动所需要的能源。2010 年，美国国防部在设施能源战略中提出的目标之一就是打造未来部队和先进技术。2011 年美国国防部《作战能源战略》提出的第三个战略实施途径就是“把能源安全融入未来军力建设”。美军领导人深刻认识到，美军的结构、态势、装备和部署方式都越来越多地依赖能源，特别是石油。当前的作战方式过多地消耗燃料，增加了风险和成本，带来许多严重的后果。有些武器装备有很长的寿期。改装可以提升但无法从根本上改变原系统的能源效能。新造的车辆、军舰、飞机、武器和装备通常都会增加作战能源的需求。因此，美国国防部明确要求把能源因素纳入武器装备的采办和技术研发以及一切决策流程。美国国防部和各军种在制订能源战略实施计划时，也十分注重平衡近期、中期和远期需求，制定符合实际的发展目标。例如，美国国防部《作战能源战略实施计划》围绕《作战能源战略》明确的三条途径提出了七项具体措施，并为实现每项措施确定了具体的时间表。每一项目标措施都必须在 12 个月内开始实施，并在近期、中期或远期产生相应的成效。

美军各军种也极其重视根据本军种的能源战略目标打造未来军力。例如，为了支撑其空军能源战略提出的三大目标——减少需求、扩大供应和改变文化，美国空军专门出台了《空军采办与技术能源计划》，对两类能源创新项目进行了规划：一是将现有技术应用于传统飞机的项目；二是研发新型高性能武器系统或技术以改造传统飞机的项目。传统系统的能源目标围绕近期、中期和远期的飞机和发动机改造以及替代燃料认证过程展开。美国空军把这三个改装目标，连同替代燃料的认证，作为传统武器系统升级改造的四大战略支柱。在改造传统武器系统的同时，美国空军还专门建立了一个由四大支柱构成的先进技术研发战略，旨在源源不断地提供新技术，大幅减少燃料需求、增加燃料供应、提升武器系统的能力。此外，为了进一步落实2010年《空军能源计划》和国防部2011年《作战能源战略》提出的战略目标，美国空军首席科学家办公室还专门发布了一份战略性科技路线图——《能源地平线：美国空军2011～2025年能源科技构想》，按近期、中期和远期规划了未来能源科技研发重点。由此可见，美军善于平衡当前和未来需求，在重点支持当前实战的同时以更长远的视野打造未来军队，努力通过研发和应用先进的能源技术，支撑其全域优势，实现其能源战略目标。

六、注重文化建设

注重文化建设是美军能源变革的又一大突出特点。文化作为一种软实力，事关每一名军人的态度、价值观、行为和信念，这些又必然反映到他们的行动之中。美军领导人清醒地认识到，能源文化的培育是能源变革取得成功的必要条件。只有当美军所有人员都深刻理解能源的重要性，改变自身能源观念和行为，自觉投身能源变革的实践，美军的能源转型才能顺利推进，能源变革才能取得实质性成效。如上所述，美军历来缺乏节能意识，能源浪费十分严重。美国国防科学委员会在2001年研究报告中一针见血地指出："没有任何高层领导认真、持续地关注能源浪费现象，没有人想着去改变现行能源文化，或者创造一种本能地认识到能源效率与作战效能存在明显关联的文化。这是改变能源浪费现象的最大障碍之一。"新世纪以来，随着国际油价不断飙升、战场运输线频频遭袭、商业电网事故不断等一系列能源问题的出现，美军逐渐意识到推行能源变革的必要性和紧迫性。上至国防部长、参联会主席，下至各军种部长、参谋长、部队指挥官，无不支持能源变革，明确要求美军提高能效、减少石油消耗。然而，美军领导人深知，如果不改变传统观念和习惯，能源变革就不可能取得成功。没有全体官兵的积极参与，再先进的技术、再完善的政策也无法落到实处。为此，美军高度重视能源文化建设，从能源战略到实施计划均把改变能源文化放在突出的位置。美国国防部、各军兵种和战区均出台了一系列政策和措施，扎扎实实地开展能源文化教育宣传，培养官兵的节能意识和技巧。如今，珍视能源的文化氛围已经初步形成，有效地保障了美军能源变革和战略转型的顺利推进。

七、注重配套投资

能源战略的实施需要大量的资金作支持。为了确保其能源战略目标的落实，美国国防部积极筹措配套资金，为各部门开展能源创新计划提供必要的财政支持。美国国防部能源项目资金主要来自国会拨款和第三方融资两种途径。国会拨款包括："军事建设"基金；"持续保障、工程修复和现代化"（SRM）基金；"作战与维修"（O&M）基金；"国防工作基建资金"（DWCF）；"能源节约投资计划"（ECIP）基金等。为了支持《作战能源战略》的实施，2011 年，美国国防部专门设立了一个"作战能源能力改进基金"（OECIF），用于资助长期性提升作战能源效率的多年度科研项目，以减少未来远征部队前进应急作战基地的能源需求。从 2012 ~ 2015 财年，OECIF 资助的项目越来越多，产生了良好的节能效果和制度推动作用。为了弥补国防预算资金不足的问题，美国国防部还高度重视利用第三方融资机制，包括"节能绩效合同"（ESPC）、"公用能源服务合同"（UESC）、"增强型土地使用租约"（EUL）、"能源购买协议"（PPA）等。这些灵活多样的机制有效地拓宽了美军能源项目的融资渠道，使美军能源变革得以找到充足的符合成本核算的投资。

八、注重军民融合

美军领导人深知，单纯依赖自身的力量难以实现其能源变革和战略转型的宏伟目标。因此，美军非常重视与其他政府机构和私营部门建立合作关系，充分利用军内外力量、技术和资源开展能源创新活动，解决军事能源变革中的突出问题。如前所述，在制订能源战略的过程中，美国国防部就曾委托JASON、LMI、海军分析中心（CNA）、国防科学委员会（DSB）等著名智库和独立研究机构就国防部能源消耗情况开展调研，提出能源变革之道。事实证明，这些机构提交的研究报告对美国国防部最终出台《作战能源战略》发挥了非常重要的作用。在能源战略实施过程中，美国国防部高度重视与能源部、农业部等政府机构建立协作关系，共同推动能源创新。例如，2010年7月，美国国防部与能源部签署了一份谅解备忘录，就能源效率、可再生能源、替代燃料等相关领域的技术研发开展合作。这一合作机制有效地加速了新能源和节能技术的研发和军事化应用，在一定程度上解决了当前和未来美军基地和战场上的能源使用问题。2013年12月，美国海军与农业部签署一项“农场到舰队”的协议，以促进本土生产的生物燃料直接供应海军。美国陆军与国家可再生能源实验室（NREL）合作开展“净零”能源基地建设，取得了显著的成就。美军还通过第三方机制与私人部门广泛开展项目合作，利用企业的资金和技术建设大规模能源项目。例如，从2011开始，美国陆军的第三方能源投资始终居各军兵种之首，每年都超过1.5亿美元，而2014年仅仅通过“节能绩效合同”（ESPC）和“公用能源服务合同”（UESC）所获得的资金就超过3.25亿美元。

再以美国空军为例，美国空军深知自身资源有限，难以实现其雄心勃勃的能源科技研发目标。因此，它采取的办法是充分利用其他军兵种、联邦政府相关部门、国家实验室、工业界和产业集团、联邦政府资助的研发中心以及国际伙伴的知识、能力和技术，集中投资发展自身独特的系统和使命任务。美国空军合作机构和投资项目众多，包括：一是能源部/先进研究项目局能源处（ARPA-E）、国家可再生能源实验室（NREL）及其他联邦和私营部门对新能源品种和技术的投资；二是能源部、陆军、海军、海军陆战队和私营部门对车辆和基地能源效率的投资；三是海军部对航海、航空和远征能源效率的投资；四是能源部、农业部和海军部对生物燃料的联合研发计划；五是“商业航空替代燃料创新计划”（CAAFI）开展的研发和认证活动；六是国家航空航天局（NASA）、联邦航空管理局（FAA）、国防高级研究计划局（DARPA）、海军和私营部门对提升空中飞行器能源效率的投资；七是公共和私营部门对发电、储电和配电的投资；

八是国防高级研究计划局、国家科学基金会（NSF）、军种实验室和学术界对能源研究和人力资源开发的投资；九是美国国防部就工程学和应变性混合能源储存开展的联合创新计划；十是国防工业基地可以将“独立研发计划”（IR&D）资金集中于空军与产业界节能创新计划的相关公司。与上述机构的合作使美国空军得以集中资源解决其独特的航空、太空、网络和基础设施变革任务。[①] 由此可见，军民合作在美军能源变革中发挥了极为重要的作用。

九、注重评估完善

注重评估完善是美军能源战略的又一大突出特点。根据联邦政府法律的规定，美国国防部每年都公布《能源管理年度报告》和《作战能源年度报告》，向美国能源部和国会汇报美军在特定财年内的能源使用情况、能源创新行动、能源目标完成情况、存在的问题等。美国国防部从 1999 年开始公布《能源管理年度报告》，针对国防部、各军兵种及国防部各直属机构为落实国会能源立法、总统行政令和《国防授权法》的目标及要求所开展的设施能源管理活动、取得的进步、面临的挑战等提出详细报告。2011 年《作战能源战略》和 2012 年《作战能源战略实施计划》公布以后，美国国防部从 2013 年开始向国会提交《作战能源年度报告》，详细汇报美国国防部、各军兵种和国防部各直属机构在上一财年内落实《作战能源战略》目标所开展的活动，并以附录的形式说明作战能源需求信息、作战能源投资情况、替代燃料创新计划、遇到的挑战以及建议等。两份报告不仅全面反映了美军在落实其能源战略过程中所取得的成就，更重要的是提出许多针对性的意见和建议，指出当前能源管理中存在的突出问题，为下一阶段的能源变革指明努力方向。这两份评估报告对于宣传美国国防部能源管理政策和制度、传播美军能源变革信息、促进美军能源变革和战略转型的深入发展起到了不可替代的重要作用。值得一提的是，作为美国国会的审计、评估和调查机构，政府问责办公室（GAO）针对国防部相关问题发布的一系列评估报告同样具有评估和促进作用。例如，2010 年 4 月 26 日，

① U. S. Air Force Chief Scientist, *Energy Horizon: United States Air Force Energy S&T Vision 2011—2026*. Jan. 31, 2012, pp. 5 - 6.

GAO公布了一份题为《国防基础设施：国防部可再生能源创新计划》的报告，对美国国防部在军事基地上开展的可再生能源创新计划进行全面的描述，包括已经完成的和正在开展的工程项目，内容涉及每一项可再生能源创新计划的成本、目标落实情况、对立法或行政行动的建议。[①] 2012年1月31日，GAO又公布了一份报告，题为《国防基础设施：国防部没有在能源管理报告中全面落实补充报告的要求》。[②] 报告指出了美国国防部在国防基础设施方面存在的一系列问题，提出了所应采取的行动。由此可见，评估是美军能源战略体系不可分割的一部分。正是在各种评估机制的促进之下，美军能源战略得以不断完善，能源变革和战略转型得以顺利地推进，并向着更高的层次不断迈进。

十、注重不断更新

从上述研究可以发现，美国国防部、各军兵种和太平洋司令部的能源战略并非一成不变的，而是根据国会立法、总统行政令、国防部政策以及国内外能源形势和国家战略的变化而不断作出更新和调整的。美国国防部和各军种通常每隔3～5年公布新的能源战略和实施计划，更新其战略目标和任务。例如，美国陆军先后出台了《陆军设施能源战略》（2005）、《陆军能源安全实施战略》（2009）、《动力与能源战略白皮书》（2010）和《能源安全与可持续性战略》（2015）。美国空军先后发布《美国空军能源战略》（2008）、《空军基础设施能源计划》（2008）、《空军能源计划》（2010）、《空军基础设施能源计划》（2010）、《空军航空能源计划》（2010）、《空军采办与技术能源计划》（2010）、《能源地平线：美国空军2011～2026年能源科技构想》（2011）和《空军能源战略规划》（2013）。美国海军部先后公布了《海军部能源战略路径》（2009）和《海军部能源安全与独立实施计划》（2010）。2010年，美国海军公布了其能源战略——《21世纪海军能源构想》。2011年，海军陆战队公布了《海军陆战队远征

---

① GAO, *Defense Infrastructure: Department of Defense's Renewable Energy Initiatives*, April 26, 2010.

② GAO, *Defense Infrastructure: DOD Did Not Fully Address the Supplemental Reporting Requirements in Its Energy Management Report*, January 31, 2012.

能源战略及实施计划》。美国太平洋司令部先后出台了《太平洋司令部与夏威夷州能源合作战略》(2009)、《太平洋司令部能源安全展望》(2011)和《太平洋司令部能源战略》(2013)。美国国防部于2010年出台设施能源战略，2011年公布首部《作战能源战略》，2012年出台《作战能源战略实施计划》，2016年公布新版《作战能源战略》。这种能源战略和实施计划的不断更新充分说明，美国国防部、各军种和战区善于总结经验教训，并根据形势、法律法规和战略目标的变化不断调整更新能源战略目标和任务，应对部队当前和未来面临的风险与挑战。在这过程中，美军能源安全思想不断深化，能源战略体系不断完善，政策措施不断丰富，有效地促进了美军能源保障能力和战斗效能的不断提升。

第五节 美军能源战略的前景展望

美军能源变革和战略转型不是毕其功于一役的应景之举，而是一个持续不断的演进过程。美军善于根据联邦政府法律、国际能源形势、国家战略的变化而调整其能源战略和实施计划。从目前来看，展望美军能源变革和战略转型未来发展的一个较为直接而有效的途径是研读美国国防部2016年2月11日公布的新版《作战能源战略》。① 这是美国国防部根据《美国法典》第10编的相关要求对2011年首版《作战能源战略》进行的更新升级，也是为了配合其“亚太再平衡”战略、应对美军作战环境的新变化所作出的一项重大举措。新版《作战能源战略》提出了一系列新的理念、目标和举措，为我们掌握美军能源变革的未来走向提供了一个清晰的路线图。

一、2016年版《作战能源战略》的出台背景

2014财年，美国国防部燃料消耗高达8740万桶，用于保障美军在阿富汗、非洲和伊拉克的军事行动以及在全球的军事存在、国内外军事训练

① Office of the Assistant Secretary of Defense for Energy, Installations and Environment, *DoD 2016 Operational Energy Strategy*, February 2, 2016.

和后勤再补给。自2000财年以来，美军作战能源需求大幅增加。能源消耗量的变化主要归因于美国中央司令部的作战频率，但是，美军武器装备能源需求日益增加，也是一个重要原因。

美军各种战役分析和兵棋推演以及几十年的作战经验充分表明，巨大的能源需求必然伴生诸多弊端和风险。为此，美国国防部于2011年出台了首部《作战能源战略》，开始应对此类风险，提出了三个途径：减少作战能源需求；扩大能源补给品种，确保能源供应安全；把能源安全纳入未来军力建设。四年来，美国国防部在作战能源变革和创新中迈出了巨大的步伐。然而，近年来美国国防部内部和美军作战环境均发生了巨大变化，迫切要求美国国防部对《作战能源战略》进行更新和升级，以应对各种新的和持久的挑战。

二、美国国防部对未来作战环境的基本判断

（一）“亚太再平衡”战略全面推进

首先，“亚太再平衡”战略的全面推进，迫切要求美国国防部重新审视其作战能源优先任务。2012年1月5日，美国国防部高调公布了题为《维护美国的全球领导地位：21世纪国防的优先任务》的《国防战略指南》，提出向亚太地区再平衡，并进行所需投资，以“确保在反介入与区域拒止环境下有效开展军事行动的能力”。① 2014年版《四年防务评估报告》重申了这一战略方针。2015年版《国家军事战略》确认，美国国防部将“全力推进亚太再平衡，把最先进的力量和更大的能力部署到这一关键战区”。② 向亚太地区再平衡，意味着美军要跨越巨大的距离开展行动，因而燃料需求必然大增。在太平洋战区开展行动将面临一系列完全不同的风险，美国国防部的众多分析和兵棋推演都表明，距离遥远将对美军投送力量进入亚太及周边地区构成严峻的挑战。其次，美军在亚太地区开展军事行动必须依赖空军基地、港口和海军基地，以支持其空海力量的运用，而这些基地和港口同样需要能源支撑。最后，亚太地区的一体化防空力

---

① US Department of Defense，2012 *Defense Strategic Guidance*，pp 2、4－5.

② Chairman of the Joint Chiefs of Staff，*National Military Strategy* 2015，p. 9.

量、精确制导的巡航导弹和弹道导弹以及网络威胁，都有别于美国中央司令部或美国非洲司令部所面临的威胁，对美军向亚太地区投送和维持力量所需要的空海军部队更具杀伤力。美国国防部深知，美军能源和后勤系统面临的这些挑战不是单纯通过减少能源需求所能应对的。为了提高作战效能、降低使命任务风险，美军需要在作战和后勤能力方面加以变革。

（二）能源分析能力显著提高

相对于2011年首版《作战能源战略》出台之时，美国国防部已经更加深刻地理解能源使用对于各种系统、作战计划和作战概念的内在影响。确切地说，美国国防部在利用“能源可保障性分析”（ESAs）为特定军事系统的“能源关键效能参数”（eKPP）提供信息方面已经取得了相当丰富的经验。能源可保障性分析不仅可以帮助查明某个系统的设计和能源使用是否需要修改，还能查明作战概念、部队结构和后勤能力是否需要改变。2011年《作战能源战略》未能利用这些技术性、概念性和分析性改进成果。相反，其关注焦点集中在能源需求和供应以及美国国会对军力发展过程规定的变革之上。现在，美国国防部在查找后勤和作战风险的准确性方面有了长足的进步，因而可以优先支持某些降低和应对风险的具体措施。

（三）继续支持美军在全球开展行动

尽管美国正在全面推进“亚太再平衡”战略，但是，作为霸权国家，美国仍需继续维护其在全球的持久利益。美国2015年《国家军事战略》指出，美军必须“为对付修正主义国家和暴力极端主义组织提供各种军事备选方案”。[①] 可见，美军打击“伊斯兰国”、“基地”组织、其他非正规对手等暴力极端主义组织的军事行动还将继续下去。此外，美国在非洲的军事存在也需要依赖一个应急作战基地网络，依赖与当地现有机场设在一起的设施简陋的空军基地。美军与驻在国开展协作时，作战能源将继续成为执行上述军事使命任务的一个基本赋能要素。由于美军在远离美国本土的地区执行军事任务时必然从距能源使用点（point of use）最近的地方购买能源成品，因而将继续面临各种风险。美国国防部提出要广泛汲取在伊拉克、阿富汗和非洲获得的经验教训，确保作战能源的足量、及时供应，

① Chairman of the Joint Chiefs of Staff, *National Military Strategy* 2015, p. 3.

以支持美军在全球开展行动。然而，补给线上战术最后一公里的困难和简易爆炸装置、非正规对手以及武装人员对燃料车队的袭击，仍可能是美军作战环境的一部分。

（四）作战能源风险有增无减

新版《作战能源战略》认为，反介入与区域拒止威胁及各种混合式威胁，使美军作战能源运输的可靠性面临越来越多的风险，进而威胁美军在全世界的力量投送和维持能力。下一代武器系统尽管在速度、生存能力、隐身性、有效载荷和机动性方面更加卓越，但往往需要消耗更多的能源。这些新系统满足其性能参数的能力，常常建立在能源补给确定无疑的假定之上。问题是，美军的作战区域在不断扩大，燃料后勤运输能力已经饱和甚至下降，能源基础设施面临的威胁与日俱增。地（水）雷、弹道导弹和巡航导弹、先进的防空系统、简易爆炸装置等种种反介入与区域拒止武器，威胁着美军通过空中、陆地和海上运输能源的可靠性。更为严重的是，一些新近提出的概念常常假设，在设施简陋的基地执勤的美军作战部队会得到联合后勤能力的充分保障，这种假设不能不让人质疑。事实上，美国国防部的一些分析报告都承认存在一种风险：除非美军能源和后勤需求得到遏制，否则，这些后勤需求高的未来概念可能不具保障能力。[①] 可见，美军作战能源的持续保障是一个持久性挑战。

三、新版《作战能源战略》的目标与任务

为应对上述挑战，新版《作战能源战略》充分利用技术进步和美国国防部对作战能源挑战认识不断加深的优势，提出了确保美军作战部队能源供应持续性的总目标。新版《作战能源战略》认为，尽管减少能源需求是任何能源战略的一个基本组成部分，但这未必总是一个选项。美国国防部应继续以实现作战部队能力的提升为关注焦点，同时支持各种能源计划和创新行动，以求既减少能源需求，又增强能源可保障能力，作为实现军事能力提升的手段。在能力提升之后，应努力发现和应对各种风险，采取一切措施降低风险，并利用这些作战和后勤风险来提示投资重点。最后，应

① US Department of Defense，*Joint Operational Access Concept*，January 2012，p. 37.

扩大能源效率和最佳做法的培训和教育，以改善当前军事行动中的能源使用效能。为此，新版《作战能源战略》提出了三个基本目标：一是将能源纳入未来军力发展之中，提升未来部队作战能力；二是从作战能源薄弱环节中发现并减少后勤和作战风险；三是通过升级装备和改进训练、演习及作战方式，增强当前部队执行使命任务的效能。

（一）提升未来部队作战能力

新版《作战能源战略》强调指出，美国国防部的作战能源使用应突出美军长期（指三年以上）作战能力的提升。正在开发的武器系统要在预期投入使用的各种作战想定中评估其效能和可保障能力。美国国防部将努力改善未来作战效能和能力，措施主要包括以下两点：

一是把能源可保障性分析作为制度纳入军力发展之中。军力提升的一项基础工程是对未来系统的保障和维持方式进行严格而全面的评估。未来，美国国防部将重点提高分析工具和兵棋推演的质量，并考虑把能源可保障性分析融入所有新能力的初始形成过程。具体地说，美国国防部将要求在制定能源关键性能参数（eKPPs）之前，把作战能源需求和满足这种需求的能力纳入基于能力的评估（CBAs）和能源可保障性分析（ESAs）之中。这样做便于美国国防部更多地了解内在的能源制约因素和风险，从而有能力作出更好的能源知情的决策。

二是通过创新，改善部队作战效能和可保障能力。美国国防部将继续投资能源创新，以改进其长远的军事能力（如提升武器平台的作战距离或持久性）、提升对抗环境下的行动能力、减少能源后勤运输需求。支持“亚太再平衡”的投资将得到优先关照。美国国防部还将把“作战能源改进基金”投资优先用于为亚太地区“量身定做”的能力提升项目。这些针对作战能源的投资，加上重大采办项目决策的改进，将把美军打造成“一支力量更强、效能更高的战斗力量”。[①]

（二）发现并减少后勤和作战风险

目前，美国国防部已经对各种作战计划和作战概念中与能源相关的风险有了更多的认识。为了充分利用在兵棋推演、建模、仿真及其他分析工

---

① US Department of Defense, 2014 *Quadrennial Defense Review*, p. 25.

具中所取得的进展，美国国防部将特别注意查找各类风险，并优先配置资源降低此类风险。

一是在预制行动计划（Deliberate Planning）中查找并降低与能源相关的风险。战役计划和应急计划是美国国防部预制行动计划活动的基础。美国国防部将充分利用现有的报告制度，继续改善风险认识能力，更好地理解向执行上述计划和活动的联合部队补给能源所面临的各种风险。美国国防部将认真审视并加强能源采办、储存和运输至使用点的能力，同时克服各种现实威胁，包括供应链上的风险。美军联合参谋部后勤部（JS/J4）将会同各作战司令部和国防部长办公室，对作战能源在现行战役计划和应急作战计划风险评估中的作用加以评估，查找更多的风险，并视情增加或改进风险评估方法。由此产生的具体风险清单将通过定期评估周期持续加以评估，以便在规划、计划、预算与执行（PPBE）年度评估期间，通过国防部作战能源委员会，为降低风险措施开展的监督和协调工作提供参考。

二是改善各类作战概念的能源可保障能力。尽管作战计划代表执行某项具体使命任务的详细方案，美国国防部还会使用各类作战概念及其他概念文件来探索和验证运用军事力量的替代性手段。美国国防部负责能源、设施与环境的助理副部长将会同联合参谋部后勤部、各作战司令部和各军种部，找出各种最成熟的概念，并引导能源可保障性分析补充国防部其他可保障性分析。兵棋推演、建模和仿真工具以及各种聚焦分析，包括各军兵种由作战能源改进基金资助和支持的能源创新计划，都将用来评估后勤能力紧张、各种威胁和作战能源需求对未来作战概念的能源可保障能力所产生的影响。美国国防部随后将应用概念可能性数据（concept leads）来评估条令、组织、训练、装备、领导与教育、人事、设施和政策，并实施必要的变革。

三是促进能源供应多样化，以减少风险。迄今为止，美国国防部在这方面的努力包括三部分：第一，在应急作战基地积极利用可再生能源机会，在能源使用点采集能源，尽可能减轻向作战部队补给液体燃料的负担。第二，测试和认证了一系列燃料和平台，为大批量购买价格有竞争力的“滴入式”替代燃料用于军事行动作好准备。第三，根据使命任务的需要，充分利用商用规格的燃料和基础设施来减少开支，构建了一个更大的供应商网络，尽可能减少战场上所需燃料类型，以提高标准化程度、灵活性和互操作性。

未来，美国国防部将利用预制行动计划和作战概念中发现的风险来引导对替代燃料与石油基燃料的评估和优先化考虑。这些情况随后将为各军兵种投资定期开展的规划、计划、预算和执行监管工作以及在国防部作战能源委员会开展的协调和合作提供参考。此外，美国国防部还将继续测试、认证并寻求大批量采购价格有竞争力的“滴入式”替代燃料，并继续将替代能源（主要是太阳能）集成进入应急作战基地和单兵装备。最后，美国国防部还将审视扩大使用各种“采能”技术的机会，努力提高部队从环境和营地周围采集能源的能力，以降低再补给的需要。此类技术包括单兵太阳能或动能汽车、太阳能无人机、垃圾发电及其他可以利用当地现有能源的技术。

（三）增强当前部队执行任务的效能

美国国防部将实施一系列装备性和非装备性创新计划来改进近期能源使用方式。重点支持有助于提升能源供应链可靠性和灵活性、增强竞争环境中作战能力以及支持亚太再平衡的近期性创新计划。

一是升级现有装备，改善能源使用效能。美军各军兵种正在部署和投入实战的一系列改进型应急作战基地装备已经证明，新型和改进型装备在减少偏僻地区小型基地的再补给风险方面成效显著。同样，通过减少军舰和飞机上的阻力改进能源使用效能，也有助于增加作战范围、有效载荷或者飞机滞空时间（time on station）。为了在近期内改善执行任务效能，美国国防部将继续部署新式装备和现役装备与平台的增强型，并继续把重点放在改进能耗大、剩余服役寿命长、部署数量多的现役装备类型。

二是改善能源使用行为。美国国防部深知改变人员习惯对日常能源使用的潜在好处。然而，改进战术、技术和程序存在一大障碍，那就是美国国防部对自身能源使用情况及其对作战部队所产生的作战影响了解有限。为此，美国国防部将继续缩小自身在能源使用情况和总体供应链方面存在的认识差距。这包括改善各级指挥官和计划人员所获能源信息的准确性，帮助他们更加准确地掌握各类装备的能源使用情况。美国国防部将继续改进决策支持工具、车船仪表盘、路线选择和计划工具，使各军兵种人员能在战地使用此类信息。此外，美国国防部还将把作战能源的作用纳入训练和演习之中并加以监测，并且利用现有选修课把作战能源考量融入采办、战略、后勤和战役计划方面的职业军事教育核心课程体系。

四、新版战略的实施办法

美国国防部将通过与上述三个基本目标相对应的各种创新计划来实施新版作战能源战略。表7—4概括了2016年版《作战能源战略》的基本目标、具体目标、绩效指标及主管部门的情况。新版《作战能源战略》还为美国国防部长办公室、各作战司令部、国防部各直属机构和各军兵种确定了总方向，规定了具体的目标、绩效指标和职责。新战略的实施由美国国防部负责能源、设施和环境的助理副部长具体负责。美国国防部将运用现有评估机制来评估上述目标和指标的进展。

表7—4　2016年版《作战能源战略》的目标、任务及主管部门一览表

基本目标	具体目标	绩效指标	主管部门
提升未来军事能力	将能源可保障性分析作为制度纳入能力发展之中	1. 到2016财年底，确保所有使用作战能源并被联合参谋部确定为联合需求监督委员会兴趣项目的采办计划，都有一个由能源可保障性分析（ESA）信息支撑的能源关键性能参数（eKPP） 2. 到2018财年底，确保能源可保障性分析应用于所有使用作战能源且在2016财年起确立的采办项目	联合参谋部 各军兵种
	提高作战效能和可保障能力	到2018财年底，以当前的能力为衡量标准，提升所有新批采办项目中的能源可保障能力	各军兵种 联合参谋部
查找、减少风险	查明和降低预制行动计划中与能源相关的风险	1. 到2017财年底，对战役计划和应急作战计划中的作战能源风险进行评估，作为国防部既定评估周期的一部分 2. 到2018财年底，100%地降低或接受已查明的作战能源风险	各军兵种 联合参谋部 各作战司令部 国防部长办公室

续表

基本目标	具体目标	绩效指标	主管部门
	改善各种作战概念的能源可保障能力	1. 到2016财年底，查明含作战能源需求的作战概念 2. 到2017财年底，评估所有已查明的作战概念的能源可保障能力和作战能源脆弱性 3. 到2017财年底，将作战能源制约因素和局限性分析纳入与《美国法典》第10编相关的所有兵棋推演	国防部长办公室 联合参谋部 各军兵种
	促进能源供应多样化，以减少风险	1. 到2016财年底，评估美国国防部根据新兴技术发展速度同步测试和认证“滴入式”替代燃料的能力 2. 到2016财年底，评估和扩大使用商用石油产品和基础设施相关的机会和风险 3. 到2017财年底，查明各作战司令部军事行动中从周围环境采收能源的机会	国防部长办公室 各作战司令部 各军兵种 国防后勤局
增强当前使命行动的效能	升级现役装备，改善其能源使用效能	到2016财年底，建立一个定期评估机制，针对剩余服役寿命长的现役装备，评估提高其能源可保障能力的机会	国防部长办公室 各军兵种
	改善能源使用行为	1. 到2016财年底，评估能源信息系统所需要的改进措施，以增加供应链的透明度 2. 到2018财年底，按装备类型衡量作战能源消耗 3. 到2018财年底，将作战能源原则纳入职业军事教育的战略、后勤和战役必修课以及国防部内部的一般军事训练之中	各军兵种 联合参谋部 国防后勤局

资料来源：DoD 2016 Operational Energy Strategy，February 2，2016，p. 16.

五、对新版战略的评价

2016年版《作战能源战略》的公布，是美国国防部能源变革和战略转型进程中的又一个重要里程碑，标志着美军对作战能源的认识和谋划已经上升到一个新的高度。新版《作战能源战略》反映了美国国防部2012年《国防战略指南》、作战环境的变化和从战场上获得的经验。鉴于美国国防部2014年《四年防务评估报告》和2015年美国《国家军事战略》均重申继续推进“亚太再平衡”战略，2016年版《作战能源战略》以中国为主要对手的意图极为明显。新战略就是要从能源领域对“亚太再平衡”战略提供强有力的支撑。

美国国防部在新版《作战能源战略》中重申了作战能源在确保美军执行全球使命任务中的极端重要性，对美军战略方向和作战环境的变化进行了评估，为提升美军未来军事能力、发现并减少后勤和作战风险、增强完成使命任务的有效性确立了新的目标。由于2016年版《作战能源战略》建立在2011年版《作战能源战略》及美军作战能源变革所取得的成就和经验之上，并且充分吸收了美军在反恐战争中所取得的经验教训以及美国国防部各种技术性、概念性和分析性改进成果，因而具有更强的科学性、演进性、针对性和实战性。新战略的实施必将进一步提升美军当前和未来军事行动的能源安全和战斗效能。

可以预料，未来几年，美军将依据新版《作战能源战略》提出的目标来调整和完善其作战能源管理体系，将作战能源融入各级组织、各个决策流程之中，纳入当前的作战行动和未来军事能力的开发之中，进一步提高作战能源的制度化水平。① 同时，美国国防部各组成部门将加紧更新各自的能源战略和实施计划，开展一系列新的能源创新行动，以落实新版《作战能源战略》提出的目标、任务和举措。由于新版《作战能源战略》旨在支持“亚太再平衡”战略，因而必然对我国的国家安全和军事安全带来重大而深刻的影响。

六、对美军能源变革未来走向的预测

2015年3月19日，美国总统奥巴马签署了第13693号行政令——《为联邦政府未来十年的可持续发展作规划》。② 该指令取代了第13423号行政令、第13514号行政令等一系列文件，旨在进一步保持美国联邦政府在维持能源可持续发展和降低温室气体排放方面的领导作用。该行政令为联邦机构提出了一系列新的能源目标和要求（详细内容参见附录三）。为

---

① DoD, *FY2015 Operational Energy Annual Report*, Aug. 15, 2016, p. 15.

② EO 13693, *Planning for Federal Sustainability in the Next Decade*, March 25, 2015.

落实这一新的行政令，美国国防部采取了一系列行动，除了出台 2016 版《作战能源战略》外，还包括：一是指定负责能源、设施与环境的助理部长为国防部首席可持续发展官；二是根据第 13514 号行政令成立的可持续发展指导委员会，继续落实并达成第 13693 号行政令中的目标；三是国防部继续完善年度《维持战略可持续性任务实施计划》，根据任务实际完成情况确定具体目标，提供包括投资策略在内的目标实施办法，并概述任务完成情况上报计划；四是 2016 年 4 月 4 日针对第 13693 号行政令发布国内行动指南。

本来，美军无疑会以第 13693 号行政令提出的目标和要求为指南，继续沿着既定的能源战略推进能源变革和战略转型。然而，2017 年 1 月 20 日特朗普就任美国总统后给美军能源变革带来了一定程度的不确定性。特朗普在总统竞选时就曾攻击奥巴马的气候政策，认为“全球变暖这种概念都是中国人捏造的”，“现在的绿色能源太落后了。全球各地到处都是风力发电厂，他们把海岸线都毁了。从经济角度看，这种方式一点都不合理，这种能源根本就没用”。特朗普就任总统的第一天就全盘否定了奥巴马政府的气候行动计划，公布了其“美国优先的能源政策”，大力支持本土能源资源开发，特别是页岩油、页岩气和清洁煤炭，实现美国能源独立。无疑，其能源政策将对美国，甚至对全世界应对气候变化、发展清洁能源的努力产生重大的影响。同时，特朗普的政策也必然会影响到美军能源战略和变革行动的未来发展。至于到底如何影响以及影响到何种程度，目前还难于判定，美国国防部显然需要时间对特朗普总统的能源政策和国防部能源政策加以评估、调整和对接。

然而，由于美军作为超级大国战争机器的使命任务没有改变，其严重依赖石油燃料和电力的状况没有彻底改变，其需要应对的战术性、战略性、财政性、环境性、商业电网性风险和挑战依然存在，因此，我们可以谨慎地预言，美军能源战略和变革行动还会继续推进，其能源战略的大方向和核心目标不太可能发生重大变化。可能发生变化的是实现战略目标的途径和手段。最有可能出现的情况是，放弃或者减少对成本昂贵的替代燃料/可再生能源的支持，取而代之的是页岩油、页岩气和清洁煤。当然，我们也不能绝对排除特朗普叫停美军能源变革的可能性。毕竟，美军能源战略转型在很大程度上属于奥巴马的政治遗产，而且，关键是，美国的能源安全形势已经发生了根本性的变化。最终走向如何，我们唯有拭目以待。

第八章／美军能源战略的启示

作为世界新一轮军事能源变革的先驱，美军已经构建了完整的能源战略体系和一整套行之有效的政策制度，在应对多重挑战、提升能源保障能力和部队战斗力方面取得了令人瞩目的成就。美军能源战略的成功为我们提供了丰富的启示，同时也形成了巨大的相对优势。本章将从借鉴和应对两个角度讨论美军能源战略给我们的启示和借鉴意义，提出一系列意见和建议。

第一节 制订军事能源战略，推动军事能源变革

当前，我国能源安全面临诸多风险和挑战。美军能源变革的成功又对我军形成了巨大的战略战术优势，迫切要求我们制订军事能源战略，不失时机地启动军事能源变革和战略转型，综合应对我军面临的多重挑战，力争在世界新一轮军事能源变革中抢占有利地形，确保我军当前和未来的可持续能源安全。具体地说，我们应从以下三个方面着手。

一、加紧制订军事能源战略

（一）我国军事能源变革的驱动因素

1. 能源安全形势极为严峻

军事能源安全与国家能源安全密不可分。当前，我国能源安全形势极为严峻，集中体现在石油供应不安全之上，主要表现在以下几个方面：

一是石油对外依存度不断上升。中国是一个“富煤缺油少气”的国

家。改革开放以来，我国能源需求不断增加。1993 年，我国首次成为石油净进口国。此后，我国石油对外依存度逐年提高，从 1995 年的 7.6% 一路飙升至 2015 年的 60.6%，国内石油消费 5.43 亿吨。根据《BP 世界能源统计年鉴（2017）》和中石油发布的《国内外油气行业发展报告》，2016 年中国仍然是世界上最大的能源消费国，占全球能源消费量的 23% 和全球能源需求增长的 27%[①]，表观消费量为 5.56 亿吨，原油对外依存度超过 65%[②]，连续多年超过 50% 的国际公认警戒线。预计到 2020 年，石油消费总量将达到 6 亿吨左右。到 2030 年，中国石油消耗量的 80% 以上将依靠进口（参见图 8—1）。[③] 这一现状和趋势对国家能源安全包括军事能源安全构成了严重的风险和挑战。

二是石油进口来源集中。我国进口来源集中在中东、非洲等不稳定地区。根据 2014 年 6 月中国海关发布的 1—5 月进口原油来源地数据，我国从中东地区进口原油维持在 51% 的水平。[④] 仅沙特、伊朗、阿曼、伊拉克、科威特、阿联酋等 6 个中东国家就占中国石油进口比例的 49.6%。[⑤] 石油来源集中意味着我国能源供应选择余地较小，极易受地缘政治事件、国际关系变化等因素的影响。

三是石油运输面临严峻挑战。我国石油主要依靠海运，约 80% 要经过马六甲海峡。马六甲海峡不仅海盗猖獗，而且事实上为美军所控制。美国《星条旗报》网站 2014 年 9 月 28 日曾报道，美国国防大学研究员哈姆斯提出，一旦中美开战，美国应封锁马六甲海峡。美军出动 13～15 支海军陆战队部队，就可拦截约 800 艘驶向中国主要港口的船只。[⑥] 此番言论是对“马六甲之困”的一个很好诠释。更为严重的是，美军已经采取了实际行动。据澳大利亚记者约翰·皮尔格（John Pilger）在其拍摄的纪录片《即

---

① 中国石油新闻中心：“中国成全球最大可再生能源消费国”，2017—07—07，http://news.cnpc.com.cn/system/2017/07/07/001652947.shtml.［2017—07—20］

② 中国石油新闻中心：“我国原油对外依存度超 65%”，2017—01—16，http://news.cnpc.com.cn/system/2017/01/16/001630269.shtml.［2017—07—20］

③ 梁福龙：“中国 2015 年石油消费 5.43 亿吨，对外依存度首破 60%”，观察者网，http://www.guancha.cn/economy/2016_01_26_349303.shtml.［2016—03—16］

④ 张庭宾、吴迪：“美国已准备好发动一场‘世界石油大战’”，2015—08—17。http://blog.sina.com.cn/s/blog_59b377290102w6ar.html.［2015—12—16］

⑤ 同上。

⑥ “美专家支招中美冲突 可封锁马六甲海峡让中国低头”，《环球网军事》，2014 年 9 月 30 日。http://mil.huanqiu.com/observation/2014—09/5155859.html.［2016—05—15］

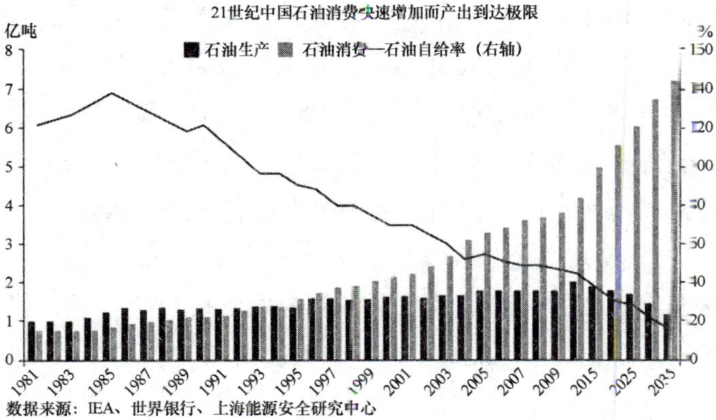

图 8—1　中国石油消费趋势示意图

资料来源：张庭宾、吴迪："美国已准备好发动一场'世界石油大战'"，2015 年 8 月 17 日。

将到来的对华战争》中披露，2015 年，美国秘密举行了自冷战结束以来规模最大的军事演习，代号为"护身军刀"（Talisman Sabre）。美军舰队和远程轰炸机预演了"针对中国的空海一体战"，将中国从中东和非洲进口油气和生产原料必经的马六甲海峡完全封锁。① 由此可见，美军已经作好了切断中国能源运输咽喉要道的一切准备。

四是战略石油储备总量不足。我国战略石油储备建设起步晚，储备总量远远低于国际安全水平。2014 年 11 月，我国首次公布的政府战略石油储备为 1243 吨，仅约 9 天的消费量。据报道，截至 2013 年底，中国国家战略原油储备建成容量为 1.41 亿桶，商业原油储备建成容量 3.07 亿桶，合计 4.48 亿桶。按中国 2013 年每天消耗石油 139 万吨的规模静态计算，我国战略原油储备只够使用 8.9 天，商业原油储备可用 13.8 天，全国原油储备的静态能力总共约为 22.7 天。这一数字远低于国际能源署（IEA）设定的 90 天的安全标准。如果中东石油因为波斯湾封锁而发生运输中断，中国仅能正常供应石油 74.8 天。而美国正常供应时间周期是中国的

① 闻道："《即将到来的对华战争》为什么在美国难以上映"，察网，2017—01—06，http：//www.haijiangzx.com/2017/0106/1602203.shtml.［2017—02—10］

28.69 倍。[①]

五是战时油料供应来源不稳定。我国石化企业生产的油料特别是军用特种油料数量有限，对国际油料市场有一定的依赖性。国外大石油公司的背后往往都有相关国家政府的支持，因此，一旦我国处于紧急或战争状态，这些大石油公司极有可能接受本国政府的指使，采取抬高油价、减少或停止供应油料等行动，从而增加我国军事油料保障的风险。[②]

2. 国家能源政策内含军事能源革命

近年来国家出台的能源政策对军事能源的发展产生了重大影响。国务院在2012年发布的《中国能源政策》中明确指出，我国坚持“节约优先、立足国内、多元发展、保护环境、科技创新、深化改革、国际合作、改善民生”的能源发展方针，推进能源生产和利用方式变革，构建安全、稳定、经济、清洁的现代能源产业体系，努力以能源的可持续发展支撑经济社会的可持续发展。[③] 2014年6月，国务院公布的《能源发展战略行动计划（2014~2020年）》强调指出，我国坚持“节约、清洁、安全”的三大能源战略方针，加快构建清洁、高效、安全、可持续的现代能源体系。重点实施四大能源发展战略：节约优先；绿色低碳；立足国内；创新驱动。[④] 2014年6月13日，习近平总书记在中央财经领导小组第六次会议上提出了我国能源安全发展“四个革命、一个合作”的战略思想，即：推动能源消费革命，抑制不合理能源消费；推动能源供给革命，建立多元供应体系；推动能源技术革命，带动产业升级；推动能源体制革命，打通能源发展快车道；全方位加强国际合作，实现开放条件下能源安全。[⑤] 我国“十三五”规划提出建设现代能源体系，要求深入推进能源革命，着力推动能源生产利用方式变革，优化能源供给结构，提高能源利用效率，建设清洁低碳、安全高效的现代能源体系，维护国家能源安全。[⑥] 军事能源活动作

---

① 张庭宾、吴迪：“美国已准备好发动一场‘世界石油大战’”，2015—08—17。http://blog.sina.com.cn/s/blog_59b377290102w6ar.html.［2015—12—16］

② 华昊：《中国能源安全与军事斗争准备》，《军事经济研究》2006年第12期。

③ 国务院新闻办公室：《中国的能源政策》，2012年10月。

④ 国务院办公厅：《能源发展战略行动计划（2014—2020年）》，2014年6月7日。

⑤ 白羽：“习近平：积极推动我国能源生产和消费革命”，新华网，2014年06月13日。http://news.xinhuanet.com/politics/2014—06/13/c_1111139161.htm.［2017—03—20］

⑥ 国家发展改革委员会：《中华人民共和国国民经济和社会发展第十三个五年规划纲要》，新华社2016年3月18日。

为国家能源体系的一部分，必须贯彻国家能源战略方针和指导思想，落实国家能源战略和政策，因而迫切需要启动能源变革和战略转型，努力推进能源消费、能源供给、能源技术和能源体制的革命。

3. 国家气候变化政策要求走可持续发展道路

气候变化是当今人类社会面临的共同挑战。积极应对气候变化，努力控制温室气体排放，提高适应气候变化的能力，不仅是中国保障经济安全、能源安全、生态安全、粮食安全以及人民生命财产安全，实现可持续发展的内在要求，也是深度参与全球治理、打造人类命运共同体、推动全人类共同发展的责任担当。2015 年，中国向联合国气候变化框架公约秘书处提交了《强化应对气候变化行动——中国国家自主贡献》。文件提出到 2030 年的自主行动目标：二氧化碳排放 2030 年左右达到峰值并争取尽早达峰；单位国内生产总值二氧化碳排放比 2005 年下降 60% ~65%，非化石能源占一次能源消费比重达到 20% 左右。[①] 我军能源消耗以传统化石能源为主，日益增多的军事活动必然导致温室气体排放的大量增加，因而必然面临节能减排的巨大压力，迫切需要推进能源战略转型，走可持续发展之路，以兑现我国政府向国际社会作出的庄严承诺。

4. 国家军事战略呼唤军事能源变革

国家军事战略必然要求有相应的军事能源战略作支撑。2015 年 5 月，我国政府公布了最新的国防白皮书——《中国的军事战略》。白皮书指出，中国军队担负着应对各种突发事件和军事威胁，有效维护国家领土、领空、领海主权和安全；坚决捍卫祖国统一；维护新型领域安全和利益；维护海外利益安全；保持战略威慑，组织核反击行动；参加地区和国际安全合作，维护地区和世界和平；加强反渗透、反分裂、反恐怖斗争，维护国家政治安全和社会稳定；担负抢险救灾、维护权益、安保警戒和支援国家经济社会建设等战略任务。[②] 这些战略任务无不需要大量的能源作支撑。没有可靠的能源供应作保障，军队就寸步难行。事实上，白皮书中使用的一些表述，如“推进现代后勤建设”“创新保障模式”“完善综合保障体系”“建设保障打赢现代化战争的后勤”等，完全可以解读为必须积极推

① 国务院新闻办公室：《强化应对气候变化行动——中国国家自主贡献》，2015 年 6 月 30 日。

② 国务院新闻办公室：《中国的军事战略》，2015 年 5 月。

进军事能源变革，降低能源消耗，提高能源效率，扩大替代/可再生能源使用，摆脱对石油等传统能源的依赖，增强部队能源自给能力和适应能力，减少与能源相关的脆弱性。当前，我国正在全面深化国防和军队改革，努力实现党的强军目标、构建中国特色现代军事力量体系、实现军队组织形态现代化。这些目标内在地需要现代化的能源保障体系作支撑。可以说，能源变革和战略转型是我军落实新形势下军事战略方针、打赢信息化局部战争、完成多样化军事任务的本质要求和历史必然。

（二）加紧制订综合性军事能源战略

基于实战的经验教训、联邦政府能源法令和国防战略要求，美军领导人高度重视军事能源安全。2011 年，时任驻阿美军司令彼得雷乌斯上将深刻指出："作战能源是我们作战能力的生命线。"① 继任驻阿美军司令约翰·艾伦上将也在一份备忘录中写道："作战能源说到底就是提升作战效能，提高美军的持续作战能力、增强杀伤力，减少燃料运输人员的生命危险。"② 美国海军部长马布斯警告说："未来的对手可能以我们对石油的依赖为目标，这一点我们已经从阿富汗燃料车队一次次遭袭事件中看到。"美国参谋长联席会议主席马伦（Mike Mullen）海军上将则把作战能源直接等同于作战能力。他指出："战场空间的作战能源是一个提升作战效能的问题，事关提高部队的持久力、杀伤力，减少冒险运输燃料的男女人数。"③"节省能源就是拯救生命。""能源安全必须成为我们的首要考虑之一。我们每增加部署一名士兵、每增建一艘军舰或者一架飞机，每增购或装满一个背包，都要首先考虑能源安全。"④ 美国国防部常务副部长林恩深刻指出："国防部习惯于把能源当作一个随时随地都能得到供应的商品，

---

① David H. Petraeus, *Supporting the Mission with Operational Energy*, Memorandum for the Soldiers, Sailors, Airmen, Marines, and Civilians of US Forces-Afghanistan, 7 June, 2011.

② John R. Allen, General, USMC Commander in Afganistan, Memorandum—*Supporting The Mission with Operational Energy*, Dec. 11, 2011.

③ Statement by Sharon Burke, Assistant Secretary of Defense for Operational Energy Plans and Programs Submitted to the Subcommittee on Readiness, House Armed Services Committee, U. S. House of Representatives. March 29, 2012, p. 7.

④ Speech by Admiral Mike Mullen, chairman of the Joint Chiefs of Staff, at the Energy Security Forum, Washington, D. C., October 13, 2010. http://www.jcs.mil/speech.aspx? id = 1472. [2015—07—15]

而不去考虑其战略、战役和战术成本。今天，这些成本常常可以用保护燃料运输穿过战场时牺牲的士兵人数来加以衡量。未来，我们的对手，包括拥有精确制导武器的对手，更有能力以我们的军事补给物资为袭击目标。”① 为此，2010 年，美国国防部将能源问题提升到战略的高度，先后制订了《设施能源战略》和《作战能源战略》，全面启动能源变革和战略转型，在提升战斗力的同时努力追求可持续能源安全，综合应对与能源相关的种种风险和挑战。2012 年，美国国防部长帕内塔正式发出了能源变革动员令：“明智地使用能源可以成为美军相对于其对手的一个战略优势。在我们继续投资打造最出色的军队、保卫今天和未来美国的过程中，国防部各个层面，从普通战士到最大基地，都要掌握最佳的能源创新技术，以提升我们的作战效能。”② 美军领导人对能源问题的极端重视和战略谋划为我军推动能源变革提供了很好的启示。

与美军一样，我军严重依赖传统化石能源，特别是石油。随着我军现代化建设步伐的不断加快和机械化信息化水平的迅速提升，部队能源需求，特别对石油和电力的需求正在大幅增长。未来，我军必将面临与美军相似、甚至比美军更加严峻的能源安全风险和挑战。除了化石能源的不可再生性、石油“峰值”的逼近、油价动荡、气候变化等各国共同面临的安全威胁以外，我国还面临能源对外依存度持续升高、进口来源集中于不稳定地区、运输线易遭切断、战略储备有限等独特的问题。此外，我国在军事能源管理方面存在着不少显性和潜在风险，如管理体制陈旧、能源效率低下、一线保障能力不强等问题。目前，我军缺乏一部综合应对上述种种挑战的能源战略和相应的政策法规。

为有效应对能源依赖所隐含的战略性、战术性、财政性、环境性和商业电网性风险和挑战，有效履行国家军事战略赋予的多样化使命任务，我国亟需将军事能源问题提升到战略层面上来加以认识和谋划，加紧制订多目标互动、多领域协调、多层次衔接的综合性可持续能源战略，不失时机地推进能源变革和战略转型。参照美军的经验和做法，我们应首先设立军事能源领导机构和能源战略课题组，组织有关职能部门、用能单位和军内

---

① US Department of Defense, *Energy for the Warfighter: Operational Energy Strategy*. Preface, June 14, 2011.

② OEPP Staff, *Operational Energy Strategy: Implementation Plan*, March 6, 2012.

外专家学者进行联合攻关，对全军用能情况开展广泛而深入的调研，分类查明我国军事能源消费情况，找出当前和未来我军能源安全面临的风险和挑战，按照实战要求查清薄弱环节，了解当前国内外先进的能源技术，提出切实可行的能源变革方案。

制订军事能源战略应贯彻落实现行国家能源政策和气候变化政策，以支撑国家军事战略为目的，兼顾国家安全、能源安全、经济安全、环境安全等多重目标，追求可持续发展，努力摆脱对石油和商业电网的过度依赖。军事能源战略的发展应从作战能源和设施能源两条主线同时进行。在作战能源方面，我国陆、海、空、火箭和战略支援部队对能源保障的要求日益提高，而现有武器装备能效水平比较低，作战训练过程中补给能力有限，而且供应线路和基础设施容易遭受敌方打击，难以确保战斗力的正常发挥。因此，我们应把能源愿景确定为确保作战部队的能源安全，使我军在21世纪执行多样化军事任务时拥有可靠、充足、可持续的能源供给。战略目标：一是减少燃料消耗；二是扩大可持续能源供应，促进能源品种多样化；三是查找并减少后勤运输和军事行动中与能源相关的风险；四是将能源安全纳入未来部队建设之中。战略任务：一是推动能源管理制度变革；二是通过装备性和非装备性创新支持当前的军事行动；三是提升未来部队的作战效能和能源保障能力。

在设施能源方面，目前我军国内军事设施主要分两种情况：一是高度依赖商业电网的固定军事基地，在遇到区域性水电气断供时应急处置能力有限，一定程度上会影响整个部队执行使命任务；二是位置偏远（包括海外）的设施，以自我保障为主，但保障能力不高，电力生产运行不稳，饮用水供给受限，且能耗大、支出高，还存在意外中断的风险。鉴此，我国军事设施能源愿景可确定为提升能力、减少开支、降低风险，全面落实国家能源政策和环境/气候变化政策目标。战略目标：一是减少能源需求，特别是降低石油消耗；二是增加清洁/可再生能源的使用；三是确保设施能源安全；四是实现“净零”态势。战略任务：通过对营区进行节能改造和培养官兵良好的用能习惯，提高能源效率，降低设施能源消耗和强度；开发替代能源和可再生能源，降低其对化石燃料的依赖；推进“净零”能源基地和微电网建设，提升营区能源自给能力和恢复应变能力；支持能源技术创新，发展能源管理系统（包括计电计水计气系统）和清洁能源技术。

（三）鼓励各军兵种和各战区制订能源战略

美国国防部鼓励各军兵种和战区根据自身特点制订能源战略，落实联邦政府和国防部能源管理目标。美国陆、海、空、海军陆战队和战区先后出台了符合自身用能特点的能源战略。例如，美国陆军提出"构建一种有效、创新的陆军能源态势，通过领导、伙伴关系和自主精神来促进和确保能源变革使命成功"。其能源战略目标是：减少能源消耗；提高武器平台和设施的能效；扩大使用可再生/替代能源；确保能源供应充足；减少对环境的不利影响。美国海军强调要"把能源作为一种战略资源来看待；充分理解能源安全对于遂行海上和岸基任务的极端重要性；有能力适应未来任何一种潜在的能源发展前景"。其能源战略目标是：确保机动能力，保护关键性基础设施；减轻后勤负担，扩大战术作战范围；绿化足迹（即减排温室气体）。美国空军把能源视为空军遂行各项任务和行动的基础要素，强调"一切行动都要考虑能源因素"，充分发挥能源作为一种战斗赋能要素的作用。其能源战略目标是：减少需求；增加供应；改变文化。美国海军陆战队致力于将自己打造"成为第一支自给自足的远征军，在海军陆战队官兵中灌输一种勇士思想，即对重要资源的高效利用等同于战斗效能的提升"。其能源战略目标是：培养一种节能理念；提高海军陆战队装备和设施的能效；增加可再生和替代能源的使用。这种政策指导上的灵活性和差异性有效地确保了美军能源变革的科学性、针对性和实效性。战略愿景是对未来长期目标的一种构想，能够从宏观上指导实践。美国太平洋司令部提出要"通过与夏威夷州建立伙伴关系，研究制订一系列重要战略，落实创新性解决方案，以充分利用清洁、高效、安全、可再生、可持续的能源，造福于夏威夷州和亚太地区人民"。其能源战略目标是：达到或超过夏威夷州的目标——到2030年实现清洁能源占比70%。

我国军兵种部队、军委机关及其直属单位、各战区的使命任务各不相同，在作战训练、教学科研、营区运行等方面的供能用能方式上各有特点。因此，我们应该在战略层面上科学看待这些差异，在制订全军性能源战略的同时，鼓励各军兵种和战区制订上下对接、相互协调的能源战略，落实国家能源政策、环境/气候变化政策和军事战略目标以及军委的相关政策。

（四）在战略指导下制订配套实施计划

美军每一份能源战略文件都有一份相对应的实施计划。这些实施计划要素齐全，内容详细具体，目标和时间节点清晰，方便各军兵种、各部队贯彻落实。目前，我军也出台了不少有关节能减排、建设绿色营区的方案，但是缺乏统一规划协调，容易导致资源浪费和重复建设，很难上水平上层次。军事能源战略的基本目标是明确挑战、统一思想、确定方向，必须有具体的实施计划，才能整合资源，使战略落地生根。我军能源战略各层次的计划都应该包括实施主体、具体项目、时间表、进度轴、目标完成度等要素，并将具体责任和任务细化到部队和个人。

二、健全军事能源管理框架

军事能源变革是一项艰巨而复杂的系统工程，涉及国防和军队建设的方方面面，没有高层领导的坚定支持和大力推动，没有权威的领导机构和高效的管理体系，军事能源变革只能是纸上谈兵、寸步难行。我军应利用当前深化国防和军队建设改革的有利时机，按照强化统筹、调整机构、优化职能、提高效益的总体要求，尽快建立健全军事能源变革领导机构，完善全军能源管理框架，形成科学高效的常态化治理机制，从制度上确保能源变革的顺利推进。

（一）设立军事能源变革领导机构

为了推动能源变革和战略转型，美国国防部各组成部门均根据《2009财年国防授权法》的要求指定了各自的能源主管，建立健全了能源治理架构。2010 年，美国国防部专门设立了主管作战能源规划与项目的助理国防部长一职，负责对美国国防部各组成部门的作战能源变革行动进行指导、管理、协调、评估和资金支持。为了对各种作战能源创新计划进行评估、协调和支持，美国国防部还成立了国防作战能源委员会，由主管作战能源规划与项目的助理国防部长和联合参谋部后勤部长共同担任主席，常任成员包括军种部部长、参谋长等主要官员。2015 年，美国国防部将设施能源和作战能源两个职能部门进行了合并，由主管能源、设施与环境的助理国防部长统一管理。这些举措对于美军作战能源变革的顺利推进发挥了关键性的作用。

我军目前正处在改革发展期，建立健全能源领导机构对于加速推进军事能源变革和战略转型尤为重要。为此，我军应尽早采取以下措施：一是成立一个类似美国国防部作战能源规划与项目助理部长办公室的军事能源变革机构，可以考虑将其设置在军改领导部门之下，由它负责谋划、领导、协调、评估和管理全军能源变革工作。这样一方面能够强化机构权威，增强政策的执行力，另一方面便于利用更多的资源进行调查研究，将能源战略纳入改革大局之中。二是成立国防能源委员会，由军委后勤保障部主管领导、各军种和战区主官以及相关部门高级代表组成，其功能是交流能源变革的经验教训和最佳做法，改进能源政策、计划和项目的协调，推动各部门把能源考虑融入决策过程。国防能源委员会下设专门工作组。三是在军种和战区层面上，可在后勤保障部门内设立能源变革领导小组或办公室，由其负责制定能源变革政策、交流能源变革先进经验、协调各部门能源行动并落实上级指示要求。

（二）加强能源管理法治建设

经过后勤保障体制和能源领域的数次变革，美军的能源管理模式更加高效，职责更加细化，供应更加精细。这在很大程度上归功于美军自成体系的制度规定对工作进行详细和明确的职权划分。针对我军能源管理目前存在的条块分割、分散管理等问题，我们务必要推动法规建设的均衡发展。目前，我军除了在油料、煤炭等能源的消耗量上有《中国人民解放军油料条例》《军队油料节约管理工作规定》等专项规定外，并没有出台一项综合性能源法规，而且对部队人员和装备能源使用的效率、排放、经济性等因素缺少具体的标准，对平时生产、储存、供应的方式和要求缺少操作性较强的法规。各部队虽有一些规定，但缺少统筹，造成人员对自身的职责不明确，执行力不强。就此，相关部门可以由军委后勤保障部牵头，会同能源变革领导机构，对有关能源的各类指标进行量化和规定，明确职责，强化监督，切实增强对能源的有效管理。

三、优化军事能源管理办法

鉴于当前我国军事能源管理比较落后，我们应积极借鉴美军经验，创新军事能源管理办法，提升能源管理意识和能力，提高能源使用效率。

（一）加强集中统管并统筹新能源发展

近年来，美军创新和引进了许多行之有效的能源管理方法，通过建设信息系统、接入商业电网、进行“刷卡”式补给等方式，提高了能源管理的科学化程度。我军目前存在的问题主要是管理方式过于粗放，传统能源都由后勤保障部门归口管理，而新能源的发展缺乏集中规划。我军已经成立了联合保障基地，可以在此基础上实现由分散管理向集中统管转变，再将管理的具体内容细化到相应部门，通过拓展、优化、调整等办法，确定军事能源集中统管的职能部门，明确管理职责，健全集中统管机制，建立与军事能源发展相适应、全域覆盖、全程监管、协调发展的军事能源管理体系，将新兴能源纳入统管范畴。例如，营房部门负责普通设施的能耗管理，装备部门负责装备用油的管理，一般性的管理交由专业部门负责，这样可以提高管理的效果。同时，在能源变革机构之下可以设立新能源发展小组，各级后勤部门也可成立专门的新能源领导管理小组，专门对太阳能、风能、地热能等新能源进行统一的规划和管理，防止重复建设，提高研究应用的实际效用。①

（二）通过量化措施开展节能减排

美军高度重视节能减排工作。长期以来，在联邦政府能源法、环境法和国防部指令的推动下，美军以各种量化统计结果、数值标准为抓手落实各项任务，坚持不懈地开展节能增效工作，取得了显著的成效。美国国防部早在2007年就提出了“燃料关键效能参数”的概念，以此作为能源效率的量化数据。2012年美军参联会正式把“能源关键效能参数”确立为美军需求开发和武器采办的强制性关键性能参数，从而有效地促进了美军能源使用效率的提高。为更好地掌握设施能源消耗情况，美军在各基地安装了上千个电力、天然气等能源消耗计量装置，并运用统一标准进行记录。目前，我国军事能源管理不够严格、精细，节能增效潜力巨大，应借鉴美军能源管理的先进经验，根据国家能源政策和环境/气候变化政策，把节能增效作为第一大目标，在提升军事能力的同时，减少能源特别是石油消

---

① 杨三成等：《军事能源战略转型研究》，《后勤学术》2013年第4期。

耗，降低温室气体排放和环境污染。为促进节能减排，我军首先应尽早制定和实施“能源关键效能参数”，开展能源合同管理，建立健全能源使用监测机制，掌握能源消耗的准确信息；其次，应积极推行“燃料全负担成本”核算制度，实现能源管理的科学化、精细化、制度化，把节能增效工作落到实处；最后，应强制实行节能技术规范，严格执行国家规定的节能设计标准，建立健全工程项目节能审查制度和节能评估体系，把好建筑节能关，从而不断强化能源消费总量和强度控制，努力构建节能型军事能源消费体系，实现从足额供应向开源节能兼顾转变。①

（三）营造节能文化，改变用能习惯

美军将部队节能文化和官兵能源意识的培养作为一项重要工作来抓，不仅成立了专门性领导机构，还开展了各式各样的活动，目的就是让官兵形成良好的用能习惯。例如，美国空军专门成立了“文化变革工作组”，其职责就是在空军内部打造能源管理文化，促使美国空军全体人员自觉地把能源作为一项要素纳入日常工作之中。美国空军还广泛开展“能源意识月”、空军能源论坛、能源课程培训等活动，不断强化官兵对能源的科学认识。我军目前在节能文化工作方面比较滞后，局限于对节水节电、节省油料等进行口号式的教育。在这一点上，我们应结合自身优势，借鉴美军的经验，充分发挥政治、后勤部门作用，扎实开展节能文化工作。全军、各军种、各战区范围内可开展能源主题教育，普及能源知识，讲清节能作用；举办能源论坛、培训班，对各级军官，特别是后勤部门领导和分管军事能源的后勤助理进行能源教育培训；建立激励机制，设立节能奖项，每年表彰新能源运用和节能增效成绩突出的单位和个人。各部队可以开展“百日节能行动”、节能先进评比、节能示范单位参观学习等活动，激发基层官兵参与节能减排的动力、活力和创造力，潜移默化地强化其能源意识。

第二节 加快军事能源创新步伐，带动能源结构升级优化

美军开展能源变革的直接推手是军事能源技术创新。近年来，为了减

---

① 陈新、康伟：《合同能源管理对军营节能的几点启示》，《空军后勤》，2007年6月。

少对石油的依赖、降低能源价格飙升和意外中断的风险，美军在不断提高装备能源效率的同时，积极研发生物燃料、合成燃料等替代燃料，应用太阳能、地热能、风能等可再生能源，使美军在作战和训练中拥有更多品类的能源产品，有效地提升当前和未来军事行动的能源安全。目前，我国军事能源供应模式相对僵化，结构不平衡，存在一系列问题，主要体现在传统能源占比过大、新能源发展滞后、供应渠道较为单一等方面。我军应借鉴美军经验，加快军事能源创新步伐，带动能源结构升级优化。

一、大力发展应用新能源

发展新能源对于减少化石能源消耗、降低能源开支、增强能源选择的灵活性，提升可持续能源安全、应对气候变化具有特殊的意义。因此，我军应积极借鉴美军经验，大力加强替代燃料、可再生能源、核能等新能源的研发与应用。

（一）加强替代燃料的研发、认证与应用

替代燃料对于减少石油依赖、增加能源供应品种、防范石油供应中断和价格动荡、减少二氧化碳排放具有战略意义，因此，美军把替代燃料作为其能源战略的重点目标之一和重点投资的一大领域。目前，美国空军已经通过了费—托（F-T）合成燃料、加氢处理可再生航空燃料（HRJ）和醇基航空燃料（ATJ）在所有机种上的测试与认证，为其机群使用替代燃油作好了准备。美国海军一直在大力发展生物燃料。目前，在航空领域，石油基燃料（JP—5）和基于亚麻荠燃料各占 50% 的混合航空燃料已完成在海军各种飞机上的测试，正在大规模地加以应用。在舰艇领域，海藻基与 F—76 混合燃油已经在美国海军绝大多数舰艇上完成了试验，并在 2012 年环太平洋军演中大量运用，取得了良好的效果。“大绿舰队”已经应用了包括生物燃料和舰艇混合电力驱动等新能源技术。美国海军还在积极推动航空燃料酒精、热解油等替代燃料的试验和认证，并大力开发替代能源发电系统，包括车载发电和可再生能源系统。

我国是一个“富煤缺油少气”的国家，石油资源高度依赖海外进口，同时国内面临减排压力。发展混合燃料有助于缓解这一严峻形势，增加军用能源供应品种，提升未来能源安全。目前，我军在混合燃料研发和应用

方面较为落后，应该主动转型，将军民融合扩大到能源领域，充分利用地方先进经验、技术和资金，运用藻类、废弃物、植物等材料制作混合燃料，并将其有计划、分步骤地引入部队使用，以便降低对石油燃料的依赖，增加能源供应的灵活性，同时减少温室气体排放。值得一提的是，最近我国已经研制出煤基乙醇，并已成功投产。该技术以煤为原料制备无水酒精，由中科院大连化学物理研究所和陕西延长石油集团共同研发，年产10万吨合成气制乙醇，是采用我国自主知识产权的全球首套煤基乙醇工业化项目。[①] 该技术的成功应用将有效弥补我国石油资源不足、缓解我国燃料乙醇对粮食的依赖局面。鉴于我国仅有全球7%的耕地，却要养活世界22%的人口，以粮食为原料制备燃料乙醇不适合在我国大范围推广。我国发展替代燃料必须避免“与粮争地”“与人争粮”的局面，以免威胁粮食生产、导致粮食危机。我国拥有丰富的煤炭资源，煤基乙醇成本低且节能环保，适合在我国大范围推广。我军应积极加强与工业界、航空界和相关政府部门的协作，加速煤基乙醇等替代燃料在我舰机上的测试、认证与应用，以提升我军能源供应的灵活性、可靠性、经济性和环保性。

（二）促进可再生能源在设施和作战中的广泛应用

受美国联邦政府能源法令和自身能源安全的驱动，美军高度重视并积极发展清洁能源。美国国防部把可再生能源作为重要目标纳入了作战能源战略和设施能源战略，并出台了一系列政策和措施支持可再生能源研发和部署。美军各军兵种在这方面开展了大量创新行动。例如，截至2013财年，美国空军正在运行或在建的可再生能源项目约有261个。其中，位于内华达州内利斯空军基地的光伏发电场每年发电超过25吉瓦/小时，成为美军可再生能源公私合营模式的成功典范。美国海军大力投资太阳能、地热能、潮汐能、风能等清洁能源，计划到2020年使可再生能源使用量达到1吉瓦。美国陆军和海军陆战队则是将太阳能运用到单兵和分队使用的战术型装备之中。美军能源转型经验表明，可再生能源的军事应用大有可为。

我军对可再生能源的利用早已不是新闻。据报道，我驻藏部队2007年就开始利用各种可再生能源建立“独立的发电系统”。宁波海军基地内外

---

① 佘惠敏：“‘煤变酒’是怎样酿成‘酒’的”，《经济日报》，2017年3月27日14版。

和三沙岛礁上均建有太阳能发电设施。风力发电和太阳能电池板组成的混合式电站也日益普遍，尤其南海岛礁上。[①] 可再生能源设施可以带来许多好处，包括减轻后勤保障压力、提升部队能源自给能力、增强电力供应安全、应对商业电网中断风险、保护环境等。我军应该放宽视野，开阔思路，积极探索可再生能源在设施能源和作战能源中的广泛应用，鼓励各军兵种和战区根据自身需要和驻地资源特点发展可再生能源，提升可持续能源保障能力。特别是在太阳能发电方面，部队可以帮助地方消化国内光伏产业过剩产能，建设军民两用的太阳能发电场，战时重点保障关键性军事任务的用能需要。同时，发展可再生能源应强化支持实战导向，鼓励军内外能源研究机构、厂家和相关部门密切开展合作，加速研制太阳能帐篷、生物燃料电池等远征性、便携式可再生能源产品和装备，提高一线部队的能源自给能力，并瞄准部队未来发展需求，不断探索可再生能源的战术化实战化应用。

（三）积极探索小型核电的军事化应用

美国海军"大绿舰队"的能源支撑除了生物燃料，另一项就是核能。美国海军对石油的依赖程度低于美国空军，主要原因就在于其现役所有航空母舰和潜艇都已实现核动力化。美军认为，未来最具实质意义的能源技术是使用核能为其基地和设施提供能源。美国国会在《2010 财年国防授权法》中明确指示美国国防部判定在其基地和设施内应用小型核电站的可行性。[②] 过去 20 多年来，美国能源部支持了许多核能技术的研发计划，美军非常希望这些技术能用来保障其使命任务。例如，美国能源部投资研发的小型模块化核反应堆技术能够减小裂变反应堆的规模，提升这种技术的作战用途。美国国防高级研究计划局将小型军用核电站列入了长期科研计划。目前，美国的 Radix、西屋、B&W、NuScale、Hyperion 等公司都在积极研究小型军用核电站，大体可分为压水堆、液态金属堆和高温气冷堆三种类型。这些小型反应堆模块可以机动，在反应堆关闭后，能够在一周内

---

① "美称解放军重视可再生能源 在南海岛礁建太阳能设施"，新华网，2017 年 03 月 18 日。http://mil.news.sina.com.cn/china/2017—03—18/doc-ifycnikk1100973.shtml.［2017—03—18］

② U.S. Air Force Chief Scientist, *Energy Horizon: United States Air Force Energy S&T Vision 2011—2026*. Jan. 31, 2012, p.46.

迁移到新的地址，而且原址没有污染。[①]

我国是核能核技术利用大国。经过30多年的发展，我国核电技术显著提升，核电运行规模不断扩大，核设施安全达到国际先进水平。据报道，我国现有35台运行核电机组、21台在建核电机组，在建核电机组数量世界第一。到2020年，我国在运行核电装机容量将达到5800万千瓦，在建容量达到3000万千瓦以上，机组总数达到世界第二。[②] 近年来，随着我国海洋战略的实施，海洋资源开发活动日益频繁，我国正在加速发展海上浮动核电站。浮动平台体积小、便于移动，既可为远洋作业的海上油气开采平台提供充足的电力、热力、制冷和淡水供应，也可为偏远海岛提供安全、可靠的能源供应，有效缓解海洋能源供给矛盾。[③] 2016年11月4日，我国第一座20万千瓦海上小型堆ACPR50S建设正式启动，计划2020年建成发电。[④] 可见，我国核电技术发展前景广阔。我军应积极探索核电技术的军事化应用，由装备发展部牵头拟定近、中、长期军事核能发展计划，在加大航母等舰艇核动力技术研究和应用的同时，利用地方技术和经验试水小型核电站项目，以满足一些军事基地、高耗能研究所、偏远岛屿、海外设施等部队单位的用能需求。

二、加快设施和装备升级改造

未来相当长一段时间内，传统能源仍将是我国军事设施和武器装备使用的主要能源，因此，如何提高设施和装备的能效是我军能源变革必须解决的一个关键问题。

（一）扩大电能驱动的应用范围

前文所述，2009年，美国海军就推出了第一款混合动力军舰——“马

---

① 晨枫：《带着“核电”上前线》，《环球军事》第251期，2011年08月。

② 心月：“中国着手建海上浮动核电站 欲建20座耗资600亿”，环球网—环球科技，2016年4月22日。http://news.qq.com/a/20160422/047777.htm.［2017—02—13］

③ 李岩：“我国在建核电机组数量世界第一”，北京青年报—北青网，2017年3月23日。http://news1.ynet.com/3.1/1703/23/12574842.html.［2017—04—08］

④ 龙金光：“中国第一座海上核电站开工 可为海岛供电”，南方日报，2016年11月06日。http://news.sina.com.cn/o/2016—11—05/doc-ifxxnffr6829292.shtml.［2017—02—18］

金岛号”多用途两栖登陆攻击舰，其燃气轮机和辅助电力系统（HED）在首航中与同等规模的传统舰船相比节约了342万升的燃料。预计该舰在服役寿命内可节约2.5亿美元的燃料费用。美国陆军在装甲车辆上测试了带有2台电机的混合电传系统，这种车辆启动快、噪音小，而且能够取消传动轴，具有更好的抗爆性能。[①] 在美军大大小小的基地内，各种型号的电动车早已司空见惯，大大减少了非战术性能源消耗和温室气体排放。鉴此，我军在全面实现武器装备机械化的过程中，应该重视电动化设计，除了在非战术车辆和坦克炮塔、近防系统等小型武器上运用电驱动外，在一些大型装备上也应尝试运用电力进行辅助驱动，研究机构和生产企业应该为现产武器装备预留电力驱动和控制的空间、模块，在此基础上尽量在设计过程中考虑实现油电混合驱动。

（二）重视提升武器装备的能效升级

美军高度重视对现有武器装备进行能效升级改造，并要求将能源效率作为一个重要参数纳入武器装备的采办和需求制定过程之中。美国国防部专门设立了一个“作战能源能力改进基金”，支持旨在改善作战能源效能的长期性研发项目。美国陆军和空军联合开发的“先进高能效帐篷系统”可以减少帐篷系统电力消耗超过50%。由美国陆军和海军牵头、与国防高级研究计划局能源处合作开发的多个项目正在改善环境控制单元的能源效率，提高幅度高达56%，通过改进导管还可提高12%的能效。美国海军曾对F/A—18“大黄蜂”战斗机的发动机进行了升级，新型发动机可获得3%的效率提升，每年每架飞机可节约航空燃油12.7万桶，约合1500万美元。

我军目前存在的主要问题是过于看重装备的速度、马力、续航时间等“看得见”的效果，一味追求对发动机动力系统进行改造，忽视了能源的大量消耗。这种观念和做法不符合军事能源变革的趋势和潮流。我们应借鉴美军做法，一方面对现有装备进行升级改造，实现大批传统装备的节能增效；另一方面，在设计和研制新武器、新装备的过程中纳入一个能效指标，将能源消耗作为装备的重要性能进行考量，在确保战斗力的前提下大幅提升武器装备的能源效率，以降低燃料消耗，节省能源开支，减少温室

① 贾喜花：《坦克装甲车辆》，《国外兵器情报》，2013年第9期。

气体排放。

（三）加强战场能源网络搭建

为了解决战场能源问题，美军近年来花费了大笔资金，在作战前线建造发电设施和配电网络，部署各种型号的移动电力系统和微电网，为单兵研制配发了型号多样、接口统一的可再生能源电源、燃料电池、锂电池等，并且不断做到轻量化、便携化，基本实现了对战场边缘地域供能的全覆盖和相互补充，使每一支部队、每一名士兵都能不间断地获取能源。[①]

随着我国海外利益的不断拓展，我军遂行多样化海外军事行动不断增加。海外行动和偏远海防地区部队能源保障是我军迫切需要解决的一个问题。我军不仅要实现前线部队能源供应的到位和足量，还应该对能源进行网络化配置，以提高前线部队能源保障的安全性、稳定性和可再生性。我军在发展实践中可借鉴美军的做法，将单兵单装视为“触点”，提高装备性能，强化自给自足能力，并确保为单兵系统与基础设施和车载能源系统之间提供互操作接口；将能够产能的临时营地视为“节点”，实现产能和用能设备的标准化，并通过能源运输、驻地能源网络、自建设施等多种途径和方式与在外分队和单兵连点成线，搭建能源网络。

（四）推进“净零”基地建设

“净零”是美军基于长期可持续能源管理实践提出的一个全方位战略，旨在提升美军执行使命任务的效能、增强设施的能源供应恢复能力。美军的“净零”战略包含四种建设模式，即“净零”能源基地、“净零”水消耗基地、“净零”废弃物基地和综合性“净零”基地。“净零”能源基地建设的重点是对现有的军事设施进行改造，实现在能源消耗方面的节俭，同时开发新型能源、可再生能源，并结合基地驻地做到能源自给自足。美军把“净零”视为一种军力倍增器。2011 年，美国陆军启动净零基地战略，选择了 18 个基地作为试点，计划到 2020 年建成 6 个“净零”能源基地、6 个“净零”废弃物基地、5 个“净零”水消耗基地，另有 2 个将成为“净零”（能源、水和废弃物）基地。其最终目标是到 2030 年拥有 25 个全面“净零”基地，到 2058 年所有基地成为“净零”基地。我国军事

---

① US Department of Defense, *FY2011 Operational Energy Annual Report*, 2013, p. 12.

营区基础设施建设应借鉴美军“净零”基地建设的经验和做法，对现有基地进行“净零化”改造。新建基地在初期规划中应将自身产能考虑纳入其中，根据部队任务性质、所处地理位置、营区规模大小，安装配套可再生能源生产、淡水回收、废弃物处理等设施，因地制宜、就地补给，最大限度减少能源负荷，建设我军特色的“净零”能源绿色营区。这方面，我军有的部门已经开展了一些前期研究。① 我们应结合美军现成经验更进一步，尽快推动类似项目或建设方案的落实，作为我军推进可持续发展的重要抓手。

三、推进能源保障社会化

在市场经济条件下，军事能源的保障不能单纯依靠军队自身的力量和资源，必须充分利用社会资源，走军民融合发展的市场化道路，提升能源保障社会化水平。这方面，美军的军民融合机制和能源社会化保障方式值得我军学习借鉴。

（一）从依赖计划供给向市场采办转变

美军能源战略在强调增强自给自足能力的同时，努力把军事能源纳入市场化轨道，积极借助地方能源市场实现能源补给。例如，美国联邦政府把洛克菲勒、埃克森—美孚等大型石油公司纳入了能源储备体系，将原油和军队通用油料交给这些企业进行储备，航空和航海等特种油料交由军队能源部门进行储备。②

我国军事能源保障社会化程度相对较低。以成品油供应为例，我军长期以来采取以国家计划分配为主、市场采购为辅的方式，国家对军队用油采取计划、平价、定量供应的办法。这种方式使油料发运计划落实和油品质量监督难度增大，直接影响油料供应保障水平的提高，已很难适应日趋市场化的能源流通环境。此外，国家能源供应主体也更加多元，能源品类

---

① 梁国强、李瑞涛、施建洪：《开发可再生能源 提高南海岛礁能源保障能力》，《海军航空工程学院学报》，2010 年第 8 卷第 2 期。

② 苗强、黄本泉：《美国能源安全与军队后勤建设现状及启示》，《训练与科技》第 31 卷第 3 期，2010 年 5 月第 52 页。

的税费随着国际化程度的加深，不确定性变化增加，军队传统的计划供应方式无法适应迅速变化的能源供应环境。因此，我军应将一般性能源供应的市场化转向作为军队能源保障社会化变革的优先项。首先，应建立军地互联互通的能源数据，实现军队后勤部门与地方相关部门、产业的数据共享，动态跟踪能源资源潜力、能源技术与价格的新变化，通过网络加强供需双方的联系，实现网上采集相关信息、网上提报采购需求、网上进行预约采购，提高军事能源采购效率效益。[①] 其次，将市场化机制引入军营，对于机关和驻地不是很偏远的部队，可以采取划拨经费，公务用车到地方加油站进行刷卡加油，把超指标消耗、超范围供应等问题控制解决好；将营区供暖接入市政供暖网络等方式实现供给。对于驻地较为偏远的部队，在推广使用太阳能、风能、地热能时，可以将这些设施的安装使用、运营维护交由专业的地方公司负责，由部队进行监管，以提高效率、节省成本。此外，由于我国目前石油储备以生产性库存为主，[②] 给战时应急保障带来一定风险，我们应抓紧建立军地战略石油储备，从量上提升保障能力。

（二）依托军民融合机制推动能源创新

美军在发展能源创新项目时，充分利用了“节能绩效合同”（ESPC）、“公用能源服务合同”（UESC）、“增强型土地使用租约”（EUL）、“能源购买协议”（PPA）等军民融合机制与能源服务公司和地方企事业机构开展合作，以弥补国防预算资金的不足。这些合作机制不仅节约了经费，还大大缩短了从立项到正式投产的时间，可见其成效之高。此外，美军还与美国绿色建筑委员会、能源部国家实验室、农业部等机构建立了合作研究机制，加速推动能源创新。

目前，我国正在大力推进军民融合式发展，但是，除了与一些传统的航天航空、造船、后勤被装等军工企业的合作较为紧密外，在其他领域的军民合作水平较低，机制还不是十分健全。为此，在能源领域，军委后勤保障部、军委装备发展部可与地方机构，包括相关政府部门、高科技企业、科研院所、大学等发展合作机制，确定重点发展领域，有针对性地共

---

① 杨三成、刘邱丽、党连学：《军事能源战略转型研究》，《后勤学术》2013 年第 4 期。

② 李志：《建立油料军地战略石油储备的思考》，《仓储管理与技术》2003 年第 1 期第 8 页。

同开展研究应用。

第三节 深化能源保障体系研究，寻找战斗力增长点

美军能源变革和战略转型使其作战能源保障效能不断提高，强化了前沿部署、持久作战和抗打击能力，对包括我军在内的各国军队形成了巨大的战略战术优势，使我国家安全、军事安全和能源安全面临现实的和潜在的威胁。我军必须认清形势、识别风险、潜心攻研，在采取有效措施、强化自身安全的同时，积极研究未来战争中针对能源保障体系打击与防护的新思路、新战法，以强化能源保障能力为抓手强化部队战斗力建设。

一、加强储能设施保护

战略能源储备是一个国家确保能源安全，防范短期性能源供应中断，应对政治、经济和军事危机最重要的工具和底牌之一。任何交战国战时能源进口必然受到严重制约，而能源是现代战争的血液，能源补给一旦中断，军队就会不战自败。因此，确保充足、安全的能源储备就成了重中之重。早在2001年，美国史汀生中心高级研究员肯尼斯·阿伦（Kenneth W. Allen）就曾提交过一份研究报告，题为《美军一旦卷入台海冲突应采取的战略》。该报告提出了美国介入台海战争的用兵设想，建议在对付我军渡海作战部队的同时，打击我能源基地等战略目标。其核心是摧毁中国的原油生产基地和原油储备。[①] 由此可见，一旦发生战事，我军在第一波次攻防对抗中一方面应重点打击摧毁敌重要能源基地和储能设施，以削弱其军事行动和经济活动所必需的能源供应能力；另一方面应从战略和战术层面制定各种应急预案，大力加强我方能源基地和关键性基础设施的防护能力，采取设置假目标、隐蔽伪装、多点存储、重点防御等方式规避打击，增大敌误侦、误判、误袭的概率，加强对战略性能源目标的保护，同时要采取有力措施，增强能源供应中断后的迅速恢复能力，尤其要确保关键性

---

① 兰德分析："美军一旦卷入台海冲突应采取的战略"（AC—15 北方打击的绞索战略（摘录））。http：//www. 360doc. com/content/12/0904596_ 234146277. shtml，2015 年 12 月 25 日上网。

国防和军事使命任务的能源供应。

二、打击对手产能站点

随着能源变革和战略转型的深入发展，美军的能源产品和产能模式更趋多样，各类设施的分布地域也更加广泛，在提高能源保障能力的同时给对手带来了更大的打击难度。但是，换个角度思考，美军新型的能源保障体系也存在短板和弱点，为对手形成非对称式打击力量提供了可乘之机。以太阳能利用为例，美军现已将战术型太阳能装备广泛投入实战应用。但是，太阳能装备的使用一方面受地理和气候条件限制颇多，在阴雨连绵或阳光不足的城镇、丛林里无法便捷地采集太阳能以保障作战行动；另一方面，太阳能采集装置铺开目标大、易暴露，而且往往紧挨着部队营地，对手完全可以利用无人机和远程精确武器对其进行打击摧毁。此外，战术级太阳能装置能够提供的功率也相当有限，而且缺乏有效的储能装置，适用于普通装备的分队级部队。对于电子对抗部队、通信部队等耗能大、专业性强的兵种来说，战术级太阳能装置难以满足用电需求。当然，美军也意识到像太阳能这样的可再生能源所存在的固有弱点。在美国众议院武装部队委员会审议《2011 财年国防授权法》的过程中就有专家提出，美军应该放缓非核电能源项目的发展步伐，因为风电涡轮机、太阳能等都易遭电磁脉冲和网络攻击，而军事设施内的小型核电设施能够在部队遭受毁灭性打击的情况下提供能源，因此应给军用小型核电设施更多的重视。[①] 尽管目前核电技术不断成熟，稳定性已经达到较高水平，但是，美军小型军用核电站一旦大面积铺开，将成为对手打击的一处死穴。美军虽然对关键性核部件进行了地下化处理，但对手完全可以利用特种部队破袭、钻地炸弹攻击等方式开展行动，一旦成功，将对其造成灾难性打击。

三、加强能源补给线攻防策略研究

美军在海内外拥有 500 多个基地。这些基地之间形成了漫长而复杂的

---

① COMMITTEE ON ARMED SERVICES HOUSE OF REPRESENTATIVES, 2011 *National Defense Authorization Act*, 2011, p. 602.

后勤保障网络。这些网络一方面方便了美国国防部和各军兵种对部队作战训练耗能状况的及时了解和补给，十分高效便捷；另一方面，这些网络也十分脆弱。比如，在阿富汗和伊拉克战场上，美军陆上能源补给线就频频遭袭，损失惨重，牵扯了大量人力物力，削弱了前线部队的战斗力。再如，美国海军舰艇部队在补充油料时与补给舰连接，完全失去了机动性，成为最易攻击的目标。就这一点而言，我军一方面要向美军学习，建立网络化的电网、油料管线供应体系，充分利用地方供能网络把线路、储能基地、产能地与用油量大的单位连接起来，进行分散配置储存，灵活进行调剂补充，提高动态保障能力；另一方面，未来我军一旦与对手发生直接对抗，应该集中优势力量，专攻敌人薄弱之处，将处于补给线上或补给过程中的敌军部队作为打击重点，利用精确制导武器、石墨炸弹、电磁炸弹、网络攻击等武器和手段瘫痪敌方电力、原油供应网络，摧毁敌补给舰机，从而达到切断敌方联合作战行动重要链条、破坏后勤保障体系的目的。

后 记

本课题从2011年开始筹划，2012年10月正式立项，其总体构思、项目申报、资料搜集、写作框架基本由冯建中单独完成。为了加快结项进程，从2016年初开始，课题组加强了研究者队伍，先后吸收了6名英语功底较好的研究生参与写作，从而使本书成为一项集体创作成果。在具体分工上，冯建中负责绪论、第一章和统稿；胡寅珂负责第二章；殷东豪负责第三章；高涛负责第四章；孙英特负责第五章和第八章；王军舰负责第六章；范烛溪负责第七章。在各章写作过程中，冯建中对各位成员给予了全面的指导，并对各章进行了程度不同的修改、充实和完善；肖杰、殷东豪协助完成了第二章；杨海撰写了第三章的部分内容；殷东豪、王军舰协助完成了第四章；孙英特协助完成了第六章。课题组全体成员本着高度负责的精神，团结协作，投入了大量时间、精力和心血，阅读消化了上百份外文资料，对美军能源战略体系进行了全面、系统、深入、细致的考察研究，高质量地完成了这部成果，得到了五名匿名评审专家的高度好评。

在本书出版之际，我们谨向所有关心、支持和参与本研究的人们表示衷心的感谢。首先，我们要感谢军事科学院相关领导的信任和支持，感谢国防科技大学国际关系学院（原解放军国际关系学院）的各级领导、教授和广大同事的关心支持，特别是刘锋老院长、王京武院长、孙湛修政委、王文明副院长、王忠远副院长、陈海声副政委、张晋主任、于亚东部长、朱焰副部长、唐晓参谋以及何树教授、刘钊教授、陆建新教授、王传经教授、李战子教授、王波教授、桑建军政委、杨晓冬教授、邵志恒教授和方晓志教授。我们特别要感谢中国军事文化研究会会长查金路少将和会长助理李晓华先生，正是他们的战略眼光和大力支持，才成全了本课题，在此谨向他们表示崇高的敬意。在项目申报过程中，本课题得到了刘强教授、龙朝东教授和胡欣博士的友情支持。在开题报告时，朱听昌教授（已故）、刘强教授和薛兴国教授提出了宝贵的意见和建议。在写作过程中，许多研究生和本科生不计报酬地参与了文件翻译工作。其中，马利生翻译了《能源地平线：美国空军2011—2026年能源科技展望》，彭丹杨翻译了《美国空军武器装备采办与技术能源计划》及一些图表，戴雨聪翻译了《美国空军航空行动能源计划》，杨森翻译了《美国空军基础设施能源计划》，张士跃翻译了《美国陆军设施能源战略》，范烛溪、王继泽、李永佼、刘博怡、孙倩等合译了《美国陆军设施能源与水资源行动计划》。参与文件翻译的还有很多人。另外，文若愚参与了书稿的校对工作。在此一并向他们表示衷心的感谢。在匿名评审过程中，五名评审专家在充分肯定本成果的同时，也提出了一些非常中肯和专业的修改建议，对本书的完善发挥了积极的作用，在此谨向他们表示感谢、致敬。中国地缘与能源战略研究会领导，特别是陈锋副会长对本研究给予了高度重视、热情支持和积极推介，研究会会刊《地缘与能源》多次刊登本研究的阶段性成果，借此机会表示衷心的感谢。最后，我们还要感谢时事出版社的领导，特别是苏绣芳副社长和责任编辑马燕冰。正是他们的大力支持、高效决策和辛勤付出，才使本书得以如此快速地面世。

本书在写作过程中除了大量引用美军战略和政策文件外，还广泛参考了相关专家学者的研究成果，获得了丰富的启示。在此，我们向相关作者致谢致敬。所用资料全部来自公开途径。需要指出的是，本成果表达的纯粹是课题组的观点，所提意见和建议既不反映国家和军队的政策，也不代表作者所在单位的观点和态度。由于理论修养、学术水平、资料限制和时间仓促等原因，书中难免存在疏漏和不足之处，祈盼专家学者和广大读者批评指正。

我们真诚地希望本成果能发挥抛砖引玉的作用，引起军内外研究机构和专家学者对美军能源变革和战略转型的兴趣，组织更强大的队伍开展持续的、更专业、更深入、更系统的研究，为我国的军事能源战略理论和实践服务。同时，我们更希望国家和军队相关职能部门、各军种、各战区能从本书中获得丰富而深刻的启示，尽早将能源问题提升到战略的高度来加以认识和谋划，加快制订综合性军事能源战略，不失时机地推进具有我军特色的能源变革和战略转型，综合应对21世纪的各种挑战，抢占世界新一轮军事能源革命的前沿阵地，以可持续能源安全保障我军当前和未来的军事行动安全，把习主席提出的强军目标和深化国防与军队建设改革的系列指示精神落到实处。

冯建中

2017 年 8 月 12 日

主要参考文献

一、美国联邦政府与能源相关的法律法规

（一）美国国会法律法规

1. 1975：Energy Policy and Conservation Act，Dec. 22，1975.

2. 1978：The 1978 National Energy Conservation Policy Act，P. L. 95 – 619.

3. 1988：The Federal Energy Management Improvement Act of 1988，P. L. 100 – 615.

4. 1992：Energy Policy Act of 1992.

5. 1998：Energy Conservation and Reauthorization Act of 1998，P. L. 105 – 388.

6. 2005：Energy Policy Act of 2005（EPAct 2005），P. L. 109 – 58，Aug. 8，2005.

7. 2007：Energy Independence and Security Act（EISA）of 2007，P. L. 110 – 140，Dec. 19，2007.

8. 2009：American Recovery and Reinvestment Act of 2009（ARRA），Feb. 17，2009.

9. National Defense Authorization Act for Fiscal Year 2002，P. L. 107 – 107，Dec. 28，2001.

10. National Defense Authorization Act for Fiscal Year 2007，P. L. 109 – 364，Oct. 17，2006.

11. National Defense Authorization Act for Fiscal Year 2008，P. L. 110 –

181, Jan. 28, 2008.

12. National Defense Authorization Act for Fiscal Year 2009, P. L. 110 – 417, Oct. 14, 2008.

13. National Defense Authorization Act for Fiscal Year 2010, PL 111 – 84, Oct. 28, 2009.

14. National Defense Authorization Act for Fiscal Year 2011, PL 111 – 383, Jan. 7, 2011.

15. National Defense Authorization Act for Fiscal Year 2012, PL 112 – 81, Dec. 31, 2011.

16. United States Code, Title 10, Armed Forces.

（二）美国总统行政令、国家安全战略、演讲等

1. 1999：EO 13123, *Greening the Government through Efficient Energy Management*. June 8, 1999.

2. 2001：EO 13221, *Energy Efficient Standby Power Devices*. August 2, 2001.

3. 2007：EO 13423, *Strengthening Federal Environmental, Energy, and Transportation Management*. January 24, 2007.

4. 2009：EO 13514, *Federal Leadership in Environmental, Energy, and Economic Performance*. October 5, 2009.

5. 2013：EO 13653, *Preparing the United States for the Impacts of Climate Change*. November 1, 2013.

6. 2015：EO 13693, *Planning for Federal Sustainability in the Next Decade*. March 25, 2015.

7. Bush, George W., *Remarks While Touring Youth Entertainment Academy*. Mar. 14, 2001, http://www.whitehouse.gov/news/releases/2001/03/print/20010314 – 2. html.

8. Bush, George W., *President Bush Delivers State of the Union Address*. Jan. 23, 2007. http://georgewbush-whitehouse.archives.gov/news/releases/2007/01/20070123 – 2. html.

9. Nixon, Richard, *Address to the Nation about National Energy Policy*. November 25, 1973, http://www.presidency.ucsb.edu/ws/print.php?

pid =4051.

10. Obama, Barack, *Remarks by the President at the Acceptance of the Nobel Peace Prize.* Oslo, Norway, Dec. 10, 2009.

11. Presidential Memorandum, *Energy Conservation at Federal Facilities.* 2001.

12. The White House, *Blueprint for a Secure Energy Future.* March 30, 2011.

13. The White House, *National Security Strategy of the United States of America.* September 2002.

14. The White House, *The National Security Strategy of the United States.* May 2010.

15. The White House, *The National Security Strategy of the United States.* February 2015.

（三）政府问责办公室（GAO）评估报告

1. GAO, *Defense Infrastructure: Department of Defense Renewable Energy Initiatives.* Briefing for the Committees on Armed Services, United States Senate and House of Representatives, April 26, 2010.

2. GAO, *Defense Infrastructure: DOD Needs to Take Actions to Address Challenges in Meeting Federal Renewable Energy Goals.* December 2009.

3. GAO, *Defense Infrastructure: DOD Did Not Fully Address the Supplemental Reporting Requirements in Its Energy Management Report.* Briefing for Congressional Committees, January 2012.

4. GAO, *Uncertainty about Future Oil Supply Makes It Important to Develop a Strategy for Addressing a Peak and Decline in Oil Production.* February 2007.

二、美国国防部、参联会、各军兵种和太平洋司令部文件

（一）美国国防部能源战略、实施计划、政策、年度报告、指令等

1. Assistant Secretary of Defense forOperational Plans and Programs, *Department of Defense Alternative Fuels Policy for Operational Platforms.* July

5, 2012.

2. Assistant Secretary of Defense for Operational Plans and Programs, *Notification of Updated Guidance for the Calculation of Fully Burdened Cost of Energy (FBCE) in Analysis of Alternatives (AoAs) and Acquisition Programs*. Aug. 10, 2012.

3. Department of Defense, *FY 1999 Energy Resources Management Progress Report*. January 2000.

4. Department of Defense, *FY 2000 Energy Resources Management Progress Report*. January 2001.

5. Department of Defense, *FY 2001 Energy Resources Management Progress Report*. January 2002.

6. Department of Defense, *FY 2002 Energy Resources Management Progress Report*. January 2003.

7. Department of Defense, *FY 2003 Energy Resources Management Progress Report*. January 2004.

8. Department of Defense, *Annual Energy Management Report for FY 2004*. January 2005.

9. Department of Defense, *Annual Energy Management Report for FY 2005*. January 2006.

10. Department of Defense, *Annual Energy Management Report for FY 2006*. January 2007.

11. Department of Defense, *Annual Energy Management Report for FY 2007*. January 2008.

12. Department of Defense, *Annual Energy Management Report for FY 2008*. January 2009.

13. Department of Defense, *Annual Energy Management Report for FY 2009*. May 2010.

14. Department of Defense, *Annual Energy Management Report for FY 2010*. July 2011.

15. Department of Defense, *Annual Energy Management Report for FY 2011*. September 2012.

16. Department of Defense, *Annual Energy Management Report for FY*

2012. June 2013.

17. Department of Defense, *Annual Energy Management Report for FY 2013*. June 2014.

18. Department of Defense, *Annual Energy Management Report for FY 2014*. May 2015.

19. Department of Defense, *Annual Energy Management Report for FY 2015*. June 2016.

20. Department of Defense, *Charter of Defense Operational Energy Board*. March 22, 2012.

21. Department of Defense, *Energy for the Warfighter: Operational Energy Strategy*. May 2011.

22. Department of Defense, *Fiscal Year* 2012 *Operational Energy Budget Certification Report*. January 2011.

23. Department of Defense, *Fiscal Year* 2013 *Operational Energy Budget Certification Report*. June 2012.

24. Department of Defense, *Fiscal Year* 2011 *Operational Energy Annual Report*. March 2013.

25. Department of Defense, *Fiscal Year* 2012 *Operational Energy Annual Report*. September 2013.

26. Department of Defense, *Fiscal Year* 2013 *Operational Energy Annual Report*. Oct. 15, 2014.

27. Department of Defense, *Fiscal Year* 2014 *Operational Energy Annual Report*. June 2015.

28. Department of Defense, *Fiscal Year* 2015 *Operational Energy Annual Report*. August 2016.

29. Department of Defense, *National Defense Strategy*. June 2008.

30. Department of Defense, *National Defense Strategy of the United States*. March 2005.

31. Department of Defense, *Operational Energy Strategy: Implementation Plan*. March 2012.

32. Department of Defense, *Quadrennial Defense Review Report*. February 2010.

33. Department of Defense, *Quadrennial Defense Review Report.* March 4, 2014.

34. Department of Defense, *Strategic Sustainability Performance Plan, FY2011.* July 12, 2011.

35. Department of Defense, *Sustaining U. S. Global Leadership: Priorities for 21st Century Defense.* Washington, DC: Department of Defense, January 2012.

36. Deputy Secretary of Defense Ashton Carter, *Deputy Secretary of Defense Carter's Guidance for a Comprehensive Defense Energy Policy.* June 20, 2013.

37. Deputy Under Secretary of Defense (Installations and Environment), *Installation Energy Policy Goals.* November 18, 2005.

38. DoD Directive 4170. 10, *Energy Conservation.* Mar. 29, 1979.

39. DoD Directive 4140. 25, *DoD Management Policy for Energy Commodities and Related Services.* April 12, 2004.

40. DoD Directive 5134. 15, *Assistant Secretary of Defense for Operational Energy Plans and Programs.* May 17, 2011.

41. DoD Directive 4180. 01, *DoD Energy Policy.* April 16, 2014.

42. DoD Instruction (DoDI) 4170. 10, *Energy Management Policy.* August 8, 1991.

43. DoD Instruction (DoDI) 4170. 11, *Installation Energy Management.* 22 November 2005.

44. DoD Instruction (DoDI) 4170. 11, *Installation Energy Management.* Dec. 11, 2009.

45. Intuitive Research & Technology Corporation, *Department of Defense Energy Manager's Handbook.* 25 August 2005.

46. *Memorandum from Deputy Secretary of Defense to Secretaries of the Military Departments on Strengthening America's Security and Improving the Environment.* Feb. 16, 2007.

47. *Memorandum of Understanding Between the U. S Department of Energy and the U. S Department of Defense Concerning Cooperation in a Strategic Partnership to Enhance Energy Security.* July 22, 2010.

48. Office of the Under Secretary of Defense for Acquisition, Technology,

and Logistics (OUSD/AT&L) Memorandum, *Required Use of Fuels in Flex Fuel Vehicles.* 27 December 2007.

49. Office of the Secretary of Defense, *Quadrennial Defense Review.* February 2010.

50. Office of the Under Secretary of Defense for Acquisition, Technology, and Logistics, *Department of Defense Report to Congress on Energy Security Initiatives.* DoD Energy Security Task Force, October 2008.

51. Office of the Under Secretary of Defense for Acquisition, Technology, and Logistics, *Report of the Defense Science Board on More Capable Warfighting Through Reduced Fuel Burden.* May 2001.

52. Office of the Under Secretary of Defense for Acquisition, Technology, and Logistics, *Report of the Defense Science Board Task Force on DoD Energy Strategy: More Fight, Less Fuel.* February 2008.

53. Secretary of Defense Memorandum, *Management of Defense Energy Resources.* November 17, 1973.

54. Secretary of Defense Memorandum, *Management of Defense Energy Resources—Phase II.* August 26, 1974.

55. Secretary of Defense Memorandum on Fuel Conservation. September 2005.

56. Secretary of Defense Memorandum on EO 13423. February 2007.

57. Statement by Ms. Sharon Burke, Assistant Secretary of Defense for Operational Energy Plans and Programs, Submitted to the Subcommittee on Readiness House Armed Services Committee United States House of Representatives. March 29th, 2012.

58. Testimony of Chris Dipetto, Office of the Deputy Under Secretary of Defense (Acquisition & Technonlogy) before the United States House Committee on Armed Services Readiness Subcommitttee. March 13, 2008.

59. Testimony of Mr. Alan Shaffer Principal Deputy, Defense Research and Engineering Before the United States House of Representatives Committee on Armed Services, Subcommittee on Terrorism, Unconventional Threats and Capabilities. 3 MAR 2009.

60. Testimony of Sharon Burke, Assistant Secretary of Defense, Operational

Energy Plans and Programs, U. S. Congress, House Committee on Armed Services, Subcommittee on Readiness, *What is the Price of Energy Security: from Battlefields to Bases.* 112th Cong., 2nd sess., March 29, 2012.

61. Under Secretary of Defense Kenneth Krieg, Official Memo, "*Fully Burdened Cost of Fuel Pilot Program.*" April 10, 2007.

（二）美国参谋长联席会议军事战略、政策、指南等文件

1. Chairman of the Joint Chiefs of Staff, JP 1 – 02, *Department of Defense Dictionary of Military and Associated Terms.* 8 November 2010 (As Amended Through 15 October 2013).

2. Chairman of the Joint Chiefs of Staff, *Joint Vision* 2010: *America's Military: Preparing for Tomorrow.* Washington, D. C.: U. S. Government Printing Office, 1996.

3. Chairman of the Joint Chiefs of Staff, *The National Military Strategy of the United States.* 2004.

4. Chairman of the Joint Chiefs of Staff, *The National Military Strategy to Combat Weapons of Mass Destruction.* 13 February 2006.

5. Chairman of the Joint Chiefs of Staff, *The National Military Strategy of the United States.* 8 February 2011.

6. Chairman of the Joint Chiefs of Staff, *The National Military Strategy of the United States.* June 2015.

7. Director for Strategic Plans and Policy, *Joint Vision* 2020: *America's Military: Preparing for Tomorrow.* Washington, D. C.: U. S. Government Printing Office, June 2000.

8. United States Joint Forces Command, *The Joint Operating Environment* 2008. November 2008.

9. United States Joint Forces Command, *The Joint Operating Environment* 2010. February 2010.

（三）美国陆军能源战略、实施计划、政策、指南等

1. Army Environmental Policy Institute, *Sustain the Mission Project: Casualty Factor for Fuel and Water Resupply Convoys.* September 2009.

2. Assistant Secretary of the Army (Installations, Energy & Environment), *Army Energy Program Overview*. Jan. 21, 2012.

3. Department of the Army, *Army Energy Program*. Army Regulation 11 – 27, 3 February 1997.

4. Department of the Army, *Army Energy Strategy for Installations*. July 8, 2005.

5. Department of the Army, *The U. S. Army Energy and Water Campaign Plan for Installations: FY2008 – 2013*. 1 August 2006.

6. Department of the Army, *The U. S. Army Energy and Water Campaign Plan for Installations: FY2010 – 2015*. 1 December 2007.

7. Department of the Army, *Army Energy Security Implementation Strategy*. Jan. 13, 2009.

8. Department of the Army, *Tactical Fuel and Energy Strategy for The Future Modular Force*. 18 May 2009.

9. Department of the Army, *Tactical Fuel and Energy Implementation Plan*. AR 5 – 5 Study, 24 September 2010.

10. Secretary of the Army, *Army Operational Energy Policy*. 30 April 2013.

11. U. S. Army, *Army Net Zero: Energy Roadmap and Program Summary*. 2013.

12. U. S. Army, *Army Sustainability Report*. Sep. 7, 2012.

13. U. S. Army, *Energy Security and Sustainability (ES2) Strategy*. June 2015.

14. U. S. Army, Office of the Assistant Secretary of the Army, *Installations, Energy and Environment Strategy* 2025. Dec. 17, 2015.

（四）美国空军能源战略、实施计划、政策、指南等

1. U. S. Air Force, *Air Force Acquisition & Technology Energy Plan* 2010. 24 November 2009.

2. U. S. Air Force, *Air Force Aviation Operations Energy Plan* 2010. 24 November 2009.

3. U. S. Air Force, *Air Force Energy Plan* 2010. 24 November 2009.

4. U. S. Air Force, *Air Force Infrastructure Energy Plan* 2010. 24 Novem-

ber 2009.

5. U. S. Air Force, *Reinvigorating the Air Force Nuclear Enterprise*. Prepared by the Air Force Nuclear Task Force, Oct. 24, 2008.

6. U. S. Air Force, *United States Air Force Energy Strategy*. 2008.

7. U. S. Air Force, *United States Air Force Infrastructure Energy Strategic Plan*. Published by the Office of the Air Force Civil Engineer, 2008.

8. U. S. Air Force, *U. S. Air Force Energy Strategic Plan*. March 2013.

9. U. S. Air Force Chief Scientist, *Energy Horizon: United States Air Force Energy S&T Vision* 2011—2026. Jan. 31, 2012.

10. Secretary of the Air Force, *The Air Force Energy Program Policy Memorandum*. AFPM10 – 1, Dec. 19, 2008.

11. Secretary of the Air Force, *Air Force Energy Program Policy Memorandum*. June 16, 2009.

（五）美国海军能源战略、实施计划、政策、演讲等

1. Cullom, Philip H., *A Navy Energy Vision for the 21st Century*. Oct. 13, 2010.

2. Department of the Navy, *Department of the Navy's Energy Program for Security and Independence*. October 2010.

3. Department of the Navy, Memorandum, *SECNAV Shore Energy Policy*. Dec. 1, 2011

4. Department of the Navy, *Naval Energy—A Strategic Approach*. October 2009.

5. Department of the Navy, *Navy Energy Training and Education Plan*. July 2, 2015.

6. Department of the Navy, OPNAV Instruction 4100.5E, *Shore Energy Management*. June 22, 2012.

7. Department of the Navy, *Strategy for Renewable Energy*. October 2012.

8. Mabus, Ray, Secretary of the Navy, *Remarks at Naval Energy Forum*. Virginia, Oct. 14, 2009.

9. Mabus, Ray, Secretary of the Navy, *Speech on 235th Anniversary of the founding of the US Navy*. October 2010.

10. Secretary of the Navy, *The Department of the Navy's Energy Program for Security and Independence*. 1 October 2010.

11. Secretary of the Navy, SECNAV Instruction 4101. 3, *Department of the Navy's Energy Program for Security and Independence Roles and Responsibilities*. 3 February 2012.

12. U. S. Navy, *A Navy Energy Vision for the 21st Century*. October 2010.

13. U. S. Navy Energy Office, *U. S. Navy Energy Plan*. January 1977.

(六) 美国海军陆战队能源战略、实施计划、政策、讲话等

1. Allen, John R., General, USMC Commander in Afganistan, Memorandum—*Supporting The Mission with Operational Energy*. Dec. 11, 2011.

2. Commander, MCBO 4100. 1B, *Energy and Water Management Program*. 11 April 2011.

3. U. S. Marine Corps, Assistant Commandant of the Marine Corps, Memorandum 11/09, *Establishment of the Marine Corps Expeditionary Energy Office*. 19 November 2009.

4. U. S. Marine Corps, *Initial Capabilities Document for United States Marine Corps Expeditionary Energy, Water and Waste*. 2011.

5. U. S. Marine Corps, *Marine Corps Vision and Strategy* 2025, *Implementation Planning Guidance*. 2011.

6. U. S. Marine Corps, *U. S. Marine Corps S&T Strategic Plan—Leading Edge Technology for Tomorrow*. Jan. 31, 2012.

7. U. S. Marine Corps, *United States Marine Corps Expeditionary Energy Strategy and Implementation Plan*: "*Bases to Battlefield*". February 2011.

8. U. S. Marine Corps, *United States Marine Corps Sustainability Plan*. 2011.

9. U. S. Marine Corps, *Vision and Strategy* 2025. December 2008.

10. U. S. Marine Corps, *Vision and Strategy* 2025, *Implementation Planning Guidance*. December 2008.

11. USMC Order 3900. 19, *Applying Energy Performance Metrics and Measures in Requirements Development and Acquisition Decision-Making*. March 2013.

（七）美国太平洋司令部能源战略、行动计划等

1. Ka'iliwai III，George，USPACOM Director，Resources and Assessment，*US PACIFIC COMMAND MISSION AND ENERGY EFFORTS*（*U*）. 06 Dec 2011.

2. U. S. Pacific Command，*Joint Deployable Waste to Energy*（*JDW2E*），Sep. 2014.

3. U. S. Pacific Command，*PACOM ENERGY SECURITY INITIATIVES*（*U*），May 2010.

4. U. S. Pacific Command，*PACOM Green Initiative for Fuels Transition*（*GIFTPAC*），Aug. 31，2010.

5. U. S. Pacific Command，*U. S. Pacific Command Energy Security Perspective*（*U*），May 20，2011.

6. U. S. Pacific Command，*United States Pacific Command Energy Strategy in Cooperation with the State of Hawaii*，2009.

7. U. S. Pacific Command，*USPACOM Energy Strategy*，October 24，2013.

（八）其他

1. Burke，Sharon E.，*Navy Energy Forum Remarks*. 12 October 2010.

2. Burke，Sharon E.，*Charter of Defense Operational Energy Board*. March 22，2012.

3. Burke，Sharon E.，*Energy Optimizer*：*Refining and Reducing the Operational Use of Energy*. Jul. 19，2013，http：//www. kmimediagroup. com/navy-air-sea-peo-forum/4640-q-a-sharon-e-burke/4640-q-a-sharon-e-burke.

4. Department of Defense，*Elements of Defense Transformation*. October 2004.

5. Department of Defense，*Military Transformation*：*A Strategic Approach*. September 2002.

6. Department of Defense，*Operational Energy Capabilities Improvement Fund Program Highlights*. Jan. 31，2012.

7. Department of Energy，*Quadrennial Energy Review—Energy Transmis-*

sion, Storage, and Distribution Infrastructure. April 2015.

8. Department of Energy, *Strategic Plan.* May 2011.

9. Mullen, Mike, *Speech at the Energy Security Forum.* Oct. 13, 2010, http://www.jcs.mil/speech.aspx? id = 1472.

10. Petraeus, David H., *Supporting the Mission with Operational Energy.* Memorandum for the Soldiers, Sailors, Airmen, Marines, and Civilians of US Forces-Afghanistan, 7 June, 2011.

11. U.S. Government Printing Office, *Department of Defense Energy Posture—Hearing before the Readiness Subcommittee of the Committee on Armed Services, House of Representatives.* March 13, 2008.

12. US Department of Commerce, *Air Force Energy Conservation Handbook.* Prepared for the Department of the Air Force, January 1977.

三、英文论著

1. Adams, Roy H., Martin F. Lindsey and Anthony Marro, *Battlefield renewable energy: a key joint force enabler.* Joint Forces Quarterly 57, 2nd Quarter, 2010.

2. Andrews, Anthony, *Department of Defense Facilities Energy Conservation Policies and Spending.* Washington, D.C.: Congressional Research Service, R40111, February 19, 2009.

3. Andrews, Anthony, *Department of Defense Fuel Spending, Supply, Acquisition, and Policy.* Washington, D.C.: Congressional Research Service, R40459, Sep. 22, 2009.

4. AUSA, *U.S. Army Energy Security and Sustainability: Vital to National Defense.* Torchbearer National Security Report by Institute of Land Warfare, Association of the United States Army, April 2011.

5. Baer, Scott D., *Operational Energy Metrics: Increasing Flexibility While Reducing Vulnerability.* U.S Army War College, 18 March 2010.

6. Baldor, Lolita C., and Robert Burns, *Costs Soar for New War Supply Routes.* Associated Press, January 19, 2012.

7. Bartis, James T. & Lawrence Van Bibber, *Alternative Fuels for Military*

Applications. Prepared for the Office of the Secretary of Defense (OSD), The RAND Corporation, 2011.

8. Beddor, Christopher et al., *Securing America's Future: Enhancing Our National Security by Reducing Oil Dependence and Environmental Damage*. August 2009.

9. Blackwell, Kristine E., *Department of Defense and Energy Independence: Optimism Meets Reality*. Air University, April 2007.

10. Blakeley, Katherine, *DOD Alternative Fuels: Policy, Initiatives and Legislative Activity*. CRS Report, Dec. 14, 2012.

11. Booth, Samual et al., *Net Zero Energy Military Installations: A Guide to Assessment and Planning*. August 2010.

12. Michael Callahan, Kate Anderson, Sam Booth, Jessica Katz, and Tim Tetreault, *Lessons Learned from Net Zero Energy Assessments and Renewable Energy Projects at Military Installations*. Technical Report, NREL/TP-7A40-51598, Revised September 2011.

13. Canes, Michael E., *Managing Military Energy for Greater Cost Effectiveness*. Oct. 11, 2012.

14. Casey, Tina, *U. S. Army Strives to Create an Energy Informed Culture*. May 21st, 2013. http://www.triplepundit.com/2013/05/us-energy-policy-calls-for-energy-informed – culture/.

15. Chambers, Alaina M. and Steve A. Yetiv, *The Great Green Fleet: The U. S. Navy and Fossil-Fuel Alternatives*, *Naval War College Review*, Summer 2011, Vol. 64, No. 3.

16. Cheney, Dick et al, *National Energy Policy-Reliable, Affordable, and Environmentally Sound Energy for America's Future*, Report of the National Energy Policy Development Group, May 2001.

17. Closson, Stacy, *The military and energy: Moving the United States beyond oil*. Energy Policy, Volume 61, Ocotber 2013.

18. Closson, Stacy and Nancy E. Brune, *The Rebalance to Asia—Implications for U. S. Military Energy Use*, April 2014.

19. CNA, *Powering America's Defense: Energy and the Risks to National Security*, May 2009.

20. CNA, *Powering America's Economy: Energy Innovation at the Crossroads of National Security Challenges*, July 2010.

21. Crane, Keith et al., *Imported Oil and U. S. National Security*, RAND, 2009.

22. Crowley, Thomas D. et al., *Transforming the Way DoD Looks at Energy: An Approach to Establishing an Energy Strategy*, LMI Report, April 2007.

23. Dall, Henry D., *National Energy Security and Reliance on Foreign Oil*, Research Report, Air War College Air University, 12 February 2009.

24. Deutch, John and James R. Schlesinger, *National Security Consequences of U. S. Oil Dependency*, Council of Foreign Relations, Independent Task Force Report 58, 2006.

25. Dimotakis, Paul et al., *Reducing DOD Fossil Fuel Dependence.* MITRE Corporation JASON Project, September 2006.

26. DoD Energy Security Task Force, *Department of Defense Energy Security Initiatives.* The WSTIAC Quarterly, Volume 9, Nov. 1, 2009.

27. Energy Security Leadership Council, *A National Strategy for Energy Security: Recommendations to the Nation on Reducing US Oil Dependence*, a project of Securing America's Future Energy, September 2008.

28. Energy Security Leadership Council, *Recommendations to the Nation on Reducing U. S. Oil Dependence, a project of Securing America's Future Energy.* December 2006.

29. Farrell, Michael, *Tough Guys Go Green: Expanding DoD's Role in Energy Security.* U. S. Army War College, 17 March 2009.

30. Flournoy, Michelle, *Rebalancing the Force: Major Issues for QDR* 2010. April 27, 2009, http://policy.defense.gov/sections/public_statements/speeches/usdp/flournoy/2009/April_27_2009.pdf.

31. Fournier, Donald F., and Eileen T. Westervelt, *Energy Trends and Their Implications for U. S. Army Installations.* September 2005.

32. Fritz, Oliver, *Operational Energy Considerations.* Directorate of Strategic Planning, Headquarters U. S. Air Force, June 14, 2010, p. 15.

33. Gjelten, Tom, *U. S. Now Relies On Alternate Afghan Supply Routes. NPR*, September 26, 2011.

34. Halcrow, Stephanie D., *Green Energy for the Battlefield.* MBA Professional Report, Naval Postgraduate School, Monterey, CA, December 2007.

35. Hargreaves, Steve, *Ambushes prompt military to cut energy use.* June 14, 2011, http://money.cnn.com/2011/06/14/news/economy/military_energy_strategy/index.htm.

36. Hirsch, RobertL. et al., *Peaking of World Oil Production: Impact, Mitigation and Risk Management.* SAIC, February 2005, http://www.netl.doe.gov/publications/others/pdf/Oil_Peaking_NETL.pdf.

37. Hornitschek, Michael J., *War Without Oil—A Catalyst For True Transformation.* Feb. 17, 2006.

38. Hourihan, Matt and Matt Stepp, *Lean, Mean and Clean—Energy Innovation and the Department of Defense.* ITIF, March 2011.

39. Hulst, Noe van, *Lessons Learned from the Power Outage in North America and Europe*, RIETI Policy Symposium, Tokyo, 15 December 2004.

40. International Energy Agency, *World Energy Outlook*, November 2008.

41. Jones, Hugh, David Anker and Kumud Mathur, *Strategci Energy Resource Investment Optimization for the US Army*, Center for Army Analysis, August 2004.

42. Karbuz, Sohbet. *A Look at the DOD's Operation Energy Strategy*, 10 August 2011. http://oilprice.com/Energy/Energy-General/A-Look-at-the-DOD-s-Operation-Energy-Strategy.html.

43. Karbuz, Sohbet, *How Much Energy Does the U.S. Military Consume? -An Update*, August 5th, 2013. http://www.dailyenergyreport.com/how-much-energy-does-the-u-s-military-consume-an-update/.

44. Karbuz, Sohbet, *US military oil pains.* Energy Bulletin, Feb. 17, 2007.

45. Kiefer, T. A., *Energy insecurity: the false promise of liquid biofuels.* Strategic Studies Quarterly, Spring, 114-151, 2013.

46. King, Neil Jr., *Peak Oil: A Survey of Security Concerns.* CNAS, July 2008.

47. Lengyel, Gregory J., *Department of Defense Energy Strategy: Teaching an Old Dog New Tricks.* 21st Century Defense Initiative Foreign Policy Studies,

The Brookings Institution, August 2007.

48. Lovins, B. Amory, *DOD's Energy Challenge as Strategic Opportunity*. Joint Force Quarterly, Issue 57, 2nd quarter, 2010.

49. Lovins, B. Amory, Odd-Even Bustnes, Jonathan G. Koomey, and Nathan J. Glasgow, *Winning the Oil Endgame: Innovation for Profits, Jobs, and Security*. Snowmass, CO: Rocky Mountain Institute, 2004.

50. Lyons, John W., Richard Chait, and James J. Valdes, *Assessing the Army Power and Energy Efforts for the Warfighter*. March 2011.

51. Maccoby, Nora, *Energy Conversation: The First Three Years*. CNA, 2009.

52. Mason, Raymond, *Power and Energy: Enhancing Mission Effectiveness while Preserving Future Choices*. October 11, 2011.

53. McCaskill, John R., *Energy Security: the Nexus of National Security Strategy and Energy Policy*. U. S. Army War College, June 2007.

54. McNair, Fort Lesley J., *Energy Security as a Grand Strategy*, National Defense University. Washington, D. C., May 7 – 8, 2012.

55. McQuinn, Matthew E., *Energy Regulation Effects on Critical Infrastructure Protection*. Naval Postgraduate School Thesis, December 2008.

56. Meade, Douglas and Soyong Chong, *Energy Security for Defense*. Presented at the Western Economic Association International 83rd Annual Conference, Honolulu, HI, July 2008.

57. Morin, James, *Cutting the Tether: Enhancing the U. S. Military's Energy Performance*. PPI Report, 2010.

58. Munroe, Rick. *Energy Security: An Annotated Military/Security Bibliography* (2010 Update). 29 September, 2010.

59. National Petroleum Council, *Facing the Hard Truths about Energy: A Comprehensive View to* 2030 *of Global Oil and Natural Gas*. Updated in 2008.

60. Newell, Brandon H., *The Evaluation of HOMER as a Marine Corps Expeditionary Energy Predeployment Tool*. Naval Postgraduate School Thesis, September 2010.

61. Null, Schuyler, *Defense Sustainability: Energy Efficiency and the Battlefield*. Global Green USA, 2010.

62. Nygren, Kip et al. , *Army Energy Strategy for the End of Cheap Oil.* West Point, November 2006.

63. Parthemore, Christine, and John Nagl, *Fueling the Future Force: Preparing the Department of Defense for a Post-Petroleum Era.* Center for a New American Security, 2010.

64. Pew Charitable Trusts, *From Barracks to the Battlefield: Clean Energy Innovation and America's Armed Forces.* The PEW Project on National Security, Energy and Climate, 2011.

65. Pew Charitable Trusts, *Reenergizing America's Defense—How the Armed Forces Are Stepping Forward to Combat Climate Change and Improve the U. S. Energy Posture.* The Pew Project on National Security, Energy and Climate, 2010.

66. Robyn, Dorothy, *Less is More: DoD's Strategy for Facility Energy Security and Environmental Sustainability.* 22 May, 2012.

67. Roege, P. E. , *Scalable energy networks to promote energy security.* Joint Forces Quarterly 62, 125 - 130, 2011.

68. Roughead, Gary, et al. *Powering the Armed Forces: Meeting the Military's Energy Challenges.* Hoover Institution Press, Stanford University, Stanford, California, 2012.

69. Russell, James, *Militarization of Energy Security.* Speech at James Baker Energy Forum. May 21, 2008.

70. Salem, Anita, et al, *Best Practices in the Navy's Energy Programs—Strategic communication factors operating in the tactical forces.* Center for Defense Management Research, http://www.defensereform.org.

71. Scholtes, Jeremy S. , *On Point for the Nation: Army and Renewable Energy.* Energy Law Journal, Vol. 34: 55, 2013.

72. Schwartz, Moshe, Katherine Blakeley, Ronald O'Rourke, *Department of Defense Energy Initiatives: Background and Issues for Congress.* CRS Report for Congress, December 10, 2012.

73. Sullivan, Gordan R. , et al. , *National Security and the Threat of Climate Change.* CNA Military Advisory Board report, April 2007.

74. Thaci, Krenare, *Energy Policies and Diplomatic Relations with the U-*

nited States. August 2011.

75. U. S. Energy Information Administration, *Annual Energy Outlook* 2009: *With Projections to* 2030. Washington, D. C.: US Department of Energy, 2010.

76. U. S. Department of the Navy, *Navy Energy Training & Education Plan*. 2 July 2015.

77. U. S. Marine Corps, *Strategy*. Marine Corps Doctrinal Publication (MCDP) 1 – 1, 12 November 1997.

78. Vilhauer, Laura, *Event Summary*: *Operational Energy Strategy*. CSIS, July 15, 2011.

79. Wald, Charles F. & Tom Captain, *Energy Security*: *America's Best Defense*. Deloitte study, 2009.

80. Warner, J. and P. W. Singer, *Fueling the Balance*: *A Defense Energy Strategy Primer*. Foreign Policy at Brookings, August 2009.

81. Wharton Aerospace & Defense Report, *U. S. Military Hopes to be Energized by Alternative Fuels*. University of Pennsylvania, January 2009.

82. Zablocki, Curtis, *Crafting the Department of Defense Energy Strategy*. U. S. Army War College, 2010.

四、中文论著

1. 蔡华堂:《美国国家安全战略析论》,北京:海潮出版社,2014年版。

2. 曹嘉涵:“打造绿色军队:美国军事能源战略调整评析”,《中国石油大学学报(社会科学版)》2013 年 8 月第 4 期。

3. 陈传明:“美国海军要革石油的命”,《世界军事》2011 年第 6 期。

4. 陈航辉、李雄杰:“美军瞄上混合电力驱动”,《环球军事》2010 年第 5 期。

5. 陈晓晨:“美军提‘石油峰值’传递何信息?”,《第一财经日报》2010 年 04 月 26 日。

6. 陈心中、徐润君:“军事能源的发展与学科构建”,《后勤学术》1998 年第 6 期。

7. 东森兰盾军事研究部:“美海军部长提出了雄心勃勃的舰队能源节

约目标”，《国际军事研究》2010 年第 14 期。

8. 冯建中：“对美军首个《作战能源战略》的分析”，《地缘与能源》2011 年第 4 期。

9. 冯建中：“美军作战能源战略及其对我军的启示”，《总参谋部南京科技创新工作站第十届学术报告会论文集——作战能力与科技创新》，军事谊文出版社，2012 年 5 月版。

10. 冯建中：“美国海军陆战队《远征能源战略》研究”，《解放军国际关系学院学报》2014 年第 5 期。

11. 冯建中：“聚集亚太再平衡——美国国防部《2016 年版作战能源战略》解析”，《解放军国际关系学院学报》2016 年第 3 期。

12. 冯建中、殷东豪：“能源变革之下的美国空军能源战略”，《解放军国际关系学院学报》2017 年第 2 期。

13. 冯琳：“美国空军 21 世纪能源战略及其启示”，《空军工程大学学报（军事科学版）》2008 第 2 期。

14. 国家发展和改革委员会：《国家应对气候变化规划（2014—2020 年）》，2014 年 9 月 19 日。

15. 国家发展和改革委员会：《中国应对气候变化的政策与行动》，2016 年 10 月。

16. 国务院办公厅：《能源发展战略行动计划（2014—2020 年）》，2014 年 6 月 7 日。

17. 国务院新闻办公室：《中国的军事战略》，2015 年 5 月。

18. 国务院新闻办公室：《中国的能源政策》，2012 年 10 月。

19. 哈蒙（Frederick G. Harmon）等：“推动实现美国空军的能源计划”，《空军力量杂志》。

20. 胡智刚：“军事能源战略研究的基础”，《后勤学术》2009 年第 7 期。

21. 黄宗爱：“美军被迫‘节能减排’”，《环球军事》2010 年第 12 期。

22. 姜海波、赵云鹏：“对偏远海岛可再生能源开发利用问题的思考”，《海军后勤学报》2008 第 2 期。

23. 军事科学院军事战略研究部编著：《战略学》，北京：军事科学出版社，2013 年版。

24. 李北陵：“新能源法案美国能源战略的‘历史转折点’”，载《中国石化》2008 年第 3 期。

25. 李超民："美国空军的替代能源政策"，《美国研究》2008 年第 2 期。

26. 李超民："美国海军转型：能源经济战略变化及影响"，豆丁网 2010 年 11 月 26 日。http：//www. docin. com/p－100884017. html

27. 李际均："用科学认识论与方法论研究外军"，《外军军事学术》2006 年第 1 期。

28. 李建永主编：《军事战略》，军事交通学院，2003 年。

29. ［美］理查德·伯恩思坦、罗斯·芒罗著：《即将到来的美中冲突》，新华出版社，1997 年版。

30. 林晓："军事能源转型战略思考"，《后勤学术》2008 年第 9 期。

31. 梁国强、李瑞涛、施建洪："开发可再生能源 提高南海岛礁能源保障能力"，《海军航空工程学院学报》2010 年第 8 卷第 2 期。

32. 刘涛："美国海军能源转型建设综述"，《海军后勤科技》2013 年第 3 期。

33. 刘艳丽："美军近年来的能源战略解析"，《油料科技情报》2009 年第 6 期。

34. 刘艳丽："美军将投资 70 亿美元开展可再生能源研究"，《油料科技情报》2012 年第 4 期。

35. 刘艳丽："美军可再生能源战略又起争议——兰德公司最近一份研究报告表明可再生能源无法使美军摆脱燃料困境"，《油料科技情报》2012 年第 6 期。

36. 刘艳丽："美军近期作战能源战略"，《油料科技情报》2013 年第 1 期。

37. 苗宏、李健："略论我国能源动员战略路径"，《中国国防经济》2006 年第 4 期。

38. 苗强、黄本泉："美军能源安全与军队后勤建设现状及启示"，《训练与科技》2010 年第 3 期。

39. 彭光谦等：《战略学》，北京：军事科学出版社，2001 年版。

40. 任守生："我军能源应用与发展思考"，《海军后勤学报》2010（2—3）。

41. 商世民、解跃华："军事能源保障步入新变革时代——让战争不再受制于‘油’”，《解放军报》，2013 年 1 月 31 日，第 12 版。

42. 司古：“美军战机的绿色征程：摆脱石油依赖症”，网易军事，2011 年 6 月。

43. 宋磊：“《作战能源战略实施计划》解读”，《国防科技情报》2012 年第 6 期。

44. 孙燕侠、姚红霞、房一丁：“美军的作战能源战略”，《装备参考》2011 年第 32 期。

45. 涂庆、汪文祥、程亢：“军事能源可持续发展的思考”，《后勤指挥学院学报》2008 年第 4 期。

46. 王福贵、胡智刚：“军事能源学学科建设思考”，《后勤学术》2008 年第 11 期。

47. 王福贵、颜伟、张金岩：“军事能源科技重点发展策略”，《后勤学术》2013 年第 4 期。

48. 王福贵、张金岩：“军事能源一体化综合管理改革设想”，《后勤学术》2012 年第 7 期。

49. 王海运、许勤华著：《能源外交概论》，北京：社会科学文献出版社，2012 年版。

50. 王树礼等：“装备能源供应形势与战略研究”，《资源科学》2010 年 12 月第 12 期。

51. 王震：“解析布什政府的能源政策”，载《当代世界》2006 年第 8 期。

52. 王振星：“美军发布全新作战能源战略”，《环球军事》2011 年第 9 期。

53. 王振星、郑大壮：“缓解美军能源之困——简析美国防部全新《作战能源战略》”，《现代军事》2012 年第 2 期。

54. 闻道：“《即将到来的对华战争》为什么在美国难以上映”，察网，2017—01—06，http：//www. haijiangzx. com/2017/0106/1602203. shtml.

55. 习近平：“为建设世界科技强国而奋斗——在全国科技创新大会、两院院士大会、中国科协第九次全国代表大会上的讲话”，新华网，2016 年 5 月 30 日。

56. 夏德祥：“构建节约型军营的几点思考”，《空军军事学术》2009 年第 2 期。

57. 肖天亮主编:《战略学》,北京:国防大学出版社,2013 年版。

58. 谢磊、张景冬:“美国空军能源转型的举措及对我启示”,《空军军事学术》2013 年第 6 期。

59. 谢磊、张景冬:“美军能源转型对我的启示”,《军事问题研究》2013 年第 12 期。

60. 薛艳等:“美军未来联合作战用燃料计划”,《军用航油》2006 年第 6 期。

61. 薛艳等:“美空军积极推进替代能源计划”,《军用航油》2008 年第 5 期。

62. 杨三成、刘邱丽、党连学:“军事能源战略转型研究”,《后勤学术》2013 年第 4 期。

63. 张斌:“试析美国新的能源政策”,载《国际问题研究》2006 年第 2 期。

64. 张彬、左晖:“试析美国能源多元化政策”,《现代国际关系》2006 年第 12 期。

65. 赵凯、付征南:“透视美军的‘新能源’计划”,《国际问题调研》2010 年第 05 期。

66. 郑大壮、张松、马可:“美国防部《作战能源战略》吹响‘绿色’号角”,《现代舰船》2012 年第 5 期。

67. 周璞芬:“美军制定作战能源新战略及实施计划”,《后勤学术》2012 年第 9 期。

68. 总后勤部油料研究所:“发展新能源关键在技术突破”,《油料科技》2010 年第 8 期。

附录一／美国国防部军事设施和商用运输工具能源管理法律法规

重点关注领域	法律法规/总统行政令	规定
替代燃料和能效产品的采办	第13514号行政令（2009年10月）	·推进可持续采办，以确保产品和服务（除武器系统的采办外）新签合同行动的95%为能效高（“能源之星”或经“联邦能源管理计划”指定）、节水、基于生物、环保（如经“电子产品环境评估工具”认证）、非臭氧损耗性、包含循环利用成份、或者非剧毒性或低毒性替代物。（第2（h）节）
	《2007年能源独立与安全法》（2007年12月）	·为满足一机构对“能源之星”计划或“联邦能源管理计划”（FEMP）指定产品类别中某一耗能产品的要求，该机构负责人须采购“能源之星”或FEMP指定产品。（第525（a）节（1）和（2）条） ·任何联邦机构均不得签订合同购买一种替代燃料或合成燃料，包括用非常规石油生产的燃料，用于任何与作训机动相关的用途（除研究和试验外），除非合同明确规定，根据合同所提供的燃料，其生产与燃烧所产生的全寿期温室气体排放量必须持续地少于或等于常规石油品种提炼的相应常规燃料的排放量。（第256节）
温室气体减排	第13514号行政令（2009年10月）	·各机构须建立和报告温室气体绝对排放量综合统计数，包括范围1、范围2和范围3具体的排放量。 ·到2020年，以本机构2008年范围1、范围2和范围3绝对排放量为基准，建立和报告本机构范围1、范围2和范围3减排数量的百分比减排目标。（第2（a）节）

续表

重点关注领域	法律法规/行政令	规定
能源效率和能源消耗	第13514号行政令（2009年10月）	实施高效能的可持续联邦建筑设计、建造、运行与管理、维修和拆除，包括： ·从2020年开始，确保新建筑的设计以到2030年实现净零能源为目标； ·确保到2015年财年至少15%的现有建筑和出租建筑（总面积超过5000平方英尺）符合“联邦机构在高效能可持续建筑物中发挥领导作用的指导原则”。（第2（g）节）
	第13423号行政令（2007年1月）	·以2003财年为基准，通过降低设施能源强度，每年提高能源效率3%，到2015财年底达到30%。（第2（a）节）
	《2007年能源独立与安全法》（2007年12月）	·以2003财年为基准，联邦建筑能源使用总量每年减少3%，到2015年达到30%； ·不迟于2016年10月1日，各机构须为天然气和蒸汽规定相应的计量。（第431节）
	《2005年能源政策法》（2005年11月）	·到2012年10月1日，联邦政府所有大楼均须进行计量，以提高建筑能源使用效率、减少电力开支。（第103（e）（1）节）
可再生能源	《2005年能源政策法》（2005年11月）	可再生能源购买要求： ·2007~2009财年≥3%； ·2010~2012财年≥5%； ·2013财年及以后每个财年≥7.5%。 （第203（a）（1—3）节）
	《2007年国防授权法》	·从2025年开始，生产或购买超过或相当于用电总量25%的可再生能源电能。（第2852节）
	第13423号行政令（2007年1月）	·可再生能源电力消费≥50%须来自1999年1月1日后投入使用的新品种。（第2（b）节） ·在机构拥有的地产上实施供本机构使用的可再生能源发电项目。（第2（b）节）

续表

重点关注领域	法律法规/总统行政令	规定
车辆石油消耗	第13514号行政令（2009年10月）	减少化石燃料使用，措施包括： ·机构车队使用温室气体排放量较低的车辆； ·优化机构车队的车辆数； ·减少机构车队石油产品消耗总量，以2005年为基准，每年至少降低2%，直到2020财年底。（第2（a）（iii）节）
	《2007年能源独立与安全法》（2007年12月）	从2010财年开始，各联邦机构须减少石油消耗，增加替代燃料消费，以实现下列目标： ·不迟于2015年10月1日，各联邦机构须以2005财年为基线，实现石油年消耗量降低≥20%、替代能源年消费量增加10%的目标 ·如果替代燃料的全寿期温室气体排放量超过常规石油品种的排放量，则不得使用替代燃料。（第142（a）（2）节）
	第13423号行政令（2007年1月）	·将非石油基燃料消费总量每年增加10%。 ·如果插电式混合动力（PIH）汽车能以合理的商业价格购买，其全寿期成本可与非插电式混合动力汽车相比，则应使用插电式混合动力汽车。（第2（g）节）
能源安全	《2009年国防授权法》	·研究并制订减少风险的计划，以应对因商业供电或电网和相关基础设施发生故障所带来的长时间断电的风险。（第335节）

资料来源：*United States Marine Corps Expeditionary Energy Strategy and Implementation Plan*, February 2011, pp. 64 - 66.

附录二／美国国防部作战能源法律法规

法规/政策	规定
2010 年《四年防务评估报告》	·表示美国国防部将根据《2009 财年国防授权法案》的要求，全面落实能效关键效能参数（KPP）和燃料全负担成本核算。（第 87 页）
《2009 财年国防授权法》	·要求就作战能源管理和国防部作战能源战略实施情况提交一份年度报告，内容包括能源需求和消耗的统计信息。（第 33 节） ·要求各类分析和军力计划过程须考虑燃料后勤供应的需求和脆弱性。（第 332 节） ·要求将燃料效率关键效能参数（KPP）纳入部队需求制定过程，以修改现行的或发展新的燃料消耗系统。（第 332 节） ·要求在替代燃料分析（AOA）和评估替代燃料及采办程序设计交易的过程中，新系统的全寿期成本分析须包括燃料全负担成本的计算。（第 332 节） ·要求国防部开展一项研究，审视使用太阳能和风能为远征部队提供电力的可行性。（第 332 节）
《2007 财年国防授权法》	指示国防部根据使命任务需求改进武器平台的燃料效率，目的是： ·提高平台效能； ·减少燃料后勤系统的规模； ·减轻高燃料消耗对部队灵活性带来的负担； ·减少运作成本； ·减轻油价波动所带来的财政影响。（第 360 节）

续表

法规/政策	规定
国防部第 5000.02 号指令：国防部采办系统的运作 (2008 年 12 月)	替代燃料分析应评估改进能源效率的替代途径。(第 59 页)
参联会 CJCSI 3170.01G：联合能力一体化与发展手册 (2009 年 2 月)	将能源效率确定为一种新的、可选择性应用的关键效能参数(KPP)

资料来源：*US Marine Corps Expeditionary Energy Strategy and Implementation Plan*, 2011, pp. 64 - 66.

附录三 ╱ 美国联邦政府2015年以后能源管理目标

联邦政府法令	关注领域	绩效目标	国防部/陆军指导文件
《2005 年能源政策法》	联邦政府来自可再生能源的电力用量	至少占电力消耗总量的 3%（2007—2009 财年），5%（2010 ~ 2012 财年），7.5%（2013 财年以后）	国防部《战略可持续性绩效计划》目标 1.2
	计量仪	对电力使用进行计量。所有机构在 2012 年 10 月 1 日前给所有建筑安装计量仪，至少每天提供一次电力使用数据	国防部电力计量政策
《2007 年能源独立与安全法》	可再生能源消费总量	到 2025 财年占比达 25%——“国会意见”	国防部《战略可持续性绩效计划》目标 1.2
	新建/翻新的联邦建筑由太阳能加热的热水	到 2015 财年占比达 30%（前提是全寿期符合成本效益原则）	UFC 1—200—02（译者注：UFC 为“设施统一标准”）
	新建/翻新的联邦建筑中化石燃料的使用	到 2010 财年占比减少 55%；到 2030 财年占比减少 100%	国防部《战略可持续性绩效计划》目标 7.3
	计量	天然气和蒸汽消耗进行计量	国防部仪表测量政策
	低影响开发	纳入低影响开发最佳管理做法，作为维护和恢复开发前水文环境的一种手段	UFC 3—210—10

续表

联邦政府法令	关注领域	绩效目标	国防部/陆军指导文件
第 13653 号行政令（2013 年）	管理土地和水资源，提升气候变化适应和应对能力	清查并评估对与土地和水资源相关的政策、计划和规定的拟议或完成的修改情况。制定这些政策、计划和规定是为了使国家的分水岭、自然资源和生态系统以及依赖这些环境资源的社区和经济在面对气候变化时能具备更强的适应力	2014 年国防部《气候变化适应计划》
第 13693 号行政令（2015 年）	联邦建筑中的能源使用	2025 财年前每年减少 2.5%（以 2015 财年为基准）	国防部《战略可持续性绩效计划》目标 1.1
	来自可再生能源的电能和热能总量	到 2025 财年占比不少于 25%，2025 财年起每年不低于 25% 每年所需可再生能源中至少 50% 应为“新型”可再生能源	国防部《战略可持续性绩效计划》目标 1.1
	温室气体减排	国防部目标：到 2020 财年，将直接温室气体排放量和基于电热或热能的间接温室气体排放量减少 34% 国防部目标：到 2020 财年，将其他间接温室气体排放量减少 13.5%	国防部《战略可持续性绩效计划》目标 3.1 和 3.2
	联邦政府在绿色和可持续建筑领域发挥领导作用的指导原则	到 2025 财年，本机构至少 15% 的现有建筑（总面积大于 5000 平方英尺）和租赁建筑（总面积大于 10000 平方英尺）达到“指导原则”的标准 本机构每年都接近百分之百地按照“指导原则”要求取得进展。该指导原则的覆盖范围包括设施内和设施周围的能源和水资源	国防部《战略可持续性绩效计划》目标 7.3

续表

联邦政府法令	关注领域	绩效目标	国防部/陆军指导文件
第 13693 号行政令（2015 年）	净零建筑	2020 财年起设计的所有新建筑（总面积大于 5000 平方英尺）都要实现净零能耗目标，并且如果可能的话，到 2025 财年实现水资源零消耗和零废弃物的目标	
	降低饮用水消耗强度	2025 财年前每年饮用水消耗强度减少 2 %（以 2007 财年为基准）	国防部《战略可持续性绩效计划》目标 2. 1
	工业、园林绿化和农业水资源消耗	每年水资源消耗减少 2%，到 2020 年实现水资源消耗累积减少 20%（以 2010 财年为基准）	国防部《战略可持续性绩效计划》目标 2. 2
	废弃物最少化	到 2015 财年，转换至少 50% 的非危险性固体废弃物以及 50% 的建筑废料和建筑垃圾	国防部《战略可持续性绩效计划》目标 5. 2
	公务车队和车辆效率	到 2025 财年，整个联邦公务车队温室气体排放量减少 30% 到 2025 年，50% 新购客车实现零排放或采用“滴入式”混合燃料	国防部《战略可持续性绩效计划》目标 1. 3
《2010 财年国防授权法》	可再生燃料使用	指示国防部长向国会提交一份有关航空、航海和陆地运输中使用可再生燃料的情况报告	
	设施可再生能源使用	到 2025 财年，设施能源需求总量（包括热能）的 25% 通过生产或购买可再生能源获得	

资料来源：U. S. Army, *Energy Security and Sustainability* (*ES2*) *Strategy*, June 2015, p. 18.